ŒUVRES

COMPLÈTES

DE BOSSUET

PUBLIÉES

D'APRÈS LES IMPRIMÉS ET LES MANUSCRITS ORIGINAUX

PURGÉES DES INTERPOLATIONS ET RENDUES A LEUR INTÉGRITÉ

PAR F. LACHAT

ÉDITION

RENFERMANT TOUS LES OUVRAGES ÉDITÉS ET PLUSIEURS INÉDITS

VOLUME XV

PARIS
LIBRAIRIE DE LOUIS VIVÈS, ÉDITEUR
RUE DELAMBRE, 5
1863

ŒUVRES COMPLÈTES
DE BOSSUET.

Besançon, imprimerie d'Outhenin Chalandre fils.

ŒUVRES
COMPLÈTES
DE BOSSUET

PUBLIÉES

D'APRÈS LES IMPRIMÉS ET LES MANUSCRITS ORIGINAUX

PURGÉES DES INTERPOLATIONS ET RENDUES A LEUR INTÉGRITÉ

PAR F. LACHAT

ÉDITION
RENFERMANT TOUS LES OUVRAGES ÉDITÉS ET PLUSIEURS INÉDITS

VOLUME XV

PARIS

LIBRAIRIE DE LOUIS VIVÈS, ÉDITEUR

RUE DELAMBRE, 5

1863

HISTOIRE DES VARIATIONS
DES ÉGLISES PROTESTANTES
(SUITE).

AVERTISSEMENS AUX PROTESTANS
SUR LES LETTRES DU MINISTRE JURIEU
CONTRE L'HISTOIRE DES VARIATIONS.

DÉFENSE DE L'HISTOIRE DES VARIATIONS
CONTRE LA RÉPONSE DE M. BASNAGE
MINISTRE DE ROTTERDAM.

REMARQUES HISTORIQUES.

Comme l'annonce le titre même de cet ouvrage, l'*Histoire des Variations* relève les perpétuelles fluctuations des églises protestantes dans la foi; elle raconte comment les réformateurs, sans autre règle que la passion du jour et l'emportement du lendemain, juroient le oui et le non sur toutes les questions; elle montre l'évangile du XVIe siècle formé successivement pièces par pièces, puis abattu cent fois de fond en comble, puis cent fois reconstruit d'après un plan nouveau sur de nouvelles bases. Devant ce portrait, la Réforme, se reconnoissant elle-même, recula de frayeur; elle craignit que sa fidèle image ne lui ravît, avec la confiance des peuples, le pouvoir absolu dans la doctrine, dans la morale et dans la spoliation des monastères; elle s'arma tout entière pour combattre le livre qui la représentoit au naturel. Trois hommes se distinguèrent dans cette prise d'armes générale : Jurieu, Basnage et Burnet.

I.

Dès les premières pages de sa réfutation, Jurieu [1] ne révolta pas moins les protestans que les catholiques. Le principe fondamental du

[1] Né à Mer près de Blois, en 1637, Jurieu fréquenta les universités de Hollande et celles d'Angleterre, remplit quelque temps les fonctions de ministre dans sa ville natale, et fut appelé comme professeur de théologie à l'université de Sedan. Après la suppression de cette université, se voyant poursuivi pour

livre des *Variations*, c'est que « la foi ne varie pas dans la vraie Eglise, » parce que « la vérité venue de Dieu a d'abord sa perfection. » Jurieu, qui pourroit le croire? contesta ce principe incontestable; il dit : La religion chrétienne s'est formée « pièce à pièce, » et « la vérité de Dieu ne s'est établie que par parcelles. » En effet dans les trois premiers siècles, les chrétiens tomboient dans de graves erreurs, et sur la Trinité, parce qu'ils ne croyoient pas le Fils égal au Père; et sur Dieu même, parce qu'ils le revêtoient d'un corps et détruisoient par là même son immensité. Ils ne connoissoient pas mieux la grace divine : c'est saint Augustin qui, le premier, a mis en lumière ce point de dogme; avant lui, les Pères étoient, les uns stoïciens et manichéens, les autres pélagiens ou du moins semi-pélagiens.

Quoi! la Sagesse éternelle, venue du plus haut des cieux, n'a pu dissiper sur la terre les ténèbres de l'erreur! Le Tout-Puissant, celui « par qui toutes choses ont été faites, » n'a pu terminer son œuvre, c'est une main mortelle qui a mis le comble à son édifice! Bossuet a bientôt fait justice de cette folie. Il cite d'après Jurieu, bien qu'on pût le mieux traduire, dit-il, un des plus beaux monumens de l'antiquité chrétienne : « L'Eglise de Jésus-Christ, soigneuse gardienne des dogmes qui luy ont esté donnez en dépost, n'y change jamais rien : elle ne diminuë point, elle n'ajoûte point; elle ne retranche point les choses nécessaires, elle n'ajoûte point les superflues [1]. » Mais s'il en est de cette sorte, si l'Eglise se contente de *garder le dépost*, si elle *n'ajoûte* ni ne *retranche* aux dogmes révélés, à quoi bon les décisions dogmatiques? à quoi bon les conciles? Bossuet répond encore avec Vincent de Lérins « que les conciles, à l'aide de leurs décisions, donnent par écrit à la postérité ce que les anciens avoient cru par la seule tradition; qu'ils expriment en peu de mots le principe et la substance de la foi; que pour en faciliter l'intelligence, ils expriment par quelque terme nou-

---

[1] Vinc. Lirin. *Comm.* 1.

un libelle diffamatoire, il alla chercher un refuge en Hollande, et retrouva une chaire de théologie à Rotterdam. De ce moment il se mit à composer une foule d'ouvrages, qui paroissoient plus vite qu'on ne pouvoit les lire, disoient ses admirateurs. On a distingué parmi ces ouvrages : le *Préservatif contre le changement de religion*, réponse à l'*Exposition de la doctrine catholique*; la *Politique du clergé de France pour détruire la religion protestante*; *Les derniers efforts de l'innocence affligée*; *Histoire du calvinisme et du papisme mis en parallèle*; *L'Esprit de M. Arnauld*; *L'accomplissement des prophéties, ou la Délivrance prochaine de l'Eglise*; *l'Histoire critique des dogmes et des cultes bons et mauvais depuis Adam jusqu'à Jésus-Christ*. Ces ouvrages sont remplis de paradoxes et de faussetés, d'invectives et d'injures, de rêves et d'hallucinations prophétiques; ils ne vivent plus que par le souvenir des querelles qu'ils ont suscitées et par le mérite des réponses qu'ils ont provoquées. Nous n'avons garde d'oublier les *Lettres pastorales adressées aux fidèles de France*; c'est l'ouvrage que le zélé professeur opposa au livre des *Variations*.

veau, mais précis, la doctrine qui n'avoit jamais été nouvelle : » *Dicunt nové, non nova* [1]. Voilà le sujet du *Premier avertissement*.

Après avoir attaqué les Pères des trois premiers siècles, Jurieu défend les apôtres du XVI°. Je n'ai jamais reconnu, dit-il, que les réformateurs aient rejeté sur Dieu la cause du mal, j'appelle devant le souverain Juge l'imposteur qui n'a pas craint de m'imputer cet aveu. Mais qu'on me dise si la doctrine des thomistes ne fait pas Dieu auteur de toutes choses, et par conséquent du péché ; ou qu'on m'explique comment la grace efficace s'accorde avec la liberté morale.

Sur le premier point, cité « devant le tribunal de Dieu comme un insigne calomniateur, » Bossuet répond qu'on y récitera l'aveu de Jurieu ; car le ministre avoit adressé ces paroles aux luthériens : « Ce n'est pas seulement par leur silence ou par l'approbation que vos réformateurs ont été de durs prédestinateurs, et ont enseigné *en paroles expresses*, et encore les plus dures,... la prédestination et la réprobation avec une nécessité qui provient des décrets. Que Mélanchthon paroisse le premier : c'est de lui qu'est cette parole que nos calomniateurs ont tant relevée, que l'adultère de David et la trahison de Judas n'est pas moins l'œuvre de Dieu que la conversion de saint Paul [2]. » Voilà comment le guerroyeur évangélique s'enveloppoit dans ses propres manœuvres ; emporté de son naturel et donnant tête baissée contre une foule d'ennemis, il se jetoit à l'endroit menacé sans se rappeler ses premières évolutions. — Venant au second défi de son adversaire, Bossuet développe une savante et profonde théorie, qui met en lumière toute l'économie de la foi. « Jurieu voudroit, dit-il, que je lui apprisse comment j'accorde le libre arbitre, ou le pouvoir de faire ou ne faire pas, avec la grace efficace et les décrets éternels. Foible théologien qui fait semblant de ne savoir pas combien de vérités il nous faut croire, quoique nous ne sachions pas toujours le moyen de les concilier ensemble !... Qu'est-ce en tout et partout que notre foi, qu'un recueil de vérités saintes qui surpassent notre intelligence, et que nous aurions non pas crues, mais entendues parfaitement et évidemment, si nous pouvions les concilier ensemble par une méthode manifeste ?... Mais cela n'est pas ainsi : et quand cela sera, ce ne sera plus cette vie, mais la future ; ce ne sera plus la foi, mais la vision. » Telles sont les idées fondamentales du *Second avertissement*.

Jurieu poursuit son apologie sur le terrain de l'Eglise. Quand les réformateurs se levèrent sur le monde, comme ils retrouvèrent partout l'ancienne croyance, ils sentirent qu'ils ne pourroient sans une cruauté ridicule condamner aux flammes éternelles la foule

---

[1] Vinc. Lirin., *Com*. 1. — [2] *Consult. de ineund. pace,* p. 209.

innombrable des fidèles qui avoient professé durant quinze siècles, et dans tout l'Occident et dans tout l'Orient, la foi catholique ; ils accordèrent qu'on pouvoit se sauver dans l'Eglise romaine. Cette concession nécessaire, commandée par l'instinct de la conservation personnelle, devint funeste à la Réforme ; sitôt que l'enthousiasme eut fait place à la réflexion, les protestans capables d'unir deux idées raisonnèrent ainsi : Puisque, d'une part, les maitres de la Réforme reconnoissent qu'on peut se sauver dans l'Eglise romaine ; puisque, de l'autre côté, les chefs de l'Eglise romaine enseignent qu'on ne peut faire son salut dans la Réforme, prenons le parti le plus sûr ; et les hommes droits, et les magistrats intègres, et les princes libres de convoitise et de cupidité, tous imitant l'exemple de Henri IV, retournoient à la religion de leurs pères. Que fit-on pour arrêter cette défection générale ? Un docteur rétrécit le chemin du ciel sur le terrain catholique : On peut à la vérité se sauver dans l'Eglise romaine, dit Claude ; on le peut, mais à condition de professer sa doctrine sans y croire. Cette invention du plus habile des protestans n'eut pas de succès ; peu voulurent, même dans la Réforme, faire du salut le privilége exceptionnel des hypocrites. C'est alors que Jurieu produisit son fameux système sur l'Eglise ; il dit qu'on pouvoit gagner le ciel, non-seulement dans l'Eglise romaine, mais dans toutes les sectes chrétiennes, parce qu'elles reconnoissoient toutes les dogmes fondamentaux de l'Evangile.

Bossuet lui demanda sur quelle règle il distinguoit, parmi les vérités révélées, des dogmes obligatoires et des dogmes libres ; de quel droit il assignoit, dans l'enseignement de la Sagesse éternelle, des oracles qu'il faut croire et des oracles qu'on peut rejeter ; enfin quels sont les articles fondamentaux, et quels les non fondamentaux. Jurieu répondit qu'il n'entendoit pas s'engager dans cette question délicate. Bossuet n'eut pas de peine à le forcer dans ce retranchement ; il le poussa de conséquence en conséquence jusqu'à la tolérance absolue de toutes les religions. A cela si l'on ajoute une profonde discussion sur la canonicité des Ecritures, on aura le fonds du *Troisième avertissement*.

Jurieu passe du dogme à la morale. On sait comment les premiers réformateurs, Luther, Mélanchthon, Bucer et d'autres, légitimèrent la polygamie païenne dans le christianisme, en permettant au landgrave de Hess de garder comme légitimes épouses deux femmes à la fois. Au lieu de condamner cette honteuse et criminelle forfaiture, Jurieu s'efforça de la justifier par des distinctions peu sérieuses, à l'aide des subtilités les plus grossières ; il dit que les lois du mariage sont purement humaines, qu'ainsi la nécessité peut en suspendre l'obligation : cela est si vrai, continue-t-il, que les enfans de Noé, comme ceux d'Adam, se marièrent frères et sœurs.

Avant toutes choses Bossuet retranche la dernière assertion. Où Jurieu a-t-il rêvé ses prétendus mariages pendant le déluge? L'Ecriture dit expressément, en plusieurs endroits, que les trois fils de Noé avoient choisi leurs femmes avant d'entrer dans l'arche, lorsque la terre étoit toute pleine d'habitans[1]. Ensuite le mariage repose sur les lois de la nature. Dès l'origine Dieu dit au premier couple de notre race, et plus tard aux enfans de Noé : « Croissez et multipliez, et remplissez la terre[2]. » Qui n'entend dans ce précepte divin la voix de la nature, qui ne veut pas périr, parce que son Auteur l'a faite pour durer? C'est pour cela qu'il a créé les deux sexes, qu'il les a bénis, qu'il leur a donné la fécondité et comme une image de l'éternelle génération de son Fils; en sorte que leur union n'est pas moins d'institution naturelle que leur distinction. « Et quand il bénit l'amour conjugal comme la source du genre humain, il ne lui permit pas de s'épancher sur plusieurs objets, comme il arriva dans la suite lorsqu'un même homme eut plusieurs femmes; mais réduit à l'unité de part et d'autre, il en fit le lien sacré de deux cœurs unis..... C'est sur cette idée primitive que Jésus-Christ réforma le mariage; et, comme disent les Pères, il se montra le digne Fils du Créateur, en rappelant les choses au point où elles étoient à la création. » Ce lien sacré qui entoure la famille, cette unité divine qui fait un seul cœur de deux cœurs, cette mystérieuse image de l'union de Jésus-Christ avec son Eglise, Jurieu la détruit au nom d'une nécessité qui n'a jamais été invoquée que parmi les païens, les Turcs et les réformés. Partout et toujours la parole protestante conspire à la débauche. Voilà pour le *Quatrième avertissement.*

Jurieu aborde le champ de la politique. A l'origine, encore enveloppée de ses langes, la Réforme prêchoit la douceur, la patience, la fidélité ; elle vouloit à l'exemple de la Victime adorable se laisser traîner à la boucherie, et lasser comme les premiers chrétiens la hache des bourreaux. Mélanchthon disoit : « Il vaut mieux souffrir les dernières extrémités que de prendre les armes pour l'évangile (réformé) ; » et Luther lui-même : « Les abus doivent être ôtés, non par la main, mais par la parole ; » le papisme alloit tomber par le souffle de sa doctrine, « pendant qu'il boiroit sa bière et tiendroit de doux propos au coin de son feu avec ses amis. » Les réformés d'en deçà du Rhin n'étoient ni moins doux ni moins pacifiques : Calvin faisoit à François Ier, au nom des siens, des protestations d'une inébranlable fidélité, et Bèze comparoit la Réforme à une enclume faite uniquement pour recevoir les coups. Ainsi le lionceau se jouoit dans son antre, mais il poussera bientôt d'affreux rugissemens : bientôt Luther appel-

---

[1] *Gen.* VI-X. — [2] *Gen.* I, 28; IX, 1.

lera le Pape « un loup enragé, » qu'il faut traquer comme une bête fauve, ses premiers apôtres agiteront les torches de la discorde, les ministres du saint évangile sonneront le tocsin ; et les peuples se soulèveront comme les flots de la mer à la voix des synodes, par décisions dogmatiques, pour obéir à la bienheureuse religion réformée ; et des bandes indisciplinées, portant partout le fer et la flamme, couvriront l'Europe de ruines et de sang. Jamais docteur ne se contredit plus formellement ; jamais variation dans la doctrine ne fut plus désastreuse. Jurieu ne conteste ni ce changement de front ni ces forfaits ; il tâche de justifier ses maîtres par le droit d'insurrection, « le plus saint des devoirs. » Reprenant la doctrine des donatistes, des manichéens, de tous les hérétiques, pour placer le pouvoir dans la multitude, il pose les trois principes que voici : 1° « C'est le peuple qui donne la souveraineté : donc il la possède ; » 2° « Il est contre la raison qu'un peuple se livre à un souverain sans quelque pacte ; » 3° « Le peuple n'a pas besoin d'avoir raison pour valider ses actes. » Le professeur calviniste développe ces principes avec une force de logique peu commune ; il pourroit en remontrer aux disciples de Lamennais, à tous les jacobins du jour.

Bossuet renverse tout cela de fond en comble. « Le peuple donne la souveraineté ; donc il la possède ? » N'est-ce pas le contraire qu'il faut conclure : donc il ne la possède pas, puisqu'il l'a donnée ? Et si l'on considère le peuple dans l'état social, la souveraineté est dans la main du chef et ne se donne pas ; si on le prend dans l'état d'indépendance et d'anarchie, la souveraineté n'est nulle part et personne ne peut la déléguer. Ensuite à quoi bon les conventions sociales ? Si le pouvoir veut observer la justice, elles sont inutiles ; s'il ne le veut pas, elles seront éludées par la ruse ou brisées par la force. En affoiblissant l'autorité pour le mal, vous l'affoiblissez d'autant pour le bien. Enfin si le peuple n'a pas besoin d'avoir raison pour valider ses actes, il crée lui-même le juste et l'injuste, ou plutôt le juste et l'injuste sont de vains mots. Au reste Bossuet ne connoît point, à Dieu ne plaise ! le pouvoir illimité ; il place les princes sous la domination de la justice divine, qui leur impose des obligations d'autant plus impérieuses, qu'ils sont plus indépendans de la justice humaine. « Les monarchies les plus absolues, dit-il, ne laissent pas d'avoir des bornes inébranlables dans certaines lois fondamentales, contre lesquelles on ne peut rien faire qui ne soit nul de soi... On n'a pas besoin d'armer l'oppressé contre l'oppresseur : le temps combat pour lui, la violence réclame contre elle-même..... » Ni le souverain ne décide tout dans un état monarchique, ni le peuple ne gouverne dans un état démocratique ; je pose en fait qu'un démagogue exerce autant de pouvoir dans les républiques helvétiques, que l'autocrate dans la monarchie moscovite. Ce qu'on vient de lire peut donner une idée générale du *Cinquième avertissement*.

Jurieu va finir par où il a commencé. Nous avons vu que, pour justifier les variations de la Réforme, il soutient que l'Eglise elle-même a varié dans la foi : si nous l'en croyons, les Pères des trois premiers siècles ont méconnu l'immutabilité de l'Etre divin, puisqu'ils plaçoient la génération du Fils dans le temps ; méconnu la Trinité, puisqu'ils n'admettoient pas la distinction, la coexistence et l'égalité des Personnes adorables; méconnu aussi la vraie notion du culte chrétien, attendu qu'ils ont rétabli le paganisme par l'invocation des Saints. Et ce que je dis là, continue le ministre réformé, plusieurs théologiens catholiques le disent aussi ; Pétau et Huet, par exemple, trouvent dans les écrits des premiers Pères toutes les erreurs que j'y trouve moi-même : erreurs, toutefois, qui n'empêchoient point le salut, parce que la vraie doctrine n'avoit pas encore été nettement formulée.

Avant tout Bossuet, dans une sorte de confrontation, met en présence le fait et l'assertion, l'accusé et l'accusateur : il montre comme dans un tableau, d'un côté, les Pères développant sur l'Etre ineffable et sur la Trinité les conceptions les plus sublimes et tout ensemble les plus conformes à la foi; de l'autre côté, Jurieu pratiquant mille manœuvres frauduleuses, torturant les textes les plus clairs pour leur faire méconnoître, tantôt l'éternelle génération du Fils, tantôt la consubstantialité des Personnes divines. Quant aux théologiens modernes, si le P. Pétau, dans le IIe volume des *Dogmes théologiques*, juge sévèrement quelques passages des Pères, il explique sa pensée dans le IIIe volume. Il en faut dire autant du docte Huet; à peine a-t-il prononcé une parole de blâme contre les témoins de la tradition, qu'il l'adoucit bientôt après.

Ensuite le prélat catholique contraint le ministre protestant de tolérer une secte qu'il a vivement combattue, le socinianisme. Vous accordez, lui dit-il, qu'on pouvoit indifféremment, dans la primitive Eglise, admettre ou rejeter le dogme de la Trinité : pourquoi ne pourroit-on plus aujourd'hui, sans préjudice du salut, croire ou ne croire pas ce profond mystère ? Pourquoi déployez-vous, contre les chrétiens du xviie siècle, une rigueur que vous n'avez pas contre les chrétiens des trois premiers siècles ?

Enfin notre auteur signale la cause des variations qui font du protestantisme un flux et reflux continuel de contradictions. Le principe fondamental de la Réforme, c'est que l'Ecriture sainte est la seule règle de foi. Dans ce système, tout le monde le voit, plus d'autorité doctrinale, plus de corps enseignant, plus de pasteur revêtu d'une mission divine. Qui donc instruira l'enfance, les simples, les hommes livrés aux choses du siècle, c'est-à-dire les dix-neuf vingtièmes du genre humain? Disons mieux : qui discernera les livres canoniques ? qui les traduira dans les langues vulgaires ? qui dévoilera les obscurités mystérieuses qui les enveloppent? qui démêlera les différens sens qu'ils offrent à l'esprit? Donner aux hommes un livre muet pour toute règle de croyance, c'est consacrer du même coup toutes les erreurs de l'ignorance, toutes les illusions du fanatisme et toutes les révoltes de l'orgueil; c'est livrer la vérité divine à tous les vents des opinions humaines ; c'est vouloir qu'il n'y ait plus de religion, ou qu'il, y en ait autant que de têtes. Voyez plutôt la Réforme : qu'est-elle aujourd'hui, qu'un assemblage informe de mille assertions contradictoires, ou qu'une négation perpétuelle de tous les dogmes révélés? Elle est tout au plus, comme Jurieu le disoit du socinianisme, « une religion de plein pied, qui lève les difficultés et aplanit les hauteurs du christianisme. »

On a pu remarquer comme trois parties dans la discussion qu'on vient d'esquisser; elles forment le *Sixième avertissement*, qui est le dernier.

II.

Depuis longtemps la Réforme étoit lasse, comme le remarque notre auteur, « de Jurieu et de ses discours emportés; » elle ne songeoit nullement à lui confier sa cause; il s'arrogea lui-même la mission de la défendre. L'*Histoire des Variations* démanteloit ses révélations prophétiques, en montrant dans les fastes du passé les faits qu'il annonçoit dans les événemens de l'avenir; il voulut punir le téméraire audacieux qui n'avoit pas craint de révoquer en doute l'infaillibilité de ses visions, et couvrit sa vengeance sous le manteau du zèle évangélique. Cependant le protestantisme attendoit le salut d'une plume plus habile et moins inconsidérée; il annonçoit par un de ses organes, Burnet, « qu'on préparoit une rude réponse à M. de Meaux. » Cette réponse parut avec ses *duretés*; « mais les injures et les calomnies, dit Bossuet, sont des couronnes à un évêque et à des chrétiens. »

Nous sommes ramenés, dans la discussion qui s'ouvre en ce moment, aux révoltes des protestans contre l'autorité légitime, aux guerres parricides qu'ils firent à leur patrie, aux meurtres dans lesquels ils versèrent par torrens le sang de leurs frères. Pour justifier ces troubles et ces crimes, le nouveau défenseur de la Réforme, Basnage [1] ne

---

[1] Né à Rouen le 8 août 1653, Basnage de Beauval (Jacques) fit ses études à Saumur, à Genève, puis à Sedan sous Jurieu. Devenu pasteur du saint évangile dans sa ville natale, il épousa la petite-fille du fameux ministre Pierre Dumoulin. Pendant les troubles de religion, retiré en Hollande, il servit utilement son pays dans une négociation conduite par le cardinal Dubois. Tout le monde reconnoît sa droiture, sa franchise, sa véracité, de même que sa vaste et profonde érudition. Souvent aux prises avec Jurieu, pour flétrir ses nombreuses évolutions dans la doctrine, il répandit un catalogue de librairie, qui annonçoit deux livres supposés, sous ces titres : *Variations et contradictions de M. Jurieu,*

recourt pas aux raisonnemens de la métaphysique, comme Jurieu; il invoque les faits de l'histoire. Il dit d'abord : N'est-il pas vrai que les catholiques persécutoient les protestans ?

Bossuet lui demanda à son tour, dans la *Défense de l'Histoire des Variations*, « si la Suède a révoqué la peine de mort qu'elle a décernée contre les catholiques; si le bannissement, la confiscation et les autres peines ont cessé en Suisse, en Allemagne et dans les autres pays protestans; si l'Angleterre a renoncé à ses lois pénales contre les non-conformistes; si la Hollande elle-même a abrogé les décrets du synode de Dordrecht contre les arminiens. » On peut demander encore aujourd'hui : Les protestans ne sont-ils pas à l'état d'injustice et de spoliation permanente à l'endroit des minorités catholiques? Pour qui connoît l'histoire et l'état social de la Suisse, de la Prusse, de la Suède et du Danemark, de l'Angleterre et de l'Irlande, la réponse ne peut être douteuse.

Après ses vaines récriminations contre les catholiques, Basnage cite plusieurs exemples qui prouvent, selon lui, la légitimité de l'insurrection contre les persécuteurs de la foi; il assure qu'un soldat chrétien tua Julien l'Apostat, que le patriarche de Constantinople souleva le peuple contre l'empereur Anastase, et que les Arméniens chrétiens secouèrent le joug du roi de Perse pour se donner aux Romains.

Que conclure de tout cela? Une chose sera-t-elle juste, par cela seul qu'elle a été faite par un chrétien? En déclarant l'Eglise infaillible, dit Bossuet, nous ne déclarons pas les catholiques impeccables. Les faits allégués ne prouvent rien, et ils prouvent trop : ils ne prouvent rien, parce que l'Eglise n'a jamais approuvé la révolte, comme la Réforme l'a sanctionnée par les décisions les plus formelles; ils prouvent trop, car ils vont à établir le droit non-seulement de se soulever contre l'autorité légitime, mais encore d'appeler l'étranger dans sa patrie et de porter une main violente sur la personne sacrée du souverain. Cette réponse générale doit suffire pour le moment, on trouvera l'examen des faits particuliers dans la *Défense*; mais voici une observation qui mérite de fixer ici l'attention du lecteur. Parlant de l'Arménie,

---

10 vol.; *Rétractations du même*, 6 vol. Basnage a composé plusieurs ouvrages : *Histoire de l'Eglise*, 2 vol. in-folio; *Histoire des Juifs, depuis Jésus-Christ jusqu'à présent*, 5 vol. in-12; *Antiquités judaïques*, 2 vol. in-8°; *Histoire de l'Ancien et du Nouveau Testament*, in-folio, gravures en taille douce; *Instructions pastorales aux réformés de France sur l'obéissance au souverain*, etc. Le livre qu'il opposa à l'*Histoire des Variations* a pour titre : *Histoire de la religion des églises réformées, dans laquelle on voit la succession de leur église, la perpétuité de leur foi depuis le huitième siècle : l'établissement de la réformation, et la persévérance dans les mêmes dogmes jusqu'à présent, avec une Histoire de l'origine et des principales erreurs de l'Eglise romaine, pour servir de réponse à l'Histoire des Variations des églises protestantes, de M. de Meaux*. Rotterdam 1690, 2 vol. in-8°.

Bossuet dit : « Il faudroit savoir à quelles conditions ce royaume étoit sujet à celui de la Perse. Car tous les peuples ne sont pas sujets à même titre, et il y en a dont la sujétion tient autant de l'alliance et de la confédération que de la parfaite et véritable dépendance..... On ne sait pas si l'Arménie, en s'unissant à la Perse, n'avoit pas fait ses conditions sur la religion chrétienne. » Ces paroles nous semblent caractéristiques dans la doctrine de Bossuet. Sans doute il enseigne, avec tous les Pères, que les premiers chrétiens gardèrent l'obéissance aux persécuteurs les plus féroces par devoir de conscience et non par prudence politique, pour observer les préceptes de la religion et non pour suivre les conseils évangéliques : mais il paroît admettre aussi qu'un peuple a le droit de pourvoir comme peuple à la conservation de sa foi, lorsqu'il est allié plutôt que sujet, lorsqu'il échappe à la souveraineté par quelque côté d'indépendance, quand sa religion a pour sauvegarde des garanties politiques, surtout quand elle forme une des bases de l'ordre social.

Il nous reste à caractériser, par quelques traits rapides, les attaques de Burnet [1]. On sait que Bossuet a puisé dans un de ses ouvrages, l'Histoire de la Réforme en Angleterre. Que lui reproche le protestant d'outre-Manche ? Il fait un pompeux étalage de longues phrases et de grands mots, il répand l'injure et le sarcasme, il tonne contre les calomnies et les falsifications du papiste; mais « il passe, comme le remarque Bossuet, tous les faits rapportés sur sa Réforme anglicane et sur son Cranmer, aussi bien que sur ses autres héros, sans en contrarier aucun; et comment auroit-il pu les contredire, puisqu'ils sont

---

[1] Né à Edimbourg en 1643, Burnet fit ses études à l'université d'Aberdeen sous la direction de son père, habile jurisconsulte. Dans un de ses premiers ouvrages, il soutint *la légitimité du divorce pour cause de stérilité*. Il s'agissoit pour le moment d'assurer le trône d'Angleterre au protestantisme, en procurant un héritier à Charles II par le moyen d'un second mariage; mais le vent du lendemain changeant les intérêts de la secte, le canoniste changea le même jour de principes, et réfuta son propre ouvrage. Il parcourut ensuite l'Italie, la Suisse et l'Allemagne, recueillant partout des traits empoisonnés, qu'il décochoit dans des pamphlets contre l'Eglise. Son rire sardonique et son habileté à se renier lui-même en firent un homme précieux pour la diplomatie; plusieurs grands politiques de ce temps-là réclamèrent ses services. Attaché particulièrement au prince d'Orange, il conspira contre son pays, et obtint l'évêché de Salisbury après l'usurpation. C'est alors qu'il composa l'*Histoire de la Réformation d'Angleterre*. Dans cet écrit, il proclame la vérité et l'erreur, distribue le blâme et l'éloge, fait du bien le mal et du mal le bien, selon les besoins de sa secte et de son ambition. En dépit ou plutôt à cause de ces jugemens passionnés, le parlement lui vota des remercîmens. Traduit par Rosemond, son ouvrage parut en françois à Londres en 1683 et 1685, puis à Genève en 1685, 4 vol. in-12. C'est de cette traduction que Bossuet a tiré le récit de la réformation en Angleterre. — La réponse de Burnet à l'*Histoire des Variations* n'a pas plus de 36 pages.

pris de lui-même ? » L'évêque catholique avoit mis en lumière, dans l'*Histoire des Variations*, la grossière ignorance du prélat réformé sur le droit public de la France ; il lui avoit fait comprendre qu'il convient d'apprendre les choses avant d'en parler à la face du monde : dans la *Défense* du précédent ouvrage, il montre pour la seconde fois, par des faits nouveaux, qu'il n'a étudié nos lois qu'en passant dans les plus mauvais ouvrages des réformés les plus ignorans et les plus emportés ; il prouve qu'il ne justifie ni les troubles et les révoltes que le protestantisme a fait éclater en France, ni les vols et les assassinats qu'elle a fait commettre en Angleterre.

Tels sont, dans leurs idées fondamentales, les *Avertissemens aux protestans* et la *Défense de l'Histoire des Variations*. Dans le premier de ces ouvrages, Bossuet prouve que Jurieu, par ses calomnies contre les Pères, abaisse le christianisme et élève le socinianisme ; qu'il convainc la Réforme d'erreur et d'impiété, en montrant comment ses fondateurs rejettent sur Dieu la cause du mal moral ; qu'il reconnoît dans l'Eglise romaine, malgré ses déclamations, la justice et l'innocence qui produit le salut ; qu'il ne détruit point l'accusation, portée contre les premiers réformateurs, d'avoir violé la concorde et la sainteté du mariage chrétien ; enfin que le protestantisme, flottant sans point de repos à tout vent de doctrine, livre la vérité divine à tous les flots des opinions humaines. Le grand écrivain ne combat pas l'erreur moins victorieusement dans la *Défense de l'Histoire des Variations* ; il fait voir que Basnage s'efforce vainement de justifier les révoltes de la Réforme, et que Burnet ne parvient pas à cacher ses crimes aux yeux les plus aveugles.

A toutes ces erreurs il faudroit ajouter, pour compléter le tableau, les injures que les défenseurs de la Réforme prodiguent à Bossuet : injures d'autant plus curieuses qu'elles sont répétées dans un autre camp, car l'ambition vulgaire et la prudence intéressée se range toujours du côté de l'ennemi pour condamner le courage et le dévouement qui sauve ses places et ses bénéfices. Jurieu dit : « J'avertis l'évêque de Meaux qu'un évêque de Cour comme lui, et les autres dont le métier n'est pas d'étudier, devroient un peu ménager ceux qui n'ont pas d'autre profession. » Quoi ! Bossuet un évêque de Cour, lui qui vivoit dans la solitude au milieu des splendeurs de Versailles ! Quoi ! Bossuet invité à l'étude !... Passons. — Mais cet évêque, reprend Jurieu, c'étoit « le flatteur des rois. » Bossuet répond : « Tout flatteur, quel qu'il soit, est toujours un animal traître et odieux. Mais s'il falloit comparer les flatteurs des rois avec ceux qui vont flatter dans le cœur des peuples ce secret principe d'indocilité et cette liberté farouche qui est la cause des révoltes, je ne sais lequel seroit le plus honteux. Les gens d'un caractère si bas, sous prétexte de flatter les peuples, sont en effet les flatteurs des usurpateurs et des tyrans. Le peuple se laisse flatter et reçoit le joug. C'est à quoi aboutit toujours la souveraine puissance dont on le flatte, et il se trouve que ceux qui flattoient le peuple sont en effet les suppôts de la tyrannie... » Enfin, pour ne plus rapporter que cette insulte, le fanatique de Rotterdam accuse le saint évêque « d'incrédulité et de la plus insigne friponnerie. » La réponse est courte ; Bossuet dit : « Depuis vingt ans que je suis évêque quoiqu'indigne, et depuis trente ou trente-cinq ans que je prêche l'Evangile, ma foi n'a jamais souffert aucun reproche. Je suis dans la communion et la charité du Pape, de tous les évêques, des prêtres, des religieux, des docteurs, et enfin de tout le monde sans exception ; et jamais on n'a rien ouï dire de ma bouche, ni remarqué dans mes écrits une parole ambiguë ni un seul trait qui blessât la révérence des mystères. » Où est le détracteur de Bossuet qui pourroit en dire autant ? Mais il est temps, grand temps de finir.

Jurieu divisa son livre et ses diatribes en plusieurs morceaux détachés ; puis il les intitula, comment ? Qui pourroit le croire dans un assemblage d'hommes tous infaillibles, dans un troupeau dispersé, qui ne peut avoir de pasteur ? il les intitula *Lettres pastorales*. Quoi qu'il en soit de ce titre, le ministre soi-disant évangélique adressa l'attaque au troupeau réformé ; le prélat catholique voulut donner la même adresse à la défense : il intitula sa réplique *Avertissemens aux protestans*.

Bossuet avoit publié l'*Histoire des Variations* dans le commencement de 1688. De son côté Jurieu fit paroître quelques-unes de ses *Lettres* à la fin de la même année 1688 ; d'autres, dans le courant de 1689 ; d'autres encore, après une suspension de deux ans, en 1691. Bossuet ne fit pas attendre longtemps la réponse : il donna les trois prem'ers *Avertissemens*, l'un après l'autre, dans les trois derniers mois de 1689 ; le quatrième et le cinquième en 1690, et le sixième en 1691. Ces écrits parurent à Paris, chez la veuve de Sébastien Marbre-Cramoisy, dans le format in-4°. Ils furent réimprimés à Paris en 1717.

Les protestans reprochoient à Jurieu, aussi bien que Bossuet, de favoriser par la liberté de ses opinions le socinianisme. Voulant écarter ce reproche, Jurieu suspendit comme on l'a vu, de 1689 à 1691, ses *Lettres pastorales*, et publia le *Tableau du Socinianisme*, à la Haye 1691. Pendant ce temps-là Basnage et Burnet mirent au jour, en 1690, leurs attaques contre le livre des *Variations*. Comme Bossuet n'avoit pas encore les dernières lettres de Jurieu, pour réfuter sans délai ses nouveaux adversaires, il donna la *Défense de l'Histoire des Variations* dans un volume séparé au commencement de 1691, chez Anisson, directeur de l'imprimerie royale. Les éditeurs modernes placent cet ouvrage, les uns avant, les autres après les *Avertissemens*. Cependant Bossuet lui assigne une autre place. Après avoir dit qu'il réfutera les dernières *Lettres* de Jurieu dès qu'il les aura sous la main : « En attendant commençons, poursuit-il, à parler à M. Basnage, qui vient avec un air plus sérieux... La matière où nous a conduit le *Cinquième avertissement*, je veux dire celle des révoltes de la Réforme si souvent armée contre ses rois et sa patrie, mérite bien d'être épuisée pendant qu'on est en train de la traiter... » En conséquence nous donnons la *Défense* après le *Cinquième avertissement*.

Dans un avertissement particulier, Bossuet examinoit une accusation non moins souvent répétée que souvent réfutée, l'accusation d'idolâtrie reprochée par les novateurs à l'Eglise catholique ; il avoit fait entrer dans cette admirable discussion, comme nous l'avons dit ailleurs, plusieurs pages d'un morceau relatif à l'*Exposition*, traitant du culte des images. Quoique cet avertissement soit peut-être un des plus beaux, l'auteur ne le donna pas au public ; c'est l'abbé Leroi qui le mit au jour pour la première fois, en 1753, dans le IIIe volume des *Œuvres posthumes*. Le manuscrit lui fut remis par le fameux évêque de Troyes, mais il n'étoit pas complet ; le légataire universel du grand homme en avoit égaré des cahiers entiers : nouveau service que nous devons à cet ami de luxe, de la table et du jansénisme, et de « son cousin germain le gallicanisme. » L'important fragment qui nous reste, nous le donnons, sous le titre d'*Eclaircissement*, à la place que lui assigne l'ordre des matières, après le *Troisième avertissement*.

Les éditions qu'on a données des *avertissemens aux protestans* dans le commencement du XVIIe siècle, même celle de Liége qui date de 1766, reproduisent avec une fidélité remarquable l'édition *princeps* ; mais les éditeurs de 1772, les bénédictins des *Blancs-Manteaux* ont fait à l'œuvre originale une foule de corrections maladroites, et tous les éditeurs venus plus tard ont joint à celles-là de nouvelles altérations. Si l'espace nous permettoit d'apporter des preuves, nous ne serions embarrassé que du choix.

HISTOIRE
DES VARIATIONS
DES ÉGLISES PROTESTANTES.

LIVRE XIV.

Depuis 1601 et dans tout le reste du siècle où nous sommes.

SOMMAIRE.

Les excès de la Réforme sur la prédestination et le libre arbitre, aperçus en Hollande. Arminius, qui les reconnoît, tombe en d'autres excès. Partis des remontrans et contre-remontrans. Le synode de Dordrect, où les excès de la justification calvinienne sont clairement approuvés. Doctrine prodigieuse sur la certitude du salut, et la justice des hommes les plus criminels. Conséquences également absurdes de la sanctification des enfans décidée dans le synode. La procédure du synode justifie l'Eglise romaine contre les protestans. L'arminianisme en son entier dans le fond, malgré les décisions de Dordrect. Le pélagianisme toléré et le soupçon du socinianisme, seule cause de rejeter les arminiens. Inutilité des décisions synodales dans la Réforme. Connivence du synode de Dordrect sur une infinité d'erreurs capitales, pendant qu'on s'attache aux dogmes particuliers du calvinisme. Ces dogmes reconnus au commencement comme essentiels, à la fin se réduisent presque à rien. Décret de Charenton pour recevoir les luthériens à la communion. Conséquence de ce décret, qui change l'état des controverses. La distinction des articles fondamentaux et non fondamentaux, oblige enfin à reconnoître l'Eglise romaine pour une vraie Eglise où l'on peut faire son salut. Conférence de Cassel entre les luthériens et les calvinistes. Accord où l'on pose des fondemens décisifs pour la communion sous une espèce. Etat présent des controverses en Allemagne. L'opinion de la grace universelle prévaut en France. Elle est condamnée à Genève et chez les Suisses. La question décidée par le magistrat. Formule établie. Erreur de cette formule sur le texte hébreu. Autre décret sur la foi fait à Genève. Cette église accusée par M. Claude de faire schisme avec les autres églises par ses nouvelles décisions. Réflexions sur le Test, où la réalité demeure en son entier. Reconnoissance de l'église anglicane protestante, que la messe et l'invocation des saints peuvent avoir un bon sens.

On avoit tellement outré la matière de la grace et du libre arbitre dans la nouvelle Réforme, qu'il n'étoit pas possible à la fin qu'on ne s'y aperçût de ces excès. Pour détruire le pélagianisme, dont on s'étoit entêté d'accuser l'Eglise romaine, on s'étoit jeté

1. Excès insupportable du calvinisme. Le libre arbitre dé-

aux extrémités opposées; le nom même du libre arbitre faisoit horreur. Il n'y en avoit jamais eu, ni parmi les hommes, ni parmi les anges : il n'étoit pas même possible qu'il y en eût, et jamais les stoïciens n'avoient fait la fatalité plus roide ni plus inflexible. La prédestination s'étendoit jusqu'au mal, et Dieu n'étoit pas moins cause des mauvaises actions que des bonnes : tels étoient les sentimens de Luther; Calvin les avoit suivis; et Bèze, le plus renommé de ses disciples, avoit publié une *Brièe exposition des principaux points de la religion chrétienne*, où il avoit posé ce fondement : Que Dieu fait toutes choses selon son conseil défini, voire mesme celles qui sont méchantes et exécrables [1].

Il avoit poussé ce principe jusqu'au péché du premier homme, qui, selon lui, ne s'étoit pas fait sans la volonté et ordonnance de Dieu, à cause « qu'ayant ordonné la fin, » qui étoit de glorifier sa justice dans le supplice des réprouvés, « il faut qu'il ait quant et quant ordonné les causes qui amènent cette fin [2], » c'est-à-dire les péchés qui amènent à la damnation éternelle, et en particulier celui d'Adam, qui est la source de tous les autres; de sorte que « la corruption du principal ouvrage de Dieu, » c'est-à-dire du premier homme, « n'est point avenuë à l'aventure, ni sans le décret et juste volonté de Dieu [3]. »

Il est vrai que cet auteur veut en même temps « que la volonté de l'homme, qui a esté créée bonne, se soit faite méchante [4] : » mais c'est qu'il entend et qu'il répète plusieurs fois que ce qui est *volontaire* est en même temps *nécessaire* [5]; de sorte que rien n'empêche que la volonté de pécher ne soit toujours la suite fatale d'une dure et inévitable nécessité; et si les hommes veulent « répliquer qu'ils n'ont pu résister à la volonté de Dieu, » Bèze ne leur dit pas ce qu'il faudroit dire, que Dieu ne les porte pas au péché, mais il répond seulement « qu'il les faut laisser plaider contre celuy qui sçaura bien défendre sa cause. »

Cette doctrine de Bèze étoit prise de Calvin, qui soutient en termes formels, « qu'Adam n'a pu éviter sa chute, et qu'il ne laisse

---

[1] *Exp. de la foi*, chez Riv., 1560, chap. II, concl. 1. — [2] *Ibid.*, cap. III, *Conc.*, tom. IV, V, p. 35. — [3] *Ibid.*, *Conc.*, VI, p. 38. — [4] *Ibid.*, 39. — [5] *Ibid.*, 29, 90, 91, cap. III, *Conc.*, VI, p. 40.

pas d'en être coupable, parce qu'il est tombé volontairement[1]; » ce qu'il entreprend de prouver dans son *Institution*[2]; et il réduit toute sa doctrine à deux principes : l'un, que la volonté de Dieu apporte dans toutes choses, et même dans nos volontés, sans en excepter celle d'Adam, une nécessité inévitable; l'autre, que cette nécessité n'excuse pas les pécheurs. On voit par là qu'il ne conserve du libre arbitre que le nom, même dans l'état d'innocence; et il ne faut pas disputer après cela s'il fait Dieu auteur du péché, puisqu'outre qu'il tire souvent cette conséquence[3], on voit trop évidemment par les principes qu'il pose, que la volonté de Dieu est la seule cause de cette nécessité imposée à tous ceux qui pèchent.

Bèze prise de Calvin.

Aussi ne dispute-t-on plus à présent du sentiment de Calvin et des premiers réformateurs sur ce sujet-là; et après avoir avoué ce qu'ils en ont dit, « même que Dieu pousse les méchans aux crimes énormes, et qu'il est en quelque sorte cause du péché, » on croit avoir suffisamment justifié la Réforme de ces expressions si pleines d'impiété, à cause « qu'on ne s'en est point servi depuis plus de cent ans[4]; comme si ce n'étoit pas une assez grande conviction du mauvais esprit dans lequel elle a été conçue, de voir que ses auteurs se soient emportés à de tels blasphèmes.

Telle étoit donc la fatalité que Calvin et Bèze avoient enseignée après Luther; et ils y avoient ajouté les dogmes que nous avons vus touchant la certitude du salut et l'inamissibilité de la justice[5]. C'étoit-à-dire que la vraie foi justifiante ne se perd jamais : ceux qui l'ont sont très-assurés de l'avoir; et sont par là, non-seulement assurés de leur justice présente, comme le disoient les luthériens, mais encore de leur salut éternel, et cela d'une certitude infaillible et absolue : assurés par conséquent de mourir justes, quelques crimes qu'ils puissent commettre; et non-seulement de mourir justes, mais encore de le demeurer dans le crime même, parce qu'on ne pouvoit sans cela soutenir le sens qu'on donnoit à ce passage de saint Paul : « Les dons et la vocation de Dieu sont sans repentance[6]. »

V.
Les dogmes que Calvin et Bèze avoient ajoutés à ceux de Luther.

---

[1] Lib. *De æt. Dei prædest.*, Opusc.; 704, 705. — [2] Lib. III, cap. 23, n. 7, 8, 9. — [3] *De prædest. de occult. Provid.*, etc. — [4] Jur., *Jugem. sur les méth.*, sect. XVII, p. 142, 143. — [5] Ci-dessus, liv. IX, n. 3 et suiv. — [6] *Rom.*, XI, 29.

VI.
Tout fidèle assuré de sa persévérance et de son salut; et c'est le principal fondement de la religion dans le calvinisme.

C'est ce que Bèze décidoit encore dans la même *Exposition de la Foy*, lorsqu'il y disoit qu'aux élus seuls, « estoit accordé le don de la foy : que cette foy, qui est propre et particulière aux eleûs consiste à s'asseûrer, chacun endroit soy, de son élection; » d'où il s'ensuit que « quiconque a ce don de la vraye foy doit estre asseûré de la persévérance. » Car comme il dit : « Que me sert de croire, puis que la persévérance de la foy est requise, si je ne suis asseûré que la persévérance me sera donnée [1]? » Il compte ensuite parmi les fruits de cette doctrine « qu'elle seule nous apprend d'asseûrer nostre foy pour l'avenir; » ce qu'il trouve de telle importance, que ceux, dit-il, « qui y résistent, il est certain qu'ils renversent le principal fondement de la religion chrestienne. »

VII.
Cette certitude de son salut particulier aussi grande que si Dieu lui-même nous l'avoit donnée de sa propre bouche.

Ainsi cette certitude qu'on a de sa foi et de sa persévérance n'est pas seulement une certitude de foi, mais encore le principal fondement de la religion chrétienne : et pour montrer qu'il ne s'agit pas d'une certitude morale ou conjecturale, Bèze ajoute, « que nous pouvons sçavoir si nous sommes prédestinez à salut, et estre asseûrez de la glorification que nous attendons, et sur laquelle Satan nous livre tous les combats, voire, dis-je, asseûrez, continue-t-il, non point par nostre fantaisie, mais par conclusions aussi certaines que si nous estions montez au ciel pour ouïr cét arrest de la bouche de Dieu [2]. » Il ne veut pas que le fidèle aspire à une moindre certitude; et après avoir exposé les moyens d'y parvenir, qu'il met dans la connoissance certaine que nous avons de la foi qui est en nous, il conclut que par là « nous apprenons que nous avons esté donnez au Fils selon la prédestination et propos de Dieu : » par conséquent, poursuit-il, « puis que Dieu est immuable, puis que la persévérance en la foy est requise à salut, et qu'estant faits certains de nostre prédestination, la glorification y est attachée d'un lien indissoluble, comment douterons-nous de la persévérance, et finalement de nostre salut [3]. »

VIII.
On commence à s'apercevoir dans

Comme les luthériens, aussi bien que les catholiques, détestoient ces dogmes, et que les calvinistes lisoient les écrits des premiers avec une prévention plus favorable, l'horreur de ces sentimens

[1] Ch. VIII, *Conc.*, I, p. 66. — [2] *Ibid.*, *Conc.*, III, p. 121. — [3] *Ibid.*

inouïs jusqu'à Calvin, se répandoit peu à peu dans les églises calviniennes. On se réveilloit, on trouvoit horrible qu'un vrai fidèle ne pût craindre pour son salut contre ce précepte de l'Apôtre : « Opérez votre salut avec crainte et tremblement [1]. » Si c'est une tentation et une foiblesse de craindre pour son salut, comme on est forcé de le dire dans le calvinisme, pourquoi saint Paul commande-t-il cette crainte, et une tentation peut-elle tomber sous le précepte?

le calvinisme de ces excès.

La réponse qu'on apportoit ne contentoit pas. On disoit : Le fidèle tremble quand il se regarde lui-même, parce qu'en lui-même, tout juste qu'il est, il n'a que mort et que damnation, et qu'enfin il seroit damné s'il étoit jugé à la rigueur. Mais assuré de ne le pas être, qu'a-t-il à craindre? L'avenir, dit-on, parce que s'il abandonnoit Dieu, il périroit : foible raison, puisqu'on tient d'ailleurs la condition impossible, et qu'un vrai fidèle doit croire comme indubitable qu'il aura la persévérance. Ainsi en toutes façons la crainte que saint Paul inspire est bannie, et le salut assuré.

IX. Qu'ils étoient contraires au tremblement prescrit par S. Paul

Si on répondoit que sans craindre pour le salut, il y avoit assez d'autres châtimens qui donnoient de justes sujets de trembler, les catholiques et les luthériens répliquoient que la crainte dont parloit saint Paul regardoit manifestement le salut : « Opérez, dit-il, votre salut avec crainte et tremblement. » L'Apôtre inspiroit une terreur qui alloit jusqu'à craindre *de faire naufrage dans la foi,* aussi bien que *dans la bonne conscience* [2] ; et Jésus-Christ avoit dit lui-même : « Craignez celui qui peut envoyer l'ame et le corps dans la gehne [3]; » précepte qui regardoit les fidèles comme les autres, et ne leur faisoit rien craindre de moins que la perte de leur ame. On ajoutoit à ces preuves celles de l'expérience : les idolâtries et la chute affreuse d'un Salomon, orné sans doute dans ses commencemens de tous les dons de la grace; les crimes abominables d'un David; et chacun outre cela sentoit les siens. Quoi donc ! est-il convenable que sans être assuré contre les crimes, on le soit contre les peines; et que celui qui une fois s'est cru vrai fidèle, soit obligé de croire que le pardon lui est assuré dans quelques abominations qu'il puisse tomber? Mais perdra-t-il cette cer-

X. Vaine défaite.

---

[1] *Phil.,* II, 2. — [2] I *Tim.,* I, 19. — [3] *Matth.,* X, 28.

titude dans son crime? Il perdra donc nécessairement le souvenir de sa foi et de la grace qu'il a reçue. Ne la perdra-t-il pas? Il demeurera donc aussi assuré dans le crime que dans l'innocence; et pourvu qu'il raisonne bien selon les principes de sa secte, il y trouvera de quoi condamner tous les doutes qui pourroient jamais lui venir dans l'esprit sur son retour : de sorte qu'en continuant de vivre dans le désordre, il sera certain de n'y mourir pas : ou bien il sera certain de n'avoir jamais été vrai fidèle, lorsqu'il croyoit l'être le plus ; et le voilà dans le désespoir, ne pouvant jamais espérer plus de certitude de son salut qu'il en avoit eu alors, ni, quoi qu'il fasse, s'assurer jamais dans cette vie qu'il ne retombera plus dans l'état déplorable où il se voit. Quel remède à tout cela, sinon de conclure que la certitude infaillible, qu'on vante dans le calvinisme, ne convient pas à cette vie, et qu'il n'y a rien de plus téméraire ni de plus pernicieux.

XI. La foi justifiante ne se perdoit pas dans le crime.

Mais combien l'est-il davantage de se tenir assuré, non pas de recouvrer la grace perdue et la vraie foi justifiante, mais de ne la perdre pas dans le crime même; d'y demeurer toujours juste et régénéré; d'y conserver le Saint-Esprit et la semence de vie, comme on le croit constamment dans le calvinisme, si on suit Calvin et Bèze et les autres docteurs principaux de la secte [1]? Car, selon eux, la foi justifiante est propre aux seuls élus, et ne leur est jamais ravie; et Bèze disoit dans l'*Exposition* tant de fois citée, « que la foy, encore qu'elle soit quelquefois comme ensevelie ès éleûs de Dieu pour leur faire connoistre leur infirmité, ce néanmoins jamais ne va sans crainte de Dieu et charité du prochain [2]. » Et un peu après il disoit deux choses de l'esprit d'adoption : l'une, que ceux qui ne sont plantés en Eglise que « pour un temps, » ne le reçoivent jamais; l'autre, que ceux qui sont entrés dans le peuple de Dieu par cet esprit d'adoption, n'en sortent jamais [3].

XII. De quels passages de l'Ecriture on.

On appuyoit cette doctrine sur ces passages : « Dieu n'est point comme l'homme, en sorte qu'il mente : ni comme le Fils de l'homme, en sorte qu'il se repente [4]. » Ce qui avoit aussi fait dire

---

[1] Ci-dessus, liv. IX, n. 15. — [2] Chap. IV, *Conc.*, XIII, p. 74. — [3] *Ibid.*, chap. V, *Concl.*, VI, p. 90. — [4] Chap. IV, *Conc.*, XIII, p. 74.

à saint Paul, « que les dons et la vocation de Dieu sont sans repentance[1]. » Mais quoi! ne perdoit-on aucun don de Dieu dans les adultères, dans les homicides, dans les crimes les plus noirs, ni même dans l'idolâtrie? Et s'il y en a quelques-uns qu'on puisse perdre du moins pour un temps et dans cet état, pourquoi la vraie foi justifiante et la présence du Saint-Esprit ne seront-elles pas de ce nombre, puisqu'il n'y a rien de plus incompatible avec l'état de péché que de telles graces?

s'appuyoit dans le calvinisme.

Sur cette dernière difficulté on faisoit encore une demande d'une extrême conséquence; et je prie qu'on la considère attentivement, parce qu'elle fera la matière d'une importante dispute dont nous aurons à parler. On demandoit donc à un calviniste : Ce vrai fidèle, David, par exemple, tombé dans un adultère et un homicide, seroit-il sauvé ou damné s'il mouroit en cet état avant que d'avoir fait pénitence? Aucun n'a osé répondre qu'il seroit sauvé : car aussi comment soutenir, étant chrétien, qu'on seroit sauvé avec de tels crimes? Ce vrai fidèle seroit donc damné s'il mouroit en cet état; ce vrai fidèle en cet état a donc cessé d'être juste, puisqu'on ne dira jamais d'un juste qu'il seroit damné s'il mouroit en l'état où il est.

XIII. Question qu'on faisoit aux calvinistes : Si un fidèle eût été damné en cas de mort dans son crime.

Répondre qu'il n'y mourra pas, et qu'il fera pénitence s'il est du nombre des prédestinés, ce n'est rien dire; car ce n'est pas la prédestination, ni la pénitence qu'on fera un jour, qui nous justifie et nous rend saints; autrement un infidèle prédestiné seroit actuellement sanctifié et justifié, avant même que d'avoir la foi et la pénitence, puisqu'avant que de les avoir, constamment il étoit déjà prédestiné, constamment Dieu avoit déjà résolu qu'il les auroit.

XIV. Embarras inexplicable du calvinisme dans cette question.

Que si on répond que cet infidèle n'est pas actuellement justifié et sanctifié, parce qu'il n'a pas encore eu la foi et la pénitence, encore qu'il les doive avoir un jour, au lieu que le vrai fidèle les a déjà eues : c'est un nouvel embarras, puisqu'il s'ensuivroit que la foi et la pénitence une fois exercées par le fidèle, le justifient et le sanctifient actuellement et pour toujours, encore qu'il cesse de les exercer, et même qu'il les abandonne par des crimes abo-

[1] *Rom.*, XI, 29.

minables : chose plus horrible à penser que tout ce qu'on a pu voir jusqu'ici dans cette matière.

<small>XV.
Cette question n'est pas indifférente.</small>
Au reste, ce n'est point ici une question chimérique; c'est une question que chaque fidèle, quand il pèche, se doit faire à lui-même : ou plutôt c'est un jugement qu'il doit prononcer : Si je mourois en l'état où je suis, je serois damné. Ajouter après cela : Mais je suis prédestiné, et je reviendrai un jour; et à cause de ce retour futur, dès à présent je suis saint et juste, et membre vivant de Jésus-Christ : c'est le comble de l'aveuglement.

<small>XVI.
Ces difficultés faisoient revenir plusieurs calvinistes.</small>
Pendant que les catholiques et les luthériens mieux écoutés qu'eux dans la nouvelle Réforme, poussoient ces raisonnemens, plusieurs calvinistes revenoient : et voyant d'ailleurs parmi les luthériens une doctrine plus douce, ils s'y laissoient attirer. Une volonté générale en Dieu de sauver tous les hommes; en Jésus-Christ une intention sincère de les racheter et des moyens suffisans offerts à tous : c'est ce qu'enseignoient les luthériens dans le livre de la *Concorde*. Nous l'avons vu : nous avons vu même leurs excès touchant ces moyens offerts, et la coopération du libre arbitre [1] : ils entroient tous les jours de plus en plus dans ces sentimens; et on commençoit à les écouter dans le calvinisme, principalement en Hollande.

<small>XVII.
Dispute d'Arminius et ses excès.
1601.
1602.</small>
Jacques Arminius, célèbre ministre d'Amsterdam et depuis professeur en théologie dans l'académie de Leyde, fut le premier à se déclarer dans l'académie contre les maximes reçues par les églises du pays : mais un homme si véhément n'étoit pas propre à garder de justes mesures. Il blâmoit ouvertement Bèze, Calvin, Zanchius et les autres qu'on regardoit comme les colonnes du calvinisme [2]. Mais il combattoit des excès par d'autres excès; et outre qu'on le voyoit s'approcher beaucoup des pélagiens, on le soupçonnoit, non sans raison, de quelque chose de pis : certaines paroles qui lui échappoient le faisoient croire favorable aux sociniens, et un grand nombre de ses disciples tournés depuis de ce côté-là ont confirmé ce soupçon.

---

[1] Ci-dessus, liv. VIII, n. 52 et suiv.; *Epit.*, XI; *Concord.*, p. 621; *Solid. repet.*, 669, 805 et seq. — [2] *Act. Syn. Dordr.*, edit. Dordr., 1620, *præf. ad Ecc. ante Synod. Dord.*

Il trouva un terrible adversaire en la personne de François Gomar, professeur en théologie dans l'académie de Leyde (*a*), rigoureux calviniste s'il en fut jamais. Les académies se partagèrent entre ces deux professeurs : la division s'augmenta : les ministres prenoient parti : Arminius vit des églises entières dans le sien : sa mort ne termina pas la querelle; et les esprits s'échauffèrent tellement de part et d'autre sous le nom de *Remontrans* et *Contre-remontrans*, c'étoit-à-dire d'*Arminiens* et de *Gomaristes*, que les Provinces-Unies se voyoient à la veille d'une guerre civile.

<small>XVIII. Opposition de Gomar, qui soutient le calvinisme. Partis des remontrans et contre-remontrans.</small>

Le prince d'Orange Maurice eut ses raisons pour soutenir les gomaristes. On croyoit Barneveld, son ennemi, favorable aux arminiens; et la raison qu'on en eut, c'est qu'il proposa une tolérance mutuelle, et qu'on imposa silence aux uns et aux autres [1].

<small>XIX. Le prince d'Orange appuie le dernier parti, et Barneveld l'autre.</small>

C'étoit en effet ce que souhaitoient les remontrans. Un parti naissant et foible encore, ne demande que du temps pour s'affermir : mais les ministres, parmi lesquels Gomar prévaloit, vouloient vaincre, et le prince d'Orange étoit trop habile pour laisser fortifier un parti qu'il croyoit autant opposé à sa grandeur qu'aux maximes primitives de la Réforme.

Les synodes provinciaux n'avoient fait qu'aigrir le mal en condamnant les remontrans; il en fallut enfin venir à un plus grand remède : ainsi les Etats-Généraux convoquèrent un synode national, où ils invitèrent tous ceux de leur religion en quelque pays qu'ils fussent. A cette invitation l'Angleterre, l'Ecosse, le Palatinat, la Hesse, les Suisses, les républiques de Genève, de Brême, d'Embden, et en un mot tout le corps de la Réforme qui n'étoit pas uni aux luthériens, députèrent, à la réserve des François, qui en furent empêchés par des raisons d'Etat; et de tous ces députés joints à ceux de toutes les Provinces-Unies, fut composé ce fameux synode de Dordrect, dont il nous faut maintenant expliquer la doctrine et la procédure.

<small>XX. Les remontrans ou arminiens condamnés dans les synodes provinciaux. Convocation du synode de Dordrect.</small>

[1] *Act. Syn. Dordr.*, édit. Dordr., 1620, *præf. ad Ecc. ante Synod. Dordr.*
(*a*) 1re édit. : Dans l'académie de Groningue. Dans la revue de plusieurs de ses ouvrages, à la fin du VIe *Avertissement aux protestans*, Bossuet dit : « Il ne fut à Groningue qu'après la mort d'Arminius.

10 HISTOIRE DES VARIATIONS.

XXI.
Ouverture
du synode.
1618.

L'ouverture de cette assemblée se fit le 14 novembre 1618, par un sermon de Baltasar Lydius ministre de Dordrect. Les premières séances furent employées à régler diverses choses de discipline ou de procédure; et ce ne fut proprement que le 13 décembre, dans la trente-unième séance, que l'on commença à parler de la doctrine.

XXII.
La dispute
réduite à
cinq chefs.
Déclaration des remontrans
en général
sur les
cinq chefs.

Pour entendre de quelle manière on y procéda, il faut savoir qu'après beaucoup de livres et de conférences, la dispute s'étoit enfin réduite à cinq chefs. Le premier regardoit la prédestination; le second, l'universalité de la rédemption; le troisième et le quatrième qu'on traitoit toujours ensemble, regardoient la corruption de l'homme et la conversion; le cinquième, regardoit la persévérance.

Sur ces cinq chefs les remontrans avoient déclaré en général en plein synode, par la bouche de Simon Episcopius, professeur en théologie à Leyde, qui paroît toujours à leur tête, que des hommes de grand nom et de grande réputation dans la Réforme avoient établi des choses qui ne convenoient ni avec la sagesse de Dieu, ni avec sa bonté et sa justice, ni avec l'amour que Jésus-Christ avoit pour les hommes, ni avec sa satisfaction et ses mérites, ni avec la sainteté de la prédication et du ministère, ni avec l'usage des sacremens, ni enfin avec les devoirs du chrétien. Ces *grands hommes* qu'ils vouloient taxer, étoient les auteurs de la Réforme, Calvin, Bèze, Zanchius, et les autres qu'on ne leur permettoit pas de nommer, mais qu'ils n'avoient pas épargnés dans leurs écrits. Après cette déclaration générale de leur sentiment, ils s'expliquèrent en particulier sur les cinq articles [1]; et leur déclaration attaquoit principalement la certitude du salut et l'inamissibilité de la justice, dogmes par lesquels ils prétendoient qu'on avoit ruiné la piété dans la Réforme, et déshonoré un si beau nom. Je rapporterai la substance de cette déclaration des remontrans, afin qu'on entende mieux ce qui fit la principale matière de la délibération, et ensuite des décisions du synode.

XXIII.
Ce que
portoit la

Sur la prédestination, ils disoient « qu'il ne falloit reconnoistre en Dieu aucun décret absolu, par lequel il eust résolu de donner

[1] *Sess.* XXXI, p. 112.

Jésus-Christ aux éleûs seuls, ni de leur donner non plus à eux- *déclaration des re-* seuls par une vocation efficace, la foy, la justification, la per- *montrans sur chaque* sévérance et la gloire; mais qu'il avoit ordonné Jésus-Christ *chef particulier. Sur* Rédempteur commun de tout le monde, et résolu par ce décret *la prédestination.* de justifier et sauver tous ceux qui croiroient en luy, et en mesme temps leur donner à tous les moyens suffisans pour estre sauvez; que personne ne périssoit pour n'avoir point ces moyens, mais pour en avoir abusé; que l'élection absoluë et précise des particuliers se faisoit en veuë de leur foy et de leur persévérance future, et qu'il n'y avoit d'élection que conditionnelle; que la réprobation se faisoit de mesme en veuë de l'infidélité et de la persévérance dans un si grand mal [1]. »

Ils ajoutoient deux points dignes d'une particulière considé- *XXIV.* ration : l'un, que tous les enfans des fidèles étoient sanctifiés, et *Doctrine des remon-* qu'aucun de ces enfans qui mouroient devant l'usage de la raison *trans sur le baptême* n'étoit damné : l'autre, qu'à plus forte raison aucun de ces enfans *des enfans, et ce qu'ils* qui mouroient après le baptême avant l'usage de la raison, ne *en vouloient con-* l'étoit non plus [2]. *clure.*

En disant que tous les enfans des fidèles étoient sanctifiés, ils ne faisoient que répéter ce que nous avons vu clairement dans les confessions de foi calviniennes; et s'ils étoient sanctifiés, il étoit évident qu'ils ne pouvoient être damnés en cet état. Mais après ce premier article, le second sembloit inutile; et si ces enfans étoient assurés de leur salut avant le baptême, ils l'étoient beaucoup plus après. Ce fut donc avec un dessein particulier qu'on mit ce second article; et les remontrans vouloient noter l'inconstance des calvinistes, qui d'un côté, pour sauver le baptême donné à tous ces enfans, disoient qu'ils étoient tous saints et nés dans l'alliance, de laquelle par conséquent on ne leur pouvoit refuser le signal : et qui, pour sauver de l'autre côté la doctrine de l'inamissibilité de la justice, disoient que le baptême donné aux enfans n'avoit son effet que dans les seuls prédestinés; en sorte que les baptisés qui vivoient mal dans la suite n'avoient jamais été saints, pas même avec le baptême qu'ils avoient reçu dans leur enfance.

[1] Sess. XXXI, 112. — [2] Art. 9, 10, *ibid.*

Remarquez, je vous en conjure, lecteur judicieux, cette importante difficulté : elle porte coup pour décider sur l'inamissibilité, et il sera curieux de voir ce que dira ici le synode.

xxv. Déclaration des remontrans sur l'universalité de la rédemption. A l'égard du second chef, qui regarde l'universalité de la rédemption, les remontrans disoient que « le prix payé par le Fils de Dieu n'estoit pas seulement suffisant à tous, mais actuellement offert pour tous et un chacun des hommes; qu'aucun n'estoit exclus du fruit de la rédemption par un décret absolu, ni autrement que par sa faute; que Dieu fléchi par son Fils, avoit fait un nouveau traité avec tous les hommes, quoyque pécheurs et damnez [1]. » Ils disoient que par ce traité il s'étoit obligé envers tous à leur donner ces moyens suffisans dont ils avoient parlé : « qu'au reste la rémission des péchez méritée à tous n'estoit donnée actuellement que par la foy actuelle, par laquelle on croyoit actuellement en Jésus-Christ : » par où ils faisoient entendre que qui perdoit par ses crimes la foi actuelle qui nous justifie, perdoit aussi avec elle la grace justifiante et la sainteté. Enfin ils disoient encore « que personne ne devoit croire que Jésus-Christ fust mort pour luy, si ce n'est ceux pour lesquels il estoit mort en effet : de sorte que les réprouvez, tels que quelques-uns les imaginoient, pour lesquels Jésus-Christ n'estoit pas mort, ne devoient pas croire qu'il fust mort pour eux [2]. » Cet article alloit plus loin qu'il ne paroissoit. Car le dessein étoit de montrer que selon la doctrine de Calvin et des calvinistes, qui posoient pour dogme indubitable que Jésus-Christ n'étoit mort en aucune sorte que pour les prédestinés, et n'étoit mort en aucune sorte pour les réprouvés, il s'ensuivoit que pour dire : *Jésus-Christ est mort pour moy*, il falloit être assuré d'une certitude absolue de sa prédestination et de son salut éternel, sans que jamais on pût dire : « Il est mort pour moy, mais je me suis rendu sa mort et la rédemption inutiles : » doctrine qui renversoit toutes les prédications, où l'on ne cesse de dire aux chrétiens qui vivent mal, qu'ils se sont rendus indignes d'avoir été rachetés par Jésus-Christ. C'étoit aussi l'un de ces articles où les remontrans soutenoient qu'on renversoit dans la Réforme toute la sin-

[1] Sess. xxxiv, p. 115 et seqq. — [2] Art. 4, *ibid.*

cérité et la sainteté de la prédication, aussi bien que ce passage de saint Pierre : « Ils ont renié le Seigneur qui les avoit rachetez, et se sont attirez une soudaine ruine [1]. »

Sur le troisième et quatrième chefs, après avoir dit que la grace étoit nécessaire à tout bien, non-seulement pour l'achever, mais encore pour le commencer, « ils ajoûtoient que la grace efficace n'estoit pas irrésistible [2]. » C'étoit leur mot, et celui des luthériens dont ils se vantoient de suivre la doctrine. Ils vouloient dire qu'on pouvoit résister à toute sorte de graces; et par là, comme chacun voit, ils prétendoient « qu'encore que la grace fust donnée également, Dieu en donnoit ou en offroit une suffisante à tous ceux à qui l'Evangile estoit annoncé, mesme à ceux qui ne se convertissoient pas; et l'offroit avec un désir sincère et sérieux de les sauver tous, sans qu'il fist deux personnages, faisant semblant de vouloir sauver, et au fond ne le voulant pas, et poussant secrètement les hommes aux péchez qu'il défendoit publiquement [3]. » Ils en vouloient directement dans tous ces endroits aux auteurs de la Réforme et à la vocation peu sincère qu'ils attribuoient à Dieu, lorsqu'il appeloit à l'extérieur ceux que dans le fond il avoit exclus de sa grace, les prédestinant au mal.

Pour montrer combien la grace étoit *résistible* (il faut permettre ces mots que l'usage avoit consacrés pour éviter la longueur) ils avoient mis un article qui disoit « que l'homme pouvoit par la grace du Saint-Esprit faire plus de bien qu'il n'en faisoit, et s'éloigner du mal plus qu'il ne s'en éloignoit [4]; » ainsi il résistoit souvent à la grace, et la rendoit inutile.

Sur la persévérance ils décidoient que « Dieu donnoit aux vrais fidèles régénérez par sa grace des moyens pour se conserver dans cét état : qu'ils pouvoient perdre la vraye foy justifiante, et tomber dans des péchez incompatibles avec la justification, mesme dans des crimes atroces; y persévérer, y mourir, s'en relever aussi par la pénitence, sans néanmoins que la grace les contraignist à la faire [5]. » Voilà ce qu'ils pressoient avec plus de force, « détestant, disoient-ils, de tout leur cœur ces dogmes impies et

---

[1] II *Petr.*, II, 1. — [2] Ead. sess., p. 116 et seq. — [3] P. 117. — [4] Art. 7, *ibid.*, 117. — [5] Ead. sess., p. 117, 118 et seq.

contraires aux bonnes mœurs, qu'on respandoit tous les jours parmi les peuples ; que les vrais fidèles ne pouvoient tomber dans des péchez de malice, mais seulement dans des péchez d'ignorance et de foiblesse : qu'ils ne pouvoient perdre la grace : que tous les crimes du monde assemblez en un ne pouvoient rendre inutile leur élection, ni leur en oster la certitude; chose, ajoutoient-ils, qui ouvroit la porte à une sécurité charnelle et pernicieuse : qu'aucuns crimes, quelque horribles qu'ils fussent, ne leur estoient imputez : que tous péchez présens et futurs leur estoient remis par avance : qu'au milieu des hérésies, des adultères et des homicides pour lesquels on pourroit les excommunier, ils ne pouvoient totalement et finalement perdre la foy [1]. »

XXVIII. Deux mots essentiels sur lesquels rouloit toute la dispute : qu'on pouvoit perdre la grace totalement et finalement.

Ces deux mots, *totalement* et *finalement*, étoient ceux sur lesquels principalement rouloit la discussion. Perdre la foi et la grace de la justification *totalement*, c'étoit la perdre tout à fait un certain temps; la perdre *finalement*, c'étoit la perdre à jamais et sans retour. L'un et l'autre étoit tenu impossible dans le calvinisme, et les remontrans détestoient l'un et l'autre de ces excès.

XXIX. Contre la certitude du salut.

Ils concluoient la déclaration de leur doctrine, en disant que comme le vrai fidèle pouvoit dans le temps présent être assuré de sa foi et de sa bonne conscience, il pouvoit aussi être assuré pour ce temps-là, s'il y mouroit, de son salut éternel; qu'il pouvoit aussi être assuré de pouvoir persévérer dans la foi, parce que la grace ne lui manqueroit jamais pour cela : mais qu'il fût assuré de faire toujours son devoir, ils ne voyoient pas qu'il le « pust estre, ni que cette asseûrance luy fust nécessaire [2]. »

XXX. Fondement des remontrans : Qu'il n'y avoit nulle préférence gratuite pour les élus.

Si l'on veut maintenant comprendre en peu de mots toute leur doctrine, le fondement en étoit qu'il n'y avoit point d'élection absolue, ni de préférence gratuite par laquelle Dieu préparât à certaines personnes choisies, et à elles seules, des moyens certains pour les conduire à la gloire : mais que Dieu offroit à tous les hommes, et surtout à tous ceux à qui l'Evangile étoit annoncé, des moyens suffisans de se convertir, dont les uns usoient et les autres non, sans en employer aucun autre pour ses élus, non plus que pour les réprouvés ; de sorte que l'élection n'étoit jamais

[1] Art. 6, *ibid.*, p. 118. — [2] Art. 7 et 8, *ibid.*, 119.

que conditionnelle, et qu'on en pouvoit déchoir en manquant à la condition. D'où ils concluoient, premièrement qu'on pouvoit perdre la grace justifiante, et totalement, c'est-à-dire toute entière, et finalement, c'est-à-dire sans retour ; secondement, qu'on ne pouvoit en aucune sorte être assuré de son salut.

Encore que les catholiques ne convinssent pas du principe, ils convenoient avec eux des deux dernières conséquences, qu'ils établissoient néanmoins sur d'autres principes qu'il ne s'agit pas d'expliquer ici ; et ils convenoient aussi que la doctrine calvinienne contraire à ces conséquences étoit impie, et ouvroit la porte à toutes sortes de crimes.

XXXI. En quoi les catholiques convenoient avec les remontrans.

Les luthériens convenoient aussi en ce point avec les catholiques et les remontrans. Mais la différence des catholiques et des luthériens est que les derniers, en niant la certitude de persévérer, reconnoissoient une certitude de la justice présente, en quoi ils étoient suivis par les remontrans : au lieu que les catholiques différoient des uns et des autres, en soutenant qu'on ne pouvoit être assuré ni de ses bonnes dispositions futures, ni même de ses bonnes dispositions présentes, dont au milieu des ténèbres de notre amour-propre nous avions toujours sujet de nous défier ; de sorte que la confiance que nous avions du côté de Dieu n'ôtoit pas tout à fait le doute que nous avions de nous-mêmes.

XXXII. En quoi étoit la différence des catholiques, des luthériens et des remontrans.

Calvin et les calvinistes combattoient la doctrine des uns et des autres, et soutenoient aux luthériens et aux remontrans que le vrai fidèle étoit assuré non-seulement du présent, mais encore de l'avenir, et assuré par conséquent de ne perdre jamais, ni totalement, c'est-à-dire tout à fait, ni finalement, c'est-à-dire sans retour, la grace justifiante ni la vraie foi une fois reçue.

XXXIII. Les calvinistes contraires aux uns et aux autres.

L'état de la question et les différens sentimens sont bien entendus ; et pour peu que le synode de Dordrect ait voulu parler clairement, on comprendra sans difficulté quelle en aura été la doctrine ; d'autant plus que les remontrans après leur déclaration avoient sommé ceux qui se plaindroient qu'on expliquait mal leur doctrine, de rejeter nettement tout ce dont ils se croiroient injustement accusés, et priant aussi le synode de s'expliquer précisé-

XXXIV. Demande des remontrans, qu'on prononçât clairement

ment sur des articles dont on se servoit pour rendre toute la Réforme odieuse¹.

<small>XXXV.
Décision
du synode.</small> Si jamais il a fallu parler nettement, c'est après une telle déclaration et dans de semblables conjonctures. Ecoutons donc maintenant la décision du synode.

Il prononce sur les cinq chefs proposés en quatre chapitres; car, comme nous avons dit, le troisième et le quatrième chefs alloient toujours ensemble. Chaque chapitre a deux parties : dans la première on établit; dans la seconde on rejette et on improuve. Voici la substance des canons, car c'est ainsi qu'on appela les décrets de ce synode.

<small>XXXVI.
Décision
du synode
sur le premier chef:
la foi dans
les seuls
élus : la
certitude
du salut.</small> Sur la prédestination et élection l'on décidoit « que le décret en est absolu et immuable; que Dieu donne la vraye et vive foy à tous ceux qu'il veut retirer de la damnation commune, *et à eux seuls :* que cette foy est un don de Dieu; que tous les éleûs sont dans leur temps asseûrez de leur élection, quoy-que non pas en mesme degré et en égale mesure; que cette asseûrance leur vient non en sondant les secrets de Dieu, mais en remarquant en eux avec une sainte volupté et une joye spirituelle les fruits infaillibles de l'élection, tels que sont la vraye foy, la douleur de ses péchez et les autres; que le sentiment et la certitude de leur élection les rend toujours meilleurs; que ceux qui n'ont pas encore ce sentiment efficace et cette certaine confiance, la doivent désirer; et enfin que cette doctrine ne doit faire peur qu'à ceux qui attachez au monde ne se convertissent pas sérieusement². » Voilà déjà pour les seuls élus avec la vraie foi la certitude du salut : mais la chose s'expliquera bien plus clairement dans la suite.

<small>XXXVII.
Décision
sur le baptême des
enfans.</small> L'article XVII décide « que la parole de Dieu déclarant saints les enfans des fidèles, non par nature, mais par l'alliance où ils sont compris avec leurs parens, les parens fidèles ne doivent pas douter de l'élection et du salut de leurs enfans qui meurent dans ce bas âge³. »

En cet article le synode approuve la doctrine des remontrans, à qui nous avons ouï dire précisément la même chose⁴ : il n'y a

---

¹ Ead. sess., p. 121], 122. — ² Sess. XXXVI, p. 349 et seq., *ibid.*, art. 12 et seq.; p. 251. — ³ Art. 17, 252. — ⁴ Ci-dessus, n. 23.

donc rien de plus assuré parmi nos adversaires, qu'un article qu'on voit également enseigné des deux partis : la suite nous fera voir quelles en sont les conséquences.

Parmi les articles rejetés on trouve celui qui veut que « la certitude du salut dépende d'une condition incertaine ¹; » c'est-à-dire que l'on condamne ceux qui enseignent qu'on est assuré d'être sauvé en persévérant à bien vivre, mais qu'on n'est pas assuré de bien vivre; qui étoit précisément la doctrine que nous avons ouï enseigner aux remontrans. Le synode déclare absurde « cette certitude incertaine, » et par conséquent établit une certitude absolue, qu'il tâche même d'établir par l'Ecriture : mais il ne s'agit pas des preuves; il s'agit de bien poser la doctrine, et d'entendre que le vrai fidèle, selon les décrets de Dordrect, non-seulement doit être assuré de son salut, supposé qu'il fasse bien son devoir, mais encore qu'il doit être assuré de le bien faire, du moins à la fin de sa vie. Ce n'est pourtant rien encore, et nous verrons cette doctrine bien plus clairement décidée.

<small>XXXVIII. Condamnation de ceux qui nioient la certitude du salut.</small>

Sur le sujet de la rédemption et de la promesse de grace, on décide « qu'elle est annoncée indifféremment à tous les peuples : c'est par leur faute que ceux qui n'y croient pas la rejettent, et c'est par la grace que les vrays fidéles l'embrassent; mais les éleûs sont les seuls à qui Dieu a résolu de donner la foy justifiante, par laquelle ils sont infailliblement sauvez. » Voilà donc une seconde fois la vraie foi justifiante dans les élus seuls : il faudra voir dans la suite ce qu'auront ceux qui ne continuent pas à croire jusqu'à la fin.

<small>XXXIX. La foi justifiante encore une fois reconnue dans les élus seuls.</small>

Le sommaire du quatrième chapitre est qu'encore que Dieu appelle *sérieusement* tous ceux à qui l'Evangile est annoncé, en sorte que s'ils périssent ce n'est pas la faute de Dieu : il se fait néanmoins quelque chose de particulier dans ceux qui se convertissent, Dieu les appelant *efficacement*, et leur donnant la foi et la pénitence. La grace suffisante des arminiens, avec laquelle « le libre arbitre se discerne luy-mesme, » est rejetée comme *un dogme pélagien* ². La régénération est représentée comme se faisant « sans nous, » non par « la parole extérieure, ou par une

<small>XL. La coopération, comment admise.</small>

---

¹ Ci-dessus, art. 7, p. 254. — ² Art. 12, p. 265.

persuasion morale, » mais par une opération qui ne laisse pas « au pouvoir de l'homme d'estre RÉGÉNÉRÉ OU NON [1], » d'être converti ou non : et néanmoins, dit-on dans cet article, quand la volonté est « renouvelée, » elle est non-seulement « poussée et meüe de Dieu, » mais « elle agit estant meüe de luy; et c'est l'homme qui croit et qui se repent. »

La volonté n'agit donc que quand elle est convertie et renouvelée. Mais quoi ! n'agit-elle pas quand on commence à désirer sa conversion, et à demander la grace de la régénération? ou bien est-ce qu'on l'avoit déjà quand on commençoit à la demander? C'est ce qu'il falloit expliquer, et ne pas dire généralement que la conversion et la régénération se fait sans nous. Il y auroit bien d'autres choses à dire ici ; mais il ne s'agit pas de disputer : il suffit historiquement de bien faire entendre la doctrine du synode.

XLI.
Certitude du fidèle.

Il dit au XIII° article que la manière dont se fait en nous cette opération de la grace régénérante est inconcevable : il suffit de concevoir que par cette grace le fidèle « sçait et sent qu'il croit et qu'il aime son Sauveur. » *Il sçait et sent* : voilà dans l'ordre de la connoissance ce qu'il y a de plus certain, savoir et sentir.

XLII.
Suite de la même matière.

Nous lisons dans l'article XVI que de même que le péché n'a pas ôté la nature à l'homme, ni son entendement, ni sa volonté, ainsi la grace régénérante n'agit pas en lui « comme dans un tronc et dans une bûche : » elle conserve les « propriétés » à la volonté, et ne « la force point malgré elle; » c'est-à-dire qu'elle ne la fait point « vouloir sans vouloir. » Quelle étrange théologie! N'est-ce pas vouloir tout embrouiller que de s'expliquer si foiblement sur le libre arbitre?

XLIII.
Les habitudes infuses.

Parmi les erreurs rejetées, je trouve celle qui enseigne « que dans la vraye conversion de l'homme, Dieu ne peut répandre par infusion des qualitez, des habitudes et des dons; et que la foy par laquelle nous sommes premiérement convertis, et d'où nous sommes appelez fidéles, n'est pas un don et une qualité infuse de Dieu, mais seulement un acte de l'homme [2]. » Je suis bien aise d'entendre l'infusion de ces nouvelles qualités et habitudes : elle

[1] Art. 12, p. 265. — [2] Art. 6, p. 267.

nous sera d'un grand secours pour expliquer la vraie idée de la justification, et faire voir par quel moyen elle peut être obtenue de Dieu. Car je ne crois pas qu'on puisse douter qu'en ceux qui sont en âge de connoissance, ce ne soit un acte de foi inspiré de Dieu, qui nous impètre la grace d'en recevoir l'habitude avec celle des autres vertus. Cependant l'infusion de cette habitude n'en sera pas moins gratuite, comme on verra en son temps : mais passons, il faut maintenant venir au dernier chapitre, qui est le plus important, puisqu'il y falloit expliquer précisément et à fond ce qu'on auroit à répondre aux reproches des remontrans sur la certitude du salut et l'inamissibilité de la justice.

Sur l'inamissibilité, voici ce qu'on dit :

« Que dans certaines actions particuliéres les vrays fidéles peuvent quelquefois se retirer, et se retirent en effet, par leur vice, de la conduite de la grace pour suivre la concupiscence, jusqu'à tomber dans des crimes atroces; que par ces péchez énormes ils offensent Dieu, se rendent coupables de mort, interrompent l'exercice de la foy, font une grande blessure à leur conscience, et *quelquefois* perdent pour un temps *le sentiment de la grace* [1]. » O Dieu, est-il bien possible que dans cet état détestable ils *ne perdent que* LE SENTIMENT DE LA GRACE, et non pas la grace même, et ne la perdent que QUELQUEFOIS ! Mais il n'est pas encore temps de se récrier; voici bien pis : « Dieu, dans ces tristes chûtes, ne leur oste pas *tout à fait* son Saint-Esprit, et ne les laisse pas tomber jusqu'à *déchoir de la grace de l'adoption et de l'état de la justification*, ni jusqu'à commettre le péché à mort, ou contre le Saint-Esprit, et estre damnez [2]. » Quiconque donc est vrai fidèle et une fois régénéré par la grace, non-seulement ne périt pas dans ses crimes, mais dans le temps qu'il s'y abandonne, *il ne déchoit pas de la grace de l'adoption et de l'état de la justification*. Peut-on mettre plus clairement Jésus-Christ avec Bélial, et la grace avec le crime ?

XLIV. Qu'on ne peut perdre la justice. Prodigieuse doctrine du synode.

A la vérité le synode semble vouloir préserver les vrais fidèles de quelques crimes, lorsqu'il dit qu'ils ne sont pas « délaissés jusqu'à tomber dans le péché à mort, ou contre le Saint-Esprit, »

XLV. Dans quel crime le vrai fidèle ne tombe pas.

[1] Art. 4, 5, p. 271. — [2] Art. 6 et seq.

que l'Ecriture nomme irrémissible : mais s'ils entendent par ces mots quelque autre péché que celui de l'impénitence finale, on ne sait plus ce que c'est, n'y ayant aucun pécheur dans quelque désordre qu'il soit tombé, à qui on ne doive faire espérer la rémission de ses crimes. Laissons néanmoins au synode telle autre explication de ce péché qu'il voudra s'imaginer : c'est assez que nous voyions clairement selon sa doctrine, que tous les crimes qu'on peut nommer, par exemple un adultère aussi long et un homicide autant médité que celui d'un David, l'hérésie, l'idolâtrie même avec toutes ses abominations, où constamment, selon le synode, le vrai fidèle peut tomber, compatissent « avec la grace de l'adoption et l'état de la justification. »

XLVI.
Le synode parle nettement.

Et il ne faut pas dire que par cet état le synode entende seulement le droit au salut qui reste toujours au vrai fidèle, c'est-à-dire selon le synode, au prédestiné, en vertu de la prédestination : car au contraire il s'agit ici du droit immédiat qu'on a au salut par la régénération et la conversion actuelle, et de l'état par lequel on est non pas destiné, mais en effet en possession tant de la vraie foi que de la justification. La question est, en un mot, non pas de savoir si on aura un jour cette grace, mais si on en peut déchoir un seul moment après l'avoir eue : le synode décide que non. Remontrans, ne vous plaignez pas; on vous parle du moins franchement, comme vous l'avez désiré; et tout ce que vous dites qu'on croit de pernicieux dans le parti que vous accusez, tout ce que vous y rejetez avec tant d'horreur, y est décidé en termes formels.

XLVII.
Les grands mots *totalement* et *finalement*.

Mais pour ôter toute équivoque, il faut voir dans le synode ces mots essentiels : *Totalement* et *finalement*, sur lesquels nous avons fait voir que rouloit toute la dispute [1] : il faut voir, dis-je, si l'on permet aux remontrans d'assurer qu'un vrai fidèle puisse « déchoir et totalement et finalement de l'état de justification. » Le synode, pour ne nous laisser aucun doute de son sentiment contre la perte totale, dit « que la semence immortelle, par laquelle les vrays fidéles sont régénérez, demeure toujours en eux malgré leur chûte. » Contre la perte finale le même synode dit qu'un

[1] Ci-dessus, n. 27.

jour réconciliés « *ils sentiront* de nouveau la grace¹. » Ils ne la recouvreront pas; le synode se garde bien de dire ce mot : ils la « sentiront de nouveau. » De cette sorte, poursuit-il, il arrive que ni « ils ne perdent TOTALEMENT la foy et la grace, ni ils ne demeurent FINALEMENT dans leur péché jusqu'à périr. »

En voilà, ce me semble, assez pour l'inamissibilité. Voyons pour la certitude.

« Les vrays fidéles, dit le synode, peuvent estre certains, et le sont de leur salut et de leur persévérance, selon la mesure de la foy par laquelle *ils croyent avec certitude* qu'ils sont et demeurent membres vivans de l'Eglise, qu'ils ont la rémission de leurs péchez, et la vie éternelle : certitude qui ne leur vient pas d'une révélation particuliére, mais par la foy des promesses que Dieu a révélées dans sa parole, et par le témoignage du Saint-Esprit, et enfin par une bonne conscience et une sainte et sérieuse application aux bonnes œuvres². » XLVIII.
Certitude
du salut,
quelle ?

On ajoute, pour ne rien laisser à dire, que « dans les tentations et les doutes de la chair qu'on a à combattre, on ne sent pas toûjours cette plénitude de foy et cette certitude de la persévérance³ : » afin que toutes les fois qu'on sent quelque doute, et qu'on n'ose pas se promettre avec une entière certitude de persévérer toujours dans son devoir, on se sente obligé à regarder ce doute comme un mouvement qui vient de la chair et comme une tentation qu'il faut combattre. XLIX.
Toute in-
certitude
est une
tentation.

On compte ensuite parmi les erreurs rejetées, « que les vrays fidéles puissent déchoir, et déchoient souvent *totalement et finalement* de la foy justifiante, de la grace et du salut; et qu'on ne puisse durant cette vie avoir aucune asseûrance de la future persévérance sans révélation spéciale⁴; » on déclare que cette doctrine ramène les doutes des papistes, parce qu'en effet cette certitude sans révélation spéciale étoit condamnée dans le concile de Trente⁵. L.
Totale-
ment et
finalement

On demandera comment on accorde avec la doctrine de l'inamissibilité ce qui est dit dans le synode, que par les grands crimes LI.
Comment
l'homme
justifié de-

¹ Art. 7, 8, p. 272. — ² *Ibid.*, art. 9. p. 272, 273. — ³ *Ibid.*, art. 2. — ⁴ Art. 3, p. 274. — ⁵ *Conc. Trid.*, sess. VI, cap. XII, can. 16.

meure coupable de mort. les fidèles qui les commettent « se rendent coupables de mort [1]. » C'est ce qu'il est bien aisé de concilier avec les principes de la nouvelle Réforme, où l'on soutient que le vrai fidèle, quelque régénéré qu'il soit, demeure toujours par la convoitise « coupable de mort; » non-seulement dans ses péchés grands et petits, mais encore dans ses bonnes œuvres; de sorte que cet état qui nous rend coupables de mort n'empêche pas que, selon les termes du synode, on ne demeure « en état de justification et de grace. »

LII. *Contradiction de la doctrine calvinienne.* Mais enfin n'avons-nous pas dit que nos réformés ne pouvoient nier et ne nioient pas en effet, que si on mouroit dans ses crimes sans en avoir fait pénitence, on seroit damné? Il est vrai, la plupart l'avouent; et encore que le synode ne décide rien en corps sur cette difficulté, elle y fut proposée, comme nous verrons, par quelques-uns des opinans. A la vérité, il est bien étrange qu'on puisse demeurer dans une erreur où l'on ne peut éviter une contradiction aussi manifeste que celle où l'on reconnoît qu'il y a un état de grace dans lequel néanmoins on seroit damné si on y mouroit. Mais il y a bien d'autres contradictions dans cette doctrine : en voici une sans doute qui n'est pas moins sensible que celle-là. Dans la nouvelle Réforme la vraie foi est inséparable de l'amour de Dieu et des bonnes œuvres qui en sont le fruit nécessaire : c'est le dogme le plus constant de cette religion; et voici néanmoins contre ce dogme la vraie foi, non-seulement sans les bonnes œuvres, mais encore dans les plus grands crimes. Patience, ce n'est pas encore tout : je vois une autre contradiction non moins manifeste dans la nouvelle Réforme, et selon le décret du synode même : tous les enfans des fidèles sont saints, et leur salut est assuré [2]. En cet état ils sont donc vraiment justifiés : donc ni ils ne peuvent déchoir de la grace, et tout sera prédestiné dans la nouvelle Réforme : ni, ce qui est bien plus étrange, ils ne peuvent avoir d'enfant qui ne soit saint et prédestiné comme eux; ainsi toute leur postérité est certainement prédestinée, et jamais un réprouvé ne peut sortir d'un élu. Qui l'osera dire? Et cependant qui pourra nier qu'une si visible et si étrange absurdité ne soit clairement renfermée dans les principes

[1] Ci-dessus, n. 44. — [2] *Ibid.*, n. 37.

du synode et dans la doctrine de l'inamissibilité? Tout y est donc plein d'absurdités manifestes : tout s'y contredit d'une étrange sorte : mais aussi est-ce toujours l'effet de l'erreur de se contredire elle-même.

Il n'y a aucune erreur qui ne tombe en contradiction par quelque endroit : mais voici ce qui arrive quand on est fortement prévenu. On évite premièrement, autant qu'on peut, d'envisager cette inévitable et visible contradiction : si on ne peut s'en empêcher, on la regarde avec une préoccupation qui ne permet pas d'en bien juger; on croit s'en défendre en s'étourdissant par de longs raisonnemens et par de belles paroles : ébloui de quelques principes spécieux dont on s'entête, on n'en veut pas revenir. Eutychès et ses sectateurs n'osoient dire que Jésus-Christ ne fût pas tout ensemble vrai Dieu et vrai homme : mais éblouis de cette unité mal entendue qu'ils imaginoient en Jésus-Christ, ils vouloient que les deux natures se fussent confondues dans l'union; et se faisoient un plaisir et un honneur de s'éloigner par ce moyen plus que tous les autres (quoique ce fût jusqu'à l'excès), de l'hérésie de Nestorius qui divisoit le Fils de Dieu. Ainsi on s'embrouille, ainsi on s'entête, ainsi les hommes prévenus vont devant eux avec une aveugle détermination, sans vouloir ni pouvoir entendre, comme dit l'Apôtre, « ni ce qu'ils disent eux-mêmes, ni les choses dont ils parlent avec assurance [1] : » c'est ce qui fait tous les opiniâtres; c'est par là que périssent tous les hérétiques.

LIII. Toute erreur se contredit elle-même.

Nos adversaires se font un objet d'un agrément infini dans la certitude qu'ils veulent avoir de leur salut éternel. N'attendez pas que jamais ils regardent de bonne foi ce qui peut leur ôter cette certitude. S'il ne faut pour la maintenir que dire qu'on est assuré de ne mourir pas dans le crime, encore qu'on y tombât par une malice déterminée, et même qu'on en formât la détestable habitude, ils le diront. S'il faut pousser à toute outrance ce passage de saint Paul : « Les dons et la vocation de Dieu sont sans repentance [2], » et dire que Dieu n'ôte jamais tout à fait ni dans le fond ce qu'il a donné : ils le diront, quoi qu'il en arrive, quelque

LIV. Faux appas de la certitude du salut.

[1] 1 *Tim.*, I, 7. — [2] *Rom.*, XI, 29.

contradiction qu'on leur montre, quelque inconvénient, quelque affreuse suite qu'on leur fasse voir dans leur doctrine : autrement, outre qu'ils perdroient le plaisir de leur certitude et l'agrément qu'ils ont trouvé dans la nouveauté de ce dogme, il faudroit encore avouer qu'ils auroient tort dans le point qu'ils ont regardé comme le plus essentiel de leur Réforme, et que l'Eglise romaine qu'ils ont blâmée et tant haïe auroit raison.

LV. Si le synode a été mal entendu sur l'inamissibilité, et si la certitude qu'il pose n'est autrechose que la confiance.
Mais peut-être que cette certitude qu'ils enseignent n'est autre chose dans le fond que la confiance que nous admettons. Plût à Dieu! Personne ne nie cette confiance : les luthériens la soutenoient; et cependant les calvinistes leur ont dit cent fois qu'il falloit quelque chose de plus. Mais sans sortir du synode, les arminiens admettoient cette confiance; car sans doute ils n'ont jamais dit qu'un fidèle tombé dans le crime dont il se repent, dût désespérer de son salut. Le synode ne laisse pas de les condamner, parce que contens de cette espérance, ils rejettent la certitude. Les catholiques enfin admettoient cette confiance; et la sainte persévérance, que le concile de Trente veut qu'on reconnoisse comme un « don spécial de Dieu [1]; » il veut qu'on l'attende avec confiance de sa bonté infinie : cependant, parce qu'il rejette la certitude absolue, le synode le condamne et accuse les remontrans, qui nioient aussi cette certitude, de retomber par ce moyen dans les doutes du papisme. Si le dogme de la certitude absolue et de l'inamissibilité eût causé autant d'horreur au synode qu'une si affreuse doctrine en doit exciter naturellement dans les esprits, les ministres qui composoient cette assemblée n'auroient pas eu assez de voix pour faire entendre à tout l'univers que les remontrans, que les luthériens, que les catholiques, qui les accusent d'un tel blasphème, les calomnient, et toute l'Europe eût retenti d'un tel désaveu : mais au contraire, loin de se défendre de cette certitude et de cette inamissibilité que les remontrans leur objectoient, ils l'établissent, et condamnent les remontrans pour l'avoir niée. Quand ils se croient calomniés, ils savent bien s'en plaindre. Ils se plaignent, par exemple à la fin de leur synode, de ce que leurs ennemis, et entre autres les remontrans, les accusent « de

[1] *Conc. Trid.*, sess., VI, can. 15, 16, 22.

faire Dieu auteur du péché; de luy faire réprouver les hommes sans aucune veüe du péché; de luy faire précipiter les enfans des fidéles dans la damnation, sans que toutes les priéres de l'Eglise, ni mesme le baptême les en puissent retirer ¹. » Que ne disent-ils de même qu'on les accuse à tort d'admettre la certitude et l'inamissibilité dont nous parlons? Il est vrai qu'ils disent dans ce même lieu qu'on les accuse « d'inspirer aux hommes une sécurité charnelle, en disant qu'aucun crime ne nuit au salut des éleûs, et qu'ils peuvent en toute asseûrance commettre les plus exécrables. » Mais est-ce assez s'expliquer pour des gens à qui l'on demande une réponse précise? Ne leur suffit-il pas, pour s'échapper, d'avoir reconnu des crimes, par exemple, « ce péché à mort et contre le Saint-Esprit, » quel qu'il soit, où les élus et les vrais fidèles ne tombent jamais? Et s'ils vouloient que les autres crimes fussent autant incompatibles avec la vraie foi et l'état de grace, n'auroient-ils pas pu le dire en termes exprès, au lieu qu'en termes exprès ils décident le contraire?

Concluons donc que des trois articles dans lesquels nous avons fait consister la justification calvinienne ², les deux premiers, qui étoient déjà insinués dans les confessions de foi ³, c'est-à-dire la certitude absolue de la prédestination et l'impossibilité de déchoir finalement de la foi et de la grace une fois reçue, sont expressément définis dans le synode de Dordrect; et que le troisième article, qui consiste à savoir si le vrai fidèle pouvoit du moins perdre quelque temps, et tant qu'il vivoit dans le crime, la grace justifiante et la vraie foi ⁴, quoiqu'il ne fût exprimé en aucune confession de foi, est semblablement décidé selon la doctrine de Calvin et l'esprit de la nouvelle Réforme.

LVI. La doctrine de Calvin expressément définie par le synode.

On peut encore connoître le sentiment de tout le synode par celui du célèbre Pierre Dumoulin ministre de Paris : c'étoit assurément de l'aveu de tout le monde, le plus rigoureux calviniste qui fût alors et le plus attaché à la doctrine que Gomar soutenoit contre Arminius. Il envoya à Dordrect son jugement sur cette

LVII. Sentiment de Pierre Dumoulin, approuvé par le synode.

---

¹ *Syn. Dord. Concl.*, sess. CXXXVI, p. 275. — ² Ci-dessus, liv. IX, n. 2, 3 et suiv. — ³ *Conf. de foi de Fr.*, art. 18, 19, 20, 21, 22; *Dim.*, 18, 19, 36. — ⁴ Ci-dessus, liv. IX, *Conf. Belg.*, art. 24; *Syn. Gen.*, 1 part., p. 139.

matière, qui fut lu et approuvé de tout le synode et inséré dans les actes. Il déclare qu'il n'avoit pas eu le loisir de traiter toutes les questions : mais il établit tout le fond de la doctrine du synode, lorsqu'il décide que nul n'est justifié que celui qui est glorifié [1] : par où il condamne les arminiens en ce qu'ils enseignent « qu'il y a des justifiez qui perdent la foy et sont damnez [2]. » Et encore plus clairement dans ces paroles [3] : « Quoy-que le doute du salut entre quelquefois dans l'esprit des vrays fidéles, Dieu commande néanmoins dans sa parole que nous en soyons asseûrez; et il faut tendre de toutes ses forces à cette certitude, où il ne faut pas douter que plusieurs n'arrivent; et quiconque est asseûré de son salut, l'est en mesme temps que Dieu ne l'abandonnera jamais, et ainsi qu'il persévérera jusqu'à la fin. » On ne peut pas plus clairement regarder le doute comme une tentation et une foiblesse, et la certitude comme un sentiment commandé de Dieu. Ainsi le fidèle n'est pas assuré qu'il ne tombera pas dans les plus grands crimes, et qu'il n'y demeurera pas longtemps comme David : mais il ne laisse pas d'être assuré que Dieu « ne l'abandonnera jamais, et qu'il persévérera jusqu'à la fin. » C'est un abrégé du synode : aussi résolut-on dans cette assemblée de rendre graces à Dumoulin pour le jugement très-exact qu'il avoit porté sur cette matière, et pour son consentement avec la doctrine du synode.

LVIII.
Question :
si la certitude du salut est une certitude de foi.

Quelques-uns ont voulu douter si la certitude que le synode établit dans chaque fidèle pour son salut particulier est une certitude de foi : mais on cessera de douter, si on remarque que la certitude dont il est parlé est toujours exprimée par le mot de *croire*, qui dans le synode ne se prend que pour la vraie foi; joint que cette certitude, selon le même synode, n'est que la foi des promesses appliquées par chaque particulier à soi-même et à son salut éternel, avec le sentiment certain qu'on a dans le cœur de la sincérité de sa foi : de sorte qu'afin qu'il ne manque aucun genre de certitude, on a celle de la foi jointe à celle de l'expérience et du sentiment.

LIV.
Sentimens
des théolo-

Ceux de tous les opinans qui expliquent le mieux le sentiment du synode, sont les théologiens de la Grande-Bretagne : car après

[1] Sess. CIII, CIV, p. 289, 300. — [2] *Ibid.*, p. 291. — [3] *Ibid.*, p. 300.

avoir avoué avec tous les autres dans le fidèle une espèce de doute giens de la Grande-Bretagne.
de son salut, mais un doute qui vient toujours de la tentation, ils
expliquent très-clairement « qu'aprés la tentation l'acte par lequel
on croit qu'on est regardé de Dieu en miséricorde et qu'on aura
infailliblement la vie éternelle, n'est pas un acte d'une opinion
douteuse, ni d'une espérance conjecturale où l'on pourroit se
tromper, *cui falsum subesse potest;* mais un acte d'une vraye et
vive foy excitée et scellée dans les cœurs par l'esprit d'adoption [1] : »
en quoi ces théologiens semblent aller plus avant que la confession anglicane [2], qui paroît avoir voulu éviter de parler si clairement *sur la certitude du salut,* comme on a vu [3].

Quelques-uns ont voulu penser que ces théologiens anglois LX. Que ces théologiens ont cru que la justice ne se pouvoit perdre. Contradiction de leur doctrine.
n'étoient pas de l'avis commun sur la justice qu'on attribuoit
aux fidèles tombés dans les grands crimes pendant qu'ils y persévèrent, comme fit David; et ce qui peut faire douter, c'est que
ces docteurs décident formellement « que ces fidèles sont en état
de damnation et seroient damnez s'ils mouroient [4] : » d'où il s'ensuit qu'ils sont déchus de la grace de la justification, du moins
pour ce temps. Mais c'est ici de ces endroits où il faut que tous
ceux qui sont dans l'erreur tombent nécessairement en contradiction : car ces théologiens se voient contraints par leurs principes erronés à reconnoître d'un côté que les fidèles ainsi plongés
dans le crime seroient damnés s'ils mouroient alors ; et de l'autre,
« qu'ils ne déchéent pas de l'état de la justification [5]. »

Et il ne faut pas se persuader qu'ils confondent ici la justification avec la prédestination : car au contraire, c'est ce qu'ils distinguent très-expressément; et ils disent que ces fidèles plongés
dans le crime, non-seulement ne sont pas déchus de leur prédestination, ce qui est vrai de tous les élus, « mais qu'ils ne sont pas
déchûs de la foy, ni de ce germe céleste de la régénération et
des dons fondamentaux sans lesquels la vie spirituelle ne peut
subsister [6]; de sorte qu'il est impossible que les dons de la charité
et de la foy s'éteignent tout à fait dans leurs cœurs [7] : ils ne LXI. Que la et la charité demeurent dans les plus grands crimes.

---

[1] *Sent. Theol. Mag. Brit.*, c. de persev. certit. quoad nos, *Th.*, III, p. 218 ; *ibid.*, *Th.*, IV, p. 219. — [2] *Conf. Ang.*, art. 17; *Syn. Gen.*, I, p. 102. — [3] Ci-dessus, liv. X, n. 23. — [4] *Sent. Theol. Mag. Brit.*, c. de persev. certit. quoad nos, *Th.*, III, IV.— [5] *Ibid., Th.,* II, p. 212.— [6] *Ibid., Th.,* V, p. 213; IV, p. 214.— [7] *Ibid.,* p. 215.

perdent point tout à fait la foy, la sainteté, l'adoption ¹ : ils demeurent dans la justification universelle, qui est la justification très-proprement dite, dont nul crime particulier ne les peut exclurre ² : » ils demeurent dans la justification, « dont le renouvellement intérieur et la sanctification est inséparable ³ ; » en un mot, ce sont des saints qui seroient damnés s'ils mouroient.

LXII.
Ce qui restoit dans les fidèles plongés dans le crime. Doctrine de ceux d'Embden. On étoit bien embarrassé, selon ces principes, à bien expliquer ce qui restoit dans ces saints plongés dans le crime. Ceux d'Embden demeuroient d'accord que « la foy actuelle n'y pouvoit rester, et qu'elle estoit incompatible avec le consentement aux péchez griefs. » Ce qui ne se perdoit pas, « c'estoit la foy habituelle, celle, disoient-ils, qui subsiste en l'homme lors qu'il dort, ou qu'il n'agit pas ⁴ : » mais aussi « cette foy habituelle répanduë dans l'homme par la prédication et l'usage des sacremens, est la vraye foy vive et justifiante ⁵ ; » d'où ils concluoient que le fidèle parmi ces crimes énormes ne perdoit « ni la justice, ni le Saint-Esprit : » et lorsqu'on leur demandoit s'il n'étoit pas aussi bon de dire qu'on perdoit « la foy et le Saint-Esprit » pour les recouvrer après, que de dire qu'on en perdoit seulement « le sentiment et l'énergie, » sans perdre la chose : ils répondoient qu'il ne falloit pas ôter au fidèle la consolation de ne pouvoir jamais perdre « la foy ni le Saint-Esprit en quelque crime qu'il tombast contre sa conscience. Car ce seroit, disoient-ils, une froide consolation de luy dire : Vous avez tout à fait perdu la foy et le Saint-Esprit, mais peut-estre que Dieu vous adoptera et vous régénérera de nouveau afin que vous luy soyez réconcilié ⁶. » Ainsi à quelque péché que le fidèle s'abandonne contre sa propre conscience, on lui est si favorable, qu'on ne se contente pas pour le consoler, de lui laisser l'espérance du retour futur à l'état de grace ; mais il faut qu'il ait encore la consolation d'y être *actuellement* ⁷ parmi ses crimes.

LXIII.
Ce que faisoit le Il restoit encore la question, savoir ce que faisoient dans les fidèles ainsi livrés au péché la foi et le Saint-Esprit, et s'ils y

---

¹ *Sent. Theol. Mag. Brit.*, c. de persev. certit. quoad nos,; Th., VII. — ² *Ibid.*, Th., VI. — ³ *Ibid.*, p. 214, 218. — ⁴ *Jud. Theol. Embd.*, de v, art., chap. I. n. 44, 52, p. 266, 267. — ⁵ *Ibid.*, n. 45 ; ibid., 270. — ⁶ *Ibid.*, n. 50, 51. — ⁷ *Ibid.*, n. 30, p. 265.

étoient tout à fait sans action. On répondoit qu'ils n'étoient pas sans action ; et l'effet qu'ils produisoient, par exemple dans David, étoit qu'il ne péchoit pas « tout entier : » *Peccavit David, at non totus*[1] ; et qu'il y avoit un certain péché qu'il ne commettoit pas. Que si enfin l'on poussoit la chose jusqu'à demander quel étoit donc « ce péché où l'homme pèche tout entier, » et dans lequel le fidèle ne tombe jamais, on répondoit que « ce n'estoit pas une chûte particulière du chrétien en tel et tel crime contre la première ou la seconde table, mais une totale et universelle défection et apostasie de la vérité de l'Evangile, par laquelle l'homme n'offense pas Dieu en partie et à demi, mais par un mépris obstiné il en méprise la majesté toute entière, et s'exclut absolument de la grace[2]. » Ainsi jusqu'à ce qu'on en soit venu à ce mépris obstiné de Dieu et à cette apostasie universelle, on a toujours la consolation « d'estre saint, d'estre justifié et régénéré » et d'avoir « le Saint-Esprit » habitant en soi.

Ceux de Brême ne s'expliquent pas moins durement, lorsqu'ils disent que « ceux qui sont une fois vrayment régénérez, ne s'égarent jamais assez pour s'écarter tout à fait de Dieu par une apostasie universelle, en sorte qu'ils le haïssent comme un ennemi, qu'ils péchent comme le diable par une malice affectée, et se privent des biens célestes : c'est pourquoy ils ne perdent jamais absolument la grace et la faveur de Dieu[3] ; » de sorte qu'on demeure dans cette grace, bien régénéré, bien justifié, pourvu seulement qu'on ne soit pas un ennemi déclaré de Dieu et aussi méchant qu'un démon.

Ces excès sont si grands que les protestans en ont honte, et qu'il y a eu même quelques catholiques qui n'ont pu se persuader que le synode de Dordrect y fût tombé. Mais enfin voilà historiquement avec les décrets du synode les avis des principaux opinans. Et afin qu'on ne doutât point de tous les autres, outre ce qui est inséré dans les actes du synode, que tout y fut décidé avec un consentement unanime de tous les opinans sans en excepter un seul[4], j'ai expressément rapporté les opinions où ceux qui

---

[1] *Jud. Theol. Embd.*, de v art., ch. I, n. 54, p. 267. — [2] *Ibid.*, n. 60, p. 268. — [3] *Jud. Brem.*, de v art., n. 12, 13, p. 254, 255. — [4] Sess. CXV, CXXX, *et præf. ad Ecc.*

veulent excuser le synode de Dordrect trouvent le plus d'adoucissement.

LXVI. La sanctification de tous les enfans baptisés reconnue dans le synode; et la suite de cette doctrine.

Outre ces points importans, nous en voyons un quatrième expressément décidé dans ce synode; et c'est celui de la sainteté de tous les enfans des fidèles. On s'étoit expliqué différemment sur cet article dans les actes de la nouvelle Réforme [1]. Nous avons vu cette sainteté des enfans formellement établie dans le *Catéchisme* des calvinistes de France, et il est dit expressément que tous les enfans des fidèles sont sanctifiés et naissent dans l'alliance : mais nous avons vu le contraire dans l'accord de ceux de Genève avec les Suisses [2], et la sanctification des petits enfans même baptisés y est restreinte aux seuls prédestinés. Bèze semble avoir suivi cette restriction dans l'*Exposition* déjà citée [3] : mais le synode de Dordrect prononce en faveur de la sainteté de tous les enfans des fidèles, et ne permet pas aux parens de douter de leur salut [4]; article dont nous avons vu qu'il suit plus clair que le jour, selon les principes du synode, que tous les enfans des fidèles et tous les descendans de ces enfans jusqu'à la consommation des siècles, si leur race dure autant, sont du nombre des prédestinés.

LXVII. On vient à la procédure du synode. Requête des remontrans qui se plaignent qu'ils sont jugés par leurs parties.

Si toutes ces décisions, qui paroissent si authentiques, font un fondement si certain dans la nouvelle Réforme, qu'on soit privé du salut et retranché de l'Eglise en les rejetant, c'est ce que nous avons à examiner en expliquant la procédure du concile.

La première chose que j'y remarque, c'est une requête des remontrans, où ils exposent au synode qu'ils ont été condamnés, traités d'hérétiques et excommuniés par les contre-remontrans, leurs collègues et leurs parties; qu'ils sont pasteurs comme les autres, et qu'ainsi naturellement ils devroient avoir séance dans le synode avec eux : que si on les en exclut comme parties dans le procès, leurs parties doivent être exclues aussi bien qu'eux; autrement qu'ils seroient ensemble juges et parties, qui est la chose du monde la plus inique [5].

LXVIII. Ils se ser-

C'étoit visiblement les mêmes raisons pour lesquelles tous les

---

[1] Ci-dessus, liv. IX, n. 10, 11, 12, 19. — [2] *Ibid.*, n. 20, 21. — [3] *Expos. de la Foi*, chap. IV, *Conc.* XIII, p. 80. — [4] Sess. XXXVI, cap. *de prædest.*, art. 17; ci-dessus, n. 37. — [5] Sess. XXV, p. 65 et seq.

protestans avoient récusé le concile des catholiques, pour lesquelles les zuingliens en particulier s'étoient élevés contre le synode des ubiquitaires, qui les avoit condamnés à Iène, comme on a vu ¹. Les remontrans ne manquoient pas de se servir de ces exemples. Ils produisoient principalement les griefs contre le concile de Trente, où les protestans avoient dit : « Nous voulons un concile libre, un concile où nous soyons avec les autres, un concile qui n'ait pas pris parti, un concile qui ne nous tienne pas pour hérétiques : autrement nous serions jugez par nos parties². » Nous avons vu que Calvin et les calvinistes avoient allégué les mêmes raisons contre le synode de Iène. Les remontrans se trouvoient dans le même état, quand ils voyoient François Gomar et ses adhérens assis dans le synode au rang de leurs juges, et se voyoient cependant exclus et traités comme coupables : c'étoit préjuger contre eux avant l'examen de la cause ; et ces raisons leur paroissoient d'autant plus convaincantes, que c'étoit visiblement celles de leurs pères contre le concile de Trente, comme ils le faisoient voir par leur requête ³.

vent des mêmes raisons dont tout le parti protestant s'étoit servi contre l'Eglise.

Après qu'on eut lu cette requête⁴, on leur déclara « que le synode trouvoit fort étrange que les accusez voulussent faire la loy à leurs juges, et leur prescrire des règles ; et que c'estoit faire injure non-seulement au synode, mais encore aux Etats-Généraux qui les avoient convoquez, et qui leur avoient commis le jugement ; qu'ainsi ils n'avoient qu'à obéir⁵. »

LXIX. On leur ferme la bouche par l'autorité des Etats.

C'étoit leur fermer la bouche par l'autorité du Souverain ; mais ce n'étoit pas satisfaire à leurs raisons, ni aux exemples de leurs pères, lorsqu'ils avoient décliné le jugement du concile de Trente. Aussi n'entra-t-on guère dans cet examen : les délégués des Etats, qui assistoient au synode avec toute l'autorité de leurs supérieurs, jugèrent que les remontrans n'étoient pas recevables dans leurs demandes⁶, et leur ordonnèrent d'obéir à ce qui seroit réglé par le synode, qui de son côté déclara leurs propositions insolentes, et la récusation qu'ils faisoient de tout le synode comme étant partie

---

¹ Ci-dessus, liv. VIII, n. 42. — ² *Ibid.*, p. 70, 81. — ³ *Syn. Dord.*, *ibid.*, p. 70, 71, 72, etc., 81, etc. — ⁴ *Ibid.*, p. 80. — ⁵ Sess., XXVI, p. 82, 83. — ⁶ *Ibid.*, p. 81.

dans le procès, injurieuse non-seulement au synode même, mais encore à la suprême autorité des Etats-Généraux.

<small>LXX. Ils protestent contre le synode. Les raisons dont on les combat dans le synode condamnent tout le parti protestant.</small>
Les remontrans condamnés changèrent leurs requêtes en protestation contre le synode. On délibéra dessus[1]; et comme les raisons qu'ils alléguoient étoient les mêmes dont les protestans s'étoient servis pour éluder l'autorité des évêques catholiques, les réponses qu'on leur fit étoient les mêmes que les catholiques avoient employées contre les protestans. On leur disoit que ce n'avoit jamais été la coutume de l'Eglise de priver les pasteurs du droit de suffrage contre les erreurs pour s'y être opposés : que ce seroit leur ôter le droit de leur charge pour s'en être fidèlement acquittés, et renverser tout l'ordre des jugemens ecclésiastiques : que par les mêmes raisons les ariens, les nestoriens et les eutychiens auroient pu récuser toute l'Eglise, et ne se laisser aucun juge parmi les chrétiens : que ce seroit le moyen de fermer la bouche aux pasteurs, et de donner aux hérésies un cours entièrement libre. Après tout, quels juges vouloient-ils avoir? Où trouveroit-on dans le corps des pasteurs ces gens neutres et indifférens qui n'auroient pris aucune part aux questions de la foi et aux affaires de l'Eglise[2]? Ces raisons ne souffroient point de réplique : mais par malheur pour nos réformés, c'étoit celles qu'on leur avoit opposées lorsqu'ils déclinèrent le jugement des évêques qu'ils trouvoient en place au temps de leur séparation.

<small>LXXI. On décide que le parti le plus foible et le plus nouveau doit céder au plus grand et au plus ancien.</small>
Ce qu'on disoit de plus fort contre les remontrans, « c'est qu'ils estoient des novateurs, » et qu'ils étoient « la partie la plus petite aussi bien que la plus nouvelle, » qui devoit par conséquent être jugée « par la plus grande, par la plus ancienne, par celle qui estoit en possession et qui soûtenoit la doctrine receuë jusqu'alors[3]. » Mais c'est par là que les catholiques devoient le plus l'emporter; car enfin quelle antiquité l'église belgique réformée alléguoit-elle aux remontrans? Nous ne voulons pas, disoit-elle, laisser affoiblir la doctrine que nous avons toujours soutenue *depuis cinquante ans*[4]; car ils ne remontoient pas plus haut. Si cinquante ans donnoient à l'église qui se disoit réformée tant de

---

[1] Sess., XXVII, p. 93. — [2] *Ibid.*, n. 83, 87, 97, 98, 100, 104, 106. — [3] P. 97, 103, etc. — [4] *Præf. ad Ecc., ant. Syn. Dord.*

droit contre les arminiens nouvellement sortis de son sein, quelle devoit être l'autorité de toute l'Eglise catholique fondée depuis tant de siècles?

Parmi toutes ces réponses qu'on faisoit aux remontrans sur leurs protestations, ce qu'on passoit le plus légèrement, c'étoit la comparaison qu'ils faisoient de leurs exceptions contre le synode de Dordrect avec celles des réformés contre les conciles des catholiques et ceux des luthériens. Les uns disoient « qu'il y avoit grande différence entre les conciles des papistes et des luthériens, et celui-cy. Là on écoute des hommes, le Pape et Luther; icy on écoute Dieu. Là on apporte des préjugez; et icy il n'y a personne qui ne soit prest à céder à la parole de Dieu. Là on a des ennemis en teste; et icy on n'a d'affaire qu'avec ses frères. Là tout est contraint; icy tout est libre [1]. » C'étoit résoudre la question par ce qui en faisoit la difficulté. Il s'agissoit de savoir si les gomaristes ne venoient pas avec leurs préjugés dans le synode; il s'agissoit de savoir si c'étoit des ennemis ou des frères; il s'agissoit de savoir qui avoit le cœur plus docile pour la vérité et la parole de Dieu; si c'étoit les protestans en général plutôt que les catholiques, les disciples de Zuingle plutôt que ceux de Luther, et les gomaristes plutôt que les arminiens. Et pour ce qui est de la liberté, l'autorité des Etats qui intervenoit partout, et qu'aussi on avoit toujours à la bouche dans le synode [2], celle du prince d'Orange ennemi déclaré des arminiens, l'emprisonnement de Grotius et des autres chefs du parti, et enfin le supplice de Barneveld, font assez voir comment on étoit libre en Hollande sur cette matière.

LXXII. Embarras du synode sur la protestation des remontrans.

Les députés de Genève tranchent plus court; et sans s'arrêter aux luthériens, à qui aussi quatre ans qu'ils avoient au-dessus des zuingliens ne pouvoient pas attribuer l'autorité de les juger, ils répondoient à l'égard des catholiques [3] : « Il a esté libre à nos pères de protester contre les conciles de Constance et de Trente, parce que nous ne voulons avoir aucune sorte d'union avec eux; au contraire nous les méprisons et les haïssons : de tout temps ceux qui déclinoient l'autorité des conciles se séparoient de leur

LXXIII. Etrange réponse de ceux de Genève.

---

[1] Pag. 99. — [2] Sess. XXV, p. 80; sess. XXVI, p. 81, 82, 83, etc. — [3] Ibid., p. 103.

communion. » Voilà toute leur réponse; et ces bons théologiens n'auroient rien eu à opposer au déclinatoire des arminiens, s'ils avoient rompu avec les églises de Hollande, et qu'ils les eussent haïes et méprisées ouvertement.

LXXIV. Que selon le synode de Dordrect les protestans étoient obligés à reconnoître le concile de l'Eglise catholique.

Selon cette réponse, les luthériens n'avoient que faire de se mettre tant en peine de ramasser des griefs contre le concile de Trente, ni de discuter qui étoit partie ou qui ne l'étoit pas dans cette cause. Pour décliner l'autorité du concile où les catholiques les appeloient, ils n'avoient qu'à dire sans tant de façon : Nous voulons rompre avec vous, nous vous méprisons, nous vous haïssons et nous n'avons que faire de votre concile. Mais l'édification publique et le nom même de chrétien ne souffroit pas une telle réponse. Aussi n'est-ce pas ainsi que répondirent les luthériens : au contraire ils déclarèrent, et même à Augsbourg dans leur propre Confession, qu'ils en appeloient au concile, et même au concile que le Pape assembleroit [1]. Il y a une semblable déclaration dans la *Confession de Strasbourg* [2]; ainsi les deux partis protestans étoient d'accord en ce point. Ils ne vouloient donc pas rompre avec nous : ils ne nous haïssoient pas; ils ne nous méprisoient pas tant que le disent ceux de Genève. S'il est donc vrai, selon eux, que les remontrans devoient se soumettre au concile de la Réforme, parce qu'ils ne vouloient pas rompre, les protestans, qui témoignoient ne vouloir non plus se séparer de l'Eglise catholique, devoient se soumettre à son concile.

LXXV. Pour fermer la bouche aux remontrans, un synode des calvinistes est contraint de recourir à l'assistance du Saint-Esprit promise aux conciles.

Il ne faut pas oublier une réponse que fit tout un synode de la province de Hollande au déclinatoire des remontrans : c'est le synode tenu à Delpht un peu avant celui de Dordrect [3]. Les remontrans objectoient que le synode qu'on vouloit assembler contre eux ne seroit pas infaillible comme l'étoient les apôtres, et ainsi ne les lieroit pas dans leur conscience. Il falloit bien avouer cela, ou nier tous les principes de la Réforme : mais après l'avoir avoué, ceux de Delpht ajoutent ces mots : « Jésus-Christ qui a promis aux apostres l'esprit de vérité dont les lumières les conduiroient en toute vérité [4], a aussi promis à son Eglise d'estre avec elle

---

[1] Ci-dessus, liv. III, n. 62. — [2] *Conf. Argen.*, peror.; *Synt. Gen.*, I part., p. 199. — [3] 24 octobre 1618. — [4] *Syn. Delph.*, int. *Act. Dord.*, sess. XXVI, p. 86.

jusqu'à la fin des siècles [1], et de se trouver au milieu de deux ou trois qui s'assembleroient en son nom [2]; » d'où ils concluoient un peu après « que lorsqu'il s'assembleroit de plusieurs pays des pasteurs pour décider selon la parole de Dieu ce qu'il faudroit enseigner dans les églises, il falloit avec une ferme confiance se persuader que Jésus-Christ seroit avec eux selon sa promesse. »

Les voilà donc enfin obligés à reconnoître deux promesses de Jésus-Christ pour assister aux jugemens de son Eglise. Or les catholiques n'ont jamais eu d'autre fondement pour croire l'Eglise infaillible. Ils se servent du premier passage pour montrer qu'il est toujours avec elle considérée dans son tout. Ils se servent du second pour faire voir qu'on devroit tenir pour certain qu'il seroit au milieu de deux ou de trois, si on étoit assuré qu'ils fussent vraiment assemblés au nom de Jésus-Christ. Or ce qui est douteux de deux ou trois qui se seroient assemblés en particulier, est certain à l'égard de toute l'Eglise lorsqu'elle est assemblée en corps : on doit donc alors tenir pour certain que Jésus-Christ y est par son esprit, et ainsi que ses jugemens sont infaillibles; ou qu'on nous dise quel autre usage on peut faire de ces promesses dans le cas où les applique le synode de Delpht.

LXXVI. C'est revenir à la doctrine catholique

Il est vrai que c'est dans le corps de l'Eglise universelle et de son concile œcuménique qu'on trouve l'accomplissement assuré de ces promesses. C'étoit aussi à un tel concile que les remontrans avoient appelé. On leur avoit répondu « qu'il estoit douteux si et quand on pourroit convoquer ce concile œcuménique; qu'en attendant le national convoqué par les Etats seroit comme œcuménique et général, puisqu'il seroit composé des députez de toutes les églises réformées; que s'ils se trouvoient grevez par ce synode national, il leur seroit libre d'en appeler au concile œcuménique, pourveû qu'en attendant ils obéissent au concile national [3]. »

LXXVII. On fait espérer aux remontrans un concile œcuménique.

La réflexion qu'il faut faire ici, est que parler de concile œcuménique, c'étoit parmi les nouveaux réformés un reste du langage de l'Eglise. Car que vouloit dire ce mot dans ces nouvelles églises? Elles n'osoient pas dire que les députés de toutes les églises réformées fussent un concile œcuménique représentant

LXXVIII. Illusion de cette promesse.

---

[1] *Matth.*, XXVIII, 20. — [2] *Matth.*, XVIII, 20. — [3] *Præf. ad Ecc.*, ant. *Syn. Dor.*

l'Eglise universelle. C'étoit, disoit-on, non pas un concile œcuménique, mais « comme un concile œcuménique. » De quoi donc devoit être composé un vrai concile œcuménique ? Y falloit-il avec eux les luthériens, qui les avoient excommuniés ? ou les catholiques ? ou enfin quelles autres églises ? C'est ce que les calvinistes ne savoient pas ; et en l'état où ils s'étoient mis en rompant avec tout le reste des chrétiens, ce grand nom de *Concile œcuménique*, si vénérable parmi les chrétiens, n'étoit plus pour eux qu'un nom en l'air, auquel il ne répondoit aucune idée dans leur esprit.

LXXIX. Résolution du synode, qu'on pouvoit retoucher aux confessions de foi et en même temps obligation d'y souscrire.

La dernière observation que j'ai à faire pour la procédure regarde les confessions de foi et les catéchismes reçus dans les Provinces-Unies. Les synodes provinciaux obligèrent les remontrans à y souscrire : ceux-ci le refusèrent absolument, parce qu'ils crurent qu'il y avoit des principes d'où suivoit assez clairement la condamnation de leur doctrine. On les avoit traités d'hérétiques et de schismatiques sur ce refus ; et néanmoins on étoit d'accord dans les synodes provinciaux [1] ; et il fut expressément déclaré dans le synode de Dordrect que ces confessions de foi, loin de passer pour une règle certaine, pouvoient être examinées de nouveau : de sorte qu'on obligeoit les remontrans à souscrire à une doctrine de foi, même sans y croire.

LXXX. Décret des prétendus réformés de France, au synode de Charenton, pour approuver celui de Dordrect. La certitude du salut reconnue comme le point principal. 1620.

Nous avons déjà observé ce qui est marqué dans les actes, que les canons du synode contre les remontrans furent établis avec un consentement unanime de tous les opinans, « sans en excepter un seul [2]. » Les prétendus réformés de France n'avoient pas eu permission de se trouver à Dordrect, quoiqu'ils y fussent invités ; mais ils en reçurent les décisions dans leurs synodes nationaux, et entre autres dans celui de Charenton en 1620, où l'on en traduisit en françois tous les canons ; et la souscription en fut ordonnée avec serment en cette forme : « Je reçois, approuve et embrasse toute la doctrine enseignée au synode de Dordrect comme entièrement conforme à la parole de Dieu et confession de foy de nos églises : la doctrine des arminiens fait dépendre l'élection de Dieu

[1] *Syn. Delph.*, in *Act. Dord.*, sess. XXV, p. 91 ; sess. XXXII, p. 123. — [2] Sess. CXXV, CXXX, *Præf. ad Eccl.*

de la volonté des hommes, ramène le paganisme, déguise le papisme, et renverse toute la certitude du salut [1]. » Ces derniers mots font connoître ce qu'on jugeoit de plus important dans les décisions de Dordrect; et la certitude du salut y paroît comme un des caractères des plus essentiels du calvinisme.

Encore tout nouvellement la première chose qu'on a exigée des ministres de ce royaume réfugiés en Hollande dans ces dernières affaires de la religion, a été de souscrire aux actes du synode de Dordrect; et tant de concours, tant de sermens, tant d'actes réitérés semblent faire voir qu'il n'y a rien de plus authentique dans tout ce parti.

LXXXI. Nouvelle souscription du synode de Dordrect par les réfugiés de France.

Le décret même du synode montre l'importance de cette décision, puisque les remontrans y sont privés du ministère, de leurs chaires de professeurs en théologie et de toutes autres fonctions tant ecclésiastiques qu'académiques, jusqu'à ce qu'ayant satisfait à l'Eglise, ils luy soient pleinement réconciliez et receûs à sa communion [2] : » ce qui montre qu'ils étoient traités d'excommuniés, et que la sentence d'excommunication portée contre eux dans les églises et synodes particuliers étoit confirmée; après quoi le synode supplie les Etats de ne souffrir pas qu'on enseigne « une autre doctrine que celle qui venoit d'estre définie, et d'empescher les hérésies et les erreurs qui s'élevoient; » ce qui regarde manifestement les articles des arminiens, qu'on avoit qualifiés « d'erronez et de sources d'erreurs cachées. »

LXXXII. Par le décret du synode de Dordrect, les remontrans demeurent déposés et excommuniés.

Toutes ces choses pourroient faire voir qu'on a regardé ces articles comme fort essentiels à la religion. Cependant M. Jurieu nous apprend bien le contraire : car après avoir supposé « que l'Eglise romaine du temps du concile de Trente, estoit du moins dans les sentimens des Arminiens, » il poursuit ainsi : « Si elle n'eust point eû d'autres erreurs, nous eussions très-mal fait de nous en séparer : il eust fallu tolérer cela pour le bien de la paix, parce que c'est une Eglise dont nous faisions partie, et qui ne s'estoit pas confédérée pour soûtenir la grace selon la théologie de saint Augustin, etc. [3]. » Et c'est aussi ce qui lui fait conclure, que

LXXXIII. Les décisions de Dordrect peu essentielles. Sentimens du ministre Jurieu.

---

[1] *Syn. de Char.*, cap. XXIII. — [2] *Sent. Syn. de Remonst.*, sess. CXXXVIII, p. 280. — [3] *Syst. de l'Egl.*, lib. II, cap. III, p. 255.

ce qui fait « qu'on a retranché les remontrans de la communion, c'est parce qu'ils n'ont pas voulu se soumettre à une doctrine premièrement que nous croyons conforme à la parole de Dieu; secondement, que nous nous estions obligez par une confession confédérée de soûtenir et de défendre contre le pélagianisme de l'Eglise romaine [1]. »

LXXXIV. Le semi-pélagianisme, selon cet auteur, ne damne point. Sans lui avouer ses principes, ni ce qu'il dit de l'Eglise romaine, il me suffit d'exposer ses sentimens, qui lui font dire dans un autre endroit, que « les églises de la confession des Suisses et de Genève retrancheroient de leur communion un semi-pélagien et un homme qui soûtiendroit les erreurs des remontrans; mais que ce ne seroit pourtant pas leur dessein de déclarer cét homme damné, comme si le semi-pélagianisme damnoit [2]. » Il demeure donc bien établi, par le sentiment de ce ministre, que la doctrine des remontrans peut bien exclure quelqu'un de la confédération particulière des églises prétendues réformées; mais non pas en général de la société des enfans de Dieu; ce qui montre que ces articles ne sont pas de ceux qu'on appelle fondamentaux.

Enfin le même docteur, dans le *Jugement sur les méthodes,* où il travaille à la réunion des luthériens avec ceux de sa communion, reconnoît, que « pour arrester un torrent de pélagianisme qui alloit inonder les Païs-Bas, le synode de Dordrect a deû opposer la méthode la plus rigide et la plus éxacte à ce relaschement pélagien [3]. » Il ajoute que dans cette vue « il a pu imposer à son parti la nécessité de soûtenir la méthode de saint Augustin, et obliger non tous les membres de sa société, mais au moins tous ses docteurs, prédicateurs, et autres gens qui se meslent d'enseigner, sans pourtant obliger à la mesme chose les autres églises et les autres communions. » D'où il résulte que le synode, loin d'obliger tous les chrétiens à ses dogmes, ne prétend pas même y obliger tous ses membres, mais seulement ses prédicateurs et ses docteurs : ce qui montre ce que c'est au fond que ces graves décisions de la nouvelle Réforme, où après avoir tant vanté l'expresse parole de Dieu, tout aboutit enfin à obliger les docteurs à ensei-

---

[1] *Syst. de l'Egl.,* lib. II, cap. x, p. 305. — [2] *Ibid.,* cap. III, p. 249. — [3] *Jug. sur les méth.,* sect. 18, p. 159, 160.

gner d'un commun accord une doctrine que les particuliers ne sont obligés ni de croire ni de professer.

Et il ne faut pas répondre que c'est ici de ces dogmes qui ne doivent pas venir à la connoissance du peuple : car outre que tous les dogmes révélés de Dieu sont faits pour le peuple comme pour les autres, et qu'il y a certains cas où il n'est pas permis de les ignorer, celui qui fut défini à Dordrect devoit être plus que tous les autres un dogme très-populaire, puisqu'il s'agissoit principalement de la certitude que chacun devoit avoir de son salut : dogme où l'on mettoit dans le calvinisme le principal fondement de la religion chrétienne [1]. *LXXXV. Que les dogmes dont il s'agissoit à Dordrect étoient des plus populaires et des plus essentiels.*

Tout le reste des décisions de Dordrect aboutissant, comme on a vu, à ce dogme de la certitude, il n'étoit pas question de spéculations oiseuses, mais de la pratique qu'on jugeoit la plus nécessaire et la plus intime de la religion; et néanmoins M. Jurieu nous a parlé de cette doctrine, non tant comme d'un dogme principal, que *comme d'une méthode* qu'on a été obligé de suivre; et non pas comme étant la plus certaine, mais comme étant *la plus rigide*. Pour arrêter, disoit-il, ce torrent de pélagianisme, il a fallu lui opposer la méthode la plus rigide et la plus éxacte, et décider, ajoute-t-il, beaucoup de choses au préjudice de la liberté, qui a toujours esté de disputer pour et contre entre les réformés [2] : » comme si c'étoit ici une affaire de politique, ou qu'il y eût autre chose à considérer dans les décisions de l'Eglise, que la pure vérité révélée de Dieu clairement et expressément par sa parole, sur laquelle aussi, après qu'elle a été bien reconnue, il n'est plus permis de biaiser. *LXXXVI. Que le ministre Jurieu fait agir le synode de Dordrect plutôt par politique que par vérité.*

Mais ce qu'enseigne le même ministre en un autre endroit est encore bien plus surprenant, puisqu'il déclare aux arminiens, que ce n'est point proprement l'arminianisme, mais le socinianisme qu'on rejette en eux. « Ces messieurs les remontrans, dit-il [3], ne se doivent pas étonner que nous offrions la paix aux sectes qui paroissent estre dans les mesmes sentimens qu'eux à l'égard du synode de Dordrect, et que nous ne la leur présentions pas. Leur *LXXXVII. Qu'on étoit prêt à supporter le pélagianisme dans les arminiens.*

---

[1] Ci-dessus, n. 6. — [2] *Jug. sur les méth.*, sect. 18, p. 59. — [3] *Ibid.*, sect. 16, p. 137.

semi-socinianisme fera toujours une muraille de séparation entre eux et nous. » Voilà donc ce qui fait la séparation. C'est « qu'aujourd'hui, poursuit-il, le socianisme est entre eux dans les lieux les plus élevez. » On voit bien que sans cet obstacle on pourroit s'unir avec les arminiens, sans s'embarrasser de *ce torrent de pélagianisme dont ils inondoient les Païs-Bas*, ni des décisions de Dordrect, ni même de la confédération de tout le calvinisme pour les prétendus sentimens de saint Augustin.

LXXXVIII. Les autres ministres sont de même avis que le ministre Jurieu.

M. Jurieu n'est pas le seul qui nous a révélé ce secret du parti. Le ministre Mathieu Bochart nous avoit appris avant lui que « si les remontrans n'eussent différé du reste des calvinistes que dans les cinq points décidez dans le synode de Dordrect, l'affaire eust pu s'accommoder [1] : » ce qu'il confirme par le sentiment des autres docteurs de la secte [2], et par celui du synode même [3].

LXXXIX. Que la Réforme permet aux particuliers de s'attribuer plus de capacité pour entendre la saine doctrine, qu'à tout le reste de l'Église.

Il est vrai qu'il dit en même temps qu'encore qu'on fût disposé à tolérer dans les particuliers paisibles et modestes les sentimens opposés à ceux du synode, on n'eût pas pu les souffrir dans les ministres, qui doivent être mieux instruits que les autres : mais c'en est toujours assez pour faire voir que ces décisions *qu'on opposoit au pélagianisme* [4], quoique faites par le synode avec un si grand appareil et avec tant de fréquentes déclarations qu'on n'y suivoit autre chose que la pure et expresse parole de Dieu, ne sont pas fort essentielles au christianisme; et ce qui est plus étonnant, qu'on répute pour gens modestes des particuliers, qui après avoir connu la décision de tous les docteurs, et comme parle M. Bochart, « de toutes les églises du parti autant qu'il y en a dans l'Europe [5], » croient encore pouvoir mieux entendre la saine doctrine, non seulement que chacune d'elles en particulier, mais encore qu'elles toutes ensemble.

XC. Que les docteurs mêmes se sont beaucoup relâchés dans l'observance des décrets de Dordrect.

Il est même très-assuré que les docteurs dans lesquels on ne vouloit point tolérer les sentimens opposés à ceux du synode, se sont ouvertement relâchés sur ce sujet. Les ministres qui ont écrit dans les derniers temps, et entre autres M. de Beaulieu, que nous avons vu à Sedan un des plus savans et des plus pacifiques de

[1] *Diallact.*, cap. VIII, p. 126, etc. — [2] *Ibid.*, 130. — [3] *Ibid.*, 127. — [4] *Ibid.*, 126 et seq. — [5] *Ibid.*, 127.

tous les ministres, adoucissent le plus qu'ils peuvent le dogme de l'inamissibilité de la justice, et même celui de la certitude du salut [1] : et deux raisons les y portent : la première est l'éloignement qu'en ont eu les luthériens, à qui ils veulent s'unir à quelque prix que ce soit; la seconde est l'absurdité et l'impiété qu'on découvre dans ces dogmes, pour peu qu'ils soient pénétrés. Les docteurs peuvent bien s'y accoutumer en conséquence des faux principes dont ils sont imbus; mais les gens simples et de bonne foi ne croiront pas aisément que chacun pour être fidèle doive s'assurer qu'il n'a point à craindre la damnation, dans quelque crime qu'il se plonge; encore moins qu'il soit assuré d'y conserver la sainteté et la grace.

Toutes les fois que nos réformés désavouent ces dogmes impies, louons-en Dieu; et sans disputer davantage, prions-les seulement de considérer que le Saint-Esprit ne pouvoit pas être en ceux qui les ont enseignés, et qui ont fait consister une grande partie de la Réforme dans de si indignes idées de la justice chrétienne.

XCI. Que le synode de Dordrect ne guérit de rien, il que malgré ses décrets M. Jurieu est pélagien.

Il résulte néanmoins de là qu'après tout ce grand synode a été inutile, et qu'il ne guérit ni les peuples, ni les pasteurs mêmes pour qui principalement il a été fait, puisque ce qu'on appelle *pélagianisme* dans la Réforme, qui est ce que le synode a voulu détruire, demeure en son entier : car je demande qui est guéri de ce mal? Ce n'est pas déjà ceux qui n'en croient pas le synode; et ce n'est non plus ceux qui le croient : car, par exemple, M. Jurieu, qui est de ce dernier nombre et qui paroît demeurer si ferme dans la confédération, comme il l'appelle, des églises calviniennes contre le pélagianisme, au fond ne l'improuve pas, puisqu'il soutient, comme on a vu [2], qu'il n'est pas contraire à la piété. Il ressemble à ces sociniens, qui interrogés s'ils croient la divinité éternelle du Fils de Dieu, répondent bien qu'ils la croient : mais si on les pousse plus loin, ils disent que la croyance contraire au fond n'est pas opposée à la piété et à la vraie foi. Ceux-là sont vrais ennemis de la divinité du Fils de Dieu, puisqu'ils en tiennent le

[1] *Thes. De art. just.*, part. II, *Th.* XLII, XLIII; *item., Th. An homo solis nat. virib.*, etc., coroll. 2, 3, 4, 5, 6, *etc*. — [2] Ci-dessus, n. 83, 84, 87.

dogme pour indifférent : M. Jurieu est pélagien et ennemi de la grace dans le même sens.

XCII. Autre parole pélagienne du même ministre, et ses pitoyables contradictions.

En effet quel est le but de cette parole : « Dans les exhortations il faut nécessairement parler à la pélagienne ? » Ce n'est pas là le discours d'un théologien, puisque si le pélagianisme est une hérésie, et une hérésie qui rende inutile la croix de Jésus-Christ, comme on l'a tant prêché même dans la Réforme[1], il en faut être éloigné jusqu'à l'infini dans l'exhortation, loin d'y en conserver la moindre teinture.

Ce ministre ne s'entend pas mieux lorsqu'il excuse les pélagiens ou les semi-pélagiens de la *Confession d'Augsbourg* avec les arminiens qui en suivent les sentimens, sous prétexte que « pendant qu'ils sont semi-pélagiens de parole et pour l'esprit, ils sont disciples de saint Augustin pour le cœur[2]; » car ne sait-il pas que l'esprit gâté a bientôt corrompu le cœur ? On est trop attaché à l'erreur, quand on ne se réveille pas lors même que la vérité nous est présentée, principalement par un synode de toute la communion dont on est.

Quand donc M. Jurieu dit d'un côté que le pélagianisme ne damne pas[3], et que de l'autre on ne « rendra jamais de vrais chrétiens et de vrais dévots, pélagiens et semi-pélagiens[4], tout subtil théologien qu'il est, il ne pouvoit pas montrer plus clairement qu'il ne songe pas à ce qu'il dit, et qu'en voulant tout sauver on perd tout.

XCIII. Que ce ministre retombe dans les excès des réformateurs sur la cause du péché.

Il croit aussi avoir évité ces excès de faire Dieu auteur du péché, où il prétend qu'on ne tombe plus dans son parti *depuis cent ans*[5], et il y retombe lui-même dans le même livre où il prétend montrer qu'on les évite. Car enfin tant qu'on ôtera au genre humain la liberté de son choix, et qu'on croira que le libre arbitre subsiste avec une entière et inévitable nécessité, il sera toujours véritable que ni les hommes ni les anges prévaricateurs n'ont pas pu ne pas pécher ; et qu'ainsi les péchés où ils sont tombés sont une suite nécessaire des dispositions où leur Créateur les a mis. Or M. Jurieu est de ceux qui laissent en leur entier cette inévitable

---

[1] *Meth.*, sect. 15, p. 131. — [2] *Meth.*, sect. 14, p. 113, 114. — [3] Ci-dessus, n. 83, 84, 87. — [4] *Meth.*, sect. 15, p. 113, 121. — [5] Ci-dessus, n. 4.

nécessité, lorsqu'il dit que nous ne savons de notre ame, *sinon qu'elle pense*, et qu'on ne peut pas définir ce qu'il faut *pour estre libre*[1]. Il avoue donc qu'il ignore si ce n'est point cette inévitable et fatale nécessité qui nous entraîne au mal comme au bien, et il se replonge dans tous les excès des premiers réformateurs, dont il se vante qu'on est sorti depuis un siècle.

Pour éviter ces terribles inconvéniens, il faut du moins savoir croire, si on n'est pas parvenu jusqu'à l'entendre, qu'on ne peut admettre sans blasphème et sans faire Dieu auteur du péché, cette invincible nécessité que les remontrans ont reprochée aux prétendus réformateurs, et dont le synode de Dordrect ne les a pas justifiés.

Et en effet, je remarque qu'on ne dit rien dans tout le synode contre ces damnables excès. On a voulu épargner les réformateurs, et sauver d'un blâme éternel les commencemens de la Réforme.

Mais du moins il ne falloit pas ménager les remontrans, qui opposoient aux excès des réformateurs des excès qui n'étoient pas moins criminels.

On imprima en Hollande en 1618, un peu devant le synode, un livre avec ce titre : *Etat des controverses des Païs-Bas*, où l'on fait voir que c'étoit la doctrine des remontrans : Qu'il pouvoit survenir à Dieu quelques accidens; qu'il étoit capable de changement; que sa prescience sur les événemens particuliers n'étoit pas certaine; qu'il agissoit par discours et par conjecture en tirant comme nous une chose de l'autre [2] : et d'autres erreurs infinies de cette nature, où l'on prenoit le parti de ces philosophes, qui de peur de blesser notre liberté, ôtoient à Dieu sa prescience. On faisoit voir qu'ils s'égaroient jusqu'à faire Dieu corporel, jusqu'à lui donner trois essences, et le reste qu'on peut apprendre de ce livre qui est très-net et très-court. Ce livre fut composé pour préparer au synode qu'on alloit tenir, la matière de ses délibérations : mais on n'y parla point de toutes ces choses, ni de beaucoup d'autres aussi essentielles que les remontrans remuoient. On fut seulement soigneux de conserver les articles qui étoient particu-

XCIV.
Connivence du synode de Dordrect, non-seulement sur ces excès des prétendus réformateurs, mais encore sur ceux des remontrans.

---

[1] *Meth.*, sect. 15, 129, 130. — [2] *Specim. Controv. Belg.*, ex offic. Elzev., p. 2, 4, 7, etc.

liers au calvinisme, et on eut plus de zèle pour ces opinions que pour les principes essentiels du christianisme.

XCV. *Décret de Charenton où les luthériens sont reçus à la communion.*
1631.

Les complaisances que nous avons vu qu'on avoit pour les luthériens n'en obtenoient rien pour l'union, et ils persistoient à tenir tout le parti des sacramentaires pour excommunié. Enfin les prétendus réformés de France, dans leur synode national de Charenton, firent ce décret mémorable, où ils déclarent « que les Allemands et autres suivant la *Confession d'Augsbourg,* attendu que les églises de la Confession d'Augsbourg conviennent avec les autres réformées aux principes et points fondamentaux de la vraye religion, et qu'il n'y a en leur culte ni idolâtrie, ni superstition, pourront, sans faire abjuration, estre receûs à la sainte table, à contracter mariage avec les fidèles de nostre confession, et à présenter comme parrains des enfans au baptesme, en promettant au consistoire qu'ils ne les solliciteront jamais à contrevenir directement ou indirectement à la doctrine receuë et professée en nos églises, mais se contenteront de les instruire dans les principes desquels nous convenons tous. »

XCVI. *Conséquences de ce décret.*

En conséquence de ce décret il a fallu dire que la doctrine de la présence réelle prise en elle-même « n'a aucun venin : » qu'elle n'est pas contraire « à la piété ni à l'honneur de Dieu, ni au bien des hommes : qu'encore que l'opinion des luthériens sur l'Eucharistie induise aussi bien que celle de Rome la destruction de l'humanité de Jésus-Christ, cette suite néanmoins ne leur peut estre mise sus sans calomnie, veû qu'ils la rejettent formellement[1] : » de sorte qu'il demeure pour constant qu'en matière de religion il ne faut plus faire le procès à personne sur ce qu'on tire de sa doctrine, quelque claire que paroisse la conséquence, mais sur ce qu'il avoue en termes formels.

XCVII. *Les calvinistes n'avoient jamais fait de semblable avance.*

Jamais les sacramentaires n'avoient fait de si grande avance envers les luthériens. La nouveauté de ce décret ne consiste pas à dire que la présence réelle et les autres dont on dispute entre les deux partis, ne regardent pas les fondemens du salut; car il faut demeurer d'accord de bonne foi que dès le temps de la conférence de Marpourg[2], c'est-à-dire dès l'an 1529, les zuingliens offrirent

[1] Daillé, *Apol.,* cap. VII, p. 43 ; *id. Lettre à Mongl.—* [2] Ci-dessus, liv. II, n. 45.

aux luthériens de les tenir pour frères malgré leur doctrine de la présence réelle ; et dès lors ils ne croyoient pas qu'elle fût fondamentale : mais ils vouloient que la fraternité fût mutuelle et également reconnue de part et d'autre ; ce qui leur étant refusé par Luther, ils demeurèrent de leur côté sans tenir pour frères ceux qui ne vouloient pas prononcer le même jugement en leur faveur : au lieu que dans le synode de Charenton ce sont les sacramentaires seuls qui reconnoissent pour frères les luthériens, encore qu'ils en soient tenus pour excommuniés.

La date de ce décret de Charenton est mémorable : il fut fait en 1631. Le grand Gustave foudroyoit en Allemagne, et à ce coup on crut dans toute la Réforme que Rome même alloit devenir sujette au luthéranisme. Dieu en avoit décidé autrement : l'année d'après, ce roi victorieux fut tué dans la bataille de Lutzen, et il fallut rétracter tout ce qu'on en avoit vu dans les prophéties.

XCVIII. Date mémorable du décret de Charenton.

Cependant le décret étoit fait, et les catholiques remarquoient le plus grand changement qu'on pût jamais voir dans la doctrine des prétendus réformés.

XCIX. Grand changement dans la controverse par ce décret. Il convainc les calvinistes de calomnie.

Premièrement toute l'horreur qu'on avoit inspirée au peuple contre la doctrine de la présence réelle, a paru manifestement injuste et calomnieuse. Les docteurs en diront ce qu'il leur plaira : c'étoit principalement à la présence réelle que l'aversion des peuples étoit attachée. On leur avoit représenté cette doctrine, non-seulement comme charnelle et grossière, mais encore comme brutale et pleine de barbarie, par laquelle on devenoit des Cyclopes, des mangeurs de chair humaine et de sang humain, des parricides qui mangeoient leur père et leur Dieu. Mais maintenant, depuis le décret de ce synode, il demeure pour constant que toutes ces exagérations, dont on avoit longtemps fasciné les simples, sont calomnieuses ; et la doctrine qu'on faisoit passer pour si impie et si inhumaine n'a plus rien de contraire à la piété.

Dès là même elle devient très-croyable, et même très-nécessaire ; car ce qui obligeoit le plus à détourner le sens de ces paroles : « Si vous ne mangez ma chair et si vous ne buvez mon sang[1], » et encore de celles-ci : « Mangez, ceci est mon corps ; buvez, ceci

C. Le sens littéral et la présence réelle nécessaires.

[1] Joan., VI, 54.

est mon sang[1], » à des sens spirituels et métaphoriques, c'est qu'elles sembloient induire au crime, en obligeant de manger de la chair humaine et de boire du sang humain : de sorte que c'étoit le cas d'interpréter spirituellement, selon la règle de saint Augustin, ce qui paroissoit porter au mal. Mais maintenant cette raison n'a plus même la moindre apparence; tout ce crime imaginaire s'est évanoui, et rien n'empêche qu'on ne prenne au pied de la lettre la parole de notre Sauveur.

On avoit fait horreur au peuple de la doctrine catholique comme d'une doctrine qui détruisoit la nature humaine en Jésus-Christ, et ruinoit le mystère de son ascension. Mais maintenant on ne doit point être effrayé de ces conséquences, et on en est quitte pour les nier sans qu'on puisse les imputer à qui les nie.

CI. *Le principal sujet de la rupture rendu vain.*

Ces horreurs, qu'on avoit mises dans l'esprit des peuples, étoient à vrai dire dans leur esprit le véritable sujet de leur rupture avec l'Eglise. Qu'on lise dans tous les actes des prétendus martyrs la cause pour laquelle ils ont souffert, on verra partout que c'est la doctrine contraire à la présence réelle. Que l'on consulte un Mélanchthon, un Sturmius, un Peucer, tous les autres qui ne vouloient pas que l'on condamnât cette doctrine des zuingliens : leur principale raison fut que c'étoit pour cette doctrine que mouroient tant de fidèles en France et en Angleterre. En mourant pour cette doctrine, ces malheureux martyrs croyoient mourir pour un fondement de la foi et de la piété : maintenant cette doctrine est innocente, et n'exclut ni de la table sacrée, ni du royaume des cieux.

CII. *La haine du peuple tournée contre la transsubstantiation, qui est bien moins importante.*

Pour conserver dans le cœur des peuples la haine du dogme catholique, il a fallu la tourner contre un autre objet que la présence réelle. La transsubstantiation est maintenant le grand crime : ce n'est plus rien de mettre Jésus-Christ présent, de mettre un même corps en divers lieux, de mettre tout un corps dans chaque parcelle : la grande erreur est d'avoir ôté le pain : ce qui regarde Jésus-Christ est peu de chose; ce qui regarde le pain est l'essentiel.

CIII. *Jésus-Christ*

On a changé toutes les maximes qui avoient jusqu'alors passé pour constantes touchant l'adoration de Jésus-Christ. Calvin et

---

[1] *Matth.*, XXVI, 26, 27, 28.

les autres avoient démontré que partout où Jésus-Christ, un objet si adorable, étoit tenu pour présent d'une présence aussi spéciale que celle qu'on reconnoissoit dans l'Eucharistie, il n'étoit pas permis de le frustrer de l'adoration qui lui est due[1]. Mais maintenant, ce n'est pas assez que Jésus-Christ soit quelque part pour y être adoré, il faut qu'il commande qu'on l'adore : « qu'il déclare sa volonté pour estre adoré en tel lieu ou en tel état[2]; » autrement, tout Dieu qu'il est, il n'aura de nous aucun culte. Bien plus, il faut qu'il se montre : « Si le corps de Christ est en un lieu invisiblement et d'une manière imperceptible à tous les sens, il ne nous oblige pas à l'adorer en ce lieu-là. » Sa parole ne suffit pas, il faut le voir : on a beau entendre la voix du roi, si on ne le voit de ses yeux, on ne lui doit rien, ou du moins il faut qu'il dise expressément que son intention est d'être honoré; autrement on agira comme s'il n'y étoit pas. Si c'étoit le roi de la terre, on n'hésiteroit pas à lui rendre ce qui lui est dû dès qu'on sait qu'il est quelque part : mais honorer ainsi le Roi du ciel, ce seroit une idolâtrie, et on auroit peur qu'il ne crût qu'on adore un autre que lui.

n'est plus adorable dans l'Eucharistie, comme on le croyoit auparavant.

Mais voici une nouvelle finesse. Le luthérien, qui croit Jésus-Christ présent, le reçoit comme son Dieu : il y met sa confiance, il l'invoque; et le synode de Charenton décide « qu'il n'y a ni idolâtrie, ni superstition dans son culte : » mais s'il fait un acte sensible d'adoration, il idolâtre; c'est-à-dire qu'il est permis d'avoir le fond de l'adoration, qui est le sentiment intérieur; mais il n'est pas permis de le témoigner, et on devient idolâtre en faisant paroître par quelque posture de respect le sentiment de vénération vraiment sainte qu'on a dans le cœur.

CIV. On tolère dans les luthériens les actes intérieurs de l'adoration, et on rejette les extérieurs, qui n'en sont que le témoignage.

Mais, dit-on, c'est que si le luthérien adoroit Jésus-Christ dans l'Eucharistie où il est avec le pain, il seroit à craindre que l'adoration ne se rapportât au pain comme à Jésus-Christ[3], et en tout cas qu'on ne crût que ce fût l'intention de l'y rapporter : sans doute, lorsque les Mages ont adoré Jésus-Christ, ou dans sa crèche, ou dans un berceau, il falloit craindre qu'ils n'adorassent avec

CV. Vaine réponse.

---

[1] *Cont. Vestph., Cont. Heshus.*— [2] *Dial. du ministre Boch., sur le Syn. de Char.,* I, 24; *Ejusd. Dial.*, II part., cap. VII; *Sedani*, p. 21. — [3] *Dial.*, etc., p. 24.

Jésus-Christ ou le berceau, ou la crèche; ou enfin que la sainte Vierge et saint Joseph ne les prissent pour des adorateurs du berceau où reposoit le Fils de Dieu. Voilà les subtilités que le décret de Charenton avoit amenées.

<small>CVI. L'ubiquité tolérée.</small> D'ailleurs la doctrine de l'ubiquité qu'on avoit traitée avec raison autant parmi les sacramentaires que parmi les catholiques comme une doctrine monstrueuse, où l'on confond les deux natures de Jésus-Christ, devient la doctrine des saints.

Car il ne faut pas s'imaginer que les défenseurs de cette doctrine soient exceptés de l'union : le synode parle en général des églises de la Confession d'Augsbourg, dont on sait que la plus grande partie est ubiquitaire; et les ministres nous apprennent que l'ubiquité n'a rien de mortel [1], quoiqu'elle renverse, plus expressément que n'ont jamais fait les eutychiens, la nature humaine de Notre-Seigneur.

<small>CVII. On ne compte pour peu tout ce qui ne change rien que le culte extérieur.</small> En un mot, on compte pour peu tout ce qui ne change rien dans le culte, et encore dans le culte extérieur : car la croyance qu'on a au dedans n'est pas un obstacle à la communion; il n'y a que le respect qu'on rend au dehors qui fait le péché; et voilà où nous réduisent ceux qui ne nous prêchent que l'adoration en esprit et en vérité.

<small>CVIII. Le fondement de la piété, qu'on reconnoissoit autrefois, est changé.</small> On voit bien, sans qu'il soit besoin que j'en avertisse, qu'après le synode de Charenton, ni l'inamissibilité de la justice, ni la certitude du salut ne sont plus un fondement nécessaire de la piété, puisque les luthériens sont admis à la communion avec la doctrine contraire.

<small>CIX. Les disputes de la prédestination ne font plus rien à l'essence de la religion.</small> Il ne faut non plus nous parler de la prédestination absolue et des décrets absolus comme d'un article principal, puisqu'on ne doit pas nier, selon M. Jurieu, « qu'il n'y ait de la piété dans ces grandes communions de protestans, dans lesquelles on traite si mal et les décrets absolus, et la grace efficace par elle-mesme [2]. »

Le même ministre demeure d'accord que les protestans d'Allemagne font entrer « la prévision de la foy dans cét amour gratuit, par lequel Dieu nous a aimez en Jésus-Christ [3]. » Ainsi le décret

---

[1] Boch., *ibid.*, 17; *Dial.*, II part., cap. VII. — [2] *Jugement sur les méth.*, sect. 14, p. 113. — [3] *Ibid.*, sect. 18, p. 158.

de la prédestination ne sera pas un décret absolu et indépendant de toute prévision, mais un *décret conditionnel*, qui renferme la condition de la foi future; et c'est ce que M. Jurieu ne condamne pas.

Mais voici les deux plus remarquables nouveautés qu'ait introduites le décret de Charenton dans la Réforme prétendue : c'est premièrement la dispute sur les points fondamentaux; et secondement, la dispute sur la nature de l'Eglise.

Sur les points fondamentaux les catholiques leur ont dit : Si la présence réelle, si l'ubiquité, si tant d'autres points importans, dont on dispute depuis plus d'un siècle entre les luthériens et les calvinistes, ne sont point fondamentaux, pourquoi ceux dont vous disputez avec l'Eglise romaine le seront-ils davantage? Ne croit-elle pas la Trinité, l'Incarnation, tout le Symbole? A-t-elle mis un autre fondement que Jésus-Christ? Tout ce que vous lui objectez sur ce sujet pour lui montrer qu'elle en a un autre, sont autant de conséquences qu'elle nie, et qui selon vos principes ne doivent pas lui être imputées. Où donc mettez-vous précisément ce qui est fondamental dans la religion? De rapporter maintenant ici tout ce qu'ils ont dit sur les points fondamentaux, les uns d'une façon, les autres de l'autre, et la plupart confessant qu'ils n'y voient goutte et que c'est chose qui se sent plutôt qu'elle ne s'explique, ce seroit s'engager dans l'infini, et se jeter avec eux dans le labyrinthe où ils ne trouveront jamais d'issue.

L'autre dispute n'a pas été moins importante : car dès qu'une fois on a eu posé pour principe que ceux qui retiennent les principaux fondemens de la foi, quelque séparés qu'ils soient de communion, sont au fond la même Eglise et la même société des enfans de Dieu, dignes de sa sainte table et de son royaume : les catholiques demandent comment on les peut exclure de cette Eglise et du salut éternel. Il n'est plus ici question de regarder l'Eglise romaine comme une église qui exclut tout le monde, et que tout le monde doit exclure; car on voit que les luthériens, qui excluent les calvinistes, ne sont pas exclus. Voilà ce qui a produit ce nouveau système d'église qui fait tant de bruit, et où enfin il a fallu comprendre l'Eglise romaine.

CXIII. Conférence de Cassel, où les luthériens de Rintel s'accordent avec les calvinistes de Marpourg. 1661.

Les protestans d'Allemagne n'ont pas été partout également durs envers les calvinistes. En 1661, il se tint une conférence à Cassel entre les calvinistes de Marpourg et les luthériens de Rintel, où l'accord fut réciproque et où les deux partis se tinrent pour frères. J'avoue que cette union fut sans conséquence dans le reste de l'Allemagne, et je n'ai pu même savoir quelle en a été la suite entre ceux qui la contractèrent : mais il y eut dans l'accord un point important que je ne dois pas oublier.

CXIV. Article important de cet accord sur la fraction du pain de l'Eucharistie.

Les calvinistes reprochoient aux luthériens que dans la célébration de l'Eucharistie, ils omettoient la fraction, dont l'institution étoit divine [1]. C'est la doctrine commune du calvinisme, que la fraction fait partie du sacrement comme étant un symbole du corps rompu que Jésus-Christ vouloit donner à ses disciples; que c'est pour cette raison que Jésus-Christ l'a pratiquée; qu'elle est de commandement, et qu'elle se trouve enfermée par Notre-Seigneur dans cette ordonnance : *Faites ceci.* C'est ce que soutenoient les calvinistes de Marpourg; c'est ce que nioient les luthériens de Rintel. On ne laissa pas de s'unir, quoique chacun persistât dans son avis : et il fut dit par ceux de Marpourg « que la fraction appartenoit non pas à l'essence, mais seulement à l'intégrité du sacrement comme y étant nécessaire par l'exemple et le commandement de Jésus-Christ : qu'ainsi les luthériens ne laissoient pas sans la fraction du pain d'avoir la substance de la Cène, et qu'on pouvoit se tolérer mutuellement. »

CXV. Démonstration en faveur de la communion sous une espèce

Un ministre, qui a répondu à un *Traité de la Communion sous les deux espèces,* a examiné cette conférence que l'on avoit objectée [2] : le fait a passé pour constant, et le ministre est convenu que la fraction, quoique commandée par Jésus-Christ, n'appartenoit pas à l'essence, mais à la seule intégrité du sacrement. Voilà donc l'essence du sacrement manifestement séparée du commandement divin, et on a trouvé des raisons pour dispenser de ce qu'on dit que Jésus-Christ a commandé : après quoi je ne vois plus comment on peut presser le commandement de prendre les deux espèces, puisque quand nous serions convenus que

[1] *Coll. Cass.,* quæst. *de fract. pan.* — [2] *Traité de la Comm. sous les deux espèces,* II part., chap. XII; La Roq., *Rép.,* II part., chap. XVII, p. 307.

Jésus-Christ les a commandées, nous serions toujours reçus à examiner si ce précepte divin regarde l'essence, ou seulement l'intégrité.

On peut voir dans le même colloque l'état présent des controverses en Allemagne entre les luthériens et les calvinistes; et on voit que la doctrine constante des théologiens de la *Confession d'Augsbourg* est que la grace est universelle; qu'elle est *résistible*; qu'elle est *amissible*; que la prédestination est conditionnelle, et présuppose la prescience de la foi; enfin que la grace de la conversion est attachée à une action purement naturelle, et qui dépend de nos propres forces, c'est-à-dire du soin d'entendre la prédication [1] : ce que le docte Beaulieu confirme par plusieurs témoignages, auxquels nous pourrions en ajouter beaucoup d'autres, si la chose n'étoit constante, ainsi qu'on l'aura pu voir par le témoignage de M. Jurieu [2], et si nous n'avions déjà parlé de cette matière [3].

CXVI. Etat présent des controverses en Allemagne.

En effet on a pu voir dans cette histoire [4], combien Mélanchthon avoit adouci parmi les luthériens l'extrême rigueur avec laquelle Luther soutenoit les décrets absolus et particuliers [5], et on y enseignoit unanimement que Dieu vouloit sérieusement et sincèrement sauver tous les hommes; qu'il leur offroit Jésus-Christ comme Rédempteur; qu'il les appeloit à lui par la prédication et par les promesses de son Evangile; et que son esprit étoit toujours prêt à être efficace en eux, s'ils écoutoient sa parole : que c'est enfin attribuer à Dieu deux volontés contraires, de dire que d'un côté il propose son Evangile à tous les hommes, et de l'autre qu'il n'en veuille sauver qu'un très-petit nombre. Par une suite de la complaisance qu'on avoit pour les luthériens, Jean Cameron Ecossais, célèbre ministre et professeur en théologie dans l'académie de Saumur, y enseigna une vocation et une grace universelle, qui se déclaroit envers tous les hommes par les merveilles des œuvres de Dieu, par sa parole et les sacremens. Cette doctrine de Cameron fut fortement et ingénieusement défendue par Amirauld et Testard ses

CXVII. Le relâchement des luthériens donne lieu à ceux de Cameron et de ses disciples, sur la grace universelle.

---

[1] *Thes. de qu. An. hom. in stat. pecc. solis nat. viribus*, etc.; thes. 31, et seq. — [2] Ci-dessus, n. 109. — [3] Ci-dessus, liv. VIII, n. 48 et suiv. — [4] *Ibid.*, n. 22 et suiv. — [5] *Epit.*, tit. *de Præd. conc.*, p. 617 ; *Solida repetit.*, eod. tit., p. 804.

disciples, professeurs en théologie dans la même ville. Toute cette académie l'embrassa : Dumoulin se mit à la tête du parti contraire, et engagea dans ce sentiment l'académie de Sedan où il pouvoit tout, et nous avons vu de nos jours toute la Réforme partagée en France avec beaucoup de chaleur entre Saumur et Sedan. Malgré les censures des synodes, qui supprimoient la doctrine de la grace universelle, sans néanmoins la qualifier d'hérétique ou d'erronée, les plus savans ministres en entreprirent la défense. Daillé en fit l'apologie, où Blondel mit une préface très-avantageuse aux défenseurs de ce sentiment ; et la grace universelle triompha dans Sedan, où le ministre Beaulieu l'a enseignée de nos jours.

CXVIII. Si la grace universelle étoit contraire au synode de Dordrect.

Elle ne réussissoit pas également hors du royaume, et principalement en Hollande, où on la croyoit opposée au synode de Dordrect. Mais au contraire Blondel et Daillé firent voir que les théologiens de la Grande-Bretagne et de Brême avoient soutenu dans le synode « une volonté et intention universelle » de sauver tous les hommes, une grace *suffisante* donnée à tous, grace *sans laquelle* on ne pouvoit pas rétablir en soi-même l'image de Dieu [1]. C'est ce qu'avoient dit publiquement les théologiens dans le synode, et n'en avoient pas moins mérité les congratulations et les louanges de toute cette compagnie.

CXIX. Décret à Genève contre la grace universelle, et la question résolue par le magistrat. Formule helvétique 1669. 1671.

Genève toujours attachée aux rigoureuses propositions de Calvin, fut fort ennemie de l'universalité, qui cependant fut portée jusque dans son sein par des ministres françois. Déjà elle partageoit toutes les familles, lorsque le magistrat y mit la main. Du conseil des Vingt-Cinq, la question fut portée à celui des Deux-Cents. Ces magistrats ne rougirent point de faire disputer leurs pasteurs et leurs professeurs devant eux, et s'érigèrent en juges d'une question de la plus fine théologie. Il vint de puissantes recommandations de la part des Suisses pour la grace particulière contre la grace universelle : un rigoureux décret partit, par lequel la dernière fut proscrite. On publia la formule d'un

---

[1] Dall., *Apol.*, tract. II, part.; Blond. *Act. auth.*, 8, et seq., p. 77; Jud., *Theol. Mag. Brit.*, de art. 2, int. *Act. Syn. Dord.*, II part., p. 287; Jud., *Brem.*, ibid., p. 113 et seq.

théologien, que les Suisses avoient approuvée, où le système de la grace universelle étoit déclaré « non médiocrement éloigné de la saine doctrine révélée dans les Ecritures, » et afin que rien n'y manquât, le souverain magistrat ordonna que tous les ministres, docteurs et professeurs souscriroient à la formule avec ces mots : « Ainsi je le croys : ainsi je le professe : ainsi je l'enseigneray. » Ce n'est pas là une soumission de police et d'ordre; c'est un pur acte de foi ordonné par l'autorité séculière : c'est à quoi se termine la Réforme, à soumettre l'Eglise au siècle, la science à l'ignorance et la foi au magistrat.

CXX. Autre décision de la formule helvétique sur le texte hébreu, dont les savans du parti se moquent. Variation sur la Vulgate.

Cette formule helvétique avoit encore une autre partie, où sans se mettre en peine ni des Septante, ni des Targums, ni de l'original samaritain, ni de tous les vieux interprètes et de toutes les anciennes leçons, on canonisoit jusqu'aux points du texte hébreu que nous avons, qu'on déclaroit net de toute faute de copistes jusqu'aux moindres, et de toute atteinte du temps. Les auteurs de ce décret ne sentirent pas combien ils s'immoloient à la risée de tous les savans, même de leur communion ; mais ils s'attachoient aux vieilles maximes de la Réforme encore ignorante. Ils étoient fâchés de voir que les leçons de la Vulgate, qu'on avoit prises autrefois comme autant de falsifications, étoient tous les jours de plus en plus approuvées par les savans du parti : et en fixant le texte original, suivant que nous l'avons aujourd'hui, ils croyoient s'affranchir de la nécessité de la tradition, sans songer que sous le nom de *Texte hébreu,* au lieu des traditions ecclésiastiques et de celle de l'ancienne Synagogue, ils consacroient celles des rabbins.

CXXI. Autres décisions de Genève et des Suisses. Combien improuvées par M. Claude. 1649. 1675.

Il s'est fait encore à Genève un autre décret sur la foi en 1675, où l'on confirma celui de 1649, par lequel on ajoutoit « deux nouveaux articles à la Confession de foy : » l'un, « pour dire que l'imputation du péché d'Adam estoit antérieure à la corruption; » l'autre, « pour dire que, dans l'ordre des décrets divins l'envoy de Jésus-Christ est après le décret de l'élection. » On ordonna que tous ceux qui refuseroient de souscrire à ces deux nouveaux articles de foi seroient exclus et déposés du ministère et de toute fonction ecclésiastique.

Cette décision fut trouvée étrange dans le parti même; et Turretin, ministre et professeur à Genève, en reçut de grands reproches de M. Claude, comme il paroît par une lettre de ce ministre du 20 juin 1675, que Louis Dumoulin, fils du ministre Pierre Dumoulin et oncle du ministre Jurieu, a fait imprimer [1].

M. Claude se plaint dans cette lettre de ce qu'on sollicite les Suisses « à dresser un formulaire » conforme à celui de Genève, « contenant les mesmes points et les mesmes restrictions, pour estre ajoutées à leur Confession de foy [2] : » et on voit par une remarque de Dumoulin, insérée dans la même lettre [3], que les Suisses ont en effet *frappé ce coup* que M. Claude trouvoit *si terrible*.

Cependant le même ministre soutient qu'il n'est pas permis d'ajouter « ainsi de nouveaux articles de foy à ceux de sa Confession, et qu'il est dangereux de remuer les anciennes bornes qui ont esté plantées par nos pères [4]. » Plût à Dieu que nos réformés eussent toujours eu devant les yeux cette maxime du Sage [5], où ils sont si souvent contraints de revenir pour terminer les divisions qu'ils voient naître incessamment dans leur sein ! M. Claude la propose à ceux de Genève, et s'étonne que cette église « fasse ainsi de nouveaux articles de foy et de nouvelles loix de prédication [6] : » il prétend qu'en user ainsi, c'étoit se faire soi-même *des dieux,* et rompre l'unité avec toutes les églises qui ne sont pas de son sentiment, c'est-à-dire avec « celles de France, avec celles d'Angleterre, avec celles de Pologne, de Prusse et d'Allemagne [7] ; » que ce n'est point ici une simple affaire de discipline où les églises puissent varier; que c'est se désunir dans des « points de doctrine, immuables de leur nature; » qu'on « ne peut pas en bonne conscience enseigner diversement; » de sorte que ce n'est pas seulement « se faire un ministère particulier, » mais encore jeter « les semences d'une funeste division » dans la foi même, et en un mot « fermer son cœur » aux autres églises [8].

---

[1] *Fasc. epist.*, 1676, p. 83, 94. — [2] *Ibid.*, p. 95. — [3] P. 101. — [4] *Ibid.*, p. 85. — [5] *Prov.*, XXII, 28. — [6] *Fasc. epist.*, 1676, p. 89. — [7] *Ibid.*, p. 90, 91, 98, 103. — [8] *Ibid.*, 93, 100.

Si on veut maintenant savoir jusqu'où l'église de Genève portoit sa rigueur, on l'apprendra dans la même lettre; car elle marque « qu'on éxigeoit la signature des articles avec une sévérité inconcevable; qu'on l'éxigeoit mesme de ceux qui s'adressoient à Genève pour y recevoir la vocation, dans le dessein d'aller servir ailleurs; qu'on leur imposoit la mesme nécessité de la souscription qu'à ceux de Genève mesme; qu'on l'éxigeoit des pasteurs déjà receûs avec la mesme rigueur, bien qu'ils eussent déjà vieilli dans les travaux du ministère [1] : » et cela, dit M. Claude [2], c'est, « autant qu'il est en eux, ravir partout la charge à tous ceux qui sont de différens sentimens (c'est-à-dire à tout le reste des églises), et se condamner eux-mesmes, comme ayant entretenu jusques-ici une paix injuste avec des gens à qui il falloit déclarer la guerre [3]. »

Toutes ces remontrances n'ont rien opéré; l'église de Genève est demeurée ferme, aussi bien que celle des Suisses, persuadées l'une et l'autre que leurs déterminations étoient appuyées sur la parole de Dieu : ce qui continue à faire voir que sous le nom de cette parole, c'est ses propres imaginations que chacun adore; que si l'on n'a quelque autre principe pour convenir du sens de cette parole, il n'y aura jamais entre les églises qu'une union politique extérieure, telle qu'elle est demeurée avec ceux de Genève, qui dans le fond avoient rompu avec tous les autres; et que pour trouver quelque chose de fixe, il faut, à l'exemple de M. Claude, ramener les esprits à cette maxime du Sage, « qu'il ne faut pas remuer les bornes plantées par nos pères [4]; » c'est-à-dire qu'il s'en faut tenir aux décisions qu'ils ont faites sur la foi.

Le fameux serment du Test mérite bien d'avoir place dans cette histoire, puisqu'il a été un des actes principaux de la religion en Angleterre. Le voici comme il avoit été résolu au Parlement tenu à Londres en 1678. « Moi N. je proteste, testifie et déclare solennellement et sincérement en la présence de Dieu, que je croy que dans le sacrement de la Cène du Seigneur il n'y a aucune transsubstantiation des élémens du pain et du vin dans le corps et le sang de Christ, dans et après la consécration faite par quelque

CXXII.
Le serment du Test en Angleterre. Que les Anglois s'y rapprochent de nos sentimens, et ne condamnent l'Eglise romaine que par une

---

[1] P. 94, 95. — [2] P. 91. — [3] P. 100. — [4] *Prov.*, XXII, 28.

erreur manifeste.
1678.

personne que ce soit ; et que l'invocation ou adoration de la Vierge Marie ou tout autre Saint, et le sacrifice de la messe, de la manière qu'ils sont en usage à présent dans l'Eglise romaine, est superstition et idolâtrie. » Ce qu'il y a de particulier dans cette profession de foi, c'est premièrement qu'elle ne s'attaque qu'à la transsubstantiation, et non pas à la présence réelle; en quoi elle suit la correction qu'Elisabeth avoit faite à la réforme d'Edouard VI. On y ajoute seulement ces mots, « dans et après la consécration, » qui permettent manifestement de croire la présence réelle avant la manducation, puisqu'ils n'en excluent, comme on voit, que le seul changement de substance.

Ainsi un Anglois bon protestant, sans blesser sa religion et sa conscience, peut croire que le corps et le sang de Jésus-Christ sont réellement et substantiellement présens dans le pain et dans le vin aussitôt après la consécration. Si les luthériens en croyoient autant, il est certain qu'ils l'adoreroient. Aussi les Anglois n'y apportent-ils aucun obstacle dans leur Test : et comme ils reçoivent l'Eucharistie à genoux, rien ne les empêche d'y reconnoître ni d'y adorer Jésus-Christ présent dans le même esprit que nous faisons : après cela, nous incidenter sur la transsubstantiation, est une chicane peu digne d'eux.

Dans les paroles suivantes du Test on condamne, comme des actes « de superstition et d'idolâtrie, l'invocation » ou, comme ils l'appellent, « l'adoration » de la Sainte Vierge et des Saints, et le sacrifice de la messe, non absolument, mais « de la manière qu'ils sont en usage dans l'Eglise romaine. » C'est que les Anglois sont trop savans dans l'antiquité pour ignorer que les Pères du quatrième siècle, sans maintenant remonter plus haut, ont invoqué la sainte Vierge et les Saints. Ils savent que saint Grégoire de Nazianze approuve expressément dans la bouche d'une martyre la piété qui lui fit demander à la sainte Vierge, « qu'elle aidast une vierge qui estoit en péril [1]. » Ils savent que tous les Pères ont fait et approuvé solennellement, dans leurs homélies, de semblables invocations adressées aux Saints, et se sont même servis du terme d'invocation à leur égard. Pour le terme d'*adoration*, ils savent

[1] *Orat.* XVIII, in Cyp.

aussi qu'il est équivoque, aussi bien parmi les saints Pères que dans l'Ecriture; et qu'il ne signifie pas toujours rendre à quelqu'un les honneurs divins; que c'est aussi pour cette raison que saint Grégoire de Nazianze n'a pas fait difficulté en plusieurs endroits de dire qu'on adoroit les reliques des martyrs, et que Dieu ne dédaignoit pas de confirmer une telle adoration par des miracles [1]. Les Anglois sont trop instruits dans l'antiquité pour ignorer cette doctrine et ces pratiques de l'ancienne Eglise, et trop respectueux envers elle pour l'accuser de superstition et d'idolâtrie : c'est ce qui leur fait apporter la restriction qu'on voit dans leur Test, et supposer dans l'Eglise romaine une manière d'invocation et d'adoration différente de celle des Pères, parce qu'ils ont bien senti que sans cette précaution le Test n'auroit non plus été souscrit en bonne conscience par les protestans habiles que par les catholiques.

Cependant dans le fait il est constant que nous ne demandons aux Saints que la société de leurs prières non plus que les anciens, et que nous n'honorons dans leurs reliques que ce qu'ils y ont honoré. Si nous prions quelquefois les Saints non pas de prier, mais de donner et de faire, les savans Anglois conviendront que les anciens l'ont fait comme nous [2], et que comme nous ils l'ont entendu dans le sens qui fait attribuer les graces reçues, non-seulement au souverain qui les distribue, mais encore aux intercesseurs qui les obtiennent; de sorte qu'on ne trouvera jamais aucune véritable différence entre les anciens que les Anglois ne veulent pas condamner, et nous qu'ils condamnent, mais par erreur et en nous attribuant ce que nous ne croyons pas.

J'en dis autant du sacrifice de la messe. Les Anglois sont trop versés dans l'antiquité, pour ne savoir pas que de tout temps dans les saints mystères et dans la célébration de l'Eucharistie, on a offert à Dieu les mêmes présens qu'on a ensuite distribués aux peuples, et qu'on les lui a offerts autant pour les morts que pour les vivants. Les anciennes liturgies, qui contiennent la forme de

---

[1] Basil., *Orat. in Mam.*, p. 185; Greg. Nyss., *Orat. in Theod.*; Amb., *Serm. de S. Vit., Exhort. virg.*, n. 4, 7, 9 et seq.; Greg. Naz., *Orat. in Jul.*, I, *in Machab.*, etc.; *ibid.*, p. 397 et seq. — [2] Greg. Naz., *Orat. funeb.*; Ath. et Basil., *Orat.* xx, p. 373.

cette oblation, tant en Orient qu'en Occident, sont entre les mains de tout le monde; et les Anglois n'ont eu garde de les accuser ni de superstition ni d'idolâtrie. Il y a donc une manière d'offrir à Dieu pour les vivans et pour les morts le sacrifice de l'Eucharistie, que l'église anglicane protestante ne trouve ni idolâtre ni superstitieuse; et s'ils rejettent la messe romaine, c'est en supposant qu'elle est différente de celle des anciens.

Mais cette différence est nulle : une goutte d'eau n'est pas plus semblable à une autre que la messe romaine est semblable, quant au fond et à la substance, à la messe que les Grecs et les autres chrétiens ont reçue de leurs pères. C'est pourquoi l'Eglise romaine, lorsqu'elle les reçoit à sa communion, ne leur propose pas une autre messe. Ainsi l'Eglise romaine n'a point au fond d'autre sacrifice que celui qu'on a offert en Orient et en Occident dès l'origine du christianisme, de l'aveu des protestans d'Angleterre.

De là il résulte clairement que la doctrine romaine, tant sur l'invocation et l'adoration que sur le sacrifice de la messe, n'est condamnée dans le Test qu'en présupposant que Rome reçoit ces choses dans un autre sens, et les pratique dans un autre esprit que celui des Pères; ce qui visiblement n'est pas : de sorte que sans hésiter, et sans parler des autres raisons, on peut dire que l'abrogation du Test n'est autre chose que l'abrogation d'une calomnie manifeste faite à l'Eglise romaine (a).

(a) Comme la première édition venoit d'être imprimée tout entière, Bossuet fit une *Addition importante* au livre XIV, et la mit à la fin de l'ouvrage. Alors il n'auroit pu, sans sacrifier une partie considérable de l'impression, la joindre au livre XIV, cela est vrai; mais quand il fit la deuxième édition, l'espace étoit libre, la place inoccupée; rien ne gênoit plus son choix : cependant il ne revint point au livre XIV; il laissa la note complémentaire à l'endroit qu'il lui avoit donné la première fois. C'est donc là, c'est après l'*Histoire des Variations* que l'auteur vouloit son complément. Nous avons suivi sa pensée. Les anciens éditeurs ont adopté le même ordre; ceux de ce siècle ont réformé l'avis de Bossuet.

LIVRE XV.

Variations sur l'article du Symbole : Je crois l'Eglise catholique. *Fermeté inébranlable de l'Eglise romaine.*

SOMMAIRE.

Histoire des Variations sur la matière de l'Eglise. On reconnoit naturellement l'Eglise visible. La difficulté de montrer où étoit l'Eglise oblige à inventer l'Eglise invisible. La perpétuelle visibilité nécessairement reconnue. Divers moyens de sauver la Réforme dans cette présupposition. Etat où la question se trouve à présent par les disputes des ministres Claude et Jurieu. On est enfin forcé d'avouer qu'on se sauve encore dans l'Eglise romaine, comme on s'y est sauvé avant la Réforme prétendue. Etranges variations, et les confessions de foi méprisées. Avantages qu'on donne aux catholiques sur le fondement nécessaire des promesses de Jésus-Christ en faveur de la perpétuelle visibilité. L'Eglise est reconnue pour infaillible. Ses sentimens avoués pour une règle infaillible de la foi. Vaines exceptions. Toutes les preuves contre l'autorité infaillible de l'Eglise réduites à rien par les ministres. Evidence et simplicité de la doctrine catholique sur la matière de l'Eglise. La Réforme abandonne son premier fondement, en avouant que la foi ne se forme point sur les Ecritures. Consentement des ministres Claude et Jurieu dans ce dogme. Absurdités inouïes du nouveau système de l'Eglise, nécessaires pour se défendre contre les objections des catholiques. L'uniformité et la constance de l'Eglise catholique opposée aux variations des églises protestantes. Abrégé de ce quinzième livre. Conclusion de tout l'ouvrage.

Comme après avoir observé les effets d'une maladie et le ravage qu'elle fait dans un corps, on en recherche la cause pour y appliquer les remèdes convenables : ainsi, après avoir vu cette perpétuelle instabilité des églises protestantes, fâcheuse maladie de la chrétienté, il faut aller au principe, pour apporter si l'on peut un secours proportionné à un si grand mal. La cause des variations que nous avons vues dans les sociétés séparées, est de n'avoir pas connu l'autorité de l'Eglise, les promesses qu'elle a reçues d'en haut, ni en un mot ce que c'est que l'Eglise même. Car c'étoit là le point fixe sur lequel il falloit appuyer toutes les démarches qu'on avoit à faire; et faute de s'y être arrêtés, les hérétiques curieux ou ignorans ont été livrés aux raisonnemens humains, à leurs chagrins, à leurs passions particulières; ce qui a fait qu'ils

<small>I. La cause des variations des églises protestantes, c'est de n'avoir pas connu ce que c'étoit que l'Eglise.</small>

ne sont allés qu'à tâtons dans leurs propres confessions de foi, et qu'ils n'ont pu éviter les deux inconvéniens marqués par saint Paul dans les faux docteurs, dont l'un est de se condamner eux-mêmes par leur propre jugement [1]; et l'autre, « d'apprendre toujours, sans jamais pouvoir parvenir à la connoissance de la vérité [2]. »

II.
L'Eglise catholique s'est toujours connue elle-même, et n'a jamais varié dans ses décisions.

Ce principe d'instabilité de la réformation prétendue a paru dans toute la suite de cet ouvrage : mais il est temps de le remarquer avec une attention particulière, en montrant dans les sentimens confus de nos frères séparés sur l'article de l'Eglise, les variations qui ont causé toutes les autres : après quoi nous finirons ce discours, en faisant voir une contraire disposition dans l'Eglise catholique, qui pour avoir bien connu ce qu'elle étoit par la grace de Jésus-Christ, a toujours si bien dit d'abord dans toutes les questions qu'on a émues tout ce qu'il en falloit dire pour assurer la foi des fidèles, qu'il n'a jamais fallu, je ne dis pas varier, mais délibérer de nouveau, ni s'éloigner tant soit peu du premier plan.

III.
Doctrine de l'Eglise catholique sur l'article de l'Eglise. Quatre points essentiels et inséparables les uns des autres.

La doctrine de l'Eglise catholique consiste en quatre points dont l'enchaînement est inviolable : l'un, que l'Eglise est visible; l'autre, qu'elle est toujours; le troisième, que la vérité de l'Evangile y est toujours professée par toute la société; le quatrième, qu'il n'est pas permis de s'éloigner de sa doctrine : ce qui veut dire, en autres termes, qu'elle est infaillible.

Le premier point est fondé sur un fait constant : c'est que le terme d'*Eglise* signifie toujours dans l'Ecriture, et ensuite dans le langage commun des fidèles, *une société visible* [3] : les catholiques le posent ainsi, et il a fallu que les protestans en convinssent, comme on verra.

Le second point, que l'Eglise est toujours, n'est pas moins constant, puisqu'il est fondé sur les promesses de Jésus-Christ, dont on convient dans tous les partis.

De là on infère très-clairement le troisième point, que la vérité est toujours professée par la société de l'Eglise; car l'Eglise n'étant visible que par la profession de la vérité, il s'ensuit que si

---
[1] *Tit.*, III, 11. — [2] II *Tim.*, III, 7. — [3] *Conf. avec M. Cl.*

elle est toujours et qu'elle soit toujours visible, il ne se peut qu'elle n'enseigne et ne professe toujours la vérité de l'Evangile : d'où suit aussi clairement le quatrième point, qu'il n'est pas permis de dire que l'Eglise soit dans l'erreur, ni de s'écarter de sa doctrine; et tout cela est fondé sur la promesse qui est avouée dans tous les partis, puisqu'enfin la même promesse qui fait que l'Eglise est toujours, fait qu'elle est toujours dans l'état qu'emporte le terme d'*Eglise;* par conséquent toujours visible, et toujours enseignant la vérité. Il n'y a rien de plus simple, ni de plus clair, ni de plus suivi que cette doctrine.

IV. Sentimens des églises protestantes sur la perpétuelle visibilité de l'Eglise. La *Confession d'Augsbourg.*

Cette doctrine est si claire, que les protestans ne l'ont pu nier; elle emporte si clairement leur condamnation, qu'ils n'ont pu aussi la reconnoître : c'est pourquoi ils n'ont songé qu'à l'embrouiller, et ils n'ont pu s'empêcher de tomber dans les contradictions que nous allons raconter.

Exposons avant toutes choses leurs Confessions de foi; et pour commencer par celle d'Augsbourg, qui est la première et comme le fondement de toutes les autres, voici comme on y posoit l'article de l'Eglise : « Nous enseignons qu'il y a une Eglise sainte, qui doit subsister éternellement [1]. » Quelle est maintenant cette Eglise dont la durée est éternelle? Les paroles suivantes l'expliquent : « L'Eglise c'est l'assemblée des Saints, où l'on enseigne bien l'Evangile, et où l'on administre bien les sacremens. »

On voit ici trois vérités fondamentales. 1° « Que l'Eglise subsiste toujours : » il y a donc une succession inviolable. 2° Qu'elle est essentiellement composée de pasteurs et de peuple, puisqu'on met dans sa définition l'administration des sacremens et la prédication de la parole. 3° Que non-seulement on y administre la parole et les sacremens, mais qu'on les y administre *bien, recté, comme il faut :* ce qui entre pareillement dans l'essence de l'Eglise, puisqu'on le met, comme on voit, dans sa définition.

V Cette doctrine, avouée par les protestans, est la ruine de

La question est après cela comment il peut arriver qu'on accuse l'Eglise d'erreur ou dans la doctrine, ou dans l'administration des sacremens; car si cela pouvoit arriver, la définition de l'Eglise où l'on met non-seulement la prédication, mais la vraie

[1] *Conf. Aug.,* art. 7.

leur Réforme et la source de leur embarras. prédication de l'Evangile, et non-seulement l'administration, mais *la droite* administration des sacremens seroit fausse; et si cela ne peut arriver, la Réforme, qui accusoit l'Eglise d'erreur, portoit sa condamnation dans son propre titre.

Qu'on remarque la difficulté, car ç'a été dans les églises protestantes la première source des contradictions que nous avons à y remarquer : contradictions au reste où les remèdes qu'ils ont cru trouver au défaut de leur origine n'ont fait que les enfoncer davantage. Mais en attendant que l'ordre des faits nous fasse trouver ces vains remèdes, tâchons de bien faire sentir le mal.

VI. A quoi précisément les protestans se sont obligés par cette doctrine. Sur ce fondement de l'article VII de la *Confession d'Augsbourg*, on demandoit aux luthériens ce qu'ils venoient réformer. L'Eglise romaine, disoient-ils. Mais avez-vous quelque autre église où la doctrine que vous voulez établir soit professée? C'étoit un fait bien constant qu'ils n'en pouvoient montrer aucune. Où étoit donc cette église, où par votre article VII devoit toujours subsister la véritable prédication de la parole de Dieu et la droite administration des sacremens? Nommer quelques docteurs par-ci par-là et de temps en temps, que vous prétendiez avoir enseigné votre doctrine, quand le fait seroit avoué, ce ne seroit rien : car c'étoit un corps d'église qu'il falloit montrer, un corps où l'on prêchât la vérité et où l'on administrât les sacremens, par conséquent un corps composé de pasteurs et de peuples, un corps à cet égard toujours visible. Voilà ce qu'il faut montrer, et montrer par conséquent dans ce corps visible une manifeste succession et de la doctrine et du ministère.

VII. La perpétuelle visibilité de l'Eglise confirmée par l'Apologie de la Confession d'Augsbourg. Au récit de l'article VII de la *Confession d'Augsbourg*, les catholiques trouvèrent mauvais qu'on eût défini l'Eglise, *l'Assemblée des Saints;* et ils dirent que les méchans et les hypocrites, qui sont unis à l'Eglise par les liens extérieurs, ne devoient pas être exclus de leur unité. Mélanchthon rendit raison de cette doctrine dans l'*Apologie* [1], et il pouvoit y avoir ici autant de dispute de mots que de choses : mais sans nous y arrêter, remarquons seulement qu'on persiste à dire que l'Eglise « doit toujours durer, » et toujours durer « visible [2], » puisque la prédication et les sacre-

[1] *Apol.*, tit.. *de Eccl.*, p. 144. — [2] *Ibid.*, p. 145, 146.

mens y étoient requis; car écoutons comme on parle : « L'Eglise catholique n'est pas une société extérieure de certaines nations; mais c'est les hommes dispersés par tout l'univers, qui ont les mêmes sentimens sur l'Evangile, qui ont le même Christ, le même Esprit-Saint, et les mêmes sacremens [1]. » Et encore plus expressément un peu après : « Nous n'avons pas rêvé que l'Eglise soit la cité de Platon (qu'on ne trouve point sur la terre) : nous disons que l'Eglise existe; qu'il y a de vrais croyans, et de vrais justes répandus par tout l'univers : nous y ajoutons les marques, l'Evangile pur et les sacremens ; et c'est une telle église qui est proprement la colonne de la vérité [2]. » Voilà donc toujours sans difficulté une église très-réellement existante, très-réellement visible, où l'on prêche très-réellement la saine doctrine, et où très-réellement on administre comme il faut les sacremens : car, ajoute-t-on, le royaume de Jésus-Christ ne peut subsister qu'avec « la parole et les sacremens [3]; » en sorte qu'où ils ne sont pas, « il n'y a point d'église. »

On disoit bien en même temps qu'il s'étoit coulé dans l'Eglise beaucoup de traditions humaines, par lesquelles la saine doctrine et la droite administration des sacremens étoit altérée, et c'étoit ce qu'on vouloit réformer. Mais si ces traditions humaines étoient passées en dogmes dans l'Eglise, où étoit donc cette pureté de la prédication et de la doctrine sans laquelle elle ne pouvoit subsister? Il falloit ici pallier la chose; et c'est pourquoi on disoit, comme on a vu [4], qu'on ne vouloit point combattre « l'Eglise catholique, ou même l'Eglise romaine, ni soutenir les opinions que l'Eglise avoit condamnées; » qu'il s'agissoit seulement « de quelque peu d'abus, » qui s'étoient introduits dans les églises « sans aucune autorité certaine, » et qu'il ne falloit pas prendre pour doctrine de l'Eglise romaine ce qu'approuvoient le Pape, quelques cardinaux, quelques évêques et quelques moines.

VIII. Comment on ajustoit cette doctrine avec la nécessité de la réformation.

A entendre ainsi parler les luthériens, ils pourroit sembler qu'ils n'attaquoient pas les dogmes reçus, mais quelques opinions particulières et quelques abus introduits sans autorité. Cela ne

[1] *Apol.*, tit. de *Eccl.*, p. 145, 146. — [2] *Ibid.*, 148. — [3] *Ibid.*, 156. — [4] Ci-dessus, liv. III, n. 59.

s'accordoit guère avec ces reproches sanglans de sacrilége et d'idolâtrie dont on remplissoit tout l'univers, et s'accordoit encore moins avec la rupture ouverte. Mais le fait est constant : et par ces douces paroles on tâchoit de remédier à l'inconvénient de reconnoître de la corruption dans les dogmes de l'Eglise, après avoir fait entrer dans son essence la pure prédication de la vérité.

<small>IX. La perpétuelle visibilité confirmée, dans les articles de Smalcalde par les promesses de Jésus-Christ.</small>
Cette immutabilité et la perpétuelle durée de la saine doctrine étoit appuyée, dans les articles de Smalcalde, souscrits de tout le parti luthérien, sur ces paroles de Notre-Seigneur : « Sur cette pierre je bâtirai mon Eglise, » c'est-à-dire, disoit-on, « sur le ministère de la profession que Pierre avoit faite [1]. » Il y falloit donc la prédication, et la véritable prédication, sans laquelle on reconnoissoit que l'Eglise ne pouvoit subsister.

<small>X. La *Confession saxonique*, où l'on commence à marquer la difficulté, sans se départir néanmoins de la doctrine précédente.</small>
Pendant que nous en sommes sur la doctrine des églises luthériennes, la *Confession saxonique* qu'on sait être de Mélanchthon se présente à nous. On y reconnoît qu'il y a toujours quelque église véritable; « que les promesses de Dieu (qui en a promis la durée) sont immuables; qu'on ne parle point de l'Eglise comme d'une idée de Platon, mais qu'on montre une église qu'on voit et qu'on écoute; qu'elle est visible en cette vie, et que c'est l'assemblée qui embrasse l'Evangile de Jésus-Christ et qui a le véritable usage des sacremens, où Dieu opère efficacement par le ministère de l'Eglise et où plusieurs sont régénérés [2]. »

On ajoute qu'elle peut être réduite à un petit nombre; mais qu'enfin il y a toujours un reste de fidèles, « dont la voix se fait entendre sur la terre; et que Dieu de temps en temps renouvelle le ministère. » Il veut dire qu'il le purifie; car qu'il cesse un seul moment, la définition de l'Eglise, qui, comme on venoit de le dire, ne peut être sans le ministère, ne le souffre pas; et l'on ajoute aussitôt après que « Dieu veut que le ministère de l'Evangile soit public : il ne veut pas que la prédication soit renfermée dans les ténèbres, mais qu'elle soit entendue de tout le genre humain; il veut qu'il y ait des assemblées où elle résonne, et où son nom soit loué et invoqué [3]. »

[1] *Art. Smal. Concord.,* p. 345. — [2] *Cap. de Eccl., Synt. Gen.,* II part. p. 72. — [3] *Cap. de Cœn.,* p. 72.

Voilà donc toujours l'Eglise visible. Il est vrai qu'on commence à voir la difficulté, lorsqu'on dit qu'elle est réduite à un petit nombre : mais au fond les luthériens ne sont pas moins empêchés à montrer dans leurs sentimens une petite société qu'une grande, lorsque Luther vint au monde ; et cependant sans cela il n'y a ni ministère ni église.

La *Confession de Virtemberg*, dont Brence a été l'auteur, ne dégénère pas de cette doctrine, puisqu'elle reconnoît « une Eglise si bien gouvernée par le Saint-Esprit, que quoique foible elle demeure toujours ; qu'elle juge de la doctrine ; et qu'elle est où l'Evangile est sincèrement prêché, et où les sacremens sont administrés selon l'institution de Jésus-Christ [1]. » La difficulté restoit toujours de nous montrer une église et une société de pasteurs et de peuple où l'on trouvât la saine doctrine toujours conservée jusqu'au temps de Luther.

XI. Doctrine de la Confession de Virtemberg, et la perpétuelle visibilité toujours défendue.

Le chapitre suivant raconte comme les conciles peuvent errer [2], parce qu'encore que Jésus-Christ ait promis à son Eglise la présence perpétuelle de son Saint-Esprit, néanmoins « toute assemblée n'est pas l'Eglise ; » et il peut arriver dans l'Eglise, « comme dans les Etats politiques, » que le plus grand nombre l'emporte sur le meilleur. C'est de quoi je ne veux pas disputer à présent ; mais je demande toujours qu'on me montre une église, petite ou grande, dans les sentimens de Luther avant sa venue.

La *Confession de Bohême* est approuvée par Luther. On y confesse « une Eglise sainte et catholique qui comprend tous les chrétiens dispersés par toute la terre, qui sont assemblés par la prédication de l'Evangile dans la foi de la Trinité et de Jésus-Christ ; partout où Jésus-Christ est prêché et reçu, partout où est la parole et les sacremens selon la règle qu'il a prescrite, là est l'Eglise [3]. » Ceux-là au moins savoient bien que, lorsqu'ils vinrent au monde, il n'y avoit point dans l'univers d'église de leur croyance ; car ils en avoient été bien informés par les députés qu'ils avoient envoyés de tous côtés [4]. Cependant ils n'osoient dire que « leur assemblée telle qu'elle étoit, » petite ou grande, fût la

XII. La Confession de Bohême.

---

[1] Cap. *de Eccl.*, *ibid.*, p. 132. — [2] *Ibid.*, cap. *de Conc.*, p. 134. — [3] Art. 8, *ibid.*, 186. — [4] Ci-dessus, liv. XI, n. 177.

sainte Eglise universelle ; et ils disoient seulement « qu'elle en étoit un membre et une partie [1]. » Mais enfin où étoient donc les autres parties ? Ils avoient parcouru tous les coins du monde sans en apprendre aucune nouvelle : étrange extrémité de n'oser dire qu'on soit l'Eglise universelle, et d'oser encore moins dire qu'on trouve des frères et des compagnons de sa foi en quelque endroit que ce soit de l'univers !

Quoi qu'il en soit, voici les premiers qui semblent insinuer dans une confession de foi que les vraies églises chrétiennes peuvent être séparées les unes des autres, puisqu'ils n'osent pas exclure de l'unité catholique les églises avec lesquelles ils savoient qu'ils n'avoient point de communion ; ce que je prie qu'on remarque, parce que cette doctrine sera enfin le dernier refuge des protestans, comme nous verrons dans la suite.

XIII. La Confession de Strasbourg.

Nous avons vu sur l'Eglise la confession des luthériens ; l'autre parti va paroître. La *Confession de Strasbourg* présentée, comme on a vu, à Charles V en même temps que celle d'Augsbourg, définit l'Eglise « la société de ceux qui se sont enrôlés dans la milice de Jésus-Christ, parmi lesquels il se mêle beaucoup d'hypocrites [2]. » Il n'y a nul doute qu'une telle société ne soit visible : qu'elle doive toujours durer en cet état de visibilité, la suite le fait paroître, puisqu'on ajoute « que Jésus-Christ ne l'abandonne jamais ; que ceux qui ne l'écoutent pas doivent être tenus pour païens et pour publicains ; qu'à la vérité on ne peut pas voir par où elle est église, c'est-à-dire la foi ; mais qu'elle se fait voir par ses fruits, parmi lesquels on compte la confession de la vérité. »

Le chapitre suivant explique que « l'Eglise étant sur la terre dans la chair, Dieu veut aussi l'instruire par la parole extérieure, et faire garder à ses fidèles une société extérieure par le moyen des sacremens [3]. » Il y a donc nécessairement pasteurs et peuple, et l'Eglise ne peut subsister sans ce ministère.

XIV. Deux confessions de Bâle.

La *Confession de Bâle* en 1536 dit que « l'Eglise catholique est le saint assemblage de tous les Saints ; et qu'encore qu'elle ne

[1] Ci-dessus, liv. XI, n. 187. — [2] *Confess. Argent.*, cap. XV, *de Eccl.*; *Synt. Gen.*, I part. p. 191. — [3] Cap. XVI, *ibid.*

soit connue que de Dieu, toutefois elle est vue, elle est connue, elle est construite par les rits extérieurs établis de Dieu, c'est-à-dire les sacremens, et par la publique et légitime prédication de sa parole[1] : » où l'on voit manifestement que sont compris les ministres légitimement appelés, par lesquels on ajoute aussi que Dieu « se fait connoître à ses fidèles, et leur administre la rémission de leurs péchés. »

Dans une autre *Confession de foi* faite à Bâle en 1532, l'Eglise chrétienne est pareillement définie « la société des Saints, dont tous ceux qui confessent Jésus-Christ sont citoyens; » ainsi la profession du christianisme y est essentielle.

Pendant que nous parlons des confessions helvétiques, celle de 1566, qui est la grande et la solennelle, définit encore l'Eglise « qui a toujours été, qui est et qui sera toujours; l'assemblée des fidèles et des Saints qui connoissent Dieu, et le servent par la parole et le Saint-Esprit[2]. » Il n'y a donc pas seulement le lien intérieur, qui est le Saint-Esprit, mais encore l'extérieur, qui est la parole et la prédication : c'est pourquoi on dit ensuite que « la légitime et véritable prédication en est la marque principale, » à laquelle il faut ajouter « les sacremens comme il les a institués[3]. » D'où l'on conclut que les églises qui sont privées de ces marques, « quoiqu'elles vantent la succession de leurs évêques, leur unité et leur antiquité, sont éloignées de la vraie Eglise de Jésus-Christ ; et qu'il n'y a point de salut hors de l'Eglise, non plus que hors de l'arche : si l'on veut avoir la vie, il ne se faut point séparer de la vraie Eglise de Jésus-Christ[4]. »

<small>XV. La *Confession helvétique* de 1566, et la perpétuelle visibilité très-bien établie.</small>

Je demande qu'on remarque ces paroles, qui seront d'une grande conséquence, quand il en faudra venir aux dernières réponses des ministres : mais en attendant remarquons qu'on ne peut pas enseigner plus clairement que l'Eglise est toujours visible, et qu'elle est nécessairement composée de pasteurs et de peuple, que le fait ici la *Confession helvétique*.

Mais comme on étoit contraint selon ces idées à trouver toujours une église et un ministère où la vérité du christianisme se

<small>XVI. Commencement de</small>

---

[1] Cap. xvi, art. 14, 15. — [2] Cap. xvii, *ibid.*, p. 31. — [3] *Ibid.*, p. 33. — [4] *Ibid.*, p. 34.

variation.
L'Eglise invisible commence à paroître.

fût conservée, l'embarras n'étoit pas petit, parce que, quoi qu'on pût dire, on sentoit bien qu'il n'y avoit ni grande ni petite Eglise composée de pasteurs et de peuple, où l'on pût montrer la foi qu'on vouloit faire passer pour la seule vraiment chrétienne. On est donc contraint d'ajouter que « Dieu a eu des amis hors du peuple d'Israël ; que durant la captivité de Babylone, le peuple a été privé de sacrifice soixante ans ; que par un juste jugement de Dieu la vérité de sa parole et de son culte et la foi catholique sont quelquefois tellement obscurcis qu'il semble presque qu'ils soient éteints, et qu'il ne reste plus d'église comme il est arrivé du temps d'Hélie et en d'autres temps : de sorte qu'on peut appeler l'Eglise invisible, non que les hommes dont elle est composée le soient, mais parce qu'elle est souvent cachée à nos yeux et que connue de Dieu seul elle échappe à la vue des hommes. » Voilà le dogme de l'Eglise invisible aussi clairement établi que le dogme de l'Eglise visible l'avoit été, c'est-à-dire que la Réforme, frappée d'abord de la vraie idée de l'Eglise, la définit de manière que sa visibilité est de son essence ; mais qu'elle est jetée dans d'autres idées par l'impossibilité de trouver une église toujours visible de sa croyance.

XVII.
L'Eglise invisible pourquoi inventée : aveu du ministre Jurieu.

Que ce soit cet inévitable embarras qui ait jeté les églises calviniennes dans cette chimère d'Eglise invisible, on n'en pourra douter après avoir entendu M. Jurieu. « Ce qui a porté, dit-il [1], quelques docteurs réformez (il devoit dire ce qui a porté des églises entières de la Réforme dans leurs propres confessions de foi) à se jeter dans *l'embarras* où ils se sont engagez en niant que la visibilité de l'Eglise fust perpétuelle, c'est qu'ils ont crû qu'en avoüant que l'Eglise est toujours visible, ils auroient eû peine à répondre à la question que l'Eglise romaine nous fait si souvent : Où estoit nostre église il y a cent cinquante ans? Si l'Eglise est toûjours visible, vostre église calviniste et lutherienne n'est pas la véritable Eglise ; car elle n'estoit pas visible. » C'est avouer nettement la cause de l'embarras où ses églises se sont engagées : lui qui prétend avoir raffiné n'en sortira pas mieux, comme on verra ; mais continuons à voir l'embarras des églises mêmes.

XVIII.
Confes-

La *Confession belgique* imite manifestement l'*helvétique*, puis-

[1] *Syst.*, p. 226.

qu'elle dit que « l'Eglise catholique ou universelle est l'assemblée *sion Belgique,* de tous les fidèles ; qu'elle a esté, qu'elle est et qu'elle sera éter- *et suite de* nellement, à cause que Jésus-Christ son roy éternel ne peut pas *l'embarras* estre sans sujets : encore que pour quelque temps elle paroisse petite, *et comme éteinte* à la veuë des hommes, comme du temps d'Achab et de ces sept mille qui n'avoient point fléchi le genouil devant Baal [1]. »

On ne laisse pas d'ajouter après, « que l'Eglise est l'assemblée des éleûs, hors de laquelle nul ne peut estre sauvé ; qu'il n'est pas permis de s'en retirer, ni de demeurer seul à part ; mais qu'il faut s'unir à l'Eglise, et se soumettre à sa discipline [2]; » qu'on la peut voir et connoître « par la pure prédication, la droite administration des sacremens, » et une bonne discipline ; « et c'est, dit-on, par là qu'on peut discerner certainement cette vraye Eglise dont il n'est pas permis de se séparer [3]. »

Il semble donc d'un côté qu'ils veulent dire qu'on la peut toujours bien connoître, puisqu'elle a de si claires marques, et qu'il n'est jamais permis de s'en séparer. Et d'autre part, si nous les pressons de nous montrer une église de leur croyance, pour petite qu'elle soit, toujours visible, ils se préparent une échappatoire, en recourant à cette église qui ne paroît pas, encore qu'ils n'osent pas trancher le mot, ni assurer absolument qu'elle est éteinte, mais seulement qu'elle paroît *comme éteinte.*

L'église anglicane parle ambigument. « L'église visible, dit- XIX. elle, est l'assemblée des fidèles, où la pure parole de Dieu est *L'église* prêchée, et où les sacremens sont administrés selon l'institution *anglicane.* de Jésus-Christ [4]; » c'est-à-dire qu'elle est ainsi quand elle est visible, mais ce n'est pas dire qu'elle soit toujours visible. Ce qu'on ajoute n'est pas plus clair : « Comme l'église de Jérusalem, celles d'Alexandrie et d'Antioche ont erré, l'Eglise romaine a aussi erré dans la doctrine ; » savoir si en infectant ces grandes églises, qui étoient comme les mères de toutes les autres, l'erreur a pu gagner partout, en sorte que la profession de la vérité fût éteinte par toute la terre : on a mieux aimé n'en dire mot que de s'exposer

[1] Art. 27, *ibid.*, p. 140. — [2] *Ibid.*, art. 28. — [3] *Ibid.*, art. 29. — [4] *Ibid.*, art. 19, p. 103.

d'un côté à un horrible inconvénient, en disant qu'il ne restât plus aucune église où la vérité fût confessée; ou de l'autre, en reconnoissant que cela ne se peut, être obligé de chercher ce qu'on sait ne point trouver, c'est-à-dire une église de sa croyance toujours subsistante.

XX. *Confession d'Écosse, et manifeste contradiction.*

Dans la *Confession d'Ecosse,* « l'Eglise catholique est définie la société de tous les élus : » on dit « qu'elle est invisible et connue de Dieu seulement, qui seul connoît ses élus [1]. » On ajoute que la vraie Eglise a « pour marque la prédication et les sacremens [2] : » que partout où sont ces marques, quand il n'y auroit que « deux ou trois hommes, » là est l'Eglise de Jésus-Christ au milieu de laquelle il est selon sa promesse : « ce qu'on entend, poursuit-on, non de l'Eglise universelle dont on vient de parler, mais de l'église particulière d'Ephèse, de Corinthe et ainsi des autres, où le ministère avoit été planté par saint Paul : » chose étrange ! de faire dire à Jésus-Christ que le ministère puisse être où il n'y a que deux ou trois hommes! Mais il falloit bien en venir là ; car de trouver une seule église de sa croyance, où il y eût un ministère réglé comme à Ephèse ou à Corinthe, toujours subsistant, on en perdoit l'espérance.

XXI. *Catéchisme des prétendus réformés de France.*

J'ai réservé la Confession des prétendus réformés de France pour la dernière, non-seulement à cause de l'intérêt particulier que je dois prendre à ma patrie, mais encore à cause que c'est en France que les prétendus réformés ont cherché depuis très-longtemps avec le plus de soin le dénouement de cette difficulté.

Commençons par le *Catéchisme,* où dans le dimanche xv, sur cet article du Symbole : *Je crois l'Eglise catholique,* on enseigne que ce nom lui est donné « pour signifier que comme il n'y a qu'un chef des fidèles, aussi tous doivent estre unis en un corps ; tellement qu'il n'y a pas plusieurs églises, mais une seule, laquelle est épanduë par tout le monde [3]. » Comment l'église luthérienne ou calvinienne étoit « épanduë par tout le monde, » lorsqu'à peine on la connoissoit en quelque coin ; et comment on peut trouver en tout temps et dans tout le monde des églises de cette croyance : c'est où étoit la difficulté. On l'a vue, et on la prévient dans le

[1] *Ibid.,* art. 16, *de Eccl.,* p. 118. — [2] Art. 18, p. 119. — [3] *Catéch.,* dim. xv.

dimanche suivant, où, après avoir demandé si cette « église se peut connoistre autrement qu'en la croyant, » on répond ainsi : « Il y a bien l'Eglise de Dieu visible, selon qu'il nous a donné des enseignes pour la connoistre; mais icy (c'est dans le Symbole), il est parlé proprement de la compagnie de ceux que Dieu a éleûs pour les sauver, laquelle ne se peut pas pleinement voir à l'œil [1]. »

On semble dire deux choses : la première, qu'il n'est point parlé d'église visible dans le Symbole des apôtres; la seconde, qu'au défaut d'une telle église qu'on puisse montrer visiblement dans sa croyance, il suffira d'avoir son refuge à cette église invisible « qu'on ne peut pas pleinement voir à l'œil. » Mais la suite met un obstacle aux deux points de cette doctrine, puisqu'on y enseigne « que nul n'obtient pardon de ses péchez, que premièrement il ne soit incorporé au peuple de Dieu, et persévère en unité et communion avec le corps de Christ, et ainsi qu'il soit membre de l'Eglise : » d'où l'on conclut que « hors de l'église il n'y a que damnation et mort; » et que « tous ceux qui se séparent de la communauté des fidèles pour faire secte à part, ne doivent espérer salut, cependant qu'ils sont en division. » Assurément *faire secte à part*, c'est rompre les liens extérieurs de l'unité de l'Eglise : on suppose donc que l'Eglise avec laquelle il faut être en communion pour avoir la rémission de ses péchés, a une double liaison, l'interne et l'externe (a), et que toutes les deux sont nécessaires premièrement au salut, et ensuite à l'intelligence de l'article du Symbole touchant l'Eglise catholique : de sorte que cette Eglise confessée dans le Symbole est visible et reconnoissable dans son extérieur; c'est pourquoi aussi on n'a osé dire qu'on ne pouvoit pas la voir, mais qu'on ne pouvoit pas la voir *pleinement*, c'est-à-dire dans ce qu'elle a d'intérieur : chose dont personne ne dispute.

XXII. Suite, où l'embarras paroît. L'Eglise du Symbole à la fin reconnue pour visible.

Toutes ces idées du *Catéchisme* étoient prises de Calvin qui l'a composé : car en expliquant l'article : *Je crois l'Eglise catholique*, il distingue l'église visible d'avec l'invisible connue de Dieu seul,

XXIII. Sentiment de Calvin.

[1] *Catéch.*, dim. XVI.
(a) 1ʳᵉ édit. : A une liaison externe et interne, tout ensemble.

qui est la société de tous les élus[1] ; et il semble vouloir dire que c'est de celle-là qu'il est parlé dans le Symbole : « Encore, dit-il, que cet article regarde en quelque façon l'Eglise externe[2], » comme si c'étoient deux églises, et qu'au contraire ce ne fût pas un fait constant que la même église, qui est invisible dans ses dons intérieurs, se déclare par les sacremens et par la profession de sa foi. Mais c'est qu'on tremble toujours dans la Réforme, lorsqu'il s'agit de reconnoître la visibilité de l'Eglise.

XXIV. Confession de foi des calvinistes de France.

On agit plus naturellement dans la Confession de foi ; et il a été démontré ailleurs[3] qu'on n'y connoît d'autre église que celle qui est visible. Le fait est demeuré pour constant, comme on verra dans la suite. Aussi n'y avoit-il rien qui pût être moins disputé ; car depuis l'article XXV où cette matière commence, jusqu'à l'article XXXII où elle finit, on suppose toujours constamment l'église visible ; et dès l'article XXV, on pose pour fondement que « l'Eglise ne peut consister, sinon qu'il y ait des pasteurs qui ayent la charge d'enseigner. » C'est donc une chose absolument nécessaire ; et ceux qui s'opposent à cette doctrine « sont détestez comme fantastiques. » D'où on conclut, dans l'article XXVI, « que nul ne se doit retirer à part et se contenter de sa personne ; » de sorte qu'il est nécessaire d'être lié extérieurement avec quelque église : vérité inculquée partout, sans qu'il y paroisse un seul mot de l'église invisible.

Il faut pourtant remarquer que dans l'article XXVI, où il est dit « qu'il n'est pas permis de se retirer à part, ni de se contenter de sa personne, » mais « qu'il faut se ranger à quelque église, » on ajoute : « Et ce en quelque lieu où Dieu aura établi un vray ordre d'Eglise ; » par où on laisse indécis si l'on entend qu'un tel ordre subsiste toujours.

XXV. Suite, où la perpétuelle visibilité est toujours manifestement supposée.

Dans l'article XXVII, on avertit qu'il faut discerner avec soin quelle est la vraie Eglise : paroles qui font bien voir qu'on la suppose visible ; et après avoir décidé que c'est « la compagnie des vrais fidèles, » on ajoute que « parmi les fidèles il y a des hypocrites et des réprouvez dont la malice ne peut effacer le titre

---

[1] *Instit.*, lib. IV, cap. I, n. 2. — [2] Ci-dessus, n. 3. — [3] *Conf. avec M. Claude*, n. 1, init.

d'Eglise; » où la visibilité de l'Eglise est de nouveau clairement supposée.

Par les principes qu'on établit en l'article XXVIII, l'Eglise romaine est exclue du titre de vraie Eglise, puisqu'après avoir posé ce fondement, « que là où la parole de Dieu n'est pas, et qu'on ne fait nulle profession de s'assujettir à elle, et où il n'y a nul usage des sacremens, à parler proprement, on ne peut juger qu'il y ait aucune église : » on déclare que l'on « condamne les assemblées de la Papauté, veû que la pure vérité de Dieu en est bannie, esquelles les sacremens sont corrompus, abastardis, falsifiez ou anéantis du tout, et esquelles toutes superstitions et idolâtries ont vogue : » d'où l'on tire cette conséquence : « Nous tenons donc que tous ceux qui se meslent en tels actes et y communiquent, se séparent et se retranchent du corps de Jésus-Christ. »

XXVI. L'Eglise romaine exclue du titre de vraie Eglise par l'article XXVIII de la Confession de France.

On ne peut pas décider plus clairement qu'il n'y a point de salut dans la communion romaine. Et ce qu'on ajoute, qu'il y a encore parmi nous quelque *trace d'Eglise*, loin d'adoucir les expressions précédentes, les fortifie, puisque ce terme emporte plutôt un reste et un vestige d'une Eglise, qui ait autrefois passé par là, qu'une marque qu'elle y soit. Calvin l'entendoit ainsi, puisqu'il assuroit que « la doctrine essentielle au christianisme y étoit entièrement oubliée [1]. » Mais l'embarras de trouver la société où l'on pouvoit servir Dieu avant la Réforme, a fait éluder cet article de la manière que la suite nous fera paroître.

La même raison a obligé d'éluder encore le XXXIe, qui regarde la vocation des ministres. Quelque rebattu qu'il ait été, il en faut encore parler nécessairement, et d'autant plus qu'il a donné lieu à d'insignes variations même de nos jours. Il commence par ces paroles : « Nous croyons (c'est un article de foi, par conséquent révélé de Dieu, et révélé clairement dans son Ecriture, selon les principes de la Réforme), nous croyons » donc « que nul ne se doit ingérer de son autorité propre à gouverner l'Eglise; » il est vrai, la chose est constante, « mais que cela se doit faire par élection; » cette partie de l'article n'est pas moins assurée que l'autre. Il faut être choisi, député, autorisé par quelqu'un; autrement on s'in-

XXVII. L'article XXXI, où l'interruption du ministère, et la cessation de l'Eglise visible est reconnue.

[1] *Inst.*, lib. IV, cap. II, n. 2.

gère de soi-même *et de son autorité propre :* ce qu'on venoit de défendre. Mais c'est ici l'embarras de la Réforme ; on ne savoit qui avoit choisi, député, autorisé les réformateurs, et il falloit bien trouver ici quelque couverture à un défaut si visible. C'est pourquoi après avoir dit qu'il faut être élu et député en quelque forme que ce soit et sans rien spécifier, on ajoute : « En tant qu'il est possible et que Dieu le permet : » où visiblement on prépare une exception en faveur des réformateurs. En effet, on dit aussitôt après : « Laquelle excéption nous y ajoutons notamment, pour ce qu'il a fallu quelquefois, et mesme de nostre temps auquel l'état de l'Eglise estoit interrompu, que Dieu ait suscité des gens d'une façon extraordinaire pour dresser l'Eglise de nouveau qui estoit en ruine et désolation. » On ne pouvoit pas marquer en termes plus clairs ni plus généraux l'interruption du ministère ordinaire établi de Dieu, ni la pousser plus loin que d'être obligé d'avoir recours à la mission extraordinaire, où Dieu envoie par lui-même et donne aussi des preuves particulières de sa volonté. Car on avoue franchement qu'on n'a ici à produire ni pasteurs qui aient consacré, ni peuple qui ait pu élire ; ce qui emportoit nécessairement l'entière extinction de l'Eglise dans sa visibilité ; et il étoit remarquable que, par l'interruption de la visibilité et du ministère, on avouoit simplement que « l'Eglise estoit en ruine, » sans distinguer la visible d'avec l'invisible, parce qu'on étoit entré dans les idées simples où nous mène naturellement l'Ecriture, de ne reconnoître d'église qui ne soit visible.

XXVIII. Embarras dans les synodes de Gap et de la Rochelle sur ce que l'église invisible avoit été oubliée dans la confession.

On aperçut à la fin cet inconvénient dans la Réforme ; et en 1603, quarante-cinq ans après la confession de foi, la difficulté fut proposée en ces termes dans le synode national de Gap. « Les provinces sont exhortées à peser aux synodes provinciaux en quels termes l'article xxv de la confession de foy doit estre couché ; d'autant qu'ayant à exprimer ce que nous croyons touchant l'Eglise catholique dont il est fait mention au Symbole, il n'y a rien en ladite confession qui se puisse prendre que pour l'Eglise militante et visible. » On ajoute un ordre général : « Que tous viennent préparez sur les matières de l'Eglise [1]. »

[1] *Syn. de Gap.*, chap. de la *Conf. de foi.*

C'est donc un fait bien avoué que, lorsqu'il s'agit d'expliquer la doctrine de l'Eglise, article si essentiel au christianisme, qu'il a même été énoncé dans le Symbole, l'idée d'église invisible ne vint pas seulement dans l'esprit aux réformateurs; tant elle étoit éloignée du bon sens et peu naturelle. On s'avise pourtant dans la suite qu'on en a besoin, parce qu'on ne peut trouver d'église qui ait toujours visiblement persisté dans la croyance qu'on professe; et on cherche le remède à cette omission. Mais que dire? Que l'Eglise pouvoit être entièrement invisible? C'étoit introduire dans la confession de foi un songe si éloigné du bon sens, qu'il n'étoit pas seulement venu dans la pensée de ceux qui la dressèrent. On résolut donc à la fin de la laisser en son entier; et quatre ans après, en 1607, dans le synode national de la Rochelle, après que toutes les provinces eurent bien examiné ce qui manquoit à la confession de foi, « on conclut de ne rien ajouster ou diminuer aux articles xxv et xxix[1], » qui étoient ceux où la visibilité de l'Eglise étoit la mieux exprimée, « et de ne toucher de nouveau à la matière de l'Eglise. »

XXIX. Vaine subtilité du ministre Claude pour éluder ces synodes.

M. Claude étoit le plus subtil de tous les hommes à éluder les décisions de son église lorsqu'elles l'incommodoient : mais à cette fois il se moque trop visiblement; car il voudroit nous faire accroire que toute la difficulté que le synode de Gap trouvoit dans la confession de foi, c'est qu'il eût souhaité qu'au lieu de marquer seulement « la partie militante et visible » de l'Eglise universelle, « on eust aussi marqué ses parties invisibles qui sont l'Eglise triomphante et celle qui est encore à venir[2]. » N'étoit-ce pas là en effet une question bien importante et bien difficile pour la faire agiter dans tous les synodes et dans toutes les provinces, afin de la décider au prochain synode national? S'étoit-on seulement jamais avisé d'émouvoir une question si frivole? Et pour croire qu'on s'en mît en peine, ne faudroit-il pas avoir oublié tout l'état des controverses depuis le commencement de la Réforme prétendue? Mais M. Claude ne vouloit pas avouer que l'embarras du synode étoit de ne trouver pas dans la confession de foi l'église invisible, pendant que son confrère M. Jurieu, en cela de meilleure foi, de-

[1] *Syn. de la Roch.*, 1607. — [2] *Rép. au disc. de M. de Cond.*, p. 220.

meure d'accord qu'on croyoit en avoir besoin dans le parti [1] pour répondre à la demande où étoit l'Eglise.

XXX. Décision mémorable, à laquelle on ne se tient pas, du synode de Gap, sur la vocation extraordinaire.

Le même synode de Gap fit une importante décision sur l'article XXXI de la confession de foi, qui parloit de la vocation extraordinaire des pasteurs; car la question étant proposée, « s'il estoit expédient lorsqu'on traiteroit de la vocation des pasteurs qui ont réformé l'Eglise, de fonder l'autorité qu'ils ont euë de la réformer et d'enseigner, sur la vocation qu'ils avoient tirée de l'Eglise romaine : » la compagnie jugea « qu'il la faut simplement rapporter selon l'article à la vocation extraordinaire, par laquelle Dieu les a poussez intérieurement à ce ministère, et non pas à ce peu qu'il leur restoit de cette vocation ordinaire corrompuë. » Telle fut la décision du synode de Gap : mais, comme nous l'avons déjà remarqué souvent, on ne dit jamais bien la première fois dans la Réforme. Au lieu qu'elle ordonne ici qu'on aura recours « simplement à la vocation extraordinaire, » le synode de la Rochelle dit qu'on y aura recours « principalement. » Mais on ne tiendra non plus à l'explication du synode de la Rochelle, qu'à la détermination du synode de Gap ; et tout le sens de l'article, si soigneusement expliqué par deux synodes, sera changé par deux ministres.

XXXI. Les ministres éludent le décret de la vocation extraordinaire.

Les ministres Claude et Jurieu n'ont plus voulu de la vocation extraordinaire, où Dieu envoie par lui-même; ni la confession de foi, ni les synodes ne les étonnent : car comme au fond on ne se soucie dans la Réforme ni de confession de foi ni de synode, et qu'on n'y répond que pour la forme : on se contente aussi des moindres évasions. M. Claude n'en manqua jamais : « Autre chose, dit-il, est le droit d'enseigner et de faire les fonctions de pasteur; autre est le droit de travailler à la réformation [2]. » Quant au dernier, la vocation étoit extraordinaire, à cause des dons extraordinaires dont furent ornés les réformateurs [3] : mais il n'y eut rien d'extraordinaire quant à la vocation au ministère de pasteur, puisque ces premiers pasteurs étoient établis par le peuple, dans lequel réside naturellement la source de l'autorité et de la vocation [4].

[1] Ci-dessus, n. 17. — [2] *Déf. de la Réf.*, 1 part., chap. IV, et IV part., chap. IV.— [3] *Rép. à M. de Cond.*, p. 313, 333. — [4] *Ibid.*, p. 307, 313.

On ne pouvoit plus grossièrement éluder l'article xxxi; car il est clair qu'il ne s'y agit en aucune sorte ni du travail extraordinaire de la Réforme, ni des rares qualités des réformateurs; mais simplement de la vocation *pour gouverner l'Eglise,* à laquelle il n'étoit pas permis *de s'ingérer de soy-mesme.* Or c'étoit à cet égard qu'on avoit recours à la vocation extraordinaire, par conséquent c'étoit à l'égard des fonctions pastorales.

<small>XXXII. La vocation extraordinaire, posée dans la confession et dans deux synodes nationaux, est abandonnée.</small>

Le synode ne s'explique pas moins clairement : car sans songer seulement à distinguer le pouvoir de *réformer* et celui d'*enseigner,* qui en effet étoient si unis, puisque le même pouvoir qui autorise à enseigner, autorise aussi à réformer les abus : la question fut si le pouvoir, tant de *réformer* que celui d'*enseigner,* doit être fondé ou sur la vocation tirée de l'Eglise romaine, ou sur une commission extraordinaire immédiatement émanée de Dieu, et on conclut pour la dernière.

Mais il n'y avoit plus moyen de la soutenir, puisqu'on n'en avoit aucune marque, et que deux synodes n'avoient pu trouver autre chose pour autoriser ces pasteurs extraordinairement envoyés, sinon qu'ils se disoient « poussez intérieurement à leur ministére. » Les chefs des anabaptistes et des unitaires en disoient autant; et il n'y a point de plus sûr moyen pour introduire tous les fanatiques dans la charge de pasteur.

Voilà un beau champ ouvert aux catholiques. Aussi ont-ils tellement pressé les argumens de l'Eglise et du ministère, que le désordre s'est mis dans le camp ennemi; et que le ministre Claude, après avoir poussé la subtilité plus loin qu'on n'avoit jamais fait, n'a pu contenter le ministre Jurieu. Ce qu'ils ont dit l'un et l'autre sur cette matière, les pas qu'ils ont faits vers la vérité, les absurdités où ils sont tombés pour n'avoir pas assez suivi leur principe, ont mis la question de l'Eglise dans un état que je ne puis dissimuler sans omettre un des endroits des plus essentiels de cette histoire.

<small>XXXIII. Etat présent de la controverse de l'Eglise, combien important.</small>

Ces deux ministres supposent que l'Eglise est visible et toujours visible, et ce n'est pas en cet endroit qu'ils se partagent. Afin qu'on ne doute pas que M. Claude n'ait persisté dans ce sentiment jusqu'à la fin, je produirai le dernier écrit qu'il a fait sur cette

<small>XXXIV. On ne nous conteste plus la visibilité de l'Eglise.</small>

matière ¹. Il y enseigne que la question entre les catholiques et les protestans n'est pas si l'Eglise est visible : qu'on ne nie pas dans sa religion que la vraie Eglise de Jésus-Christ, celle que ses promesses regardent, ne le soit ²; il décide très-clairement que le passage de saint Paul, où l'Eglise est représentée comme étant sans tache et sans ride, « ne regarde pas seulement l'Eglise qui est dans le ciel, » mais « encore l'Eglise visible qui est sur la terre : » ainsi que « l'église visible est le corps de Jésus-Christ, » ou ce qui revient à la même chose, « que le corps de Jésus-Christ, qui seul est la vraye Eglise, est visible : que c'est là le sentiment de Calvin et de Mestresat, et qu'il ne faut pas chercher l'Eglise de Dieu hors de l'état visible du ministére de la parole. »

XXXV. Les promesses de Jésus-Christ sur la visibilité sont avouées.

C'est confesser très-clairement qu'elle ne peut être sans sa visibilité et sans la perpétuité de son ministère : aussi l'auteur l'a-t-il reconnu en plusieurs endroits, et en particulier en expliquant ces paroles : *Les portes d'enfer ne prévaudront point contre elle* ³; où il parle ainsi : « Si l'on entend dans ces paroles une subsistance perpétuelle du ministére dans un état suffisant pour le salut des éleùs de Dieu, malgré tous les efforts de l'enfer et malgré les désordres et les confusions des ministres mesmes, c'est ce que je reconnois aussi que Jésus-Christ a promis ; et c'est en cela que nous avons une marque sensible et palpable de sa promesse ⁴. »

Ainsi la perpétuité du ministère n'est pas une chose qui arrive par hasard à l'Eglise, ou qui lui convienne pour un temps ; c'est une chose qui lui est promise par Jésus-Christ même; et il est aussi assuré que l'Eglise ne sera point sans un ministère visible, qu'il est assuré que Jésus-Christ est la vérité éternelle.

XXXVI. Autre promesse également avouée.

Ce ministre passe encore plus avant, et en expliquant la promesse de Jésus-Christ : *Allez, baptisez, enseignez; et je suis avec vous jusqu'à la fin des siècles,* il approuve ce commentaire qu'on en avoit fait : « Avec vous enseignant, avec vous baptisant ⁵; » ce qu'il finit en disant : « Je reconnois que Jésus-Christ promet à l'Eglise d'estre avec elle et d'enseigner avec elle *sans interruption*

---

¹ *Rép. au disc. de M. de Cond.*, p. 73. — ² *Ibid.*, p. 82, 83 et suiv. — ³ *Matth.*, XVI, 18. — ⁴ *Rép. au disc. de M. de Cond.*, etc., p. 105. — ⁵ *Conf. avec M. Claude*, n. 1.

jusqu'à la fin du monde ¹ : » Aveu d'où je conclurai en son temps l'infaillibilité de la doctrine de l'Eglise avec laquelle Jésus-Christ enseigne toujours : mais je m'en sers seulement ici pour établir par ses Ecritures et par ses promesses, du consentement du ministre, la visible perpétuité du ministère ecclésiastique.

De là vient aussi qu'il définit ainsi l'Eglise : « L'Eglise, dit-il, est les vrais fidéles qui font profession de la vérité, de la piété chrétienne, et d'une véritable sainteté, sous un ministère qui luy fournit les alimens nécessaires pour la vie spirituelle sans luy en soustraire aucun ². » Où l'on voit la profession de la vérité et la perpétuité du ministère visible entrer manifestement dans la définition de l'Eglise : d'où il s'ensuit clairement qu'autant qu'il est assuré que l'Eglise sera toujours, autant est-il assuré qu'elle sera toujours visible, puisque la visibilité est de son essence, et qu'elle entre dans sa définition.

XXXVII. La visibilité entre dans la définition que le ministre Claude a donnée de l'Eglise.

Si on demande au ministre comment il entend que l'Eglise soit toujours visible, puisqu'il veut que ce soit l'assemblée des vrais fidèles qui ne sont connus que de Dieu, et que la profession de la vérité, qui pourroit la faire connoître, lui est commune avec les méchans et les hypocrites aussi bien que le ministère extérieur et visible : il répond que c'est assez pour rendre visible l'assemblée des fidèles qu'on puisse montrer au doigt le lieu où elle est, c'està-dire « le corps où elle est nourrie ³, » et le ministère visible sous lequel elle est nécessairement renfermée : ce qui fait qu'on en peut venir jusqu'à dire : *Elle est là*, comme on dit en voyant le champ où est le bon grain avec l'ivraie : *Le bon grain est là*, et en voyant le rets où sont les bons poissons avec les mauvais : *C'est là que sont les bons poissons.*

XXXVIII. Comment la société des fidèles est visible selon ce ministre.

Mais quel étoit ce ministère public et visible sous lequel étoient renfermés, avant la réformation, les vrais fidèles qu'on veut être seuls la vraie Eglise : c'étoit la grande question. On ne voyoit dans tout l'univers de ministère qui eût perpétuellement duré que celui de l'Eglise romaine, ou des autres dont la doctrine n'étoit pas plus avantageuse à la Réforme. Il a donc bien fallu avouer

XXXIX. Avant la réformation les élus de Dieu, sauvés dans la communion et sous le

¹ *Rép. au disc. de M. de Cond.*, p. 106, 107. — ² *Ibid.*, 119. — ³ P. 79, 95, 115, 121, 146, 243.

enfin que ce « corps où les vrais fidéles estoient nourris, et ce ministére où ils recevoient les alimens suffisans sans soustraction d'aucun¹, » étoit le corps de l'Eglise romaine et le ministère de ses prélats.

XL. Ce ministre n'a pas eu recours aux albigeois, etc.

Il faut ici louer ce ministre d'avoir vu plus clair que plusieurs autres, et de n'avoir pas comme eux restreint l'Eglise aux sociétés séparées de Rome, comme étoient les vaudois et les albigeois, les vicléfites et les hussites : car encore qu'il les regarde comme la plus « illustre partie de l'Eglise, parce qu'elles en estoient la plus pure, la plus éclairée et la plus généreuse ², » il a bien vu qu'il étoit ridicule de mettre là toute la défense de sa cause; et dans son dernier ouvrage ³, sans s'arrêter à ces sectes obscures dont maintenant on a vu le foible, il ne marque la vraie Eglise et les vrais fidèles que dans le ministère latin.

XLI. Embarras et contradiction inévitable.

Mais c'est là qu'est l'embarras d'où on ne sort point : car les catholiques en reviennent à leur ancienne demande : Si la vraie Eglise est toujours visible; si la marque pour la reconnoître, selon tous vos catéchismes et toutes vos confessions de foi, est la pure prédication de l'Evangile et la droite administration des sacremens : ou l'Eglise romaine avoit ces deux marques, et en vain la veniez-vous réformer : ou elle ne les avoit pas, et vous ne pouvez plus dire, selon vos principes, qu'elle est le corps où est renfermée la vraie Eglise. Car au contraire Calvin avoit dit que « la doctrine essentielle au christianisme » y étoit ensevelie, « et qu'elle n'estoit plus qu'une école d'idolâtrie et d'impiété ⁴. » Son sentiment avoit passé dans la confession de foi, où nous avons vu ⁵ « que la pure vérité de Dieu estoit bannie de cette Eglise; que les sacremens y estoient corrompus, falsifiez et abastardis; que toute superstition et idolâtrie y avoient la vogue. » D'où on concluoit que l'Eglise « estoit en ruine et désolation, l'état du ministère interrompu, » et sa succession tellement anéantie, qu'on ne pouvoit plus le ressusciter que par une mission extraordinaire. Et en effet, si la justice imputée étoit le fondement du christianisme, si le

---

¹ P. 130, etc., 145, etc., 360, etc., 369, etc., 373, 378. — ² *Déf. de la Réf.*, III part., chap. v, p. 289. — ³ *Rép. au disc. de M. de Cond.* — ⁴ *Instit.*, lib. IV, cap. II, n. 2; ci-dessus, n. 26. — ⁵ *Ibid.*

mérite des œuvres et tant d'autres doctrines reçues étoient mortelles à la piété, si les deux espèces étoient essentielles à l'Eucharistie, où étoient la vérité et les sacremens? Calvin et la Confession avoient raison de dire, selon ces principes, qu'il ne restoit plus là aucune église.

XLII. Les réponses par où l'on tombe dans un plus grand embarras.

D'autre côté on ne peut pas dire ni que l'Eglise ait cessé, ni qu'elle ait cessé d'être visible : les promesses de Jésus-Christ sont trop claires, et il faut bien trouver moyen de les concilier avec la doctrine de la Réforme. C'est là qu'est née la distinction des additions et des soustractions; si vous ôtez par soustraction quelques vérités fondamentales, le ministère n'est plus : si vous mettez sur ces fondemens de mauvaises doctrines, quand même elles détruiroient ce fondement par conséquence, le ministère subsiste, impur à la vérité, mais suffisant : et par le discernement que les fidèles feront du fondement, qui est Jésus-Christ, d'avec ce qui a été surajouté, ils trouveront dans le ministère tous les alimens nécessaires [1]. Voilà donc à quoi aboutit cette pureté de doctrine et ces sacremens droitement administrés, qu'on avoit mis comme les marques de la vraie Eglise. Sans avoir ni prédication qu'on puisse approuver, ni culte où l'on puisse prendre part, ni l'Eucharistie en son entier, on aura tous les alimens nécessaires sans soustraction d'aucun; on aura la pureté de la parole et les sacremens bien administrés : qu'est-ce que se contredire si cela ne l'est?

XLIII. Selon les principes du ministre, tout est dans l'Eglise romaine en son entier par rapport au salut éternel.

Mais voici un autre inconvénient. Si avec toutes ces doctrines, toutes ces pratiques et tous ces cultes de Rome, avec l'adoration et avec l'oblation du corps du Sauveur, avec la soustraction d'une des espèces et toutes les autres doctrines, on y a encore « tous les alimens nécessaires sans soustraction d'aucun, » à cause qu'on y confesse un seul Dieu, Père, Fils et Saint-Esprit, et un seul Jésus-Christ comme Dieu et comme Sauveur, on les y a donc encore : on y a encore les marques de vraie Eglise, c'est-à-dire la pureté de la doctrine et la droite administration des sacremens jusqu'à un degré suffisant : la vraie Eglise y est donc encore, et on y peut encore faire son salut.

M. Claude n'en est pas voulu demeurer d'accord : les consé-

---

[1] *Rép. de M. Claude au disc. de M. de Meaux*, p. 128, 145, 146, 247, 361, etc.

XLIV. Nulle différence entre nos pères et nous.

quences d'un si grand aveu l'ont fait trembler pour la Réforme. Mais M. Jurieu a franchi le pas, et il a vu que les différences qu'avoit apportées M. Claude entre nos pères et nous étoient trop vaines pour s'y arrêter.

En effet on n'en rapporte que deux : la première est qu'à présent il y a un corps dont on peut embrasser la communion, et c'est le corps des prétendus réformés; la seconde est que l'Eglise romaine a passé en articles de foi beaucoup de dogmes qui n'étoient pas décidés du temps de nos pères [1].

Mais il n'y a rien de plus vain; et pour convaincre le ministre Claude, il n'y a qu'à se souvenir de ce que le ministre Claude vient de nous dire. Il nous a dit que « les bérengariens, les vaudois, les albigeois, les vicléfites, les hussites, etc., » avoient déjà paru au monde comme « la plus illustre partie de l'Eglise, parce qu'ils estoient la plus pure, la plus éclairée, la plus généreuse [2]. « Il n'y a encore un coup qu'à se souvenir que, selon lui, l'Eglise romaine « avoit déjà donné de suffisans sujets de se retirer de sa communion par les anathèmes contre Bérenger, contre les vaudois et les albigeois, contre Jean Viclef et Jean Hus, et par les persécutions qu'elle leur avoit faites [3]. » Et néanmoins il avoue dans tous ces endroits qu'il n'étoit point nécessaire de s'unir avec ces sectes pour être sauvé, et que Rome contenoit encore les élus de Dieu.

De dire que les luthériens et les calvinistes ont eu plus d'éclat, il n'y va que du plus et du moins, et la substance au fond demeure la même. Les décisions qu'on avoit faites contre ces sectes comprenoient la principale partie de ce qu'on a depuis décidé contre Luther et Calvin ; et sans parler des décisions, la pratique universelle et constante d'offrir le sacrifice de la messe, et de faire de cette oblation la partie la plus essentielle du culte divin, n'étoit pas nouvelle; et il n'étoit pas possible de demeurer dans l'Eglise sans consentir à ce culte. On avoit donc avec ce culte et toutes ses dépendances tous les alimens nécessaires sans soustraction

[1] *Déf. de la Réf.*, p. 295; *Rép. au disc. de M. de Cond.*, p. 370, 358, etc. — [2] *Déf. de la Réf.*, III part., chap. v, p. 289. — [3] *Rép. au disc. de M. de Cond.*, p. 368.

d'aucun : on les peut donc avoir encore : M. Claude n'a pu le nier sans une illusion trop grossière, et l'aveu qu'en a fait depuis M. Jurieu étoit forcé.

Joignons à cela que M. Claude, qui nous fait la différence si grande entre les temps qui ont précédé et ceux qui ont suivi la réformation, sous prétexte qu'on a depuis parmi nous passé en dogme de foi des articles indécis auparavant, a lui-même détruit cette réponse en disant, « qu'il n'estoit pas plus malaisé au peuple de s'abstenir de croire et de pratiquer ce qui avoit esté passé en dogme, que de s'abstenir de croire et de pratiquer ce que le ministére enseignoit, ce qu'il commandoit et qui s'estoit rendu commun[1] ; » de sorte que ce grand mot de *passer en dogme*, dont il fait un épouvantail à son parti, dans le fond n'est rien selon lui-même.

A ces inconvéniens de la doctrine de M. Claude, je joins encore une fausseté palpable, à laquelle il a été obligé par son système. C'est de dire que les vrais fidèles, qu'il reconnoît dans l'Eglise romaine avant la réformation, « y ont subsisté sans communiquer ni aux dogmes, ni aux pratiques corrompuës qui y estoient[2] ; » c'est-à-dire sans assister à la messe, sans se confesser, sans communier ni à la vie, ni à la mort, en un mot sans jamais faire aucun acte de catholique romain.

<small>XLV. Fausseté avancée par le ministre Claude, qu'on pouvoit être dans la communion romaine sans communiquer à ses dogmes et à ses pratiques.</small>

On a cent fois représenté que ce seroit ici un nouveau prodige : car sans parler du soin qu'on avoit dans toute l'Eglise de rechercher les vaudois et les albigeois, les vicléfites et les hussites, il est certain premièrement que ceux mêmes dont la doctrine n'étoit pas suspecte, étoient obligés en cent occasions de donner des marques de leur croyance, et particulièrement lorsqu'on leur donnoit le saint Viatique. Il n'y a qu'à voir tous les Rituels qui ont précédé les temps de Luther, pour y voir le soin qu'on avoit de faire confesser auparavant ceux à qui on l'administroit, de leur y faire reconnoître, en le leur donnant, la vérité du corps de Notre-Seigneur et de le leur faire adorer avec un profond respect. De là résulte un second fait incontestable : c'est qu'en effet les vaudois cachés et les autres qui vouloient se dérober aux censures

[1] *Rép. au disc. de M. de Cond.*, p. 357. — [2] P. 360, 361, etc., 369, etc.

de l'Eglise, n'avoient point d'autres moyens de le faire qu'en pratiquant le même culte que les catholiques, jusqu'à recevoir avec eux la communion : c'est ce qu'on a démontré avec la dernière évidence et par tous les genres de preuve qu'on peut avoir en cette matière [1]. Mais il y a un troisième fait plus constant encore, puisqu'il est avoué par les ministres : c'est que de tous ceux qui ont embrassé le luthéranisme ou le calvinisme, il ne s'en est pas trouvé un seul qui ait dit en les embrassant qu'il ne changeoit point de croyance, et qu'il ne faisoit que déclarer ce qu'il avoit toujours cru dans son cœur.

XLVI. *Fait constant, qu'avant la réformation la doctrine qu'on y enseignoit étoit inconnue.*

Sur ce fait bien articulé [2], M. Claude s'est contenté de répliquer fièrement : « M. de Meaux s'imagine-t-il que les disciples de Luther et de Zuingle deussent faire des déclarations formelles de tout ce qu'ils avoient pensé avant la réformation, et qu'on deust insérer ces déclarations dans les livres [3] ? »

C'étoit trop grossièrement et trop foiblement esquiver, car je ne prétendois pas qu'on dût ni tout déclarer ni tout écrire; mais on n'auroit jamais manqué d'écrire ce qui décidoit une des parties des plus essentielles de tout le procès, c'est-à-dire la question, si avant Luther et Zuingle il y avoit quelqu'un de leur croyance, ou si elle étoit absolument inconnue. Cette question étoit décisive, parce que personne ne pouvant penser que la vérité eût été éteinte, il s'ensuivoit clairement que toute doctrine qu'on ne trouvoit plus sur la terre n'étoit pas la vérité. Les exemples tranchoient tout le doute en cette matière; et si l'on en eût eu, il est clair qu'on les auroit rendus publics : mais on n'en a produit aucun : c'est donc qu'il n'y en avoit point, et le fait doit demeurer pour constant.

XLVII. *Si le prompt succès de Luther prouve qu'on pensât comme lui avant ses disputes.*

Tout ce qu'on a pu répondre, c'est « que si l'on eust esté content des doctrines et des cultes romains [4], » la Réforme n'auroit pas eu un si prompt succès. Mais sans ici répéter sur ce succès ce qu'on peut trouver ailleurs, et même partout dans cette histoire, c'est assez de se souvenir de ce que dit saint Paul, « que le discours des hérétiques gagne comme la gangrène [5] : » or la gan-

[1] Ci-dessus, liv. XI, n. 106, 107, 117, 149, etc. — [2] *Réflex. sur un écrit de M. Claude après la conférence avec ce ministre*, n. 13.— [3] *Rép. au disc. de M. de Cond.* — [4] *Rép. au disc. de M. de Cond.*, p. 363; *Rép. à la Lettre past. de M. de Meaux.* — [5] II *Timoth.*, II, 17.

grène ne suppose pas la gangrène dans un corps qu'elle corrompt, ni par conséquent les hérésiarques ne trouvent pas leur erreur déjà établie dans les esprits qu'elle gâte. Il est vrai « que les matières estoient disposées, » comme le dit M. Claude [1] par l'ignorance et les autres causes qu'on a vues, la plupart peu avantageuses à la Réforme : mais conclure de là avec ce ministre que les disciples que la nouveauté donnoit à Luther pensassent déjà comme lui, c'est, au lieu d'un fait positif dont on demande la preuve, substituer une conséquence non-seulement douteuse, mais encore évidemment fausse.

XLVIII. Absurdité de la supposition du ministre Claude sur ceux qui vivoient selon lui dans la communion romaine.

Il y a plus : quand on auroit accordé à M. Claude qu'avant la réformation tout le monde dormoit dans l'Église romaine, jusqu'à laisser faire à chacun tout ce qu'il vouloit : ceux qui n'assistoient ni à messe ni à communion, n'alloient jamais à confesse et n'avoient aucune part aux sacremens ni à la vie ni à la mort, vivoient et mouroient parfaitement en repos : on ne savoit ce que c'étoit de demander à de telles gens la confession de leur foi et la réparation du scandale qu'ils donnoient à leurs frères : après tout que gagne-t-on en avançant de tels prodiges? Le dessein est de prouver qu'on pouvoit faire son salut en demeurant de bonne foi dans la communion de l'Église romaine. Pour le prouver, la première chose qu'on fait, c'est d'ôter à ceux qu'on sauve tous les liens extérieurs de la communion. La plus essentielle partie du service étoit la messe : il n'y falloit prendre aucune part. Le signe le plus manifeste de la communion étoit la communion pascale : il s'en falloit abstenir; autrement il auroit fallu adorer Jésus-Christ comme présent et communier sous une espèce. Toutes les prédications retentissoient de ce culte, de cette communion, et enfin des autres doctrines qu'on veut croire si corrompues. Il se falloit bien garder de donner aucune marque d'approbation : par ce moyen, dit M. Claude, on sera sauvé dans la communion de l'Église : il faudroit plutôt conclure que par ce moyen on sera sauvé sans la communion de l'Église, puisqu'en effet par ce moyen on aura rompu tous les liens de la communion; car enfin qu'on me définisse ce que c'est que d'être en communion avec une église.

[1] *Rép. à la Lettre past. de M. de Meaux.*

Est-ce demeurer dans le pays où cette église est reconnue, comme les protestans étoient parmi nous, ou comme les catholiques sont en Angleterre et en Hollande? Ce n'est pas cela sans doute; mais peut-être que ce sera entrer dans les temples, entendre les prêches, et se trouver dans les assemblées sans aucune marque d'approbation et à peu près dans le même esprit qu'un voyageur curieux, sans dire *amen* sur la prière et surtout sans communier jamais? Vous vous moquez, répondez-vous. Enfin donc communier avec une église, c'est du moins en fréquenter les assemblées avec les marques de consentement et d'approbation qu'y donnent les autres. Donner ces marques à une église dont la profession de foi est criminelle, c'est donner son consentement au crime : et les refuser, ce n'est plus être dans cette communion extérieure où néanmoins vous voulez qu'on soit.

Que si vous dites qu'on donnera des marques d'approbation qui tomberont seulement sur les vérités qu'on aura prêchées dans cette église et sur le bien qu'on y aura fait, on pourroit être par ce moyen en communion avec les sociniens, avec les déistes s'ils pouvoient faire une société, avec les mahométans, avec les juifs, en recevant ce que chacun dira de véritable, en ne disant mot sur tout le reste et vivant au surplus en bon socinien et en bon déiste : quel égarement est pareil à cette pensée?

XLIX. Ce ministre varie sur ce qu'il a dit de la visibilité de l'Eglise.

Voilà l'état où M. Claude a laissé la controverse de l'Eglise; foible état, comme on voit, et visiblement insoutenable. Aussi ne s'y fie-t-il pas; et quelque misérable que soit le refuge d'église invisible, il ne le veut pas ôter à son parti, puisqu'il suppose que Dieu peut faire entièrement disparoître son Eglise aux yeux des hommes [1]; et quand il dit qu'il le peut, ce n'est pas dire qu'il le peut absolument et qu'il n'y a point là de contradiction, car ce n'est pas de quoi il s'agit; et on ne songe pas seulement ici à ces abstractions métaphysiques : c'est-à-dire qu'il le peut dans l'hypothèse et selon le plan du christianisme. C'est en ce sens que M. Claude décide que « Dieu peut, quand il luy plaira, réduire les fidèles à une entière dispersion extérieure et les conserver dans ce

[1] *Déf. de la Réform.*, p. 47, 48, 314; *Rép. au disc. de M. de Cond.*, p. 89, 92, 245, 247.

misérable état; et qu'il y a grande différence entre dire que l'Eglise cesse d'estre visible, et dire qu'elle cesse d'estre. » Après avoir cent fois répété qu'on ne conteste pas avec nous sur la visibilité de l'Eglise; après avoir fait entrer dans sa définition la visibilité de son ministère, et en avoir établi la perpétuité sur ces promesses de Jésus-Christ : « Je suis avec vous, et les portes d'enfer ne prévaudront pas [1] : » dire ce qu'on vient d'entendre, c'est oublier sa propre doctrine, et anéantir des promesses plus durables que le ciel et la terre. Mais c'est aussi qu'après avoir fait tous ses efforts pour les accorder avec la Réforme, et soutenir la doctrine de l'Ecriture sur la visibilité, il falloit se laisser un dernier recours dans une église invisible pour s'en servir dans le besoin.

L. *Le ministre Jurieu vient au secours du ministre Claude, qui s'étoit jeté dans un labyrinthe inexplicable.*

La question étoit en cet état, lorsque M. Jurieu a mis au jour son nouveau système de l'Eglise. Il n'y eut pas moyen de soutenir la différence que son confrère avoit voulu mettre entre nos pères et nous, ni de sauver les uns en damnant les autres. Il n'étoit pas moins ridicule, en faisant naître à Dieu des élus dans la communion de l'Eglise romaine, de dire que ces élus de sa communion fussent ceux qui ne prenoient aucune part ni à sa doctrine, ni à son culte, ni à ses sacremens. M. Jurieu a senti que ces prétendus élus ne pouvoient être que des hypocrites ou des impies; et il a enfin ouvert la porte du ciel, quoiqu'avec beaucoup de difficultés, à ceux qui vivoient dans la communion de l'Eglise romaine [2]. Mais afin qu'elle ne pût pas se glorifier de cet avantage, il l'a communiqué en même temps aux autres églises partout où est répandu le christianisme, quelque divisées qu'elles soient entre elles et encore qu'elles s'excommunient impitoyablement les unes les autres.

LI. *Il établit le salut dans toutes les communions.*

Il a poussé si loin cette opinion, qu'il n'a pas craint d'appeler l'opinion contraire, « inhumaine, cruelle, barbare, » en un mot une opinion « de bourreau, » qui se plaît à damner le monde, et la plus tyrannique qui fût jamais. Il ne veut pas qu'un chrétien vraiment charitable puisse avoir une autre pensée que celle qui met les élus dans toutes les communions où Jésus-Christ est

---

[1] Pag. 68 et suiv. — [2] *Syst. de l'Egl.*, liv. 1, chap. XX, XXI, etc.

connu ; et il nous apprend que si « on n'a pas encore appuyé beaucoup là-dessus » parmi les siens, ç'a été l'effet « d'une politique » qu'il n'approuve pas ¹. Au reste il a trouvé le moyen de rendre son système si plausible dans son parti, qu'on n'y oppose plus autre chose à nos instructions, et qu'on croit y avoir trouvé un asile où on ne peut être forcé ; de sorte que la dernière ressource du parti protestant est de donner à Jésus-Christ un royaume semblable à celui *de Satan ;* un royaume « divisé en » lui-même, « prest » par conséquent « à estre désolé, et dont les maisons vont tomber l'une sur l'autre ². »

LII. Histoire de cette opinion, à commencer par les sociniens. Division dans la Réforme entre M. Claude et M. Pajon.

Si l'on veut maintenant savoir l'histoire et le progrès de cette opinion, la gloire de l'invention appartient aux sociniens. Ceux-ci à la vérité ne conviennent pas avec les autres chrétiens sur les articles fondamentaux ; car ils n'en mettent que deux, l'unité de Dieu et la mission de Jésus-Christ. Mais ils disent que tous ceux qui les professent avec des mœurs convenables à cette profession, sont vrais membres de l'Eglise universelle, et que les dogmes qu'on surajoute à ce fondement n'empêchent pas le salut. On sait aussi le sentiment et l'indifférence de de Dominis. Après le synode de Charenton, où les calvinistes reçurent les luthériens à la communion malgré la séparation des deux sociétés, c'étoit une nécessité de reconnoître une même église dans des communions différentes. Les luthériens étoient fort éloignés de ce sentiment : mais Calixte, le plus célèbre et le plus savant d'entre eux, lui a donné de nos jours la vogue en Allemagne, et il met dans la communion de l'Eglise universelle toutes les sectes qui ont conservé le fondement, sans en excepter l'Eglise romaine ³. Il y a près de trente ans que d'Huisseau, ministre de Saumur, poussa bien avant la conséquence de cette doctrine. Ce ministre déjà célèbre dans son parti pour en avoir publié la discipline ecclésiastique conférée avec les décrets des synodes nationaux, fit beaucoup plus parler de lui par le plan de réunion des chrétiens de toutes les sectes qu'il proposa en 1670 ; et M. Jurieu nous apprend qu'il eut beaucoup de partisans, malgré la condamnation solennelle qu'on fit de

---

¹ *Syst., Préf. sur la fin.* — ² *Luc.,* xi, 17, 18. — ³ Calixt., *De fid. et stud. Conc. Ecc.,* n. 1, 2, 3, 4, etc.; Lugd. Bat., 1651.

ses livres et de sa personne ¹. Depuis peu M. Pajon, fameux ministre d'Orléans, dans sa Réponse à la lettre pastorale du clergé de France, ne crut pas pouvoir soutenir l'idée de l'église que M. Claude avoit défendue : la catholicité, ou l'universalité de l'Eglise lui parut plus vaste que ne la faisoit son confrère; et M. Jurieu avertit M. Nicole, « que quand il auroit répondu au livre de M. Claude, il n'auroit rien fait s'il ne répondoit au livre de M. Pajon, puisque ces Messieurs ayant pris des routes toutes différentes, on ne les sçauroit payer d'une seule et mesme réponse ². »

Dans cette division de la Réforme poussée à bout sur la question de l'Eglise, M. Jurieu a pris le parti de M. Pajon; et sans s'effrayer de la séparation des églises, il décide « que toutes les sociétez chrétiennes qui conviennent en quelques dogmes, en cela mesme qu'elles conviennent, sont unies au corps de l'Eglise chrétienne, fussent-elles en schisme les unes contre les autres *jusques aux épées tirées* ³. »

LIII.
Sentimens du ministre Jurieu.

Malgré des expressions si générales, il varie sur les sociniens : car d'abord, dans ses *Préjugés légitimes*, où il disoit naturellement ce qu'il pensoit, il commence par les ranger « parmi les membres de l'Eglise chrétienne ⁴. » Il paroît un peu embarrassé sur la question, si on peut aussi faire son salut parmi eux : car d'un côté il semble ne rendre capables du salut que ceux qui vivent dans les sectes où l'on reconnoît la divinité de Jésus-Christ avec les autres articles fondamentaux; et de l'autre, après avoir construit « le corps de l'Eglise de tout ce grand amas de sectes qui font profession du christianisme dans toutes les provinces du monde ⁵, » composé où visiblement les sociniens sont compris, il conclut en termes formels « que les saints et les éleûs sont répandus dans toutes les parties de ce vaste corps. »

Les sociniens gagnoient leur cause, et M. Jurieu fut blâmé dans son parti même de leur avoir été trop favorable; ce qui fait que dans son *Système* il force un peu ses idées : car au lieu que dans les *Préjugés* il mettoit naturellement dans le corps de l'Eglise universelle toutes les sectes quelles qu'elles fussent sans exception,

---

¹ *Avert. aux Prot. de l'Eur.*, à la tête des *Préjug.*, p. 19. — ² *Ibid.*, p. 12. — ³ *Préj. lég.*, p. 4. — ⁴ *Ibid.* — ⁵ Pag. 4, etc., p. 8.

dans le *Système* il y ajoute ordinairement ce correctif : « Du moins celles qui conservent les points fondamentaux [1] ; » ce qu'il explique de la Trinité et des autres de pareille conséquence. Par là il sembloit restreindre ses propositions générales : mais à la fin entraîné par la force de son principe, il rompt, comme nous verrons, toutes les barrières que la politique du parti lui imposoit, et il reconnoît à pleine bouche que les vrais fidèles se peuvent trouver dans la communion d'une église socinienne.

Voilà l'histoire de l'opinion qui compose l'Eglise catholique des communions séparées. Elle paroît devoir prendre une grande autorité dans le parti protestant, si la politique ne l'empêche. Les disciples de Calixte se multiplient parmi les luthériens. Pour ce qui regarde les calvinistes, on voit clairement que le nouveau système de l'Eglise y prévaut ; et comme M. Jurieu se signale parmi les siens en le défendant, et que nul n'en a mieux posé les principes, ni mieux vu les conséquences, on n'en peut mieux faire voir l'irrégularité qu'en racontant le désordre où ce ministre est jeté par cette doctrine, et ensemble les avantages qu'il donne aux catholiques.

LIV. Qu'on se peut sauver dans l'Eglise romaine selon ce ministre.

Pour entendre sa pensée à fond, il faut présupposer sa distinction de l'Eglise considérée selon le corps, et de l'Eglise considérée selon l'ame [2]. La profession du christianisme suffit pour faire partie du corps de l'Eglise ; ce qu'il avance contre M. Claude, qui ne compose le corps de l'Eglise que de vrais fidèles : mais pour avoir part à l'ame de l'Eglise, il faut être dans la grace de Dieu.

Cette distinction supposée, il est question de savoir quelles sectes sont simplement dans le corps de l'Eglise, et quelles sont celles où l'on peut parvenir jusqu'à participer à son ame, c'est-à-dire à la charité et à la grace de Dieu : c'est ce qu'il explique assez clairement par une histoire abrégée qu'il fait de l'Eglise. Il la commence par dire qu'elle se gâta après « le troisième siècle [3] : » qu'on retienne cette date. Il passe par-dessus le quatrième siècle sans l'approuver ni le blâmer : « Mais, poursuit-il, dans le cinquième, le six, le sept et le huit, l'Eglise adopta des divinitez d'un

[1] Pag. 233, etc. — [2] *Prej. lég.*, chap. I ; *Syst.*, liv. I, chap. I. — [3] Pag. 5.

second ordre, adora les reliques, se fit des images et se prosterna devant elles jusques dans les temples : et alors, devenuë malade, difforme, ulcéreuse, elle estoit néanmoins vivante : » de sorte que l'ame y étoit encore, et, ce qu'il est bon de remarquer, elle y étoit au milieu de l'idolâtrie.

Il continue en disant « que l'Eglise universelle s'est divisée en deux grandes parties, l'Eglise grecque et l'Eglise latine. L'Eglise grecque avant ce grand schisme estoit déja subdivisée en nestoriens, en eutychiens, en melchites, et en plusieurs autres sectes : l'Eglise latine, en PAPISTES, vaudois, hussites, taboristes, luthériens, calvinistes et anabaptistes [1] ; » et il décide que « c'est une erreur de s'imaginer que toutes ces différentes parties aient absolument rompu avec Jésus-Christ, en rompant les unes avec les autres [2]. »

Qui ne rompt pas avec Jésus-Christ ne rompt pas avec le salut et la vie : aussi compte-t-il ces sociétés parmi les sociétés vivantes. Les sociétés mortes, selon ce ministre, sont « celles qui ruinent le fondement, c'est-à-dire, la Trinité, l'incarnation, la satisfaction de Jésus-Christ, et les autres articles semblables : mais il n'en est pas ainsi des Grecs, des Arméniens, des Cophtes, des Abyssins, des Russes, des PAPISTES et des protestans. Toutes ces sociétez, dit-il [3], ont formé l'Eglise, et Dieu y conserve ses véritez fondamentales. »

LV. L'Eglise romaine comprise parmi les sociétés suivantes où les fondemens du salut sont conservés.

Il ne sert de rien d'objecter qu'elles renversent ces vérités par des conséquences tirées en bonne forme de leurs principes, parce que comme elles désavouent ces conséquences, on ne doit pas, selon le ministre [4], les leur imputer; ce qui lui fait reconnoître des élus jusque chez les eutychiens qui confondoient les deux natures de Jésus-Christ, et parmi les nestoriens qui en divisoient la personne. « Il n'y a pas lieu de douter, dit-il [5], que Dieu ne s'y conserve un résidu selon l'élection de la grace; » et de peur qu'on ne s'imagine qu'il y ait plus de difficulté pour l'Eglise romaine que pour les autres, à cause qu'elle est selon lui le royaume de l'Antechrist, il satisfait expressément à ce doute, en assurant

[1] Pag. 5. — [2] Pag. 6. — [3] *Syst.*, p. 147, 149. — [4] *Ibid.*, p. 155. — [5] *Préj.*, chap. I, p. 16.

« qu'il s'est conservé des éleüs dans le règne de l'Antechrist mesme [1], » et jusque dans le sein de Babylone.

LVI. Que l'antichristianisme de l'Eglise romaine n'empêche pas qu'on n'y fasse son salut.

Le ministre le prouve par ces paroles : « Sortez de Babylone, mon peuple. » D'où il conclut que le peuple de Dieu, c'est-à-dire ses élus, y étoient donc. Mais, poursuit-il, il n'y étoit pas comme ses élus sont en quelque façon parmi les païens d'où on les tire; « car Dieu n'appelle pas son peuple des gens qui sont en état de damnation [2] : » par conséquent les élus qui se trouvent dans Babylone sont absolument hors de cet état, et en état de grace. « Il est, dit-il, plus clair que le jour que Dieu, dans ces paroles : « Sortez de Babylone, mon peuple, » fait allusion aux Juifs de la captivité de Babylone, qui constamment en cét état ne cessérent pas d'estre Juifs et le peuple de Dieu. »

Ainsi les Juifs spirituels et « le vrai Israël de Dieu [3], » c'est-à-dire ses véritables enfans, se trouvent dans la communion romaine, et s'y trouveront jusqu'à la fin, puisqu'il est clair que cette sentence : « Sortez de Babylone, mon peuple [4], » se prononce même dans la chute et dans la désolation de cette Babylone mystique qu'on veut être l'Eglise romaine.

LVII. Qu'on se peut sauver parmi nous, en conservant notre croyance et notre culte.

Pour expliquer comment on s'y sauve, le ministre distingue deux voies : la première, qu'il a prise de M. Claude, est la voie de séparation et de discernement, lorsqu'on est dans la communion d'une église sans participer à ses erreurs et à ce qu'il y a de mauvais dans ses pratiques. La seconde, qu'il a ajoutée à celle de M. Claude, est la voie de tolérance du côté de Dieu, lorsqu'en vue des vérités fondamentales que l'on conserve dans une communion Dieu pardonne les erreurs qu'on met par-dessus.

Savoir s'il nous faut comprendre dans cette dernière voie, il s'en explique clairement dans le *Système*, où il déclare les conditions sous lesquelles on peut espérer de Dieu quelque tolérance « dans les sectes qui renversent le fondement par leurs additions sans l'oster pourtant [5]. » On voit bien par ce qui vient d'être dit, que c'est de nous et de nos semblables qu'il entend parler; et la condition sous laquelle il accorde qu'on se peut sauver dans une

[1] *Préj.*, chap. I, p. 16. — [2] *Syst.*, p. 145. — [3] *Gal.*, VI, 16. — [4] *Apoc.*, XVIII, 4. — [5] *Syst.*, p. 173, 174.

secte de cette nature, c'est « qu'on y communique de bonne foy, croyant qu'elle a conservé l'essence des sacremens, et qu'elle n'oblige à rien contre la conscience; » ce qui montre que loin d'obliger ceux qui demeurent dans ces sectes d'en rejeter la doctrine pour être sauvés, ceux qui y peuvent le plutôt être sauvés sont ceux qui y demeurent de la meilleure foi, et qui sont le mieux persuadés tant de la doctrine que des pratiques qu'on y observe.

<small>LVIII. Qu'on peut se sauver en se convertissant de bonne foi du calvinisme à l'Eglise romaine.</small>

Il est vrai qu'il semble ajouter deux autres conditions à celle-là : l'une, d'être engagé dans ces sectes par sa naissance [1]; et l'autre, de ne pouvoir pas communier dans une société plus pure, ou parce qu'on n'en connoît pas, ou parce « qu'on n'est pas en état de rompre » avec la société où l'on se trouve [2]. Mais il passe plus avant dans la suite : car après avoir proposé la question, s'il est permis « d'estre tantost grec, tantost latin, tantost réformé, tantost PAPISTE, tantost calviniste, tantost luthérien, » il répond que non, lorsqu'on fait « profession de croire ce qu'en effet on ne croit pas. » Mais si « on passe d'une secte à l'autre par voye de séduction, et parce que l'on cesse d'estre persuadé de certaines opinions qu'on avoit auparavant regardées comme véritables, il déclare qu'on peut passer en différentes communions sans risquer son salut, comme on y peut demeurer, parce que ceux qui passent dans les sectes qui ne ruinent ni ne renversent les fondemens ne sont pas en un autre état que ceux qui y sont nez; » de sorte que non-seulement on peut demeurer latin et papiste quand on est né dans cette communion, mais encore qu'on y peut venir du calvinisme sans sortir de la voie du salut; et ceux qui se sauvent parmi nous ne sont plus, comme disoit M. Claude, ceux qui y sont sans approuver notre doctrine, mais ceux qui y sont de bonne foi.

<small>LIX. Que cette doctrine du ministre détruit tout ce qu'il dit contre nous et de nos idolâtries.</small>

Nos frères prétendus réformés peuvent apprendre de là que tout ce qu'on leur dit de nos idolâtries est visiblement excessif. On n'a jamais cru ni pensé qu'on pût sauver un idolâtre sous prétexte de sa bonne foi : une si grossière erreur, une impiété si manifeste ne compatit pas avec la bonne conscience. Ainsi l'idolâtrie qu'on nous impute est d'une espèce particulière; c'est une idolâtrie inventée pour exciter contre nous la haine des foibles et des igno-

[1] *Syst.*, p. 173, 174. — [2] *Ibid.*, 158, 164, 259; *ibid.*, 174, 175, 195.

rans. Mais il faut aujourd'hui qu'ils se désabusent ; et ce n'est pas un si grand malheur de se convertir, puisque celui qui vante le plus nos idolâtries, et qui charge de plus d'opprobres et les convertisseurs et les convertis, demeure d'accord qu'ils peuvent tous être de vrais chrétiens.

LX. Les Ethiopiens sauvés en ajoutant la circoncision aux sacremens de l'Eglise.

Il ne faut non plus qu'on exagère la hardiesse qu'on nous impute d'avoir d'un côté augmenté le nombre des sacremens, et de l'autre d'avoir mutilé la Cène, dont nous retranchons, dit-on, une espèce : car ce ministre décide que ce seroit « une cruauté de chasser de l'Eglise » ceux qui admettent d'autres sacremens que les deux qu'il prétend seuls institués de Jésus-Christ [1], c'est-à-dire le baptême et la Cène; et loin de nous en exclure pour y avoir ajouté la confirmation, l'extrême-onction et les autres, il n'en exclut même pas les chrétiens éthiopiens à qui il fait recevoir la circoncision, non par une coutume politique, mais à titre de sacrement, encore que saint Paul ait dit : « Si vous recevez la circoncision, Jésus-Christ ne vous servira de rien [2]. »

LXI. Que la communion sous une espèce contient, selon les ministres, toute la substance du sacrement de l'Eucharistie.

Pour ce qui regarde la communion sous une espèce, il n'y a rien de plus ordinaire dans les écrits des ministres, et même de celui-ci, que de dire qu'en donnant ainsi le sacrement de l'Eucharistie, on en corrompt le fond et l'essence ; ce qui est dire dans les sacremens « la mesme chose que si on ne les avoit plus [3]. » Mais il ne faut pas prendre ces discours au pied de la lettre; car M. Claude nous a déjà dit qu'avant la réformation nos pères, qu'on ne communioit que sous une espèce, n'en avoient pas moins tous les alimens nécessaires « sans soustraction d'aucun [4]; » et M. Jurieu dit encore plus clairement la même chose, puisqu'après avoir défini l'Eglise, « l'amas de toutes les communions qui prêchent un mesme Jésus-Christ, qui annoncent le mesme salut, qui donnent les mesmes sacremens en substance, et qui enseignent la mesme doctrine [5], il nous compte manifestement dans cet amas de communions et dans l'Eglise : ce qui suppose nécessairement que nous donnons la substance de l'Eucharistie, et par conséquent que les deux espèces n'y sont pas essentielles. Que nos frères ne

[1] *Syst.*, p. 539, 548. — [2] *Gal.*, v, 2. — [3] *Syst.*, p. 548. — [4] Ci-dessus, n. 37, 42. — [5] *Syst.*, p. 216.

tardent donc plus à se ranger parmi nous de bonne foi, puisque leurs ministres leur ont levé le plus grand obstacle, et presque le seul qu'ils nous allèguent.

Il est vrai qu'il y paroît une manifeste opposition entre ce système et les confessions de foi des églises protestantes; car les confessions de foi donnent toutes unanimement deux seules marques de vraie Eglise : « la pure prédication de la parole de Dieu, et l'administration des sacremens selon l'institution de Jésus-Christ [1]; » c'est pourquoi la confession de foi de nos prétendus réformés a conclu que dans l'Eglise romaine, d'où « la pure vérité de Dieu estoit bannie, et où les sacremens estoient corrompus, ou anéantis du tout, à proprement parler il n'y avoit aucune église [2]. » Mais notre ministre nous apprend qu'il ne faut pas prendre ces expressions à la rigueur [3], c'est-à-dire qu'il y a beaucoup d'exagération et d'excès dans ce que la Réforme avance contre nous.

LXII. Les excès de la confession de foi adoucis en notre faveur.

Il est pourtant curieux de voir comment le ministre se défera de ces deux marques de la vraie Eglise si solennelles dans tout le parti protestant. « Il est vrai, dit-il, nous les posons : » *nous*, c'est-à-dire, nous autres protestans : mais pour moi, « je tournerois, poursuit-il, la chose autrement, et je dirois que pour connoistre le corps de l'Eglise chrétienne et universelle en général, il ne faut qu'une marque; c'est la confession du nom de Jésus-Christ le vray Messie et le Rédempteur du genre humain [4]. »

LXIII. Que les deux marques de la vraie Eglise, que donnent les protestans, sont suffisamment parmi nous.

Ce n'est pas tout; car après avoir trouvé les marques du corps de l'Eglise universelle, « il faut trouver celles de l'ame, afin qu'on puisse savoir en quelle partie de cette église Dieu se conserve des éleûs [5]. » C'est ici, répond le ministre, qu'il faut « revenir à nos deux marques, la pure prédication et la pure administration des sacremens [6]. » Toutefois qu'on ne s'y trompe pas : « il ne faut pas prendre cela dans un sens de rigueur. » La prédication est assez pure pour sauver l'essence de l'Eglise, quand on conserve les vérités fondamentales, quelque erreur qu'on ajoute par-dessus; les sacremens sont assez purs, malgré « les additions : » ajoutons, suivant le principe que nous venons de

---

[1] *Préj. légit.*, p. 24. — [2] Art. 28; ci-dessus, n. 26. — [3] *Préj., ibid.* — [4] *Ibid.*, p. 25; *Syst.*, p. 214. — [5] *Ibid.* — [6] *Préj.*, p. 25.

voir, malgré les soustractions « qui les gastent, » puisqu'au milieu de tout cela le fond subsiste, et que « Dieu applique à ses éleûs ce qu'il y a de bon, empeschant que ce qui est de l'institution humaine ne leur nuise et ne les perde. » Concluons donc avec le ministre qu'il ne faut rien prendre à la rigueur de ce qui se dit sur ce sujet dans la confession de foi, et qu'au reste l'Eglise romaine (luthériens et calvinistes, calmez votre haine), l'Eglise romaine, dis-je, tant haïe et tant condamnée, malgré toutes vos confessions de foi et tous vos reproches, peut se glorifier d'avoir en un sens très-véritable, et autant qu'il est nécessaire pour former les enfans de Dieu, « la pure prédication de sa parole et la droite administration des sacremens. »

LXIV. La confession de foi n'a plus d'autorité parmi les ministres.
Si l'on dit que ces bénignes interprétations des confessions de foi en anéantissent le texte, et qu'en particulier dire de l'Eglise romaine que la vérité « en est bannie : que les sacremens y sont ou falsifiez, ou anéantis du tout, » et enfin qu'à proprement parler, « il n'y a plus aucune église [1], » sont choses bien différentes de ce qu'on vient d'entendre, je l'avoue ; mais c'est qu'en un mot on a connu par expérience qu'il n'y a plus moyen de soutenir les confessions de foi, c'est-à-dire les fondemens de la Réforme. Aussi est-il véritable que les ministres dans le fond ne s'en soucient guère, et que ce n'est que par honneur qu'ils se mettent en tête d'y répondre ; ce qui a fait inventer au ministre Jurieu les réponses qu'on vient de voir, plus honnêtes et plus ménagées que solides et sincères.

LXV. Le système change le langage des chrétiens, et en renverse les idées, même celles de la Réforme.
Au reste pour soutenir ce nouveau système, il faut avoir un courage à l'épreuve de tout inconvénient, et ne se laisser effrayer à aucune nouveauté. Encore qu'on soit animé les uns contre les autres « jusqu'aux épées tirées, » il faut dire qu'on n'est qu'un même corps avec Jésus-Christ. Si quelqu'un se révolte contre l'Eglise, et qu'il la scandalise par ses crimes ou par ses erreurs, on croit en l'excommuniant le retrancher du corps de l'Eglise en général, et c'est ainsi que les protestans ont parlé aussi bien que nous [2] : c'est une erreur ; on ne retranche ce scandaleux et cet hérétique que d'un troupeau particulier ; et il demeure, malgré

[1] Art. 28. — [2] Art. 28 ; ci-dessus, n. 15.

qu'on en ait, membre de l'Eglise catholique par la seule profession du nom chrétien, quoique Jésus-Christ ait prononcé : « Si quelqu'un n'écoute pas l'Eglise, tenez-le, » non pas comme un homme qui est retranché d'un troupeau particulier, et qui demeure dans le grand troupeau de l'Eglise en général ; mais tenez-le comme « un païen et un publicain [1], » comme un étranger du christianisme, comme un homme qui n'a plus de part avec le peuple de Dieu.

Au reste ce qu'avance ici M. Jurieu est une opinion particulière, où il dément visiblement son église. Un synode national a défini l'excommunication en ces termes : « Excommunier, dit-il, c'est retrancher un homme du corps de l'Eglise comme un membre pourri, et le priver de sa communion et de tous ses biens [2]. » Et dans la propre formule de l'excommunication on parle ainsi au peuple : « Nous ostons ce membre pourri de la société des fidèles, afin qu'il vous soit comme païen et péager [3]. » M. Jurieu n'oublie rien pour embrouiller cette matière avec ses distinctions de sentence déclarative et de sentence juridique ; de sentence qui retranche du corps de l'Eglise, et de sentence qui retranche seulement d'une confédération particulière [4]. On n'invente ces distinctions qu'afin qu'un lecteur se perde dans ces subtilités, et ne puisse pas s'apercevoir qu'on ne lui dit rien. Car enfin on ne montrera jamais dans les églises prétendues réformées d'autre excommunication, d'autre séparation, d'autre retranchement que celui que je viens de rapporter ; et on ne peut pas s'en éloigner plus expressément que fait M. Jurieu. Il prononce, et il le répète en cent endroits et en cent manières différentes, « qu'on ne sçauroit chasser un homme de l'Eglise universelle [5]; » et son église dit au contraire que l'excommunié doit être regardé comme *un païen* qui n'est plus rien au peuple de Dieu. M. Jurieu continue : « Toute excommunication se fait par une église particulière, et n'est rien que l'expulsion d'une église particulière [6]; » et on voit que selon les règles de sa religion une église particulière ôte un homme du corps de l'Eglise comme « on fait un membre pourri, » qui sans

LXVI. Contrariété manifeste entre les idées du ministre sur l'excommunication, et celles de son église.

---

[1] *Matth.*, XVIII, 17. — [2] II *Syn. de Par.*, 1565. — [3] *Discip.*, chap. V, art. 17, p. 102. — [4] *Syst.*, liv. II, chap. III. — [5] *Syst.*, p. 24, etc. — [6] *Ibid.*

doute n'est plus attaché à aucune partie du corps après qu'il en est retranché.

LXVII. Les confessions de foi sont des conventions arbitraires. Voyons néanmoins encore ce que c'est que ces églises particulières et ces troupeaux particuliers dont il prétend qu'on est retranché par l'excommunication. Le ministre s'en explique par ce principe : « Tous les différens troupeaux n'ont pas d'autre liaison externe que celle qui se fait par voye de confédération volontaire et arbitraire, » telle qu'étoit celle « des églises chrétiennes dans le troisième siécle, à cause qu'elles se trouvèrent unies sous un mesme prince temporel [1]. » Ainsi dès le troisième siècle, où l'Eglise étoit encore saine et dans sa pureté, selon le ministre, les églises n'étoient liées que par une confédération arbitraire ou, comme il l'appelle ailleurs, « par accident [2]. » Quoi donc ! ceux qui n'étoient pas sujets de l'empire romain, ces chrétiens répandus dès le temps de saint Irénée et même dès le temps de saint Justin parmi les barbares et les Scythes, n'étoient-ils dans aucune liaison extérieure avec les autres églises, et n'avoient-ils pas droit d'y communier? Ce n'est pas ainsi qu'on nous avoit expliqué la fraternité chrétienne. Tout orthodoxe a droit de communier dans une église orthodoxe; tout catholique, c'est-à-dire tout membre de l'Eglise universelle, dans toute l'Eglise. Tous ceux qui portent la marque d'enfans de Dieu ont droit d'être admis partout où ils voient la table de leur commun Père, pourvu que leurs mœurs soient approuvées : mais on vient troubler ce bel ordre; on n'est plus en société que *par accident ;* la fraternité chrétienne est changée en confédérations arbitraires, que l'on étend plus ou moins à sa volonté, selon les diverses confessions de foi dont on est convenu [3]. Ces confessions de foi sont des traités où l'on met ce que l'on veut. Les uns y ont mis « qu'ils enseigneroient les véritez de la grace, comme elles ont esté expliquées par saint Augustin [4]; » et c'est, dit-on, les églises prétendues réformées : il n'est pas vrai, il n'y a rien moins que saint Augustin dans leur doctrine ; mais enfin il leur plaît de le dire ainsi. Il n'est pas permis à ceux-là d'être semi-pélagiens, « et les Suisses aussi bien que ceux de Ge-

---

[1] *Préj.*, p. 6; *Syst.*, p. 246, etc., 254, 262, 269, 305, 557. — [2] *Ibid.*, p. 263. — [3] *Syst.*, p. 254. — [4] *Ibid.*

nève les retrancheroient de leur communion [1]. » Mais pour ceux qui n'ont pas fait une semblable convention, ils seront semi-pélagiens, si bon leur semble. Bien plus, ceux qui sont entrés dans la confédération de Genève et dans celle des prétendus réformés où l'on se croit obligé de soutenir la grace de saint Augustin, « peuvent se départir » de l'accord [2]; mais il faut aussi qu'ils trouvent bon qu'on les sépare « d'une confédération » dont ils auront violé les lois; et « ce qu'on toléreroit partout ailleurs, » on ne le peut plus tolérer dans les troupeaux où l'on avoit fait d'autres conventions.

Mais ces gens qui rompent l'accord de la Réforme calvinienne, ou de quelque autre semblable confédération, que deviendront-ils? Et seront-ils obligés de se confédérer avec quelque autre église? Point du tout. « Il n'est nullement nécessaire, quand on se sépare d'une église, d'en trouver une autre à laquelle on adhère [3]. » Je vois bien qu'on est forcé de le dire ainsi, parce qu'autrement on ne pourroit excuser les églises protestantes, qui en se séparant de l'Eglise romaine, n'ont trouvé sur la terre aucune église à qui elles pussent adhérer. Mais il faut entendre la raison qui autorise une telle séparation. « C'est, poursuit M. Jurieu, parce que toutes les églises sont naturellement libres et indépendantes les unes des autres; ou, comme il l'explique ailleurs, naturellement et originairement toutes les églises sont indépendantes [4]. »

LXVIII. L'indépendantisme établi contre le décret de Charenton

Voilà précisément notre doctrine, diront ici les indépendans; nous sommes les vrais chrétiens qui défendent cette liberté primitive et naturelle des églises. Mais cependant Charenton les a condamnés en 1644. Il a donc aussi par avance condamné M. Jurieu qui les soutient : mais écoutons le décret : « Sur ce qui a esté représenté que plusieurs, qui s'appellent *indépendans*, parce qu'ils enseignent que chaque église se doit gouverner par ses propres lois *sans aucune dépendance* de personne en matière ecclésiastique, et sans obligation à reconnoistre l'autorité des colloques et des synodes pour son régime et conduite [5], » c'est-à-dire

---

[1] *Syst.*, p. 249. — [2] *Ibid.*, p. 254. — [3] Liv. III, chap. xv, p. 547. — [4] *Ibid.* — [5] *Discip.*, chap. vi, *de l'un. des Eglis.; Notes sur l'art.* 2, p. 118.

sans aucune confédération avec quelque autre église que ce soit ; et voilà le cas de M. Jurieu bien posé. Mais la réponse du synode est bien différente de la sienne ; car le synode prononce « qu'il faut craindre que ce venin gagnant insensiblement, ne jette, dit-il, la confusion et le désordre entre nous, n'ouvre la porte à toutes sortes d'irrégularitez et d'extravagances, et n'oste tout moyen d'y apporter le reméde ; » ce qui seroit également « préjudiciable à l'Eglise et à l'Etat, et donneroit lieu à former autant de religions qu'il y a de paroisses ou assemblées particuliéres. » Et M. Jurieu conclut au contraire, qu'en se séparant d'une église sans adhérer à une autre, on ne fait que retenir « la liberté et l'indépendance » qui convient « naturellement et originairement » aux églises, c'est-à-dire la liberté que Jésus-Christ leur a donnée en les formant.

LXIX. Toute l'autorité et la subordination des églises dépend des princes.

En effet il n'y a pas moyen de soutenir, selon les principes de notre ministre, ces colloques et ces synodes. Car il suppose que si un royaume catholique se divisoit d'avec Rome, et ensuite se subdivisât en plusieurs souverainetés, chaque prince pourroit faire « un patriarche [1] » et établir dans son Etat un gouvernement absolument indépendant de celui des Etats voisins « sans appel, » sans liaison, sans correspondance, car tout cela selon lui dépend du prince ; et c'est pourquoi il a fait dépendre la première confédération des églises de l'unité de l'empire romain. Mais si cela est, son oncle Louis Dumoulin gagne sa cause : car il prétend que toute cette subordination de colloques et de synodes, en la regardant comme ecclésiastique et spirituelle, n'est qu'un papisme déguisé et le commencement de l'Antechrist [2] ; qu'il n'y a donc de puissance dans cette distribution des églises que par l'autorité du souverain ; et que les excommunications et dégradations des synodes, soit provinciaux, soit nationaux, n'ont d'autorité que par là. Mais en poussant le raisonnement un peu plus loin, les excommunications des consistoires ne paroîtront pas plus efficaces que celles des synodes ; ainsi ou il n'y aura nulle juridiction ecclésiastique, et les indépendans auront raison ; ou elle sera dans les mains du prince, et enfin Louis Dumoulin aura con-

[1] Liv. III, chap. XV, p. 546. — [2] *Fascic.*, *Ep. Lud. Molin.*

verti son neveu, qui s'est si longtemps opposé à ses erreurs.

Voilà où va le système où l'on met à présent tout le dénouement de la matière de l'Eglise ; on est étonné quand on entend ces nouveautés. Quelle erreur de s'imaginer qu'il n'y ait de liaison extérieure entre les églises chrétiennes que par rapport à un prince, ou par quelque autre « confédération volontaire et arbitraire, » et de ne vouloir pas entendre que Jésus-Christ a obligé ses fidèles à vivre dans une église, c'est-à-dire, comme on l'avoue, dans une société extérieure, et à communier entre eux, non-seulement dans la même foi et dans les mêmes sentimens, mais encore, quand on se rencontre, dans les mêmes sacremens et dans le même service, en sorte que les églises, en quelque distance qu'elles soient, ne soient que la même église distribuée en divers lieux, sans que la diversité des lieux empêche l'unité de la table sacrée, où tous communient les uns avec les autres, comme ils font avec Jésus-Christ leur commun chef.

LXX. La vraie unité chrétienne.

Considérons maintenant l'origine du nouveau système qu'on vient de voir. Son auteur se vante peut-être, comme il fait dans les autres dogmes, d'avoir pour lui les trois premiers siècles ; et il y a apparence que l'opinion qui renferme toute l'Eglise dans une même communion, puisqu'on la prétend si tyrannique, sera née sous l'empire de l'Antechrist : non ; elle est née en Asie dès le troisième siècle [1] : Firmilien, un si grand homme, et ses collègues, de si grands évêques, en sont les auteurs : elle a passé en Afrique, où saint Cyprien, un si illustre martyr et la lumière de l'Eglise, l'a embrassée avec tout le concile d'Afrique ; et c'est cette nouvelle opinion qui leur a fait rebaptiser tous les hérétiques, puisqu'ils n'en alléguoient d'autre raison sinon que les hérétiques n'étoient pas de l'Eglise catholique.

LXXI. Témérité du ministre, qui avoue que son système est contraire à la foi de tous les siècles.

Il faut avouer que saint Cyprien a fait ce mauvais raisonnement : Les hérétiques et les schismatiques ne sont pas du corps de l'Eglise catholique : donc il les faut rebaptiser quand ils y viennent. Mais M. Jurieu n'oseroit dire que le principe de l'unité de l'Eglise, dont saint Cyprien abusoit, fût aussi nouveau que la conséquence qu'il en tiroit, puisque ce ministre avoue que la

[1] *Syst.*, liv. I, chap. VII, VIII.

« fausse idée de l'unité de l'Eglise s'estoit formée sur l'histoire des deux premiers siècles jusqu'à la moitié ou la fin du troisième. Il ne faut point s'étonner [1], » continue-t-il, que l'Eglise regardât toutes les sectes qui étoient durant ces temps-là, « comme entièrement séparées du corps de l'Eglise ; car cela estoit vray ; » et il ajoute que ce fut dans ce temps-là, c'est-à-dire dans les deux premiers siècles jusqu'au milieu du troisième, « qu'on prit habitude de croire que les hérétiques n'appartenoient aucunement à l'Eglise [2] : » ainsi la doctrine de saint Cyprien qu'on accuse de nouveauté et même de tyrannie étoit une *habitude* contractée dès les deux premiers siècles de l'Eglise, c'est-à-dire dès l'origine du christianisme.

Il faudra aussi avouer que cette doctrine de saint Cyprien sur l'unité de l'Eglise n'a pas été inventée à l'occasion de la rebaptisation des hérétiques, puisque le livre *de l'Unité de l'Eglise*, où la doctrine qui en exclut les hérétiques et les schismatiques est si clairement établie, a précédé la dispute de la rebaptisation ; de sorte que saint Cyprien étoit entré naturellement dans cette doctrine ensuite de la tradition des deux siècles précédens.

Il n'est pas moins assuré que toute l'Eglise avoit embrassé aussi bien que lui cette doctrine longtemps avant la dispute de la rebaptisation. Car cette dispute a commencé sous le pape saint Etienne. Or devant, et non-seulement sous saint Lucius son prédécesseur, mais encore dès le commencement de saint Corneille, prédécesseur de saint Lucius, Novatien et ses sectateurs avoient été regardés comme séparés de la communion de tous les évêques et de toutes les églises du monde [3], quoiqu'ils n'eussent pas renoncé à la profession du christianisme, et qu'ils n'eussent renversé aucun article fondamental. On tenoit donc dès lors pour séparés de l'Eglise universelle même ceux qui conservoient les fondemens, s'ils rompoient l'unité sous d'autres prétextes.

Ainsi c'est un fait indubitable que la doctrine combattue par M. Jurieu étoit reçue dans toute l'Eglise, non-seulement avant la querelle de la rebaptisation, mais encore dès l'origine du chris-

---

[1] *Syst.*, liv. I, p. 55. — [2] *Ibid.*, 56. — [3] *Epist. Cyp. ad Antonian.*, etc., édit. Bal., p. 66.

tianisme ; et saint Cyprien s'en servit, non pas comme d'un nouveau fondement qu'il donnoit à son erreur, mais comme d'un principe commun dont tout le monde convenoit.

Le ministre a osé dire que ses idées sur l'Eglise sont celles du concile de Nicée, et conclut que ce saint concile ne rejetoit pas tous les hérétiques de la communion de l'Eglise, à cause qu'il n'ordonnoit pas de les rebaptiser tous [1]; car il ne faisoit rebaptiser ni les novatiens ou cathares, ni les donatistes, ni les autres qui retenoient le fondement de la foi, mais seulement les paulianistes, c'est-à-dire les sectateurs de Paul de Samosate, qui nioient la Trinité et l'incarnation. Mais sans attaquer le ministre par d'autres raisons, il ne faut écouter que lui-même pour le convaincre. Il parle du concile de Nicée « comme du plus universel qui ait jamais esté tenu [2]; » mais néanmoins qui ne le fut pas tout à fait, puisque « les grandes assemblées des novatiens et des donatistes n'y furent point appelées. » Je ne veux que cet aveu pour conclure qu'on ne les regardoit donc pas alors comme partie de l'Eglise universelle, puisqu'on ne songea seulement pas à les appeler dans un concile convoqué exprès pour la représenter.

LXXII. Le ministre se contredit en mettant dans son sentiment le concile de Nicée.

Et en effet écoutons comme ce concile parle des novatiens ou cathares : « Ceux-là, dit-il, lors qu'ils viendront à l'Eglise catholique [3]. » Arrêtons, l'affaire est vidée : ils n'y sont donc point. Il ne parle pas en autres termes des paulianistes, dont il improuve le baptême : « Touchant les paulianistes, lors qu'ils demandent d'estre receûs dans l'Eglise catholique [4] : » encore un coup, ils n'y sont donc pas selon l'idée de ces Pères, et le ministre en convient. Mais afin qu'il n'ose plus dire que ceux dont on reçoit le baptême sont dans l'Eglise catholique, et non pas ceux dont on le rejette, le concile met également hors de l'Eglise catholique tant ceux dont il approuve le baptême, comme les novatiens, que ceux qu'il fait rebaptiser, comme les paulianistes : par conséquent cette différence ne dépendoit point du tout de ce que les uns étoient réputés membres de l'Eglise catholique, et les autres non.

Il en faut dire autant des donatistes, dont le concile de Nicée

---

[1] *Syst.*, p. 61. — [2] *Ibid.*, p. 234. — [3] *Conc. Nic.*, can. 8. — [4] *Ibid.*, can. 19.

ne reçut pas la communion ni les évêques ; et au contraire il reçut dans ses séances Cécilien évêque de Carthage, dont les donatistes s'étoient séparés. Ce concile regardoit donc aussi les donatistes comme séparés de l'Eglise universelle.

Que le ministre nous vienne dire maintenant que les Pères de Nicée sont de son avis, ou que leur doctrine étoit nouvelle, ou que lorsqu'ils prononcèrent contre les ariens cette sentence : « La sainte Eglise catholique et apostolique les frappe d'anathème, » ils les laissoient unis avec eux dans cette même Eglise catholique, et ne les chassoient seulement que d'une confédération volontaire et arbitraire qu'ils pouvoient étendre plus ou moins à leur gré : ces discours devroient paroître comme des prodiges.

LXXIII. *Le ministre est condamné par les symboles qu'il reçoit.* Le ministre range parmi les symboles que tout le monde reçoit ceux des Apôtres, de Nicée et de Constantinople. On est d'accord en effet que ces trois symboles n'en font qu'un, et que celui de ces deux premiers conciles œcuméniques ne fait qu'expliquer celui des Apôtres. Nous avons vu les sentimens du concile de Nicée. Le concile de Constantinople agit sur les mêmes principes, puisqu'il chasse toutes les sectes de son unité : d'où il conclut dans sa lettre à tous les évêques, « que le corps de l'Eglise n'est pas divisé [1]; » et c'étoit dans ce même esprit qu'il avoit dit dans son symbole : « Je crois une sainte Eglise, catholique et apostolique [2], » ajoutant ce mot *une* à ceux de *sainte* et de *catholique*, qui étoient dans le Symbole des Apôtres, et le fortifiant par celui d'*apostolique*, pour montrer que l'Eglise ainsi définie et parfaitement une par l'exclusion de toutes les sectes, étoit celle que les apôtres avoient fondée.

LXXIV. *Le ministre tâche d'affoiblir l'autorité du Symbole des Apôtres.* Le lecteur intelligent attend ici ce que lui dira le hardi ministre sur le Symbole des Apôtres, et sur l'article : « Je crois l'Eglise catholique. » On avoit cru jusqu'ici, et même dans la Réforme, que ce Symbole, si unanimement reçu par tous les chrétiens, étoit un abrégé et comme un précis de la doctrine des apôtres et de l'Ecriture. Mais le ministre nous apprend tout le contraire : car après avoir décidé que les apôtres n'en sont point les auteurs, il ne veut pas même accorder, ce que personne jusqu'ici n'avoit nié, que

[1] *Conc. CP., epist. ad omn. episc.* — [2] *Ibid.*

du moins il ait été fait entièrement selon leur esprit. Il dit donc, « qu'il faut chercher le sens des articles du Symbole, non dans l'Ecriture, mais dans l'intention de ceux qui l'ont composé [1]. » Mais, poursuit-il, le Symbole n'a pas été fait tout d'un coup ; l'article : *Je crois l'Eglise catholique* a esté ajoûté au quatrième siècle. » A quoi sert ce raisonnement, si ce n'est pour se préparer un refuge contre le symbole, et ne lui donner que l'autorité du quatrième siècle, au lieu que tous les chrétiens l'ont regardé jusqu'ici comme la commune confession de foi de tous les siècles et de toutes les églises chrétiennes depuis le temps des apôtres ?

Mais voyons enfin, quoi qu'il en soit, comment il définit selon le Symbole la sainte Eglise catholique. Il rejette d'abord la définition qu'il attribue aux catholiques ; il n'approuve pas davantage celle qu'il donne aux protestans. Pour lui, qui s'élève au-dessus des protestans ses confrères comme au-dessus des catholiques ses ennemis, ayant à définir l'Eglise de tous les temps, il le fera en disant que « c'est le corps de ceux qui font profession de croire Jésus-Christ le véritable Messie ; corps divisé en un grand nombre de sectes [2] ; » il faut encore ajouter : qui s'excommunient les unes les autres, afin que toutes les hérésies frappées d'anathème, et encore tous les schismatiques, fussent-ils divisés d'avec leurs frères « jusques aux épées tirées, » pour nous servir de l'expression du ministre, aient le bonheur de se trouver dans l'Eglise du Symbole, et dans l'unité chrétienne qui nous y est enseignée. Voilà ce qu'on ose dire dans la Réforme ; et le royaume de Jésus-Christ y porte dans sa propre définition le caractère de la division par « laquelle tout royaume est désolé, » selon l'Evangile [3].

LXXV. Nouvelle glose du ministre sur le Symbole des Apôtres.

Le ministre devoit du moins se souvenir du *Catéchisme* qu'il a enseigné lui-même à Sedan durant tant d'années, où après qu'on a récité : *Je crois l'Eglise catholique,* on en conclut « que hors de l'Eglise il n'y a que damnation et que mort, et que tous ceux qui se séparent de la communauté des fidèles pour faire secte à part, ne doivent espérer de salut [4]. » Il est bien certain qu'on parle ici de l'Eglise universelle : on peut donc faire secte à part à son

LXXVI. Le ministre détruit l'idée de l'Eglise catholique qu'il a lui-même enseignée en faisant le Catéchisme.

---

[1] *Préj. lég.*, chap. II, p. 27, 28 ; *Syst.*, p. 217. — [2] *Préj.*, p. 29. — [3] *Luc.*, XI, 17. — [4] *Cat. des Prét. Réf.*, dim. XVII.

égard; on peut se séparer de son unité. Je demande si en cet endroit « faire secte à part » est un mot qui signifie l'apostasie. Celui qui fait secte à part, est-ce celui qui prend le turban, et qui renonce publiquement à son baptême? Est-ce ainsi que parlent les hommes? Est-ce ainsi qu'il faut parler dans un catéchisme à un enfant innocent, afin de lui embrouiller toutes ses idées, et qu'il ne sache plus à quoi s'en tenir?

LXXVII. Le schisme de Jéroboam et des dix tribus est justifié.

Je crois travailler au salut des ames, en continuant le récit des égaremens du ministre, les plus grands et les plus visibles où la défense d'une mauvaise cause ait peut-être jamais jeté aucun homme. Ce qu'il a fallu inventer pour soutenir le système, est plus étrange, s'il se peut, et plus inouï que le système même. Il a fallu brouiller toutes les idées que nous donne l'Ecriture. Elle nous parle du schisme de Jéroboam comme d'une action détestable, qui a commencé par une révolte [1]; qui s'est soutenue par une idolâtrie formelle, et en adorant des veaux d'or; qui a fait quitter jusqu'à l'arche; enfin qui a fait renoncer à la loi de Moïse, à Aaron, au sacerdoce, et à tout le ministère lévitique, pour conserver un faux sacerdoce « aux dieux étrangers et aux démons [2]. » Et toutefois il faut dire que ces schismatiques, ces hérétiques, ces déserteurs de la loi, ces idolâtres faisoient partie du peuple de Dieu. Les sept mille que Dieu s'étoit réservés, et le reste de l'élection dans Israël, adhéroient au schisme [3]. Les prophètes du Seigneur communiquoient avec ces schismatiques et ces idolâtres, et rompoient avec Juda, où étoit le lieu que Dieu avoit choisi; et un schisme si qualifié ne devoit pas être compté « parmi les péchez qui détruisent la grace [4]. » Si cela est, toute l'Ecriture ne sera plus qu'une illusion et que l'exagération la plus outrée qui se trouve dans tout le langage humain. Mais enfin que faut-il dire aux passages qu'allègue M. Jurieu? Tout, plutôt que d'avouer un si grand excès, et de mettre des idolâtres publics dans la société des enfans de Dieu; car ce n'est pas ici le lieu d'approfondir davantage cette matière.

LXXVIII. L'Eglise

L'Eglise chrétienne ne se sauve non plus des mains du ministre

---

[1] III *Reg.*, III, 12; II *Par.*, II, 13. — [2] II *Par.*, XI, 15. — [3] *Syst.*, liv. I, chap. XIII. — [4] *Ibid.*, chap. XX, p. 153.

que l'église judaïque : il l'attaque dans son fort et dans sa fleur, *du temps des apôtres est accusée de schisme et d'hérésie.* et jusque dans ces bienheureux temps où elle étoit gouvernée par les apôtres. Car, selon lui [1], les Juifs convertis (c'est-à-dire la plus grande partie de l'Eglise, puisqu'il y en « avoit tant de milliers » selon la parole de saint Jacques [2], et constamment la plus noble, puisqu'elle comprenoit ceux sur lesquels les autres « estoient entez, la tige, la racine sainte d'où la bonne séve de l'olivier » étoit découlée sur les sauvageons) [3], étoient hérétiques et schismatiques, coupables même d'une hérésie dont saint Paul a dit « qu'elle anéantissoit la grace, » et ne « laissoit rien à espérer de Jésus-Christ [4]. » Le reste de l'Eglise, c'est-à-dire ceux qui venoient des gentils, participoient au schisme et à l'hérésie, en y consentant et en reconnoissant comme saints et comme frères en Jésus-Christ ceux qui avoient dans l'esprit une si étrange hérésie, et dans le cœur une jalousie si criminelle ; et les apôtres eux-mêmes étoient les plus hérétiques et les plus schismatiques de tous, puisqu'ils connivoient à de tels crimes et à de telles erreurs. Telle est l'idée qu'on nous donne de l'Eglise chrétienne sous les apôtres, lorsque le sang de Jésus-Christ étoit pour ainsi dire encore tout chaud, sa doctrine toute fraîche, l'esprit du christianisme encore dans toute sa force. Quelle idée auront les impies de la suite de l'Eglise, si ces commencemens tant vantés sont fondés sur l'hérésie et sur le schisme, et qu'il faille étendre la corruption jusqu'à ceux qui avoient les prémices de l'esprit ?

Il sembloit que notre ministre vouloit du moins exclure les sociniens de la société du peuple de Dieu, puisqu'il a dit si souvent qu'ils attaquoient directement les vérités fondamentales, et que les sociétés d'où on les ôte sont des sociétés mortes, qui ne peuvent donner à Dieu des enfans [5]. Mais tout cela n'étoit qu'un faux semblant, et le ministre mépriseroit en son cœur ceux qui s'y laisseroient surprendre. LXXIX. *Que selon le ministre on ne peut sauver jusque dans la communion des sociniens.*

En effet le principe fondamental de sa doctrine, c'est que jamais « la parole de Dieu n'est prêchée dans un païs que Dieu ne luy

---

[1] *Syst.*, liv. I, chap. XIV, XXI, p. 167. — [2] *Act.*, XXI, 20. — [3] *Rom.*, XI, 17, etc. [4] *Syst., ibid.*, chap. XX, p. 167 ; *Gal.*, V, 2, 4. — [5] *Préj. lég.*, p. 4, 5, etc.; *Syst.*, p. 147, 149, etc.

donne efficace à l'égard de quelques-uns ¹. » Comme donc très-constamment la parole de Dieu est prêchée parmi les sociniens, le ministre conclut très-bien, selon ses principes, « que si le socinianisme se fust autant répandu que l'est, par exemple, le papisme, Dieu auroit aussi trouvé les moyens d'y nourrir ses éleûs, et de l'empescher de participer aux hérésies mortelles de cette secte, comme autrefois il trouvoit bien moyen de conserver dans l'arianisme un nombre d'éleûs et de bonnes ames, qui se garantirent de l'hérésie des ariens. »

Que si les sociniens dans l'état où ils se trouvent maintenant ne peuvent pas contenir les élus de Dieu, ce n'est pas à cause de leur perverse doctrine; c'est que « comme ils ne font point de nombre dans le monde, qu'ils y sont dispersez sans y faire figure, qu'en la pluspart des lieux ils n'ont point d'assemblées, il n'est point nécessaire de supposer que Dieu y sauve personne. » Cependant puisqu'il est constant que les sociniens ont eu des églises en Pologne, et qu'ils en ont encore aujourd'hui en Transylvanie, on pourroit demander au ministre quelle quantité il en faut pour *faire figure*. Mais quoi qu'il en soit, selon lui, il ne tient qu'aux princes de donner des enfans de Dieu à toutes les sociétés, quelles qu'elles soient, en leur donnant des assemblées; et si le diable achève son œuvre, si en prenant les hommes par le penchant des sens, et en répandant par ce moyen les sociniens dans le monde, il trouve encore le moyen de leur procurer un exercice plus libre et plus étendu, il forcera Jésus-Christ à y former ses élus.

LXXX. Par les principes du ministre on pourroit dire; sauvé dans la communion extérieure des mahométans et des juifs.

Le ministre répondra sans doute, que s'il dit qu'on se peut sauver dans la communion des sociniens, ce n'est pas par voie de tolérance, mais par voie de discernement et de séparation; c'est-à-dire que ce n'est pas en présupposant que Dieu tolère le socinianisme, comme il fait les autres sectes qui ont conservé les fondemens, mais au contraire en présupposant que ces associés des sociniens, en discernant le bon d'avec le mauvais dans la prédication de cette secte, en rejetteront les blasphèmes dans leur cœur, encore qu'à l'extérieur ils demeurent unis avec elle.

¹ *Préj. lég.*, p. 16; *Syst.*, liv. I, chap. XII, p. 98, 102; chap. XIX, p. 149, etc.; chap. XX, p. 153, etc.

Mais, de quelque sorte qu'il le prenne, sa réponse n'est pas moins pleine d'impiété. Car premièrement il n'est point d'accord avec lui-même sur la tolérance de ceux qui nient la divinité du Fils de Dieu, puisqu'il étend cette tolérance jusqu'aux ariens : « Damner, dit-il, tous ces chrétiens innombrables qui vivoient sous la communion externe de l'arianisme, dont les uns en détestoient les dogmes, les autres les ignoroient, les autres *les toléroient en esprit de paix*, les autres estoient retenus dans le silence par la crainte et par l'autorité : damner, dis-je, tous ces gens-là, c'est une opinion de bourreau et qui est digne de la cruauté du papisme [1]. » Ainsi la miséricorde de M. Jurieu s'étend, non-seulement jusqu'à ceux qui demeuroient dans la communion des ariens, parce qu'ils en ignoroient les sentimens, mais encore jusqu'à ceux qui les savoient ; et non-seulement jusqu'à ceux qui en les sachant et les détestant dans leur cœur ne les blâmoient point « par crainte, » mais encore jusqu'à ceux qui les « toléroient en esprit de paix ; » c'est-à-dire jusqu'à ceux qui jugeoient que nier la divinité de Jésus-Christ étoit un dogme tolérable. Qui empêche donc qu'en « esprit de paix » on ne tolère encore les sociniens comme on tolère les autres, et qu'on n'étende sa charité jusqu'à les sauver ?

Mais quand le ministre se repentiroit d'avoir porté la tolérance jusqu'à cet excès, et que dans la communion des sociniens il ne voudroit sauver que ceux qui en détesteroient les sentimens dans leur cœur, sa doctrine n'en seroit pas meilleure pour cela, puisqu'enfin il faudroit toujours sauver ceux qui sachant le sentiment des sociniens ne laisseroient pas de demeurer dans leur communion externe, c'est-à-dire de fréquenter leurs assemblées, de se joindre à leurs prières et à leur culte, et d'assister à leurs prédications avec un extérieur si semblable à celui des autres, qu'ils passassent pour être des leurs. Si cette dissimulation est permise, on ne sait plus ce que c'est que l'hypocrisie, ni ce que veut dire cette sentence : « Retirez-vous des tabernacles des impies [2]. »

Que si le ministre répond que ceux qui fréquenteroient de cette sorte les assemblées des sociniens, dirigeroient leur intention de

[1] *Préj.*, p. 22. — [2] *Num.*, XVI, 16.

manière qu'ils ne participeroient qu'à ce qu'il y a de bon parmi eux, c'est-à-dire à l'unité de Dieu et à la mission de Jésus-Christ, c'est encore une plus grande absurdité, puisque rien n'empêche en ce sens qu'on ne vive encore dans la communion des Juifs et des Mahométans : car il n'y auroit qu'à penser qu'on ne participe avec eux que dans la croyance de l'unité de Dieu, en détestant dans son cœur, sans en dire mot, ce qu'ils prononcent contre Jésus-Christ ; et si l'on dit que c'est assez pour être damné de faire son culte ordinaire d'une assemblée où Jésus-Christ est blasphémé, les sociniens, qui blasphèment sa divinité et tant d'autres de ses vérités, ne sont pas meilleurs.

LXXXI. *La suite que le ministre donne à sa religion, lui est commune avec toutes les hérésies.* Telles sont les absurdités du nouveau système : on ne s'y jette pas volontairement, et on ne prend pas plaisir à se rendre soi-même ridicule en avançant de tels paradoxes. Mais c'est qu'un abîme en attire un autre : on ne tombe dans ces excès que pour sauver d'autres excès où l'on étoit déjà tombé. La Réforme étoit tombée dans l'excès de se séparer, non-seulement de l'Eglise où elle avoit reçu le baptême, mais encore de toutes les églises chrétiennes. Dans cet état, pressée de répondre où étoit l'Eglise avant les réformateurs, elle ne pouvoit tenir un langage constant, et l'iniquité se démentoit elle-même. Enfin n'en pouvant plus, et peu contente de toutes les réponses qu'on avoit faites de nos jours, elle a cru enfin se dégager, en disant « que ce n'est point aux sociétés » particulières, aux luthériens, aux calvinistes qu'il faut demander la suite visible de leur doctrine et de leurs pasteurs ; qu'il est vrai « qu'elles n'estoient pas encore formées il y a deux cents ans, » mais que l'Eglise universelle dont ces sectes font partie, étoit visible dans les « communions qui composoient le christianisme, les Grecs, les Abyssins, les Arméniens et les Latins [1], » et que c'est toute la succession dont on a besoin. Voilà le dernier refuge ; c'est là tout le dénouement. Mais toutes les sectes en diront autant, il en faut convenir. Il n'en est ni n'en fut jamais aucune, qui, à ne prendre en chacune que la profession commune du christianisme, ne trouve sa succession comme notre ministre a trouvé la sienne ; de sorte que pour donner une suite et une perpétuité

---

[1] *Syst.*, liv. I, chap. XXIX, p. 226 ; liv. III, chap. XVII.

toujours visible à son église, il a fallu prodiguer la même grace aux sociétés les plus nouvelles et les plus impies.

Le plus grand outrage qu'on puisse faire à la vérité, est de la connoître et en même temps de l'abandonner ou de l'affoiblir. M. Jurieu a reconnu de grandes vérités : premièrement, que « l'Eglise se prend dans l'Ecriture pour une société » toujours visible; « et je vais même, dit-il, sur ce sujet plus loin que M. de Meaux ¹. » A la bonne heure, ce que j'avois dit étoit suffisant : mais puisqu'il nous en veut donner davantage, je le reçois de sa main.

<small>LXXXII. Le ministre dit en même temps le pour et le contre sur la perpétuelle visibilité de l'Eglise.</small>

Secondement il convient qu'on ne peut nier « que l'Eglise, laquelle le symbole nous oblige de croire, ne soit une Eglise visible ². »

C'en étoit assez pour démontrer la perpétuelle visibilité de l'Eglise, puisque ce qu'on croit dans le Symbole est d'une éternelle et immuable vérité. Mais afin qu'il demeure pour constant que cet article de notre foi est fondé sur une promesse expresse de Jésus-Christ, le ministre nous accorde encore que l'Eglise, à qui Jésus-Christ avoit promis que l'enfer ne prévaudroit point contre elle, étoit « une église confessante, une église qui publie la foy avec saint Pierre, une église par conséquent toujours extérieure et visible ³; » ce qu'il pousse si avant, qu'il assure sans hésiter que celui « qui auroit la foy sans la profession de la foy, ne seroit pas de l'Eglise ⁴. »

C'est encore ce qui lui a fait dire, « qu'il est de l'essence de l'Eglise chrétienne qu'elle ait un ministère ⁵. » Il approuve aussi bien que M. Claude que nous inférions de ces paroles de Notre-Seigneur : « Enseignez, baptisez, et je suis avec vous jusqu'à la fin des siècles ⁶, » « qu'il y aura des docteurs avec lesquels Jésus-Christ enseignera, et que la vraye prédication ne cessera jamais dans l'Eglise ⁷. » Il en dit autant des sacremens; et il demeure d'accord que « le lien des chrétiens par les sacremens est essentiel à l'Eglise; qu'il n'y a point de véritable Eglise sans sacremens ⁸; » d'où il conclut qu'il en faut « avoir l'essence » et le fond pour être du corps de l'Eglise.

---

¹ *Syst.*, p. 215. — ² *Ibid.*, p. 217. — ³ *Ibid.*, p. 215. — ⁴ *Ibid.*, p. 2. — ⁵ *Syst.*, liv. III, chap. XV, p. 549, etc. — ⁶ *Matth.*, XXVIII, 19, 20.— ⁷ *Syst.*, p. 228, 229.— ⁸ Pag. 539, 548.

De tous ces passages exprès, le ministre conclut avec nous que l'Eglise « est toujours visible, nécessairement visible [1]; » et ce qu'il y a de plus remarquable, non-seulement « selon le corps, » mais encore « selon l'ame, » comme il parle, parce que, dit-il, « quand je voy les sociétez chrétiennes où la doctrine conforme à la parole de Dieu est conservée, autant qu'il est nécessaire pour l'essence de l'Eglise, je say et je voy certainement qu'il y a là des éleûs, puisque partout où sont les véritez fondamentales, elles sont salutaires à quelques gens. »

Après cette suite de doctrine, que le ministre confirme par tant de passages exprès, on croiroit qu'il n'y a rien de mieux établi dans son esprit par les Ecritures, par les promesses de Jésus-Christ, par le Symbole des Apôtres, que la perpétuelle visibilité de l'Eglise; et néanmoins il dit le contraire, non par conséquence, mais en termes formels, puisqu'il dit en même temps que cette perpétuelle visibilité de l'Eglise « ne se trouve point par ces preuves qu'on appelle de droit, » c'est-à-dire par l'Ecriture, comme il l'explique; « qu'en supposant que Dieu se conserve toujours un nombre de fidéles cachez, une Eglise pour ainsi dire sousterraine et inconnuë à toute la terre, elle est tout aussi bien le corps de Jésus-Christ, son épouse et son royaume, qu'une église connuë; et enfin que les promesses de Jésus-Christ demeureroient en leur entier, quand l'Eglise seroit tombée dans un si grand obscurcissement, qu'on ne pust marquer et dire : « Là est la vraye Eglise, et là Dieu se conserve des éleûs [2]. »

Que devient donc cet aveu formel, que l'Eglise dans l'Ecriture est toujours visible; que les promesses qu'elle a reçues de Jésus-Christ pour sa perpétuelle durée s'adressent à une Eglise visible, à une Eglise qui publie sa foi, à une Eglise qui a des clefs et un ministère, à qui le ministère est essentiel, et qui n'est plus une église, si la profession de foi lui manque? On n'en sait rien : le ministre croit tout concilier, en nous disant que pour lui, à la vérité, il croit l'Eglise toujours visible, et qu'on peut prouver par l'histoire qu'elle l'a toujours été [3]. Qui ne voit où il en veut

---

[1] *Préj. lég.*, chap. II, p. 18, 19, 20.— [2] *Préj. lég.*, p. 21, 22, etc.; *Syst.*, p. 221. — [3] *Syst.*, p. 125; *Préj.*, p. 22.

venir? C'est qu'en un mot s'il arrive qu'un protestant soit forcé d'avouer selon sa croyance que l'Eglise ait cessé d'être visible, en tout cas il aura nié un fait, mais il n'aura pas renversé une promesse de Jésus-Christ. Mais c'est là trop grossièrement nous donner le change. Il ne s'agit pas de savoir si l'Eglise par bonheur a toujours duré jusqu'ici dans sa visibilité, mais si elle a des promesses d'y durer toujours; ni si M. Jurieu le croit, mais si M. Jurieu a écrit que tous les chrétiens sont obligés de le croire comme une vérité révélée de Dieu, et comme un article fondamental inséré dans le Symbole. Constamment il l'a écrit, nous l'avons vu : il le nie aussi clairement, nous le voyons ; et il continue à faire voir que la question de l'Eglise jette les ministres dans un tel désordre, qu'ils ne savent par où en sortir, et ne songent qu'à se laisser quelque échappatoire.

Mais il ne leur en reste aucun, pour peu qu'ils suivent les principes qu'ils ont accordés : car si l'Eglise est visible et toujours visible par la confession de la vérité, si Jésus-Christ a promis qu'elle le seroit éternellement, il est plus clair que le jour qu'il n'est permis en aucun moment de s'éloigner de sa doctrine; ce qui est dire en d'autres termes qu'elle est infaillible. La conséquence est très-claire, puisque s'éloigner de la doctrine de celle qui enseigne toujours la vérité, ce seroit trop visiblement se déclarer ennemi de la vérité même : encore une fois, il n'y a rien ni de plus clair ni de plus simple.

LXXXIII. Distinction vaine entre les erreurs.

Voyons néanmoins par où les ministres ont tâché de parer ce coup. Jésus-Christ a promis, disent-ils, un ministère perpétuel, mais non pas un ministère toujours pur : l'essence du ministère subsistera dans l'Eglise, parce qu'on gardera les fondemens; mais ce qu'on ajoutera par-dessus y mettra de la corruption : ce qui fait dire à M. Claude que le ministère n'en viendra jamais à la soustraction d'une vérité fondamentale [1], telle qu'on la voit, par exemple, dans le socinianisme, où la divinité de Jésus-Christ est rejetée; mais qu'il n'y a pas un pareil inconvénient à corrompre par addition les vérités salutaires, comme on a fait dans l'Eglise romaine, parce que les fondemens du salut subsistent toujours.

[1] *Rép. au disc. de M. de Cond.*, p. 383 et suiv.

Selon les mêmes principes, M. Jurieu demeure d'accord que Jésus-Christ a promis « qu'il y auroit toujours des docteurs avec lesquels il enseigneroit, et ainsi que la véritable prédication ne cesseroit jamais dans son Eglise [1]; » mais il distingue : il y aura toujours des docteurs avec lesquels Jésus-Christ enseignera les vérités fondamentales, il l'avoue; mais que jamais il n'y ait d'erreur dans ce ministère, il le nie : de même, « la vraye prédication ne cessera jamais dans l'Eglise : nous l'avoûons, répond-il, si par la vraye prédication on entend une prédication qui annonce les véritez essentielles et fondamentales : mais nous le nions, si par la vraye prédication on entend une doctrine qui ne renferme aucunes erreurs [2]. »

LXXXIV. Un seul mot détruit ces subtilités.
Pour dissiper tous ces nuages, il n'y a qu'à demander en un mot à ces messieurs où ils ont appris à restreindre les promesses de Jésus-Christ : celui qui est puissant pour empêcher les soustractions, pourquoi ne le sera-t-il pas pour empêcher les additions dangereuses? Quelle certitude a-t-on donc que la prédication sera plus pure et le ministère plus privilégié du côté de la soustraction que du côté de l'addition? La parole : *Je suis avec vous*[3], marque une protection universelle à ceux avec qui Jésus-Christ enseigne. Si la durée du ministère extérieur et visible est un ouvrage humain, il peut également manquer de tous côtés : si parce que Jésus-Christ s'en mêle selon ses promesses, on est assuré que la soustraction n'y a jamais régné, on n'entend plus comment l'addition y pourra régner plutôt.

LXXXV. Etrange manière de sauver les promesses de Jésus-Christ.
Et certainement il n'est pas possible en convenant, comme on fait, que Jésus-Christ a promis à son Eglise que la vérité y seroit toujours annoncée, et qu'il seroit éternellement avec les ministres de la même Eglise pour enseigner avec eux : il n'est, dis-je, pas possible qu'il n'ait voulu dire que la vérité qu'il promettoit d'y conserver seroit pure et telle qu'il l'a révélée, n'y ayant rien de plus ridicule que de lui faire promettre qu'il enseigneroit toujours la vérité avec ceux qui en retiendroient un fonds qu'ils inonderoient de leurs erreurs, et même qu'ils détruiroient, comme on le suppose, par la suite inévitable de leur doctrine.

[1] *Syst.*, p. 228, 229. — [2] *Ibid.* — [3] *Matth.*, XXVIII, 20.

En effet je laisse à juger aux protestans si ces magnifiques promesses de rendre l'Eglise inébranlable dans la visible profession de la vérité, sont remplies dans l'état que le ministre nous a représenté par ces paroles : « Nous disons que l'Eglise est perpétuellement visible ; mais la plupart du temps et *presque toujours* elle est plus visible par la corruption de ses mœurs, par l'addition de plusieurs *faux dogmes,* par la déchéance de son ministère, *par ses erreurs et par ses superstitions,* que par les véritez qu'elle conserve[1]. » Si c'est une telle visibilité que Jésus-Christ a promise à son Eglise, si c'est ainsi qu'il promet que la vérité y sera toujours enseignée[2], il n'y a point de secte, quelque impie qu'elle soit, qui ne puisse se glorifier que la promesse de Jésus-Christ s'accomplit en elle : et si Jésus-Christ promet seulement d'enseigner avec tous ceux qui enseigneront quelque vérité, de quelque erreur qu'elle soit mêlée, il ne promet rien de plus à son Eglise qu'aux sociniens, aux déistes, aux athées mêmes, puisqu'il n'y en a guère de si perdu qui ne conserve quelque reste de la vérité.

LXXXVI. Le ministre dit que l'Eglise universelle enseigne, et dit en même temps que l'Eglise universelle n'enseigne pas.

Il est maintenant aisé d'entendre ce que nous avons souvent avancé, que l'article du Symbole : *Je crois l'Eglise catholique et universelle,* emporte nécessairement la foi de son infaillibilité, et qu'il n'y a point de différence entre croire l'Eglise catholique, et croire à l'Eglise catholique, c'est-à-dire en approuver la doctrine.

Le ministre s'élève avec mépris contre ce raisonnement de M. de Meaux, et il y oppose deux réponses[3] : la première, que l'Eglise universelle n'enseigne rien ; la seconde, que quand on supposeroit qu'elle enseigneroit la vérité, il ne s'ensuivroit pas qu'elle l'enseignât toute pure.

Mais il se contredit dans ces deux réponses : dans la première, en termes formels, comme on va voir ; dans la seconde, par la conséquence évidente de ses principes, comme on le verra dans la suite.

Ecoutons donc comme il parle dans sa première réponse. « L'Eglise universelle, dit-il, dont il est parlé dans le Symbole, ne peut,

---

[1] *Préj. lég.*, p. 21. — [2] *Matth.*, XVI, 18. — [3] *Syst.*, liv. I, chap. XXVI, p. 217, 218.

à proprement parler, ni enseigner, ni prêcher la vérité[1] : » et moi je lui prouve le contraire par lui-même, puisqu'il avoit dit deux pages auparavant que l'Eglise à laquelle Jésus-Christ promet une éternelle subsistance, en disant : « Les portes d'enfer ne prévaudront point contre elle, » « est une Eglise confessante, une Eglise qui publie la foy[2] : » or cette Eglise est constamment l'Eglise universelle, et la même dont il est parlé dans le Symbole : donc l'Eglise universelle dont il est parle dans le Symbole, confesse et publie la vérité ; et le ministre ne peut plus nier, sans se démentir lui-même, que cette Eglise « ne confesse, » qu'elle « n'enseigne, » qu'elle « ne prêche » la vérité, si ce n'est que la publier et la confesser soit autre chose que la prêcher à tout l'univers.

LXXXVII. Suite des contradictions du ministre sur cette matière : que l'Eglise universelle enseigne et juge.

Mais enfonçons davantage dans les sentimens du ministre sur cette importante matière. Ce qu'il répète le plus, ce qu'il presse le plus vivement dans son *Système*, c'est que l'Eglise universelle « n'enseigne rien, ne décide rien, n'a jamais rendu, ne rendra jamais et ne pourra jamais rendre aucun jugement ; » et « qu'enseigner, décider, juger, » c'est le propre des églises particulières[3].

Mais cette doctrine est si fausse, que pour la trouver convaincue d'erreur, il ne faut que continuer la lecture des endroits où elle est établie ; car voici ce qu'on y trouvera : « Les communions subsistantes, et qui font figure, sont les Grecs, les Latins, les Protestans, les Abyssins, les Arméniens, les Nestoriens, les Russes. Je dis que le consentement de toutes ces communions à *enseigner* certaines véritez, est une espéce de *jugement* et de *jugement infaillible*[4]. » Ces communions *enseignent* donc : et puisque ces communions, selon lui, sont l'Eglise universelle, il ne peut nier que l'Eglise universelle n'enseigne ; il ne peut non plus nier qu'elle ne juge en un certain sens, puisqu'il lui attribue « une espéce de jugement, » qui ne peut rien être de moins qu'un sentiment déclaré. Voilà donc, du consentement du ministre, un sentiment déclaré, et encore un sentiment infaillible de l'Eglise qu'il appelle universelle.

[1] *Syst.* liv. I, chap. XXVI, p. 218. — [2] Pag. 215. — [3] *Syst.*, p. 6, 218, 233, 234, 235. — [4] *Ibid.*, p. 236.

Il poursuit : « Quand le consentement de l'Eglise universelle est général dans tous les siécles, aussi bien que dans toutes les communions, alors je soûtiens que ce consentement unanime fait une démonstration [1]. »

LXXXVIII
Que de l'aveu du ministre, le sentiment de l'Eglise est une règle certaine de la foi dans les matières les plus essentielles.

Ce n'est pas assez : cette démonstration est fondée sur l'assistance perpétuelle que Dieu doit, selon lui, à son Eglise : « Dieu, dit-il, *ne sçauroit permettre* que de grandes sociétez chrétiennes se trouvent engagées dans des erreurs mortelles, et qu'elles y persévérent longtemps. » Et un peu après : « Est-il apparent que Dieu ait abandonné l'Eglise universelle à ce point, que toutes les communions unanimement dans tous les siécles aient renoncé des véritez de la derniére importance [2] ? »

De là il suit clairement que le sentiment de l'Eglise universelle est une règle certaine de la foi; et le ministre en fait l'application aux deux disputes les plus importantes qui puissent être, selon lui-même, parmi les chrétiens. La première est celle des sociniens, qui comprend tant de points essentiels : et sur cela, « on ne peut, dit-il, regarder que comme une témérité prodigieuse et une marque certaine de réprobation l'audace des sociniens, qui dans les articles de la divinité de Jésus-Christ, de la trinité des personnes, de la rédemption, de la satisfaction, du péché originel, de la création, de la grace, de l'immortalité de l'ame et de l'éternité des peines, se sont éloignez du sentiment de toute l'Eglise universelle [3]. » Elle a donc encore un coup un sentiment, cette Eglise universelle : son sentiment emporte avec soi une infaillible condamnation des erreurs qui y sont contraires, et sert de règle pour la décision de tous les articles qu'on vient de voir.

Il y a encore une autre matière où ce sentiment sert de règle : « Je croy que c'est encore *icy la règle la plus seûre* pour juger quels sont les points fondamentaux, et les distinguer de ceux qui ne le sont pas; question si épineuse et si difficile à résoudre : c'est que tout ce que les chrétiens ont crû unanimement et croient encore par tout, est fondamental et nécessaire au salut. »

Cette règle n'est pas seulement assurée et claire, mais encore très-suffisante, puisque le ministre, après avoir dit que la discus-

LXXXIX
Que cette règle, se-

[1] *Syst.*, p. 237. — [2] *Ibid.* — [3] *Ibid.*

lon le mi-
nistre, est
sûre,claire
et suffi-
sante, et
que la foi
qu'elle
produit
n'est pas
aveugle ni
déraison-
nable.

sion des textes, des versions, des interprétations de l'Ecriture, e même la lecture de ce divin Livre n'est pas nécessaire au fidèle pour former sa foi, conclut enfin « qu'une simple femme qui aura appris le Symbole des Apostres, et qui l'entendra dans le sens de l'Eglise universelle (en gardant d'ailleurs les commandemens de Dieu), sera peut-estre dans une voye plus seûre que les sçavans qui disputent avec tant de capacité sur la diversité des versions[1]. »

Il y a donc des moyens aisés pour connoître ce que croit l'Eglise universelle, puisque cette connoissance peut venir jusqu'à une simple femme. Il y a de la sûreté dans cette connoissance, puisque cette simple femme se repose dessus; il y a enfin une entière suffisance, puisque cette femme n'a rien à rechercher davantage, et que pleinement instruite sur la foi, elle n'a plus à songer qu'à bien vivre. Cette croyance n'est ni aveugle ni déraisonnable, puisqu'elle se fonde sur des principes clairs et sûrs, et qu'en effet quand on est foible, comme nous le sommes tous, la souveraine raison est de bien savoir à qui il faut se fier.

XC.
Qu'on ne
peut plus
nous ob-
jecter que
suivre l'au-
torité de
l'Eglise,
c'est suivre
les hom-
mes.

Mais poussons encore plus loin ce raisonnement. Ce qui en matière de foi fait une certitude absolue, une certitude « de démonstration, » et « la meilleure régle » pour décider les vérités, doit être clairement fondé sur la parole de Dieu. Or est-il que cette espèce d'infaillibilité, que le ministre attribue à l'Eglise universelle, emporte une certitude absolue et une certitude « de démonstration; » et c'est « la plus seûre régle » pour décider les vérités les plus essentielles et à la fois les plus épineuses : elle est donc clairement fondée sur la parole de Dieu.

Lors donc que dorénavant nous presserons les protestans par l'autorité de l'Eglise universelle, s'ils nous objectent que nous suivons l'autorité et les traditions des hommes, leur ministre les confondra en leur disant avec nous, que suivre l'Eglise universelle, ce n'est pas suivre les hommes; mais Dieu même qui l'assiste par son Esprit.

XCI.
Que l'idée
que le mi-
nistre se
forme de

Si le ministre répond que nous ne gagnons rien par cet aveu, puisque l'Eglise où il reconnoît cette infaillibilité n'est pas la nôtre, et que toutes les communions chrétiennes entrent dans la

[1] *Syst.*, liv. III, chap. IV, p. 463.

notion qu'il nous donne de l'Eglise : il n'en sera pas moins con-l'Eglise
fondu par ses propres principes, puisqu'il vient de mettre parmi universelle selon lui-
les conditions de la vraie foi, qu'il faut entendre le Symbole « dans même, ne s'accorde
le sens de l'Eglise universelle. » Il faut donc entendre « en ce pas avec les senti-
sens » l'article du Symbole où il est parlé de l'Eglise universelle mens de l'Eglise
elle-même. Or est-il que l'Eglise universelle n'a jamais cru que universelle
l'Eglise universelle fût l'amas de toutes les sectes chrétiennes : le
ministre ne trouve point cette notion dans tous les lieux, ni dans
tous les temps ; il est au contraire demeuré d'accord que la notion
qui réduit l'Eglise à une parfaite unité en excluant de sa communion toutes les sectes, est de tous les siècles et même des trois
premiers[1] : il l'a vue dans les deux conciles dont il reçoit les Symboles, c'est-à-dire dans celui de Nicée et dans celui de Constantinople. Ce n'est donc point en son sens, mais au nôtre, que « la
simple femme » qu'il fait marcher si sûrement dans la voie du
salut, doit entendre dans le Symbole le mot d'Eglise universelle ;
et quand cette bonne femme dit qu'elle y croit, elle est obligée de
regarder une certaine communion que Dieu aura distinguée de
toutes les autres, et qui ne contient en son unité que les orthodoxes : communion qui sera le vrai royaume de Jésus-Christ parfaitement uni en soi-même et opposé au royaume de Satan, dont
le caractère est la désunion[2], comme on a vu.

Que si le ministre croit se sauver en répondant que quand nous XCII.
aurions prouvé qu'il y a une communion de cette sorte, nous Que le ministre con-
n'aurions encore rien fait, puisqu'il nous resteroit à prouver que damne son église par
cette communion est la nôtre, j'avoue qu'il y auroit encore quel- les carac-
ques pas à faire avant que d'en venir jusque-là : mais en atten- tères qu'il a donnés
dant que nous les fassions, et que nous forcions le ministre à à l'Eglise universelle
les faire selon ses principes, nous trouvons déjà dans ses principes
de quoi rejeter son église. Car lorsqu'il nous a donné pour règle
ce que l'Eglise universelle croit partout unanimement, de peur
de comprendre les sociniens dans cette Eglise universelle dont il
leur opposoit l'autorité, il a réduit l'Eglise aux « communions qui
sont anciennes et étenduës[3], » en excluant les sectes qui n'ont ni

---

[1] Ci-devant dans ce même livre, n. 71 et suiv. — [2] *Luc.*, XI, 17. — [3] *Syst.*, liv. II, chap. I, p. 238.

l'un ni l'autre de ces avantages, et « qui pour cette raison ne pouvoient estre appelées ni communions, ni communions chrétiennes. » Voilà donc deux grands caractères que doit avoir, selon lui, une communion, pour mériter d'être appelée chrétienne, « l'antiquité et l'étenduë : » or est-il qu'il est bien constant que les églises de la Réforme n'étoient au commencement ni anciennes ni étendues, non plus que celles des sociniens et des autres que le ministre rejette ; elles n'étoient donc « ni églises, ni communions ; » mais si elles ne l'étoient pas alors, elles ne l'ont pu devenir depuis : elles ne le sont donc pas encore, et selon les règles du ministre on n'en peut trop tôt sortir.

XCIII. *Que tous les moyens du ministre pour défendre ses églises leur sont communs avec celles des sociniens et des autres sectaires que la Réforme rejette.* Il ne sert de rien de répondre que ces églises avoient leurs prédécesseurs dans ces grandes sociétés qui étoient auparavant, et qui conservoient les vérités fondamentales ; car il ne tient qu'aux sociniens d'en dire autant. Le ministre les presse en vain par ces paroles : « Que ces gens nous montrent une communion qui ait enseigné leur dogme. Pour trouver la succession de leur doctrine, ils commencent par un Cérinthus ; ils continuënt par un Artémon, par un Paul de Samosate, par un Photin et autres gens semblables, qui n'ont jamais assemblé en un quatre mille personnes, qui n'ont jamais eû de communion et qui ont esté l'abomination de toute l'Eglise[1]. » Quand le ministre les presse ainsi, il a raison dans le fond ; mais il n'a pas raison selon ses principes, puisque les sociniens lui diront toujours que le seul fondement du salut, c'est de croire un seul Dieu et un seul Christ Médiateur ; que c'est l'unité de ces dogmes où tout le monde convient, qui fait l'unité de l'Eglise ; que les dogmes surajoutés peuvent bien faire des confédérations particulières, mais non pas un autre corps d'Eglise universelle ; que leur foi a subsisté et subsiste encore dans toutes les sociétés chrétiennes ; qu'ils peuvent vivre parmi les calvinistes comme les prétendus élus des calvinistes vivoient dans l'Eglise romaine avant Calvin ; qu'ils ne sont non plus obligés à montrer, ni à compter leurs prédécesseurs, que les luthériens ou les calvinistes ; qu'il n'est pas vrai qu'ils aient été « l'abomination de toute l'Eglise, » puisqu'outre qu'ils en étoient, toute l'Eglise

[1] *Syst.*, liv. II, chap. I, p. 238.

n'a jamais pu s'assembler contre eux; que toute l'Eglise « n'enseigne rien, ne décide rien, » ne déteste rien; que toutes ces fonctions n'appartiennent qu'aux églises particulières; qu'on a tort de leur reprocher la clandestinité, ou plutôt la nullité de leurs assemblées; que celles des luthériens ou des calvinistes n'étoient pas d'une autre nature au commencement; qu'à cet exemple ils s'assemblent lorsqu'ils le peuvent, et où ils en ont la liberté : que si d'autres l'ont arrachée par des guerres sanglantes, leur cause n'en est pas meilleure; et qu'en quelque sorte qu'on obtienne du prince ou du magistrat une telle grace, soit par négociation, ou par force, y attacher le salut, c'est faire dépendre le christianisme de la politique.

Après les grandes avances que le ministre vient de faire, pour peu qu'il voulût s'entendre lui-même, il seroit bientôt de notre avis. Le sentiment de l'Eglise universelle, c'est une règle; c'est une règle certaine contre les sociniens : il faut donc pouvoir montrer une Eglise universelle où les sociniens ne soient pas compris. Ce qui les en exclut, c'est le défaut d'étendue et de succession : il faut donc leur pouvoir montrer une succession qu'ils ne puissent trouver parmi eux : or ils y trouvent manifestement la même succession dont les calvinistes se vantent, c'est-à-dire une succession dans les principes qui leur sont communs avec les autres sectes : il faut donc en pouvoir trouver une autre; il faut, dis-je, pouvoir trouver une succession dans les dogmes particuliers à la secte dont on veut établir l'antiquité. Or cette succession ne convient pas aux calvinistes, qui dans leurs dogmes particuliers n'ont pas plus de succession ni d'antiquité que les sociniens : il faut donc sortir de leur église aussi bien que de l'église socinienne : il faut pouvoir trouver une antiquité et une succession meilleure que celle des uns et des autres. En la trouvant cette antiquité et cette succession, on aura trouvé la certitude de la foi : on n'aura donc qu'à se reposer sur les sentimens de l'Eglise et sur son autorité; et tout cela qu'est-ce autre chose, je vous prie, que de reconnoître l'Eglise infaillible? Ce ministre nous conduit donc par une voie assurée à l'infaillibilité de l'Eglise.

Je sais qu'il use de restriction. « L'Eglise universelle, dit-il, est

XCIV.
Abrégé des raisonnemens précédens

XCV.
Il n'y a

infaillible jusqu'à un certain degré, c'est-à-dire jusqu'à ces bornes qui divisent les véritez fondamentales de celles qui ne le sont pas [1]. » Mais nous avons déjà fait voir que cette restriction est arbitraire. Dieu ne nous a point expliqué qu'il renfermât dans ces bornes l'assistance qu'il a promise à son Eglise, ni qu'il dût restreindre ses promesses au gré des ministres. Il donne son Saint-Esprit, non pas pour enseigner quelque vérité, mais pour enseigner « toute vérité [2], » parce qu'il n'en a point révélé qui ne fût utile et nécessaire en certains cas. Jamais donc il ne permettra qu'aucune de ces vérités s'éteigne dans le corps de l'Eglise universelle.

Ainsi quelle que soit la doctrine que je montrerai une fois universellement reçue, il faut que le ministre la reçoive selon ses principes ; et s'il croit se sauver en répondant que cette doctrine, par exemple, la transsubstantiation, le sacrifice, l'invocation des Saints, l'honneur des images et les autres de cette nature, se trouvent en effet dans toutes les communions orientales aussi bien que dans l'Eglise d'Occident, mais qu'elles n'y ont pas toujours été, et que c'est dans cette perpétuité qu'il a mis le fort de sa preuve et l'infaillibilité de l'Eglise universelle : il ne s'est pas entendu lui-même, puisqu'il n'a pu croire dans l'Eglise universelle une assistance perpétuelle du Saint-Esprit sans comprendre dans cet aveu, non-seulement tous les temps ensemble, mais encore chaque temps en particulier, cette perpétuité les enfermant tous : d'où il s'ensuit qu'entre tous les temps de la durée de l'Eglise, il ne s'en pourra jamais trouver un seul où l'erreur dont le Saint-Esprit s'est obligé de la garder prévale. Or on a vu que le Saint-Esprit s'est également obligé de la garder de toute erreur, et pas plus de l'une que de l'autre ; il n'y en aura donc jamais aucune.

Ce qui fait ici hésiter les adversaires, c'est qu'ils n'ont qu'une foi humaine et chancelante. Mais le catholique, dont la foi est divine et ferme, dira sans hésiter : Si le Saint-Esprit a promis à l'Eglise universelle de l'assister indéfiniment contre les erreurs, donc contre toutes : et si contre toutes, donc toujours : et toutes les fois qu'on trouvera en un certain temps une doctrine établie

[1] *Syst.* liv. II, chap. I, p. 236. — [2] *Joan.*, XVI, 13.

dans toute l'Eglise catholique, ce ne sera jamais que par erreur qu'on croira qu'elle est nouvelle.

Nous le pressons trop, dira-t-il, et enfin nous le forcerons à abandonner son principe de l'infaillibilité de l'Eglise universelle. A Dieu ne plaise qu'il abandonne un principe si véritable, ni qu'il se plonge dans tous les inconvéniens qu'il a voulu éviter en l'établissant; car il lui arriveroit ce que dit saint Paul : « Si je rebâtis ce que j'ai abattu, je me rends moi-même prévaricateur [1]. » Mais puisqu'il a commencé à prendre une médecine si salutaire, il faut la lui faire avaler jusqu'à la dernière goutte, quelque amère qu'elle lui paroisse maintenant, c'est-à-dire qu'il faut du moins lui marquer toutes les conséquences nécessaires de la vérité qu'il a une fois reconnue.

— Il s'embarrasse sur l'infaillibilité des conciles universels : mais premièrement quand il n'y auroit point de conciles, le ministre demeure d'accord que le consentement de l'Eglise, même sans être assemblée, serviroit de règle certaine. Son consentement pourroit être connu, puisqu'on suppose qu'à présent il l'est assez pour condamner les sociniens, et pour servir de règle immuable dans les questions les plus épineuses. Or par le même moyen qu'on condamne les sociniens, on pourra aussi condamner les autres sectes. Et en effet on ne peut nier que sans que toute l'Eglise fût assemblée, elle n'ait suffisamment condamné Novatien, Paul de Samosate, les manichéens, les pélagiens et une infinité d'autres sectes. Ainsi quelque secte qui s'élève, on la pourra toujours condamner comme on a fait celles-là, et l'Eglise sera infaillible dans cette condamnation, puisque son consentement servira de règle. Secondement, en avouant que l'Eglise universelle est infaillible, comment ne le seront point les conciles qui la représentent, qu'elle reçoit, qu'elle approuve, et où l'on n'a fait autre chose que porter ses sentimens dans une assemblée légitime?

Mais cette assemblée est impossible, parce qu'on ne peut assembler tous les pasteurs de l'univers, et qu'on peut encore moins assembler tant de communions opposées. Quelle chicane ! S'est-on jamais avisé de demander pour un concile œcuménique que tous

[1] *Gal.*, II, 18.

les pasteurs s'y trouvassent? N'est-ce pas assez qu'il en vienne tant, et de tant d'endroits, et que les autres consentent si évidemment à leur assemblée, qu'il sera clair qu'on y a porté le sentiment de toute la terre? Qui pourra donc refuser son consentement à un tel concile, sinon celui qui dira que Jésus-Christ contre sa promesse a abandonné toute l'Eglise? Et si le sentiment de l'Eglise avoit tant de force pendant qu'elle étoit répandue, combien plus en aura-t-elle étant réunie?

CI. *Pouvoir excessif et monstrueux donné par le ministre aux rebelles de l'Eglise.*

Pour ce que dit le ministre sur les communions opposées, je n'ai qu'un mot à lui dire. Si l'Eglise universelle est infaillible dans des communions opposées, elle le seroit beaucoup davantage en demeurant dans son unité primitive. Prenons-la donc en cet état; assemblons-en les pasteurs au troisième siècle avant que l'Eglise se fût gâtée; avant, si l'on veut, que Novatien se fût séparé : il faudra reconnoître alors que, pour empêcher le progrès d'une erreur, l'assemblée d'un tel concile sera un secours divin. Supposons maintenant ce qui est arrivé : un superbe Novatien se fait évêque dans un siége déjà rempli, et fait une secte qui veut réformer l'Eglise : on le chasse, on l'excommunie. Quoi! parce qu'il continue à se dire chrétien, il sera de l'Eglise malgré qu'on en ait? Parce qu'il poussera son audace jusqu'au dernier excès et qu'il ne voudra écouter aucune raison, l'Eglise aura perdu sa première unité, et ne pourra plus s'assembler ni former un concile universel que cet orgueilleux ne le veuille? La témérité aura-t-elle tant de pouvoir? et ne tiendra-t-il qu'à couper une branche, et encore une branche pourrie, pour dire que l'arbre a perdu son unité et sa racine?

CII. *Le concile de Nicée, formé contre les principes du ministre.*

Il est donc incontestable que malgré un Novatien, malgré un Donat, malgré les autres esprits également contentieux et déraisonnables, l'Eglise pourra s'assembler en concile œcuménique. Que dis-je, elle le pourra? elle l'a fait, puisque malgré Novatien, malgré Donat, on a tenu le concile de Nicée. Qu'il y fallût appeler, et qui pis est, y faire venir actuellement les sectateurs de ces hérésiarques pour tenir légitimement cette assemblée, c'est à quoi on ne songea seulement pas. S'aviser maintenant de cette chicane, et treize cents ans après que tout le monde, à la réserve des impies, a tenu ce saint concile pour universel, soutenir qu'il ne l'étoit pas, et qu'il n'étoit pas possible à l'Eglise catholique de tenir un tel concile à cause qu'on ne pouvoit pas y assembler les rebelles qui avoient injustement rompu l'unité, c'est vouloir la faire dépendre de ses ennemis, et punir leur rébellion sur elle-même (a).

<small>CIII. Paroles remarquables d'un savant Anglois sur l'infaillibilité du concile de Nicée.</small>

Voilà donc enfin un concile bien universel, par conséquent infaillible, si ce n'est qu'on ait oublié tout ce qu'on vient d'accorder ; et je suis bien aise ici de faire entendre à M. Jurieu ce qu'en dit un savant Anglois, bon protestant. « Il s'agissoit dans ce concile d'un article principal de la religion chrétienne. Si dans une question de cette importance, on s'imagine que tous les pasteurs de l'Eglise aient pu tomber dans l'erreur et tromper tous les fidèles, comment pourra-t-on défendre la parole de Jésus-Christ, qui a promis à ses apôtres et en leurs personnes à leurs successeurs (b), d'être toujours avec eux? promesse qui ne seroit pas véritable, puisque les apôtres ne devoient pas vivre si longtemps, n'étoit que leurs successeurs sont ici compris en la personne des apôtres mêmes [1]. » Ce qu'il confirme par un passage de Socrate, qui dit « que les Pères de ce concile, quoique simples et peu savans, ne pouvoient tomber dans l'erreur, parce qu'ils étoient éclairés par la lumière du Saint-Esprit [2] ; » par où il nous montre tout ensemble l'infaillibilité des conciles universels par l'Ecriture et par la tradition de l'ancienne Eglise. Dieu bénisse le savant Bullus ; et en récompense de ce sincère aveu, et ensemble du zèle qu'il a fait paroître à défendre la divinité de Jésus-Christ, puisse-t-il être délivré des préjugés qui l'empêchent d'ouvrir les yeux aux lumières de l'Eglise catholique, et aux conséquences nécessaires de la vérité qu'il avoue.

<small>CIV. Qu'on peut juger des autres conciles par le concile de Nicée.</small>

Je n'entreprends ni l'histoire, ni la défense de tous les conciles généraux : il me suffit d'avoir marqué dans un seul par des principes avoués ce qu'un lecteur attentif étendra facilement à tous les autres ; et le moins qu'on puisse conclure de cet exemple, c'est

---

[1] Bullus, *Defens. fid. Nicæn.*, proœm., n. 2, p. 2. — [2] *Ibid.*, n. 3 ; Socr., lib. I, cap. IX.

(a) 1re edit. : C'est vouloir venger sur l'Eglise le crime de ses ennemis. — b) Les 1res édit. : A ses successeurs.

que Dieu ayant préparé dans ces assemblées un secours si présent à son Eglise agitée, c'est renoncer à la foi de la Providence de croire que les schismatiques puissent tellement changer la constitution de l'Eglise, que ce remède lui devienne absolument impossible.

CV. Le ministre contraint d'ôter aux pasteurs le titre de juges dans les matières de foi.

Pour affoiblir l'autorité des jugemens ecclésiastiques sur les matières de foi, M. Jurieu a osé dire que ce ne sont pas même des jugemens; que les pasteurs assemblés en ce cas ne sont pas « des juges, mais des sages et des experts, et qu'ils n'agissent pas avec autorité [1]; » que c'est faute d'avoir entendu ce secret que ses confrères « ont écrit sur cette matière avec si peu de netteté [2]; » et la raison qu'il apporte pour ôter aux conciles le titre de juges, est « que n'estant pas infaillibles, ils ne sçauroient estre juges dans les décisions de foy, » parce que « qui dit juge dit une personne à laquelle il faut se soumettre [3]. »

CVI. Cette doctrine est contraire aux sentimens de ses églises.

Que les pasteurs ne soient pas juges dans les questions de la foi, c'est ce qu'on n'avoit jamais ouï dire parmi les chrétiens, pas même dans la Réforme, où l'autorité ecclésiastique est si affoiblie. Au contraire M. Jurieu nous produit lui-même des paroles du synode de Dordrect, où ce synode « se déclare juge, » et même « juge légitime dans la cause d'Arminius [4], » qui constamment regardoit la foi.

On lit aussi dans la *Discipline* que tous « les différends d'une province seront définitivement jugez, et sans appel, au synode provincial d'icelle, à la réserve de ce qui touche les suspensions et dépositions..... et aussi ce qui concerne la doctrine, les sacremens, et le général de la discipline; tous lesquels cas pourront de degré en degré aller jusqu'au synode national pour en avoir le jugement définitif et dernier [5]; » ce qui s'appelle dans un autre endroit « l'entière et finale résolution [6]. »

Dire avec M. Jurieu que le terme de jugement se prend ici « dans un sens étendu [7], » pour un rapport d'experts, et non pas pour une sentence « de juges qui ayent autorité de lier la con-

---

[1] *Syst.*, liv. III, chap. II, p. 243; chap. III, p. 251; chap. IV, p. 258.— [2] *Ibid.*, p. 243. — [3] P. 255. — [4] *Ibid.*, p. 257. — [5] *Disc.*, chap. VIII, art. 10. — [6] *Ibid.*, chap. V, art. 32, p. 114. — [7] *Syst.*, p. 257.

science, » c'est faire illusion au langage humain : car qu'est-ce donc que d'agir avec autorité et de lier les consciences, si ce n'est de pousser les choses jusqu'à obliger les particuliers condamnés à « acquiescer de point en point, et avec exprés désaveu de leurs erreurs enregistrées, à peine d'estre retranchez de l'Eglise [1]? »

Est-ce là un jugement dans un sens impropre, *et plus étendu,* et non pas un jugement en toute rigueur? Et que les synodes aient usé de ce pouvoir, nous l'avons vu dans l'affaire de Piscator [2], où l'on obligea de souscrire au formulaire qui condamnoit sa doctrine : nous l'avons vu dans l'affaire d'Arminius, et dans la souscription qui fut exigée aux canons du synode de Dordrect ; et tous les registres de nos réformés sont pleins de souscriptions semblables.

A cela M. Jurieu n'a trouvé d'autre remède que de dire « que lors qu'un synode termine des controverses qui ne sont pas importantes, il ne doit jamais obliger les parties condamnées à souscrire et à croire ses décisions [3] : » mais cela est contre les termes exprès de la *Discipline,* qui « oblige à acquiescer de point en point et avec exprés désaveu des erreurs enregistrées, à peine d'estre retranchez de l'Eglise; » ce que M. Jurieu entend lui-même « des controverses moins importantes qui ne détruisent ni ne blessent le fondement [4]. »

CVII. Les souscriptions improuvées par le ministre, malgré la pratique de ses églises.

Il ne restoit plus que de dire que « retrancher de l'Eglise, » en cet endroit, c'est seulement retrancher d'une confédération arbitraire, contre les paroles expresses de la *Discipline,* qui expliquant ce retranchement dans le même chapitre, n'en connoît point d'autre que celui qui retranche du corps un membre pourri, et le renvoie avec les païens, comme nous avons déjà vu [5].

CVIII. Evasion du ministre.

Il n'est donc que trop visible que ce ministre a changé les maximes de la secte. Rétablissons-les maintenant et joignons-les aux principes du ministre, nous trouverons clairement l'infaillibilité reconnue. Par les principes du ministre, si les conciles étoient juges dans les matières de la foi, ils seroient infaillibles [6] : or par les principes de son église ils sont juges [7]; il faut donc que

CIX. L'infaillibilité prouvée par les principes du ministre.

---

[1] *Discip.,* art. 10. — [2] Ci-dessus, liv. XII. — [3] *Syst.,* p. 306. — [4] *Ibid.,* p. 270. — [5] *Syst., ibid.,* p. 269; *Discip.,* art. 17. — [6] Ci-dessus, n. 105. — [7] N. 106 et suiv.

le ministre condamne ou lui-même ou son église, s'il n'avoue l'infaillibilité des conciles, du moins de ceux où se trouve la dernière et finale résolution : mais quand il auroit ôté aux pasteurs assemblés le titre de juges pour ne leur laisser que celui d'experts, les conciles n'en demeureront que mieux autorisés par sa doctrine, puisqu'il n'y a point d'homme de bon sens qui ne se tînt pour le moins aussi téméraire de résister au sentiment de tous les experts qu'à une sentence de tous les juges.

CX.
Etrange parole du ministre, qui veut qu'on sacrifie la vérité à la paix.

Il n'est pas moins embarrassé des lettres de soumission que les députés de tous les synodes provinciaux devoient porter au national en bonne forme, et en ces termes : « Nous promettons devant Dieu de nous soumettre à tout ce qui sera conclu et résolu dans vostre sainte assemblée, persuadez que nous sommes que Dieu y présidera, et vous conduira par son Saint-Esprit en toute vérité et équité par la régle de sa parole [1]. » Les dernières paroles démontrent qu'il s'agissoit de religion; et on ne sait plus ce que c'est que d'être juges, et encore juges souverains, si des gens à qui on fait un tel serment ne le sont pas. Nous avons montré ailleurs [2] qu'on l'exigeoit en toute rigueur; que plusieurs provinces furent censurées pour avoir fait difficulté de se soumettre « à la clause d'approbation, de soumission et d'obéissance; » et qu'on étoit obligé « à la faire en propres termes à tout ce qui seroit conclu et arresté, sans condition ou modification. » Ces paroles sont si pressantes, qu'après s'être longtemps tourmenté à les expliquer, M. Jurieu à la fin en vient à dire « qu'on promet cette soumission sur les réglemens de discipline qui regardent des choses indifférentes [3], » ou en tout cas sur des controverses moins importantes, « qui ne détruisent, ni ne blessent le fondement de la foy; » de sorte, conclut-il, « qu'il n'est pas étrange qu'en ces sortes de choses on rende au synode une entière soumission, parce que dans les controverses qui ne sont pas de la dernière importance, on doit sacrifier des véritez au bien de la paix. »

Sacrifier des vérités, et des vérités révélées de Dieu : ou l'on ne s'entend pas, ou l'on blasphème. Sacrifier ces célestes vérités, si

[1] *Discip.*, art. 144. — [2] *Expos.*, n. 19; *Conf. avec M. Claude*, n. 1, 3. — [3] *Syst*, p. 270, 271.

c'est-à-dire les renoncer et en souscrire la condamnation, c'est le blasphème. Il n'y a aucune vérité révélée de Dieu qui ne mérite qu'on se sacrifie pour elle, loin de les sacrifier elles-mêmes. Mais peut-être que les sacrifier c'est se taire. L'expression est bien violente. Passons néanmoins, pourvu qu'on se contente de votre silence : mais le synode viendra « après sa dernière et finale résolution » vous presser en vertu de la discipline et de votre propre serment, « à acquiescer de point en point, et avec exprés désaveu » de votre opinion « bien enregistrée, » afin qu'il n'y ait point d'équivoques, à peine d'être retranché du peuple de Dieu et tenu pour un païen. Que ferez-vous, si vous ne savez faire céder votre jugement à celui de l'Eglise? Certainement ou vous souscrirez, et vous trahirez votre conscience, ou bientôt vous serez tout seul toute votre église.

Au reste, quand le ministre nous dit que les points de controverse que l'on soumet au synode ne sont pas ceux qui sont contenus dans « la confession de foi [1], » il ne songe pas combien de fois on a voulu la changer dans des articles importans pour complaire aux luthériens. Bien plus, il a oublié la coutume de tous les synodes, où le premier point qu'on met en délibération est toujours, en relisant la confession de foi, d'examiner s'il n'y a rien à y corriger. Le fait a été posé, et n'a pas été nié par M. Claude [2], et d'ailleurs il est constant par les actes de tous les synodes. Qui s'étonnera maintenant qu'on ait tout changé dans la nouvelle Réforme, puisqu'après tant de livres et tant de synodes, ils en sont encore tous les jours à délibérer sur leur foi? *CXI. La confession de foi, toujours remise en question dans tous les synodes*

Mais rien ne fera mieux voir la foible constitution de leur église que le changement que je vais raconter. Il n'y a rien de plus essentiel ni de plus fondamental parmi eux, que d'obliger chacun à former sa foi sur la lecture de l'Écriture. Mais une seule demande qu'on leur a faite, à la fin les a tirés de ce principe. On leur a donc demandé quelle étoit la foi de ceux qui n'avoient encore ni lu ni ouï lire l'Ecriture sainte, et qui alloient commencer cette lecture. Il n'en a pas fallu davantage pour les jeter dans un désordre manifeste. De dire qu'en cet état on n'ait point de foi, avec *CXII. La foible constitution de la Réforme oblige enfin les ministres à changer leur dogme principal, qui est la nécessité de l'Ecriture.*

[1] *Syst.*, p. 270. — [2] *Réflex. sur un écrit de M. Claude*, n. 10.

quelle disposition et dans quel esprit lira-t-on donc l'Ecriture sainte? Mais si on dit qu'on en ait, où l'a-t-on prise? Tout ce qu'on a eu à répondre, c'est que « la doctrine chrétienne prise en son tout se fait sentir elle-mesme; que pour faire un acte de foy sur la divinité de l'Ecriture, il n'est pas nécessaire de l'avoir leuë; qu'il suffit d'avoir leû un sommaire de la doctrine chrétienne sans entrer dans le détail [1]; que les peuples qui n'avoient pas l'Ecriture sainte ne laissoient pas de pouvoir estre bons chrétiens; que la doctrine de l'Evangile fait sentir sa divinité aux simples, indépendamment du livre où elle est contenuë; que quand mesme cette doctrine seroit meslée à des inutilitez et à des choses peu divines, la doctrine pure et céleste qui y seroit meslée se feroit pourtant sentir; que la conscience gouste la vérité, et qu'ensuite le fidèle croit qu'un tel livre est canonique, à cause qu'il y a trouvé les véritez qui le touchent; en un mot qu'on sent la vérité comme on sent la lumière quand on la voit, la chaleur quand on est auprès du feu, le doux et l'amer quand on en mange [2]. »

CXIII. Ce n'est plus sur l'Ecriture qu'on forme sa foi.

C'étoit autrefois un embarras inexplicable aux ministres de répondre à cette demande : S'il faut former sa foi sur les Ecritures, faut-il en avoir lu tous les livres? Et s'il suffit d'en avoir lu quelques-uns, quels sont les privilégiés qu'il faille lire plutôt que les autres pour former sa foi? Mais on s'est tiré de peine en disant qu'on n'a pas même besoin d'en lire aucun; et on est allé si avant, qu'on fait former sa croyance à un fidèle sans qu'il sache quels sont les livres inspirés de Dieu.

CXIV. Le peuple n'a plus besoin de discerner les livres apocryphes d'avec les canoniques.

On s'étoit trop engagé dans la confession de foi, lorsqu'on avoit dit, en parlant des livres divins, « qu'on les connoissoit pour canoniques, non tant par le consentement de l'Eglise que par le témoignage et persuasion intérieure du Saint-Esprit [3]. » Il paroît que les ministres sentent maintenant que c'est là une illusion, et qu'en effet il n'y avoit aucune apparence que les fidèles avec leur goût intérieur, et sans le secours de la tradition, fussent capables de discerner le *Cantique des Cantiques* d'avec un livre profane, ou sentir la divinité des premiers chapitres de la *Genèse*, et ainsi des autres. Aussi établit-on maintenant « que l'éxamen de la ques-

[1] *Syst.*, p. 428. — [2] *Ibid.*, p. 453 et suiv. — [6] *Confess.*, art. 4.

tion des livres apocryphes n'est pas nécessaire au peuple¹. »
M. Jurieu a fait un chapitre exprès pour le prouver²; et sans qu'il soit besoin de se tourmenter ni des canoniques, ni des apocryphes, ni de texte, ni de version, ni de discuter l'Ecriture, ni de la lire, les vérités chrétiennes, pourvu qu'on les mette ensemble, se font sentir par elles-mêmes comme on sent le froid et le chaud.

M. Jurieu dit tout cela; et ce qu'il y a de plus remarquable est qu'il ne le dit qu'après M. Claude³. Et puisque ces deux ministres ont concouru ensemble dans ce point, c'est-à-dire qu'il n'y avoit pour le parti que ce seul refuge, arrêtons-nous un moment pour considérer d'où ils sont partis, et où ils viennent. Les ministres établissoient autrefois la foi par les Ecritures : ils composent maintenant la foi sans les Ecritures. On disoit dans la confession de foi, en parlant de l'Ecriture, que « toutes choses doivent estre éxaminées, réglées et réformées selon elle⁴; » maintenant ce n'est pas le sentiment qu'on a « des choses » qui doit être éprouvé par l'Ecriture, mais l'Ecriture elle-même n'est connue ni sentie pour Ecriture que par le sentiment qu'on a « des choses » avant que de connoître les saints Livres; et la religion est formée sans eux.

CXV. Importance de ce changement.

On regardoit, et avec raison, comme un fanatisme et comme un moyen de tromper, ce témoignage du Saint-Esprit qu'on croyoit avoir sur les saints Livres pour les discerner d'avec les autres, parce que ce témoignage n'étant attaché à aucune preuve positive, il n'y avoit personne qui ne pût ou s'en vanter sans raison, ou même se l'imaginer sans fondement. Mais maintenant voici bien pis; au lieu qu'on disoit autrefois : « Voyons ce qui est écrit, et puis nous croirons; » ce qui étoit du moins commencer par quelque chose de positif et par un fait constant : maintenant on commence par sentir les choses en elles-mêmes comme on sent le froid et le chaud, le doux et l'amer; et Dieu sait quand on vient après à lire l'Ecriture sainte en cette disposition, avec quelle facilité on la tourne à ce qu'on tient déjà pour aussi certain que ce qu'on a vu de ses deux yeux et touché de ses deux mains.

CXVI. Fanatisme manifeste.

Selon cette présupposition que les vérités nécessaires au salut

CXVII. Ni les mi-

---

¹ *Syst.*, liv. III, chap. II, p. 452. — ² *Ibid.*, chap. II, III. — ³ *Déf. de la Réf.*, IIᵉ part., chap. IX, p. 296 et suiv. — ⁴ *Confess. de foi*, art. 5.

se font sentir par elles-mêmes, Jésus-Christ n'avoit besoin ni de miracles, ni de prophéties : Moïse en auroit été cru quand la mer Rouge ne se seroit pas ouverte, quand le rocher n'auroit pas jeté des torrens d'eaux au premier coup de la baguette : il n'y avoit qu'à proposer l'Evangile ou la Loi. Les Pères de Nicée et d'Ephèse n'avoient non plus qu'à proposer la Trinité et l'incarnation, pourvu qu'ils les proposassent avec tous les autres mystères; la recherche de l'Ecriture et de la tradition, qu'ils ont faite avec tant de soin, ne leur étoit pas nécessaire : à la seule proposition de la vérité, la grace la persuaderoit à tous les fidèles; Dieu inspire tout ce qu'il lui plaît à qui il lui plaît, et l'inspiration tout seule peut toute.

CXVIII. *La grace nécessaire à produire la foi, pourquoi attachée à certains moyens extérieurs et de fait.*

Ce n'étoit pas de quoi on doutoit; et la toute-puissance de Dieu étoit bien connue par les catholiques, aussi bien que le besoin qu'on avoit de son inspiration et de sa grace. Il s'agissoit de trouver le moyen extérieur dont elle se sert, et auquel il a plu à Dieu de l'attacher : on peut feindre ou imaginer qu'on est inspiré de Dieu sans qu'on le soit en effet; mais on ne peut pas feindre ni imaginer que la mer se fende; que la terre s'ouvre; que des morts ressuscitent; que des aveugles-nés reçoivent la vue; qu'on lise une telle chose dans un livre, et que tels et tels qui nous ont précédés dans la foi l'aient ainsi entendue; que toute l'Eglise croie, et qu'elle ait toujours cru ainsi. Il s'agit donc de savoir, non pas si ces moyens extérieurs sont suffisans sans la grace et sans l'inspiration divine, car personne ne le prétend : mais si pour empêcher les hommes de feindre ou d'imaginer une inspiration, ce n'a pas été l'ordre de Dieu et sa conduite ordinaire, de faire marcher son inspiration avec certains moyens de fait que les hommes ne pussent ni feindre en l'air sans être convaincus de faux, ni imaginer par illusion. Ce n'est pas ici le lieu de déterminer quels sont ces faits, quels ces moyens extérieurs, quels ces motifs de croyance, puisque déjà il est bien constant qu'il y en a quelques-uns, car le ministre en est convenu : il est, dis-je, convenu, non-seulement qu'il y a de ces faits constans, mais encore que ces faits constans peuvent servir de règle infaillible. Par exemple, selon lui, c'est un fait constant que l'Eglise chrétienne a toujours cru la divinité de Jésus-Christ, l'immortalité de l'ame et l'éternité des peines, avec tels et tels autres articles : mais ce fait constant, selon lui, est une règle infaillible et la meilleure de toutes les règles, non-seulement pour décider tous ces articles, mais encore pour résoudre l'obscure et épineuse question des points fondamentaux. Nous avons vu les passages où le ministre l'enseigne et le prouve[1] : mais quand il l'enseigne ainsi, et qu'il veut que la plus « seûre régle » pour juger ces importantes et épineuses questions, soit ce consentement universel : en proposant ce motif extérieur, qui selon lui emporte « démonstration, » il n'a pas prétendu exclure la grace et l'inspiration au dedans; la question est de savoir si l'autorité de l'Eglise, qui jointe à la grace de Dieu est un motif suffisant et « la plus seûre de toutes les régles » sur certaines questions, ne le peut pas être en toutes; et si mettre une inspiration détachée de tous ces moyens extérieurs, et dont on se donne soi-même et son propre sentiment pour caution à soi et aux autres, n'est pas le plus assuré de tous les moyens qu'on puisse fournir aux trompeurs, et la plus sûre illusion pour outrer les entêtés.

Après avoir mis dans la tête d'un peuple qu'il est particulièrement inspiré de Dieu, il n'y a pour l'achever qu'à lui dire encore qu'il se peut faire à son gré des conducteurs, déposer tous ceux qui sont établis, en établir d'autres qui n'agissent que par le pouvoir qu'il leur a donné. C'est ce qu'on a fait dans la Réforme. M. Claude et M. Jurieu s'accordent encore dans cette doctrine.

<small>CXIX. Que le langage des ministres lâche la bride à la licence du peuple.</small>

L'Eglise catholique parle ainsi au peuple chrétien : Vous êtes un peuple, un état et une société : mais Jésus-Christ qui est votre roi ne tient rien de vous, et son autorité vient de plus haut : vous n'avez naturellement non plus de droit de lui donner des ministres que de l'instituer lui-même votre prince ; ainsi ses ministres, qui sont vos pasteurs, viennent de plus haut comme lui-même, et il faut qu'ils viennent par un ordre qu'il ait établi. Le royaume de Jésus-Christ n'est pas de ce monde, et la comparaison que vous pouvez faire entre ce royaume et ceux de la terre est caduque; en un mot, la nature ne vous donne rien qui ait rapport avec Jésus-Christ et son royaume, et vous n'avez aucun droit que celui

<small>CXX. Langage de l'Eglise catholique sur l'établissement des pasteurs.</small>

---

[1] Ci-dessus, n. 88 et suiv.

que vous trouverez dans les lois ou dans les coutumes immémoriales de votre société. Or ces coutumes immémoriales, à commencer par les temps apostoliques, sont que les pasteurs déjà établis établissent les autres : « Elisez, disent les apôtres, et nous établirons[1] : » c'étoit à Tite à établir les pasteurs de Crète ; c'est de Paul établi par Jésus-Christ qu'il en avoit reçu le pouvoir : « Je vous ai, dit-il, laissé en Crète pour y établir des prêtres par les villes selon l'ordre que je vous en ai donné[2]. » Au reste ceux qui vous flattent de la pensée que votre consentement est absolument nécessaire pour établir vos pasteurs, ne croient pas ce qu'ils vous disent, puisqu'ils reconnoissent pour vrais pasteurs ceux d'Angleterre, quoique le peuple n'ait aucune part à leur élection. L'exemple de saint Mathias élu extraordinairement par un sort divin ne doit pas être tiré à conséquence ; et néanmoins tout ne fut pas permis au peuple ; et ce fut Pierre, pasteur déjà établi par Jésus-Christ, qui tint l'assemblée : aussi ne fut-ce pas l'élection qui établit Mathias ; ce fut le ciel qui se déclara. Partout ailleurs l'autorité d'établir est déférée aux pasteurs déjà établis : le pouvoir qu'ils ont d'en haut est rendu sensible par l'imposition des mains, cérémonie réservée à leur ordre. C'est ainsi que les pasteurs s'entre-suivent : Jésus-Christ, qui a établi les premiers, a dit qu'il seroit toujours avec ceux à qui ils transmettroient leur pouvoir : vous ne pouvez prendre de pasteurs que dans cette succession ; et vous ne devez non plus appréhender qu'elle manque que l'Eglise même, que la prédication, que les sacremens.

CXXI. Langage de la Réforme.

Voilà comme on parle dans l'Eglise, et les peuples ne présument pas au-dessus de ce qui leur est donné. Mais la Réforme leur dit tout le contraire : En vous, leur dit-elle, est la source du pouvoir céleste ; vous pouvez non-seulement présenter, mais établir les pasteurs. S'il falloit prouver ce pouvoir du peuple par les Ecritures, on y demeureroit court. Pour se dispenser de cette preuve, on dit au peuple que c'est un droit naturel de toute société ; ainsi que pour en jouir on n'a pas besoin de l'Ecriture, et qu'il suffit qu'elle n'ait pas révoqué le droit que la nature a donné. Le tour est adroit, je le confesse ; mais prenez-y garde, ô peuples qui vous

[1] *Act.*, VI, 3, 6. — [2] *Tit.*, I, 5.

flattez de cette pensée ! Pour se faire un maître sur la terre, il suffit de le reconnoître pour tel, et chacun porte ce pouvoir dans sa volonté. Mais il n'en est pas de même pour se faire un Christ, un Sauveur, un Roi céleste, ni pour lui donner ses officiers. Et en effet leur imposerez-vous les mains, vous peuples, à qui l'on dit qu'il appartient de les établir? Ils n'osent : mais on les rassure, en leur disant que cette cérémonie d'imposer les mains n'est pas nécessaire. Quoi donc ! n'est-ce pas assez pour la juger nécessaire, qu'on la trouve si souvent dans l'Ecriture, et qu'on ne trouve ni dans l'Ecriture ni dans toute la tradition que jamais il y ait eu pasteur établi d'une autre sorte, ni qu'il y en ait un seul qui n'ait été fait par les autres? N'importe, faites toujours, ô peuple, croyez que le pouvoir de lier et de délier, d'établir et de détruire est en vous, et que vos pasteurs n'ont de pouvoir que comme vos représentans ; que l'autorité de leurs synodes vient de vous; qu'ils ne sont que vos délégués : croyez, dis-je, toutes ces choses, encore que vous n'en trouviez pas un seul mot dans l'Ecriture ; et croyez surtout que lorsque vous vous croirez inspirés de Dieu pour réformer l'Eglise, dès que vous serez assemblés en quelque manière que ce soit, vous pouvez faire ce qu'il vous plaira de vos pasteurs, sans que personne puisse vous ôter cette liberté, à cause qu'elle est naturelle. Voilà comme on prêche la Réforme ; c'est ainsi qu'on met en pièces le christianisme, et qu'on prépare la voie à l'Antechrist.

Avec de telles maximes et un tel esprit (car, encore qu'il se déclare plus clairement dans nos jours, le fond en a toujours été dans la Réforme,) il ne faut plus s'étonner de l'avoir vue se précipiter dès son origine de changement en changement, ni d'avoir vu naître de son sein tant de sectes de toutes les sortes. M. Jurieu a osé répondre qu'en cela comme en tout le reste, elle ressemble à l'Eglise primitive [1]. En vérité c'est trop abuser de la crédulité des peuples, et du nom vénérable de l'ancienne Eglise. Les sectes qui l'ont déchirée ne sont pas la suite, ni un effet naturel de sa constitution. Deux sortes de sectes se sont élevées dans l'ancien christianisme. Les unes purement païennes dans leur fond, comme

CXXII. Que les sectes nées de la Réforme sont des preuves de sa mauvaise constitution. Comparaison de l'ancienne Eglise mal alléguée.

[1] *Hist. du Calv.*, I part., chap. IV.

celles des valentiniens, des simoniens, des manichéens, et les autres semblables, ne se sont rangées en apparence au nombre des chrétiens que pour se parer du grand nom de Jésus-Christ, et ces sectes n'ont rien de commun avec celles des derniers siècles. Les autres sectaires pour la plupart sont des chrétiens, qui n'ayant pu porter toute la hauteur, et pour ainsi dire tout le poids de la foi, ont cherché à décharger la raison tantôt d'un article, tantôt d'un autre : ainsi les uns ont ôté la divinité à Jésus-Christ ; les autres ne pouvant unir la divinité et l'humanité, ont comme mutilé en diverses sortes l'une ou l'autre. C'est dans des tentations semblables que l'orgueilleux esprit de Luther s'est perdu. Il s'est abîmé dans l'accord de la grace et du libre arbitre, qui est à la vérité un grand mystère : il a outré les matières de la prédestination, et il n'a plus vu pour les hommes qu'une fatale et inévitable nécessité, où le bien et le mal se trouvent également compris. On a vu comme ses maximes outrées ont produit celles des calvinistes plus outrées encore. Quand à force de pousser à bout sans garder aucune mesure, la prédestination et la grace, on est tombé dans des excès si sensibles qu'on ne les a pu supporter, l'horreur qu'on en a conçue a jeté dans l'extrémité opposée ; et des excès de Luther qui outroit la grace, qui l'eût cru? on a passé aux excès des demi-pélagiens qui l'affoiblissent. C'est de là que nous sont venus les arminiens, qui de nos jours ont produit les pajonistes parfaits pélagiens, dont M. Pajon ministre d'Orléans a été l'auteur dans ces dernières années. D'autre côté le même Luther, abattu par la force de ces paroles : « Ceci est mon corps, ceci est mon sang, » n'a pu se défaire de la présence réelle ; mais en même temps il a voulu soulager le sens humain en ôtant le changement de substance. On n'en est pas demeuré là, et la présence réelle a été bientôt attaquée. Le sens humain a pris goût à ses inventions ; et après qu'on l'a voulu contenter sur un mystère, il a demandé le même relâchement pour tous les autres. Comme Zuingle et ses sectateurs ont prétendu que la présence réelle étoit dans le luthéranisme un reste du papisme qu'il falloit encore réformer, les sociniens en ont dit autant de la Trinité et de l'incarnation ; et ces grands mystères, qui n'avoient reçu aucune atteinte depuis douze cents ans, sont entrés dans les controverses d'un siècle où toutes les nouveautés ont cru avoir droit de se produire.

On a vu les illusions des anabaptistes, et on sait que c'est en suivant les principes de Luther et des autres réformateurs qu'ils ont rejeté le baptême sans immersion, et le baptême des enfans, parce qu'ils ne les trouvoient point dans l'Ecriture, où on leur disoit que tout étoit. Les unitaires ou sociniens se sont joints à eux, mais sans vouloir s'en tenir à leurs maximes, parce que les principes qu'ils avoient pris des réformateurs les avoient poussés plus loin.

<small>CXXIII. Les sociniens unis aux anabaptistes, et les uns comme les autres sortis de Luther et de Calvin.</small>

M. Jurieu remarque qu'ils sont sortis longtemps après la Réforme du milieu de l'Eglise romaine. Quelle merveille! Luther et Calvin en étoient bien sortis eux-mêmes. La question est de savoir si c'est la constitution de l'Eglise romaine qui a donné lieu à ces innovations, ou si c'est la nouvelle forme que les réformés ont voulu donner à l'Eglise. Mais la question est aisée à décider par l'histoire du socinianisme [1]. En 1545 et dans les années suivantes, vingt ans après que Luther eut renversé les bornes posées par nos pères, tous les esprits étant agités et le monde ébranlé par ses disputes, toujours prêt à enfanter quelque nouveauté, Lélio Socin et ses compagnons tinrent secrètement en Italie leurs conventicules contre la divinité du Fils de Dieu. Georges Blandrate et Fauste Socin, neveu de Lélio, en soutinrent la doctrine en 1558 et 1573, et formèrent le parti. Avec la même méthode que Zuingle avoit employée pour éluder ces paroles : « Ceci est mon corps, » les Socins et leurs sectateurs éludèrent celles où le Christ est appelé Dieu. Si Zuingle se crut forcé à l'interprétation figurée par l'impossibilité de comprendre un corps humain tout entier partout où se distribuoit l'Eucharistie, les unitaires crurent avoir le même droit sur tous les autres mystères également incompréhensibles; et après qu'on leur eut donné pour règle d'entendre figurément les passages de l'Ecriture où le raisonnement humain étoit forcé, ils ne firent qu'étendre cette règle partout où l'esprit avoit à souffrir une semblable violence. A ces mauvaises dispositions introduites dans les esprits par la Réforme, ajoutons les fon-

[1] *Vide Bibliot. Anti-Trinit.*

demens généraux qu'elle avoit posés, l'autorité de l'Eglise méprisée, la succession des pasteurs comptée pour rien, les siècles précédens accusés d'erreur, les Pères mêmes indignement traités, toutes les barrières rompues et la curiosité humaine entièrement abandonnée à elle-même : que devoit-il arriver, sinon ce qu'on a vu, c'est-à-dire une licence effrénée dans toutes les matières de la religion? Mais l'expérience a fait voir que ces hardis novateurs n'ont pas vu la moindre ouverture à s'établir parmi nous; c'est aux églises de la Réforme qu'ils ont eu recours; à ces églises de quatre jours, qui encore tout ébranlées par leurs propres mouvemens, étoient capables de tous les autres. C'est dans le sein de ces églises, c'est à Genève, c'est parmi les Suisses et les Polonois protestans, que les unitaires cherchèrent un asile. Repoussés par quelques-unes de ces églises, ils se firent des disciples dans les autres en assez grand nombre pour faire un corps à part. Voilà constamment quelle a été leur origine. Il ne faut que voir le testament de George Schoman, un des chefs des unitaires, et la Relation d'André Wissonats : *Comment les Unitaires se sont séparés des Réformés* [1], pour être convaincu que cette secte n'a été qu'un progrès et une suite des enseignemens « de Luther, de Calvin, de Zuingle, de Menon » (ce dernier fut un des chefs des anabaptistes). On voit là que toutes ces sectes ne sont « qu'une ébauche et comme l'aurore de la Réforme, et que l'anabaptisme joint au socinianisme en est le plein jour [2]. »

CXXIV. La constitution de la Réforme, combien dissemblable à celle de l'ancienne Eglise.

Qu'on ne nous allègue donc plus les sectes de l'ancienne Eglise, et qu'on ne se vante plus de lui ressembler. L'ancienne Eglise n'a jamais varié dans sa doctrine, jamais supprimé dans ses confessions de foi des vérités qu'elle a crues révélées de Dieu : elle n'a jamais retouché à ses décisions, jamais délibéré de nouveau sur des matières une fois résolues, ni proposé une seule fois de nouvelles expositions de sa foi, si ce n'est lorsqu'il est né quelque nouvelle question. Mais la Réforme tout au contraire n'a jamais pu se contenter elle-même : ses symboles n'ont rien de certain; les décrets de ses synodes rien de fixe : ses confessions de foi sont des confé-

---

[1] *Test. Georg. Sch.*, et *Relat. Wisson.*, in *Biblioth. Anti-Trin. Sand.*, p. 191, 209. — [2] *Ibid.*

dérations et des marchés arbitraires, et ce qui y est article de foi ne l'est ni pour tous ni pour toujours : on se sépare par humeur, on se réunit par politique. Si donc il est né des sectes dans l'ancienne Eglise, ç'a été par la commune et invétérée dépravation du genre humain; et s'il en est né dans la Réforme, c'est par la nouvelle et particulière constitution des églises qu'elle a formées.

Afin de rendre cette vérité plus sensible, je choisirai pour exemple l'église protestante de Strasbourg comme une des plus savantes de la Réforme, et comme celle qu'on y proposoit dès les premiers temps pour modèle de discipline à toutes les autres. Cette grande ville fut des premières ébranlées par la prédication de Luther, et ne songeoit pas alors à contester la présence réelle. Toutes les plaintes qu'on faisoit de son sénat, c'est « qu'il ôtoit les images, et faisoit communier sous les deux espèces [1]. » Ce fut en 1523 que Bucer et Capiton, qu'elle écouta, la rendirent zuinglienne. Après qu'elle eut ouï quelques années leurs déclamations contre la messe, sans l'abolir tout à fait et sans être bien assurée qu'elle fût mauvaise, le sénat ordonna « qu'elle seroit suspendue jusqu'à ce qu'on eût montré que c'étoit un culte agréable à Dieu [2]. » Voilà une provision en matière de foi bien nouvelle; et quand je n'aurois pas dit que ce décret partit du sénat, on entendroit aisément que l'assemblée où il fut fait n'avoit rien d'ecclésiastique. Le décret est de 1529 ; et la même année ceux de Strasbourg n'ayant jamais pu convenir avec les luthériens, se liguèrent avec les Suisses zuingliens comme eux [3]. On poussa le sentiment de Zuingle et la haine de la présence réelle jusqu'à refuser de souscrire la *Confession d'Augsbourg* en 1530 [4], et à se faire une confession particulière, que nous avons vue sous le nom de la *Confession de Strasbourg*, ou des *quatre villes* [5]. L'année d'après ils biaisèrent avec tant d'adresse sur cette matière, qu'ils se firent comprendre dans la ligue de Smalcalde, dont les autres sacramentaires furent exclus [6]. Mais ils passèrent plus avant en 1536, puisqu'ils souscrivirent à l'accord de Vitenberg, où l'on avoua, comme on a vu [7],

CXXV.
Exemple mémorable de variation dans l'Eglise protestante de Strasbourg

---

[1] Sleid., lib. IV, fol. 69. — [2] *Ibid.*, liv. VI, fol. 93. — [3] Sleid., *ibid.*, 100. — [4] *Ibid.*, VIII, fol. 104. — [5] Ci-dessus, liv. III, n. 3. — [6] Sleid., lib. VIII, fol. 125. — [7] Ci-dessus, liv. IV, n. 23; Hosp., II part., an. 1536.

la présence substantielle et la communion du vrai corps et du vrai sang dans les indignes, encore qu'ils n'eussent pas la foi. Par là ils passèrent insensiblement au sentiment de Luther, et depuis ils furent comptés parmi les défenseurs de la *Confession d'Augsbourg* qu'ils souscrivirent. Ils déclarèrent néanmoins en 1548 que c'étoit sans se départir de leur première confession [1], qui encore qu'elle leur eût fait rejeter celle d'Augsbourg, à ce coup s'y trouva conforme. Strasbourg cependant étoit si attachée à l'accord de Vitenberg et à la *Confession d'Augsbourg,* que Pierre Martyr et Zanchius, alors les deux premiers hommes des sacramentaires, furent enfin obligés de se retirer de cette ville [2], l'un pour avoir refusé de souscrire à l'accord, et l'autre pour n'avoir souscrit à la Confession qu'avec quelque limitation; tant on étoit devenu zélé à Strasbourg pour la présence réelle. En 1598 cette ville souscrivit au livre de la *Concorde;* et après avoir été si longtemps comme le chef des villes opposées à la présence réelle, elle en poussa, malgré Sturmius, la confession jusqu'au prodige de l'ubiquité [3]. Les villes de Landau et de Memmingue, autrefois ses associées dans la haine de la présence réelle, suivirent cet exemple. En ce temps l'ancienne agende fut changée; et on imprima à Strasbourg le livre de Marbachius, où il disoit que « Jésus-Christ avant son ascension étoit dans le ciel selon son humanité; que cette ascension visible n'étoit au fond qu'une apparence; que le ciel, où l'humanité de Jésus-Christ a été reçue, contenoit non-seulement Dieu et tous les Saints, mais encore tous les démons et tous les damnés; » et que Jésus-Christ étoit selon « sa nature humaine, non-seulement dans le pain et dans le vin de la Cène, mais encore dans tous les pots et dans tous les verres [4]. » Voilà les extrémités où l'on se trouve emporté, lorsqu'après avoir secoué le joug salutaire de l'autorité de l'Eglise, on s'abandonne aux opinions humaines comme à un vent changeant et impétueux.

CXXVI. Constance de l'Eglise catholique. Si l'on oppose maintenant aux variations et à l'instabilité de ces nouvelles églises la constance et la gravité de l'Eglise catholique, il sera aisé de juger où le Saint-Esprit préside; et parce

---

[1] Hosp., *ibid.*, an. 1548, fol. 203. — [2] Hosp., *ibid.*, an. 1556 et 1563. — [3] Hosp., *Conc. discors,* cap. LVI, p. 278. — [4] *Ibid.*, fol. 99.

que je ne puis ni je ne dois dans cet ouvrage raconter tous les jugemens qu'elle a rendus dans les matières de foi, je ferai voir l'uniformité et la fermeté dont je la loue dans les articles où nous avons vu l'inconstance de nos réformés.

Le premier qui a fait secte dans l'Eglise, et qui a osé la condamner ouvertement sur la présence réelle, c'est constamment Bérenger. Ce que nos adversaires disent de Ratramne n'est rien moins qu'un fait constant, comme on a vu [1]; et quand nous leur aurions accordé que Ratramne les favorisât, ce qui n'est pas, un auteur ambigu, que chacun tireroit de son côté, ne seroit pas propre à faire secte. J'en dis autant de Jean Scot, dont l'erreur n'eut aucune suite.

CXXVII. Exemple dans la question que mut Bérenger sur la présence réelle.

L'Eglise ne foudroie pas toujours les erreurs naissantes : elle ne les relève point, tant qu'elle peut espérer qu'elles se dissiperont par elles-mêmes, et souvent elle craint de les rendre fameuses par ses anathèmes. Ainsi Artémon et quelques autres, qui avoient nié la divinité de Jésus-Christ avant Paul de Samosate, ne s'attirèrent pas des condamnations aussi éclatantes que lui, parce qu'on ne les croyoit pas en état de faire secte. Pour Bérenger, il est constant qu'il attaqua ouvertement la foi de l'Eglise, et qu'il eut des disciples de son nom comme les autres hérésiarques, encore que son hérésie fût bientôt éteinte.

CXXVIII. Conduite de l'Eglise envers les novateurs.

Elle parut environ en 1030. Ce n'est pas que nous n'ayons déjà remarqué quelques années auparavant, et dès l'an 1017, la présence réelle manifestement attaquée par les hérétiques d'Orléans qui étoient manichéens [2]. Tels furent les premiers auteurs de la doctrine dont Bérenger releva depuis un des articles. Mais comme cette secte se cachoit, l'Eglise fut étonnée de cette nouveauté ; mais elle n'en fut pas alors beaucoup troublée. Ce fut contre Bérenger qu'on fit la première décision sur cette matière en 1052, dans un concile de cent treize évêques convoqués à Rome de tous côtés par Nicolas II [3]. Bérenger se soumit ; et le premier qui fit une secte de l'hérésie des sacramentaires fut aussi le premier qui la condamna.

CXXIX. Commencement de la secte de Bérenger, et sa condamnation

---

[1] Ci-dessus, liv. IV, n. 32. — [2] Ci-dessus, liv. XI, n. 18 et suiv. — [3] *Concil. Rom. sub Nic.* II, an. 1059 ; tom. IX, *Conc.*; Guit., lib. III, tom. VIII, *Bib. PP. max.*, p. 462, etc.

CXXX. Première Confession de foi exigée de Bérenger.

Personne n'ignore cette fameuse Confession de foi qui commence : *Ego Berengarius*, où cet hérésiarque reconnut « que le pain et le vin qu'on met sur l'autel après la consécration n'étoient pas seulement le sacrement, mais encore le vrai corps et le vrai sang de Notre-Seigneur Jésus-Christ, et qu'ils étoient sensiblement touchés par les mains du prêtre, rompus et froissés entre les dents des fidèles, non-seulement en sacrement, mais en vérité. »

Il n'y eut personne qui n'entendît que le corps et le sang de Jésus-Christ étoit brisé dans l'Eucharistie au même sens qu'on dit qu'on est déchiré, qu'on est mouillé quand les habits dont on est actuellement revêtu le sont. On ne parle pas de même lorsque nos habits ne sont pas sur nous : de sorte qu'on vouloit dire que Jésus-Christ étoit aussi véritablement sous les espèces qu'on rompt et qu'on mange, que nous sommes véritablement dans les habits que nous portons. On disoit aussi que Jésus-Christ étoit *sensiblement* reçu et touché, parce qu'il étoit en personne et en substance sous les espèces sensibles qu'on touchoit et qu'on recevoit; et tout cela vouloit dire que Jésus-Christ étoit reçu et mangé, non pas dans sa propre espèce et sous l'extérieur d'un homme, mais dans une espèce étrangère et sous l'extérieur du pain et du vin. Et si l'Eglise disoit encore en un certain sens que le corps de Jésus-Christ étoit rompu, ce n'étoit pas qu'elle ne sût qu'en un autre sens il ne l'étoit pas : de même qu'en disant en un certain sens que nous sommes déchirés et mouillés lorsque nos habits le sont, nous savons bien dire aussi en un autre sens que nous ne sommes ni l'un ni l'autre en notre personne. Ainsi les Pères savoient bien dire à Bérenger, ce que nous disons encore, « que le corps de Jésus-Christ étoit tout entier dans tout le sacrement, et tout entier dans chaque particule; partout le même Jésus-Christ toujours entier, inviolable et indivisible, qui se communiquoit sans se partager, comme la parole à tout un auditoire et comme notre ame à tous nos membres [1]. » Mais ce qui obligea l'Eglise à dire, après plusieurs Pères et après saint Chrysostome, que le corps de Jésus-Christ étoit rompu, fut que Bérenger, sous prétexte de faire honneur au Sauveur du monde, avoit accoutumé de dire : « A

[1] Guit., lib. I, *adv. Bereng.*, ibid., p. 443, 449.

Dieu ne plaise qu'on puisse briser de la dent, ou diviser Jésus-Christ, de même qu'on met sous la dent et qu'on divise ces choses[1], » c'étoit à dire le pain et le vin. L'Eglise, qui s'est toujours attachée à combattre dans les hérétiques les paroles les plus précises et les plus fortes dont ils se servent pour expliquer leur erreur, opposoit à Bérenger la contradictoire de la proposition qu'il avoit avancée, et mettoit en quelque façon sous les yeux des chrétiens la présence réelle de Jésus-Christ, en leur disant que ce qu'ils recevoient dans le sacrement après la consécration étoit aussi réellement le corps et le sang qu'avant la consécration c'étoit réellement du pain et du vin.

Au reste quand on disoit aux fidèles que le pain et le vin de l'Eucharistie étoient en vérité le corps et le sang, ils étoient accoutumés à entendre non qu'ils l'étoient par leur nature, mais qu'ils le devenoient par la consécration : de sorte que le changement de substance étoit renfermé dans cette expression, encore qu'on s'y attachât principalement à rendre sensible la présence, qui aussi étoit principalement attaquée. Quelque temps après on s'aperçut que Bérenger et ses disciples varioient. Car nous apprenons des auteurs du temps que dans le cours de la dispute ils reconnoissoient dans l'Eucharistie la substance du corps et du sang, mais avec celle du pain et du vin, se servant même du terme *d'impanation* et de celui *d'invinution*, et assurant que Jésus-Christ étoit *impané* dans l'Eucharistie, comme il s'étoit incarné dans les entrailles de la sainte Vierge[2]. C'étoit, dit Guitmond, comme un dernier retranchement de Bérenger, et ce n'étoit pas sans peine qu'on découvroit ce raffinement de la secte. Mais l'Eglise, qui suit toujours les hérétiques pas à pas pour en condamner les erreurs à mesure qu'elles se déclarent, après avoir si bien établi la présence réelle dans la première confession de foi de Bérenger, lui en proposa encore une autre où le changement de substance étoit plus distinctement exprimé. Il confessa donc sous Grégoire VII, dans un concile de Rome, qui fut le sixième tenu sous ce Pape en 1079, » que le pain et le vin qu'on met sur l'autel,

CXXXI. Seconde Confession de foi de Bérenger, où le changement de substance est plus clairement expliqué, et pourquoi.

---

[1] Ber. *apud Guit.*, ibid., 441. — [2] Guit., *ibid.*, p. 441, 442, 462, 463, 464; Alg., *de Sacr. corp. et sang.*, præf., tom. XXI, p. 251.

par le mystère de la sacrée oraison et les paroles de Jésus-Christ, étoient substantiellement changés en la vraie, vivifiante et propre chair de Jésus-Christ, etc. [1], » et on dit le même du sang. On spécifie que le corps qu'on reçoit ici est le même qui « est né de la Vierge, qui a été attaché à la croix, qui est assis à la droite du Père, et que le sang est le même qui a coulé du côté ; » et afin de ne laisser aucun lieu aux équivoques dont les hérétiques fascinent le monde, on ajoute que cela se fait « non en signe et en vertu par un simple sacrement, mais dans la propriété de la nature et la vérité de la substance. »

CXXXII. *Le changement de substance fut opposé à Bérenger dès le commencement.*

Bérenger souscrivit encore, et se condamna lui-même pour la seconde fois : mais à ce coup il fut serré de telle sorte, qu'il ne lui resta aucune équivoque, ni aucun retranchement à son erreur. Que si on insista plus précisément sur le changement de substance, ce n'étoit pas que l'Eglise ne le tînt auparavant pour également indubitable, puisque dès le commencement de la dispute contre Bérenger, Hugues de Langres avoit dit « que le pain et le vin ne demeuroient pas dans leur première nature ; qu'ils passoient en une autre ; qu'ils étoient changés au corps et au sang de Jésus-Christ par la toute-puissance de Dieu, à laquelle Bérenger s'opposoit en vain [2]. » Et aussitôt que cet hérétique se fut déclaré, Adelman évêque de Bresce, son condisciple qui découvrit le premier son erreur, l'avertit « qu'il s'opposoit au sentiment de toute l'Eglise catholique, et qu'il étoit aussi facile à Jésus-Christ de changer le pain en son corps que de changer l'eau en vin, et de créer la lumière par sa parole [3]. » C'étoit donc une doctrine constante dans l'Eglise universelle, non que le pain et le vin contenoient le corps et le sang de Jésus-Christ, mais qu'ils le devenoient par un changement de substance.

CXXXIII. *Fait constant : que la croyance opposée à Bérenger étoit celle*

Ce ne fut pas le seul Adelman qui reprocha à Bérenger la nouveauté et la singularité de sa doctrine : tous les auteurs lui disent d'un commun accord, comme un fait constant, que la foi qu'il attaquoit étoit celle de tout l'univers ; qu'il scandalisoit toute

---

[1] *Conc. Rom.*, VI, sub Greg. VII, tom. X ; *Conc. Lab.*, an. 1079. — [2] Hug. Ling. *Tract. de corp. et sang. Christi, Bibl. max. Patr.* tom. XVIII, p. 417. — [3] Adelm. Brix. *Epist. ad Bereng.* ibid. p. 438, 439.

l'Eglise par la nouveauté de sa doctrine; que pour suivre sa croyance, il falloit croire qu'il n'y avoit plus d'Eglise sur la terre; qu'il n'y avoit pas une ville, ni pas un village de son sentiment; que les Grecs, les Arméniens et en un mot tous les chrétiens avoient en cette matière la même foi que l'Occident; de sorte qu'il n'y avoit rien de plus ridicule que de traiter d'incroyable ce qui étoit cru par le monde entier[1]. Bérenger ne nioit pas ce fait; mais à l'exemple de tous les hérétiques, il répondoit dédaigneusement, que les sages ne devoient pas suivre « les sentimens, ou plutôt les folies du vulgaire[2]. » Lantfranc (a) et les autres lui faisoient voir que ce qu'il appeloit *le vulgaire*, c'étoit tout le clergé et tout le peuple de l'univers[3]; et après un fait si constant, sur lequel il ne craignoit pas d'être démenti, il concloit que si la doctrine de Bérenger étoit véritable, « l'héritage promis à Jésus-Christ étoit péri, et ses promesses anéanties; » enfin que « l'Eglise catholique n'étoit plus; et que si elle n'étoit plus, elle n'avoit jamais été[4]. »

de toute l'Eglise et de tous les chrétiens.

On voit encore ici un fait remarquable; c'est que, comme tous les autres hérétiques, Bérenger trouva l'Eglise ferme et universellement unie contre le dogme qu'il attaquoit; c'est ce qu'on a toujours vu. Parmi tous les dogmes que nous croyons, on n'en sauroit marquer un seul qu'on n'ait trouvé invinciblement et universellement établi lorsque le dogme contraire a commencé à faire secte, et où l'Eglise ne soit demeurée, s'il se peut, encore plus ferme depuis ce temps-là: ce qui seul suffiroit pour faire sentir la suite perpétuelle et l'immutabilité de sa croyance.

CXXXIV. *Tous les novateurs trouvent toujours l'Eglise dans une pleine et constante profession de la doctrine qu'ils attaquent.*

On n'eut pas besoin d'assembler de concile universel contre Bérenger, non plus que contre Pélage; les décisions du Saint-Siége et des conciles qu'on tint alors furent reçues unanimement par toute l'Eglise, et l'hérésie de Bérenger bientôt anéantie ne trouva plus de retraite que chez les manichéens.

CXXXV. *On n'eut pas besoin de concile universel contre Bérenger.*

Nous avons vu comme ils commençoient à se répandre par tout l'Occident, qu'ils remplissoient de blasphèmes contre la présence

CXXXVI. *Décision du grand concile de*

---

[1] Adelm. *Ep. ad Ber. Guitm.*; ibid., lib. III, p. 462, 463, Lanfranc., *de corp. et sang. Dom.*, ibid., cap. II, IV, V, XXII, p. 765, 766, 776. — [2] *Ibid.* — [3] Lanfranc., *de corp. et sang. Dom.*, ibid., cap. IV, p. 765. — [4] *Ibid.*, cap. XXII, p. 776.

(a) Lanfranc.

Latran. Le mot de *transsubstantiation* choisi, et pourquoi.
réelle, et en même temps d'équivoques pour se cacher à l'Eglise dont ils vouloient fréquenter les assemblées [1]. Ce fut donc pour s'opposer à ces équivoques que l'Eglise se crut obligée à se servir de quelques termes précis, comme elle avoit fait autrefois si utilement contre les ariens et les nestoriens; ce qu'elle fit en cette manière sous Innocent III, dans le grand concile de Latran l'an 1215 de Notre-Seigneur. « Il y a une seule Eglise universelle des fidèles, hors de laquelle il n'y a point de salut, où Jésus-Christ est lui-même le sacrificateur et la victime, dont le corps et le sang sont véritablement contenus sous les espèces du pain et du vin dans le sacrement de l'autel, le pain et le vin étant transsubstantiés, l'un au corps et l'autre au sang de Notre-Seigneur par la puissance divine, afin que pour accomplir le mystère de l'unité nous prissions du sien ce qu'il a lui-même pris du nôtre [2]. » Il n'y a personne qui ne voie que le nouveau mot de *transsubstantier*, qu'on emploie ici, sans rien ajouter à l'idée de changement de substance qu'on vient de voir reconnue contre Bérenger, ne faisoit que l'énoncer par une expression qui par sa signification précise servoit de marque aux fidèles contre les subtilités et les équivoques des hérétiques, comme avoit fait autrefois l'*Homoousion* de Nicée et le *Theotocos* d'Ephèse. Telle fut la décision du concile de Latran, le plus grand et le plus nombreux qui ait jamais été tenu, dont l'autorité est si grande que la postérité l'a appelé par excellence *le concile général*.

CXXXVII. Simplicité des décisions de l'Eglise.
On peut voir par ces décisions avec quelle brièveté, avec quelle précision, avec quelle uniformité l'Eglise s'explique. Les hérétiques, qui cherchent leur foi vont à tâtons et varient. L'Eglise qui porte toujours sa foi toute formée dans son cœur, ne cherche qu'à l'expliquer sans embarras et sans équivoques : c'est pourquoi ses décisions ne sont jamais chargées de beaucoup de paroles. Au reste comme elle envisage sans s'étonner les difficultés les plus hautes, elle les propose sans ménagement, assurée de trouver dans ses enfans un esprit toujours prêt à se captiver et une docilité capable de tout le poids du secret divin. Les héré-

[1] Ci-dessus, liv. XI, n. 31, 32, etc. — [2] *Conc. Later.*, IV, tom. XI *Conc. Lab.*, 143.

tiques, qui cherchent à soulager le sens humain et la partie animale où le secret de Dieu ne peut entrer, se tourmentent à tourner l'Ecriture sainte à leur mode. L'Eglise ne songe au contraire qu'à la prendre simplement. Elle entend dire au Sauveur : « Ceci est mon corps, » et ne comprend pas que ce qu'il appelle *corps* si absolument soit autre chose que le corps même : c'est pourquoi elle croit sans peine que c'est le corps en substance, parce que le corps en substance n'est autre chose que le vrai et propre corps ; ainsi le mot de *substance* entre naturellement dans ses expressions. Aussi Bérenger ne songea jamais à se servir de ce mot ; et Calvin, qui s'en est servi en convenant dans le fond avec Bérenger, nous a fait voir seulement par là que la figure que Bérenger admettoit ne remplissoit pas toute l'attente et toute l'idée du chrétien.

La même simplicité qui a fait croire à l'Eglise le corps présent dans le sacrement, lui a fait croire qu'il en étoit toute la substance, Jésus-Christ n'ayant pas dit : « Mon corps est ceci ; » mais : « Ceci l'est ; » et comme il ne l'est point par sa nature, il le devient, il l'est fait par la puissance divine. Voilà ce qui fait entendre une conversion, une transformation, un changement ; parole si naturelle à ce mystère qu'elle ne pouvoit manquer de venir contre Bérenger, puisque même on la trouvoit déjà partout dans les liturgies et dans les Pères.

On opposoit ces raisons si simples et si naturelles à Bérenger. Nous n'en avons point d'autres encore à présent à opposer à Calvin et à Zuingle : nous les avons reçues des catholiques qui ont écrit contre Bérenger [1], comme ceux-là les avoient reçues de ceux qui les avoient précédés ; et le concile de Trente n'a rien ajouté aux décisions de nos Pères que ce qui étoit nécessaire pour éclaircir davantage ce que les protestans tâchoient d'obscurcir, comme le verront aisément ceux qui savent tant soit peu l'histoire de nos controverses.

CXXXVIII
Décision du concile de Trente.

Car il fallut, par exemple, expliquer plus distinctement que Jésus-Christ se rendoit présent, non pas seulement dans l'usage, comme le pensent les luthériens, mais incontinent après la consécration, à cause qu'on y disoit, non point « Ceci sera, » mais :

[1] Dur. Troarn., tom. XVII, *Bib. PP.*, p. 422 ; Guitm., *ibid.*, 462, etc.

« Ceci est ; » ce qui néanmoins dans le fond avoit déjà été dit contre Bérenger, lorsqu'on attacha la présence, non à la manducation ou à la foi de celui qui recevoit le sacrement, mais à la « prière sacrée et à la parole du Sauveur [1]; » par où aussi paroissoit, non-seulement l'adoration, mais encore la vérité de l'oblation et du sacrifice, ainsi que nous l'avons vu avoué par les protestans [2] : de sorte que dans le fond il n'y a de difficulté que dans la présence réelle, où nous avons l'avantage de reconnoître que ceux mêmes qui s'éloignent en effet de notre doctrine tâchent toujours, tant elle est sainte, d'en approcher le plus qu'ils peuvent [3].

CXXXIX. Raisons de la décision du concile de Constance, touchant la communion sous une espèce.

La décision de Constance pour approuver et pour obtenir la communion sous une espèce [4], est une de celles où nos adversaires s'imaginent avoir le plus d'avantage. Mais pour connoître la gravité et la constance de l'Eglise dans ce décret, il ne faut que se souvenir que le concile de Constance, lorsqu'il le fit, avoit trouvé la coutume de communier sous une espèce établie sans contradiction depuis plusieurs siècles. Il en étoit à peu près de même que du baptême par immersion, aussi clairement établi dans l'Ecriture que la communion sous les deux espèces le pouvoit être, et qui néanmoins avoit été changé en infusion, avec autant de facilité et aussi peu de contradiction que la communion sous une espèce s'étoit trouvée établie; de sorte qu'il y avoit la même raison de conserver l'un que l'autre.

CXL. Raisons qui déterminoient à maintenir l'ancienne coutume.

C'est un fait très-constamment avoué dans la Réforme, quoique quelques-uns veulent maintenant chicaner dessus, que le baptême fut institué en plongeant entièrement le corps ; que Jésus-Christ le reçut ainsi, et le fit ainsi donner par ses apôtres ; que l'Ecriture ne connoît point d'autre baptême que celui-là ; que l'antiquité l'entendoit et le pratiquoit ainsi; que le mot même l'emporte, et que baptiser c'est plonger : ce fait, dis-je, est avoué unanimement par tous les théologiens de la Réforme, même par les réformateurs, et par ceux mêmes qui savoient le mieux la langue grecque et les

---

Ci-dessus, n. 131. — [2] Ci-dessus, liv. III, n. 51 et suiv. jusqu'à 56; liv. VI, n. 26, 31 et suiv. — [3] Ci-dessus, liv. IX, n. 26 et suiv. jusqu'au n. 75. — [4] *Conc. Const.*, sess. VIII.

anciennes coutumes tant des Juifs que des chrétiens; par Luther, par Mélanchthon, par Calvin, par Casaubon, par Grotius, par tous les autres, et depuis peu encore par Jurieu le plus contredisant de tous les ministres [1]. Luther même a remarqué que le mot allemand qui signifioit le baptême venoit de là, et que ce sacrement étoit nommé *Tauf* (a), à cause de la profondeur, parce qu'on plongeoit profondément dans les eaux ceux qu'on baptisoit. Si donc il y a au monde un fait constant, c'est celui-là : mais il n'est pas moins constant, même par tous ces auteurs, que le baptême sans cette immersion est valide, et que l'Eglise a raison d'en retenir la coutume. On voit donc dans un fait semblable ce qu'on doit juger du décret de la communion sous une espèce, et que ce qu'on y oppose n'est qu'une chicane.

En effet si on a eu raison de soutenir le baptême sans immersion, à cause qu'en le rejetant il s'ensuivroit qu'il n'y auroit plus de baptême depuis plusieurs siècles, par conséquent plus d'Eglise, puisque l'Eglise ne peut subsister sans la substance des sacremens : la substance de la Cène n'y est pas moins nécessaire. Il y avoit donc la même raison de soutenir la communion sous une espèce que de soutenir le baptême par infusion ; et l'Eglise en maintenant ces deux pratiques, que la tradition faisoit voir également indifférentes, n'a fait, selon la coutume, que de maintenir (b) contre les esprits contentieux l'autorité sur laquelle se reposoit la foi des simples.

Qui en voudra voir davantage sur cette matière peut répéter les endroits de cette *histoire* où il en est parlé, et entre autres ceux où il paroît que la communion sous une espèce s'est établie avec si peu de contradiction, qu'elle n'a pas été combattue par les plus grands ennemis de l'Eglise, pas même par Luther au commencement [2].

---

[1] Luth., *de sacr. Bapt.*, tom. I ; Mel., *Loc. comm.*, cap. *de Bapt.*; Cal., *Inst.*, liv. IV, 15, 19, etc.; Causab., *not. in Matt.*, III, 6, Grot., epist. CCCXXXVI; Jur., *Syst.*, liv. III, chap. xx, p. 583. — [2] Ci-dessus, liv. II, n. 10 ; liv. III, n. 60, 61 et suiv.; liv. VII, n. 67 ; liv. XI, n. 106 ; liv. XIV, n. 114, 115; liv. XV, n. 43, 61.

(a) *Tauf* est de la famille de *tief*, qui signifie *profond*. — (b) Ainsi jusqu'au milieu du xviiie siècle, mais l'édition des Bénédictins et les suivantes disent : N'a fait que maintenir.

CXLI.
La question de la justification.

Après la question de l'Eucharistie, l'autre question principale de nos controverses est celle de la justification; et l'on peut aisément entendre sur cette matière la gravité des décisions de l'Eglise catholique, puisqu'elle ne fait que répéter dans le concile de Trente ce que les Pères et saint Augustin avoient autrefois décidé, lorsque cette question fut agitée avec les pélagiens.

CXLII.
La justice inhérente reconnue des deux côtés. Conséquence de cette doctrine.

Et premièrement il faut supposer qu'il n'y a point de question entre nous, s'il faut reconnoître dans l'homme justifié une sainteté et une justice infuse dans l'ame par le Saint-Esprit; car les qualités et habitudes infuses sont, comme on a vu [1], reconnues par le synode de Dordrect. Les luthériens ne sont pas moins fermes à les défendre; et en un mot tous les protestans sont d'accord que par la régénération et la sanctification de l'homme nouveau, il se fait en lui une sainteté et une justice comme une habitude permanente : la question est de savoir si c'est cette sainteté et cette justice qui nous justifie devant Dieu. Mais où est l'inconvénient? Une sainteté qui ne nous fasse pas saints, une justice qui ne nous fasse pas justes, seroit une subtilité inintelligible. Mais une sainteté et une justice que Dieu fît en nous, et qui néanmoins ne lui plût pas; ou qui lui fût agréable, mais ne rendît pas agréable celui où elle se trouveroit, ce seroit une autre finesse plus indigne encore de la simplicité chrétienne.

CXLIII.
L'Eglise dans le concile de Trente ne fait que répéter ses anciennes décisions sur la notion de la grace justifiante.

Mais au fond quand l'Eglise a défini dans le concile de Trente que la rémission des péchés nous étoit donnée, non par une simple imputation de la justice de Jésus-Christ au dehors, mais par une régénération qui nous change et nous renouvelle au dedans, elle n'a fait que répéter ce qu'elle avoit autrefois défini contre les pélagiens dans le concile de Carthage : « Que les enfans sont véritablement baptisés en la rémission des péchés, afin que la régénération purifiât en eux le péché qu'ils ont contracté par la génération [2]. »

Conformément à ces principes le même concile de Carthage entend par « la grace justifiante, non-seulement celle qui nous remet les péchés commis, mais celle encore qui nous aide à n'en plus commettre [3], » non-seulement en nous « éclairant » dans

[1] Ci-dessus, liv. XIV, n. 43. — [2] *Conc. Carth.*, cap. I. — [3] *Ibid.*, cap. III, IV, V.

l'esprit, mais encore en nous « inspirant la charité » dans le cœur, afin « que nous puissions accomplir les commandemens de Dieu. » Or la grace qui fait ces choses n'est pas une simple imputation, mais c'est encore un écoulement de la justice de Jésus-Christ : donc la grace justifiante est autre chose qu'une telle imputation ; et ce qu'on a dit dans le concile de Trente n'est qu'une répétition du concile de Carthage, dont les décrets ont paru d'autant plus inviolables aux Pères de Trente, que les Pères de Carthage ont senti en les proposant qu'ils ne proposoient autre chose sur cette matière que ce « qu'en avoit toujours entendu l'Eglise catholique répandue par toute la terre [1]. »

Nos pères n'ont donc pas cru que, pour détruire la gloire humaine et tout attribuer à Jésus-Christ, il fallût ou ôter à l'homme la justice qui étoit en lui, ou en diminuer le prix, ou en nier l'effet ; mais ils ont cru qu'il la falloit reconnoître comme uniquement venue de Dieu par une bonté gratuite ; et c'est aussi ce qu'ont reconnu après eux les Pères de Trente, comme on l'a vu en plusieurs endroits de cet ouvrage [2].

CXLIV. Sur la gratuité.

C'est en ce sens que l'Eglise catholique avoit toujours reconnu après saint Paul, que « Jésus-Christ nous étoit sagesse [3], » non pas en nous imputant simplement la sagesse qui étoit en lui, mais en répandant dans nos ames une sagesse découlée de la sienne ; « qu'il nous étoit justice et sainteté » dans le même sens ; et « qu'il nous étoit rédemption, » non pas en couvrant seulement nos crimes, mais en les effaçant entièrement par son Saint-Esprit répandu dans nos cœurs ; au reste que nous étions « faits justice de Dieu en Jésus-Christ, » d'une manière plus intime que Jésus-Christ « n'avoit été fait péché pour nous [4], » puisque Dieu l'avoit « fait péché, » c'est-à-dire victime pour le péché, en le traitant comme pécheur, quoiqu'il fût juste ; au lieu qu'il nous avoit « faits justice de Dieu en lui, » non pas en nous laissant nos péchés et simplement en nous traitant comme justes, mais en nous ôtant nos péchés, et en nous faisant justes.

Pour faire cette justice inhérente en nous absolument gratuite,

CXLV. Sur ce que

[1] *Conc. Carth.*, cap. IV. — [2] Ci-dessus, liv. III, n. 20 et suiv. — [3] *I Cor.*, I, 29, 30, 31. — [4] II *Cor.*, V, 21.

toutes les préparations à la grace viennent de la grace nos pères n'avoient pas cru qu'il fût nécessaire de dire qu'on ne peut pas s'y disposer par de bons désirs, ni l'obtenir par ses prières, mais ils avoient cru que ces bons désirs et ces prières étoient eux-mêmes inspirés de Dieu; et c'est ce qu'a fait à leur exemple le concile de Trente[1], lorsqu'il a dit que toutes nos bonnes « dispositions » venoient « d'une grace prévenante; » que nous ne pouvions nous « disposer et nous préparer » à la grace qu'étant « excités et aidés par la grace même; » que « Dieu étoit la source de toute justice; » et que c'étoit en cette qualité qu'il le falloit aimer; et qu'on « ne pouvoit croire, espérer, aimer, ni se repentir comme il falloit, afin que la grace de la justification nous fût conférée, sans une inspiration prévenante du Saint-Esprit[2]. » En quoi ce saint concile n'a fait autre chose que de répéter ce que nous lisons dans le concile d'Orange, que nous ne « pouvons ni vouloir, ni croire, ni penser, ni aimer comme il faut, et comme il est utile, que par l'inspiration de la grace prévenante[3]; » c'est-à-dire qu'on n'a voulu disputer ni contre les hérétiques ni contre les infidèles, ni même contre les païens, ni en un mot contre tous les autres qui s'imaginent aimer Dieu, et qui ressentent en effet des mouvemens si semblables à ceux des fidèles. Mais sans entrer avec eux dans la discussion impossible des différences précises de leurs sentimens d'avec ceux des justes, on se contente de définir que ce qui se fait sans la grace n'est pas « comme il faut, » et qu'il ne plaît pas à Dieu, puisque « sans la foi il n'est pas possible de lui plaire[4]. »

CXLVI. *Sur la nécessité de conserver le libre arbitre avec la grace.* Si le concile de Trente en défendant la grace de Dieu a soutenu en même temps le libre arbitre, ç'a encore été une fidèle répétition des sentimens de nos pères, lorsqu'ils ont défini, contre les pélagiens, que la grace « ne détruisoit pas le libre arbitre, mais le délivroit, afin que de ténébreux il devînt rempli de lumière; de malade, sain; de dépravé, droit; et d'imprudent, prévoyant et sage[5] : » c'est pourquoi la grace de Dieu étoit appelée « un aide et un secours du libre arbitre; » par conséquent quelque chose qui loin de le détruire le conservoit, et lui donnoit sa perfection.

[1] Ses. VI, cap. v, vi. — [2] Can. 1. — [3] *Conc. Araus.* II, cap. vi, vii, xxv. — [4] Hebr., xi, 6. — [5] *Auct. Sed. Apost., de grat. inter dec. Cœlest. PP.*

Selon une si pure notion loin de craindre le mot de *mérite*, qui en effet étoit naturel pour exprimer la dignité des bonnes œuvres, nos pères le soutenoient contre les restes des pélagiens, dans le même concile d'Orange par ces paroles répétées à Trente : « La bonté de Dieu est si grande envers tous les hommes, qu'il veut même que ce qu'il nous donne soit notre mérite [1]; » d'où il s'ensuit, comme aussi l'ont décidé les mêmes Pères d'Orange, « que toutes les œuvres et les mérites des Saints doivent être rapportés à la gloire de Dieu, parce que personne ne lui peut plaire que par les choses qu'il a données [2]. »

CXLVII. Sur le mérite des bonnes œuvres.

Enfin si l'on n'a pas craint de reconnoître à Trente avec une sainte confiance que la récompense éternelle est due aux bonnes œuvres, c'est encore en conformité, et sur les mêmes principes qui avoient fait dire à nos pères dans le même concile d'Orange : « Que les mérites ne préviennent pas la grace; et que la récompense n'est due aux bonnes œuvres qu'à cause que la grace, qui n'étoit pas due, les a précédées [3]. »

Par ce moyen nous trouvons dans le chrétien une véritable justice, mais qui lui est donnée de Dieu avec son amour, et qui aussi lui fait accomplir ses commandemens; en quoi le concile de Trente ne fait encore que suivre cette règle des Pères d'Orange : « Qu'après avoir reçu la grace par le baptême, tous les baptisés, avec la grace et la coopération de Jésus-Christ, peuvent et doivent accomplir ce qui appartient au salut, s'ils veulent fidèlement travailler [4]; » où ces Pères ont uni la grace coopérante de Jésus-Christ avec le travail et la fidèle correspondance de l'homme, conformément à cette parole de saint Paul : « Non pas moi, mais la grace de Dieu avec moi [5]. »

CXLVIII. Sur l'accomplissement des commandemens de Dieu.

Dans cette opinion que nous avons de la justice chrétienne, nous ne croyons pourtant pas qu'elle soit parfaite et entièrement irrépréhensible, puisque nous en mettons une principale partie dans la demande continuelle de la rémission des péchés : que si nous croyons que ces péchés, dont les plus justes sont obligés tous

CXLIX. Sur la vérité, et ensemble sur l'imperfection de notre justice.

---

[1] *Conc. Araus.* II; *Conc. Trid.*, sess. VI, cap. XVI. — [2] *Conc. Araus.* II, cap. V. — [3] *Ibid.*, cap. XVIII. — [4] *Conc. Trid.*, sess. VI, cap. XI, can. 18; *Conc. Araus.* II, cap. XXV. — [5] I *Cor.*, XV, 10.

les jours à demander pardon, ne les empêchent pas d'être vraiment justes, le concile de Trente a puisé encore une décision si nécessaire dans le concile de Carthage, où il est porté : « Que ce sont les saints qui disent humblement et véritablement tout ensemble : « Pardonnez-nous nos fautes : » Que l'apôtre saint Jacques, quoique saint et juste, n'a pas laissé de dire : « Nous péchons tous en beaucoup de choses : » Que Daniel aussi, quoique saint et juste, n'avoit pas laissé de dire : « Nous avons péché [1]. » D'où il s'ensuit que de tels péchés n'empêchent pas la sainteté et la justice, à cause qu'ils n'empêchent pas que l'amour de Dieu ne règne dans les cœurs.

CL.
Que Dieu accepte nos bonnes œuvres pour l'amour de Jésus-Christ.

Que si le concile de Carthage veut qu'à cause de ces péchés nous disions continuellement à Dieu : « N'entrez point en jugement avec votre serviteur, parce que nul homme vivant ne sera justifié devant vous, » nous l'entendons comme ce concile de la justice parfaite, sans exclure de l'homme juste une justice véritable, reconnoissant néanmoins que c'est encore par un effet d'une bonté gratuite et pour l'amour de Jésus-Christ, que Dieu, qui pouvoit mettre à des damnés comme nous un aussi grand bien que la vie éternelle à un aussi haut prix qu'il eût voulu, n'avoit pas exigé de nous une justice sans tache; et au contraire avoit consenti de nous juger, non selon l'extrême rigueur qui ne nous étoit que trop due après notre prévarication, mais selon une rigueur tempérée et une justice accommodée à notre foiblesse; ce qui a obligé le concile de Trente à reconnoître « que l'homme n'a pas de quoi se glorifier; mais que toute sa gloire est en Jésus-Christ, en qui nous vivons, en qui nous méritons, en qui nous satisfaisons, faisant de dignes fruits de pénitence, qui tirent leur force de lui, par lui sont offerts à son Père, et sont acceptés pour l'amour de lui par son Père [3]. »

CLI.
Que les saints Pères ont détesté aussi bien que nous, comme un blasphème

L'écueil qui étoit à craindre en célébrant le mystère de la prédestination, étoit de la mettre pour le bien comme pour le mal; et si l'Eglise a détesté le crime des réformateurs prétendus qui se sont emportés à cet excès, elle n'a fait que marcher sur les pas du concile d'Orange, qui prononce un « anathème » éternel, « avec

[1] Cap. VII, VIII. — [2] *Ibid.* — [3] Sess. XIV, cap. VIII.

toute détestation, contre ceux qui oseroient dire que l'homme soit prédestiné au mal par la puissance divine [1] ; » et du concile de Valence qui décide pareillement que « Dieu par sa prescience n'impose à personne la nécessité de pécher, mais qu'il prévoit seulement ce que l'homme devoit être par sa propre volonté ; en sorte que les méchans ne périssent point pour n'avoir point pu être bons, mais pour n'avoir pas voulu le devenir, ou pour n'avoir pas voulu demeurer dans la grace qu'ils avoient reçue [2]. »

La doctrine qui fait prédestiner à Dieu le bien comme le mal.

Ainsi quand une question a été une fois jugée dans l'Eglise, comme on ne manque jamais de la décider selon la tradition de tous les siècles passés, s'il arrive qu'on la remue dans les siècles suivans, après mille et douze cents ans on trouve toujours l'Eglise dans la même situation, toujours prête à opposer aux ennemis de la vérité les mêmes décrets que le Saint-Siége apostolique et l'unanimité catholique a prononcés ; sans jamais y rien ajouter que ce qui est nécessaire contre les nouvelles erreurs.

CLII. *On trouve toujours l'Eglise dans la même situation.*

Pour achever ce qui reste sur la matière de la grace justifiante, je ne trouve point de décision touchant la certitude du salut, parce que rien n'avoit encore obligé l'Eglise à prononcer sur ce point : mais personne n'a contredit saint Augustin, qui enseigne que « cette certitude n'est pas utile en ce lieu de tentation, où l'assurance pourroit produire l'orgueil [3] ; » ce qui s'étend aussi, comme on voit, à la certitude qu'on pourroit avoir de la justice présente; si bien que l'Eglise catholique, en inspirant à ses enfans une confiance si haute qu'elle exclut l'agitation et le trouble, y laisse à l'exemple de l'Apôtre le contre-poids de la crainte, et n'apprend pas moins à l'homme à se défier de lui-même qu'à se confier absolument en Dieu.

CLIII. *Que nos pères ont rejeté, comme nous, la certitude du salut et de la justice.*

Enfin si l'on repasse ce qu'on a vu dans tout cet ouvrage accordé par nos adversaires sur la justification et les mérites des Saints [4], on demeurera entièrement d'accord qu'il n'y a aucun sujet de se plaindre de la doctrine de l'Eglise. Mélanchthon si zélé pour cet article avoue aussi « qu'on en peut facilement convenir de

CLIV. *Mélanchthon demeure d'accord que l'article de la justification est aisé à concilier.*

---

[1] *Conc. Araus.* II, cap. XXV. — [2] *Conc. Valent.*, III, can. 2 et 5. — [3] *De Correp. et Grat.*, cap. XIII, n. 40; *de Civit. Dei*, lib. XI, cap. XII. — [4] Ci-dessus, liv. III, n. 25 et suiv.; liv. VIII, n. 22 et suiv.

part et d'autre¹ : » ce qu'il semble demander le plus, c'est la certitude de la justice; mais tout humble chrétien se contentera aisément de la même certitude sur la justice que sur le salut éternel : toute la consolation qu'on doit avoir en cette vie est celle d'exclure par la confiance, non-seulement le désespoir, mais encore le trouble et l'angoisse; et on n'a rien à reprocher à un chrétien qui, assuré du côté de Dieu, n'a plus à craindre ni à douter que de lui-même².

<small>CLV.
Netteté des décisions de l'Eglise.
Elle coupe la racine des abus sur la prière des Saints.</small>

Les décisions de l'Eglise catholique ne sont pas moins nettes et moins précises qu'elles sont fermes et constantes; et on va toujours au devant de ce qui pourroit donner occasion à l'esprit humain de s'égarer.

Honorer les Saints dans les assemblées, c'étoit y honorer Dieu auteur de leur sainteté et de leur béatitude; et leur demander la société de leurs prières, c'étoit se joindre aux chœurs des anges, aux esprits des justes parfaits, et à l'Eglise des premiers-nés qui sont dans le ciel. L'on trouve une si sainte pratique dès les premiers siècles³, et on n'y en trouve pas le commencement, puisqu'on n'y trouve personne qui ait été remarqué comme novateur. Ce qu'il y avoit à craindre pour les ignorans, c'étoit qu'ils ne fissent l'invocation des Saints trop semblable à celle de Dieu, et leur intercession trop semblable à celle de Jésus-Christ : mais le concile de Trente nous instruit parfaitement sur ces deux points, en nous avertissant que « les Saints prient : » chose infiniment éloignée de celui qui donne; et « qu'ils prient par Jésus-Christ⁴; » chose qui les met infiniment au-dessous de celui qui est écouté par lui-même.

<small>CLVI.
Sur les images.</small>

Dresser des images, c'est rendre sensibles les mystères et les exemples qui nous sanctifient. Ce qu'il y auroit à craindre pour les ignorans, c'est qu'ils ne crussent qu'on peut représenter la nature divine, ou la rendre présente dans les images, ou en tout cas les regarder comme remplies de quelque vertu pour laquelle on les honore; ce sont là les trois caractères de l'idolâtrie. Mais le concile les a rejetés en termes précis⁵; de sorte qu'il n'est pas

---

¹ *Sent. Phil. Mel. de pace. Ec.*, p. 10. — ² Bern., serm. I, *de Sept.* — ³ Ci-dessus, liv. XIII, n. 23 et suiv. — ⁴ Sess. XXV, *dec. de invoc. Sanct.* — ⁵ *Ibid.*

permis d'attribuer à une image plus de vertu qu'à une autre, ni par conséquent d'en fréquenter l'une plutôt que l'autre, si ce n'est en mémoire de quelque miracle, ou de quelque histoire pieuse qui pourroit exciter la dévotion. L'usage des images ainsi purifié, Luther même et les luthériens démontreront que ce n'est pas des images de cette sorte qu'il est parlé dans le *Décalogue*[1]; et le culte qu'on leur rendra ne sera visiblement autre chose qu'un témoignage sensible et extérieur du pieux souvenir qu'elles excitent, et l'effet simple et naturel de ce langage muet qui est attaché à ces pieuses représentations, et dont l'utilité est d'autant plus grande qu'il peut être entendu de tout le monde.

En général tout le culte se rapporte à l'exercice intérieur et extérieur de la foi, de l'espérance et de la charité, principalement à celui de cette dernière vertu, dont le propre est de nous réunir à Dieu; de sorte qu'il y a un culte en esprit et en vérité partout où se trouve l'exercice de la charité envers Dieu ou envers le prochain, conformément à cette parole de saint Jacques : « Que c'est un culte pur et sans tache de soulager les orphelins et les veuves, et au surplus de se tenir net de la contagion du siècle[2]; » et tout acte de piété qui n'est pas animé de cet esprit est imparfait, charnel ou superstitieux.

<small>CLVII. Sur tout le culte en général.</small>

Sous prétexte que le concile de Trente n'a pas voulu entrer en beaucoup de difficultés, nos adversaires ne cessent, après Fra-Paolo, de lui reprocher qu'il a expliqué les dogmes avec des manières générales, obscures et équivoques, pour contenter en apparence plus de monde : mais ils prendroient des sentimens plus équitables, s'ils vouloient considérer que Dieu, qui sait jusqu'à quel point il veut conduire notre intelligence en nous révélant quelque vérité ou quelque mystère, ne nous révèle pas toujours ni les manières de les expliquer, ni les circonstances qui l'accompagnent, ni même en quoi il consiste jusqu'à la dernière précision, ou, comme on parle dans l'Ecole, jusqu'à la différence spécifique : de sorte qu'il faut souvent dans les décisions de l'Eglise s'en tenir à des expressions générales, pour demeurer dans cette mesure de

<small>CLVIII. Contre ceux qui accusent le concile de Trente d'avoir parlé avec ambiguité.</small>

---

[1] Ci-dessus, liv. II, n. 28. — [2] *Jac.*, I, 27.

sagesse tant louée par saint Paul, et n'être pas contre son précepte plus savant qu'il ne faut [1].

CLIX.
Les principes des protestans prouvent la nécessité du purgatoire

Par exemple, sur la controverse du purgatoire le concile de Trente a cru fermement, comme une vérité révélée de Dieu, que les ames justes pouvoient sortir de ce monde sans être entièrement purifiées. Grotius prouve clairement que cette vérité étoit reconnue par les protestans, par Mestresat, par Spanheim [2], sur ce fondement commun de la Réforme, que dans tout le cours de cette vie l'ame n'est jamais tout à fait pure; d'où il suit qu'elle sort du corps encore souillée. Mais le Saint-Esprit a prononcé que « rien d'impur n'entrera dans la cité sainte [3]; » et le ministre Spanheim démontre très-bien que l'ame ne peut être présentée à Dieu « qu'elle ne soit sans tache et sans ride, toute pure et irréprochable [4], » conformément à la doctrine de saint Paul [5]; ce qu'il avoue qu'elle n'a point durant cette vie.

CLX.
Les protestans ne rejettent pas la purification des ames après cette vie.

La question reste après cela si cette purification de l'ame se fait ou dans cette vie au dernier moment, ou après la mort : et Spanheim laisse la chose indécise. « Le fond, dit-il, est certain; mais la manière et les circonstances ne le sont pas [6]. » Mais sans presser davantage cet auteur par les principes de la secte, l'Eglise catholique passe plus avant : car la tradition de tous les siècles lui ayant appris à demander pour les morts le soulagement de leur ame, la rémission de leurs péchés et leur rafraîchissement, elle a tenu pour certain que la parfaite purification des ames se faisoit après la mort, et se faisoit par de secrètes peines qui n'étoient point expliquées de la même sorte par les saints docteurs, mais dont ils disoient seulement qu'elles pouvoient être adoucies ou relâchées tout à fait par les oblations et par les prières, conformément aux liturgies de toutes les églises.

CLXI.
Modération de l'Eglise à ne déterminer que le certain.

Sans vouloir ici examiner si ce sentiment est bon ou mauvais, il n'y a plus d'équité ni de bonne foi, si l'on refuse du moins de nous accorder que dans cette présupposition le concile a dû former son décret avec une expression générale et définir comme il

---

[1] *Rom.*, XII, 3. — [2] Grot., *epist. ext. ord.*, 575, 578, 579. — [3] *Apoc.*, XXI, 27. — [4] Spanh., *Dub. Eu.*, tom. III ; Dub. 141, n. 6, 7. — [5] *Ephes.*, V, 27. — [6] *Ibid*, n. 7.

a fait : premièrement, qu'il y a un purgatoire après cette vie; et secondement, que les prières des vivans peuvent soulager les ames des fidèles trépassés [1], sans entrer dans le particulier ni de leur peine, ni de la manière dont elles sont purifiées, parce que la tradition ne l'expliquoit pas; mais en faisant voir seulement qu'elles ne sont purifiées que par Jésus-Christ, puisqu'elles ne le sont que par les prières et oblations faites en son nom.

Il faut juger de la même sorte des autres décisions, et se bien garder de confondre, comme font ici nos réformés, les termes généraux avec les termes vagues et enveloppés, ou avec les termes ambigus. Les termes vagues ne signifient rien; les termes ambigus signifient avec équivoque, et ne laissent dans l'esprit aucun sens précis; les termes enveloppés brouillent les idées différentes : mais quoique les termes généraux ne portent pas l'évidence jusqu'à la dernière précision, ils sont clairs néanmoins jusqu'à un certain degré.

<small>CLXII. Différence des termes généraux d'avec les termes vagues, enveloppés ou ambigus.</small>

Nos adversaires ne nieront pas que les passages de l'Ecriture qui disent que le Saint-Esprit procède du Père ne nous marquent clairement quelque vérité, puisqu'ils marquent sans aucun doute que la troisième personne de la Trinité tire son origine du Père aussi bien que la seconde, encore qu'ils n'expriment pas spécifiquement en quoi consiste sa procession, ni en quoi elle est différente de celle du Fils. On voit donc qu'on ne peut accuser les expressions générales sans accuser en même temps Jésus-Christ et l'Evangile.

<small>CLXIII. Les termes généraux sont clairs à leur manière.</small>

C'est en ceci que nos adversaires se montrent toujours injustes envers le concile, puisque quelquefois ils l'accusent d'être trop descendu dans le détail, et quelquefois ils voudroient qu'il eût décidé tous les démêlés des scotistes et des thomistes à peine d'être convaincu d'une obscurité affectée : comme si on ne savoit pas que dans les décisions de foi il faut laisser le champ libre aux théologiens, pour proposer différens moyens d'expliquer les vérités chrétiennes; et par conséquent que sans s'attacher à leurs explications particulières, il faut se restreindre aux points essentiels qu'ils défendent tous en commun. Loin que ce soit parler avec

<small>CLXIV. En quoi consiste la netteté d'une décision.</small>

---

[1] Sess. XXV, dec. de Purgat.

équivoque, que de définir en cette manière les articles de notre foi, c'est au contraire un effet de la netteté de définir si clairement ce qui est certain, qu'on n'enveloppe point dans la décision ce qui est douteux; et il n'y a rien de plus digne de l'autorité et de la majesté d'un concile, que de réprimer l'ardeur de ceux qui voudroient aller plus avant.

CLXV.
Ce qu'il y a de certain dans l'autorité du Pape, très-bien reconnu dans le concile et par les docteurs catholiques.

Selon cette règle, comme on eut proposé à Trente une formule pour expliquer l'autorité du Pape tournée d'une manière d'où l'on pouvoit inférer en quelque façon sa supériorité sur le concile général, le cardinal de Lorraine et les évêques de France s'y étant opposés, le cardinal Pallavicin raconte lui-même dans son histoire que la formule fut supprimée, et que le Pape répondit « qu'il ne falloit définir que ce qui plairoit unanimement à tous les Pères [1]; » règle admirable pour séparer le certain d'avec le douteux. D'où il est aussi arrivé que le cardinal du Perron, quoique zélé défenseur des intérêts de la cour de Rome, a déclaré au roi d'Angleterre « que le différend de l'autorité du Pape, soit par le regard spirituel au respect des conciles œcuméniques, soit par le regard temporel à l'endroit des juridictions séculières, n'est point un différend de choses qui soient tenues pour articles de foi, ni qui soit inséré et exigé en la confession de foi, ni qui puisse empêcher Sa Majesté d'entrer dans l'Eglise lorsqu'elle sera d'accord des autres points [2]. » Et encore de nos jours le célèbre André Duval, docteur de Sorbonne, à qui les ultramontains s'étoient remis de la défense de leur cause, a décidé que la doctrine qui nie le Pape infaillible n'est pas absolument contre la foi, et que celle qui met le concile au-dessus du Pape ne peut être notée d'aucune censure, ni d'hérésie, ni d'erreur, ni même de témérité [3].

CLXVI.
Avec cette modération, Mélanchthon auroit reconnu l'autorité du Pape.

On voit par là que les doctrines qui ne sont pas appuyées sur une tradition constante et perpétuelle ne peuvent prendre racine dans l'Eglise, puisqu'elles ne font point partie de sa confession de foi, et que ceux mêmes qui les enseignent, les enseignent comme leur doctrine particulière, et non pas comme la doctrine de l'Eglise

---

[1] *Hist. Conc. Trid., interp. Giattin.,* lib. XIX, cap. II, 13, 14, 15. — [2] *Réplique,* liv. VI, préf., p, 858. — [3] Duvall. *Elench.*, p. 9; *It., tract. de sup. Rom. Pont. potest.,* part. II, qu. I, p. 4; qu. VII, VIII.

catholique. Rejeter la primauté et l'autorité du Saint-Siége avec cette salutaire modération, c'est rejeter le lien des chrétiens, c'est être ennemi de l'ordre et de la paix, c'est envier à l'Eglise le bien que Mélanchthon même lui a souhaité [1].

Après les choses qu'on vient de voir, il n'y a plus rien maintenant qui puisse empêcher nos réformés de se soumettre à l'Eglise; le refuge d'église invisible est abandonné : il n'est plus permis d'alléguer pour le défendre les obscurités de l'église judaïque ; les ministres nous ont relevé du soin d'y répondre, en démontrant clairement que le vrai culte n'a jamais été interrompu, pas même sous Achaz et sous Manassès [2] : la société chrétienne plus étendue selon les conditions de son alliance a été encore plus ferme, et on ne peut plus douter de la perpétuelle visibilité de l'Eglise catholique.

CLXVII. Abrégé de ce dernier livre, et premièrement sur la perpétuelle visibilité de l'Eglise.

Ceux de la *Confession d'Augsbourg* sont encore plus obligés à la reconnoître que les calvinistes [3] : l'église invisible n'a trouvé de place ni dans leur confession de foi, ni dans leur *Apologie*, où nous avons vu au contraire l'Eglise, dont il est parlé dans le Symbole, revêtue d'une perpétuelle visibilité ; et il faut, selon ces principes, nous pouvoir montrer une assemblée composée de pasteurs et de peuple où la saine doctrine et les sacremens aient toujours été en vigueur.

CLXVIII. Remarque sur la *Confession d'Augsbourg*.

Tous les argumens qu'on faisoit contre l'autorité de l'Eglise se sont évanouis. Céder à l'autorité de l'Eglise universelle, ce n'est plus agir à l'aveugle, ni se soumettre à des hommes, puisqu'on avoue que ses sentimens sont la règle, et encore la règle la plus sûre pour décider les vérités les plus importantes de la religion [4]. On convient que si on eût suivi cette règle, et qu'on se fût proposé d'entendre l'Ecriture sainte selon qu'elle étoit entendue par l'Eglise universelle, il n'y auroit jamais eu de sociniens ; jamais on n'auroit entendu révoquer en doute avec la divinité de Jésus-Christ l'immortalité de l'ame, l'éternité des peines, la création, la prescience de Dieu et la spiritualité de son essence : choses qu'on

CLXIX. Les argumens qu'on faisoit contre l'autorité de l'Eglise, sont résolus par les ministres.

---

[1] Ci-devant, liv. IV, n. 39; liv. V, n. 24, 25 ; Mel., *de pot. Pontif.*, p. 6. — [2] IV *Reg.*, XVI, 4, 15, XXI; Jur., *Syst.*, p. 222, 223. — [3] Ci-dessus, n. 4 et suiv. jusqu'au 10. — [4] Ci-dessus, n. 86, 87 et suiv.

croyoit si fermes parmi les chrétiens, qu'on ne pensoit pas seulement qu'on en pût jamais douter, et qu'on voit maintenant attaquées avec des raisonnemens si captieux, que beaucoup de foibles esprits s'y laissent prendre. On convient que l'autorité de l'Eglise universelle est un remède infaillible contre ce désordre. Ainsi l'autorité de l'Eglise, loin d'être, comme on le disoit dans la Réforme, un moyen d'introduire parmi les chrétiens toutes les doctrines qu'on veut, est au contraire un moyen certain pour arrêter la licence des esprits, et empêcher qu'on n'abuse de la sublimité de l'Ecriture d'une manière si dangereuse au salut des ames.

La Réforme a enfin connu ces vérités; et si les luthériens ne veulent pas les recevoir de la main d'un ministre calviniste, ils n'ont qu'à nous expliquer comment on peut résister à l'autorité de l'Eglise, après avoir avoué que la vérité y est toujours manifeste[1].

CLXX. Qu'on se sauve dans l'Eglise romaine.

On ne doit plus hésiter à venir de toutes les communions séparées chercher la vie éternelle dans le sein de l'Eglise romaine, puisqu'on avoue que le vrai peuple de Dieu et ses vrais élus y sont encore, comme on a toujours avoué qu'ils y étoient avant la Réforme prétendue[2]. Mais on s'est enfin aperçu que la différence qu'on vouloit mettre entre les siècles qui l'ont précédée et ceux qui l'ont suivie étoit vaine, et que la difficulté qu'on faisoit de reconnoître cette vérité venoit d'une mauvaise politique.

Que si les luthériens font encore ici les difficiles, et ne veulent pas se laisser persuader aux sentimens de Calixte, qu'ils nous montrent donc ce qu'a fait depuis Luther l'Eglise romaine pour déchoir du titre de vraie Eglise, et pour perdre sa fécondité, en sorte que les élus ne puissent plus naître dans son sein.

CLXXI. Les ministres ne sont pas croyables, lorsqu'ils font le salut si difficile dans l'Eglise romaine.

Il est vrai qu'en reconnoissant qu'on se peut sauver dans l'Eglise romaine, les ministres veulent faire croire qu'on s'y peut sauver comme dans un air empesté et par une espèce de miracle, à cause de ses impiétés et de ses idolâtries. Mais il faut savoir remarquer dans les ministres ce que la haine leur fait ajouter à ce que la vérité les a forcés de reconnoître. Si l'Eglise romaine faisoit profession d'impiété et d'idolâtrie, on n'a pas pu s'y sauver devant la

---

[1] Ci-dessus, n. 4 et suiv. — [2] Ci-dessus, n. 50, 51 et suiv. jusqu'à 59.

Réforme, et on ne peut pas s'y sauver depuis ; et si on peut s'y sauver devant et après, l'accusation d'impiété et d'idolâtrie est indigne et calomnieuse.

Aussi montre-t-on pour elle une haine trop visible, puisqu'on s'emporte jusqu'à dire qu'on s'y peut sauver à la vérité, mais plus difficilement que « parmi les ariens [1], » qui nient la divinité du Fils de Dieu et du Saint-Esprit ; qui par conséquent se croient dédiés à des créatures par le baptême ; qui regardent dans l'Eucharistie la chair d'un homme qui n'est pas Dieu, comme la source de la vie ; qui croient que sans être Dieu un homme les a sauvés, et a pu payer le prix de leur rachat ; qui l'invoquent comme celui à qui est donnée la toute-puissance dans le ciel et dans la terre ; qui sont consacrés au Saint-Esprit, c'est-à-dire à une créature, pour être ses temples ; qui croient qu'une créature, c'est-à-dire le même Saint-Esprit, leur distribue la grace comme il lui plaît, les régénère et les sanctifie par sa présence. Voilà la secte qu'on préfère à l'Eglise romaine ; et cela n'est-ce pas dire à tous ceux qui sont capables d'entendre : Ne nous croyez pas : quand nous parlons de cette église, la haine nous transporte, et nous ne nous possédons plus ?

<small>CLXXII. Excès des ministres, qui préfèrent la secte arienne à l'Eglise romaine.</small>

Enfin il n'est plus possible de tirer nos réformés du nombre de ceux « qui se séparent eux-mesmes, et qui font secte à part, » contre le précepte des apôtres et de saint Jude [2], et contre ce qui est porté dans leur propre *Catéchisme* [3]. En voici les termes dans l'explication du Symbole : « L'article de la rémission des péchez est mis aprés celuy de l'Eglise catholique, parce que nul n'obtient pardon de ses péchez que premiérement il ne soit incorporé au peuple de Dieu, et persévére en unité et communion avec le corps de Christ, et ainsi qu'il soit membre de l'Eglise : ainsi hors de l'Eglise il n'y a que damnation et que mort ; car tous ceux qui se séparent de la communauté des fidèles, *pour faire secte à part*, ne doivent espérer salut cependant qu'ils sont en division. »

<small>CLXXIII. Les protestans ne peuvent plus s'excuser de schisme.</small>

L'article parle clairement de l'Eglise universelle, visible et toujours visible, et nous avons vu qu'on en est d'accord : on est pareillement d'accord comme d'un fait constant et notoire, que les

---

[1] *Préjug. lég.*, I part., chap. I ; *Syst.*, p. 225. — [2] *Jud.*, 17, 18. — [3] *Dim.*, 16.

églises qui se disent réformées, en renonçant à la communion de l'Eglise romaine, n'ont trouvé sur la terre aucune église à laquelle elles se soient unies [1] : elles ont donc fait secte à part avec toute la communauté des chrétiens et de l'Eglise universelle ; et selon leur propre doctrine elles renoncent à la grace de la rémission des péchés, qui est le fruit du sang de Jésus-Christ : de sorte que la damnation et la mort est leur partage.

CLXXIV. Répétition abrégée des absurdités du nouveau système. Les absurdités qu'il a fallu dire pour répondre à ce raisonnement font bien voir combien il est invincible; car après mille vains détours, il en a enfin fallu venir jusqu'à dire qu'on demeure dans l'Eglise catholique et universelle, en renonçant à la communion de toutes les églises qui sont au monde, et se faisant une église à part [2]; qu'on demeure dans la même Eglise universelle encore qu'on en soit chassé par une juste censure; qu'on n'en peut point sortir par un autre crime que par l'apostasie, en renonçant au christianisme et à son baptême; que toutes les sectes chrétiennes, quelque divisées qu'elles soient, sont un même corps et une même église en Jésus-Christ; que les églises chrétiennes n'ont entre elles aucune liaison extérieure par l'ordre de Jésus-Christ; que leur liaison est arbitraire; que les confessions de foi par lesquelles elles s'unissent sont pareillement arbitraires, et des marchés où l'on met ce qu'on veut; qu'on en peut rompre l'accord sans se rendre coupable de schisme; que l'union des églises dépend des empires, et de la volonté des princes; que toutes les églises chrétiennes sont naturellement et par leur origine indépendantes les unes des autres, d'où il s'ensuit que les indépendans, si grièvement censurés à Charenton, ne font autre chose que conserver la liberté naturelle des églises; que pourvu qu'on trouve le moyen de s'assembler de gré ou de force et « de faire figure dans le monde, » on est un vrai membre du corps de l'Eglise catholique; que nulle hérésie n'a jamais été ni pu être condamnée par un jugement de l'Eglise universelle; qu'il n'y a même et n'y peut avoir aucun jugement ecclésiastique dans les matières de foi; qu'on n'a point droit d'exiger des souscriptions aux décrets des

[1] Ci-dessus, n. 21, 22, 34, 35 et suiv., 68, 81, 82, 83. — [2] Ci-dessus, n. 65, etc.

synodes sur la foi; qu'on se peut sauver dans les sectes les plus perverses, et même dans celle des sociniens.

Je ne finirois jamais si je voulois répéter toutes les absurdités qu'il a fallu dire pour sauver la Réforme de la sentence prononcée contre ceux qui font secte à part. Mais sans avoir besoin d'en raconter le détail, elles sont toutes ramassées dans celle-ci qu'on a toujours soutenue plus ou moins dans la Réforme, et où plus que jamais on met maintenant toute la défense de la cause : *que l'Eglise* catholique, dont il est parlé dans le Symbole, est un amas de sectes divisées entre elles, qui se frappent d'anathème les unes les autres; de sorte que le caractère du royaume de Jésus-Christ est le même que Jésus-Christ a donné au royaume de Satan, ainsi qu'il a été expliqué [1].

CLXXV. Le comble des absurdités. Le royaume de Jésus-Christ confondu avec le royaume de Satan.

Mais il n'y a rien de plus opposé à la doctrine de Jésus-Christ même. Selon la doctrine de Jésus-Christ, le royaume de Satan est divisé contre lui-même, et doit tomber maison sur maison jusqu'à la dernière ruine [2]. Au contraire, selon la promesse de Jésus-Christ, son Eglise, qui est son royaume, bâtie sur la pierre, sur la même confession de foi et le même gouvernement ecclésiastique, est parfaitement unie : d'où il s'ensuit qu'elle est inébranlable et que les portes de l'enfer ne pourront jamais prévaloir contre elle [3]; c'est-à-dire que la division, qui est le principe de la foiblesse et le caractère de l'enfer, ne l'emportera point contre l'unité, qui est le principe de la force et le caractère de l'Eglise. Mais tout cet ordre est changé dans la Réforme; et le royaume de Jésus-Christ étant divisé comme celui de Satan, il ne faut plus s'étonner qu'on ait dit, conformément à un tel principe, qu'il étoit tombé en ruine et désolation.

Ces maximes de division ont été le fondement de la Réforme, puisqu'elle s'est établie par une rupture universelle; et l'unité de l'Eglise n'y a jamais été connue : c'est pourquoi ses Variations, dont nous avons enfin achevé l'histoire, nous ont fait voir ce qu'elle étoit, c'est-à-dire un royaume désuni, divisé contre lui-même et qui doit tomber tôt ou tard : pendant que l'Eglise catholique immuablement attachée aux décrets une fois prononcés,

CLXXVI. Fermeté inébranlable de l'Eglise. Conclusion de cet ouvrage.

---

[1] Ci-dessus, n. 51, etc. — [2] *Luc.*, XI, 17. — [3] *Matth.*, XVI, 18.

sans qu'on y puisse montrer la moindre variation depuis l'origine du christianisme, se fait voir une Eglise bâtie sur la pierre, toujours assurée d'elle-même ou plutôt des promesses qu'elle a reçues, ferme dans ses principes et guidée par un esprit qui ne se dément jamais.

Que celui qui tient les cœurs en sa main, et qui seul sait les bornes qu'il a données aux sectes rebelles et aux afflictions de son Eglise, fasse revenir bientôt à son unité tous ses enfans égarés, et que nous ayons la joie de voir de nos yeux l'Israël malheureusement divisé se faire avec Juda un même chef [1].

ADDITION IMPORTANTE

AU LIVRE XIV.

I. Nouveau livre du ministre Jurieu sur l'union des calvinistes avec les luthériens.

Après cette impression achevée, il me tombe entre les mains un livre latin que l'infatigable Jurieu vient de faire éclore, et dont il faut que je rende compte au public. Le titre est : *Consultation amiable sur la paix entre les Protestans.* Il y traite cette matière avec le docteur Daniel-Severin Scultet, qui de son côté se propose d'aplanir les difficultés de cette paix si souvent et si vainement tentée. La question dont il s'agit principalement est celle de la prédestination et de la grace. Le luthérien ne peut souffrir ce qui a été défini dans le synode de Dordrect sur les décrets absolus et la grace «irrésistible;» il trouve encore plus insupportable ce qu'enseigne le même synode sur l'inamissibilité de la justice et sur la certitude du salut, n'y ayant rien selon lui de plus impie que de donner, au milieu des plus grands crimes, à l'homme une fois justifié, une assurance certaine que ses crimes ne lui feront perdre ni son salut dans l'éternité, ni même le Saint-Esprit et la grace de l'adoption dans le temps. Je n'explique plus ces questions qu'on doit avoir entendues par l'explication qu'on en a vue dans cette histoire [2]; et je dirai seulement que c'est ce qu'on appelle parmi les luthériens *le Particularisme* des calvinistes :

[1] *Osee*, I, 11. — [2] Liv. IX et XIV.

hérésie si abominable, qu'ils ne l'accusent de rien moins que de faire Dieu auteur du péché, et de renverser toute la morale chrétienne, en inspirant une pernicieuse sécurité à ceux qui sont plongés dans les plus abominables excès. M. Jurieu ne nie pas que le synode de Dordrect n'ait enseigné les dogmes qu'on lui impute : il tâche seulement de les purger des mauvaises conséquences qu'on en tire ; et il pousse lui-même si loin la certitude du salut, qui est le dogme où nous avons vu que tout aboutit, qu'il dit que l'ôter aux fidèles, c'est faire de la vie chrétienne une insupportable torture[1]. Il demeure donc d'accord au fond des sentimens imputés aux calvinistes : mais afin de faire la paix malgré une si grande opposition dans des articles si importans, après avoir proposé quelques adoucissemens qui ne sont que dans les paroles, il conclut à la tolérance mutuelle. Les raisons dont il l'appuie se réduisent à deux, dont l'une est la récrimination, et l'autre la compensation des dogmes.

Pour la récrimination, voici le raisonnement de M. Jurieu. Vous nous accusez, dit-il au docteur Scultet, de faire Dieu auteur du péché ; c'est Luther qu'il en faut accuser, et non pas nous : et là-dessus il lui produit les passages que nous avons rapportés[2], où Luther décide que la prescience de Dieu rend le libre arbitre impossible : « que Judas par cette raison ne pouvoit éviter de trahir son Maître : que tout ce qui se fait en l'homme de bien et de mal, se fait par une pure et inévitable nécessité : que c'est Dieu qui opère en l'homme tout ce bien et tout ce mal qui s'y fait, et qu'il fait l'homme damnable par nécessité : que l'adultère de David n'est pas moins l'ouvrage de Dieu que la vocation de saint Paul : enfin qu'il n'est pas plus indigne de Dieu de damner des innocens que de pardonner comme il fait à des coupables[3]. »

II. Récriminations du ministre Jurieu contre les luthériens sur les blasphèmes de Luther.

Le calviniste démontre ensuite que Luther ne parle point ici en doutant, mais avec la terrible décision que nous avons remarquée ailleurs[4], et qu'il ne permet sur ce sujet aucune réplique : « Vous, dit-il, qui m'écoutez, n'oubliez jamais que c'est moi qui l'enseigne

---

[1] I part., chap. VIII ; II part., chap. VI, p. 191, etc.; XI, n. 223, 254. — [2] Ci-dessus, liv. II, n. 17. — [3] Jur., II part., cap. VIII, p. 210 et seq. — [4] Ci-dessus, liv. II, n. 17.

ainsi ; et sans aucune nouvelle recherche acquiescez à cette parole. »

Le luthérien pensoit échapper, en disant que Luther s'étoit rétracté : mais le calviniste l'accable en lui demandant : « *Où est cette rétractation* de Luther? Il est vray, poursuit-il, qu'il a prié qu'on excusast dans ses premiers livres quelques restes du papisme sur les indulgences : mais pour ce qui regarde le libre arbitre, il n'a jamais rien changé dans sa doctrine [1]. » Et en effet, il est bien certain que les prodiges d'impiété qu'on vient d'entendre n'avoient garde d'être tirés du papisme, où Luther reconnoît lui-même dans tous ces endroits qu'ils étoient en exécration.

M. Jurieu est sur cela de même avis que nous, et il déclare « qu'il a en horreur ces dogmes de Luther comme des dogmes impies, horribles, affreux et dignes de tout anathème, qui introduisent le manichéisme et renversent toute religion [2]. » Il est fâché de se voir forcé de parler ainsi du chef de la Réforme. « Je le dis, poursuit-il, avec douleur, et je favorise autant que je puis la mémoire de ce grand homme. » C'est donc ici de ces confessions que l'évidence de la vérité arrache de la bouche malgré qu'on en ait ; et enfin l'auteur de la Réforme, de l'aveu des réformés, est convaincu d'être un impie qui blasphème contre Dieu : *grand homme* après cela, tant que vous voudrez ; car ces titres ne coûtent rien aux réformés, pourvu qu'on ait sonné le tocsin contre Rome. Mélanchthon est coupable de cet attentat qui renverse toute religion. M. Jurieu l'a convaincu d'avoir proféré les mêmes blasphèmes que son maître [3] ; et au lieu de les détester comme ils méritoient, de ne les avoir jamais rétractés que trop *mollement, et comme en doutant*. Voilà sur quels fondemens la Réforme a été bâtie.

III. Si Calvin a moins blasphémé que Luther

Mais parce que M. Jurieu semble ici vouloir excuser Calvin, il n'a qu'à jeter les yeux sur les passages de cet auteur que j'ai marqués dans cette histoire [4]. Il y trouvera « qu'Adam ne pouvoit éviter sa chûte, et qu'il ne laisse pas d'en estre coupable, parce qu'il est tombé volontairement ; qu'elle a esté ordonnée de Dieu,

---

[1] Jur., *ibid.*, p. 217, 218. — [2] *Ibid.*, 211, 214 et seq. — [3] Jur., *ibid.*, p. 24. — [4] Ci-dessus, liv. XIV, n. 4.

et qu'elle estoit comprise dans son secret dessein [1]. » Il y trouvera « qu'un conseil caché de Dieu est la cause de l'endurcissement ; qu'on ne doit point nier que Dieu n'ait voulu et descrété la défection d'Adam, puis qu'il fait tout ce qu'il veut ; que ce décret à la vérité fait horreur, mais enfin qu'on ne peut nier que Dieu n'ait preveû la chûte de l'homme, parce qu'il l'avoit ordonnée par son décret ; qu'il ne faut point se servir du terme de permission, puisque c'est un ordre exprés ; que la volonté de Dieu fait la nécessité des choses, et que tout ce qu'il a voulu arrive nécessairement ; que c'est pour cela qu'Adam est tombé par un ordre de la providence de Dieu, et parce que Dieu l'avoit ainsi trouvé à propos, quoyqu'il soit tombé par sa faute ; que les réprouvez sont inexcusables, quoyqu'ils ne puissent éviter la nécessité de pécher, et que cette nécessité leur vient par l'ordre de Dieu ; que Dieu leur parle, mais pour les rendre plus sourds ; qu'il leur met la lumière devant les yeux, mais pour les aveugler [2]; qu'il leur adresse la saine doctrine, mais pour les rendre plus insensibles ; qu'il leur envoye des remédes, mais afin qu'ils ne soient point guéris [3]. » Que falloit-il ajouter afin de rendre Calvin aussi parfait manichéen que Luther ?

Que sert donc à M. Jurieu de nous avoir rapporté quelques passages de Calvin, où il semble dire que l'homme a été libre en Adam et qu'en Adam il est tombé par sa volonté [4], puisque d'ailleurs il est constant par Calvin même que cette volonté d'Adam étoit l'effet nécessaire d'un ordre spécial de Dieu ? Aussi est-il véritable que ce ministre n'a pas prétendu excuser absolument son Calvin, se contentant de dire seulement « qu'à comparaison de Luther il étoit sobre [5] : » mais on vient de voir ses paroles, qui ne sont pas moins emportées ni moins impies que celles de Luther.

J'ai aussi produit celles de Bèze, qui rapporte manifestement tous les péchés à la volonté de Dieu comme à leur cause première [6]. Ainsi sans contestation les chefs des deux partis de la Réforme, Luther et Mélanchthon d'un côté, Calvin et Bèze de l'autre, les maîtres et les disciples sont également convaincus de

---

[1] *Opusc. de præd.*, p. 704, 705. — [2] *Instit.*, III, XXIII, 1, 7, 8, 9. — [3] *Ibid.*, XXIV, n. 13. — [4] Jur., *ibid.*, p. 214. — [5] *Ibid.* — [6] Ci-dessus, liv. XIV, n. 2, 3.

manichéisme et d'impiété; et M. Jurieu a eu raison d'avouer de bonne foi des réformateurs en général, qu'ils ont enseigné que *Dieu poussoit les méchans aux crimes énormes* [1].

IV.
Autre récrimination du ministre Jurieu. Les luthériens convaincus de pélagianisme.

Le calviniste revient à la charge, et voici une autre récrimination qui n'est pas moins remarquable. « Vous nous reprochez, dit-il aux luthériens, notre grace *irrésistible :* mais pour faire qu'on y résiste, vous allez à l'extrémité opposée; et dissemblables à votre maître Luther, au lieu qu'il outroit la grace *jusqu'à se rendre suspect de manichéisme* [2], vous outrez le libre arbitre jusqu'à devenir demi-pélagiens, puisque vous lui attribuez le commencement du salut. » C'est ce qu'il démontre par les mêmes preuves dont nous nous sommes servis dans cette *Histoire* [3], en faisant voir aux luthériens que selon eux la grace de la conversion dépend du soin qu'on prend par soi-même d'entendre la prédication. J'ai démontré clairement ce demi-pélagianisme des luthériens par le livre de la *Concorde*, et par d'autres témoignages : mais le ministre fortifie mes preuves par celui de son adversaire Scultet, qui a dit en autant de mots que « Dieu convertit les hommes lorsque les hommes eux-mesmes traitent la prédication de la parole avec respect et attention [4]. » En effet c'est en cette sorte que les luthériens expliquent la volonté universelle de sauver les hommes, et ils disent avec Scultet, que « Dieu veut répandre dans le cœur de tous les adultes la contrition et la foy vive, à condition toutefois qu'ils fassent *auparavant* le devoir nécessaire pour convertir l'homme. » Ainsi ce qu'ils attribuent à la puissance divine, c'est la grace qui accompagne la prédication; et ce qu'ils attribuent au libre arbitre, c'est de se rendre *auparavant,* par ses propres forces, attentif à la parole annoncée : c'est dire aussi clairement que les demi-pélagiens aient jamais fait, que le commencement du salut vient purement du libre arbitre; et afin qu'on ne doute pas que ce ne soit l'erreur des luthériens, M. Jurieu produit encore un passage de Calixte, où il transcrit de mot à mot les propositions condamnées dans les demi-pélagiens, puisqu'il dit en termes formels, « qu'il reste dans tous les hommes quelques forces de l'en-

---

[1] Ci-dessus, liv. XIV, n. 4. — [2] Jur., *ibid.*, 117. — [3] Liv. VIII, n. 48 et 53; liv. XIV, n. 116. — [4] Jur., p. 117.

tendement et de la volonté et des connoissances naturelles; et que s'ils en font un bon usage, en travaillant autant qu'ils peuvent à leur salut, Dieu leur donnera tous les moyens nécessaires pour arriver à la perfection où la révélation nous conduit [1] : » ce qui, encore un coup, fait dépendre la grace de ce que l'homme fait précédemment par ses propres forces.

J'ai donc eu raison d'assurer que les luthériens sont devenus véritablement demi-pélagiens : c'est-à-dire pélagiens dans la partie la plus dangereuse de cette hérésie, puisque c'est celle où l'orgueil humain est le plus flatté. Car ce qu'il y a de plus malin dans le pélagianisme est de mettre enfin le salut de l'homme entre ses mains indépendamment de la grace. Or c'est ce que font ceux qui, comme les luthériens, font dépendre la conversion et la justification du pécheur d'un commencement qui entraîne tout le reste, et que néanmoins le pécheur se donne à lui-même purement par son libre arbitre sans la grace, comme je l'ai démontré et comme M. Jurieu vient encore de le faire voir par l'aveu des luthériens.

Il ne faut donc point qu'ils se flattent d'avoir échappé l'anathème qu'ont mérité les pélagiens sous prétexte qu'ils ne le sont qu'à demi, puisqu'on voit que cette partie qu'ils ont avalée d'un poison aussi mortel que le pélagianisme en contient toute la malignité : par où on peut voir l'état déplorable de tout le parti protestant, puisque d'un côté les calvinistes ne savent point de moyen de soutenir la grace chrétienne contre les pélagiens, qu'en la rendant *inamissible* avec tous les inconvéniens que nous avons vus; et que d'autre part les luthériens croient ne pouvoir éviter ce détestable particularisme de Dordrect et des calvinistes qu'en devenant pélagiens, et en abandonnant le salut de l'homme à son libre arbitre.

Le calviniste poursuit sa pointe; et, dit-il aux luthériens, « il n'est pas possible de dissimuler » votre doctrine contre la nécessité des bonnes œuvres. « Je ne veux pas, poursuit-il, aller rechercher les dures propositions de vos docteurs anciens et modernes sur ce sujet là [2]. » Je crois qu'il avoit en vue le décret de Vorms,

V. Suite des récriminations. Les luthériens convaincus de nier la nécessité des bonnes œuvres.

[1] Jur., p. 118; Calix., *Epit.* — [2] Jur., II part., cap. II, 243.

où nous avons remarqué qu'il fut décidé que les bonnes œuvres ne sont pas nécessaires au salut¹. Mais sans s'arrêter à cette assemblée et aux autres semblables décrets des luthériens, j'observerai seulement, dit-il à Scultet, ce que vous avez enseigné vous-même : « qu'il ne nous est permis de donner aux pauvres aucune aumosne, pas mesme une obole, dans le dessein d'obtenir le pardon de nos péchez; » et encore : « que l'habitude et l'éxercice de la vertu n'est pas absolument nécessaire aux justifiez pour estre sauvez : que l'éxercice de l'amour de Dieu, ni dans le cours de la vie, ni mesme à l'heure de la mort, n'est la condition nécessaire sans laquelle on ne puisse pas estre sauvé : » enfin « que ni l'habitude ni l'éxercice de la vertu n'est nécessaire au mourant pour obtenir la rémission de ses péchez; » c'est-à-dire « qu'un homme est sauvé, comme conclut le ministre, sans avoir fait aucune bonne œuvre, ni à la vie ni à la mort². »

VI. Autre récrimination sur la certitude du salut. Les luthériens convaincus de contradiction et d'aveuglement.

Voilà de justes et terribles récriminations, et le docteur Scultet ne s'en tirera jamais : mais en voici encore une qu'il ne faut pas oublier. « Vous nous objectez comme un crime, lui dit M. Jurieu, la certitude du salut établie dans le synode de Dordrect : mais vous, qui nous l'objectez, vous la tenez vous-mêmes. » Là-dessus il produit les thèses où le docteur Jean Gérard, le troisième homme de la Réforme après Luther et Chemnice, si l'on en croit ses approbateurs, avance cette proposition : « Nous défendons contre les papistes la certitude du salut comme estant une certitude de foy³. » Et encore : « Le prédestiné a le témoignage de Dieu en soy, et il se dit en luy-mesme : Celuy qui m'a prédestiné de toute éternité m'appelle, et me justifie dans le temps par sa parole. » Il est vrai qu'il a écrit ce qu'on vient de voir, et d'autres choses aussi fortes rapportées par M. Jurieu⁴ : elles sont familières aux luthériens. Mais ce ministre leur reproche avec raison qu'elles ne s'accordent pas avec leur dogme de *l'amissibilité* de la justice, qu'ils regardent comme capital : c'est aussi ce que j'ai marqué dans cette *Histoire*⁵, et je n'ai pas oublié le dénouement

¹ Ci-dessus, liv. VIII, n. 32. — ² P. 243, 244. — ³ Jur., I part., cap. VIII, 128, 129; Gérard., *de Elect. et rep.*, cap. XIII; *Thes.* 210, 211. — ⁴ Jur., *ibid.*, p. 129. — ⁵ Ci-dessus, liv. III, n. 39; liv. VIII, n. 60, 61.

que proposent les luthériens et même le docteur Gérard : mais je ne garantis pas les contradictions que le ministre Jurieu leur reproche en ces termes : « C'est une chose incroyable que des gens sages, et qui ont des yeux, soient tombez dans un si prodigieux aveuglement, que de croire qu'on soit asseûré de son salut d'une certitude de foy, et qu'en mesme temps le vray fidéle puisse déchoir de la foy et du salut éternel [1]. » Il prend de là occasion de leur reprocher que toute leur doctrine est contradictoire, et que leur *universalisme* introduit contre les principes de Luther, a mis une telle confusion dans leur théologie, qu'il n'y a personne qui ne sente qu'elle n'a plus aucune suite; qu'elle ne se peut accorder avec elle-mesme, et qu'il ne leur reste aucune excuse [2]. » Voilà comme ces messieurs se traitent quand ils s'accordent : que ne font-ils pas quand ils se déchirent ?

VII. Autre récrimination. Le prodige de l'ubiquité.

Outre ce qui regarde la grace, le ministre reproche encore avec force aux luthériens le prodige de l'ubiquité, « digne, dit-il, de tous les éloges que vous donnez aux décisions de Dordrect : monstre affreux, énorme et horrible, d'une laideur prodigieuse en luy-mesme et encore plus prodigieuse dans ses conséquences, puis qu'il ramène au monde la confusion des natures en Jésus-Christ, et non-seulement celle de l'ame avec le corps, mais encore celle de la divinité avec l'humanité, et en un mot l'eutychianisme détesté unanimement de toute l'Eglise [3]. »

Il leur fait voir qu'ils ont ajouté à la *Confession d'Augsbourg* ce monstre de l'ubiquité, et à la doctrine de Luther leur excessif *universalisme* qui les a fait revenir à l'erreur des pélagiens. Tous ces reproches sont très-véritables, comme nous l'avons fait voir [4]; et voilà les luthériens, les premiers de ceux qui ont pris la qualité de *réformateurs,* convaincus par les calvinistes d'être tout ensemble pélagiens en termes formels, et eutychiens, par des conséquences à la vérité, mais « que tout le monde voit [5], » et qui sont aussi claires que le jour.

VIII. La com-

Après toutes ces vigoureuses récriminations, on croiroit que le

---

[1] Ci-dessus, liv. III, n. 39; liv. VIII, n. 60, 61. — [2] Jur., *ibid.,* p. 219; *ibid.,* p. 129, 131, 135. — [3] *Ibid.,* p. 341. — [4] Ci-dessus, liv. VIII, n. 46. — [5] Jur., *ibid.*

pensation des dogmes proposée aux luthériens par le ministre Jurieu. ministre Jurieu va conclure à détester dans les luthériens tant d'abominables excès, tant de visibles contradictions, un aveuglement si manifeste : point du tout. Il n'accuse les luthériens de tant d'énormes erreurs que pour en venir à la paix, en se tolérant mutuellement malgré les erreurs grossières dont ils se convainquent les uns les autres.

C'est donc ici qu'il propose cette merveilleuse compensation, et cet échange de dogmes où tout aboutit à conclure : « Si notre particularisme est une erreur, nous vous offrons la tolérance pour des erreurs beaucoup plus étranges [1]. » Faisons la paix sur ce fondement, et déclarons-nous mutuellement de fidèles serviteurs de Dieu, sans nous obliger de part ni d'autre à rien corriger dans nos dogmes. Nous vous passons tous les prodiges de votre doctrine : nous vous passons cette monstrueuse ubiquité : nous vous passons votre demi-pélagianisme qui met le commencement du salut de l'homme purement entre ses mains [2] : nous vous passons ce dogme affreux qui nie que les bonnes œuvres et l'habitude de la charité, non plus que son exercice, soient nécessaires au salut, ni à la vie, ni à la mort [3] : nous vous tolérons, nous vous recevons à la sainte table, nous vous reconnoissons pour enfans de Dieu malgré ces erreurs : passez-nous donc aussi et passez au synode de Dordrect, et ses décrets absolus avec sa grace irrésistible, et sa certitude du salut avec son inamissibilité de la justice, et tous nos autres dogmes particuliers, quelque horreur que vous en ayez.

Voilà le marché qu'on propose ; voilà ce qu'on négocie à la face de tout le monde chrétien ; une paix entre des églises qui se disent, non-seulement chrétiennes, mais encore réformées, non pas en convenant de la doctrine qu'elles croient [expressément révélée de Dieu, mais en se pardonnant mutuellement les plus grossières erreurs.

Quel sera l'événement de ce traité ? Je veux bien ne le pas prévoir : mais je dirai hardiment que les calvinistes n'y gagneront rien, que d'ajouter à leurs erreurs celles des luthériens, dont ils

[1] Jur., II part., cap. VIII et seq.; X, XI, p. 240. — [2] I part., cap. III, p. 123. — [3] *Ibid.*, 243.

se rendront complices en recevant à la sainte table, comme de véritables enfans de Dieu, ceux qui font profession de les soutenir. Pour ce qui est des luthériens, s'il est vrai, comme l'insinue M. Jurieu [1], qu'ils commencent pour la plupart à devenir plus traitables sur le point de la présence réelle, et qu'ils offrent la paix aux calvinistes, pourvu seulement qu'ils reçoivent leur *universalisme* demi-pélagien : tout l'univers sera témoin qu'ils auront fait la paix en sacrifiant aux sacramentaires ce que Luther a le plus défendu contre eux jusqu'à la mort, c'est-à-dire la réalité ; et en leur faisant avouer ce que le même Luther déteste le plus ; c'est-à-dire le pélagianisme auquel il a préféré l'extrémité opposée, et l'horreur de faire Dieu auteur du péché.

Mais voyons encore le moyen que propose M. Jurieu pour parvenir à ce merveilleux accord. « Premiérement, dit-il, ce pieux ouvrage ne se peut faire sans le secours des princes de l'un et de l'autre parti, parce que, poursuit-il, toute la Réforme s'est faite par leur autorité [2]. » Ainsi on doit assembler pour le promouvoir, « non des ecclésiastiques toujours trop attachez à leurs sentimens ; mais des politiques [3], » qui apparemment feront meilleur marché de leur religion. Ceux-ci donc examineront « l'importance de chaque dogme, et pèseront avec équité si telle et telle proposition, supposé que ce soit une erreur, n'est pas capable d'accord, ou ne peut pas estre tolérée [4] : » c'est-à-dire qu'il s'agira dans cette assemblée de ce qu'il y a de plus essentiel à la religion, puisqu'il y faudra décider ce qui est fondamental ou non ; ce qui peut être ou ne peut pas être toléré. C'est la grande difficulté : mais dans cette difficulté si essentielle à la religion, « les théologiens parleront comme des avocats, les politiques écouteront et seront les juges sous l'autorité des princes [5]. » Voilà donc manifestement les princes devenus souverains arbitres de la religion, et l'essentiel de la foi remis absolument entre leurs mains. Si c'est là une religion ou un concert politique, je m'en rapporte au lecteur.

IX. Moyen d'avancer l'accord proposé par le ministre Jurieu. Les princes juges souverains de la religion.

Cependant il faut avouer que la raison qu'apporte M. Jurieu pour tout déférer aux princes est convaincante, puisqu'en effet,

---

[1] II part., cap. XII, p. 261. — [2] Jur., II part., cap. XII. p. 260, n. 1. — [3] *Ibid.*, n. 4. — [4] *Ibid.*, 269, n. 8. — [5] Jur., *ibid.*

comme il vient de dire, « toute la Réforme s'est faite par leur autorité. » C'est ce que nous avons montré par toute la suite de cette *Histoire :* mais enfin on ne pourra plus disputer ce fait si honteux à nos réformés. M. Jurieu le reconnoît en termes exprès ; et il ne faut plus s'étonner qu'on accorde aux princes l'autorité de juger souverainement d'une Réforme qu'ils ont faite.

C'est pourquoi le ministre a mis pour fondement de l'accord, « qu'avant toute conférence et toute dispute, les théologiens des deux partis feront serment d'obéir au jugement des déleguez des princes, et de ne rien faire contre l'accord. » Ce sont les princes et leurs délégués qui sont devenus infaillibles : on jure par avance de leur obéir, quoi qu'ils ordonnent : il faudra croire essentiel ou indifférent, tolérable ou intolérable dans la religion ce qu'il leur plaira, et le fond du christianisme sera décidé par la politique.

X.
Les calvinistes prêts à souscrire la *Confession d'Augsbourg.*

On ne sait plus en quel pays on est, ni si c'est des chrétiens qu'on entend parler, quand on voit le fond de la religion remis à l'autorité temporelle, et les princes en devenir les arbitres. Mais ce n'est pas tout ; il faudra enfin convenir d'une confession de foi, et ce devoit être le grand embarras : mais l'expédient est facile. On en fera une en termes si vagues et si généraux, que tout le monde en sera content [1] : chacun dissimulera ce qui déplaira à son compagnon : le silence est un remède à tous les maux : on se croira les uns les autres tout ce qu'on voudra dans son cœur, pélagiens, eutychiens, manichéens ; pourvu qu'on n'en dise mot, tout ira bien, et Jésus-Christ ne manquera pas de réputer les uns et les autres pour des chrétiens bien unis. Ne disons rien : déplorons l'aveuglement de nos frères, et prions Dieu que l'excès de l'égarement leur fasse enfin ouvrir les yeux à leur erreur.

En voici le comble. Nous avons vu ce que Zuingle et les zuingliens, Calvin et les calvinistes ont cru de la *Confession d'Augsbourg :* comment dès son origine ils refusèrent de la souscrire, et se séparèrent de ses défenseurs ; comment dans toute la suite ceux de France, en la recevant dans tout le reste, ont toujours excepté l'article X, où il est parlé de la Cène [2]. On a vu entre

[1] Jur., *ibid.*, cap. XI, 245 et seq.; cap. XII, 261. — [2] Liv. III, n. 3 ; liv. IX, n. 88, 89, 100 et suiv.

autres choses ce qui en fut dit au colloque de Poissy [1] ; et on n'a pas oublié ce que Calvin écrivoit alors « tant de la mollesse que de la briéveté obscure et défectueuse » de cette confession : ce qui faisoit, dit-il, « qu'elle déplaisoit aux gens de bon sens, et mesme que Mélanchthon son auteur s'étoit souvent repenti de l'avoir dressée : » mais maintenant, que ne peut point l'aveugle désir de s'unir aux luthériens? On est prêt à souscrire cette confession; car on sent bien que les luthériens ne s'en départiront jamais. Hé bien, dit notre ministre [2], « ne faut-il que la souscrire? L'affaire est faite : nous sommes prests à la souscription, pourveû que vous vouliez nous recevoir. » Ainsi cette confession si constamment rejetée depuis cent cinquante ans, tout à coup, sans y rien changer, deviendra la règle commune des calvinistes, comme elle l'est des luthériens, à condition que chacun aura son intelligence, et y trouvera ce qu'il a dans l'esprit. Je laisse au lecteur à décider lesquels paroissent ici le plus à plaindre, ou des calvinistes qui tournent à tout vent, ou des luthériens dont on ne souscrit la confession que dans l'espérance qu'on a d'y trouver ses fantaisies à la faveur des équivoques dont on l'accuse. Chacun voit combien seroit vaine, pour ne rien dire de pis, la réunion qu'on propose ; ce qu'elle auroit de plus réel, c'est enfin, comme le dit M. Jurieu, « qu'on pourroit faire une bonne ligue, et que le parti protestant feroit trembler les papistes [3]. » Voilà ce qu'espéreroit M. Jurieu ; et sa négociation lui paroîtroit assez heureuse, si au défaut d'un accord sincère des esprits, elle pouvoit les unir assez pour mettre en feu toute l'Europe : mais par bonheur pour la chrétienté les ligues ne se font pas au gré des docteurs.

Dans cette admirable négociation il n'y a rien de plus surprenant que les adresses dont s'est servi M. Jurieu pour fléchir la dureté des luthériens. « Quoi! dit-il, serez-vous toujours insensibles à la complaisance que nous avons eue de vous passer la présence corporelle? Outre toutes les absurditez philosophiques qu'il nous a fallu digérer, combien périlleuses sont les conséquences de ce dogme [4] ! » Ceux-là le savent, poursuit-il, qui ont à soutenir en

XI. Merveilleux motifs d'union proposés aux luthériens.

---

[1] Liv. IX, n. 107. — [2] Jur., chap. XIII, p. 278. — [3] *Ibid.*, p. 262. — [4] *Ibid.*, p. 240.

France ce reproche continuel : « Pourquoy rejetter les catholiques aprés avoir receû les luthériens? Nos gens répondent : Les luthériens n'ostent pas la substance du pain : ils n'adorent pas l'Eucharistie : ils ne l'offrent pas en sacrifice : ils n'en retranchent pas une partie. Tant pis pour eux, nous dit-on, c'est en cela qu'ils raisonnent mal, et ne suivent pas leurs principes; car si le corps de Jésus-Christ est réellement et charnellement présent, il faut l'adorer : s'il est présent, il faut l'offrir à son Père : s'il est présent, Jésus-Christ est tout entier sous chaque espèce. Ne dites pas que vous niez ces conséquences : car enfin elles coulent mieux et plus naturellement de vostre dogme que celles que vous nous imputez. Il est certain que vostre doctrine sur la Cène a esté le commencement de l'erreur : le changement de substance a esté fondé là-dessus : c'est sur cela qu'on a commandé l'adoration; et il n'est pas aisé de s'en défendre : la raison humaine va là, qu'il faut adorer Jésus-Christ par tout où il est. Ce n'est pas que cette raison soit toujours bonne; car Dieu est bien dans le bois et dans une pierre, sans qu'il faille adorer la pierre ou le bois; mais enfin l'esprit va là par son propre poids, » et aussi naturellement que les élémens à leur centre : il faut un grand effort pour « l'empescher de tomber dans ce précipice (ce précipice, c'est d'adorer Jésus-Christ où il est) : et je ne doute nullement, poursuit notre auteur, que les simples n'y retombassent parmi vous, s'ils n'en estoient empeschez par les disputes continuelles avec les papistes. » Ouvrez les yeux, ô luthériens, et permettez que les catholiques à leur tour vous parlent ainsi. Nous ne vous proposons pas d'adorer du bois ou de la pierre à cause que Dieu y est : nous vous proposons d'adorer Jésus-Christ où vous avouez qu'il se rencontre par une présence si spéciale attestée par un témoignage si particulier et si divin : « la raison va là naturellement; l'esprit y est porté par son propre poids. » Les gens simples et qui ne sont pas contentieux, suivroient une pente si naturelle, si des disputes continuelles ne les retenoient, et ce n'est que par un esprit de contention qu'on s'empêche d'adorer Jésus-Christ où on le croit si présent.

XII.
Les deux

Telles sont les conditions de l'accord qui se traite aujourd'hui

entre les luthériens et les calvinistes ; tels sont les moyens qu'on *partis irré-*
a pour y parvenir ; et telles sont les raisons dont on se sert pour *bles dans*
persuader et attendrir les luthériens. Et que ces messieurs *selon le*
n'aillent pas penser que nous en parlions comme nous faisons par *Jurieu.*
quelque crainte que nous ayons de leur accord, qui après tout
ne sera jamais qu'une grimace et une cabale ; car enfin se persuader les uns les autres est une chose jugée impossible, même
par M. Jurieu. « Jamais, dit-il, aucun des partis ne se laissera
mener en triomphe, et proposer un accord entre les luthériens et
les calvinistes, à condition que l'un des partis renonce à sa doctrine, c'est de mesme que si on avoit proposé pour moyen d'accord aux Espagnols de remettre toutes leurs provinces et toutes
leurs places entre les mains des François. Cela, dit-il, n'est ni
juste, ni possible [1]. » Qui ne voit sur ce fondement que les luthériens et les calvinistes sont deux nations irréconciliables et incompatibles dans le fond ? Ils peuvent faire des ligues, mais qu'ils
puissent jamais parvenir à un accord chrétien par la conformité
de leurs sentimens, c'est une folie manifeste de le croire. Ils diront néanmoins toujours, et autant les uns que les autres, que les
Ecritures sont claires, quoiqu'ils sentent dans leur conscience que
seules elles ne peuvent terminer le moindre doute ; et tout ce
qu'ils pourront faire, c'est de s'accorder, et dissimuler ce qu'ils
croiront être la vérité clairement révélée de Dieu, ou en tout cas
de l'envelopper, comme on l'a tenté mille fois, dans des équivoques.

Qu'ils fassent donc ce qu'il leur plaira, et ce que Dieu permettra qu'ils fassent sur ces vains projets d'accommodement ; ils seront éternellement le supplice et l'affliction les uns des autres :
ils se seront les uns aux autres un témoignage éternel qu'ils ont
usurpé malheureusement le titre de *Réformateurs,* et que la méthode qu'ils ont prise pour corriger les abus ne pouvoit tendre
qu'à la subversion du christianisme.

Mais voici quelque chose de pis pour eux. Quand ils seroient *XIII.*
parvenus à cette tolérance mutuelle, nous aurons encore à leur *aux luthé-*
demander en quel rang ils voudront mettre Luther et Calvin, qui *aux calvi-*
nistes.

[1] Jur., II part., chap. I, p. 138, 141.

font Dieu en termes exprès auteur du péché, et par là se trouvent convaincus d'un dogme que leurs disciples ont maintenant en horreur? Qui ne voit qu'il arrivera de deux choses l'une, ou qu'ils mettront ce blasphème, ce *manichéisme*, cette *impiété qui renverse toute religion* parmi les dogmes supportables, ou qu'enfin, pour un opprobre éternel de la Réforme, Luther deviendra l'horreur des luthériens, et Calvin des calvinistes?

FIN DE L'HISTOIRE DES VARIATIONS.

AVERTISSEMENS
AUX PROTESTANS

SUR

LES LETTRES DU MINISTRE JURIEU

CONTRE

L'HISTOIRE DES VARIATIONS.

PREMIER AVERTISSEMENT.

Le Christianisme flétri, et le Socinianisme autorisé par ce ministre.

Mes chers Frères,

Dieu qui permet « les hérésies, pour éprouver [1] » la foi de ses serviteurs, permet aussi par la suite du même conseil qu'il y ait des hommes hardis, artificieux, « errans, et jetant les autres dans l'erreur [2]; » qui sachent donner au mensonge de belles couleurs; que le peuple croie invincibles, parce qu'ils ne se rendent jamais à la vérité, infatigables à disputer et à écrire, et d'autant plus triomphans en apparence qu'ils sont plus évidemment convaincus.

<small>I. Caractères des hérésies et des docteurs qui les défendent, par saint Paul.</small>

Mais il leur arrive, comme aux criminels, que plus ils multiplient leurs discours dans une aveugle confiance d'éblouir leurs juges, plus ils se coupent et se contredisent : ainsi en est-il de ces docteurs de mensonge à qui saint Paul a aussi donné ce caractère, « qu'ils se condamnent eux-mêmes par leur propre jugement [3]. »

C'est ce qui paroît manifestement par les continuelles variations des hérésies, qui ne cessent de se condamner elles-mêmes en innovant tous les jours et en tombant d'absurdités en absurdités; en sorte qu'on voit bientôt, comme dit le même saint Paul, que

[1] I Cor., XI, 19. — [2] II Tim., III, 13. — [3] Tit., III, 11.

ceux qui en entreprennent la défense, « n'entendent ni ce qu'ils disent eux-mêmes, ni les choses dont ils parlent avec assurance[1]. » En effet plus ils sont hardis à décider, plus ils montrent qu'ils n'entendent pas ce qu'ils disent. Ce qui se pousse à la fin à de tels excès, que « leur folie est connue à tous, » selon la prédiction du même Apôtre[2]; et c'est alors qu'on peut espérer avec lui, « qu'ils ne passeront pas plus avant, » et que l'excès de l'égarement sera la marque du terme où il devra prendre fin : « Ils n'iront pas plus loin, » dit ce grand Apôtre, et ils cesseront de tromper les peuples, parce que « leur folie sera manifeste à toute la terre. »

II. Que ces caractères conviennent manifestement au ministre Jurieu.

Ne vous fâchez pas, mes Frères, si j'entreprends de vous faire voir que ces caractères marqués par saint Paul paroissent manifestement au milieu de vous. Le seul qui s'y fait entendre depuis tant d'années, et à qui par un si grand silence, tous les autres semblent laisser la défense de votre cause, c'est le ministre Jurieu, qui outre qu'il est revêtu de toutes les qualités qui donnent de l'autorité dans un parti, ministre, professeur en théologie, écrivain fameux parmi les siens, qui seul par ses prétendues *Lettres pastorales,* exerce la fonction de pasteur dans un troupeau dispersé, ajoute à tous ces titres celui de prophète par la témérité de ses prédictions : mais en même temps il n'avance que des erreurs manifestes : il favorise les sociniens; il autorise le fanatisme, il n'inspire que la révolte, sous prétexte de flatter la liberté; sa politique met la confusion dans tous les Etats : au reste il n'y a personne contre qui il parle plus que contre lui-même, tant sa doctrine est insoutenable; et il vous pousse si loin, qu'il est temps enfin d'en revenir.

Cinq ou six avertissemens semblables à celui-ci le convaincront de tous ces excès. Vous lui allez voir aujourd'hui déchirer les siècles les plus purs, flétrir le christianisme dès son origine, soutenir les sociniens, montrer le salut dans leur communion; et pour défendre la Réforme contre les variations dont on l'accuse, effacer toute la gloire de l'Eglise et de la doctrine chrétienne.

III. Le ministre entreprend

J'avois donné pour fondement à l'*Histoire des Variations,* que varier dans l'Exposition de la foi, « étoit une marque de fausseté

[1] I *Tim.,* I, 7. — [2] II *Tim.,* III, 9.

et d'inconséquence dans la doctrine exposée[1] ; » que l'Eglise n'a- voit aussi jamais varié dans ses décisions, et qu'au contraire les protestans n'avoient cessé de le faire dans leurs actes qu'ils appellent *symboliques*, c'est-à-dire dans leurs propres confessions de foi, et dans les décrets les plus authentiques de leur religion[2]. Sans qu'il soit besoin de défendre ce que j'avance sur le sujet des protestans, il faut bien que ces Messieurs se sentent coupables des variations dont je les accuse; autrement il n'y auroit eu qu'à convenir avec nous de la maxime générale, et se défendre sur l'application qu'on en fait à la doctrine protestante. Mais, mes Frères, ce n'est pas ainsi qu'on procède. Ce que votre ministre trouve insupportable[3], c'est que j'aie osé avancer que la foi ne varie pas dans la vraie Eglise, et « que la vérité venue de Dieu a d'abord sa perfection[4]. » Ce ministre fait l'étonné, comme si j'avois inventé quelque nouveau prodige, et non pas répété fidèlement ce qu'ont dit nos Pères, que la doctrine catholique est celle « qui est toujours et partout : » *Quod ubique, quod semper :* c'est ce que disoit le docte Vincent de Lérins[5], une des lumières du quatrième siècle; c'est ce qu'il avoit posé pour fondement de ce célèbre *Avertissement,* où il donne le vrai caractère de l'hérésie, et un moyen général pour distinguer la saine doctrine d'avec la mauvaise. Les orthodoxes avoient, comme lui, toujours raisonné sur ce beau principe; les hérétiques mêmes n'avoient jamais osé le rejeter ouvertement, et l'obscurcissoient plutôt qu'ils ne le nioient : mais lorsque je l'avance, M. Jurieu ne peut le souffrir. « Je suis, dit-il, tenté de croire que M. Bossuet n'a jamais jetté les yeux sur les quatre premiers siécles[6] : » ce sont donc les quatre premiers siècles, c'est-à-dire le plus beau temps du christianisme dont il entreprend de montrer que la doctrine est incertaine et variable. « Comment, poursuit-il, se pourroit-il faire qu'un homme savant pût donner une marque d'une si profonde ignorance ? » Je ne suis pas seulement dans une ignorance grossière, ma « témérité, dit-il, tient du prodige[7]; » elle va même jusqu'à l'impiété : « On

prend de soutenir que l'Eglise dans ses plus beaux siècles a toujours varié dans sa foi.

---

[1] *Préf. des Var.,* n. 2 et suiv. — [2] *Ibid.,* n. 8. — [3] Lett. VI, 3, an. p. 42. — [4] *Préf. des Var.,* ibid. — [5] Vinc. Lirin. Commonit., I, init. — [6] Lett. VI, p. 42, col. 2. — [7] *Ibid.,* col. 1.

ne sçait, dit-il, si l'on dispute avec un chrétien ou avec un payen ; car c'est ainsi précisément que pourroit raisonner le plus grand ennemi du christianisme ; » et il m'accuse d'avoir livré la religion chrétienne, « pieds et poings liez aux infidéles, » parce que j'ai osé dire, « que la vérité venue de Dieu a eu d'abord sa perfection, c'est-à-dire qu'elle a esté très-bien connue et très-heureusement expliquée d'abord [1]. C'est le contraire de cela, continue-t-il, qui est précisément vray : et pour le nier, il faut avoir un front d'airain ou estre d'une ignorance crasse et surprenante [2]. » Ainsi, pour bien parler de la vérité au gré de votre ministre, il faut dire « qu'elle n'a pas été bien connue d'abord, ni heureusement expliquée. La vérité de Dieu, poursuit-il, n'a esté connuë que par parcelles : » la doctrine chrétienne a été composée par pièces ; elle a eu tous les changemens et le plus essentiel de tous les défauts des sectes humaines ; et lui donner, comme j'ai fait, ce beau caractère de divinité, d'avoir eu d'abord sa perfection, ainsi qu'il appartenoit à un ouvrage parti d'une main divine, non-seulement ce n'est pas la bien connoître, mais encore c'est un prodige de témérité, une erreur et une ignorance jusqu'au dernier excès, et une impiété manifeste.

IV. Ce ministre ne se souvient plus d'un passage de Vincent de Lérins, qu'il avoit produit ailleurs.

Mais, mes Frères, prenez-y garde : ces étonnemens affectés de votre ministre, ces airs de confiance qu'il se donne et les injures qu'il dit à ses adversaires, comme s'ils n'avoient ni foi ni raison, ni même le sens commun, sont des artifices pour vous éblouir, ou pour cacher sa foiblesse : on en a ici une preuve bien convaincante. Ce ministre, qui fait l'étonné lorsqu'on lui dit que la foi ne varie jamais, et comme un ouvrage divin qu'elle a eu d'abord sa perfection, ne peut ignorer que ce ne soit la doctrine commune des catholiques ; et pour venir aux anciens dont on pourroit produire une infinité de passages, il ne peut du moins ignorer cet endroit célèbre de Vincent de Lérins, où il dit que « l'Eglise de Jésus-Christ, soigneuse gardienne des dogmes qui luy ont esté donnez en depost, n'y change jamais rien : elle ne diminuë point ; elle n'ajoûte point ; elle ne retranche point les choses nécessaires ; elle n'ajoûte point les superfluës. Tout son travail, continue ce

[1] Lett. VI, p. 42, col. 2. — [2] Ibid., p. 43.

Père, est de polir les choses qui luy ont esté anciennement données, de confirmer celles qui ont esté suffisamment expliquées, de garder celles qui ont esté confirmées et définies, de consigner à la postérité par l'Ecriture ce qu'elle avoit receû de ses ancestres par la seule tradition[1]. » M. Jurieu reconnoît ce passage, qu'il cite lui-même avec honneur dans son livre *de l'Unité*[2]. J'aurois peut-être pu le mieux traduire; mais j'aime mieux le réciter simplement, comme il l'a lui-même traduit. « Cela est précis, dit ce ministre; et rien ne le peut estre davantage : l'Eglise n'ajoûte rien de nouveau; elle ne fait donc pas de nouveaux articles de foy. » Je l'avoue, cela est précis; mais contre lui. « Les conciles confirment, dit-il après Vincent de Lérins, ce qui a toûjours esté enseigné. » Il n'y a rien de plus précis pour démontrer que l'Eglise ne varie jamais dans sa doctrine. M. Jurieu n'étoit pas d'humeur à contester alors cette vérité, puisqu'il ne trouve rien à redire dans ce beau passage de Vincent de Lerins, et qu'au contraire il s'en sert pour confirmer sa doctrine.

Mais ce n'est pas assez à ce Père d'établir la même vérité que j'ai posée pour fondement : il l'établit par le même principe, qui est que la vérité venue de Dieu a d'abord sa perfection, comme un ouvrage divin. « Je ne puis assez m'étonner, dit-il, comment il y a des hommes si emportés, si aveugles, si impies et si portés à l'erreur, que non contens de la règle de la foi une fois donnée aux fidèles et reçue de toute antiquité, ils cherchent tous les jours des nouveautés, et veulent toujours ajouter, changer, ôter quelque chose à la religion; comme si ce n'étoit pas un *dogme céleste*, qui révélé *une fois, nous suffit;* mais une *institution humaine* qui ne puisse être amenée à sa perfection qu'en la réformant; ou à dire le vrai en y remarquant tous les jours quelque défaut[3]. » Voilà dans Vincent de Lérins un étonnement bien contraire à celui de M. Jurieu. Ce saint docteur s'étonne qu'on puisse penser à varier dans la foi : le ministre s'étonne qu'on puisse dire que la foi ne varie jamais. Le saint docteur traite d'aveugles et d'impies ceux qui ne veulent pas reconnoître que la religion soit une chose où l'on ne peut jamais ôter, ni ajouter, ni changer, en quelque

V.
Que ma proposition, que le ministre trouve si nouvelle, est précisément celle que Vincent de Lérins a enseignée.

---

[1] Vinc. Lirin., *Com*. I. — [2] Trait. VII, chap. IV, p. 626. — [3] Vinc. Lir., *Com*. I.

temps que ce soit : le ministre impute au contraire à aveuglement et à impiété de n'y vouloir point connoître de changement, ni de progrès. Mais afin de mieux comprendre la pensée de Vincent de Lérins, il faut encore entendre ses preuves. Pour combattre toute innovation ou variation qui pourroit arriver dans la foi, il dit « que les oracles divins ne cessent de crier : « Ne remuez point les bornes posées par les anciens [1] ; » et, « Ne vous mêlez point de juger par-dessus le juge [2] ; » c'est-à-dire, visiblement, par-dessus l'Eglise ; et il soutient cette vérité par cette sentence apostolique, « qui, dit-il, à la manière d'un glaive spirituel, tranche tout à coup toutes les criminelles nouveautés des hérésies [3]. « O Timothée, gardez le dépôt [4] ; » c'est-à-dire, comme il l'explique, non ce que vous avez découvert, mais ce qui vous a été confié ; ce que vous avez reçu par d'autres, et non pas ce qu'il vous a fallu inventer vous-même ; une chose qui ne dépend pas de l'esprit, mais qu'on apprend de ceux qui nous ont devancés ; qu'il n'est pas permis d'établir par une entreprise particulière, mais qu'on doit avoir reçue de main en main par une tradition publique ; où vous devez être non point auteur, mais simple gardien ; non point instituteur, mais sectateur de ceux qui vous ont précédé ; c'est-à-dire, non pas un homme qui mène, mais un homme qui ne fait que suivre les guides qu'il a devant lui et aller par le chemin battu. » Selon la doctrine de ce Père, il n'y a jamais rien à chercher ni à trouver en ce qui concerne la religion : non-seulement elle a été bien enseignée par les apôtres, mais encore elle a été bien retenue par ceux qui les ont suivis ; et la règle, pour ne se tromper jamais, c'est en quelque temps que ce soit de suivre ceux qu'on voit marcher devant soi. Voilà précisément ma proposition : il n'y a jamais rien à ajouter à la religion, parce que c'est un ouvrage divin qui a d'abord sa perfection. Loin de s'étonner avec M. Jurieu de ce qu'on reconnoît cette perfection de la doctrine chrétienne dès les premiers temps, ce grave auteur s'étonne de ce qu'on peut ne la pas reconnoître ; et il n'y a rien en effet de plus étonnant que de voir des chrétiens qu'on veut vous donner pour réformés, qui sont encore à savoir

[1] *Prov.*, XXII, 28. — [2] *Eccli.*, VIII, 17. — [3] Vinc. Lir., *loc. cit.* — [4] 1 *Tim.*, VI, 20.

cette vérité et à qui leur plus célèbre ministre la donne comme un prodige inouï parmi les fidèles.

Mais peut-être que ce qui manque, selon ce ministre, à la religion chrétienne dans ses plus beaux temps et dès les premiers siècles du christianisme, ce n'est pas des dogmes, mais des manières de les expliquer et des termes pour les faire entendre, en sorte que la différence entre les Pères et nous ne soit que dans les expressions; ou si elle est dans les dogmes mêmes, ce ne sera pas dans les dogmes les plus importans. C'est ce que M. Jurieu sembloit d'abord avoir voulu dire, car il n'osoit déclarer tout ce qu'il avoit dans le cœur; mais il a bien vu que s'en tenir là, ce ne seroit pas se tirer d'affaire sur tant d'importantes variations dont les églises protestantes sont convaincues : c'est pourquoi il est contraint d'aller plus avant. Premièrement, pour les termes, il s'en fait lui-même l'objection par ces paroles : « On dira que toutes ces variations n'estoient que dans les termes, et que dans le fond l'Eglise a toûjours crû la même chose¹; » mais il rejette bien loin cette réponse : « Il n'est pas vray, poursuit-il, que ces variations ne fussent que dans les termes; car les maniéres dont nous avons veû que les anciens ont exprimé la génération du Fils de Dieu et son inégalité avec son Père, donnent des idées très-fausses et très-différentes des nostres. » Il ne s'agit donc pas de termes, mais de choses; ni de manières d'expliquer, mais du fond; ni dans une matière peu importante, mais dans la plus essentielle, puisque c'est « l'inégalité du Père et du Fils, » sur laquelle les anciens avoient des idées « si fausses et si différentes des nôtres ². » C'est en effet par ce grand mystère, par le mystère de la Trinité, que le ministre commence à vous montrer les variations de l'Eglise. « Ce mystère, vous dit-il, est de la derniére importance et essentiel au christianisme : cependant, continue ce hardi docteur, chacun sçait combien ce mystère demeura *informe* jusqu'au premier concile de Nicée, et mesme jusqu'à celuy de Constantinople ³. » Le mystère de la Trinité *informe!* Mes Frères, je vous le demande; eussiez-vous cru devoir entendre cette parole d'une autre bouche que de celle d'un socinien? Si dès le

VI. Que les variations introduites par le ministre, regardent le fond de la croyance, même dans les dogmes principaux la Trinité informe selon lui.

---

¹ Lett. VI, p. 45. — ² *Ibid.*, col. 2. — ³ *Ibid.*

commencement on a adoré distinctement un seul Dieu en trois personnes égales et coéternelles, le mystère de la Trinité n'étoit pas informe : or, selon votre ministre, il étoit informe, non-seulement jusqu'à l'an 325 où se tint le concile de Nicée, mais encore cinquante ans après, et jusqu'au premier concile de Constantinople qui se tint en l'an 381. Donc les premiers chrétiens dans la plus grande ferveur de la religion, et lorsque l'Eglise enfantoit tant de martyrs, n'adoroient pas distinctement un seul Dieu en trois personnes égales et coéternelles : saint Athanase lui-même et les Pères de Nicée n'entendoient pas bien cette adoration : le concile de Constantinople a donné la forme au culte des chrétiens : jusqu'à la fin du quatrième siècle le christianisme n'étoit pas formé, puisque le mystère de la Trinité, si essentiel au christianisme, ne l'étoit pas : les chrétiens versoient leur sang pour une religion encore informe, et ne savoient s'ils adoroient trois dieux ou un seul Dieu.

VII. Selon M. Jurieu, les premiers chrétiens ne croyoient pas que la personne du Fils de Dieu et toute la Trinité fût éternelle.

Pour prouver ce qu'il avance, le ministre fait enseigner aux Pères des premiers siècles « que le Verbe n'est pas éternel en tant que Fils ; qu'il estoit seulement caché dans le sein de son Père comme sapience, et qu'il fut comme produit et devint *une personne distincte* de celle du Père peu devant la création, et qu'ainsi la trinité des *personnes ne commença* qu'un peu avant le monde [1]. » Il n'y a personne qui n'ait ouï parler de l'hérésie des sabelliens, qui ne faisoient du Père et du Fils qu'une seule et même personne, et qui par là anéantissoient jusqu'au baptême ; on sait combien cette hérésie fut détestée ; mais elle étoit véritable jusqu'au moment que le monde fut créé. « Telle étoit, du moins selon M. Jurieu [2], la théologie des anciens, celle de l'Eglise des trois premiers siècles sur la Trinité, celle d'Athénagoras, contemporain de Justin martyr, qui écrivoit quarante ans après la mort des derniers apostres, celle de Tatien, disciple de Justin martyr ; et il est clair que le disciple avoit appris cela de son maistre ; » c'étoit la foi des martyrs, et c'étoit en cette foi qu'ils versoient leur sang.

VIII. Aveugle-

C'est aussi en conséquence de cet aveu que le ministre est con-

[1] Lett. VI, p. 44. — [2] *Ibid.*, p. 43, 44.

traint de dire qu'une si insigne variation dans la doctrine de l'Eglise « n'est pas essentielle, ni fondamentale [1]. » Ce n'est pas une erreur fondamentale de dire que le Fils de Dieu n'est pas de toute éternité une personne distincte de celle du Père, et que cette distinction de personnes entre le Père et le Fils, et enfin, pour trancher plus net, la trinité des personnes, non-seulement a commencé, mais encore n'a commencé qu'un peu avant la création du monde : en sorte que l'univers est presque aussi ancien que la Trinité qui l'a fait, et que ce qui est adoré comme Dieu par les chrétiens est nouveau.

<small>ment du ministre, qui décide que cette erreur, qu'il attribue aux anciens, n'est pas fondamentale.</small>

Je n'ai pas besoin de remarquer ici l'avantage que cette doctrine donne aux ariens et aux sociniens; le ministre l'a bien senti; mais il s'en sauve d'une étrange sorte : « C'est, dit-il, que les ariens faisoient le Fils produit du néant, sans rien reconnoistre d'éternel en luy, ni l'essence, ni la personne; » et les anciens le faisoient produit de la substance du Père, et de même substance avec lui : « seulement, poursuit le ministre, ils vouloient que la génération *de la personne se fust* faite *au commencement du monde;* » et ce monstre de doctrine, selon lui, n'a rien qui combatte l'essence du christianisme; ce n'est pas là « une variation essentielle et fondamentale. » On peut être un vrai chrétien et dire qu'une personne divine, et en un mot, ce qui est Dieu et vrai Dieu, autant que le Père, a commencé.

Mais la cause qu'il attribue à cette erreur des anciens est pire que leur erreur même : « car leur erreur, poursuit le ministre, venoit en partie d'une méchante philosophie, parce qu'ils n'avoient pas une juste idée de l'immutabilité de Dieu [2]. » En effet puisqu'il survenoit à Dieu quelque chose, et encore quelque chose de substantiel, une nouvelle génération et une nouvelle personne qui n'y avoit point été de toute éternité, la substance de Dieu se changeoit et s'altéroit avec le temps : ainsi ce qu'on croit Dieu est nouveau, et ne prévient la créature que de quelques heures : ce qui n'est pas seulement, comme l'avoue le ministre, « n'avoir pas une juste idée de l'immutabilité de Dieu, » mais la détruire en termes formels : de sorte que tout le secours que donne votre

<small>IX. Selon M. Jurieu, les premiers chrétiens ne croyoient pas que Dieu fût immuable.</small>

---

[1] Lett. VI, p. 44, col. 2. — [2] *Ibid.*

ministre aux chrétiens des trois premiers siècles pour les distinguer des ariens, c'est de les faire plus impies : puisque c'est une impiété beaucoup plus grande d'ôter à Dieu l'immutabilité de son être, qui étoit connue même des philosophes, que de lui ôter seulement avec les ariens la personne de son Fils, bien moins nécessaire à connoître la perfection de son être que son immutabilité, sans quoi on ne peut pas même le concevoir comme Dieu.

L'eussiez-vous cru, mes chers Frères, qu'on dût jamais vous débiter cette doctrine dans des lettres qu'on ose nommer *Lettres pastorales*? Est-ce un pasteur qui écrit ces choses, ou bien un loup ravissant, qui vient ravager le troupeau? N'est-il pas temps de vous réveiller, lorsque celui qui fait parmi vous le docteur et le prophète, et à qui vous avez remis la défense de votre cause, en vient à cet excès d'égarement, de ne distinguer les chrétiens des trois premiers siècles et les martyrs mêmes d'avec les ariens, qu'en les faisant plus impies, qu'en leur faisant rejeter non-seulement le dogme le plus essentiel du christianisme, qui est l'éternité du Fils de Dieu, mais encore ce que les païens n'ont pu méconnoître, l'immutabilité de l'Etre divin; de sorte que les saints docteurs, en perdant la foi, n'aient pu même retenir les restes de la lumière naturelle que les philosophes païens avoient conservée.

Et celui qui vous annonce de tels prodiges, loin d'en rougir, s'en glorifie. « Je me suis, dit-il, un peu étendu à expliquer la théologie de l'Eglise des trois premiers siècles sur la Trinité, parce que je n'ay trouvé aucun auteur jusqu'icy qui l'ait bien comprise[1]. » C'est la lumière de notre siècle : il se vante de découvrir, dans la théologie des trois premiers siècles, ce que personne n'avoit compris avant lui. Mais encore qu'a-t-il découvert dans leur théologie? Il y a découvert ce grand mystère, que Dieu n'étoit pas immuable, et qu'un Dieu n'étoit pas éternel. Voilà la belle découverte de ce grand personnage M. Jurieu; c'est pour cela qu'il nous vante sa grande science, et qu'il avertit « l'évesque de Meaux qu'un évesque de cour comme lui, et les autres dont le mestier n'est pas d'étudier, devroient un peu ménager ceux qui

[1] Lett. vj, p. 44.

n'ont point d'autre profession [1]. » C'est dommage en effet qu'on ne se tait pas par toute la terre, pour laisser M. Jurieu écrire tout seul, afin que toute la chrétienté apprenne cette merveille que les siècles les plus voisins des apôtres, où est la force et la gloire du christianisme, ne croyoient pas Dieu immuable, ni la génération de son Fils éternelle, et que cette erreur est de celles qui ne sont « ni essentielles, ni fondamentales. »

Si cette horrible flétrissure du christianisme, si une corruption si manifeste de la foi n'est pas l'accomplissement de ce que dit l'apôtre saint Paul sur les hérétiques, « que leur folie sera connue de tous [2], » je ne sais plus quand il le faut attendre. Mais votre docteur continue : « Et il est vray, poursuit-il, que les anciens jusqu'au quatriéme siècle, ont eû une autre fausse pensée au sujet des personnes de la Trinité : c'est qu'ils y ont mis de l'inégalité [3]. » Ils n'ont donc pas adoré en un seul Dieu trois personnes égales : ils ont adoré le Fils comme Dieu, mais ils ne l'ont pas connu comme étant égal à son Père. Un Dieu n'est pas égal à un Dieu ; il y a de l'imperfection, puisqu'il y a de l'inégalité dans ce qui est Dieu ; on peut concevoir un Dieu qui n'est pas parfait : voilà les prodiges qu'on vous enseigne ; voilà, dit votre ministre, ce que croyoient les martyrs et les siècles les plus purs. Que reste-t-il à conclure, sinon que les ariens raisonnoient mieux, et avoient une doctrine plus pure sur la Divinité, que les docteurs de l'Eglise ?

X. Que, selon M. Jurieu, les premiers chrétiens croyoient les personnes divines inégales.

Mais remarquez, mes chers Frères, que non content d'attribuer de tels prodiges aux siècles les plus purs de la religion, votre docteur est encore contraint de dire, comme vous venez de l'entendre, que ces prodiges ne sont pas contraires aux fondemens de la foi ; car l'erreur des anciens, dit-il, « n'est ni essentielle ni fondamentale ; » et il faut bien qu'il en parle ainsi à moins de condamner l'ancienne Eglise lorsqu'elle enfantoit les martyrs, et de dire qu'elle étoit Eglise sans avoir les fondemens de la foi. Triomphez donc, ariens et sociniens : on peut, sans blesser l'essence de la piété, dire que la personne du Fils de Dieu n'est pas éternelle, qu'il est engendré dans le temps, qu'il n'est pas égal à

XI. Que, selon M. Jurieu, on peut être dans les mêmes erreurs, et reconnoître du changement dans la substance de Dieu, sans ruiner les fondemens de la foi.

[1] Lett. VIII, p. 61. — [2] II Tim., III, 9. — [3] Lett. VI, p. 45.

son Père. Mais triomphez en particulier, ô sociniens, qui osez dire qu'il arrive à l'être de Dieu quelque chose de nouveau : M. Jurieu vous donne les mains, puisqu'il avoue qu'on peut croire sans blesser le fond de la piété, non pas qu'il survient à Dieu des accidens comme à nous, et de nouvelles pensées, ce qui autrefois faisoit horreur : mais, ce qui est beaucoup pis, qu'il change dans la substance, et qu'une personne divine commence d'être ; non-seulement on peut le croire sans aucun péril de son salut, mais on l'a cru autrefois, et c'étoit la foi des martyrs.

XII. Que le ministre approuve lui-même qu'on mette le Fils de Dieu au rang des choses faites, et que personne ne le reprend de ses erreurs.

Je ne m'étonne pourtant pas que ce ministre parle ainsi après avoir vu, non ce qu'il tolère dans les autres, mais ce qu'il enseigne lui-même. Car en parlant de Tertullien et de son livre contre Praxéas (a) : « Là il explique, dit-il, la génération du Fils comme nous, par l'entendement divin, qui en se comprenant et s'entendant lui-mesme, a fait son image et son Verbe qui est son Fils : cela va bien jusque-là [1]. » Remarquez, mes Frères, ce blasphème : Dieu a fait son Fils. Que disoient de pis les ariens? Mais le ministre l'approuve : « Tertullien, dit-il, l'entend comme nous, et cela va bien jusque-là. » Cela va bien de dire que Dieu fait son Fils, et que celui par qui Dieu a fait toutes choses, est lui-même au nombre des choses faites. Un homme qui ne rougit pas de se donner pour savant, tombe dans une erreur qu'un théologien de quatre jours auroit évitée; et vous ne voyez pas encore que ce téméraire théologien, dans les embarras où le jette la défense de votre cause, hasarde tout, et que l'heure est venue où, comme disoit l'Apôtre, la folie de vos docteurs doit être connue de tout l'univers.

Il n'est pas ici question d'expliquer le sentiment de Tertullien : d'autres docteurs et des docteurs protestans l'ont fait devant nous, et ont très-bien justifié qu'il n'a jamais dit absolument que le Fils de Dieu eût été fait, ni autrement qu'il est écrit du Père même, « qu'il a été fait notre refuge, et le refuge du pauvre [2]. » Mais quand Tertullien se seroit trompé selon M. Jurieu avant que

[1] *Lett.* VI, p. 44, col. 1. — [2] *Psal.* IX, 10.

(a) *Texte primitif* : Contre Hermogène. Dans la correction de quelques-uns de de ses ouvrages, après le VIe *Avertissement*, Bossuet a mis : Contre Praxéas.

la foi de la Trinité eût été *formée,* maintenant que de son aveu elle a reçu sa forme, falloit-il encore errer avec lui, et mettre le Fils de Dieu au rang des choses faites? Et on lui laisse dire parmi vous toutes ces choses. Il n'en est pas moins ministre, pas moins professeur en théologie. Il adresse toutes ces erreurs à tous ses frères sous le titre le plus vénérable que pût prendre un vrai pasteur, sans que personne le contredise. Il a trouvé parmi vous des contradicteurs sur ses prétendues prophéties : on l'a traité sur cela de visionnaire; on s'est moqué de ce qu'il a dit sur ces prétendus prophètes de Vivarais et de Dauphiné, où toute la marque de l'Esprit de Dieu est de se laisser tomber par terre, et de crier de toute leur force en fermant les yeux et faisant semblant de dormir. On lui a reproché publiquement qu'en autorisant ces illusions, il autorisoit la tromperie et le fanatisme, et exposoit le parti protestant à la risée de tout l'univers : on ne l'a pas épargné sur toutes ces choses. Il attaque le fondement de la foi; il impute à l'ancienne Eglise dès l'origine du christianisme des erreurs essentielles sur la Trinité; il les tolère, il les approuve, il les adopte : cependant on ne lui dit mot sur tout cela; et ses *Lettres pastorales* courent l'univers sans être, je ne dis pas notées par les églises, mais reprises par aucun particulier; tant le soin de l'orthodoxie, si je puis parler de la sorte, est abandonné parmi vous. Vos gens délicats sur l'esprit craignent qu'on ne leur impute des visions et des foiblesses, et ils ne craignent pas qu'on leur impute des erreurs.

Si les anciens ont été si aveugles dans le mystère de la Trinité, ils n'auront pas mieux entendu celui de l'incarnation, dont la Trinité est le fondement : aussi votre ministre vous enseigne-t-il que les anciens docteurs, et « surtout ceux du troisième siécle, et mesme ceux du quatriéme, ont meslé d'épaisses ténèbres les lumiéres qu'ils avoient sur ce mystère; qu'ils ont confondu le Fils et le Saint-Esprit; qu'ils nous ont fait un *Dieu converti en chair,* selon l'hérésie qu'on a attribuée à Eutychès; et que ce n'est que par la voye des longues contentions qu'enfin cette vérité venue de Dieu est arrivée à la perféction [1]; » de sorte que

XIII. Le mystère de l'incarnation également ignoré par les premiers chrétiens, selon M. Jurieu.

[1] P. 45, 46.

loin d'y être d'abord, comme sont les œuvres où Dieu met la main d'une façon particulière, à peine y étoit-elle après quatre siècles.

<small>XIV. Les premiers chrétiens ignoroient ce que la raison naturelle enseignoit aux païens et même l'unité de Dieu et ses perfections.</small>

Comment les anciens auroient-ils compris les vérités particulières au christianisme, puisque même ils ont ignoré ce que la raison naturelle a enseigné aux gentils ? Ecoutez parler votre ministre : « Je voudrois bien, poursuit-il, que l'évesque de Meaux me prouvast cette maxime (que la vérité venue de Dieu ne peut souffrir de variations, et qu'elle atteint d'abord toute sa perfection), seulement dans le dogme d'un Dieu unique, tout-puissant, tout sage, tout bon, infini et infinîment parfait [1]. » Avons-nous bien entendu ? Quoi ! ce n'est plus l'immutabilité de l'Etre divin que ce ministre fait ignorer aux premiers chrétiens ; c'est encore tous les autres attributs divins que nous venons de nommer. Répétons encore ces paroles, de peur de nous être trompés en lui faisant dire des nouveautés si étranges : « Je voudrois bien que l'évesque de Meaux me prouvast cette maxime (que la vérité arrive d'abord à sa perfection), seulement dans le dogme d'un Dieu unique, tout-puissant, tout sage, tout bon, infini et infinîment parfait. Il n'y a point d'endroit, continue-t-il, où les Pères de l'Eglise auroient deû estre plus uniformes et plus exempts de variations que celuy-là, puisque c'est celuy qu'ils devoient sçavoir le mieux, s'y exerçant perpétuellement dans leurs disputes contre les païens ; » cependant ils ne le savoient qu'imparfaitement ; « car, poursuit-il, combien trouve-t-on dans tous ces dogmes de variations et de fausses idées ? » Ainsi l'unité de Dieu, qui étoit le dogme le plus éclatant du christianisme, n'étoit qu'imparfaitement connue par les fidèles des trois premiers siècles. Il le faut bien, puisqu'ils adoroient comme Dieu le Père, la personne du Fils et du Saint-Esprit, qui ne lui étoient, ni égales, ni coéternelles ; ce n'étoit donc pas un même Dieu, puisque Dieu ne peut être inégal à soi-même. Les chrétiens, qui faisoient semblant de tant détester la multiplicité des dieux, en avoient trois bien comptés dans les premiers siècles ; et afin de ne point errer sur ce seul article, selon eux, « la bonté de Dieu estoit un accident comme la couleur : la

[1] P. 46.

sagesse de Dieu n'estoit (a) pas sa substance; » et ce n'étoit pas seulement la pensée d'Athénagoras et de Tertullien : « c'estoit, dit-il, la théologie du siécle; » on ne croyoit pas « que Dieu fust partout, ni qu'il pust estre en même temps dans le ciel et dans la terre : la pluspart des anciens ont crû Dieu corporel et étendu, comme Tertullien; » afin que les sociniens, qui ont de Dieu cette basse idée, aient pour garans *la plupart* des saints docteurs. Quel prodige ne peut-on donc pas soutenir par l'autorité de l'Eglise primitive? Et il ne faut pas s'en étonner, « puis qu'on y représentoit Dieu muable et divisible, changeant ce germe de son Fils en une personne, et divisant une partie de sa substance pour son Fils, sans la détacher de soy [1]. » Qui peut dire que Dieu est muable et divisible, lui peut attribuer toutes les passions, tous les défauts, et même tous les vices, avec les païens. S'il peut changer et devenir ce qu'il n'étoit pas, il n'est plus *celui qui est :* il tient plus du néant que de l'être. Il n'est plus la vérité même, la sainteté même; et il peut perdre tout ce qu'il peut acquérir : ainsi on peut lui ôter, non-seulement son Fils et son Saint-Esprit, mais encore tous ses attributs et son propre être. C'est où vous conduit votre ministre; et il conclut cet étrange discours en disant « que cette belle et juste idée que nous avons aujourd'huy de l'estre parfait, quoyque vérité venuë de Dieu, n'a pas atteint toute sa perfection d'abord. »

Vous l'entendez, mes chers Frères, l'idée de l'être parfait est une idée d'*aujourd'huy*. Quand Tertullien a dit que Dieu étoit « le souverain grand, et par là unique sans pouvoir avoir son égal, autrement qu'il ne seroit point Dieu [2]; » quand tous les Pères des premiers siècles, aussi bien que de tous les autres, ont soutenu aux païens la même chose; quand ils leur ont prouvé mille et mille fois l'unité de Dieu par la souveraineté et la singularité de sa perfection; quand ils ont dit que jamais nul n'avoit prononcé le nom de *Dieu*, qu'en y attachant l'idée de la perfection, ils n'étoient pas entendus et ils ne s'entendoient pas eux-mêmes : selon

---

[1] P. 46. — [2] Lib. I, *adv. Marcion.*, cap. III.

(a) *N'estoit* au lieu de *n'est* : correction faite à la main sur l'imprimé original, dans l'exemplaire de la bibliothèque impériale.

M. Jurieu, cette idée que nous avons *aujourd'huy*, n'est pas celle de l'antiquité; et il semble que ce ministre ne l'auroit pas eue ou n'y auroit pas fait d'attention, si un philosophe moderne n'étoit venu lui apprendre que l'idée de Dieu étoit jointe à celle de l'être parfait.

<small>XV.
Suite de la doctrine du ministre : tous les fondemens de la foi ignorés et combatus par les chrétiens des quatre premiers siècles.</small>
Quoi qu'il en soit, il est certain, selon lui, que les Pères et même ceux des trois premiers siècles ne l'avoient pas, non plus que celles de l'éternité et de l'immutabilité de l'être de Dieu, ni des personnes divines, et les autres que nous avons vues. C'est ce que dit ce ministre dans la sixième *Lettre* de cette année, qui est la première qu'il a opposée à l'*Histoire des Variations*. La seconde, qui est en ordre la septième, n'est pas moins pleine d'erreurs et d'égaremens. Il la commence en répétant « qu'il y a trois véritez essentielles et fondamentales imparfaitement expliquées par les plus anciens docteurs de l'Eglise, la Trinité des personnes, l'incarnation de la seconde et l'idée d'un Dieu unique, qui est l'estre infinîment parfait [1]; » et l'on a vu que ce qu'il appelle explication imparfaite de ces dogmes, c'étoit les anéantir tout à fait, et établir en termes formels des dogmes contraires. Il est bien aisé de comprendre que le reste ne se soutient plus, après qu'on a renversé ces fondemens. Aussi « estoit-ce l'opinion constante et régnante dans ces premiers siécles de l'Eglise, que Dieu avoit abandonné le soin de toutes les choses qui sont au-dessous du ciel, sans en excepter mesme les hommes, et ne s'estoit réservé la providence immédiate que des choses qui sont dans les cieux. » Ainsi la providence particulière tant célébrée dans l'Ecriture et poussée par Jésus-Christ même jusqu'au moindre de nos cheveux, étoit oubliée par les chrétiens, quoiqu'elle fût si sensible que les philosophes platoniciens et stoïciens, mieux instruits que les chrétiens et que les martyrs, la reconnussent. O Dieu! quelle patience faut-il avoir pour entendre dire des choses si fausses et si avantageuses, non-seulement aux sociniens, mais encore à tout le reste des libertins et des impies! Ce n'est pas tout : « La grace, qu'on regarde aujourd'huy avec raison comme l'un des plus importans articles de la religion chrétienne, estoit entièrement *informe* jusqu'au temps

[1] Lett. VII, p. 49.

de saint Augustin. Avant ce temps les uns estoient stoïciens et manichéens : d'autres estoient purs pélagiens ; les plus orthodoxes ont esté semi-pélagiens [1]. » Quoi! même sans en excepter saint Cyprien, tant cité par saint Augustin contre ces hérétiques [2]? quoiqu'il ait dit en trois mots tout ce qu'il falloit pour les confondre, en disant si précisément et en prouvant avec tant de force « qu'il ne faut se glorifier de rien, parce que nul bien ne vient de nous [2]. » Les autres Pères n'en ont pas moins dit ; et néanmoins, dit notre ministre, « tous en général ont discouru sur cette matière d'une manière à faire voir qu'ils n'y avoient fait aucune attention, » quoique ce soit le fondement de la piété et de l'humilité chrétienne, « et n'avoient pas étudié l'Ecriture là-dessus. » Mais quoique saint Augustin et les conciles de son temps eussent fait sur ce sujet, selon le ministre même, des décisions si justes, on n'a pas laissé de varier : « dans le sixième siècle et dans les suivans, l'Eglise romaine devint quasi pélagienne [3], » pendant que le pape saint Grégoire, un si fidèle disciple de saint Augustin, y présidoit : « L'article de la satisfaction de Jésus-Christ, celuy de la justification et celuy du péché originel, » sont mal enseignés par les anciens Pères : « Le péché originel est conceû comme l'un des importans articles de la religion chrétienne ; » cependant le ministre me « défie de lui faire voir cette importante vérité dans les Pères qui ont précédé saint Augustin, toute formée, toute conceûë comme elle a esté depuis, » encore qu'il sache bien, pour ne pas citer ici tous les auteurs, qu'on la trouve dans un concile tenu par saint Cyprien [4] aussi constamment et aussi clairement posée que dans saint Augustin même ; et que sur ce fondement du péché originel on y établisse la nécessité du baptême des petits enfans, en termes aussi forts qu'on l'a fait depuis dans les conciles de Milevi et de Carthage.

Mais il ne s'agit pas ici de soutenir la doctrine de l'Eglise : il s'agit de manifester aux yeux du monde la basse idée que l'on en a dans la Réforme. « S'il y a, poursuit le ministre, doctrine impor-

---

[1] Lett. VII, p. 50. — [2] Lib. *de Dono persev.*, cap. XIX, n. 48 ; *ad Bonif.*, lib. IV, cap. VIII et seq.; S. Cypr. *Testim.*, lib. III, cap. IV. — [3] Lett. VII, p. 50, col. 2. — [4] *Epist. ad Fid. de infant. baptiz.*

tante dans toute la religion, et qui soit clairement enseignée dans l'Ecriture, c'est celle de la satisfaction de Jésus-Christ, qui a esté mis en notre place et qui a souffert les peines que nous avons méritées. Ce dogme si important et si fondamental est demeuré *si informe* jusqu'au quatriéme siécle, qu'à peine peut-on rencontrer un ou deux passages qui l'expliquent bien. » On trouve même dans saint Cyprien des choses « très-injurieuses à cette doctrine; et pour la justification, les Pères n'en disent rien; ou ce qu'ils en disent est faux, mal digéré et imparfait. » Ainsi de tous les articles qui servent de fondement à la piété, il ne s'en est trouvé aucun où la foi des trois premiers siècles ait été pure : que dis-je ? aucun où il n'ait régné des erreurs essentielles : et ce n'étoit pas seulement trois ou quatre auteurs qui se trompoient; le ministre répète encore « que c'estoit la théologie du siécle, » dont il rend cette raison « que dans un temps où le sçavoir étoit rare entre les chrétiens, deux ou trois sçavans entraisnoient la foule dans leurs opinions; » tant le fondement de la foi étoit foible et mal établi! en sorte que, la théologie de ces siècles étoit non-seulement « imparfaite et flottante [1], » mais encore pleine d'erreurs capitales, sur tous les articles qu'on vient de voir, quoique ce soit sans difficulté les plus essentiels du christianisme.

XVI. Que les Pères, selon le ministre, loin d'entendre l'Ecriture sainte, ne la lisoient même pas.

Il ne faut pas s'en étonner : « C'est, dit le ministre, que la vérité n'a pris sa derniére forme que par une très-longue et très-attentive lecture de l'Ecriture sainte; et, poursuit-il, il ne paroist pas que les anciens docteurs des trois premiers siècles s'y soient beaucoup attachez [2]. » O Dieu, encore un coup, est-il bien possible que ces saints docteurs, un saint Justin, un saint Irénée, un saint Clément d'Alexandrie, un saint Cyprien, tant d'autres qui passoient les jours et les nuits à méditer l'Ecriture sainte, dont leurs écrits ne sont qu'un tissu, qui en faisoient toutes leurs délices et y trouvoient leur consolation durant tant de persécutions, ne s'y soient point attachés, ou qu'ils n'y aient pas vu le mystère de la piété qu'on prétend y être si clair, qu'il ne faut à présent aux plus ignorans, aux artisans les plus grossiers, aux plus simples femmes, qu'ouvrir les yeux pour l'y trouver! C'est ainsi

[1] Lett. VII, p. 51. — [2] *Ibid.*

qu'on parle de ceux qui ont fondé après les apôtres l'Eglise chrétienne, non-seulement par leurs prédications et par leurs travaux, mais encore par leur sang. Non-seulement le savoir étoit rare parmi eux, comme on vient d'entendre, quoiqu'il y eût alors tant de philosophes, tant d'excellens orateurs, tant de doctes jurisconsultes, et en un mot tant de grands hommes de toutes les sortes qui embrassoient le christianisme avec connoissance de cause : mais, ce qu'il y a de plus étrange, c'étoit le savoir qui regardoit la religion et l'Ecriture elle-même qui *estoit rare alors,* même parmi ceux qu'on regardoit comme les docteurs. « Ils sortoient, dit votre ministre, des écoles des platoniciens ; ils estoient pleins de leurs idées ; et ils en ont rempli leurs ouvrages, au lieu de s'attacher uniquement aux idées du Saint-Esprit[1]. »

XVII. Réflexion sur les erreurs attribuées aux premiers siècles du christianisme.

Il faut ici se souvenir que, lorsque l'on accuse la théologie des anciens d'être imparfaite et sans forme, il ne s'agit pas seulement de certaines expressions précises qu'on a opposées depuis aux subtilités et aux faux-fuyans des hérétiques ; il s'agit du fond de la doctrine, puisque le ministre soutient, comme on a vu, qu'on alloit jusqu'à détruire l'éternité et la trinité des personnes divines, l'immutabilité, la spiritualité, l'immensité, l'unité et la perfection de l'être divin, l'incarnation de Jésus-Christ, la corruption aussi bien que la réparation de notre nature, la providence, la grace, jusqu'à être stoïcien et manichéen, ou pélagien et demi-pélagien ; je dis même *les plus orthodoxes :* en sorte qu'il n'y avoit aucune partie du mystère et de la doctrine de Jésus-Christ, je ne dis pas qui fût demeurée en son entier, mais qui ne fût altérée dans son fond. C'est ainsi que la Réforme se défend. Attaquée dans ses variations, elle ne peut se défendre qu'en accusant l'antiquité et surtout les trois premiers siècles, non-seulement de la plus grossière ignorance, mais encore des erreurs les plus capitales. M. Jurieu est l'auteur d'une si belle défense : au moins, dit-il, nous ne périrons pas tous seuls ; nous nous sauverons par le nom et la dignité de nos complices ; et s'il faut que la Réforme soit convaincue d'instabilité et par là de fausseté manifeste, elle entraînera tous les siècles précédens, et même les plus purs, dans sa ruine. N'im-

[1] Lett. VII, p. 51.

porte que les sociniens gagnent leur cause : ils nous sont moins odieux que les papistes; et puisqu'il nous faut périr, périssent avec nous les plus saints de tous les Pères, et périsse, s'il le faut ainsi, toute la gloire du christianisme.

<small>XVIII. Que l'Eglise chrétienne, selon le ministre, a été la plus malheureuse et la plus mal instruite de toutes les sociétés.</small>

Nous avons observé ailleurs [1] ce que ce ministre téméraire dit des Pères de ces trois siècles, « que c'estoient de pauvres théologiens qui ne marchoient que rez-pied rez-terre [2]; » il n'excepte que le seul Origène, c'est-à-dire de tous ces docteurs celui dont les égaremens sont le plus fréquens; et il laisse dans l'ordure et dans le mépris saint Justin, saint Irénée, saint Clément d'Alexandrie un si sublime théologien, saint Cyprien un si grand évêque et un martyr si illustre, Tertullien un prêtre si docte et si vénérable, tant qu'il demeura dans le sein de l'Eglise, saint Ignace même et saint Polycarpe disciples de saint Pierre et de saint Jean, et toutes les autres lumières de ces temps-là. Encore si ces « pauvres théologiens » n'étoient qu'ignorans, quoique ce soit un grand crime à des docteurs d'avoir si profondément ignoré les principes de la piété; mais, pour comble d'ignominie, il leur faut attribuer des erreurs plus grossières et plus impies que celles des païens mêmes; et ceux qui ne se défendent que par de si grands outrages envers le christianisme, osent encore se glorifier d'en être les réformateurs, et les seuls restaurateurs de la piété.

Mais ce n'est pas là tout le mal : en sortant de cette ignorance et de ces erreurs capitales des trois premiers siècles et en venant au quatrième qui est le siècle de lumière, on n'en vaut pas mieux; on retombe en ce moment dans l'idolâtrie, et dans une idolâtrie la plus dangereuse de toutes, aussi bien que la plus grossière et la plus maligne, puisque c'est l'idolâtrie antichrétienne, où sous le nom des Saints on rétablit les faux dieux et tout le culte des païens [3]. Oui, dit-on, c'est en sortant des trois premiers siècles si grossiers et infectés de tant d'erreurs, qu'aussitôt on est replongé dans une si détestable idolâtrie; et ces grandes lumières du quatrième siècle, ces grands hommes, sous qui on avoue que la théologie chrétienne a du moins pris à la fin sa dernière forme, saint

---

[1] *Apoc.*, Avert., n. 33, 35. — [2] Jur., *Acc. des Proph.*, II part., p. 333. — [3] *Apoc.*, Avert., n. 28 et suiv.

Basile, saint Ambroise, saint Grégoire de Nazianze et saint Augustin, qui seul, dit-on, « renferme plus de théologie dans ses écrits que tous les Péres des premiers siécles » fondus ensemble, sont les auteurs de ce culte impie et de cette idolâtrie antichrétienne.

Ce ne sont point ici des conséquences que nous tirions de la doctrine de votre ministre : nous avons produit ailleurs ses termes exprès[1], où il dit que tous ces grands hommes du quatrième siècle y ont fait régner l'idolâtrie; « qu'ils ont esté séduits par les esprits abuseurs pour rétablir le culte des démons[2]; » et enfin que c'est sous eux que se sont formés l'impiété, les blasphèmes, les persécutions, et pour tout dire en un mot, les idolâtries de l'Antechrist.

C'est ce que j'appellerois, si je le voulois, des prodiges de témérité, d'impiété, d'ignorance; et je ferois retomber sur le ministre tous les outrages dont il me charge pour avoir dit seulement que la vérité chrétienne, comme un ouvrage divin, a eu d'abord sa perfection. Je pourrois dire à juste titre qu'on ne sait si on a affaire à un chrétien ou à un païen, lorsqu'on entend ainsi déchirer le christianisme sans l'épargner dans ses plus beaux jours. Mais laissant à part toutes exagérations, considérons de sang-froid la constitution qu'on veut donner à l'Eglise chrétienne. Les derniers siècles, depuis mille ans, sont le règne de l'Antechrist. Autrefois les protestans vantoient du moins le quatrième comme le plus éclairé, et ils ne peuvent encore lui refuser cet honneur : mais cependant c'est la source de l'idolâtrie antichrétienne; c'est là qu'elle s'est formée; c'est là qu'elle règne. La Réforme poussée dans ce siècle, vouloit, ce semble, se faire un refuge dans les siècles des martyrs; et maintenant ce sont les plus infectés d'ignorance et d'erreurs, je dis même dans les points les plus essentiels et dans le fond de la piété. Où est donc cette Eglise de Jésus-Christ contre laquelle « l'enfer ne devoit pas prévaloir[3]? » Où est cet ouvrage des apôtres dont Jésus-Christ avoit dit : « Je vous ai choisis et je vous ai établis, afin que vous alliez et que vous por-

---

[1] *Apoc.*, Avert., n. 28 et suiv. — [2] *Apoc.*, Avert., n. 36. — [3] *Matth.*, XVI, 18.

tiez du fruit, et que votre fruit demeure ¹?» Cependant tout tombe, tout est renversé aussitôt après les apôtres.

<small>XIX.
La décision du concile d'Ephèse censurée par le ministre Jurieu. Les sociniens triomphent selon ces maximes.</small>

Ce qu'il y a de plus déplorable, c'est que même en se redressant on laissoit en son entier la plus grande partie de l'erreur. Le mystère de la Trinité étoit encore *informe* au concile de Nicée, comme on a vu, et « jusqu'au concile de Constantinople, » qui est le second général ; le mystère de l'incarnation n'a été formé que par de longues disputes avec les ariens, les nestoriens et les eutychiens ; et ainsi il ne l'étoit pas au second concile général. Le sera-t-il du moins dans le troisième, qui est celui d'Ephèse, où après la défaite des ariens on triompha de Nestorius, ennemi de l'Incarnation? Non, il faut encore essuyer les disputes avec Eutychès. La perfection de ce mystère étoit réservée au concile de Chalcédoine et au pape saint Léon, quoique ce soit l'Antechrist. Mais le concile d'Ephèse a-t-il du moins expliqué en termes convenables le mystère de l'incarnation contre Nestorius, qui le détruisoit? On avoit cru jusqu'ici que ce saint concile de deux cents évêques assemblés de toute la terre, et auquel tout le reste de l'univers donnoit son consentement, avoit parlé convenablement contre cette erreur, en décidant que la sainte Vierge étoit vraiment mère de Dieu : car il n'y avoit rien de plus précis pour faire voir que Jésus-Christ étoit né Dieu, également Fils de Dieu et Fils de Marie : ce qui ne laissoit aucune évasion à ceux qui divisoient sa personne, et ne vouloient pas avouer qu'un enfant « de trois mois fust Dieu. » C'étoit donc là de ces expressions inspirées de Dieu à son Eglise, comme le *consubstantiel*, comme les autres que tous les siècles suivans ont révérées. Mais écoutons M. Jurieu l'arbitre des chrétiens, et le censeur souverain des premiers conciles œcuméniques : « Ce fut, dit-il, aux docteurs du cinquième siècle une témérité malheureuse d'innover dans les termes, » en appelant la sainte Vierge « Mère de Dieu, » terme qui n'étoit point « dans l'Ecriture, » au lieu de se contenter de l'appeler « avec l'Ecriture *Mère de Jésus-Christ* ². » Le ministre continue : « Aussi Dieu n'a-t-il pas versé sa bénédiction sur la fausse sagesse de ces docteurs : au contraire il a permis que la

---
¹ *Joan.*, xv, 16. — ² Lett. XVI, 1 an., p. 130, 131.

plus criminelle et la plus outrée de toutes les idolâtries de l'anti-christianisme ait pris son origine de là; » il veut dire la dévotion à la sainte Vierge. Mais il faut bien avouer qu'elle étoit devant ce concile, puisque l'Eglise où il étoit assemblé, et qui sans doute étoit bâtie avant qu'il se tînt, s'appeloit Marie [1], du nom de cette Mère Vierge, et que longtemps avant ce concile, saint Grégoire de Nazianze avoit raconté qu'une martyre du troisième siècle « avoit prié la sainte Vierge Marie d'aider une vierge qui étoit en péril [2]. » Le ministre devroit donc dire, selon ses principes, que ce fut en punition de cette idolâtrie du quatrième siècle, que Dieu livra le cinquième qui la suivit à la téméraire entreprise d'appeler Marie, *Mère de Dieu*. Mais quelle est donc cette faute des Pères du concile d'Ephèse, si hautement censurée par votre ministre? Est-ce que la bienheureuse Vierge n'est pas en effet Mère de Dieu? Le ministre n'ose le dire. C'est donc à cause que cette expression si propre à confondre l'erreur qui partageoit Jésus-Christ, n'étoit pas dans l'Ecriture. A ce coup, que deviendra l'*homousios* de Nicée, et le *Deus de Deo* du même concile? Il deviendra ce que dit Calvin [3], une expression *dure* qu'il eût fallu supprimer, puisque même, selon cet auteur [4], le Fils de Dieu est *Dieu lui-même* comme son Père, et n'en reçoit pas l'essence divine. C'est ainsi que ces téméraires censeurs méprisent les plus saints conciles et toute l'antiquité ecclésiastique. Le concile d'Ephèse ne leur est plus rien; celui de Nicée n'est pas plus ferme : en méprisant les expressions propres et précises, qui servoient de barrière aux dogmes contre les fuites et les équivoques des hérétiques, ils ouvrent la voie aux sociniens. En effet ces téméraires docteurs n'épargnent rien. Ils nous ont fait un christianisme tout nouveau, où Dieu n'est plus qu'un corps, où il ne crée rien, ne prévoit rien que par conjectures, comme nous; où il change dans ses résolutions et dans ses pensées; où il n'agit pas véritablement par sa grace dans notre intérieur; où Jésus-Christ n'est qu'un homme; où le Saint-Esprit n'est plus rien de subsistant; où pour la grande consolation des libertins l'ame meurt avec le corps, et l'éternité des

---

[1] *Concil. Ephes.*, act. I. — [2] *Orat. in Cypr. et Just.* — [3] *Opusc. Explic. perfid. Valent. Gent.*, p. 673, 681. — [4] *Ibid.*, 665, 672, etc.; *Inst.*, lib. 1, n. 13, 19, etc.

peines n'est qu'un songe plein de cruauté. Tel est ce nouveau christianisme que Socin et ses sectateurs ont introduit. Vous vous écriez avec raison contre ces blasphèmes ; mais ces subtils adversaires ne s'étonnent pas de vos cris. Pourquoi se tant récrier ? vous diront-ils : vos ministres sont pour nous ; vous leur avez vu attribuer aux premiers docteurs de l'Eglise la partie la plus importante des dogmes qui vous font peine dans notre doctrine. Dieu change, Dieu est un corps ; le Fils et le Saint-Esprit ne sont pas des choses subsistantes de toute éternité ; la grace et le péché originel sont dogmes que les premiers siècles ne connoissoient pas : c'est ce que nous avons déjà gagné de l'aveu de vos ministres. Vous vous accoutumerez peu à peu à tout le reste de nos dogmes, et alors la réformation sera vraiment accomplie. Vous le savez : c'est ainsi qu'ils parlent ; mais que leur répondrez-vous selon les principes de votre ministre ? Pendant qu'ils abusent de l'Ecriture, et la tournent en mille manières plausibles au sens humain qu'elles flattent, si vous pensez, mes chers Frères, donner un frein à leur licence, en disant qu'ils ne peuvent montrer un seul auteur chrétien qui ait entendu l'Ecriture comme ils font, et plutôt qu'on leur montrera que tous les auteurs leur sont contraires : cette preuve la plus sensible et la plus propre à leur conviction qu'on puisse leur opposer, par le secours de vos ministres n'est plus qu'un jouet de ces esprits libertins. Leur vanterez-vous le quatrième et le cinquième siècle, l'autorité de leurs conciles et les lumières admirables de leurs docteurs ? Mais c'est la source et le siége de l'idolâtrie antichrétienne. Irez-vous aux siècles précédens ? Mais tout y est plein d'erreurs et d'ignorance, et vos ministres leur y font trouver plus de partisans que de censeurs. Qu'y a-t-il donc d'entier dans le christianisme, et où le trouverons-nous dans sa pureté ?

xx. L'Ecriture même ne subsiste plus. Jésus-Christ et les apôtres n'ont plus d'autorité.

Dans l'Ecriture, dites-vous ? Voilà de quoi on vous flatte ; mais vous ne considérez pas que pour l'honneur de l'Ecriture il faut trouver quelqu'un qui l'ait entendue : or si nous en croyons votre ministre, il n'y eut jamais de livre plus universellement mal entendu que cette Ecriture, ni de doctrine plus tôt oubliée que celle de Jésus-Christ, ni enfin de docteurs plus malheureux que les apôtres, puisqu'à peine avoient-ils les yeux fermés, que l'Eglise qu'ils avoient plantée fut toute défigurée par des erreurs capitales. Et par qui est arrivé ce malheur sur le travail des apôtres? Par leurs disciples, par leurs successeurs, par ceux qui remplirent leurs chaires incontinent après eux, par ceux qui versoient leur sang pour leur doctrine : tant ils avoient mal instruit leurs disciples; tant leur travail, qui devoit être si solide, si permanent, fut tôt dissipé.

Là, vous aurez à essuyer la risée et les railleries des libertins. Où sont, diront-ils, les promesses de Jésus-Christ? où la fermeté de son Eglise? où la pureté tant vantée du christianisme? Les sociniens déclarés ne seront pas moins terribles : Pourquoi nous condamnez-vous avec tant d'aigreur pour des dogmes qui nous sont communs avec les martyrs? Mais ceux qui pressent le plus M. Jurieu, sont ceux qu'il appelle les *tolérans*, c'est-à-dire des sociniens déguisés, mitigés, si vous le voulez, dont toute « la religion, dit votre ministre, est dans la tolérance des différentes hérésies. Ces sortes de gens, poursuit-il, tirent avantage des variations des anciens, et ils disent : Il faut bien que les mystères de la Trinité et de l'incarnation ne soient pas couchez si clairement dans l'Ecriture, puisque les premiers Péres ont varié là-dessus [1]. »

XXI. Les sociniens, autrement les *tolérans*, poussent le ministre dans une manifeste contradiction et ne lui laissent aucune réplique.

Assurément il n'y a rien de plus pressant que cet argument des tolérans. Car ces anciens, qu'on accuse d'avoir varié sur ces mystères, ne sont pas les simples et les ignorans; ce sont les docteurs et les évêques : ce ne sont pas quelques esprits contentieux qui obscurcissoient exprès les Ecritures : ce sont les saints et les martyrs. Si donc on avoue aux sociniens ou, si vous voulez, à ces tolérans, que ces mystères n'étoient pas connus dans les premiers siècles, il s'ensuit qu'ils n'étoient pas clairs dans l'Ecriture et qu'il faut encore maintenant excuser ceux qui ne peuvent les y voir.

Que répondra ici votre ministre? Ecoutez et étonnez-vous de la prodigieuse contradiction de sa doctrine. « Il faut répondre à cela, dit-il, qu'il n'est pas vray que les anciens Péres aient varié sur les parties essentielles de ces mystères. Car ils ont tous constamment reconnu qu'il n'y avoit qu'un Dieu et une seule essence

[1] Lett. VII, p. 53.

divine : dans cette seule essence trois personnes, et que la seconde de ces trois personnes s'est incarnée et a pris chair humaine [1]. » Voilà une réponse qui tranche; mais les tolérans lui feront bien voir qu'il ne la peut avancer sans se contredire. Vous nous assurez maintenant, diront-ils, que les anciens n'ont point varié « dans les parties essentielles de ces mystères; » mais vous nous disiez tout à l'heure qu'ils nioient l'éternité de la personne du Fils; et qu'ils croyoient que pour en expliquer la génération, il falloit dire qu'il étoit arrivé du changement en Dieu; en sorte que son propre Fils ne lui étoit pas coéternel : par conséquent, ni l'éternité de sa personne, ni l'immutabilité de son éternelle génération, ne sont pas *parties essentielles* du mystère de la Trinité.

Cela est embarrassant pour votre ministre, et vous voyez bien qu'il n'en sortira jamais. Mais ces tolérans le poussent encore plus avant : « Les anciens Pères, dites-vous, n'ont point varié là-dessus, » c'est-à-dire sur le mystère de la Trinité et sur celui de l'Incarnation : « et c'est une preuve évidente que l'Ecriture est claire sur ces articles [2]. » Tout ce donc où ils ont varié n'étoit pas clair : or selon vous ils ont varié, non-seulement sur l'éternité de la personne du Verbe et sur l'immutabilité de l'être divin, mais encore sur la providence particulière, sur la spiritualité et l'immensité de Dieu, sur la grace, sur le libre arbitre, sur la satisfaction de Jésus-Christ et sur tous les autres points qu'on a vus; donc l'Ecriture n'est pas claire sur tous ces points, et il faut tolérer ceux qui les rejettent.

Que sert ici à votre ministre la distinction de la foi et de la théologie? « La foy des anciens, dit-il, n'a pas varié; » mais seulement « leur théologie [3]. » Ces importuns tolérans ne le laisseront pas en repos. Qu'appelez-vous leur théologie, que vous distinguez de leur foi? C'est, dit le ministre, l'explication qu'ils ont voulu faire des articles de la foi. Mais voyons encore, quelle explication? Etoit-ce une explication qui laissât en son entier le fond des mystères, ou bien une explication qui le détruisît en termes formels?

Ce n'étoit pas une explication qui laissât en son entier le fond

[1] Lett. VII, p. 53. — [2] *Ibid.* — [3] *Ibid.*

du mystère, puisqu'on lui a démontré que selon lui c'étoient les choses les plus essentielles que les anciens ignoroient, comme sont l'éternité du Fils de Dieu, la perfection de l'Etre divin, et les autres choses semblables. Ainsi leurs explications regardoient immédiatement le fond de la foi : la distinction de théologie, dont on vous amuse, n'est qu'une illusion et un discours jeté en l'air pour tromper les simples.

Reconnoissez donc, mes chers Frères, que votre docteur incertain de ce qu'il doit dire, hasarde tout ce qui lui vient dans la pensée, selon qu'il se sent pressé par les difficultés qu'on lui propose, et vous le donne pour bon sans vous ménager. Dans son *Système de l'Eglise* [1], il a eu besoin de dire qu'elle n'avoit jamais varié dans les articles fondamentaux : il l'a dit ; et s'il y a une vérité qui ne puisse être contestée, c'est celle-là, puisqu'il est de la dernière évidence que l'Eglise ne subsiste plus quand on en a renversé jusqu'aux fondemens. D'ailleurs il n'a point trouvé de meilleur moyen pour distinguer les articles fondamentaux d'avec les autres, qu'en disant que les articles fondamentaux sont ceux qui ont toujours été reconnus : on n'a donc jamais varié sur ces articles. C'étoit ici une doctrine où il falloit absolument demeurer ferme, et selon ses principes particuliers, et selon la vérité même : mais l'*Histoire des Variations* a fait changer un principe si constant. Pour justifier les variations de la Réforme, il a fallu en trouver dans l'ancienne Eglise. Votre ministre avoit cru d'abord qu'il lui suffiroit d'en montrer dans la manière seulement d'expliquer les choses ; mais dans la suite de la dispute il a bien vu qu'il n'avançoit rien, s'il ne montroit des variations dans le fond même : il a donc fallu en attribuer aux premiers siècles et dans les matières les plus essentielles. Les tolérans sont venus qui lui ont prouvé par ses principes que ces matières n'étoient donc plus si essentielles, s'il étoit vrai que les premiers siècles les eussent ignorées ou rejetées. Alors il a fallu revenir à ses premières pensées, et répondre que les premiers siècles n'avoient point varié dans tous ces points. Ainsi dans la même *lettre* [2], on trouve les

XXII. — Que le ministre poussé par les embarras de sa cause, visiblement ne sait où il en est.

---

[1] *Syst. de l'Egl.*, p. 256 et suiv.; 296 et suiv.; 453 et suiv. — [2] Lett. VII, p. 49 et suiv.

trois premiers siècles accusés d'erreurs capitales sur la personne du Fils de Dieu, sur la foi de la Providence, sur la satisfaction et la grace de Jésus-Christ, et le reste que nous avons vu; et on y trouve en même temps « qu'on n'a jamais varié sur les parties essentielles de ces mystéres ¹. » Le même homme dit ces deux choses dans la même lettre; et pour s'expliquer plus clairement, il commence par assurer « que la foy des simples n'a jamais varié sur la Trinité, sur l'incarnation et sur les autres articles fondamentaux, comme sur la satisfaction que Jésus-Christ a offerte par sa mort pour nos péchez, et enfin sur la Providence, qui seule gouverne le monde et dispense tous les événemens particuliers. » Voilà donc déjà la foi des simples, c'est-à-dire du gros des fidèles, en sûreté; mais de peur qu'on ne s'imagine que les docteurs ne fussent ceux dont la subtilité eût tout brouillé, il ajoute « que cette foy des simples estoit en mesme temps la foy des docteurs. » Voilà ce qu'on trouve en termes formels dans les mêmes lettres de votre ministre : c'est-à-dire qu'on y trouve en termes formels dans une matière fondamentale, les deux propositions contradictoires; tant il est peu ferme dans le dogme, et tant il est manifestement de ceux dont parle saint Paul, « qui n'entendent ni ce qu'ils disent eux-mêmes, ni les choses dont ils parlent avec le plus d'assurance ². »

XXIII. Que tout ce qu'il pourra dire fera également contre lui.

Il faudra enfin toutefois que ce ministre choisisse, puisqu'on ne peut pas soutenir ensemble les deux contradictoires. Mais, mes Frères, que choisira-t-il, puisqu'il est également pris, quoi qu'il choisisse? Dira-t-il que la foi de l'Eglise n'a jamais varié? Il fait pour moi; et il confirme ma proposition qu'il a trouvée si étrange, si prodigieuse, « si pleine de témérité et d'ignorance, et plus digne enfin d'un païen que d'un chrétien. » Prendra-t-il le parti de dire que l'Eglise des premiers siècles a varié dans ses dogmes? Ils ne seront donc plus fondamentaux, ni si certains que le prétend ce ministre même : il sera forcé de recevoir ceux qui les nieront; et les tolérans, c'est-à-dire, comme on a vu, des sociniens déguisés, gagneront leur cause.

Peut-être que pour couvrir ses contradictions et son erreur, il

¹ Lett. VII, p. 56. — ² I Tim., I, 7.

dira qu'à la vérité les Pères qu'il a cités ont enseigné ce qu'il avance : mais que c'étoient des particuliers qui n'entendoient pas les vrais sentimens de l'Eglise. Mais déjà, s'il est ainsi, ma proposition tant condamnée par votre ministre est en sûreté, puisqu'il demeure pour constant qu'on ne peut plus accuser la foi de l'Eglise, ni soutenir qu'elle ait varié ; et d'ailleurs ce n'est ici qu'une échappatoire, puisque le ministre n'a pas prétendu montrer de l'erreur dans la doctrine des particuliers, mais par la doctrine des particuliers en faire voir dans l'Eglise même ; y faire voir, comme il dit, « des erreurs capitales dans la théologie de ces siècles-là, une opinion régnante et constante, » et le reste que nous avons vu[1] ; et quand il n'auroit voulu rapporter que des erreurs particulières, il ne laisseroit pas d'être convaincu de ne les avoir pas rejetées, puisque pour les rejeter autant qu'il faut, il faut les rejeter jusqu'à dire qu'elles sont damnables. Or elles ne sont pas damnables, si elles se sont trouvées dans les martyrs, si l'Eglise les a vues, et les y a tolérées : il faudra donc mettre au rang de ceux qu'on tolère, ceux qui nient que la génération et la personne du Fils de Dieu soient éternelles. La conséquence est si bonne, que votre ministre a été contraint de l'avouer : d'avouer, dis-je, que l'erreur où l'on nioit l'éternité de la personne du Fils de Dieu, n'étoit pas « essentielle et fondamentale : » ce qui donne aux défenseurs de cette impiété la même entrée qu'aux luthériens dans la communion de la vraie Eglise.

XXIV. Etrange état où ce ministre met les protestans.

Mais enfin, direz-vous, venons au fond. Est-il vrai, ou ne l'est-il pas, que les saints docteurs aient varié sur tous ces dogmes ? Hélas ! où en êtes-vous, si vous avez besoin qu'on vous prouve que les articles les plus essentiels, et même la Trinité et l'incarnation ont toujours été reconnues par l'Eglise chrétienne ? Il n'y a que les sociniens qui aient besoin d'être instruits sur ce sujet-là. Que si vous êtes ébranlés par l'autorité de M. Jurieu, qui vous dit si hardiment que ces importantes vérités n'étoient pas connues des anciens, vous devez en même temps vous souvenir que sa doctrine ne se soutient pas, et que ce qu'il assure si clairement dans un endroit, il ne le désavoue pas moins clairement en l'autre.

[1] Lett. VI, p. 45 ; VII, p. 49 ; ci-dessus, n. 15.

Ce ministre n'est donc plus bon qu'à vous faire voir la confusion qui règne dans vos églises, où ce qu'il y a de plus important et de plus certain devient douteux.

XXV. Les Pères calomniés par M. Jurieu, justifiés non-seulement par les catholiques, mais encore par les protestans: la calomnie du ministre contre Athénagoras.

Mais après tout, que vous dit-on pour vous prouver les variations qu'on attribue aux anciens? Pour vous faire croire, par exemple, que les anciens admettoient en Dieu du changement, on vous produit Athénagoras : mais cet auteur, dans le propre endroit qu'on vous allègue [1], répète trois et quatre fois « que Dieu est non-seulement un être immense, éternel, incorporel, qui ne peut être entendu que par l'esprit et par la pensée; » mais encore ce qui est précisément ce qu'on nous conteste, « indivisible, immuable; » ou qu'on me montre ce que veut dire ce mot ἀπαθής, si ce n'est inaltérable, immuable, imperturbable, incapable de rien recevoir de nouveau en lui-même, ni d'être jamais autre chose que ce qu'il a été une fois. Voilà, ce me semble, assez clairement l'immutabilité de l'être divin, et en passant son immense perfection, que votre ministre ne veut pas qu'on ait connue distinctement en ces temps-là. Il ne me seroit pas plus difficile de défendre les autres Pères d'une si grossière erreur; et si je parle d'Athénagoras à votre ministre, c'est à cause que c'est le premier qu'il a cité, et le premier de ces saints auteurs qui m'est tombé sous la main : mais à Dieu ne plaise, mes Frères, que j'aie à défendre la doctrine des premiers siècles contre vous sur l'éternelle génération du Fils de Dieu.

Si votre ministre en doute, et qu'il ne veuille pas lire les doctes traités d'un Père Thomassin [2], qui explique si profondément les anciennes traditions, ou la savante Préface d'un Père Pétau [3], qui est le dénouement de toute sa doctrine sur cette matière, je le renvoie à Bullus [4], ce savant protestant anglois, dans le traité où il a si bien défendu les Pères qui ont précédé le concile de Nicée. Vous devez ou renoncer, ce qu'à Dieu ne plaise, à la foi de la sainte Trinité, ou présupposer avec moi que cet auteur a raison. L'antiquité n'a pas moins connu les autres points; et sans m'arrêter ici à vous nommer tous les Pères, le seul saint Cyprien

---

[1] Athenag., *Legat. pro Christ.* — [2] *Dogm. Theol.* Thomass., tom. III. — [3] Petav. *Praef.*, tom. II, *Theol. dogm.* — [4] Bull., *Def. PP.*

suffiroit pour confondre M. Jurieu. Je le défie de me faire voir dans ce grave auteur la moindre teinture des erreurs dont il accuse les trois premiers siècles : au contraire il seroit aisé de lui faire voir toutes ces erreurs condamnées dans ses écrits, si c'en étoit ici le lieu ; et vous pouvez en faire l'essai dans un des passages que votre ministre produit.

XXVI. Calomnie de M. Jurieu contre S. Cyprien.

Pour vous montrer que saint Cyprien n'entendoit pas la satisfaction de Jésus-Christ, il a produit un passage [1], où il dit que « la rémission des péchez se donne dans le baptesme par le sang de Jésus-Christ ; mais que les péchez qui suivent le baptesme sont effacez par la pénitence et par les bonnes œuvres [2]. » Il voudroit vous faire croire que la rémission des péchés, que saint Cyprien attribue à la pénitence et aux bonnes œuvres, est opposée à celle qu'il attribue au sang du Sauveur ; mais c'est à quoi ce saint martyr ne songeoit pas. Il ne fait que rapporter les passages de l'Ecriture où la rémission des péchés est attribuée à l'aumône et aux bonnes œuvres. Si ces expressions emportoient l'exclusion du sang de Jésus-Christ, il faudroit donc faire le même procès, non plus à saint Cyprien, mais à Salomon, qui a dit que « le péché a été nettoyé par la foi et par l'aumône [3]; » à l'*Ecclésiastique*, qui enseigne que « comme l'eau éteint le feu ardent, ainsi l'aumône résiste aux péchés [4]; » à Daniel qui a dit : « Rachetez vos péchés par vos aumônes [5]; » au livre de *Tobie*, où il est écrit que « l'aumône délivre de la mort, » et « qu'elle lave les péchés [6]; » à Jésus-Christ même, qui dit : « Faites l'aumône et tout est pur pour vous [7]. » Mais si dans ces passages célèbres, que saint Cyprien produit, et qu'il produit tous sous le nom d'Ecriture sainte, même ceux de l'*Ecclésiastique* et de *Tobie*, ne veulent pas dire que l'aumône sauve indépendamment du sang de Jésus-Christ, pourquoi imputer cette erreur à saint Cyprien, qui ne fait que les répéter ? Si donc il attribue particulièrement à Jésus-Christ la rémission des péchés dans le baptême, c'est à cause qu'il y agit seul, et sans qu'il soit nécessaire d'y joindre nos bonnes œuvres ou, comme

---

[1] Lett. VII, p. 50, chap. II. — [2] Cypr., tract. *De oper. et eleemos.*— [3] *Prov.*, XV, 27. — [4] *Eccli.*, III, 33. — [5] *Dan.*, IV, 24. — [6] *Tob.*, XII, 9. — [7] *Luc.*, XI, 41.

parle saint Cyprien [1], nos « satisfactions particulières, » ainsi qu'il
paroît dans les enfans : mais au surplus quand il dit « qu'il faut
SATISFAIRE ; qu'il faut MÉRITER la bienveillance de notre Juge, le
fléchir par nos bonnes œuvres, et le faire notre débiteur, » il
n'entend pas pour cela que la rémission des péchés et la grace
que nous acquérons par ce moyen, ne viennent pas de son sang ;
car au contraire, il reconnoît que lorsque ce juste Juge donnera
« à nos bonnes œuvres et A NOS MÉRITES les récompenses qu'il
leur a promises, « la vie éternelle que nous obtiendrons, nous sera
donnée « par son sang. Il faut, dit-il, SATISFAIRE à Dieu pour ses
péchés : » mais il faut aussi « que la satisfaction soit reçue par
Notre-Seigneur [2]. » Il faut croire que tout ce qu'on fait n'a rien
de parfait ni de suffisant en soi-même, puisqu'après tout, quoi
que nous fassions, nous ne sommes que des serviteurs inutiles, et
que nous n'avons pas même à nous glorifier du peu que nous
faisons, puisque, comme nous l'avons déjà rapporté, tout nous
vient de Dieu par Jésus-Christ, en qui seul nous avons accès
auprès du Père [3].

Voilà les paroles de saint Cyprien ; et vous voyez bien, mes
chers Frères, que sa doctrine est la nôtre. Nous distinguons avec
lui la grace pleinement donnée dans le baptême d'avec celle qu'il
faut obtenir par de « justes satisfactions, comme parle le même
Père [4], et néanmoins qu'il ne faut attendre, dit-il encore dans le
même endroit, « que de la divine miséricorde. »

Votre ministre vous a donc fait voir que saint Cyprien ne connoissoit pas, non plus que les autres Pères, la justification protestante ; il a raison, et il vous confirme ce que j'ai fait ailleurs [5],
que votre justification par pure imputation, est un mystère inconnu à toute l'antiquité, comme nous avons démontré que les
protestans, et Mélanchthon même le plus zélé defenseur de cette
doctrine, en demeurent d'accord. Ainsi saint Cyprien n'avoit
garde de parler en ce point-là comme vous faites ; et tout ce qu'a
gagné votre ministre en vous citant ce saint martyr, ç'a été
de vous y montrer la condamnation, non d'une vérité vrai-

---

[1] Cypr., *De op. et eleem.*, p. 237 et seq. — [2] *Epist.* XXVI. — [3] *Testim.*, III, 4 ;
Testim., II, 27. — [4] *Epist.* XL, p. 54. — [5] *Var.*, liv. V, n. 29, 30.

ment chrétienne, mais d'un article particulier de votre Réforme.

Mais enfin, direz-vous encore, il cite un passage exprès de saint Augustin, où ce sublime théologien reconnoît qu'en combattant les hérétiques, « l'Eglise apprend tous les jours de nouvelles véritez ; ce ne sont pas, conclut le ministre, de nouvelles explications et de nouvelles manières que les hérétiques donnent moyen à l'Eglise d'apprendre, mais de nouvelles véritez [1]. » Ce passage est concluant, direz-vous. Il est vrai : mais par malheur pour votre ministre, « ces nouvelles véritez » sont de son invention. Voici ce que dit saint Augustin dans le passage qu'il allègue : « Il y a, dit-il, plusieurs choses qui appartiennent à la foi catholique, lesquelles étant agitées par les hérétiques, dans l'obligation où l'on est de les soutenir contre eux, sont considérées plus soigneusement, plus clairement entendues, plus vivement inculquées ; en sorte que la question émue par les ennemis de l'Eglise, est une occasion d'apprendre [2]. » Voilà tout ce que dit saint Augustin, sans y rien ajouter ni diminuer. Si j'avois eu à choisir dans tous ses ouvrages un passage exprès contre le ministre, j'aurois préféré celui-ci à tous les autres, puisqu'il est clair, selon les paroles de ce saint docteur, qu'apprendre dans cet endroit n'est pas découvrir « de nouvelles véritez, » comme le ministre l'ajoute du sien ; mais se confirmer dans celles qu'on sait, s'y rendre plus attentif, les mettre dans un plus grand jour, les défendre avec plus de force : ce qui présuppose manifestement ces vérités déjà reconnues. Après cela, fiez-vous à votre ministre, quand il vous cite des passages. Non, mes Frères, il ne les lit pas, ou il ne les lit qu'en courant, il y cherche des difficultés, et non pas des solutions ; de quoi embrouiller les esprits, et non de quoi les instruire ; et il n'épargne rien pour vous surprendre.

XXVII. Passage de S. Augustin, pour montrer que l'Eglise apprend de nouveaux dogmes : que ce passage est falsifié et prouve tout le contraire.

Comme quand pour vous faire accroire, « que la théologie des Péres estoit imparfaite » sur le mystère de la Trinité, il fait dire au Père Pétau « en propres termes, qu'ils ne nous en ont donné que les premiers linéamens [3]. » Mais ce savant auteur dit le contraire à l'endroit que le ministre produit, qui est la préface du

XXVIII. Qu'un passage du P. Pétau, produit par M. Jurieu, dit encore tout le

[1] Lett. VI, p. 43, cap. I. — [2] Aug., *De Civ. Dei*, lib. XVI, chap. II, n. 1. —
[3] Lett. VI, p. 45.

contraire de ce que prétend ce ministre. tome II des *Dogmes théologiques.* Car il entreprend d'y prouver que la doctrine catholique a toujours été constante sur ce sujet ; et dès le premier chapitre de cette préface, il démontre que *le principal et la substance du mystère* a toujours été bien connu par la tradition ; que les Pères des premiers siècles « conviennent avec nous dans le fond, dans la substance, dans la chose même, quoique non toujours dans la manière de parler [1] : » ce qu'il continue à prouver au second chapitre par le témoignage de saint Ignace, de saint Polycarpe et de tous les anciens docteurs : enfin dans le troisième chapitre, qui est celui que le ministre nous objecte, en parlant de saint Justin, celui de tous les anciens qu'on veut rendre le plus suspect, ce savant Jésuite décide que ce saint martyr « a excellemment et clairement proposé ce qu'il y a de principal et de substantiel dans ce mystère : » ce qu'il prouve aussi d'Athénagoras, de Théophile d'Antioche, des autres, « qui tous ont tenu, dit-il, le principal et la substance du dogme sans aucune tache [2] ; » d'où il conclut que s'il se trouve dans ces saints docteurs quelque passage plus obscur, c'est à cause qu'ayant à traiter avec « les païens et les philosophes, ils ne déclaroient pas avec la dernière subtilité et précision, l'intime et le secret du mystère dans les livres qu'ils donnoient au public ; et pour attirer ces philosophes, ils le tournoient d'une manière plus conforme au platonisme qu'ils avoient appris : de même qu'on a fait encore longtemps après dans les catéchismes qu'on faisoit pour instruire ceux qu'on vouloit attirer au christianisme, à qui au commencement on ne donnoit que les premiers traits, ou, comme le ministre le traduit, les premiers linéamens des mystères : » non qu'ils ne fussent bien connus, mais parce qu'on ne jugeoit pas que ces ames encore infirmes en pussent soutenir tout le poids ; en sorte qu'on jugeoit à propos de les introduire dans un secret si profond avec un ménagement convenable à leur foiblesse : voilà, « en propres termes, » ce que dit ce Père. Votre ministre lui fait dire tout le contraire « en propres termes : » il lui fait dire que « la théologie étoit imparfaite, » à cause qu'il dit qu'elle se tempéroit et qu'elle s'accommodoit à la capacité des ignorans, et il prend pour

---

[1] *Theol. dogm.*, tom. II, *Præf.*, cap. I, n. 10, 12. — [2] *Ibid.*, cap. III.

ignorance dans les maîtres le sage tempérament dont ils se servoient envers leurs disciples.

Et pour encore vous découvrir plus clairement les illusions dont on tâche de vous éblouir, y en a-t-il une plus grossière que celle d'avoir voulu vous faire accroire que la foi de l'Eglise n'a été formée que lorsqu'à l'occasion des hérésies survenues, il a fallu en venir à des décisions expresses? Mais au contraire, on n'a fait les décisions qu'en proposant la foi des siècles passés. Par exemple, votre ministre a osé vous dire que la foi de l'incarnation n'a été formée qu'après qu'on eut essuyé les disputes des nestoriens et des eutychiens, c'est-à-dire dans le concile de Chalcédoine : mais ce n'est pas ce qu'en a pensé le concile même. Car par où a-t-on commencé cette vénérable assemblée, et par où a commencé saint Léon, qu'elle a eu pour conducteur? Par dire peut-être que jusqu'alors on n'avoit pas bien entendu ce mystère, ni assez pénétré ce qu'en avoit dit l'Ecriture? A Dieu ne plaise : on commence par faire voir que les saints docteurs l'avoient toujours entendue comme on faisoit encore alors, et qu'Eutychès avoit rejeté la doctrine et les expositions des Pères. C'est par là que commença saint Léon, comme on le voit par ses divines *Lettres*, que ce concile a admirées; c'est ce que fait ce concile même; et il n'approuve la lettre de saint Léon qu'à cause qu'elle est conforme à saint Athanase, à saint Hilaire, à saint Basile, à saint Grégoire de Nazianze, à saint Ambroise, à saint Chrysostome, à saint Augustin, à saint Cyrille et aux autres que saint Léon avoit cités [1].

Mais peut-être qu'on crut ajouter la perfection qui manquoit aux décisions des conciles précédens? Point du tout : car on commence par les rapporter tout au long et à les poser pour fondement; puis le saint concile parle ainsi : « Cette sainte assemblée suit et embrasse la règle de la foi établie à Nicée, celle qui a été confirmée à Constantinople, celle qui a été posée à Ephèse, celle que suit saint Léon homme apostolique et Pape de l'Eglise universelle, et n'y veut ni ajouter ni diminuer [2]. » La foi étoit donc parfaite; et si l'on se fût avisé de dire à ces Pères, comme fait au-

XXIX. Erreur grossière du ministre, qui croit que la foi de la Trinité et de l'incarnation s'est formée quand on a fait des décisions : preuve du contraire par le concile de Chalcédoine.

---

[1] *Conc. Chalc.*, act. 2. — [2] Act. 4, col. 466 et seq.

jourd'hui votre ministre, qu'avant leur décision elle étoit *informe*, ils se seroient récriés contre cette parole téméraire comme contre un blasphème; c'est pourquoi ils commencent ainsi leur définition de foi : « Nous renouvelons la foi infaillible de nos Pères qui se sont assemblés à Nicée, à Constantinople, à Ephèse, sous Célestin et Cyrille [1]. » Pourquoi donc font-ils eux-mêmes une nouvelle définition de foi? Est-ce que celle des conciles précédens n'étoit pas suffisante? Au contraire, « elle suffisoit, continuent-ils, pour une pleine déclaration de la vérité. Car on y montre *la perfection* de la Trinité et de l'incarnation du Fils de Dieu. Mais parce que les ennemis de la vérité, en débitant leurs hérésies, ont inventé de nouvelles expressions, les uns en niant que la sainte Vierge fût Mère de Dieu, et les autres en introduisant une prodigieuse confusion dans les deux natures de Jésus-Christ : ce saint et grand concile enseignant que la prédication de la foi est dès le commencement *toujours immuable,* a ordonné que la foi des Pères *demeureroit ferme,* et qu'il n'y a rien *à y ajouter,* comme s'il y manquoit quelque chose. » Ainsi la définition de ce concile n'a rien de nouveau, qu'une nouvelle déclaration de la foi des Pères et des conciles précédens appliquée à de nouvelles hérésies.

xxx. Suite de la preuve, en remontant du concile de Chalcédoine aux conciles précédens et jusqu'à l'origine du christianisme. Passage de S. Athanase.

Ce qu'on fit alors à Chalcédoine, on l'avoit fait à Ephèse. On commença par y faire voir contre Nestorius, que saint Pierre d'Alexandrie, saint Athanase, le pape saint Jules, le pape saint Félix et les autres Pères avoient reconnu Jésus-Christ comme Dieu et homme tout ensemble, et par conséquent sa sainte Mère comme étant vraiment Mère de Dieu [2]; en sorte que saint Grégoire de Nazianze n'hésitoit pas à anathématiser ceux qui le nioient [3]; on renouvela la foi de Nicée « comme pleinement suffisante » pour expliquer le mystère, et on montra que les saints Pères l'avoient entendu comme on faisoit à Ephèse; on décida sur ce fondement que saint Cyrille « étoit défenseur de l'ancienne foi, et que Nestorius étoit un novateur qui devoit être chassé de l'Eglise. Nous détestons, disoit-on, son impiété : tout l'univers l'anathématise : que celui qui ne l'anathématise pas, soit anathème [4]. »

[1] *Defin. Chalced.,* act. 5, col. 561. — [2] *Conc. Eph.,* act. 1. — [3] Greg. Naz., *Epist. ad Cledon.* — [4] *Conc. Eph.,* act. 1, col. 501.

On vous dira qu'on n'entend parler que de Pères et de conciles, et que c'est trop négliger l'Ecriture sainte. Détrompez-vous de cette erreur : loin de négliger par là l'Ecriture, c'est le moyen qu'on prenoit pour en fixer l'interprétation et ne varier jamais : on ne trouvoit point de plus sûre interprétation, que celle qui avoit toujours été publique et solennelle dans l'Eglise ; ainsi on faisoit gloire à Chalcédoine d'entendre l'Ecriture sainte comme on avoit fait à Ephèse, et à Ephèse comme on avoit fait à Constantinople et à Nicée. Mais est-il vrai qu'à Nicée la foi de la Trinité fût encore *informe*, et qu'elle ne fut formée qu'à Constantinople, où l'on définit la divinité du Saint-Esprit ? Il est vrai qu'on ne définit expressément à Nicée que ce qui étoit expressément révoqué en doute, qui étoit la divinité du Fils de Dieu : car l'Eglise toujours ferme dans sa foi, ne se presse pas dans ses décisions, et sans vouloir émouvoir de nouvelles difficultés, elle ne les résout par décrets exprès, qu'à mesure qu'on les lui fait ; de sorte qu'on ne prononça aucun décret particulier sur la divinité du Saint-Esprit, dont on ne disputoit pas encore alors. Cependant, comme dit très-bien le concile de Chalcédoine [1], « *la foi* de la Trinité étoit *parfaite*, puisqu'après avoir déclaré qu'on croyoit au Père, et au Fils comme son égal ; lorsqu'on disoit avec la même force et la même simplicité : « Je crois au Saint-Esprit, » on nous apprenoit suffisamment à y mettre notre confiance, comme on la met en Dieu : mais parce que dans la suite on fit à l'Eglise une nouvelle querelle sur le Saint-Esprit, il en fallut déclarer plus expressément la divinité dans le concile de Constantinople ; » non que la foi de Nicée fût *informe* et insuffisante, à Dieu ne plaise, mais afin de fermer la bouche plus expressément aux esprits contentieux.

En effet il est bien certain que saint Athanase, qui étoit l'oracle de l'Eglise, avoit parlé aussi pleinement de la divinité du Saint-Esprit qu'on fit depuis à Constantinople ; et il fait voir clairement dans sa lettre, où il expose la foi à l'empereur Jovien, que les Pères de Nicée en avoient parlé de même [2] : aussi les Pères de

---

[1] *Alloc. ad Marc. imp., Conc. Chalc.*, p. 3. — [2] Ath., *Expos. fid.*, tom. I, p. 100 ; *Epist. Cath.*, orat. 1 et seq., *cont. Arian.*, passim. ; *Epist.* I *ad Serap. de Spir. S.* ; *Epist. ad Antioch.* ; *Epist. ad Serap.*, III, IV.

Constantinople firent profession de n'exposer que la foi ancienne, dans laquelle tous les fidèles avoient été baptisés [1]; par ce moyen on n'innovoit rien à Constantinople, mais on n'avoit pas plus innové à Nicée. Saint Athanase a fait voir aux ariens que la foi de ce saint concile étoit celle dans laquelle « les martyrs avoient versé leur sang [2]. » Ce grand homme avoit vu la persécution ; il en restoit dans l'Eglise un grand nombre de saints confesseurs avec qui il conversoit tous les jours, et personne n'ignoroit la foi des martyrs. Il démontre dans un autre endroit que la foi de la divinité de Jésus-Christ « avoit passé de Père en Père jusqu'à nous [3]. » Il prouve qu'Origène même, que les ariens vantoient le plus comme un des leurs, avoit très-bien expliqué la saine doctrine sur l'éternité et la consubstantialité du Fils de Dieu [4]. C'est « cette foi, dit-il, qui a été de tout temps : et c'est pourquoi, continue-t-il, « toutes les églises la suivent (en commençant par les plus éloignées), celles d'Espagne, de la Grande-Bretagne, de la Gaule, de l'Italie, de la Dalmatie, Dacie, Mysie, Macédoine, celles de toute la Grèce, de toute l'Afrique : les îles de Sardaigne, de Chypre, de Crète, la Pamphylie, la Lycie, l'Isaurie, l'Egypte, la Libye, le Pont, la Cappadoce : les églises voisines ont la même foi, et toutes celles d'Orient, à la réserve d'un très-petit nombre ; les peuples les plus éloignés pensent de même ; » et cela, c'étoit à dire non-seulement tout l'empire romain, mais encore tout l'univers. Voilà l'état où étoit l'Eglise sous l'empereur Jovien, un peu après la mort de Constance, afin qu'on ne s'imagine pas que ce dernier prince, pour avoir été défenseur des ariens, ait pu réduire l'Eglise à un petit nombre par ses persécutions; au contraire, poursuit saint Athanase, « tout l'univers embrasse la foi catholique, et il n'y a qu'un très-petit nombre qui la combattent. » C'est ainsi que l'ancienne foi et la foi des Pères s'étoit, non-seulement conservée, mais encore répandue partout. Pour vous, disoit-il, ô ariens, « quels Pères nous nommerez-vous? » Il met en fait « qu'ils n'en peuvent produire aucun, ni nommer pour leur doctrine aucun

---

[1] *Conc. Constant.* — [2] *Epist. ad Jov. imp.*, tom. I, part. II, p. 780. — [3] *De Dec. fid. Nic.*, tom. I, p. 208. — [4] *De Dec. fid. Nic.*, tom. I, n. 27. — [5] *Epist. ad Jov.*

homme sage, ni d'autres prédécesseurs que les Juifs et Caïphe [1]. »
Voilà comme parloit saint Athanase au commencement du quatrième siècle, dans le temps que la mémoire des trois premiers siècles étoit récente, et qu'on en avoit tant d'écrits que nous n'avons plus. Après que les ariens ont été condamnés par toute la terre, et que le fait de leur nouveauté objecté en face à ces hérétiques par saint Athanase, a passé pour constant, nous serions trop incrédules et trop malheureux, si nous avions encore besoin qu'on nous le prouvât, ou qu'il fallût renouveler le procès avec M. Jurieu, et mettre en compromis la foi des premiers siècles sur l'éternité du Fils de Dieu.

Mais ce fait de la nouveauté des ariens étant avéré, le même saint Athanase en conclut dans un autre endroit [2] « que leur doctrine n'étant point venue des Pères, et au contraire qu'ayant été inventée *depuis peu,* on ne les pouvoit ranger qu'au nombre de ceux dont saint Paul avoit prédit « qu'il viendroit dans les derniers temps quelques gens qui abandonneroient la foi, en s'attachant à des esprits d'erreur [3] : » remarquez ces mots : *Quelques gens*, et ces mots : *Abandonneroient la foi*, et ces mots : *Dans les derniers temps.* Les hérétiques sont toujours des gens qui « abandonnent la foi; » je dis même leur *propre foi*, comme remarque ici saint Athanase, puisqu'ils se séparent de leurs maîtres et de la foi qu'ils en avoient eux-mêmes reçue; des gens qui par conséquent trouvent établi ce qu'ils quittent et ce qu'ils attaquent; qui sont donc, non pas le tout qui demeure, mais « quelques-uns » qui innovent et qui se détachent, qui viennent aussi dans « les derniers temps, » après tous les autres, dans les temps postérieurs, ἐν τοῖς ὑστέροις καιροῖς, et qui n'ont pas été dès le commencement. Il n'en faut pas davantage pour les convaincre. Pour convaincre les ariens avec toutes les autres sectes, qui vouloient gagner Théodose le Grand, un saint évêque conseilla à cet empereur de leur demander s'ils s'en vouloient rapporter aux anciens Pères [4]; ce qu'ils refusèrent tous, tant ils étoient assurés d'y trouver leur condamnation : et dès qu'Arius parut, Alexandre d'Alexandrie, son évêque, lui reprocha

---

[1] *De Dec. Nic. fid.*, *ibid.*, n. 27, p. 233. — [2] Orat. II, *in Arian.*, nunc orat. I, n. 8, tom. I, p. 412. — [3] *1 Tim.*, IV, 1. — [4] Soc., lib. V, cap. X, edit. Vales.

la nouveauté de sa doctrine, et le chassa de l'Eglise comme « un inventeur de fables impertinentes, » reconnoissant hautement « qu'il n'y avoit qu'une seule Eglise catholique et apostolique, que tout le monde ensemble n'étoit pas capable de vaincre, quand il se réuniroit pour la combattre [1]. »

xxxi. *Manière abrégée et de fait, pratiquée dans les conciles pour prouver la nouveauté des hérétiques*

C'étoit donc, sans aller plus loin et sans qu'il fût nécessaire de remuer tant de livres, une preuve courte et convaincante de la nouveauté des hérétiques; c'en étoit, dis-je, une preuve, que lorsqu'ils venoient, tout le monde se récrioit contre leur doctrine, comme on fait contre des choses inouïes. Pourquoi venez-vous nous inquiéter? leur disoit-on : avant vous on ne parloit point de votre doctrine, et vous-mêmes vous avez cru comme nous. On disoit aux eutychiens : « Vous avez rompu avec tous les évêques du monde, avec nos Pères et avec tout l'univers [2] : » que ne gardiez-vous la foi que vous aviez vous-mêmes reçue avec nous? Pour nous, nous ne changeons pas ; « nous conservons la foi dans laquelle nous avons été baptisés, et nous y voulons mourir comme nous y sommes nés : nous baptisons en cette foi, disoient les évêques, comme nous y avons été baptisés : c'est ce que nous avons cru et ce que nous croyons encore. Le pape Léon croit ainsi, Cyrille croyoit de même : c'est la *foi qui ne change pas et qui demeure toujours* [3]. Il n'y a donc point de variations : tout le monde est orthodoxe : qui sont ceux qui contredisent [4]? A peine paroissoient-ils dans le grand nombre des catholiques.

On en disoit autant à Ephèse aux nestoriens. Tout l'univers anathématise l'impiété de Nestorius. « Quoi ! préférera-t-on un seul évêque à six mille évêques ? » Et ailleurs : « Ils ne sont que trente qui s'opposent à tout l'univers [5]. » On en dit autant à Nicée contre Arius et les siens : à peine avoient-ils cinq ou six évêques : encore ce peu d'évêques avoient-ils cru autrefois comme les autres ; aussi ne prenoient-ils point d'autre parti « que de mépriser la simplicité de tous leurs collègues, et de se vanter d'être les

---

[1] *Alex. Episc. Alexand. Epist.*; apud Theodoret., *Hist. eccles.*, lib. I, cap. III, p. 533. — [2] *Conc. Chalc.*, part. III, n. 20, 26, 57; Labb., tom. IV, col. 820 et seq. — [3] *Ibid.*, n. 53; *Conc. Chalc.*, act. 2, 4. — [4] *Ibid.*, act. 4. — [5] *Conc. Ephes.*, part. II, act. 1 ; *Apol. Dalm. Conc. Ephes.*, part. II, edit. Rom., p. 477 ; *Relat. ad Imp.*, act. 5.

seuls sages, les seuls capables d'inventer de nouveaux dogmes[1] : » louanges que les orthodoxes ne leur envioient pas.

Sur ce fondement inébranlable de l'antiquité de la foi et de l'innovation des hérétiques, justifiée si évidemment par leur petit nombre, les conciles prenoient aisément la résolution qu'ils devoient prendre, qui étoit de confirmer l'ancienne foi, qu'ils avoient trouvée établie partout, lorsque les hérésies s'étoient élevées. On estimoit autant les derniers conciles que les premiers, parce qu'on savoit qu'ils alloient tous sur les mêmes vestiges. Dans cet esprit on disoit aux eutychiens : « C'est en vain que vous réclamez les anciens conciles : le concile de Chalcédoine vous *doit suffire*, puisque par la vertu du Saint-Esprit, tous les conciles orthodoxes y sont renfermés [2]; » et si après cela on vouloit douter, ou faire de nouvelles questions, « C'en est assez, disoit-on : après que les choses ont été si bien discutées, ceux qui veulent encore chercher trouvent le mensonge [3]. »

XXXII. Rien à hésiter dans les conciles, et rien à chercher après.

Cette courte histoire des quatre premiers conciles ne contient que des faits constans et incontestables, qui suffisent pour faire voir que loin que la foi de la Trinité et celle de l'incarnation fût *informe*, comme on vous le dit, avant leurs décisions, au contraire ces décisions la supposent déjà formée et parfaite de tout temps. On voit aussi très-clairement par les mêmes faits que les hérésies n'ont jamais été que des opinions particulières, puisqu'elles ont commencé par cinq ou six hommes; par « quelques-uns, » nous disoit saint Paul [4], « qui abandonnoient la foi » qu'ils trouvoient reçue, enseignée, établie par toute la terre et de tout temps, puisque les hérétiques mêmes, quelque effort qu'ils fissent, n'ont jamais pu marquer la date de son commencement, comme l'Eglise la montroit à chacun d'eux. De cette sorte, lorsque les hérésies se sont élevées, il n'a jamais pu être douteux quel parti l'Eglise avoit à prendre, personne ne pouvant douter raisonnablement, comme dit Vincent de Lérins [5], qu'on ne dût préférer « l'antiquité à la nouveauté et l'universalité aux opinions particulières. »

XXXIII. Ce que c'est que la catholicité. Que l'hérésie a toujours été une opinion particulière, et celle du petit nombre contre le grand.

---

[1] *Epist. Alex. Alexandrin. ad omn. Ep.*; *ejusd. Ep.* ap Theod., lib. III, *Hist.*, cap. III. — [2] *Conc. Chalc.*, p. III, n. 30. — [3] *Edict. Val. et Marc.*, ibid., n. 3. — [4] I *Tim.*, IV, 1. — [5] *Com.* I, p. 369, etc.

XXXIV.
La même chose est prouvée dans la matière de la grace, et contre les pélagiens.

Mais ce qui paroît dans ces hérésies, qui ont attaqué la foi de la Trinité et celle de l'incarnation, ne paroîtroit pas moins clairement dans les autres, s'il étoit question d'en faire l'histoire. Votre ministre apporte comme un exemple de variations la doctrine du péché originel et de la grace : mais c'est précisément sur cet article que saint Augustin, qu'il a cité comme favorable à sa prétention, lui dira que « la foi chrétienne et l'Eglise catholique n'ont jamais varié [1]. » En effet on ne peut nier que lorsque Pélage et Célestius sont venus troubler l'Eglise sur cette matière, « leurs profanes nouveautés n'aient fait horreur par toute la terre, » comme parle saint Augustin [2], « à toutes les oreilles catholiques; » et cela, « autant en Orient qu'en Occident, » comme dit le même Père [3], puisque même ces hérésiarques ne se sauvèrent dans le concile de Diospolis en Orient, qu'en désavouant leurs erreurs; encore trouva-t-on mauvais que ces évêques d'Orient se fussent laissés surprendre aux équivoques de ces hérésiarques, et ne les eussent pas frappés d'anathème. Voilà le sort qu'eut l'hérésie de Pélage d'abord qu'elle commença de paroître : à peine put-elle gagner cinq ou six évêques, qui furent bientôt chassés par l'unanime consentement de tous leurs collègues, avec l'applaudissement de tous les peuples et de toute l'Eglise catholique; jusque-là que ces hérétiques étoient contraints d'avouer, comme le rapporte saint Augustin, premièrement « qu'un dogme insensé et impie avoit été reçu dans tout l'Occident [4]; » et quand ils virent que l'Orient n'étoit pas moins déclaré contre eux, ils dirent en général « qu'un dogme populaire prévaloit, que l'Eglise avoit perdu la raison, et que la folie y avoit pris le dessus : ce qui étoit, ajoutoient-ils, la marque de la fin du monde [5] : » tant eux-mêmes ils craignoient de dire que ce malheur y eût duré, ou y pût durer longtemps. Telle est la plainte commune de toute hérésie : et Julien le Pélagien la faisoit en ces propres termes, pour lui et ses compagnons; en sorte qu'il ne leur restoit que la malheureuse consolation de se dire eux-mêmes ce petit nombre de sages qu'il

---

[1] Aug., *cont. Jul.*, lib. I, cap. VI, n. 23. — [2] *Ad Bonif.*, lib. IV, cap. XII, n. 32, col. 492. — [3] Lib. *de gest. Pelag.*, n. 22, 23. — [4] Aug., *Ad Bonif.*, lib. IV. cap. VIII, n. 20, col. 480. — [5] *Op. imperf. cont. Jul.*, lib. I, cap. XII; *ibid.*, lib. II, cap. II.

falloit croire plutôt que « la multitude, qui étoit pour l'ordinaire ignorante et insensée [1]; » ce qui étoit même en se vantant, un aveu formel de la singularité, et par conséquent de la nouveauté de leur doctrine. Aussi n'eut-on point de peine à les convaincre de s'être opposés à la doctrine des Pères. Saint Augustin leur en a produit des passages, où la foi de l'Eglise se trouve aussi claire, avant la dispute des pélagiens, qu'elle l'a été depuis [2]: d'où ce grand homme concluoit très-bien qu'il n'y avoit jamais eu de variation sur ces articles, puisqu'il étoit bien constant que ces saints docteurs n'avoient rien fait autre chose « que de conserver dans l'Eglise ce qu'ils y avoient trouvé; d'enseigner ce qu'ils y avoient appris, et de laisser à leurs enfans ce qu'ils avoient reçu de leurs pères [3]. » Qu'on nous allègue après cela des variations sur ces matières. Mais quand on ne voudroit pas en croire saint Augustin, témoin si irréprochable en cette occasion : sans avoir besoin de discuter les passages particuliers qu'il a produits, personne ne niera ce fait public, que les pélagiens trouvèrent toute l'Eglise en possession de baptiser les petits enfans en la rémission des péchés, et de demander dans toutes ses prières la grace de Dieu comme un secours nécessaire, non-seulement à bien faire, mais encore à bien croire et à bien prier; ce qui étant supposé comme constant et incontestable, il n'y auroit rien de plus insensé que de soutenir après cela que la foi de l'Eglise ne fût point parfaite sur le péché originel et sur la grace.

Si maintenant on demande avec le ministre, comment donc il sera vrai de dire que l'Eglise a profité par les hérésies, saint Augustin répondra pour nous « que chaque hérésie introduit dans l'Eglise de nouveaux doutes, contre lesquels on défend l'Ecriture sainte avec plus de soin et d'exactitude, que si on n'y étoit pas forcé par une telle nécessité [4]. » Ecoutez; on la défend avec *plus de soin*, et non pas, on l'entend mieux dans le fond. Le célèbre Vincent de Lérins prendra aussi en main notre cause, en disant [5] que le profit de la religion consiste à profiter dans la foi, et non

XXXV. Comment l'Eglise profite des hérésies, et si c'est dans le fond de la doctrine.

[1] Aug., *Op. imperf. cont. Jul.*, lib. I, cap. XII; *ibid.*, lib. II, cap. II. — [2] Aug., lib. I et II *cont. Jul.*; lib. IV *ad Bonif.*, VIII et seq.; *De præd. SS.*, cap. XIV, n. 26; *De Don. Pers.*, IV, V, XIX, n. 7 et seq. — [3] Lib. II *cont. Jul.*, cap. X, n. 34, col. 549. — [4] Lett. VI et VII; *De Don. Pers.*, cap. XX, n. 53, col. 851. — [5] *Com.* I.

pas à la changer; qu'on y peut ajouter l'intelligence, la science, la sagesse, mais toujours dans son propre genre, c'est-à-dire dans le même dogme, dans le même sens, dans le même sentiment; » et ce qui tranche en un mot toute cette question, que « les dogmes peuvent recevoir avec le temps la lumière, l'évidence, la distinction; mais qu'ils conservent *toujours* la plénitude, l'intégrité, la propriété; » c'est-à-dire, comme il l'explique, « que l'Eglise ne change rien, ne diminue rien, n'ajoute rien, ne perd rien de ce qui lui étoit propre, et ne reçoit rien de ce qui étoit étranger. » Qu'on nous dise après cela qu'elle varie.

Que si l'on nous presse encore, et qu'on nous demande en quoi donc ont profité à l'Eglise les nouvelles décisions, le même docteur répondra que « les décisions des conciles n'ont fait autre chose que de donner par écrit à la postérité ce que les anciens avoient cru par la seule tradition; que de renfermer en peu de mots le principe et la substance de la foi; et souvent pour faciliter l'intelligence, d'exprimer par quelque terme nouveau, mais propre et précis, la doctrine qui n'avoit jamais été nouvelle [1]; » en sorte, comme il venoit de l'expliquer encore plus précisément en deux mots, « qu'en disant quelquefois les choses d'une manière nouvelle, on ne dit néanmoins jamais de nouvelles choses : *Ut cùm dicas novè, non dicas nova.* »

XXXVI. Téméraire raisonnement et grossière erreur de M. Jurieu.
Et c'est encore en ceci que se fait paroître la profonde ignorance de votre savant. « L'évêque de Meaux, nous dit-il, ozera-t-il bien me nier que la plus seûre marque dont les sçavans de l'un et de l'autre parti se servent pour distinguer les écrits supposez et faussement attribuez à quelques Péres, est le caractére et la maniére de la théologie qu'on y trouve? La théologie chrétienne, poursuit-il, se perfectionnoit tous les jours; et ceux qui sont un peu versez dans la lecture des anciens reconnoissent aussitost de quel siécle est un ouvrage, parce qu'ils sçavent en quel état estoit la théologie et les dogmes en chaque siécle [2]. » Il ne sait assurément ce qu'il veut dire, et confond ignoramment le vrai et le faux. Car s'il veut dire qu'on discerne ces ouvrages, parce qu'il paroît dans les derniers de nouveaux dogmes qui ne fussent point dans les

[1] *Com.* I. — [2] Lett. VII, p. 54.

anciens, il compose le christianisme de pièces mal assorties, et il dément tous les Pères. Que s'il veut dire qu'après la naissance des erreurs on trouve l'Eglise plus attentive, et pour ainsi dire mieux armée contre elles; qu'on emploie des termes nouveaux pour en confondre les auteurs, et qu'on répond à leurs subtilités par des preuves accommodées à leurs objections, il dit vrai; mais il s'explique mal, et ne fait rien pour lui ni contre nous.

Que ce docteur, enflé de sa vaine science, apprenne donc des anciens maîtres du christianisme, que l'Eglise n'enseigne jamais des choses nouvelles; et qu'au contraire elle confond tous les hérétiques en ce que, lorsqu'ils commencent à paroître, la surprise et l'étonnement où tous les peuples sont jetés, fait voir que leur doctrine est nouvelle, qu'ils dégénèrent de l'antiquité et de la croyance reçue. C'est la méthode de tous les Pères; et Vincent de Lérins, qui l'a si bien expliquée, n'a fait au fond que répéter ce que Tertullien, saint Athanase, saint Augustin et les autres avoient dit aux hérétiques de leur temps, et par des volumes entiers. Je ne veux ici rapporter que ce peu de mots de saint Athanase : « La foi de l'Eglise catholique est celle que Jésus-Christ a donnée, que les apôtres ont publiée, que les Pères ont conservée : l'Eglise est fondée sur cette foi, et celui qui s'en éloigne n'est pas chrétien [1]. » Tout est compris en ces quatre mots : Jésus-Christ, les apôtres, les Pères, nous et l'Eglise catholique : c'est la chaîne qui unit tout; c'est le fil qui ne se rompt jamais; c'est là enfin notre descendance, notre race, notre noblesse, si on peut parler de la sorte, et le titre inaltérable où le catholique trouve son extraction : titre qui ne manque jamais aux vrais enfans, et que l'étranger ne peut contrefaire.

XXXVII. Que cette méthode de convaincre les hérétiques par leur nouveauté et par leur petit nombre, est ancienne et apostolique.

Quand nous parlons des saints Pères, nous parlons de leur consentement et de leur unanimité : si quelques-uns d'eux ont eu quelque chose de particulier dans leurs sentimens ou dans leurs expressions, tout cela s'est évanoüi et n'a pas fait tige dans l'Eglise; ce n'étoit pas là aussi ce qu'ils y avoient appris, ni ce qu'ils avoient tiré de la racine. Ce qui demeure, ce qu'on voit passer en décision aussitôt qu'on trouble l'Eglise en le contestant; ce qu'on

[1] *Epist.* I *ad Serap. de Sp. S.*, n. 28, tom. I, part. II, p. 676.

marque du sceau de l'Eglise comme vérité reçue de la source, et qu'on transmet aux âges suivans avec cette marque : c'est ce qui a fait et fera toujours la règle certaine de la foi.

Selon cette méthode si simple et si sûre, toutes les fois qu'il paroît quelqu'un qui tient dans l'Eglise ce hardi langage : « Venez à nous, ô vous tous ignorans et malheureux, qu'on appelle vulgairement *Catholiques :* venez apprendre de nous la foi véritable, que personne n'entend que nous ; qui a été cachée pendant plusieurs siècles, mais qui vient de nous être découverte [1] ; » prêtez l'oreille, mes Frères, reconnoissez qui sont ceux qui disoient au siècle passé qu'ils venoient de découvrir la vérité qui avoit été inconnue *durant plusieurs siècles :* toutes les fois que vous entendrez de pareils discours, toutes les fois que vous entendrez de ces docteurs qui se vantent de réformer la foi qu'ils trouvent reçue, prêchée et établie dans l'Eglise quand ils paroissent ; revenez à ce dépôt de la foi dont l'Eglise catholique a toujours été une fidèle gardienne : et dites à ces novateurs, dont le nombre est si petit quand ils commencent, qu'on les peut compter par trois ou quatre ; dites-leur avec tous les Pères, que ce petit nombre est la conviction manifeste de leur nouveauté, et la preuve aussi sensible que démonstrative, que la doctrine qu'ils viennent combattre étoit l'ancienne doctrine de l'Eglise. Car si à Chalcédoine, si à Ephèse, si à Constantinople, si à Nicée on a confondu les auteurs des hérésies qu'on y condamnoit par leur petit nombre, comme par une marque sensible de leur nouveauté ; si on les a convaincus, comme on vient de le faire voir par les actes les plus authentiques de l'Eglise, que tous les peuples se sont d'abord soulevés contre eux, ce qui montroit invinciblement que la doctrine qu'ils venoient combattre, non-seulement étoit déjà établie, mais encore avoit jeté de profondes racines dans tous les esprits ; si enfin on leur fermoit la bouche en leur disant qu'ils avoient eux-mêmes été élevés dans la foi qu'ils attaquoient, ce qu'ils ne pouvoient nier et ce qui étoit pour eux et pour tous les autres une preuve d'expérience de leur nouveauté ; si non-seulement les eutychiens, et plus haut les nestoriens, et plus haut les macédoniens, et plus

[1] Vinc. Lir., *ibid.*

haut les ariens, mais encore les pélagiens ont été si clairement
confondus par cette marque sensible, par ce moyen positif, par
cette preuve expérimentale : concluez que c'étoit là la preuve
commune donnée à l'Eglise contre toutes les nouveautés. Car si
on s'est récrié à la nouveauté lorsque ces nouvelles doctrines ont
commencé à paroître, on se seroit récrié de même à toute autre
innovation. La doctrine qui est donc venue sans jamais avoir excité ce cri de surprise et d'aversion, porte la marque certaine
d'une doctrine qui a toujours été. Jamais il ne viendra de secte
nouvelle qu'on ne convainque de sa nouveauté par son petit
nombre : on lui fera toujours avec Vincent de Lérins [1] ce reproche
de saint Paul : « Est-ce de vous qu'est venue la parole de Dieu,
ou bien n'est-elle venue qu'à vous seuls [2]? » Comme s'il disoit :
Le reste de l'Eglise ne l'entend-il pas? Comment osez-vous vous
opposer au consentement universel ? Reconnoissez donc, mes
Frères, que si on s'est servi dans tous les temps de cet argument
tiré du consentement de l'Eglise, et si on s'en sert encore, c'est à
l'exemple des apôtres ; et si encore on l'a tiré de l'exemple des
apôtres, c'est à l'exemple des Pères. Que si on nous dit après cela
qu'il n'y a point de sûreté dans l'opinion de la multitude, qui pour
l'ordinaire est ignorante, nos Pères ou plutôt l'Ecriture même ne
nous ont pas laissés sans repartie : car ils nous ont appris à fermer la bouche à ceux qui ne cédoient pas à la multitude du peuple
de Dieu, en leur disant : « Pourquoi méprisez-vous la multitude
que Dieu a promise à Abraham ? *Je te ferai*, dit-il, *le père*, non
de plusieurs hommes, mais *de plusieurs nations; et en toi seront
bénis tous les peuples de la terre* [3]. » Distinguez donc la multitude
abandonnée à elle-même et livrée à son ignorance par un juste
jugement de Dieu, de la multitude choisie, de la multitude séparée, de la multitude promise et bénie, conduite par conséquent
avec un soin spécial de Dieu et de son esprit; ou, pour parler avec
saint Athanase, « Distinguez la multitude qui défend l'héritage
de ses Pères [4], » telle qu'étoit la multitude que ce grand homme
vient de nous montrer dans l'Eglise [5], « d'avec la multitude qui

---

[1] Vinc. Lir., *ibid.* — [2] I *Cor.*, XIV, 36. — [3] Vinc. Lir., *ibid.* — [4] *Adv. eos qui ex sola mult. verit. dijudic.*, tom. II, p. 561 et 562. — [5] Ci-dessus, n. 30.

est éprise de l'amour de la nouveauté, » et qui porte par ce moyen sa condamnation sur son front.

<small>XXXVIII. Que le ministre Jurieu a refusé de confondre les sociniens par cette méthode, parce qu'il se seroit aussi confondu lui-même.</small>

C'est par cette sûre méthode que tous nos Pères, sans exception, ont fermé la bouche aux hérétiques. Si votre ministre avoit considéré, je ne dis pas seulement leur autorité, mais leurs raisons, il ne se seroit pas laissé séduire aux illusions des sociniens, et il ne leur auroit pas abandonné jusqu'aux premiers siècles de l'Eglise sur l'éternité de la personne du Fils de Dieu et l'immutabilité de son éternelle génération. Il n'auroit non plus accordé aux pélagiens et aux autres ennemis de la grace chrétienne, que la foi en fût « imparfaite, flottante et informe » devant eux. Mais en prenant tous ces hérétiques dans le point de leur commencement et de leur innovation, où étant en si petit nombre ils osoient rompre avec le tout dans lequel eux-mêmes ils étoient nés, ils les auroient convaincus que leur doctrine étoit une opinion particulière; et la contraire, la foi catholique et universelle. Mais s'il avoit suivi cette sûre et infaillible méthode, dont nul autre qu'un catholique ne se peut jamais servir, il auroit à la vérité confondu les sociniens; mais il se seroit aussi confondu lui-même, puisqu'aussitôt nous lui aurions objecté ce qu'il auroit objecté aux autres : c'est pourquoi il a mieux aimé avec les sociniens imputer des variations à l'Eglise catholique, que de les confondre en disant avec tous les saints, selon la promesse de Jésus-Christ, que la foi catholique est invariable.

<small>XXXIX. Qu'on mène insensiblement les protestans au socinianisme et par quels degrés.</small>

Eveillez-vous donc ici, mes très-chers Frères, et voyez où l'on vous mène pas à pas. Dès que vos auteurs ont paru, on leur a prédit qu'en ébranlant la foi des articles déjà reçus et l'autorité de l'Eglise et de ses décrets, tout jusqu'aux articles les plus importans, jusqu'à celui de la grace, jusqu'à celui de l'incarnation, jusqu'à celui de la Trinité, viendroient l'un après l'autre en question [1]; et la chose étoit évidente pour deux raisons. La première, que la méthode dont on se servoit contre quelques points, comme par exemple contre celui de la présence réelle, de recevoir la raison et le sens humain à expliquer l'Ecriture, portoit plus loin que cet article, et alloit généralement à tous les mystères. La

[1] *Var.*, liv. V, n. 31; liv. XV, n. 122, 123.

seconde, qu'en méprisant les siècles postérieurs et leurs décisions, les premiers ne seroient pas plus en sûreté; de sorte qu'il en faudroit enfin venir à renouveler toutes les questions déjà jugées, et à refondre pour ainsi dire le christianisme, comme si l'on n'y eût jamais rien décidé. C'est ainsi qu'on l'avoit prédit, et c'est ainsi qu'il est arrivé. Les sociniens se sont élevés sur le fondement du luthéranisme et du calvinisme, et sont sortis de ces deux sectes : le fait est incontestable, et nous en avons fait l'histoire ailleurs [1]. Mais s'il y a des opiniâtres et des entêtés qui ne veulent pas se rendre à ces preuves, la conduite que tient encore aujourd'hui votre ministre ne leur laissera aucune réplique, puisque déjà il abandonne aux sociniens, dans les articles les plus pernicieux de leur doctrine, les siècles les plus purs de l'Eglise, et que par là il se voit contraint contre ses principes à tolérer leur erreur.

Quand je lui ai reproché dans l'*Histoire des Variations* son relâchement manifeste envers les sociniens, jusqu'à leur avoir donné place dans l'Eglise universelle, et à faire vivre des saints et des élus parmi eux, il s'est élevé contre ce reproche d'une manière terrible, et m'a donné un démenti outrageux. « J'avoüe, dit-il, que j'ay besoin de toute ma patience pour m'empescher de dire à M. Bossuet ses véritez tout rondement. Il ne fut jamais de fausseté plus indigne, ni de calomnie plus hardie [2]. » Voilà comme il parle quand il se modère, quand il craint que la patience ne lui échappe; mais il en faut venir au fond. N'est-il pas vrai qu'il a mis les sociniens dans le corps de l'Eglise universelle? La démonstration en est claire à l'endroit où il divise l'Eglise en deux parties, dont l'une s'appelle *le corps*, et l'autre *l'ame* [3] : « la première est visible, et comprend tout ce grand amas de sectes qui font profession du christianisme dans toutes les provinces du monde. » Il poursuit : « Toutes les sectes du christianisme, hérétiques, orthodoxes, schismatiques, pures, corrompuës, saines, malades, vivantes et mortes, sont toutes parties de l'Eglise chrétienne, et mesme en quelque sorte véritables parties; c'est-à-dire qu'elles

XL.
Que le ministre Jurieu a rangé les sociniens dans le corps de l'Eglise universelle

---

[1] *Var.*, liv. XV, n. 122, 123. — [2] *Lett.* x, p. 79. — [3] *Préj. légit.*, I part., chap. I, p. 8, 9.

sont parties de ce que j'appelle le corps de l'Eglise; » et enfin « ces sectes qui ont rejetté, ou la foy, ou la charité, ou toutes les deux ensemble, sont des membres de l'Eglise, c'est-à-dire véritablement attachez à son corps par la profession d'une mesme doctrine, qui est Jésus crucifié, Fils de Dieu, Rédempteur du monde; car il n'y a point de secte entre les chrétiens qui ne confesse la doctrine chrétienne, au moins jusques-là. » Remarquez : Il n'y a, dit-il, aucune secte qui ne le confesse; par conséquent les sociniens le confessent au moins *jusques-là,* comme les autres, et sont compris par le ministre parmi « les membres véritables de l'Eglise chrétienne. »

XLI.
Que le corps de l'Eglise chrétienne et le corps de l'Eglise catholique c'est le même selon ce ministre, et que les sociniens y sont compris.

Mais peut-être distinguera-t-il le corps de l'Eglise chrétienne d'avec le corps de l'Eglise catholique ou universelle, dont il est parlé dans le Symbole? Point du tout : car après avoir rejeté non-seulement la définition que nous donnons à cette Eglise catholique, mais encore celle que lui voudroient donner les protestans, la sienne est que « l'Eglise universelle ou catholique, » c'est « le corps de ceux qui font profession de croire Jésus-Christ le véritable Messie et le Rédempteur [1] : corps, ajoute-t-il, divisé en un grand nombre de sectes, mais qu'iconserve une considérable partie, au milieu de laquelle se trouve toûjours un grand nombre d'éleûs qui croient véritablement, sincèrement et purement, tout ce que le corps en général fait profession de croire. » On voit ici, selon son idée, le corps et l'ame de l'Eglise catholique : ce corps est ce grand nombre de sectes divisées, et néanmoins unies en ce point de croire « Jésus-Christ le véritable Messie et le Rédempteur ; » ce qu'aussi il venoit de dire qu'on croyoit dans toutes les sectes, sans en excepter aucune; de sorte qu'ayant défini le corps de l'Eglise catholique confessée dans le Symbole par ce qui est commun à toutes les sectes, on voit qu'il les y met toutes, et par conséquent celle des sociniens comme les autres. Voilà donc les sociniens, non-seulement chrétiens, mais encore catholiques; et ce nom, autrefois si précieux et si cher aux orthodoxes, est prodigué jusqu'aux ennemis de la divinité du Fils de Dieu.

XLII.
Que ce mi-

Le ministre nous répond ici qu'il a mis les sociniens parmi les

[1] *Préj. légit.,* I part., ch. I, p. 29.

chrétiens, « comme il y a mis aussi les mahométans, qui croient que Jésus-Christ, Fils de Marie, a esté conceû du Saint-Esprit, et qu'il est le Messie promis aux Juifs [1]. » Mais il nous joue trop ouvertement, quand il parle ainsi. Car veut-il mettre les mahométans dans l'Eglise chrétienne? En sont-ils une véritable partie? Sont-ils compris dans cet article du Symbole : *Je crois l'Eglise catholique,* comme le ministre y vient de comprendre les sociniens? Et les comptera-t-il encore parmi les membres du corps de l'Eglise catholique? Je ne crois pas qu'il en vienne à cet excès : il faut pourtant y venir, ou cesser de nous faire accroire qu'il ne reçoit les sociniens dans le christianisme qu'au même titre qu'il y reconnoît les mahométans.

Ministre se moque, quand il dit qu'il met les sociniens dans l'Eglise catholique ou universelle au même sens qu'il y met les mahométans.

Le ministre triomphe néanmoins, comme s'il m'avoit fermé la bouche après ce bel exemple des mahométans ; et joignant le dédain avec la colère : « Le sieur Bossuet, dit-il, a leû cela ; et après il dit qu'à pleine bouche je mets les sociniens entre les communions véritablement chrétiennes, dans lesquelles on peut se sauver ; il ne faut que ce seul article et ce seul exemple pour ruiner la réputation de la bonne foy de cét auteur [2]. » Mais c'est vainement qu'il s'emporte ; et on va voir clairement, pourvu qu'on veuille se donner la peine de considérer sa doctrine, qu'il reconnoît des élus dans la communion des sociniens.

XLIII. *Que ce ministre enseigne positivement qu'une société socinienne peut contenir dans sa communion de vrais enfans de Dieu, et qu'on y peut faire son salut.*

Il pose donc pour certain que la parole de Dieu, partout où elle est et partout où elle est prêchée, a son efficace pour la sanctification de quelques ames. « Il est impossible, dit-il, que la parole de Dieu demeure absolument inefficace ; » d'où il conclut « que la prédication de la parole de Dieu ne peut demeurer sans produire quelque véritable sanctification et le salut de quelques-uns [3]. »

Mais peut-être qu'on croira que, pour avoir cet effet, il faudra, selon le ministre, que cette parole soit prêchée dans sa pureté? Point du tout, puisqu'il met au nombre des sociétés où la prédication a son effet, des églises séparées entre elles de communion et de doctrine, telles que sont « l'éthiopienne, jacobite, nestorienne, grecque et généralement toutes les communions de

[1] Lett. X, p. 79. — [2] *Ibid.* — [3] *Syst. de l'Eg.,* liv. 1, chap. XII, p. 98, 99, 100.

l'Orient, » quoiqu'elles soient « dans une grande décadence [1]; » d'où il conclut « que Dieu peut se conserver des éleûs dans des communions et dans des sectes très-corrompuës; » jusque-là qu'il s'en est conservé dans l'Eglise la plus corrompue et la plus perverse de toutes, qui est *l'antichrétienne*, d'où il fait sortir les cent quarante-quatre mille marqués dans l'*Apocalypse,* c'est-à-dire un très-grand nombre d'élus; et tout cela par ce principe général, que « la parole de Dieu n'est jamais preschée en un païs que Dieu ne lui donne efficace à l'égard de quelques-uns, » encore, comme on voit, qu'elle soit si loin d'y être prêchée purement.

Le principe fondamental sur lequel il appuie cette doctrine, c'est, dit-il, que la parole de Dieu, « écrite et preschée, » est pour les élus [2] et ne seroit jamais adressée aux réprouvés, s'il n'y avoit parmi eux des élus mêlés; ce qu'il prouve finalement et comme pour mener les choses au premier principe, en disant que « ce ne seroit pas concevoir un Dieu sage et miséricordieux, s'il faisoit annoncer sa parole à des peuples entre lesquels il n'a pas d'éleûs, » parce que cela « ne serviroit qu'à les rendre plus inexcusables; » ce qui seroit « cruauté, et non pas miséricorde. »

De principes si généraux il suit clairement que Dieu conservant parmi les sociniens sa parole « écrite et preschée, » il a dessein de sauver quelqu'un parmi eux; autrement cette parole ne leur serviroit, non plus qu'aux autres, qu'à les rendre plus inexcusables; ce qui est selon le ministre une cruauté qu'on ne peut attribuer, sans égarement, « à un Dieu sage et miséricordieux. » Mais de peur qu'on ne nous reproche que nous imputons à M. Jurieu une conséquence qu'il rejette, il la prévoit et l'approuve par ces paroles : « On ne doit pas dire que par mon raisonnement il s'ensuivroit que Dieu pourroit avoir des éleûs dans les sociétez sociniennes qui conservent l'Evangile, le preschent et le lisent; et que cependant j'ay mis les sociétez qui ruinent le fondement, entre celles où Dieu ne conserve point d'éleûs [3]. » Voilà du moins la difficulté bien prévue et bien posée : voyez maintenant la réponse : « Je réponds que si Dieu avoit permis que le socinianisme

---

[1] *Syst. de l'Eg.*, liv. I, chap. XII, p. 101, 225; *Préj. légit.*, p. 16. — [2] *Syst.*, p. 99. — [3] *Ibid.*, p. 102.

se fust autant répandu que l'est par éxemple le papisme ou la religion grecque, il auroit aussi trouvé des moyens d'y nourrir ses éleûs et de les empescher de particiger aux hérésies mortelles de cette secte ; comme autrefois il a trouvé bon moyen de conserver dans l'arianisme un nombre d'éleûs et de bonnes ames, qui se garantirent de l'hérésie des ariens. Mais comme les sociniens ne font point de nombre dans le monde ; qu'ils y sont dispersez sans y faire figure ; qu'en la pluspart des lieux ils n'ont point d'assemblées, ou de très-petites assemblées, il n'est point nécessaire de supposer que Dieu y sauve personne, parce qu'une si petite exception ne fait aucun préjudice à la règle générale ; » savoir, que Dieu ne fait jamais prêcher sa parole où il n'a pas d'élus. Voilà le passage entier dans toute sa suite, et voilà sans difficulté la société socinienne par elle-même en état d'élever des enfans à Dieu. D'où vient donc, selon le ministre, qu'il ne s'y en trouve point à présent ? Ce n'est pas à cause qu'elle rejette des vérités fondamentales, comme il faudroit dire, si on vouloit l'exclure par sa propre constitution de donner à Dieu des élus ; c'est à cause que les sociniens ne sont pas assez multipliés : tout dépendoit du succès ; et s'ils trouvent moyen de s'étendre assez pour faire quelque figure dans le monde, ils forceront Dieu à faire naître parmi eux de vrais fidèles.

Mais pourquoi n'y en auroit-il pas eu, et n'y en auroit-il pas encore à présent, puisqu'il est constant qu'ils ont eu des églises en Pologne, et qu'ils en ont encore aujourd'hui en Transylvanie ? Dieu n'est-il cruel qu'à ces sociétés ? Mais pourquoi plutôt qu'aux autres ? Est-ce à cause qu'il y a aussi d'autres sectes en Transylvanie ? Il y en a aussi beaucoup d'autres dans les pays où notre ministre a sauvé les jacobites et les nestoriens. Mais quoi ! s'il ne restoit en Transylvanie que des sociniens, y auroit-il alors de vrais fidèles parmi eux ; ou bien cette nation seroit-elle la seule réprouvée de Dieu, où sa parole *écrite et preschée* se conserveroit sans aucun fruit, et seulement pour la rendre plus inexcusable ? Quel motif pourroit avoir cette *cruauté*, comme l'appelle M. Jurieu ? Quoi ! ce petit nombre et le peu d'étendue de ces églises ? Qu'on nous montre donc dans quel nombre et dans quelles bornes sont renfermées les sociétés où Dieu peut être cruel, selon le ministre?

XLIV. *Que le ministre avoue qu'on se sauveroit parmi les sociniens, s'ils faisoient nombre; et qu'il se moque en disant que cela veut dire : Si par impossible.*

C'est en substance ce que j'avois objecté dans l'*Histoire des Variations*[1] ; et on n'y répond que par ces paroles : « Il est vrai, dit le ministre, j'ai dit quelque part que si Dieu, par une supposition impossible, avoit permis que le socinianisme eût gagné tout le monde ou une partie, comme a fait le papisme, il s'y seroit conservé des éleûs : » illusion si grossière, qu'un aveu formel de sa faute ne seroit pas plus honteux ni moins convaincant. On n'a qu'à relire le passage de son *Système* qu'on vient de citer, pour voir s'il y a un mot de « supposition impossible, » ou rien qui y tende : au contraire M. Jurieu prend pour exemple une chose déjà arrivée, qui est le salut dans l'arianisme : car enfin il le veut ainsi, à tort ou à droit, il ne nous importe. Il veut, dis-je encore un coup, qu'on se soit sauvé dans une société où l'on nioit la divinité du Fils de Dieu. Comment donc pouvoit-il exclure les sociniens après un préjugé si favorable, ou s'imaginer que leur nombre ne pût jamais égaler celui des calvinistes ou des luthériens, ou le nôtre, ou celui des grecs, ou celui des nestoriens et des jacobites, ou en tout cas celui des ariens, parmi lesquels le ministre a reconnu de vrais fidèles[3]? Quel privilége avoient-ils de se multiplier malgré leurs blasphèmes contre la divinité de Jésus-Christ? Et où est-ce que Dieu a promis que les sociniens ne parviendroient jamais à ce nombre? Mais s'il a voulu avoir des élus dans plusieurs sociétés divisées, où a-t-il dit que le grand nombre lui fût nécessaire pour y en avoir ? A quel nombre s'est-il fixé ? Et s'il méprise le petit nombre, pouvoit-il avoir des élus parmi les luthériens et les calvinistes, au commencement de leur secte, où l'on sait que leur nombre étoit plus petit et leurs sociétés moins formées que ne sont celles qui restent aux sociniens ? Ne voit-on pas qu'on se moque, lorsqu'on dit de pareilles choses, et qu'on insulte en soi-même à la crédulité d'un foible lecteur ?

XLV. *Autre illusion du*

Mais voici une seconde réponse : « J'ay ajouté, dit-il, en mesme temps, que » s'il y avoit des élus (dans une telle société,) « Dieu

---

[1] *Var.*, liv. XV, n. 79. — [2] *Jur.*, lett. X, p. 79. — [3] *Préj.*, p. 16; *Syst.*, p. 101, 225.

se les seroit conservés par miracle, comme il a fait dans le papisme ; c'est-à-dire qu'il peut y avoir des éleûs et des orthodoxes cachez dans la communion des sociniens ; mais ce n'est pas à dire qu'on peut être sauvé dans la communion des hérésies sociniennes[1]. » Nouvelle illusion : car que veut dire « qu'il peut y avoir des éleûs cachez dans la communion des sociniens? » Est-ce à dire qu'il peut y avoir de vrais chrétiens cachés au milieu des sociniens? Ce n'est rien dire, car il y en a bien parmi les Turcs et parmi les autres mahométans. Il faut donc dire, comme il est prouvé dans l'*Histoire des Variations*[2], qu'il y a des élus dans la communion extérieure des sociniens, qui assistent à leurs assemblées, à leurs prêches, à leur Cène, si vous le voulez, sans aucune marque de détestation, et qui entendent tous les jours blasphémer contre Jésus-Christ dans les assemblées où ils vont pour servir Dieu : c'est ce qu'on a objecté à M. Jurieu dans le livre *des Variations* : c'est à quoi ce ministre ne répond rien : mais il demeure muet à une objection bien plus importante.

ministre, et que selon sa doctrine on se peut sauver, en communiant au dehors avec les sociniens.

Je lui ai soutenu qu'on pouvoit selon sa doctrine être du nombre *des éleûs* de Dieu, non-seulement en communiant à l'extérieur avec les ariens, mais encore « en tolérant leurs dogmes en esprit de paix[3]. » On peut donc étendre la paix et la tolérance jusqu'à ceux qui nient la divinité de Jésus-Christ ; ce dogme est devenu indifférent, ou du moins non fondamental. C'est tout ce que demandent les sociniens, qui gagneront bientôt tout le reste, si on leur accorde ce point. Mais M. Jurieu en a fait le pas ; et malgré tout ce qu'il a dit, il ne leur peut refuser la tolérance en esprit de paix, qu'il a déjà accordée à leurs frères les ariens. Le passage en est rapporté dans l'*Histoire des Variations*[4] ; il est tiré de mot à mot du livre des *Préjugés*[5] ; et le ministre, qui l'a vu cité dans l'*Histoire des Variations*, n'y réplique rien dans sept ou huit grandes lettres qu'il a opposées à ce livre.

XLVI. *Que le ministre a accordé et accorde encore la tolérance aux ariens et aux sociniens.*

Mais qu'auroit-il à y répliquer, puisque dans ces lettres mêmes il dit pis que tout cela, et qu'il dit qu'on s'est sauvé dans les premiers siècles, et même qu'on y a eu rang parmi les martyrs, en

---

[1] Lett. x. — [2] *Var.*, liv. XV, n. 80. — [3] *Ibid.*, n. 80. — [4] *Var.*, ibid. — [5] *Préj. lég.*, I, p. 22.

niant l'éternité de la personne du Fils de Dieu et l'immutabilité de sa génération éternelle? « Ce n'est pas là, dit-il, une variation essentielle et fondamentale. » On peut varier là-dessus, « sans varier sur les parties essentielles du mystère [1]. » Il niera encore cela, car il nie tout : mais vous venez d'entendre ses propres paroles [2], et il donne gain de cause aux tolérans, qui ne sont, comme on a vu plusieurs fois, que des sociniens déguisés.

XLVII. Les sociniens plus fiers que jamais par les pas qu'on fait vers eux dans la Réforme prétendue.

Je ne m'étonne donc pas si ces hérétiques triomphent, ni s'ils inondent de leurs écrits artificieux toute la face de la terre. Ils gagnent visiblement du pays parmi vous, puisque déjà on leur accorde des élus cachés dans leur société, et même la tolérance pour leurs dogmes principaux ; mais ce qu'il y a de pis, votre ministre les combat si foiblement et par des principes si mauvais, que jamais ils ne se sont sentis plus forts, et jamais ils n'ont conçu tant d'espérance.

C'est en vain que ce ministre répond que jamais homme n'eut plus *de chagrin* que lui contre les tolérans [3]. Ce n'est point *du chagrin* qu'il faut avoir pour ceux qui errent; car outre que le chagrin met dans le cœur de l'aigreur et de l'amertume, il fait agir par passion et par humeur : chose toujours variable, comme aussi vous venez de voir une perpétuelle inconstance dans ce ministre. Ce sont des principes, c'est une doctrine constante et suivie qu'il faut opposer à ces novateurs ; et parce que votre ministre n'a rien eu de tout cela à leur opposer selon les maximes de la Réforme, vous avez vu clairement qu'il n'a fait par tous ses discours que relever leurs espérances.

XLVIII. Blasphème des sociniens, confirmé par la doctrine du ministre Jurieu.

Défiez-vous, mes chers Frères, de ces dangereux esprits, de ces hardis novateurs, en un mot des sociniens, qui bientôt si on les écoutoit ne laisseroient rien d'entier dans la religion chrétienne. Ils viennent de publier leur Histoire, où ils avouent que « la vérité a cessé de paroistre dans l'Eglise depuis le temps qui suit immédiatement la mort des apôtres [4]; » et ils racontent que Valentin Gentil un de leurs martyrs, persécuté par Calvin et par Bèze, « s'opposoit si fortement à la vulgaire croyance de la Trinité,

---

[1] Lett. VI, p. 44. — [2] Ci-dessus, n. 8, 11, 12, 21. — [3] Lett. X, p. 79. — [4] *Hist. réf. Pol.*, lib. I, cap. 1.

qu'on a mesme écrit qu'en ces temps ne sçachant à quoi se résoudre dans des commencemens si embarrassans et si difficiles, il luy avoit préféré le mahométisme. » En effet si les sociniens et leurs prédécesseurs ont raison, le mahométisme, qui rejette la Trinité et l'incarnation, est plus pur en ce qui regarde la Divinité en général, et en particulier en ce qui regarde la personne de Jésus-Christ, que n'a été le christianisme depuis la mort des apôtres. La doctrine du Fils de Dieu est plus pure dans l'*Alcoran* que dans les écrits de nos premiers Pères. Mahomet est un docteur plus heureux que ne l'ont été les nôtres, puisque ses disciples ont persisté dans sa doctrine, au lieu que les chrétiens ont abandonné celle des apôtres, qui est celle de Jésus-Christ même, incontinent après leur mort. Vous avez horreur de ces blasphèmes et avec raison. Ouvrez donc les yeux, mes chers Frères, et voyez où l'on vous mène, puisque déjà on vous dit, à l'exemple des sociniens, que les disciples des apôtres et les martyrs, dont la passion a suivi la leur de si près, ont tellement dégénéré de leur doctrine, qu'ils lui ont même préféré la philosophie, avec des erreurs aussi capitales que celles que vous venez d'entendre.

XLIX. Conclusion de ce discours. Réflexion sur l'état présent du parti protestant.

Mais vous entendrez dans la suite des choses bien plus étranges que celles que j'ai relevées dans ce discours ; et si étonnés de tant de foiblesses, de tant de contradictions, des égaremens si étranges de votre ministre, vous vous demandez à vous-mêmes comment il se peut faire, je ne dis pas qu'un théologien, mais qu'un homme quel qu'il soit, pour peu qu'il ait de bon sens, y soit tombé : souvenez-vous qu'il est écrit « que Dieu envoie l'esprit de vertige, l'esprit d'étourdissement et une efficace d'erreur à ceux qui résistent à la vérité [1], » et cela véritablement par un jugement terrible sur les docteurs de mensonge ; mais en même temps, mes chers Frères, par un conseil de miséricorde sur vous et sur tous ceux qui sont abusés et prévenus, afin, comme je l'ai dit au commencement de ce discours avec saint Paul [2], « que la folie de ces séducteurs étant connue de toute la terre, » le progrès de la séduction soit arrêté, et qu'on revienne du schisme et de l'erreur. C'est à quoi Dieu vous conduit, si vous n'êtes point sourds à sa voix.

[1] *Isa.*, XIX, 14 ; XXIX, 10.— [2] II *Thessal.*, II, 11.

Considérez l'état où vous êtes : votre prétendue Réforme, à ne regarder que les soutiens du dehors, ne fut jamais plus puissante ni plus unie. Tout le parti protestant se ligue, et a encore trouvé le moyen d'entraîner dans ses desseins tant de puissances catholiques, qui n'y pensent pas assez. Votre ministre triomphe ; et avec un air de prophète, il publie dans toutes ses *Lettres* que c'est là vraiment un coup de Dieu : mais il y a des coups de Dieu de plus d'une sorte. Pendant qu'à l'extérieur la Réforme est plus redoutable et tout ensemble plus fière et plus menaçante que jamais, elle ne fut jamais plus foible dans l'intérieur, dans ce qui fait le cœur d'une religion. Sa doctrine n'a jamais paru plus déconcertée : tout s'y dément, tout s'y contredit; vous en avez déjà vu des preuves surprenantes ; vous en verrez d'autres dans la suite, mais ce que vous voyez déjà est assez étrange. Jamais on ne mit au jour tant de monstrueuses erreurs ; jamais on n'écouta tant de fables, tant de vains miracles, tant de trompeuses prophéties : la gloire du christianisme est livrée aux sociniens ; le mal est monté jusqu'à la tête, et les plus célèbres docteurs sont ceux qui s'égarent davantage. Ainsi la mesure semble être au comble, et il est temps ou jamais d'ouvrir les yeux. Dieu est assez bon et assez puissant pour confondre encore les ligues et ensemble tous les projets de la Réforme entreprenante : mais quand, contre toute apparence, elle auroit remporté autant de victoires que ses prophètes lui en promettoient, ceux qui s'y laisseroient tromper ne seroient jamais qu'un troupeau errant, enivré du succès et ébloui par les espérances du monde.

SECOND AVERTISSEMENT
AUX PROTESTANS

SUR

LES LETTRES DU MINISTRE JURIEU

CONTRE

L'HISTOIRE DES VARIATIONS.

La Réforme convaincue d'erreur et d'impiété par ce ministre.

Vous avez vu, mes chers Frères, selon ma promesse, dans un premier Avertissement le christianisme flétri et le socinianisme autorisé par votre ministre. Vous avez été étonnés de ce qu'il a dit en faveur d'une secte qui se vante d'avoir porté la Réforme à perfection, en niant la Divinité du Fils de Dieu et en affoiblissant tout le christianisme. Mais cessez de vous arrêter à tant de choses étranges que vous avez vu qu'il a avancées sur le sujet des sociniens : il en a dit de plus essentielles contre lui-même et contre toute la Réforme, puisqu'il l'a chargée d'erreurs capitales et dans son commencement et dans son progrès. Il en a dit encore de plus importantes en faveur de l'Eglise catholique, puisqu'il a dit qu'on se peut sauver dans sa communion. Il a dit tout cela, mes Frères ; vous l'allez voir dans la dernière évidence. Il a nié de l'avoir dit : vous ne le verrez pas moins clairement. Il ne s'agit pas de conséquences que je veuille tirer de sa doctrine ; ce sont des termes formels pour l'affirmative, et formels pour la négative, que j'ai à vous rapporter ; c'est-à-dire qu'il y a des vérités contraires à la Réforme et favorables à l'Eglise, si claires qu'un ministre ne les a pu nier ; et à la fois si décisives contre lui, qu'il a honte de les avoir avouées. Si à ce coup vous n'ouvrez les yeux, vous les aurez bien assoupis. Commençons.

I. Dessein des deux avertissemens suivans.

II. Emportement du ministre, qui appelle l'auteur de l'*Histoire des Variations* au jugement de Dieu comme un calomniateur.

Ecoutez-le, mes chers Frères; c'est lui qui parle dans la dixième Lettre de cette année, et la cinquième de celle qu'il oppose aux *Variations*. Il s'agit d'une addition au livre XIV, qui a jeté M. Jurieu dans d'étranges emportemens. « [Si, dit-il, cette Addition est importante, c'est à faire voir le caractére de M. Bossuet; car il est vray que rien n'est plus propre à le faire reconnoistre dans le monde pour un déclamateur sans honneur et sans sincérité. » Voici la cause de ces reproches : « On trouve, continue-t-il, dans cette belle Addition, que je suis demeuré d'accord que Luther dans son livre *de Servo arbitrio*, avoit employé des termes trop durs au sujet de la nécessité qui repose sur la volonté; et tout ce que j'ay conclu, c'est que l'on ne doit pas condamner les gens sur des expressions dures, quand les sentimens dans le fond sont innocens, et qu'on doit se tolérer dans ces expressions [1]. » Il poursuit : « On trouvera dans cette Addition ces paroles pleines de calomnies et indignes d'un homme d'honneur : M. Jurieu a raison d'avoüer de bonne foy des réformateurs en général, qu'ils ont enseigné que Dieu poussoit les pécheurs aux crimes énormes. M. Jurieu n'a point avoüé cela; et M. Bossuet rendra compte quelque jour devant Dieu d'une imposition aussi fausse et aussi maligne. »

III. Dieu auteur du péché. Premier blasphème de la Réforme prouvé par le ministre Jurieu. Paroles de Mélanchthon approuvées par Luther.

Mais s'il craignoit ce jugement de Dieu où il m'appelle, il songeroit qu'un jour on y récitera ces paroles, où traitant la paix avec les luthériens [2], après leur avoir reproché que leurs premiers réformateurs, c'est-à-dire Mélanchthon et Luther même, ont approuvé du moins par leur silence les écrits de Calvin, ceux de Zuingle, ceux de Zanchius, que les luthériens d'aujourd'hui accusent de ce détestable particularisme, comme ils l'appellent, qui ôte le libre arbitre et fait Dieu auteur du péché, il continue ainsi son discours : « Mais ce n'est pas seulement par leur silence, ou par l'approbation que vos réformateurs ont esté de durs prédestinateurs, et ont enseigné *en paroles expresses* et encore des plus dures le particularisme, la prédestination et la réprobation avec une nécessité qui provient de la force des décrets. Que Mélanchthon paroisse le premier : c'est de luy qu'est cette parole

[1] Lett., x, p. 77.— [2] *Consult. de ineund. pac.*, p. 209.

que nos calomniateurs ont tant relevée, que l'adultère de David et la trahison de Judas, n'est pas moins l'œuvre de Dieu, que la conversion de saint Paul. »

Il cite en marge le *Commentaire* de cet auteur sur le chapitre VIII *aux Romains* où il est vrai qu'on trouve en autant de mots cet exécrable blasphème. Sont-ce donc là seulement des paroles dures, comme M. Jurieu avoue qu'il en a lui-même imputé aux premiers réformateurs; ou, comme nous le disons, une doctrine abominable? Il continue : « Mais on lisoit ces paroles dans les premières éditions des *Lieux communs* de Mélanchthon : La divine prédestination oste la liberté à l'homme; car tout arrive selon ses décrets dans toutes les créatures; et non-seulement les œuvres extérieures, mais encore les pensées intérieures [1]. » Tout arrive selon les décrets de Dieu, et au dedans et au dehors de l'homme, par conséquent toutes ses pensées bonnes et mauvaises, et autant ses crimes que ses bonnes œuvres : et de peur qu'on ne crût que Mélanchthon eût enseigné ces blasphèmes sans l'aveu de Luther, M. Jurieu ajoute : « Luther a veû cela et il a approuvé le livre de Mélanchthon, jusqu'à le juger digne non-seulement de l'immortalité, mais encore d'estre inséré parmi les Ecritures canoniques. » Il cite pour le prouver le livre du *Serf arbitre* de Luther, où il est vrai que se trouve cette approbation très-expresse des blasphèmes de Mélanchthon; et pour ne laisser aux luthériens aucun moyen de s'échapper, il se fait cette objection : « Mais, dites-vous, Mélanchthon a rétracté cette opinion dans les éditions suivantes de ses *Lieux communs,* au titre de la cause du péché. Il est vray, il l'a rétractée et avec raison : car qui pourroit souffrir cette parole *qui détruit toute religion*, que la divine prédestination oste à l'homme son libre arbitre [2]? » Voilà l'objection proposée, et Mélanchthon, bien convaincu d'avoir enseigné une impiété manifeste « et détruit toute religion. » Mais de peur qu'il ne lui échappe, non plus que son maître Luther, il ajoute premièrement contre Mélanchthon, « qu'il n'a rétracté cette opinion que mollement et en doutant; » et contre Luther, que lorsqu'il approuva les *Lieux communs* de Mélanchthon, ils n'avoient point

[1] Jur., *Consult., de ineund.* pac. p. 209. — [2] *Ibid.,* p. 211.

encore été corrigés : « donc, poursuit-il, il a admis cette dure opinion de la prédestination, qui ostoit le libre arbitre à l'homme. » Est-ce là dire seulement des paroles dures, « et non pas admettre une opinion qui détruit toute religion » et établit l'impiété ?

<small>IV.
Pareils blasphèmes trouvés dans Luther par le ministre Jurieu.</small>

C'en est assez pour confondre ce téméraire ministre dans le jugement de Dieu, où il m'appelle : mais il passe encore plus avant ; et voici comme il parle de Luther : « Il n'a pas seulement approuvé les paroles de Mélanchthon, mais il en a dit de semblables dans le livre du *Serf arbitre*, dont le titre seul fait connoistre le sentiment de l'auteur. Ecoutons donc comme il parle : C'est le fondement de la foy de croire que Dieu est clément, quoyqu'il sauve si peu d'hommes et en damne un si grand nombre ; de croire qu'il est juste, quoyqu'il nous *fasse damnables* nécessairement *par sa volonté ;* en sorte qu'il semble prendre plaisir au supplice des malheureux, et être plus digne de haine que d'amour. Si donc je pouvois entendre par quelque moyen que Dieu est miséricordieux et juste, pendant qu'il ne fait paroistre que colère et injustice, je n'aurois pas besoin de foy. Dieu caché dans sa majesté ni ne déplore la mort des pécheurs, ni ne la détruit ; mais il opére la vie et la mort, et toutes choses dans tous. Il ne veüt point la mort du pécheur *en parole, je l'avoüe,* mais il la veut par cette secrette et impénétrable volonté [1]. » Voilà les paroles de Luther, où il reconnoît que Dieu fait les hommes *damnables* par sa volonté, et les fait inévitablement et nécessairement damnables. Les faire damnables de cette sorte, c'est sans doute les faire pécheurs ; et Luther l'enseigne ainsi en termes formels, puisqu'il prouve ce qu'il avance en disant « qu'il fait toutes choses, » et par conséquent le péché « dans les hommes. » D'où il s'ensuit que Dieu veut effectivement leur péché et leur perte, quoiqu'à l'entendre parler (c'est toujours Dieu qu'il entend), il fasse semblant de ne les vouloir pas ; *in verbo scilicet.* Qui jamais parla ainsi de Dieu, si ce n'est ceux qui n'en croient point, ou qui ont perdu toute la révérence qu'inspire naturellement un si grand nom ? Voilà ce que M. Jurieu a tiré du livre du *Serf arbitre* de Luther ; et il ose encore prendre Dieu en son redoutable tribunal à témoin,

[1] *Consult.*, p. 211.

comme il n'attribue à Luther que des paroles trop dures, pendant qu'il le convainc avec tant de force de ces exécrables sentimens. Mais il le presse encore par des paroles tirées de ce même livre du *Franc arbitre :* « C'est en vain, disoit Luther, qu'on tasche d'excuser Dieu en accusant le libre arbitre. S'il a préveû la trahison de Judas, Judas estoit fait traistre *par nécessité ;* et il n'estoit point en son pouvoir ni dans celuy d'aucune créature de faire autrement ni de changer la volonté de Dieu [1]. » En est-ce assez pour convaincre Luther? Mais, pour ne lui laisser pas le loisir de repirer, le ministre lui reproche encore d'avoir dit : « Si nous trouvons bon que Dieu couronne des indignes, il ne faut pas trouver moins bon qu'il damne des innocens : en l'un et en l'autre, il est excessif selon les hommes; mais il est juste et véritable en luy-mesme. C'est maintenant une chose incompréhensible de damner des innocens; mais on le croit jusqu'à ce que le Fils de l'homme soit révélé [2]. » C'est donc l'objet de la foi, que Dieu damne les innocens et les fait lui-même coupables, puisque les faire damnables, comme dit Luther, et les faire pécheurs et coupables, c'est la même chose; et voilà, selon Luther, le grand mystère qui nous sera révélé dans la vision bienheureuse.

Luther est terriblement pressé, vous le voyez; mais le ministre revient encore à la charge : « Voicy, dit-il, par où il finit, » c'est toujours de Luther qu'il parle : « Si nous croyons qu'il est vray que Dieu prévoit et préordonne toutes choses, et que d'ailleurs il n'est pas possible qu'il se trompe, ou qu'il soit empesché dans sa science et dans la prédestination, et enfin que rien ne se fait sans sa volonté : la mesme raison nous fait voir qu'il ne peut y avoir aucun libre arbitre ni dans l'homme, ni dans l'ange, ni dans aucune créature. Tout ce qui se fait par nous dans ce qui regarde le salut et la damnation, se fait par une pure nécessité, et non point par le libre arbitre : l'homme n'en a point; il est esclave et captif de la volonté de Dieu ou de celle de Satan; en sorte qu'il n'a aucune liberté ni libre arbitre de se tourner d'un autre costé ou de vouloir autre chose, tant que l'esprit ou la grace de Dieu dure en l'homme : et j'appelle nécessité, poursuit Luther cité par

[1] *Consult.*, p. 212. — [2] *Ibid.*

le ministre, non pas la nécessité de contrainte, mais celle d'immutabilité ¹, » et le reste toujours soutenu de la même force; ce qu'il achève de prouver par Calixte luthérien, dont voici les propres termes cités par M. Jurieu : « Tout le but du livre de Luther est de faire voir que toutes les actions des hommes, et tous les événemens qui en dépendent, ne peuvent arriver autrement qu'ils arrivent, ni se faire avec contingence ou par la volonté du libre arbitre de l'homme, mais par la pure et unique volonté, disposition et ordre de Dieu ². » Ce n'est donc pas seulement le sentiment de Luther, que Dieu veut et fait tout le bien et tout le mal qui se trouve dans le monde, mais c'est là encore tout le but de son traité du *Serf arbitre :* et ce n'est pas seulement M. Jurieu ou les calvinistes qui objectent ces énormes excès à Luther; mais ce sont encore ses sectateurs mêmes et les luthériens les plus doctes et les plus célèbres, du nombre desquels est Calixte, dont les paroles citées par le ministre Jurieu se trouvent en effet dans le livre de ce fameux luthérien, intitulé *Jugement sur les Controverses,* etc.

V.
M. Jurieu démontre que Luther a établi ces blasphèmes comme dogmes capitaux, et ne les a jamais rétractés.

Et parce qu'on pourroit penser que Luther auroit dit ces choses comme « douteuses, » ou « problématiques, » continue M. Jurieu : au contraire, dit ce ministre, « il les pose comme des dogmes certains, qu'il n'est ni permis ni seûr de révoquer en doute; » et pour les prouver il allègue ces paroles, par où Luther conclut : « Ce que j'ay dit dans ce livre, je ne l'ay pas dit comme en disputant ou en conférant, mais je l'ay asseûré et je l'asseûre; et je n'en laisse le jugement à personne, mais je conseille à tout le monde de s'y soumettre ³. » Ce qu'il veut qu'on reçoive avec une entière soumission, c'est que tout est nécessaire d'une absolue nécessité : « Et souvenez-vous, poursuit-il, vous qui m'écoutez, que c'est moy qui l'ay enseigné; » en sorte qu'il ne paroît pas seulement que Luther a établi ces dogmes impies, mais encore qu'il les a établis avec toute la certitude qu'on peut jamais donner à un dogme, et comme un des fondemens qu'il veut le plus inculquer à ses sectateurs.

Si j'avois à convaincre Luther devant Dieu et devant les hommes de ces horribles impiétés, je ne produirois autre chose que ce que

¹ *Consult.,* p. 212. — ² *Pag.* 213. — ³ *Ibid.*

produit ici M. Jurieu. Mais pour le convaincre lui-même d'avoir regardé tous ces discours de Luther, non-seulement comme durs, mais comme impies; et non-seulement comme contenant des expressions excessives, mais encore comme contenant des dogmes affreux : je n'ai encore qu'à produire ces paroles de ce ministre au luthérien Scultet. « Voilà, lui dit-il, toute cette suite de dogmes que vous appelez dans nos auteurs de grands monstres, des monstres affreux et horribles. Voilà tous nos dogmes, et beaucoup plus que nous n'en disons, et ce que nous serions bien faschez de dire [1]. » C'est donc de tous ces dogmes qu'on vient de voir et dont il témoigne lui-même tant d'horreur, qu'il a convaincu Luther; et afin de ne nous laisser aucun doute de ce qu'il déteste dans ce chef de la Réforme, après avoir rapporté tous les dogmes qu'il en reçoit : « Nous embrassons, dit-il, de tout nostre cœur tous ces dogmes de Luther; mais en voicy qui luy sont propres : que Dieu par sa volonté nous *rend damnables nécessairement;* que c'est en vain qu'on excuse Dieu en accusant le libre arbitre; qu'il n'estoit point au pouvoir de Judas de n'estre point traistre ; que Dieu damne les hommes par sa propre volonté; qu'il damne des innocens comme il couronne des indignes; qu'il ne peut y avoir de libre arbitre, ni dans l'homme, ni dans l'ange, ni dans aucune créature, et que tout ce qui se fait par nous, se fait non point par le libre arbitre, mais par une pure nécessité. Nous rejettons, poursuit-il, toutes ces choses, et nous les rejettons avec horreur, comme choses *qui détruisent toute religion*, et qui ressentent le *manichéisme*. Je le dis à regret et malgré moy, favorisant autant que je le puis la mémoire de ce grand homme [2] : » grand homme, comme vous voyez, qui vomit des impiétés et des blasphèmes qu'on n'entendra peut-être pas dans l'enfer même : mais voilà les grands hommes de la Réforme, et voilà comme ils sont traités par ceux-là mêmes qui font profession de les révérer.

Et parce qu'on pourroit penser en faveur de Luther, qu'il auroit du moins changé de sentiment, quoiqu'en avoir eu un seul moment de si damnables et avoir commencé par de tels blasphèmes la réformation de l'Eglise, ce seroit toujours une preuve d'un

[1] Jur., *Consult.*, p. 213. — [2] Pag. 214.

homme livré à Satan, il ne laisse pas même aux luthériens cette misérable consolation : « Car, poursuit-il, on me dira qu'il s'est rétracté : mais qu'on me montre où est cette rétractation. On ne voit, dit-il, sur le libre arbitre aucune rétractation. S'il a rétracté et condamné son livre du *Libre arbitre*, où est l'anathème qu'il luy a dit? comment l'a-t-il laissé parmi ses ouvrages? Il a parlé plus doucement dans la Visite Saxonique, en reconnoissant le libre arbitre dans les choses civiles et morales et pour les œuvres extérieures de la loy ; mais il ne nie nulle part ce qu'il avoit asseûré dans son livre du *Serf arbitre* ; et on peut aisément concilier ce qu'il a dit dans ces deux livres [1]. » Il le concilie en effet, en remarquant que Luther pourroit avoir admis le libre arbitre, « en entendant sous ce mot qu'on n'agit pas malgré soy, mais très-volontairement ; ce qui, poursuit-il, n'empescheroit pas qu'il ne fust toujours véritable, comme Luther l'avoit dit dans le livre du *Serf arbitre,* que Dieu par sa volonté rend les hommes nécessairement damnables, et que par sa pure volonté il damne des innocens : Luther, dit-il, n'a point rétracté cela [2]. » Il a raison ; on a quelque part adouci, quoique foiblement, les expressions ; on a nommé le libre arbitre même dans la *Confession d'Augsbourg*, sans bien expliquer ce que c'étoit : mais on ne trouve en aucun endroit la condamnation d'un livre si abominable, ni aucune rétractation de tous ces excès. Il ne falloit pas attendre de Luther que jamais il avouât, ou qu'il crût avoir failli ; et il valoit mieux laisser en leur entier tous les blasphèmes du livre du *Serf arbitre,* que de se rabaisser jusques-là. Ainsi le luthérien n'a point de réplique ; et le bienheureux Luther (car c'est ainsi qu'on affecte de le nommer dans le parti) demeure convaincu par notre ministre, non-seulement d'avoir commencé sa Réforme, mais encore d'avoir persévéré jusqu'à la fin dans cette impiété.

Il est donc plus clair que le jour que le ministre n'a pas seulement avoué, mais encore qu'il a prouvé invinciblement les impiétés de Luther ; et s'il les nie maintenant, s'il tâche de révoquer son aveu, c'est qu'il a honte pour la Réforme de la voir commencer par des blasphèmes, et de lui voir pour ses chefs des blasphé-

[1] Jur., *Consult.*, p. 217. — [2] Pag. 218.

mateurs et des impies : et si pour repousser ce juste et inévitable reproche, il s'emporte jusqu'à m'appeler au redoutable tribunal de Dieu et à invoquer contre moi à témoin ce juste juge, il ressemble manifestement à ces profanes qui se servent d'un si grand nom pour éblouir les simples et donner de l'autorité au mensonge.

VI.
Calvin et Bèze convaincus d'avoir dit les mêmes choses que le ministre Jurieu a reconnues pour des blasphèmes, et qu'il n'a osé les excuser tout à fait d'impiété.

Ce n'a donc pas été une calomnie, mais une vérité non-seulement avouée, mais encore démontrée par M. Jurieu, de dire que les réformateurs ont fait Dieu auteur du péché. Ce ministre passe déjà condamnation pour Luther et pour Mélanchthon, c'est-à-dire pour les premiers réformateurs. Mais j'ai fait voir que Calvin et Bèze n'en avoient pas moins dit que les deux autres [1]; et qu'aussi M. Jurieu, sans oser entreprendre de les justifier, n'en avoit pu dire autre chose, sinon « qu'ils estoient sobres en comparaison de Luther [2] : » Ce qui montre, non pas qu'il les croit innocens, mais qu'il les croit seulement moins coupables, c'est-à-dire moins impies et moins grands blasphémateurs. Mais en cela il se trompe : car j'ai produit les passages de Calvin et de Bèze, où ils disent « que Dieu fait toutes choses selon son conseil défini, voire mesme celles qui sont méchantes et exécrables; qu'ayant ordonné la fin (qui est de glorifier sa justice dans le supplice des réprouvés), il faut qu'il ait quant et quant ordonné les causes qui amènent à cette fin (c'est-à-dire sans difficulté les péchés); que le péché du premier homme, quoyque volontaire, est en mesme temps nécessaire et inévitable; qu'Adam n'a pû éviter sa chûte, et qu'il ne laisse pas d'en estre coupable; qu'elle a esté ordonnée de Dieu, et qu'elle estoit comprise dans son secret dessein; qu'un conseil caché de Dieu est la cause de l'endurcissement; qu'on ne peut nier que Dieu n'ait *voulu et décrété la désertion* d'Adam, puisqu'il fait tout ce qu'il veut; que ce décret fait horreur, mais qu'enfin on ne peut nier que Dieu n'ait preveû la chûte de l'homme, puisqu'il l'avoit ordonnée par son décret; qu'il ne faut point se servir du terme de permission, puisque c'est un ordre exprès; que la volonté de Dieu fait la nécessité des choses, et que tout ce qu'il ordonne arrive nécessairement; que c'est pour cela qu'Adam est

---

[1] *Var.*, lib. XII, n. 12, 34; *Addit.*, n. 9. — [2] Jur., *De pac.*, p. 214.

tombé par un ordre de la providence de Dieu, et parce que Dieu l'avoit ainsi trouvé à propos ; que les réprouvez sont inexcusables, quoy qu'ils ne puissent éviter la nécessité de pécher, et que cette nécessité leur vient par ordre de Dieu ; que Dieu leur parle, mais que c'est pour les rendre plus sourds ; qu'il leur envoye des remèdes, mais afin qu'ils ne soient point guéris ; et que si les hommes veulent répliquer qu'ils n'ont pû résister à la volonté de Dieu, il les faut laisser plaider contre celuy qui sçaura bien défendre sa cause [1]. » Sans qu'il soit permis, comme on voit, de la défendre, en disant qu'il laisse l'homme à sa liberté et qu'il ne veut point son péché. Voilà ce qu'ont dit Calvin et Bèze ; ce qui, comme on voit, n'est pas moins mauvais que ce qu'ont dit Luther et Mélanchthon.

VII. Que le ministre Jurieu n'a rien en à dire aux luthériens qui convainquent les calvinistes des mêmes blasphèmes, dont les calvinistes les convainquent, et qu'il a avoué le fait.

Aussi voyons-nous manifestement que si le calviniste ferme la bouche au luthérien sur son Mélanchthon et sur son Luther, le luthérien ne remporte pas un moindre avantage sur les calvinistes : car écoutez comme les presse le docteur Gérard : « Qu'ils donnent donc gloire à Dieu et à la vérité, en désavoüant publiquement telles et semblables expressions qui se trouvent dans les écrits des gens de leur parti : que Dieu a préordonné par un décret absolu certains hommes, et mesme la pluspart des hommes, aux péchez et aux peines des péchez ; que la Providence divine a créé quelques hommes, afin qu'ils vivent dans l'impiété ; que Dieu pousse les méchans aux crimes énormes ; que Dieu en quelque sorte est cause du péché : qu'ils condamnent de semblables propositions qui se trouvent en autant de termes dans leurs écrits publics, s'ils veulent estre réconciliez avec l'Eglise [2]. » Voilà les impiétés que les luthériens reprochent aux calvinistes ; et le passage qu'on vient de voir du docteur Gérard est cité mot à mot par M. Jurieu [3]. Mais qu'y répond ce ministre ? Nie-t-il le fait, je veux dire, nie-t-il que ceux de son parti aient enseigné que Dieu « préordonne les hommes aux péchez, les pousse aux crimes énormes, et soit en quelque sorte cause du péché ? » Point du tout. Voici sa réponse : « Il est vray : nous reconnoissons qu'entre ces expressions il y en a de trop dures. Nous n'avons pas pour

[1] *Var.*, liv. XII, 12, 34. — [2] Ger., *De elect. et reprob.*, cap. X, n. 137. — [3] *Jug. sur les Méth.*, p. 142.

nos auteurs la mesme soumission que ces messieurs les luthériens ont pour Luther; et nous ne nous faisons pas une honte d'abandonner leurs maniéres, quand elles nous paroissent propres à scandaliser et dures à digérer. Telles sont celles que nous venons de voir, dont aussi nul des nostres *ne se sert plus aujourd'hui,* et dont on ne s'est plus servi *depuis cent ans* [1]. »

Il avoue donc en termes formels que ses auteurs ont avancé ces propositions impies : « Que Dieu préordonne aux péchez ; que Dieu pousse aux crimes énormes; qu'il est en quelque sorte cause du péché. » Il ne sert plus rien de le nier, ni de dire que je lui fais une calomnie « aussi fausse que maligne, » en disant qu'il a avoué des réformateurs en général, et même de ceux de son parti, qu'ils enseignent que « Dieu pousse l'homme aux crimes énormes; » le docteur Gérard lui reproche que cette proposition et d'autres aussi impies « se trouvent en autant de mots » dans ses auteurs. Loin de dire ici qu'on le calomnie, ou d'appeler le docteur Gérard au redoutable tribunal de Dieu, il confesse tout, quoiqu'il tâche de pallier ce fait honteux, et d'adoucir ces propositions qui sont autant de blasphèmes, en les appelant seulement « des expressions trop dures et des maniéres propres à scandaliser; » enfin il avoue la chose : ces propositions se trouvent dans les auteurs du calvinisme comme dans ceux du luthéranisme : il n'y a point d'aveu plus formel que de dire tout simplement : « Il est vray : » la Réforme ne trouve d'excuse à cet excès, qu'en disant qu'on n'y tombe « plus depuis cent ans, » et se trouve bien honorée, pourvu qu'on accorde qu'elle n'a été que soixante ou quatre-vingts ans dans le blasphème. Mais encore n'aura-t-elle pas cette misérable excuse : on lui montre qu'elle y est encore, et on le montre par les paroles du ministre même qui la défend. Si elle étoit bien revenue de l'abominable erreur de faire Dieu auteur du péché, de dire « qu'il le préordonne, et pousse les hommes aux crimes énormes, » elle ne diroit pas seulement que ce sont « des expressions trop dures, des maniéres propres à scandaliser et dures à digérer : » car en parler de cette sorte, c'est en avouant qu'on a avancé des propositions si impies, soutenir qu'au fond on

VIII. Que le ministre Jurieu dit, pour toute excuse, que la Réforme s'est corrigée de ces blasphèmes depuis cent ans; mais qu'en même temps il fait voir qu'elle y persévère encore, et qu'elle ne s'est corrigée qu'en apparence.

[1] *Jug. sur les Méth.,* p. 142.

les tient encore pour véritables ; qu'on tient, dis-je, pour véritable, « que Dieu pousse aux crimes énormes, et qu'il est cause du péché. » Que le ministre ne réponde pas que selon la proposition on dit qu'il en est cause « en quelque sorte : car outre que ce pitoyable adoucissement ne se trouve pas dans les autres propositions qu'on vient de voir, c'est en se tenant à celle-ci une proposition assez impie contre le Saint d'Israël, que le faire « en quelque sorte, » et pour peu que ce soit, cause du péché; car c'est de quoi il est éloigné jusqu'à l'infini par sa sainteté, par sa bonté, par sa perfection : il n'est donc cause du péché en aucune sorte. Le ministre veut s'imaginer que ses auteurs, qui ont dit que « Dieu le préordonne, » et que « Dieu y pousse[1], » n'entendoient pas néanmoins le lui attribuer. Mais que falloit-il donc dire pour cela, si ce n'est pas assez de dire que Dieu préordonne, que Dieu pousse, que Dieu est cause? Qu'il pense donc tout ce qu'il voudra de ses réformateurs; le fait demeure pour constant : les propositions impies, qui font Dieu cause du péché, se trouvent, non par conséquence, mais en termes formels, dans leurs écrits. S'il ne tient qu'à dire que ce sont seulement des expressions ou des manières trop dures, j'excuserai quand il me plaira toutes les impiétés et tous ceux qui les profèrent, et dans le fond il n'y aura plus de blasphémateurs ni d'hérétiques.

IX.
Que loin d'avoir justifié la Réforme de l'erreur de faire Dieu auteur du péché, M. Jurieu y est lui-même autant que Luther, qu'il en convainc.

Mais voici bien plus. Je maintiens à la Réforme et à M. Jurieu, que les adoucissemens qu'ils prétendent avoir apportés à leurs expressions « depuis cent ans, » ne sont qu'en paroles, et qu'ils croient toujours dans le fond que Dieu est la vraie cause du péché. M. Jurieu cite ces paroles du livre des *Variations*[2] : « Car enfin tant qu'on ôtera au genre humain la liberté de son choix, et qu'on croira que le libre arbitre subsiste avec une entière et inévitable nécessité, il sera toujours véritable que ni les hommes ni les anges prévaricateurs n'ont pas pu ne pas pécher, et qu'ainsi les péchés où ils sont tombés sont une suite nécessaire des dispositions où le Créateur les a mis, et M. Jurieu est de ceux qui laissent en son entier cette inévitable nécessité[3]. » Voilà en effet mes propres pa-

---

[1] Lett. x. — [2] Lett. x, p. 76; *Hist. des Var.*, liv. XIV, n. 93. — [3] Jur., *Jug. sur les Méth.*, sect. 15, p. 129, 130.

roles ; et on m'avouera qu'il n'y a aucune réponse à une preuve aussi concluante, que « de nier cette entière et inévitable nécessité » de pécher ou de bien faire : mais M. Jurieu ne la nie pas; au contraire il la reconnoît, comme on va voir. « M. de Meaux, dit-il, devroit nous apprendre comment la prédétermination physique des thomistes subsiste avec l'indifférence de la volonté. Il nous devroit faire comprendre comment la grace efficace par elle-mesme, que luy-mesme défend, n'apporte à la volonté aucune nécessité. Enfin il devroit nous expliquer comment les décrets éternels, qui imposent une vraye nécessité à tous les événemens et une nécessité inévitable, ne ruinent pas la liberté [1]. » Voilà donc, selon ce ministre, en vertu des décrets de Dieu, « une vraie et inévitable nécessité ; et cela dans tous les événemens, » parmi lesquels manifestement les péchés mêmes sont compris. Qu'a dit de pis Luther pour faire Dieu cause du péché, comme ce ministre l'en a convaincu? Est-ce peut-être que Luther a dit que Dieu contraignoit les hommes à pécher, malgré qu'ils en eussent, et qu'ils ne péchoient pas volontairement? Mais on a vu le contraire [2]; et le ministre lui-même a rapporté les passages où il dit en termes formels, que la nécessité qu'il admet n'est pas « une nécessité de contrainte, mais une nécessité d'immutabilité [3]. » Ainsi pour faire Dieu auteur du péché, Luther n'a dit autre chose, si ce n'est que les hommes y tomboient nécessairement, quoiqu'en même temps volontairement par une vraie et inévitable nécessité provenue du décret de Dieu. Or c'est ce que dit encore M. Jurieu en termes formels : donc par la même raison qu'il a convaincu Luther d'impiété, il s'en est convaincu lui-même, et sa preuve porte contre lui.

Aussi pour aller au fond de ses sentimens, nous lui avons démontré dans le livre des *Variations* [4], qu'il pose un principe qui ne lui permet pas de décider si c'est Dieu ou l'homme qui est l'auteur du péché. Ce principe, c'est ce qu'il dit dans son *Jugement sur les Méthodes*, que « nous ne sçavons rien de nostre ame, sinon qu'elle pense [5]. » Nous ne savons donc pas si elle a, ou si

---

[1] Lett. x, p. 76. — [2] Ci-dessus, n. 4. — [3] Luth., *De Ser. arb.* — [4] *Var.*, liv. XIV, n. 93. — [5] Jur., *Jug. sur les Méth*, p. 129, 130.

elle n'a pas la liberté de son choix, s'il est en son pouvoir de choisir ou ne choisir pas une chose plutôt qu'une autre : d'où il conclut en effet que « c'est une témérité de définir que la liberté est cela ou n'est pas cela ; que pour estre libre, il faut estre en tel ou en tel estat ; qu'une telle chose, ou une autre, ruine la liberté. » Il pousse donc son ignorance jusqu'à ne pas vouloir sentir, quand il pèche, s'il pouvoit ne pécher pas : en faisant le philosophe, il est sourd à la voix de la nature et il étouffe sa conscience, qui lui dit comme à tous les autres hommes, à chaque péché où il tombe, surtout à ceux où il tombe délibérément, qu'il auroit pu s'empêcher d'y tomber, c'est-à-dire d'y consentir ; car c'est en cela que consiste le remords : et s'il fait aller son ignorance jusqu'à douter si cela est, il ignore donc aussi s'il agit ou s'il n'agit pas dans le mal comme dans le bien avec une nécessité inévitable ; c'est-à-dire s'il n'est pas poussé à l'un comme à l'autre par une force supérieure et toute-puissante ; ce qui est douter finalement si c'est Dieu ou l'homme qui est l'auteur du péché, puisqu'une nécessité contre laquelle il ne peut y avoir en nous aucune résistance ne peut venir que de la nature de la volonté, également déterminée au mal comme au bien, selon les dispositions où elle est mise par une force majeure, et en un mot par la force de celui qui nous donne l'être.

Voilà ce qu'on lui objecte dans le livre *des Variations ;* voilà d'où on a conclu qu'il ne sait encore lui-même si c'est Dieu ou lui qui est auteur de son péché : doute qui emporte le manichéisme, puisque s'il n'est pas constant que celui qui pèche a été libre à ne pécher pas, il n'est pas constant que le péché ne vienne pas de la nature, et qu'il n'y ait pas hors de l'homme un principe inévitable du mal autant que du bien. Il ne sert de rien d'objecter que dans toute opinion où l'on reconnoît un péché originel, on reconnoît un péché inévitable ; car pour ne nous point ici jeter sur des questions qui ne sont pas de ce sujet, il doit du moins être constant que le péché a dû être tellement libre dans son origine, qu'il ait été au pouvoir de l'homme de l'éviter : on ne peut donc point douter de la nature de la liberté ; et le ministre, qui en veut douter, doute en même temps du principe par lequel seul on peut assurer que Dieu n'est pas celui qui nous pousse au crime. C'est à quoi il falloit répondre, s'il avoit quelque chose à dire ; mais il se tait, et montre qu'il ne sait pas qui est l'auteur du péché, de Dieu ou de l'homme.

Pour sortir de ce doute impie, il voudroit que je lui apprise comment s'accorde le libre arbitre ou le pouvoir de faire ou ne faire pas avec la grace efficace et les décrets éternels[1]. Foible théologien, qui fait semblant de ne savoir pas combien de vérités il nous faut croire, quoique nous ne sachions pas toujours le moyen de les concilier ensemble ! Que diroit-il à un socinien qui lui tiendroit le même langage qu'il me tient, et le presseroit en cette sorte : Je voudrois bien que M. Jurieu nous expliquât comment l'unité de Dieu s'accorde avec la Trinité ? Entrera-t-il avec lui dans la discussion de cet accord, et s'engagera-t-il à lui expliquer le secret incompréhensible de l'être divin ? Ne croiroit-il pas l'avoir vaincu, en lui montrant que ces deux choses sont également révélées ; et par conséquent, malgré qu'il en ait, et malgré la petitesse de l'esprit humain qui ne peut les concilier parfaitement, qu'il faut bien que l'infinité immense de l'être de Dieu les concilie et les unisse ? Mais sans nous arrêter à ce mystère, qu'est-ce en tout et partout que notre foi, qu'un recueil de vérités saintes qui surpassent notre intelligence, et que nous aurions, non pas crues, mais entendues parfaitement et évidemment, si nous pouvions les concilier ensemble par une méthode manifeste ? Car par là nous en verrions, pour ainsi parler, tous les tenans et tous les aboutissans ; nous en verrions les dénouemens autant que les nœuds, et nous aurions en main la clef du mystère pour y entrer aussi avant que nous voudrions. Mais cela n'est pas ainsi : et quand cela sera, ce ne sera plus cette vie, mais la future ; ce ne sera plus la foi, mais la vision. Que faut-il faire en attendant, sinon croire et adorer ce qu'on n'entend pas, unir par la foi ce qu'on ne peut encore unir par l'intelligence, et en un mot, comme dit saint Paul, « réduire son esprit en captivité sous l'obéissance de Jésus-Christ[2] ? »

Ceux qui ne peuvent s'y résoudre ne trouvent que des écueils

X. Qu'il appelle vainement à son secours les thomistes et les autres docteurs catholiques, et qu'il ne se soutient pas un seul instant.

[1] Lett. x. — [2] II Cor., x, 5.

dans la doctrine chrétienne, et font autant de naufrages qu'ils décident de questions : car il y a partout la difficulté à laquelle si on succombe, on périt. Et pour venir en particulier à celle où nous sommes, le socinien éprouve en lui-même la liberté de son choix : nulle raison ne lui peut ôter cette expérience ; mais ne pouvant accorder ce choix avec la prescience de Dieu, il nie cette prescience ; il succombe à la difficulté ; il se brise contre l'écueil ; et, comme dit saint Paul, « il fait naufrage dans la foi [1]. » Le naufrage du calviniste, qui pour soutenir la prescience ou la providence, ôte à l'homme la liberté de son choix et fait Dieu auteur nécessaire de tous les événemens humains, est-il moindre? Point du tout : l'un et l'autre s'est brisé contre la pierre. Celui qui tient ensemble les deux vérités que les autres commettent ensemble et détruisent l'une par l'autre, qui les concilie le mieux qu'il peut, et sachant bien qu'il n'est pas ici dans le lieu d'entendre, les surmonte par la foi en attendant qu'il y atteigne par l'intelligence : faudroit-il dire à M. Jurieu, s'il étoit théologien, que c'est le seul qui navigue sûrement et qui seul pourra parvenir à la vérité comme au port? Que sert donc d'alléguer ici la grace efficace et les thomistes? Ces docteurs, comme les autres catholiques, sont d'accord à ne point mettre dans le choix de l'homme une inévitable nécessité, mais une liberté entière de faire et ne faire pas. S'ils ont de la peine à l'accorder avec l'immutabilité des décrets de Dieu, ils ne succombent pourtant pas à la difficulté : ils rament de toutes leurs forces pour s'empêcher d'être jetés contre l'écueil. M. Jurieu qui pour tout brouiller lorsqu'il s'agit simplement d'établir la foi, voudroit m'engager à discuter les moyens par lesquels on tâche de l'expliquer, ne veut qu'amuser le monde ; et c'est assez qu'on ait vu que ce n'est point par des conséquences, mais par un aveu formel, que Luther, Mélanchthon, Calvin, Bèze et les autres réformateurs ont fait Dieu auteur du péché ; que lui-même tantôt l'avoue et tantôt le nie ; que dans le fond il est prêt à retomber dans l'erreur dont il semble vouloir excuser la Réforme ; qu'il y retombe en effet sans avoir pu s'en défendre ; et que semblable à un criminel pressé par des preuves invincibles,

[1] I *Tim.*, I, 19.

il ne peut pas demeurer un seul moment dans la même contenance, ni se soutenir devant ses accusateurs.

En effet, ne voyez-vous pas comme il vacille? D'abord il faisoit le fier ; et pendant que je l'accusois, il m'accusoit moi-même comme un calomniateur devant le jugement de Dieu ; mais quand le luthérien s'est élevé contre lui, en accusant les auteurs du calvinisme « de faire Dieu cause du péché » jusqu'à nous pousser lui-même aux crimes énormes par une immuable et inévitable nécessité, il n'a pas eu de réplique, et il a dit : « Il est vray. » Le voilà vaincu de son aveu propre ; et il n'a plus songé, comme on a vu, qu'à pallier le crime. Mais il n'a pas été moins fort contre le luthérien que le luthérien l'a été contre lui ; et il a très-bien convaincu, non-seulement Mélanchthon, mais encore Luther lui-même, de n'avoir pas moins blasphémé que Calvin et les calvinistes. Entendez ceci, mes chers Frères : les deux que nous accusons, s'accusent entre eux : nous n'avons plus besoin de parler, et ils se convainquent l'un l'autre sans se laisser aucune évasion. Car le ministre Jurieu croyoit échapper ; et pour pallier le mieux qu'il pouvoit les blasphèmes de son parti, il les appelle seulement des « expressions dures, des manières propres à scandaliser et dures à digérer. » Mais il a lâché le mot contre Luther ; et quoique Luther n'en ait pas dit davantage que Calvin et les calvinistes, non content de lui attribuer, comme à eux, seulement des « expressions dures, » M. Jurieu est contraint par la vérité à lui attribuer des dogmes affreux, « qui tendent au manichéisme et renversent toute religion. » Que dira-t-il maintenant ? Le fait est constant de son aveu : la qualité du crime n'est pas moins certaine ; et lui-même l'a qualifié d'impiété. Il n'y a donc plus qu'à le condamner par sa propre bouche, et dans une cause égale faire tomber sur son parti la même sentence.

Saint Paul écrit à Timothée : « O Timothée, gardez le dépôt, en évitant les profanes nouveautés de paroles, et les contradictions de la science faussement appelée de ce nom [1]. » Quelle nouveauté plus profane que celle de parler de Dieu comme de celui qui nous pousse aux crimes énormes ; et qui en ruinant notre libre arbitre

[1] I *Tim.*, VI, 20.

par ses décrets, impose aux démons comme aux hommes la nécessité de tomber dans tous les péchés qu'ils commettent? Déjà la Réforme n'a pas évité ces profanes nouveautés dans les paroles, puisqu'elle a proféré celles-ci. Mais saint Paul ne s'arrête pas à condamner seulement les paroles ; dans les paroles il a regardé le sens, et il a voulu nous faire entendre que les profanes nouveautés dans les paroles marquoient de nouveaux prodiges dans les sentimens : c'est pourquoi il a condamné dans ces « paroles profanes la science faussement nommée d'un si beau nom. » Reconnoissons donc dans la Réforme, je dis dans ses deux partis, et autant dans le calvinisme que dans le luthéranisme, cette fausse et dangereuse science, qui pour montrer qu'elle entendoit les plus hauts mystères de Dieu, a trouvé dans ses décrets immuables la ruine du libre arbitre de l'homme, et en même temps l'extinction du remords de conscience. Car si tout, et le péché même nous arrive par nécessité, et que nous n'ayons non plus de pouvoir d'éviter le crime que la mort et les maladies, nous pouvons bien nous affliger d'être pécheurs comme d'être sourds ou paralytiques, mais nous ne pouvons nous imputer notre péché comme une chose arrivée par notre faute et que nous pouvions éviter : qui est précisément en quoi consiste cette douleur qu'on nomme *remords de la conscience*. Avec elle s'en va aussi la pénitence : on se peut croire malheureux, mais non pas coupable : on se peut plaindre d'être pécheur, impudique, avare, orgueilleux, comme on se plaint d'avoir la fièvre ; encore peut-on quelquefois reconnoître qu'on a la fièvre par sa faute, et pour l'avoir contractée par des excès qu'on pouvoit éviter : mais si tout et la faute même est inévitable, l'idée de faute s'en va ; personne ne frappe sa poitrine, « ni ne se repent de son péché » en s'accusant soi-même, et « en disant, Qu'ai-je fait[1] ? » La conscience dit à un chacun : « Je n'ai rien fait » qu'une force supérieure et divine ne m'y ait poussé, et Dieu m'entraîne au péché comme à la peine.

Telle est la fausse science que la Réforme a professée, quand elle a cru pouvoir pénétrer tous les mystères de Dieu ; mais voici en même temps ses contradictions. Prenez garde, disoit saint

[1] *Jerem.*, VIII, 6.

Paul, « aux contradictions de cette fausse science; » c'est que toute fausse science se contredit elle-même. Il en est ainsi arrivé à la Réforme; et parce que sa science est fausse, elle est tombée dans de visibles contradictions. Elle a fait Dieu cause du péché : elle a eu honte de cette erreur, et a voulu s'en dédire : elle a voulu qu'on crût du moins qu'elle s'en étoit corrigée; et s'en dédisant, elle a posé des principes pour y retomber. Elle y retombe en effet dans le temps qu'elle tâche de s'en excuser; et ne voulant pas avouer ce que la nature et sa propre conscience lui dictent sur son libre arbitre, elle établit dans tous les maux, même dans celui du péché, la nécessité dont nul que Dieu ne peut être auteur.

Voilà l'esprit de blasphème au milieu de ceux qui se sont dits des chrétiens réformés; et le voilà même dans ceux qu'ils appellent les *Réformateurs*. Le voilà dans Luther, dans Mélanchthon, dans Calvin, dans Bèze, dans les deux partis des protestans, de l'aveu de M. Jurieu; et le voilà dans M. Jurieu lui-même, qui tâche d'en excuser la Réforme. Qu'elle écoute donc la sentence de la bouche de Dieu : « Chassez du camp le blasphémateur et celui qui a maudit son Dieu [1], » c'est-à-dire « qui a dit du mal contre lui. » Mais qui dit plus de mal contre son Dieu, que ceux qui disent qu'il fait tout le mal? Pouvoit-on le maudire davantage? L'Eglise a obéi à la voix de Dieu, et a chassé ces impies, qui aussi bien « se séparoient déjà eux-mêmes, » selon la prédiction et contre le précepte de saint Jude [2], ou plutôt de tous les apôtres, comme saint Jude l'a marqué. Mais vous, ô troupeau errant, vous les avez mis à votre tête, et vous en avez fait vos réformateurs. Ah! revenez à vous-mêmes, du moins à la voix de votre ministre, qui vous a montré le blasphème au milieu de vous!

Souvenez-vous maintenant, mes Frères, des outrageantes paroles dont a usé M. Jurieu, en m'appelant *déclamateur, calomniateur, homme sans honneur et sans foi*, devant Dieu et devant son juste jugement. Vous voyez qu'il avoit tort; et il employoit cependant pour vous tromper, non-seulement les expressions et les injures les plus atroces, mais encore ce qu'il y a de plus saint

XII. Semi-pélagianisme des luthériens, avoué par le ministre Jurieu.

[1] *Levit.*, XXIV, 14. — [2] *Epist. Jud.*, 5, 17, 19.

et de plus terrible parmi les hommes. Pour toute réparation de tous ces excès, je vous demande seulement, mes Frères, de bien connoître (*a*), et de ne vous plus laisser émouvoir à ses clameurs, lorsqu'il se plaint qu'on le calomnie. Mais passons à un autre endroit où il fait encore la même plainte, et avec une égale injustice. « Il est faux, dit-il, pareillement qu'on soit demeuré d'accord que les luthériens soient semi-pélagiens [1]. » Mais sa propre preuve le réfute, la voici : « Car encore, continue-t-il, qu'ils donnent à l'homme quelque chose à faire avant la grace, sçavoir d'écouter et se rendre attentif, cependant selon eux la première grace est de Dieu; et c'est cette première grace qui fait la conversion. » Aveugle, qui ne voit pas que les semi-pélagiens n'ont jamais seulement pensé que la première grace, c'est-à-dire ce qui est de Dieu, ne fût pas de Dieu; mais qu'ils étoient semi-pélagiens en ce qu'ils attachoient cette première grace à quelque chose qui dépendoit purement du libre arbitre de l'homme, comme à prier, à demander, à désirer du moins son salut, et par là le commencer tout seul. M. Jurieu osera-t-il dire que les luthériens n'en font pas autant, puisqu'en mettant que la grace fait par elle-même la conversion de l'homme, ils font dépendre cette grace de l'attention que l'homme prête par lui-même à la parole de Dieu? Qu'est-ce être semi-pélagien, si cela ne l'est? Car être semi-pélagien n'est pas nier que Dieu n'achève l'ouvrage; c'est dire qu'il ne l'achève que parce que l'homme l'a auparavant commencé. La grace, dit le luthérien, est inséparablement attachée à la parole, d'où elle ne manque jamais de sortir avec efficace. A la bonne heure. L'homme qui se rend attentif à la prédication, aura sans doute la grace, selon ces principes. Je le veux bien. Mais pourquoi aura-t-il la grace? Parce qu'il s'est rendu attentif. Je le veux encore. Allons plus avant. Est-ce la grace qui lui a donné cette attention, ou bien se l'est-il donnée à lui-même? C'est lui-même, dit le luthérien. Il se doit donc à lui-même d'avoir la grace : c'est à lui-même qu'il doit le commencement de son salut. Non, dit

---

[1] Lett. x, 77.

(*a*) Les anciennes éditions : *De bien connoître;* les éditions modernes : *De le bien connoître.*

M. Jurieu [1]; la grace prévient et se présente d'elle-même avant tout acte de la volonté. Illusion. Car quelle est la grace qui se présente de cette sorte? C'est la grace de la doctrine et des promesses, c'est-à-dire la grace des pélagiens anciens et modernes; la grace que ces hérétiques, que les sociniens, que les pajonistes, nouveaux hérétiques de la Réforme, qui ne reconnoissoient de grace que dans la prédication, admettoient; une grace extérieure qui frappe l'oreille, et qui n'excite l'ame que par le dehors. Mais, dit-on, le luthérien va plus avant ; et pourvu qu'on écoute par soi-même cette parole qui est présentée, il en sortira une grace qui agira dans le cœur. Je l'avoue; mais il faut auparavant que l'homme vienne de lui-même; de lui-même se rendre attentif, c'est commencer son salut sans aucun besoin de la grace intérieure. Mais dans le commencement est renfermé le salut entier, puisqu'il entraîne nécessairement la conversion toute entière : tout cet ouvrage se réduit enfin à une opération purement humaine comme à sa première cause; et l'homme se glorifie en lui-même et non pas en Dieu, ce qui est l'erreur la plus mortelle à la piété. Qu'on démêle ce nœud, ou qu'on cesse d'excuser les luthériens du semi-pélagianisme; c'est-à-dire, comme je l'ai démontré, du plus dangereux poison que le pélagianisme verse dans le cœur.

XIII. Preuves de M. Jurieu pour le semi-pélagianisme des luthériens.

Mais que nous importe? direz-vous : ce n'est pas cette question que vous avez à démêler avec M. Jurieu; et il ne s'agit pas de savoir si les luthériens sont devenus demi-pélagiens, mais si ce ministre en est d'accord, comme vous l'en accusez. Eh! je vous prie, que veut-il donc dire par les paroles que vous venez d'entendre : « Ils donnent à l'homme quelque chose à faire avant la grace, sçavoir d'écouter et de se rendre (a) attentif [2]. » Si cela est avant la grace, il n'est donc pas de la grace, et le salut commence par quelque chose d'humain. Qu'y a-t-il de plus demi-pélagien? Mais où prend-on que l'attention à la parole, lorsqu'elle est aussi sérieuse et aussi sincère qu'il faut, n'est pas encore un

---

[1] Lett. x, 77. — [2] Jur., lett. x.

(a) L'édition originale, rapportant le même passage, a dit tout à l'heure : *Et se rendre*.

don de Dieu ? Ceux « qui viennent à Jésus-Christ » pour écouter sa parole, ne sont-ils pas de ceux « que son Père tire¹ ; » c'est-à-dire comme il l'explique lui-même, de ceux « à qui son Père donne d'y venir² ? » N'est-ce pas là qu'ils commencent à « être enseignés de Dieu, à écouter la voix du Père et à apprendre de lui ? » Ces brebis, qui écoutent si volontiers la « voix du pasteur, » ne sont-elles pas de celles que le pasteur a auparavant rendues dociles, « qu'il connoît et qui le suivent³ ? » On sait que l'efficace de la parole se fait quelquefois sentir aux profanes, que la curiosité, ou la coutume, ou d'autres semblables motifs y attirent, mais ce n'est pas la voie commune : ordinairement de tels auditeurs sont de ceux qui n'ont pas d'oreilles pour entendre⁴ ; » ils sont de ces sourds spirituels à qui Jésus-Christ n'a pas encore ouvert l'oreille⁵. Les luthériens veulent-ils promettre à de semblables auditeurs, que la parole sera toujours efficace pour eux ? Non sans doute : cette promesse n'est que pour ceux qui viennent poussés par la foi et avec une bonne intention. Mais *cette foi,* mais *cette bonne intention,* à la prendre dès son premier commencement, si ce n'est pas Dieu qui la donne, il n'y a plus de grace chrétienne, et Jésus-Christ est mort en vain ; car c'est tout ôter à la grace que de lui ôter le commencement de notre sanctification, puisque même ce commencement n'est pas moins attribué à la grace dans l'Ecriture, que l'entier accomplissement de notre salut. « J'espère, disoit saint Paul, que celui qui a commencé en vous ce saint ouvrage, y donnera l'accomplissement⁶. » Voilà ce qu'il falloit dire aux luthériens, et non pas les excuser dans une erreur si bien reconnue et tant de fois condamnée du commun consentement de toute l'Eglise, ni leur permettre d'attacher la grace à la volonté que nous avons « d'écouter et de nous rendre attentifs avant la grace. »

Mais, mes Frères, je ne craindrai point de vous le dire : on ne connoît point parmi vous cette exactitude qu'il faut garder dans les dogmes ; et si M. Jurieu prend soin de convaincre les luthériens de leur erreur, c'est pour leur faire valoir la facilité qu'on a

---

¹ *Joan.,* VI, 44, 66. — ² *Ibid.,* 45. — ³ *Joan.,* X, 3, 27. — ⁴ *Matth.,* XIII, 9. — ⁵ *Marc.,* VII, 34, 35. — ⁶ *Phil.,* I, 6.

de les tolérer. Voici en effet comme il leur parle : « Il semble, dit-il, que les protestans de la *Confession d'Augsbourg* ayent passé à l'opinion directement opposée à cette Confession, et fassent dépendre l'efficace de la grace de la volonté humaine et du bon usage du libre arbitre [1]. C'est ainsi, dit-il à Scultet [2], que vous avez dit souvent vous-mesme que Dieu convertit les hommes, quand eux-mesmes ils prestent l'oreille attentive et respectueuse à la parole. Donc la conversion dépend de cette attention précédente, qui ne dépend que du libre arbitre et précède toute grace convertissante et excitante. Vous ajoûtez, poursuit-il, que lors qu'on ne se met pas en devoir de convertir et réparer l'homme, Dieu le laisse aller par les voyes criminelles. Donc, conclut M. Jurieu, devant que Dieu retire l'homme du péché, il doit luy-mesme et par ses propres forces se mettre en devoir de se convertir. Vous poursuivez, continue-t-il, parlant toujours au docteur Scultet, et vous dites que Dieu veut donner à tous les adultes (à tous ceux qui sont arrivés à l'âge de raison) la contrition et la foy vive, à condition qu'auparavant ils se mettront en devoir de convertir l'homme. Donc, encore un coup, conclut votre ministre, l'homme doit se préparer par le bon usage de ses propres forces à la contrition et à l'infusion de la foy vive. Je ne puis assez m'étonner, continue M. Jurieu, comment et par quelle destinée vous vous êtes si éloignez de Luther, vostre auteur, qui a haï le pélagianisme et le demi-pélagianisme jusqu'à se rendre suspect du manichéisme et d'avoir entiérement renversé la liberté. » C'est ce qui m'étonne aussi bien que lui, et qu'on soit passé de l'extrémité de nier le libre arbitre, dont Luther est plus que suspect, comme on a vu, quoique M. Jurieu veuille bien employer ici un si doux terme, jusqu'à celle de faire dépendre avec les pélagiens et semipélagiens le salut de l'homme de ses propres forces.

Mais votre ministre poursuit encore : « Calixte, dit-il, un des plus célèbres de vos théologiens, dit dans son *Abrégé de la theologie*, qu'il reste aux hommes *des forces d'entendement* et de volonté, et des connoissances naturelles dont, s'ils usent bien, s'ils ont soin de leur salut, et qu'ils y travaillent autant qu'ils peuvent,

XIV. Suite des preuves de M. Jurieu. Passage de Calixte.

[1] Jur., *Cons. de Pac.*, p. 116. — [2] *Ibid.*

Dieu pourvoira à leur salut par des moyens qui les conduiront à une plus grande perféction, c'est-à-dire à celle qui est appuyée sur la révélation. Il parle, poursuit le ministre, de ceux qui n'ont pas seulement oûi parler de Jésus-Christ ni du christianisme : ceux-là, par leur propre mouvement, peuvent bien user des forces de la volonté et des connoissances naturelles, prendre soin de leur salut et y travailler¹. » Voilà, sans doute le semi-pélagianisme tout pur dans les luthériens. M. Jurieu a raison de s'en étonner. « Quel changement, ô bon Dieu ! dit-il ; comment peut-on passer à cette opinion de celle où on reconnoissoit le libre arbitre tellement esclave ou de Satan ou de Dieu, qu'il ne pouvoit pas mesme commencer un ouvrage tendant au salut sans Dieu et sa grace ? » C'est-à-dire, comme on voit, en d'autres termes : Comment peut-on passer du manichéisme ou du stoïcisme qui détruisent le libre arbitre, au demi-pélagianisme qui lui attribue le salut en le lui faisant commencer et l'attachant tout entier à ce commencement ? C'est de quoi les luthériens sont coupables. M. Jurieu ne les en a pas accusés seulement, quoique depuis il l'ait voulu nier ; mais encore il les en a convaincus ; et si on ajoute à ces preuves celles que j'ai rapportées du livre de la *Concorde*², qui contient, non les sentimens des particuliers, mais les décisions de tout le parti, il n'y aura rien à désirer pour la conviction.

XV. Prodigieuse variation de toute la Réforme dans le semi-pélagianisme des luthériens, et dans le consentement des calvinistes.

Le premier parti de la Réforme est tombé dans cette effroyable variation ; mais il ne faut pas que les calvinistes, c'est-à-dire le second parti, se vante d'en être innocent, puisque, comme nous l'avons dit, ils ne s'étudient à convaincre les luthériens de leur erreur que pour leur faire valoir l'offre qu'on leur fait de la tolérer. Ainsi ce que les luthériens font par erreur, les calvinistes le font par consentement, en leur offrant la communion, en les admettant à la table et au nombre des enfans de Dieu malgré l'injure qu'ils font à sa grace. Ce qui fait dire décisivement à M. Jurieu, contre les maximes de sa secte et contre les siennes propres, que le « semi-pélagianisme ne damne pas³. » Quel intérêt, mes chers Frères, prend-on parmi vous aux semi-pélagiens ennemis de la

¹ Jur., *Cons. de Pac.*, p. 118. — ² *Var.*, liv. VIII, n. 52 et suiv. — ³ *Syst.*, liv. II, ch. III, p. 249, 253 ; *Hist. des Var.*, liv. VIII, 59 ; liv. XIV, 84.

grace de Jésus-Christ? Que peut-il y avoir de commun entre ceux qui donnent tout au libre arbitre, et ceux qui lui ôtent tout? Et d'où vient que votre ministre en est venu jusqu'à dire que le semi-pélagianisme ne damne pas? Ne voyez-vous pas plus clair que le jour que c'est qu'on sacrifie tout aux luthériens? La doctrine de la grace chrétienne autrefois si fondamentale parmi vous, cesse de l'être; et il ne tient qu'aux luthériens de vous faire changer, autant qu'ils voudront, les maximes qu'on croyoit les plus sûres parmi vous.

En effet ce même M. Jurieu, qui dans sa huitième et dans sa dixième *Lettre* s'emporte si violemment contre moi de ce que je range le semi-pélagianisme parmi les erreurs mortelles, en a dit beaucoup plus que moi quand il a parlé naturellement, puisqu'il a dit ces paroles : « On a beau faire, on ne rendra jamais les vrais chrétiens pélagiens et semi-pélagiens. » Et encore : « Il n'y a que deux articles généraux que le peuple doit bien sçavoir, et sur lesquels tout le reste doit être basti : le premier, que Dieu est le principe et la cause de tout nostre bien; cela est d'une nécessité absoluë pour servir de fondement au service de Dieu, à la prière et à l'action de graces [1]; » ce qui arrache jusqu'aux moindres fibres de la doctrine de Pélage, comme incompatible avec le salut et avec le fondement de la piété. Il dit encore en un autre endroit et dans sa *Consultation*, qui est son dernier ouvrage : « Qu'il est nécessaire en toutes maniéres de bien enseigner au peuple qu'on ne doit point tolérer l'hérésie pélagienne dans l'Eglise; que Dieu est la cause de tout le bien qui est en nous, en quelque maniére que ce soit; que le libre arbitre de l'homme, en tout ce qui regarde les choses divines et les œuvres par lesquelles nous obtenons le salut, est tout à fait mort; que dans l'œuvre de la conversion Dieu est la cause du commencement, du milieu et de la fin [2]. » Tout cela c'est, ou les rameaux, ou la racine, ou les fibres du pélagianisme qu'il ne faut pas supporter. Mais le semi-pélagianisme est exclus par là. Car dira-t-on qu'il faut laisser avaler au peuple la moitié d'un poison si mortel? S'il faut que le peuple sache que le libre arbitre « est mort » dans toutes les œuvres qui

XVI. Contradiction de M. Jurieu sur le semi-pélagianisme : que c'est une erreur mortelle, et que ce n'en est pas une.

---

[1] Lett. VIII, p. 61; x, 7. — [2] Jur., *Consult.*, p. 282.

ont rapport au salut, il est donc mort pour écouter et se rendre utilement attentif à la parole comme à tout le reste. S'il faut, encore un coup, que le peuple sache que Dieu « est l'auteur du commencement, » comme du milieu et de la fin, que reste-t-il aux semi-pélagiens, qui sont d'ailleurs convaincus d'attribuer à l'homme tout le salut, en lui attribuant ce commencement auquel est attachée toute la suite? Ainsi, selon M. Jurieu, le semi-pélagianisme est intolérable.

Il est vrai pourtant qu'il dit ailleurs, et le répète par deux fois, que le semi-pélagianisme ne damne pas[1] : il est vrai qu'il s'échauffe dans ses *Lettres* jusqu'à l'emportement pour soutenir une doctrine favorable à cette hérésie[2]. S'il a cru sauver ses contradictions, en disant comme il a fait que ces semi-pélagiens, qu'il sauve dans la Confession d'Augsbourg et ailleurs, « pendant qu'ils sont semi-pélagiens dans l'esprit, sont disciples de saint Augustin dans le cœur[3], il ne connoît guère ce que c'est ni que l'esprit ni que le cœur. Car par où est-ce que le poison d'une mauvaise doctrine passe dans le cœur, si ce n'est par l'esprit? C'est donc par l'esprit qu'il faut commencer à empêcher le poison d'entrer, et ne pas tolérer une doctrine qui portera la mort dans le cœur aussitôt qu'elle y arrivera.

XVII. Etrange parole du ministre Jurieu, qu'il faut exhorter à la pélagienne. Inconstance de sa doctrine: quelle en est la cause.

Mais le ministre s'entend encore moins lui-même, lorsqu'en posant comme un fondement que l'hérésie pélagienne ne doit pas être tolérée parmi les fidèles, il ne laisse pas de décider que « dans les exhortations il faut nécessairement parler à la pélagienne[4]. » Parole insensée s'il en fut jamais, sur laquelle il n'ose aussi dire un seul mot, quoiqu'on la lui ait objectée dans l'*Histoire des Variations*[5]. Mais qu'il y réponde du moins maintenant et qu'il nous explique, s'il peut, ce que c'est que parler à la pélagienne. Est-ce presser vivement l'obligation et la pratique des bonnes œuvres? C'est la gloire du christianisme et celle de Jésus-Christ, qu'il ne faut pas transporter à Pélage et à ses disciples. Ou bien est-ce qu'il ne faut prêcher que la justice des œuvres et l'obliga-

---

[1] Jur., *Syst.*, p. 249, 253; *Var.*, liv. VIII, n. 59; liv. XIV, n. 83, 84. —
[2] Lett. VIII et X. — [3] Jur., *Jug. sur les Méth.*, p. 114 ; *Var.*, liv. XIV, n. 92. —
[4] *Jug. sur les Mét.*, sect. XV, p. 131. — [5] *Var.*, liv. XIV, n. 92; *ibid.*, n. 83, 84.

tion de les faire, sans parler de la grace par laquelle on les fait ? C'est établir la justice pharisaïque, tant réprouvée par saint Paul [1]. On ne sait donc ce que veut dire ce téméraire docteur, qui non content de conseiller de prêcher « à la pélagienne, » ajoute encore qu'il le faut *nécessairement*, comme s'il n'y avoit point d'autre moyen d'exciter les hommes à la vertu que de flatter leur présomption. Tout cela ne s'accorde pas : mais sachez que Dieu n'aveugle votre ministre jusqu'à permettre qu'il tombe dans de si visibles et si surprenantes contradictions, qu'afin que vous entendiez qu'on ne peut parler conséquemment parmi vous. Pour être bon calviniste, il faut concilier trop de choses opposées. Le calvinisme voudroit une chose ; le luthéranisme, qu'il faut contenter, en fait dire une autre : on tourne à tout vent de doctrine, et il n'y a point de sable si mouvant.

XVIII. Vaine récrimination de M. Jurieu sur les molinistes. Calomnie contre l'Eglise romaine.

Quant à ce que pour récriminer, M. Jurieu nous objecte que nos « molinistes sont demi-pélagiens [2], » et que l'Eglise romaine « tolère un pélagianisme tout pur et tout cru [3]. » Pour ce qui regarde les molinistes, s'il en avoit seulement ouvert les livres, il auroit appris qu'ils reconnoissent pour tous les élus une préférence gratuite de la divine miséricorde : une grace toujours prévenante, toujours nécessaire pour toutes les œuvres de piété ; et dans tous ceux qui les pratiquent, une conduite spéciale qui les y conduit. C'est ce qu'on ne trouvera jamais dans les semi-pélagiens. Que si on passe plus avant, ou qu'on fasse précéder la grace par quelque acte purement humain à quoi on l'attache, je ne craindrois point d'être contredit par aucun catholique, en assurant que ce seroit de soi une erreur mortelle qui ôteroit le fondement de l'humilité et que l'Eglise ne toléreroit jamais après avoir décidé tant de fois, et encore en dernier lieu dans le concile de Trente, que tout le bien, jusqu'aux premières dispositions de la conversion du pécheur, vient « d'une grâce excitante et prévenante, qui n'est précédée par aucun mérite [4] ; » et avoit ensuite prononcé : « Si quelqu'un dit qu'on peut croire, espérer, aimer et faire pénitence sans la grace prévenante du Saint-Esprit, et que cette grâce est néces-

[1] *Rom.*, III, IV, VIII, X. — [2] Lett. VIII, p. 61. — [3] Lett. X, p. 77. — [4] Sess. VI, cap. V.

saire pour faire plus facilement le bien, comme si on pouvoit le faire, quoique plus difficilement, sans ce secours; qu'il soit anathème [1]. » Voilà comme l'Eglise romaine « tolère un pélagianisme tout pur et tout cru, » pendant qu'elle en arrache jusqu'aux moindres fibres, en attribuant à la grace jusqu'aux moindres commencemens du salut : et on ne veut pas revenir de calomnies si atroces et ensemble si manifestes !

Tout ce que dit M. Jurieu pour soutenir celle-ci, c'est « qu'on donne à l'homme le pouvoir de résister à la grace [2]. » Si c'est là être pélagien, il y a longtemps que les luthériens le sont, puisqu'ils enseignent dans la *Confession d'Augsbourg*, qu'on peut résister à la grace jusqu'à la perdre entièrement après l'avoir reçue [3].

Saint Augustin est aussi du nombre des pélagiens, puisqu'il répète si souvent, même contre ces hérétiques, que la grace vient de Dieu; mais qu'il appartient à la volonté d'y consentir ou de n'y consentir pas [4]. Mais ce n'est pas ici le lieu de traiter cette question; et nous en dirons davantage, si le ministre entreprend un jour de nous prouver ce paradoxe inouï jusqu'à présent, qu'on ait condamné les pélagiens pour avoir dit qu'on peut résister à la grace, ou qu'on y résiste souvent jusqu'à en rendre les inspirations inutiles, quand même on diroit avec cela que Dieu, dont les attraits sont infinis, a des moyens sûrs pour prévenir et pour empêcher cette résistance. Qu'on me montre, encore un coup, que les conciles qui ont condamné les pélagiens, ou saint Augustin, ou quelque autre auteur, quel qu'il soit, les aient condamnés pour cela, ou qu'on ait mis ce sentiment parmi leurs erreurs : c'est ce que j'oserai bien assurer qu'on ne montrera jamais, et qu'on ne tentera même pas de le montrer; ainsi ce pélagianisme tout pur et tout cru, que M. Jurieu impute à l'Eglise romaine, n'est assurément que dans sa tête.

XIX. *Erreur des luthériens sur la nécessité des* Mais voici une autre objection que je l'accuse d'avoir faite aux luthériens : « Il n'est pas possible, leur dit-il, de dissimuler vostre doctrine sur la nécessité des bonnes œuvres [5]. » Il est vrai, il faut

---

[1] Can. 2, 3. — [2] Lett. VIII, p. 61. — [3] *Conf. Aug.*, art. 11; *Var.*, liv. III, n. 37. — [4] *De spirit. et litt.*, cap. XXXIII, n. 57 et 58. — [5] *Consult. de pac.*, p. 243.

renoncer au christianisme pour dissimuler l'erreur des luthé- *bonnes œuvres, détestée et en même temps tolérée par M. Jurieu.*
riens, lorsqu'ils ont osé condamner cette proposition : « Les bonnes
œuvres sont nécessaires au salut. » Nous en avons pourtant rapporté la condamnation faite par le consentement unanime des luthériens dans l'assemblée de Vorms en 1557 [1]. Le ministre avoue
qu'il ne peut dissimuler cette doctrine des luthériens; et il semble
montrer par ces paroles qu'il en a l'horreur qu'elle mérite; mais
cependant il entre en traité avec eux; et pour ne point les exclure
de la société de l'Eglise, il est contraint de tolérer une erreur si
préjudiciable à la piété. Que dira-t-il? Quoi? peut-être que les luthériens ont depuis changé d'avis? Mais au contraire il rapporte
avec une espèce d'horreur ce passage de Scultet lui-même, où il
dit « qu'il n'est pas permis de donner une obole des richesses bien
acquises pour obtenir le pardon de ses péchez; » et encore, « que
l'habitude et l'exercice des vertus n'est pas absolument nécessaire
aux justifiez pour le salut; que ce n'est pas mesme ni dans le cours
ni à la fin de leur vie une condition sans laquelle ils ne l'obtien-
droient pas, que Dieu n'éxige pas d'eux les œuvres de charité,
comme des conditions sans lesquelles il n'y a point de salut. »
Voilà des blasphèmes, puisque, poursuit M. Jurieu, « si ni l'habitude, ni l'éxercice des vertus n'est nécessaire, pas mesme à l'heure
de la mort, un homme pourroit estre sauvé quand il n'auroit fait
ni dans tout le cours de sa vie, ni mesme à la mort, aucun acte
d'amour de Dieu [2]. » Ces impiétés, que votre ministre déteste avec
raison dans les luthériens d'aujourd'hui, viennent du fond de leur
doctrine, et sont des suites inévitables du dogme de la justice par
imputation; car par là on est mené à dire que la justice que Dieu
même fait en nous par l'infusion et par l'exercice des vertus et
même de la charité, est la justice des œuvres réprouvée par l'A-
pôtre; de sorte que la grace de la justification précède la charité
même; d'autant plus que, selon les principes de la secte, il n'est
pas possible d'aimer Dieu qu'après s'être parfaitement réconcilié
avec lui; d'où il s'ensuit que le pécheur est justifié sans avoir la
moindre étincelle de l'amour de Dieu : ce qui est une suite affreuse

[1] *Var.*, liv. V, n. 11; liv. VII, n. 108; liv. VIII, n. 32. — [2] *Consult. de pac.*, p. 244.

de la justice par imputation, et ce qu'aussi nous avons vu établi en conséquence de cette doctrine dès l'origine du luthéranisme [1].

XX. Noire calomnie du ministre, qui accuse l'Eglise romaine et l'évêque de Meaux d'avoir nié dans son Catéchisme l'obligation d'aimer Dieu.

Je ne puis ici m'empêcher de me réjouir avec M. Jurieu de ce qu'il semble vouloir corriger ce mauvais endroit du système protestant ; mais en même temps il fait deux fautes capitales ; l'une de tolérer dans les luthériens cette insupportable doctrine, ce qui le fait consentir au crime de la soutenir ; l'autre, de l'imputer par une insigne calomnie à l'Eglise romaine et à moi-même. A mon égard, voici ce qu'il dit dans la vingtième *Lettre* de cette année : « L'évesque de Meaux, qui fait profession pourtant de n'estre pas de la doctrine des nouveaux casuistes, établit dans son *Catéchisme* que la contrition imparfaite, c'est-à-dire celle qui naist seulement de la crainte de l'enfer, suffit pour obtenir la rémission des péchez [2]. » Il ne faut plus s'étonner de rien après les hardis mensonges qu'on a vus dans les discours de ce ministre ; mais il est pourtant bien étrange de me faire dire une chose quand je dis tout le contraire en termes exprès. Voici l'endroit qu'il produit de mon *Catéchisme* [3] : « Ceux qui n'ont pas cette contrition parfaite, ne peuvent-ils pas espérer la rémission des péchés ? » A quoi on répond : « Ils le peuvent par la vertu du sacrement, pourvu qu'ils y apportent les dispositions nécessaires. » Il faudroit donc examiner quelles étoient ces dispositions que j'appelois nécessaires. Mais sans en prendre la peine, le ministre croit avoir droit de décider de son chef sur mes sentimens : « Et, dit-il, ces dispositions ne sont autre chose que la peur de l'enfer : ainsi, conclut-il, un scélérat, qui à la fin de sa vie se confessera avec la crainte de la mort éternelle, pourra être sauvé, sans jamais avoir fait aucun acte d'amour de Dieu ; c'est à quoi se réduit la morale sévère de notre convertisseur. »

Il croit avoir triomphé, quand il me donne ce titre que je voudrois avoir mérité ; mais pour le confondre, il n'y a qu'à lire la suite du passage qu'il produit. Car en expliquant ces dispositions nécessaires, que le ministre a interprétées de la seule crainte de l'enfer, je dis selon le concile de Trente, « que ces dispositions,

---

[1] *Var.*, liv. I, n. 7 et suiv. — [2] Jur., lett. xx, 154. — [3] *Catéch. de Meaux, inst. sur la Pénit. dans le II° Catéch.*, leçon II, p. 110.

nécessaires pour obtenir le pardon de ses péchés, *sont, premièrement*, de considérer la justice de Dieu et s'en laisser effrayer; *secondement*, de croire que le pécheur est justifié, c'est-à-dire remis en grace par les mérites de Jésus-Christ, et espérer en son nom le pardon de nos péchés; *et enfin*, de commencer à l'aimer comme la source de toute justice, c'est-à-dire comme celui qui justifie le pécheur gratuitement et par une pure bonté [1]. » Il faut donc nécessairement, du moins commencer à aimer Dieu; et cela par le motif le plus propre à la grace de la conversion, en l'aimant comme celui qui justifie le pécheur par une pure et gratuite miséricorde. Ainsi manifestement, pour avoir la rémission des péchés, si l'on n'a pas la *contrition parfaite en charité*, qui d'abord réconcilie le pécheur, il faut du moins commencer à aimer Dieu à cause de sa bonté gratuite; et par cet amour commencé se préparer le chemin à l'amour parfait qui consomme en nous la justice, et qui même seroit capable de nous justifier avec le vœu du sacrement, quand on ne l'auroit pas actuellement reçu. Loin de me contenter de la seule crainte de l'enfer, j'explique pourquoi la crainte ne suffit pas seule, en peu de mots à la vérité, comme il falloit à des enfans, mais de la manière qui me paroissoit la plus propre à s'insinuer dans ces tendres esprits; à quoi j'ajoute expressément qu'il faut apprendre plus clairement à ceux qui sont plus avancés, que ce qu'il faut faire dans le sacrement de pénitence « pour *y assurer son salut* autant qu'on y est tenu, c'est de désirer vraiment d'aimer Dieu, et *s'y exciter de toutes ses forces* [2]; » où non content du désir de l'amour de Dieu, qui ne peut être sans un amour déjà commencé, je demande encore qu'on s'excite de toutes ses forces à exercer cet amour. Votre infidèle ministre a supprimé toutes ces paroles de mon *Catéchisme*, non-seulement pour prendre de là occasion de me calomnier, lui qui m'impute sans raison tant de calomnies, mais encore de peur que vous ne voyiez les saintes dispositions que nous proposent les Pères de Trente, c'est-à-dire toute l'Eglise catholique, pour obtenir le pardon de nos péchés.

Mais la plus coupable infidélité de cet écrivain et celle où il vous

[1] *Catéch. de Meaux*, p. 110. — [2] *Ibid.*

fait voir qu'il n'a plus aucun égard à la bonne foi, a été celle de me faire dire dans ce même *Catéchisme*, « qu'on pouvoit être sauvé sans avoir jamais fait aucun acte d'amour de Dieu. » A Dieu ne plaise que j'instruise si mal le peuple que le Saint-Esprit a commis à ma conduite, et que je donne aux enfans ce poison mortel, au lieu du lait que je leur dois. Voici quelle est ma doctrine dans la leçon où je traite expressément cette matière. J'y enseigne très-soigneusement, entre autres choses « que celui qui manque à aimer Dieu, manque à la *principale obligation* de la loi de Jésus-Christ, qui est une loi d'amour, et à la *principale obligation* de la créature raisonnable, qui est de reconnoître Dieu comme son premier principe, c'est-à-dire la première cause de son être, et comme sa fin dernière, c'est-à-dire celle à laquelle on doit rapporter toutes ses actions et toute sa vie; en sorte qu'étant difficile de déterminer les circonstances particulières où il y a une obligation spéciale de donner à Dieu des marques de son amour, nous en devons tellement multiplier les actes, que nous ne soyons pas *condamnés* pour avoir manqué à un exercice si *nécessaire*[1]. » On seroit donc condamné, si on y manquoit, faute d'avoir satisfait à la principale de ces obligations, et comme chrétien, et même comme homme; et voilà comme j'ai dit qu'on peut être sauvé sans aimer Dieu.

Le ministre ne rougit pas de me l'imputer, pendant que je m'étudie à établir précisément tout le contraire. Mais ce n'est pas là son plus grand crime : l'excès de son aveuglement, c'est qu'en m'accusant faussement d'une erreur si opposée à l'amour de Dieu, il en convainc les luthériens, et en même temps il les supporte; de sorte que tout le zèle qu'il a pour la charité et pour l'Evangile, c'est qu'il condamne sévèrement dans les catholiques, à qui il l'impute par calomnie, ce qu'il trouve effectivement et ce qu'il tolère dans les luthériens.

XXI. Calomnie contre l'Eglise, qu'on accuse aussi de nier l'o-

Mais de peur qu'il ne s'imagine que ce qu'il trouve dans mon *Catéchisme* soit ma doctrine particulière, je veux bien lui déclarer que s'il s'est trouvé des auteurs parmi nous qui aient ôté l'obligation d'aimer Dieu par un acte spécial, ou qui aient voulu la

[1] II *Catéch., de Meaux*, IV part., leçon V, p. 95.

réduire à quatre ou cinq actes dans la vie, les Papes, les évêques et les facultés de théologie s'y sont opposés par de sévères censures : témoin ces propositions censurées à Rome par les papes Alexandre VII et Innocent XI [1], avec l'applaudissement de tout l'ordre épiscopal et de toute l'Eglise catholique : « L'on n'est tenu de former en aucun temps de la vie des actes de foi, d'espérance et de charité, en vertu des préceptes qui appartiennent à ces vertus [2]. Nous n'osons pas décider si c'est pécher mortellement que de ne former qu'une seule fois en sa vie un acte d'amour de Dieu : il est probable que le précepte de l'amour de Dieu n'oblige pas, même à la rigueur, tous les cinq ans ; il n'oblige que lorsqu'il est nécessaire pour être justifié et que nous n'en avons point d'autre moyen [3]. » On fait voir en condamnant ces propositions autant absurdes qu'impies, que le précepte de l'amour de Dieu oblige les chrétiens, et ne les oblige pas pour une fois ni dans un certain temps seulement, mais continuellement et toujours, à la manière qu'on vient d'expliquer.

bligation, d'aimer Dieu, pendant qu'elle censure ceux qui la nient.

Il seroit aisé de vous faire voir que de semblables propositions ont été souvent condamnées par les Papes, par les évêques et par les universités, si c'en étoit ici le lieu. Ecoutez-moi donc, mes chers Frères, et ne vous laissez point séduire par ces paroles de mensonge : « Les catholiques tolèrent toutes les mauvaises doctrines, et jusqu'à celle qui nie la nécessité d'aimer Dieu. » Vous voyez par ces censures comme on les tolère : mais, ô Dieu, vous êtes juste ! Ceux qui nous accusent faussement de les tolérer, livrés à l'esprit d'erreur en punition de leurs calomnies, sont eux-mêmes coupables du crime qu'ils nous imposent, puisqu'ils tolèrent ces erreurs dans les luthériens, parmi lesquels ils sont forcés de les reconnoître d'une manière plus insupportable qu'elles ne se sont jamais trouvées dans aucuns auteurs.

XXII. *Les calvinistes coupables du crime qu'ils nous imputent.*

C'est à quoi les pousse, malgré qu'ils en aient, cette malheureuse compensation de dogmes qu'ils ne cessent de négocier avec ceux de la Confession d'Augsbourg par toutes sortes de moyens. Votre ministre s'est offensé d'une manière terrible, de ce que j'ai

XXIII. *Compensation d'erreurs proposée entre les luthériens*

---

[1] *Prop. damn. ab. Alex.* VII, 24 sept. 1665; *et ab Inn.* XI, 2 mart. 1679. — [2] *Prop.*, I, *Alex.* VII. — [3] *Innoc.* XI, *Prop.* 5, 6, 7.

osé lui reprocher ce commerce infâme : « Je n'ai pu, dit-il, lire sans pitié ces paroles de M. de Meaux [1] : après toutes ces vigoureuses récriminations que font les calvinistes aux luthériens, on croiroit que le ministre Jurieu va conclure à détester dans les luthériens tant d'abominables excès, tant de visibles contradictions, un aveuglement si manifeste. Point du tout; il n'accuse les luthériens de tant d'énormes erreurs, que pour en venir à la paix... Nous vous passons tous les prodiges de votre doctrine; nous vous passons votre monstrueuse ubiquité ; nous vous passons votre demi-pélagianisme ; nous vous passons ce dogme affreux, qui veut que les bonnes œuvres ne soient pas nécessaires au salut : passez-nous donc aussi les décrets absolus, la grace irrésistible, la certitude du salut, etc. [2]. » Je reconnois mes paroles, il les a fidèlement rapportées ; et « voilà, poursuit-il, ce que j'appelle faire le comédien et le déclamateur sans jugement et sans foy. Il n'est point vray qu'on reconnoisse dans les luthériens des dogmes énormes, des prodiges de doctrine, d'abominables excès [3]. » Prêtez l'oreille, mes Frères; l'ubiquité constamment enseignée par les luthériens, n'est plus un monstre de doctrine : laissons celui-là qui trouvera sa place ailleurs : l'erreur d'attribuer à l'homme le commencement, et par là tout l'ouvrage de son salut ; celle de dire que les bonnes œuvres ne sont pas nécessaires au salut, et qu'en effet on est sauvé sans les vertus, sans leur exercice et sans celui de l'amour de Dieu, n'est pas un dogme énorme, ni un abominable excès : tout cela est supportable ; car il a la marque du luthéranisme, qui rend tout sacré et inviolable. Retenez bien, mes Frères, ce que dit ici votre ministre ; mais écoutez comme il continue : « C'est être comédien, encore une fois, que d'appeler ainsi des erreurs humaines. » Remarquez encore : toutes ces erreurs des luthériens ne sont plus que des erreurs humaines, c'est-à-dire très-supportables, « auprès desquelles les erreurs des molinistes et celles des défenseurs de la souveraine autorité papale, sont de vrais monstres, que M. Bossuet tolère pourtant dans son église, quoyqu'il fasse profession de ne les croire pas. Je n'offre point la tolérance aux luthériens pour les abominables dogmes, que l'amour

---

[1] Lett. x, p. 77. — [2] Var., Addit. au liv. XIV, n. 8. — [3] Jur., lett. x, p. 77

de Dieu n'est pas nécessaire pour estre sauvé. » Rompez donc avec eux, puisque vous venez de les convaincre de cette erreur. Mais après ce petit mot d'interruption, reprenons les paroles du ministre. « Je n'offre point, poursuit-il, la tolérance aux luthériens, pour les abominables dogmes que la fornication n'est point un péché mortel; que la sodomie et les autres impuretez contre nature, ne sont que des péchez véniels; qu'on peut tuer un ennemi pour un écu, à plus forte raison pour mettre son honneur en seûreté. Ce sont là des abominations que M. Bossuet tolère dans son Eglise [1]. » Quoi ! mes Frères, sous les yeux de Dieu oser dire qu'aucun auteur catholique ait pu tenir pour péchés véniels les impuretés qu'on vient d'entendre ! J'en rougis pour votre ministre. Il n'en nommera jamais un seul. Que s'il y a quelque malheureux qui ait enseigné dans quelques cas métaphysiques, qu'on peut s'opposer à la violence jusqu'à tuer un voleur qui veut vous ravir un écu, son opinion est réprouvée par les censures dont on a parlé, et on n'en souffre les auteurs dans l'Eglise que parce qu'ils sont soumis à ses décrets.

Mais voyons s'il en est ainsi de l'échange qu'on négocie avec les luthériens. Le ministre se tourmente en vain pour s'en excuser; c'est lui-même qui parle en ces termes au docteur Scultet dans sa *Consultation pour la paix* entre les protestans. « Le dernier argument, dit-il, qui persuade une mutuelle tolérance, c'est que les réformez ne demandent rien qu'ils n'offrent. Nous demandons la tolérance pour nostre dogme que vous appelez particularisme, » c'est-à-dire pour la certitude du salut et les autres de cette nature dont nous avons tant parlé. « On ne doit point la tolérance, mais le consentement à la vérité : mais supposé que le particularisme soit une erreur, nous vous offrons la tolérance pour des erreurs bien plus importantes. » Là il fait un long dénombrement des erreurs des luthériens qu'on vient de voir : il est tout prêt à communier avec ceux qui les enseignent; ou plutôt en tant qu'en lui est, il y communie en effet, lui et tous ceux de son parti, puisqu'ils offrent la communion aux luthériens avec ces erreurs; et ils ont trouvé le moyen, en faisant semblant de les re-

[1] Jur., Lett. x, p. 77.

jeter, de s'en rendre en effet coupables, puisqu'ils y consentent.

Après cela faut-il avoir de la conscience pour nier qu'on ait proposé ce honteux échange de dogmes? Le voilà en termes formels dans les écrits de votre ministre; et le public peut voir à présent qui est le comédien, qui est le déclamateur, qui est l'homme sans jugement et sans foi, de moi qui lui reproche ce lâche traité, ou de lui qui le fait. Mais je ne m'étonne pas qu'il en ait honte; car après tout, qui vous a permis de négocier à la face de tout l'univers de tels accommodemens, et d'acheter la communion des luthériens aux dépens de la grace de Jésus-Christ et des préceptes les plus sacrés de l'Evangile? Qui vous a, dis-je, donné le pouvoir de recevoir à la sainte table les ennemis de la grace qui en attribuent les premiers dons au libre arbitre, et les ennemis de ces saints préceptes, qui nient qu'il soit nécessaire de les pratiquer pour se sauver? On voit bien que la sainte table ne vous est de rien; et si vous vous en croyiez les dispensateurs véritables, vous ne l'abandonneriez pas à des gens que vous avez convaincus de tant d'erreurs capitales. Mais encore, par quels moyens prétendez-vous parvenir à cette union tant désirée avec les luthériens? Par l'autorité des princes. Selon vous ce sera aux princes à déterminer les articles dont on pourra convenir, et ceux qu'on pourra du moins tolérer [1]. M. Jurieu ne nie pas du moins qu'il n'ait fait la proposition de rendre les princes et leurs conseillers souverains arbitres des points qu'on pourra concilier, et de la manière de le faire; ce qui est remettre entre leurs mains l'essentiel de la religion. Et pourquoi leur donner tout ce pouvoir? « Parce que, dit-il, toute la Réforme s'est faite par leur autorité [2]. » Vous ne m'en croyez pas, quand je vous le dis; mais votre ministre l'avoue : à ce coup il a raison. On a vu dans toute l'*Histoire des Variations* que la Réforme est l'œuvre des princes et des magistrats; c'est par eux que les ministres se sont établis; c'est par eux qu'ils ont chassé les anciens pasteurs, aussi bien que les anciens dogmes; après de si grands engagemens il est trop tard pour en revenir; et l'accord des religions doit être l'ouvrage de ceux par

---

[1] *Consult. De pace*, cap. XII, p. 260 et seqq.; *Var., Addit. au liv.* XIV, n. 9. —
[2] *Consult., ibid.: Var., ibid.*

qui elles se sont formées. Mais il y a encore une autre raison de leur soumettre tout, « parce que, ajoute M. Jurieu, les ecclésiastiques sont toujours trop attachés à leurs sentimens. » C'est pourquoi il faut appeler *les politiques,* qui apparemment feront meilleur marché de la religion. Jugez-en vous-mêmes, mes Frères : qu'est-ce qu'une religion où la politique domine, et domine jusqu'à un excès si honteux? C'est aux princes et aux politiques que votre ministre permet de déterminer de la doctrine, et de prescrire les conditions sous lesquelles on donnera le sacrement de Notre-Seigneur. Les théologiens commenceront *par jurer* qu'ils se soumettront à l'accord des religions qu'auront fait les princes [1] : c'est la loi que leur impose M. Jurieu, sans quoi il ne voit point d'union à espérer : les pasteurs prêcheront ce que les princes auront ordonné, et distribueront la Cène à leur mandement. Mais qui les a préposés pour cela? Est-ce aux princes que Jésus-Christ a dit : « Faites ceci; » et : « Je serai avec vous jusqu'à la consommation de siècles? » Ou bien est-ce sur la confession et la foi des princes qu'il a fondé son Eglise, et qu'il lui a promis une éternelle stabilité contre l'enfer? Les luthériens se tiennent plus fermes, je l'avoue, et ne semblent pas disposés à entrer dans ces honteux accommodemens : les ministres calvinistes ont toujours fait toutes les avances, et celle que fait ici M. Jurieu ne dégénère pas de toutes les autres.

Le ministre n'a osé toucher tous ces endroits : je vois bien qu'il a rougi pour la Réforme, où l'on négocie de tels traités à la vue de tout l'univers. Mais, direz-vous, qui l'en avoue? Ce seroit à vous à le savoir. Mais non. Quand la politique du parti fit résoudre qu'on recevroit les luthériens à la Cène, et que le synode de Charenton en eut fait la décision, il fallut bien y passer. Il en seroit de même en cette occasion. On vous dira éternellement qu'on vous laisse la liberté de juger de tout et même de vos synodes; mais on sait bien qu'on ne manque pas de vous mener où l'on veut sous ce prétexte.

XXIV. Que les calvinistes

Vous pouvez voir maintenant combien est vain le discours de M. Jurieu, lorsqu'en tant d'endroits de ses *Lettres* il tâche de vous

---

[1] *Consult. De pace,* cap. XII, p. 260 et seqq.; *Var., Addit. au liv.* XIV, n. 9.

ne peuvent plus dire qu les erreurs des luthériens ne les touchent pas.

faire accroire que les erreurs des luthériens ne font rien contre vous. Elles font si bien contre vous, qu'elles vous convainquent de tolérer l'anéantissement de la grace, celui de la charité et des bonnes œuvres, et toutes les autres impiétés que le ministre Jurieu a reprochées aux luthériens. Je ne m'étonne donc pas s'il ne veut plus maintenant les en avoir convaincus : c'est visiblement qu'il rougit d'avoir par là convaincu toute la Réforme d'une impiété manifeste. Toute la Réforme est convaincue d'avoir commencé par le blasphème, en faisant Dieu auteur du péché et en niant le libre arbitre. Le calviniste persiste dans cette impiété : que si le luthéranisme s'en corrige, c'est pour aller à l'impiété opposée, et de l'excès de nier le libre arbitre à l'excès de lui donner tout. Le calvinisme à la vérité n'enseigne pas une erreur si préjudiciable au salut; mais il l'approuve dans les luthériens assez pour les recevoir au nombre des enfans de Dieu. Il approuve de la même sorte d'autres grossières et insupportables erreurs, et même celle d'avoir rejeté la nécessité des bonnes œuvres pour obtenir le salut. Ainsi les luthériens sèment ces erreurs; les calvinistes marchent après pour les recueillir; et ce que ceux-là font par erreur, les autres, comme on a vu, le font par consentement, et voilà en trois mots l'état présent de la Réforme.

XXV. Conclusion de cet Avertissement, et le sujet du suivant.

Mais il faut passer à d'autres matières; et après vous avoir montré la Réforme condamnée par son propre jugement, il reste encore à vous faire voir l'Eglise romaine, elle que les protestans chargent de tant d'opprobres, justifiée néanmoins, non-seulement par des conséquences tirées de leurs principes, mais encore en termes formels et de leur aveu. Ce sera le sujet de l'*Avertissement* suivant. En attendant qu'il paroisse, ô Seigneur, écoutez-moi ! O Seigneur, on m'a appelé à votre terrible jugement comme un calomniateur qui imputoit des impiétés, des blasphèmes, d'intolérables erreurs à la Réforme; et qui, non-seulement lui imputoit tous ces crimes, mais encore qui accusoit un ministre de les avoir avoués : ô Seigneur, c'est devant vous que j'ai été accusé; c'est aussi sous vos yeux que j'ai écrit ce discours, et vous savez combien je suis éloigné de vouloir rien ajouter aux excès déjà si étranges des prétendus réformés. Si j'ai dit la vérité, si j'ai convaincu de blasphème et de calomnie ceux qui m'ont appelé à votre jugement comme un calomniateur, un homme sans foi, sans honneur, sans conscience, justifiez-moi devant eux. Qu'ils rougissent; qu'ils soient confondus : mais, ô Dieu, je vous en conjure, que ce soit de cette confusion salutaire qui opère le repentir et le salut.

TROISIÈME AVERTISSEMENT
AUX PROTESTANS

SUR

LES LETTRES DU MINISTRE JURIEU

CONTRE

L'HISTOIRE DES VARIATIONS.

Le salut dans l'Eglise romaine, selon ce ministre : le fanatisme établi dans la Réforme par les ministres Claude et Jurieu, selon la doctrine des quakers : tout le parti protestant exclus du titre d'Eglise par M. Jurieu.

I. Dessein de cet Avertissement; que de l'aveu du ministre on se sauve dans l'Eglise romaine, et que c'est en vain qu'il tâche de révoquer cet aveu.

Une des promesses de l'Eglise, et celle qui fait le mieux sentir que la vérité plus puissante que toutes choses est en elle, c'est qu'elle verra ses ennemis et même ceux qui la « calomnient, » abattus à ses pieds, « l'appeler, » malgré qu'ils en aient, « la cité du Seigneur, la Sion du Saint d'Israël [1]. » Personne, je l'oserai dire, n'a jamais plus indignement calomnié l'Eglise romaine que le ministre Jurieu ; et néanmoins on le va voir forcé à la reconnoître pour la Cité de Dieu, puisqu'il l'avoue pour vraie Eglise qui porte ses élus dans son sein, et dans laquelle on se sauve. Il nie de l'avoir dit ; et peut-être voudroit-il bien ne l'avoir pas fait. Mais nous allons vous montrer, et cela ne nous sera point fort difficile, premièrement qu'il l'a dit ; secondement, qu'il faut qu'il le dise encore une fois, et qu'il justifie l'Eglise romaine de toutes les calomnies qu'il lui fait lui-même, à moins de renverser en même temps tous les principes qu'il pose, et en un mot tout son *Système de l'Eglise*. « Je n'ai pas pu négliger, dit-il, les deux accusations que M. Bossuet me fait dans son dernier livre (c'est le XV° des *Variations*) de sauver les gens dans le socinianisme et dans le

[1] *Isa.*, LX, 14; *Apoc.*, III, 12; XXI, 2, 10.

papisme. Peut-estre, continue-t-il, aurois-je pu me passer de répondre sur la première accusation, mais il est fort nécessaire de repousser la seconde ; c'est que, selon le ministre, on peut se sauver dans l'Eglise romaine, et qu'ainsi c'est une grande témérité d'en sortir [1]. » Vous voyez, mes Frères, comme il s'élève contre cette accusation : avouer qu'on se sauve dans le papisme, c'est selon lui un si grand crime, qu'il trouve plus nécessaire de s'en défendre que d'avoir mis le salut parmi les sociniens ; mais, malgré ses vaines défaites, vous l'avez vu convaincu sur le dernier chef, et vous pouvez présumer dès là qu'il le sera bientôt sur l'autre.

La preuve en est concluante en présupposant la distinction que fait le ministre, de l'Eglise considérée selon le corps, et de l'Eglise considérée selon l'ame. La profession du christianisme suffit pour faire partie du corps de l'Eglise (ce qu'il avance contre M. Claude, qui ne compose le corps de l'Eglise que de véritables fidèles) ; mais pour avoir part à l'ame de l'Eglise, il faut être dans la grace de Dieu [2]. « L'Eglise, dit le ministre, est composée de corps et d'ame : on en convient dans les deux communions : l'ame de l'Eglise est la foy et la charité [3]. »

II. Que l'Eglise romaine est rangée par le ministre parmi les sociétés qu'il appelle vivantes, et ce que veut dire ce mot.

Pour décider maintenant, selon ce ministre, ce qui donne part à l'ame de l'Eglise ou, comme il parle en d'autres endroits, ce qui rend les sociétés *vivantes*, il ne faut qu'entendre le même ministre dans son *Système*. « Premièrement nous distinguons les sectes qui ruinent le fondement de celles qui le laissent en son entier ; et nous disons que celles qui ruinent le fondement sont des sociétez mortes ; des membres du corps de l'Eglise à la vérité, mais des membres sans vie, et qui n'ayant point de vie n'en sçauroient communiquer à ceux qui vivent au milieu d'elles [4]. » Par la raison opposée les sociétés où les fondemens sont en leur entier, ont la vie et la communiquent ; et voici quelles elles sont selon le ministre. « Nous appelons communions les Grecs, les Arméniens, les Cophtes, les Abyssins, les Russes, les Papistes et les Protestans. Toutes ces sociétez ont forme d'église : elles ont une confession de foy, des conducteurs, des sacremens, une discipline ; la parole

[1] Lett. IX, 81. — [2] *Var.*, liv. XV, n. 54. — [3] *Syst.*, p. 10. — [4] *Ibid.*, 147.

de Dieu y est receuë, et Dieu y conserve ses véritez fondamentales. » Vous voyez qu'il range les papistes avec les grecs et les autres, qui selon lui ont conservé les « vérités fondamentales, » et parmi lesquels pour cette raison il reconnoît qu'on se sauve par la vertu de la parole qui y est prêchée; car c'est là son grand principe, comme vous l'avez déjà vu dans l'*Avertissement* précédent [1], et comme vous le verrez de plus en plus dans la suite : voilà ce qu'il appelle les sociétés vivantes.

Il raisonne de la même sorte dans ses *Préjugés légitimes* : « L'Eglise universelle s'est divisée en deux grandes parties, l'église grecque et l'église latine. L'église grecque, avant ce grand schisme, estoit déjà subdivisée en nestoriens, en eutychiens, en melchites et en plusieurs autres sectes. L'église latine s'est aussi partagée en papistes, vaudois, hussites, taborites, luthériens, calvinistes, anabaptistes, divisez eux-mesmes en plusieurs branches. C'est une erreur de s'imaginer que toutes ces différentes parties ayent absolument rompu avec Jésus-Christ, en rompant les unes avec les autres [2]. » Je ne m'arrêterai pas à l'ignorance de votre ministre qui en comptant les melchites parmi les sectes de l'Orient, les oppose aux nestoriens et aux eutychiens, sans songer que le nom de *Melchites*, qui veut dire *Royalistes*, est celui que les eutychiens donnèrent aux orthodoxes, à cause que les empereurs qui étoient catholiques, autorisoient la saine doctrine par leurs édits, et au contraire proscrivoient les eutychiens; ce qui fait voir en passant que ce n'est pas d'aujourd'hui que les hérétiques qui n'ont pas pour eux les puissances, tâchent de tirer avantage de ce que l'Eglise catholique en est protégée. Mais laissant à part cette remarque, arrêtons-nous à cette parole du ministre : « Il ne faut pas croire que toutes ces sectes (ce sont celles qu'il vient de nommer, parmi lesquelles il nous range), en rompant entre elles, ayent rompu absolument avec Jésus-Christ. » Nous avons observé ailleurs [3] que, « qui ne rompt pas avec Jésus-Christ, » ne rompt pas, pour ainsi parler, avec le salut et avec la vie, et qu'aussi pour cette raison le ministre a compté ces sociétés parmi « les sociétez vivantes, » sans s'émouvoir de l'objection qu'on leur fait « de ren-

---

[1] I *Avertiss.*, n. 43. — [2] *Préj. légit.*, 1re part., p. 6. — [3] *Var.*, liv. XV, n. 55.

verser le fondement par des conséquences qu'ils nient; » ce que le ministre pousse si loin, qu'il ose bien dire « que les eutychiens renversoient le fondement, c'est-à-dire l'incarnation du Verbe, en supposant que le Verbe s'estoit fait chair non par voye d'assomption, mais par voye de changement, comme l'air se fait eau, et l'eau se fait air, en supposant que la nature humaine estoit absorbée dans la nature divine et entièrement confonduë. Si tel a esté leur sentiment, continue-t-il, ils ruinoient le mystère de l'incarnation; mais c'estoit seulement par conséquence : car d'ailleurs ils reconnoissoient en Jésus-Christ divinité et humanité, et ils avoüoient que le Verbe avoit pris chair réellement et de fait [1]. » Cette doctrine du ministre sur l'incarnation paroîtra étrange aux théologiens; mais ce qu'il dit de Nestorius ne l'est pas moins : « Si Nestorius a crû qu'il y a dans Jésus-Christ deux personnes, aussi bien que deux natures, son hérésie estoit notoire; cependant elle ne détruisoit l'incarnation que par conséquence : car cet hérésiarque confessoit un Rédempteur, Dieu béni éternellement avec le Pére : » d'où il conclut « qu'il est aisé que Dieu se conserve des éleûs dans ces sortes de sectes, parce qu'il y a dans ces communions mille et mille gens qui ne vont point jusqu'aux conséquences, et d'autres qui y allant les rejettent formellement. »

Je ne veux point disputer avec le ministre sur la doctrine de Nestorius et d'Eutychès, ni s'il est permis à des gens sages d'en croire plutôt des auteurs modernes qui viennent les excuser après douze cents ans, que les Pères qui ont vécu avec eux et les ont ouïs, et que les conciles d'Éphèse et de Chalcédoine où leur cause a été jugée. Mais qu'en supposant leur erreur telle qu'on la vient de rapporter, on s'en puisse contenter jusqu'à les sauver de détruire formellement l'incarnation : c'est ce qu'aucun catholique, aucun luthérien, aucun calviniste n'avoit osé dire. Les termes mêmes y résistent, puisque l'incarnation n'étant autre chose que deux natures unies en la même personne divine, pour peu que l'on divise la personne, ou que l'on confonde les natures, le nom même d'*incarnation* ne subsiste plus. On sauve néanmoins ces hérétiques; on sauve, dis-je, les nestoriens, ou les eutychiens,

[1] *Syst.*, 155.

bien qu'on avoue qu'ils renversent le mystère de l'incarnation ; c'est-à-dire bien qu'on avoue qu'ils renversent le fondement de la rédemption du genre humain. On traite aussi favorablement ceux qui font naître le Fils de Dieu dans le temps, et seulement un peu avant la création du monde[1]. Si ceux-là conservent le fond de la Trinité, il ne faut plus s'étonner qu'on fasse aussi conserver le fond de l'incarnation à ceux qui divisent la personne de Jésus-Christ, ou lui ôtent ses deux natures en les absorbant l'une dans l'autre, comme parle M. Jurieu. Tout est permis à ce prix : le mystère de la piété est anéanti : la théologie n'est que dans les mots, et les hérétiques les plus pervers sont orthodoxes. Mais laissons cela : ce dont nous avons ici besoin, c'est de ce principe du ministre, qu'il ne faut point imputer les conséquences à qui les nie. Sur ce principe il a dit, et il a dû dire que l'Eglise romaine étoit comprise parmi les sociétés vivantes, puisque selon lui elle ne renverse aucun des fondemens de la foi, et que si on lui impute de les renverser par des conséquences, on doit répondre pour elle, ou « qu'elle n'y entre pas, » ou « qu'elle les nie ; » ce qui en effet est très-véritable : de sorte que, pour parler avec le ministre, « il est aisé à Dieu de s'y conserver des élus. »

III. Deux raisons dont se sert le ministre, pour montrer qu'il n'a pas pu dire qu'on se sauvât dans la communion de l'Eglise romaine.

A la vérité, il est honteux à la Réforme de ne sauver les enfans de l'Eglise catholique qu'avec les nestoriens et les eutychiens, et avec tant d'autres sectes réprouvées : cela, dis-je, est honteux à la Réforme ; car pour nous, notre témoignage vient de plus haut ; et quand tous les protestans conspireroient à nous damner, notre salut n'en seroit pas moins assuré. C'est à eux qu'il est avantageux de nous mettre au rang des vrais fidèles, quoique ce soit avec ceux envers qui il ne faudroit pas être si facile ; et dans la haine que M. Jurieu a contre nous, c'est une espèce de miracle qu'il ait pu être forcé à cet aveu. Voici comme il s'en défend, et voici en même temps comme il en est convaincu : « On accuse, dit-il, M. Jurieu d'avoir franchi le pas, et d'avoir avoué rondement qu'on peut se sauver dans l'Eglise romaine : en quel endroit a-t-il donc franchi ce pas ? N'a-t-il pas dit par tout que le papisme est un abominable paganisme, et que l'idolâtrie y est aussi grossière qu'elle

---

[1] 1 *Avert.*, n. 6 et suiv.

estoit autrefois à Athénes ¹ ? » Il l'a dit, je le confesse : il passe outre; et après avoir exagéré nos idolâtries avec l'aigreur dont il a coutume d'accompagner ses paroles, il continue en cette sorte : « N'a-t-il pas dit, ce ministre qu'on accuse de reconnoistre qu'on se peut sauver dans l'Eglise romaine, qu'elle estoit cette Babylone de laquelle on estoit obligé de sortir sur peine d'éternelle damnation, par le commandement de Dieu : « Sortez de Babylone, mon peuple ? » Il a dit tout cela, et il a poussé ces calomnies au dernier excès. Mais avec tout cela Dieu est le maître : Dieu force les ennemis de la vérité et les calomniateurs de son Eglise, à dire plus qu'ils ne veulent, et tout en calomniant l'Eglise romaine de la manière qu'on voit, il faut qu'il vienne aux pieds de cette Eglise avouer qu'on se sauve dans sa communion, et que les enfans de Dieu sont dans son sein.

<small>IV. Que l'idolâtrie attribuée par le ministre à l'Eglise romaine, selon lui, n'empêche pas qu'on ne s'y sauve.</small>

Les deux raisons qu'il allègue pour se défendre de cet aveu, sont premièrement que l'Eglise romaine, selon lui, est idolâtre ; et secondement, qu'elle est l'église antichrétienne. Pour commencer par l'idolâtrie, voici les paroles du ministre : « L'Eglise, dit-il, dans le cinq, le six, le sept et le huitiéme siécle, adopta les divinitez d'un second ordre, en mettant les saints et les martyrs sur les autels destinés à Dieu seul : elle adora des reliques ; elle se fit des images qu'elle plaça dans les temples, et devant lesquelles elle se prosterna. C'estoit pourtant la même Eglise, mais devenuë malade, infirme, ulcereuse; *vivante pourtant*, parce que la lumiére de l'Evangile et les véritez du christianisme demeuroient cachées, mais non étouffées sous cét amas de superstitions ². » Voilà donc en propres termes l'Eglise vivante, malgré ses idolâtries envers les Saints, envers leurs reliques et même envers leurs images. Il n'y a point ici d'équivoque : ce que le ministre appelle *Eglise vivante*, c'est l'Eglise où sont ceux qui vivent, c'est-à-dire les vrais fidèles ; ceux qui participent à l'Eglise, non-seulement « selon son corps, » c'est-à-dire selon la profession extérieure de sa foi, mais encore « selon son ame, » c'est-à-dire selon la foi et la charité, comme on a vu. Si donc l'Eglise est vivante malgré les idolâtries dont on l'accuse, ces idolâtries n'empêchent pas que la foi et la

¹ Lett. XI, p. 8. — ² *Préj. légit.*, 1ʳᵉ part., ch. I, p. 5.

charité ne s'y trouvent, ni par conséquent qu'on ne s'y sauve.

V.
Vains emportemens du ministre, qui n'oppose que des injures aux passages tirés de ses livres dont on l'accable.

J'avois produit ce passage dans l'*Histoire des Variations*[1]; mais le ministre le passe sous silence, et se contente de s'écrier en cette sorte : « Quelle hardiesse faut-il avoir pour avancer qu'un auteur qui dit tout cela, » c'est-à-dire qui dit entre autres choses que l'Eglise romaine est idolâtre, « a franchi le pas et avoûé rondement qu'on peut se sauver dans l'Eglise romaine. Il faut avoir un front semblable à celuy du sieur Bossuet[2]. » Il est en colère; vous le voyez : mais cela n'est rien en comparaison de ce qui paroît dans la suite, lorsqu'il dit « que bien des gens mettent ce prélat au nombre des hypocrites qui connoissent la vérité, » et qui la trahissent, sans doute en parlant contre leur conscience; ce qu'il répète encore en d'autres endroits. Que lui servent ces emportemens et tous ces airs de dédain qui lui conviennent si peu? Il voudroit bien avoir avec moi une dispute d'injures, ou que je perdisse le temps à répondre aux siennes; mais ce n'est pas de quoi il s'agit. Puisqu'il se vante de répondre à l'accusation que je lui fais de nous sauver malgré nos idolâtries prétendues, il faudroit répondre aux passages dont je la soutiens; et c'est un aveu de sa foiblesse de ne mettre que des injures à la place d'une défense légitime.

VI.
S. Léon, quoique fort avant engagé dans l'idolâtrie, s'est sauvé selon le ministre.

Mais il va être poussé bien plus avant. Selon lui, du temps de saint Léon l'idolâtrie étoit assez grande dans l'Eglise pour en faire une église antichrétienne, et faire de saint Léon l'Antechrist même; et néanmoins le ministre écrit ces paroles dans la treizième *Lettre* de cette année : « Pendant que l'Antechrist fut petit, il ne ruina pas l'essence de l'Eglise. Léon (car il n'est plus saint, et M. Jurieu l'a dégradé), Léon donc, et quelques-uns de ses successeurs furent d'honnestes gens autant que l'honnesteté et la piété sont compatibles avec une ambition excessive. Il est certain aussi que de son temps l'Eglise se trouva engagée *fort avant dans l'idolâtrie* du culte des créatures, qui est un des caractères de l'antichristianisme; et bien que ces maux ne fussent pas encore extrêmes, et ne fussent pas tels qu'ils *damnassent* la personne de Léon, qui d'ailleurs avoit de bonnes qualités, c'estoit pourtant assez pour faire les commencemens de l'antichristianisme[3]. ».

[1] *Var.*, liv. XV, n. 54. — [2] Lett. XI. — [3] Lett. XIII, de 1689, p. 98.

Vous voyez donc qu'on n'est pas damné, quoiqu'on soit non-seulement idolâtre, mais encore « fort avant engagé dans l'idolâtrie du culte des créatures. » Si on n'est pas du nombre des saints, et qu'il faille rayer saint Léon de ce catalogue, on est au moins du nombre des honnêtes gens ; et le mal de l'idolâtrie n'est pas si extrême qu'on en perde le salut.

Poussons encore. On a démontré dans le livre des *Variations* et ailleurs [1], par les paroles expresses de saint Jean, que la bête et l'Antechrist ont blasphémé et idolâtré dès leur naissance, et pendant toute l'étendue des 1260 jours de leur durée. Le ministre a voulu le dissimuler, pour n'être point obligé de reconnoître ces attentats du temps et dans la personne de saint Léon, de saint Simplice, de saint Gélase et des autres saints Pontifes du cinquième siècle ; mais à la fin il a fallu trancher le mot. « Il est certain que dès ce temps commencérent tous les caractéres de la beste. Dés le temps de Léon les gentils ou païens commencérent à fouler l'Eglise aux pieds ; car le paganisme, qui est le culte des créatures, y entra. Dés lors on commença à blasphémer contre Dieu et ses Saints ; car oster à Dieu son véritable culte pour en faire part aux Saints, c'est blasphémer contre Dieu [2]. » Voilà donc le blasphème et l'idolâtrie antichrétienne établie sous saint Léon. Il n'en étoit pas exempt, puisqu'il étoit lui-même l'Antechrist ; et en effet il est constant qu'il n'honora pas moins les reliques, et ne demanda pas moins le secours de la prière des Saints, que tous les autres. Voilà donc, non-seulement un idolâtre, mais encore le chef de l'idolâtrie antichrétienne dans le nombre des élus, et l'idolâtrie n'empêche pas le salut.

Mais est-il possible, direz-vous, que notre ministre ait dit ces choses, lui qui avoue à l'auteur des *Variations* que l'idolâtrie, un si grand blasphème contre Dieu, n'a point d'excuse, « et qu'on n'a jamais crû ni pensé qu'on put sauver un idolâtre sous prétexte de sa bonne foy [3] ? » N'est-il pas vrai qu'il a écrit ces paroles ? Je l'avoue : il les a écrites dans l'onzième *Lettre ;* mais néanmoins dans la treizième il a excusé saint Léon, quoique idolâtre et chef

VII.
L'idolâtrie selon le ministre n'empêche pas d'être saint. Preuve par l'idolâtrie attribuée aux Pères du quatrième siècle.

---

[1] *Apoc.*, XI ; XII, 6, 14 ; XIII, 5, 6 ; *Var.*, liv. XIII, n. 21 ; *Avertiss. aux Protest., sur l'Apoc.* n. 27, 28. — [2] *Lett.* XIII, p. 99, col. 2. — [3] *Lett.* XI, p. 82.

de l'idolâtrie. Bien plus, on lui a fait voir que sur le sujet de l'honneur des Saints, saint Léon n'en avoit dit ni plus ni moins. que saint Basile, que saint Chrysostome, que saint Ambroise, que saint Augustin, que saint Grégoire de Nazianze et tous les autres Pères du quatrième siècle, qui selon lui ne sont pas seulement d'honnêtes gens, comme saint Léon, mais encore des Saints. Le fait a passé pour constant, et voici les paroles du ministre : « Cent ans avant saint Léon l'adoration des Saints et des reliques estoit inconnue. Quinze ou vingt ans après, on commença à en voir quelques vestiges dans les écrits des Péres, mais ce ne fut rien de considérable avant la fin du quatriéme siécle [1]. » Laissons-lui arranger à sa fantaisie toute cette histoire ; et en ne prenant que ce qu'il nous donne, posons pour principe certain que ce qu'il appelle idolâtrie et adoration des reliques, étoit devenu « considérable » sur la fin du « quatriéme siécle » où ces grands hommes florissoient. Non-seulement ils souffroient, mais encore ils enseignoient cette idolâtrie : ils prêchoient les miracles dont le démon, dit le ministre, fascinoit les yeux des hommes pour l'autoriser ; « et il est certain, » dit M. Jurieu, « que ce fut un esprit trompeur qui abusa saint Ambroise, » et qui lui découvrit « ces reliques » (ce furent celles de saint Gervais et de saint Protais [2]) « pour en faire des idoles [3]. » Voilà donc non plus seulement un adorateur de l'idole, mais celui qui l'érige dans la maison de Dieu, et que le diable abuse pour le faire servir d'organe à l'impiété, au nombre des Saints. Saint Augustin entre en part de ce crime, puisqu'il le rapporte, qu'il le loue, qu'il le consacre. Voilà donc des saints idolâtres ; et l'idolâtrie, loin d'être un crime qui damne, n'empêche même plus qu'on soit saint.

VIII. Cette objection méprisée, et le fait confirmé par le ministre.

Le ministre a prévu cette objection, et voici comme il se la fait à lui-même : « Vous avouez que l'invocation des Saints a plus de douze cents ans sur la teste ; cela ne vous fait-il point de peine, et comment pouvez-vous croire que Dieu ait laissé reposer son Eglise sur l'idolâtrie depuis tant de siécles [4] ? » Il n'y a personne qui ne frémît à une semblable objection, et ne crût qu'il n'y a de

[1] Lett. XI, p. 82. — [2] Avert. aux Protest., sur l'Apoc., n. 36. — [3] Acc. des Proph., p. 166. — [4] Avert. aux Protest. sur l'Apoc. n. 29 ; Jur., lett. XVII, de la 1re ann., p. 139.

salut qu'à nier le fait ; mais le ministre accorde tout, et sans s'étonner, « Nous répondons, dit-il, que nous ne sçavons point respecter l'antiquité sans vérité. Nous ne sommes point étonnez de voir une si vieille idolâtrie dans l'Eglise, parce que cela nous a esté formellement prédit : il faut que l'idolâtrie régne dans l'Eglise chrétienne 1260 ans. » Voilà donc l'état de l'Eglise dès le quatrième siècle. Dans le siècle de saint Basile, de saint Ambroise et de saint Chrysostome, « l'idolâtrie régnoit ; » l'Eglise se reposoit « sur l'idolâtrie : » on se sauvoit néanmoins ; on parvenoit à la sainteté dans cette Eglise où régnoit l'idolâtrie, et qui se reposoit dessus. Il ne faut donc plus alléguer l'idolâtrie de l'Eglise, pour montrer qu'on ne s'y sauve pas.

Quelqu'un me dira peut-être : J'ai trouvé dans M. Jurieu la résolution de cette difficulté : « L'évesque de Meaux, dit-il, répète la vaine déclamation tirée de ce qu'en accusant le culte de l'Eglise romaine d'idolâtrie, cette accusation tombe nécessairement sur les saint Ambroise et les saint Augustin, les saint Jérôme, les saint Grégoire de Nazianze, et sur tous les chrétiens de ces siècles qui ont vénéré les reliques et invoqué les Saints[1]. » La « déclamation » est pressante sans doute ; mais voyons si le ministre, qui la méprise, osera du moins nier le fait qu'on y avance sur le sentiment des Pères du quatrième siècle. Point du tout. Voici sa réponse : « Nous avons répondu à cela bien des fois. » C'en est assez pour tromper les ignorans ; il ne faut que leur dire qu'on a répondu. Mais qu'avez-vous répondu ? Que dans ces siècles il n'y avoit point de superstitions des reliques, ou d'invocations des Saints ? Non. « Nous avons répondu, dit-il, que dans ces siècles la superstition des reliques et de l'invocation des Saints n'estoit pas encore montée au degré d'idolâtrie où elle est arrivée depuis, et que Dieu a toléré quelques sortes de superstitions dans ces grands hommes, qui d'ailleurs ont rendu tant de services à l'Eglise. » Quelle misère de gauchir toujours, et de n'oser jamais parler franchement dans une matière de religion ! « Cette superstition des reliques, cette invocation des Saints, » qui étoit alors, et qui selon vous étoit pratiquée par « les

IX.
Réponse de M. Jurieu, qui se détruit par elle-même. Etat du culte des Saints dans le quatrième siècle.

[1] Lett. xx, au comm., p. 315.

saint Augustin, par les saint Ambroise, par les saint Basile et les autres, » étoit-ce une idolâtrie, ou n'en étoit-ce pas une? Si c'en étoit une, ils sont damnés; si ce n'en étoit pas une, nous sommes absous. Ou peut-être c'en étoit une, mais non encore dans le degré qu'il falloit pour damner les hommes; et il y a une idolâtrie, c'est-à-dire un transport du culte divin à la créature qui ne damne pas, et qu'on peut si bien compenser par « d'autres services, » que Dieu n'y prendra pas garde; comme s'il pouvoit y avoir un service agréable à Dieu dans ceux qui rendent le culte divin à la créature. Qui jamais ouït parler d'un égarement semblable? Mais encore que manquoit-il à l'idolâtrie de saint Augustin et de saint Ambroise, à celle qui selon vous régnoit alors et sur laquelle on se reposoit? Que votre ministre ne vous dise pas que cette idolâtrie n'étoit pas publique : car qu'importe, premièrement, qu'elle soit publique? Est-ce que l'idolâtrie qui se feroit en particulier ne damneroit pas? Michas cesse-t-il d'être idolâtre, à cause que l'idole qu'il servoit étoit dans sa maison [1]? L'éphod, dont la maison de Gédéon se fit une idole, mérita-t-elle moins ce nom, parce qu'elle ne fut pas posée dans un temple, et que selon les apparences ce faux culte prit commencement dans une famille particulière? Quelle erreur donc de vouloir excuser les Pères et les chrétiens du quatrième et cinquième siècle, sous prétexte qu'ils n'idolâtroient qu'en particulier! Mais d'ailleurs, quelle illusion d'oser nous dire que l'idolâtrie n'étoit pas publique, pendant qu'on nous avoue qu'elle étoit *régnante* [2]; pendant qu'on la reconnoît dans les sermons de ces Pères, qui sans doute étoient publics et se faisoient dans les églises et dans les assemblées des fidèles, et faisoient alors, comme maintenant et toujours, une partie essentielle du culte divin; et non-seulement dans leurs sermons, mais encore dans leurs liturgies, dans les églises où ils servoient Dieu, dans les oratoires des martyrs, et jusque sur les autels où leurs reliques étoient déposées par honneur comme dans le lieu le plus saint du temple de Dieu! « Qu'on mette, disoit saint Ambroise, ces triomphantes victimes dans le lieu où Jésus-Christ est

---

[1] *Jud.*, XVII, 4. — [2] *Lett.* XV de la 1re ann., p. 123; *Acc. des Proph.*, 1re part., chap. XIV, etc.; *Var.*, liv. XIII, n. 23 et suiv.

l'hostie. » « Les fidèles, dit saint Jérôme, regardent les tombeaux des saints martyrs comme des autels de Jésus-Christ. » « Nous honorons leurs reliques, dit saint Augustin, jusqu'à les placer sur la sublimité du divin autel. » Voilà, ce me semble, pour n'appuyer pas sur l'autel et sur le sacrifice dont il ne s'agit pas ici; voilà pour les Saints et pour leurs reliques une vénération assez marquée, assez publique, assez solennelle; et ceux qui, non contens de la leur rendre, la prêchent avec tant de force, ne laissent pas d'être Saints.

Et qu'on ne nous dise pas que les Saints n'avoient point alors d'oratoires ni de chapelles; car on demeure d'accord qu'ils en avoient aux quatrième et cinquième siècles[1]; et encore qu'on ose dire que la sainte Vierge n'en avoit pas dans ces deux siècles, c'est une ignorance grossière, puisque le concile d'Ephèse, comme il paroît par ses Actes, fut assemblé en 430 dans une église appelée *Marie*[2] du nom de la sainte Vierge, qui sans doute ne fut pas construite alors pour y tenir le concile.

Qu'on ne dise pas que ces Pères n'employoient point envers Dieu les mérites des Saints; car au contraire, on convient que c'est par là que l'on commença. « Dans le commencement, dit M. Jurieu, les priéres s'adressoient au Dieu des martyrs, par rapport aux mérites et aux souffrances des martyrs[3]. »

Qu'on ne dise pas que du moins l'Eglise n'avoit pas été avertie de la prétendue erreur de ce culte : car elle l'avoit été par Vigilance, que saint Jérôme mit en poudre dès sa naissance; et toute l'Eglise d'alors prit tellement le parti de ce Saint, que depuis on n'entend pas seulement parler de Vigilance ni de son erreur.

Voilà donc en tout et partout la prétendue idolâtrie de ces temps-là dans le même état où elle a été depuis : et quand tout cela ne seroit pas, se prosterner devant les reliques et demander des prières aux martyrs; les appeler des remparts et des forteresses, ce que M. Jurieu appelle le culte des Maozzins après son auteur Joseph Mède[4]; en quelque sorte qu'on le fasse en parti-

---

[1] Jur., Lett. xv, p. 123. — [2] *Conc. Ephes.*, act. 1, etc.— [3] Lett. xv, p. 123. — [4] *Acc. des Prop.*, I part., chap. v, etc.; lett. x de la 1re ann., p. 16, 17; *Avert. aux Prot., sur l'Apoc.*, n. 28; *Var.*, liv. XIII, n. 28 et suiv.

culier ou en public, dans l'église, dans les cimetières ou dans les maisons, c'est toujours une idolâtrie, selon les ministres, toujours par conséquent un crime damnable; et quand cette idolâtrie ne seroit pas assez formée au quatrième siècle, elle l'étoit au cinquième et sous saint Léon, que néanmoins on n'ose damner non plus que ses plus prochains successeurs. Votre ministre prononce lui-même « que le faux culte des Saints et la doctrine des seconds intercesseurs estoit si bien formée dans les paroles de Théodoret en l'an 450[1], » qu'il y en avoit assez pour constituer dès lors l'église antichrétienne, et assez d'adhérence à cette erreur dans saint Léon pour en faire un Antechrist formé, sauvé toutefois; et voilà encore insensiblement la seconde défense de votre ministre entièrement renversée. Car peut-il dire qu'on ne peut trouver son salut dans une église antichrétienne, puisque selon lui on est sauvé, non-seulement étant sectateur de l'Antechrist, mais encore étant l'Antechrist même ? Qui jamais ouït parler d'un semblable excès, et que faut-il davantage pour appliquer à un auteur ce mot de saint Paul, que « sa folie est connue à tous ? » Mais allons encore plus avant, et voyons comme le ministre a établi par principes le salut uni avec l'antichristianisme.

X. *Passage exprès du ministre, où il dit qu'on se peut sauver dans les églises les plus corrompues, et jusque dans celle de l'Antechrist.*

Il est vrai qu'il a semblé donner pour règle qu'on ne peut pas se sauver dans l'église antichrétienne; ce qui est très-vrai dans le fond, parce que, comme dit le ministre, il n'y a point de communion entre Christ et Bélial : mais ce qui en soi est indubitable, dans les principes du ministre ne peut être qu'une vaine exagération que cet auteur réfute lui-même par le discours que voici : « Je ne veux point définir quelles sont les sectes où Dieu peut avoir des éleûs et où il n'en peut avoir : l'endroit est trop délicat et trop périlleux. Mais ce que je puis asseûrer, c'est que Dieu se peut conserver des éleûs dans les communions et dans les sectes très-corrompuës; ce qui est clair, parce qu'il s'en est conservé dans le régne mesme de l'Antechrist et dans celle de toutes les religions, qui, sans avoir renoncé aux principes de la religion, est pourtant la plus antichrétienne. Saint Paul nous dit expressément que l'Antechrist doit estre assis dans le temple de Dieu,

[1] *Acc.*, II part., p. 12, 21, 22.

c'est-à-dire dans une église qui sera chrétienne, et qui aura assez de reste du véritable christianisme pour conserver le nom d'Eglise et de temple de Dieu. Ces cent quarante-quatre mille de l'*Apocalypse* sont représentez estre dans l'empire de l'Antechrist, comme les Israélites estoient dans l'Egypte, où les poteaux de leurs maisons furent marquez, afin que l'ange destructeur ne les touchast point [1]. » Voilà, ce me semble, des élus en assez grand nombre, et assez bien marqués dans l'église de l'Antechrist, c'est-à-dire selon le ministre dans la romaine, sans que son antichristianisme les en empêche. Mais achevons le passage, puisque nous y sommes : « Les Eglises de l'Orient et du Midi sont asseùrément dans une grande décadence. » Sans doute, selon les principes du ministre, puisqu'on y voit bien assurément tout le culte et des images et des Saints, qu'on nous impute à idolâtrie. « L'église des Abyssins n'est pas trop pure, » puisque outre ces idolâtries, on y suit les erreurs de Dioscore, et on y déteste la sainte doctrine du concile de Chalcédoine. « Cependant, poursuit le ministre, il n'y a pas lieu *de douter* que Dieu ne s'y conserve un résidu selon l'élection de la grace ; car jamais la parole n'est preschée en un païs que Dieu ne luy donne efficace à l'égard de quelques-uns. » Voilà toujours son grand principe, qui est la fécondité de la parole de Dieu partout où elle est prêchée.

Mais afin que cette parole ait cette fécondité et cette efficace, il ne faut pas s'imaginer qu'elle doive être prêchée dans sa pureté, puisque, comme on voit, ces églises ne sont guère pures. Il n'y a point d'église moins pure que celle de l'Antechrist ; et néanmoins on y trouve cent quarante-quatre mille élus. Votre ministre a écrit ces choses ; vous les voyez, vous les lisez de vos propres yeux ; et toutefois, mes chers Frères, il se tient si assuré de vous faire croire tout ce qu'il voudra, qu'il ose nier qu'il les ait écrites, et il se fait fort de vous persuader que jamais il n'a songé à mettre des élus parmi nous, ni à confesser qu'on se sauve dans notre communion, parce que c'est la communion de l'Antechrist.

XI. Autre pas-

Ce qu'il dit dans le *Système de l'Eglise* est encore plus fort,

---

[1] *Avis à tous les Chrét. avant l'acc.*, p. 48, 49 ; *Préj. légit.*, 1re part., chap. I, p. 16.

puisqu'il entreprend d'y prouver par l'*Apocalypse* « que l'Eglise peut estre dans Babylon, et que Babylon peut entrer dans l'Eglise. Il est vrai, poursuit-il, nous soutenons, et nous avons raison de soutenir que l'Eglise romaine est la Babylon spirituelle dépeinte dans l'*Apocalypse;* mais Dieu dit de cette Babylon : Sortez de Babylon, mon peuple, de peur que participant à ses péchez, vous ne participiez à ses peines[1]. » Voilà donc encore une fois le peuple de Dieu dans Babylone; et cela jusqu'au moment où ses crimes sont montés si haut, qu'elle n'a plus à attendre que la dernière sentence, et qu'il n'y a plus aucun délai à son supplice.

<small>sage, où il met le peuple saint dans Babylone jusqu'au jour de sa chute, et le prouve par l'Apocalypse.</small>

Entreprenez sa défense, imaginez tout ce qu'il peut dire; et lui-même au même moment il le réfutera. Vous pourriez croire que ce peuple, qui est renfermé dans Babylone jusqu'à ce moment fatal, n'est appelé le peuple de Dieu que selon la prédestination éternelle. Mais non, dit M. Jurieu, « il ne faut pas dire que le peuple de Dieu sorte de Babylon, comme les chrétiens sortent du milieu des païens, quand ceux-ci se convertissent; car Dieu n'appelle point son peuple des gens en état de damnation; et si le peuple de Dieu renfermé dans Babylon estoit luy-mesme un peuple babylonien, Dieu ne le pourroit plus appeler son peuple. Il est plus clair que le jour que Dieu dans ces paroles : « Sortez de Babylon, mon peuple, » fait allusion au retour du peuple juif de la captivité de Babylon; et pendant que les Juifs furent dans Babylon, ils ne cessérent pas d'estre Juifs et le peuple de Dieu[2]. » Vous le voyez, mes chers Frères : il ne dit pas seulement, mais il prouve par tous les principes dont on convient dans la Réforme, que le vrai peuple de Dieu, le peuple justifié, le peuple saint et séparé des méchans par la grace qu'il a reçue, se trouve dans sa Babylone, qui est l'Eglise romaine, jusqu'au moment de sa chute; et cet homme ose dire encore qu'il n'a jamais enseigné qu'on se sauvât parmi nous.

<small>XII. Illusion du ministre, qui répond qu'il n'a sauvé dans l'Eglise</small>

Mais, dit-il, ceux qui s'y sauvent ce sont les enfans; car il avoue dans sa *Lettre*, qu'il dit bien « que dans l'Eglise romaine il y a une infinité d'ames sanctifiées par la vertu du christianisme; mais qu'il a ajoûté que ces ames sont celles des enfans qui

---

[1] *Syst.*, liv. I, chap. I, p. 144, 145; *Var.*, liv. XV, n. 56. — [2] Jur., *ibid.*

ont esté baptisez au nom de Jésus-Christ, et qui estant morts avant l'âge de raison, n'ont pris aucune part aux abominations du papisme¹. » Ce qu'il répète encore une fois en ces termes : « Nous ne reconnoissons d'éleûs dans l'Eglise romaine qu'entre les enfans qui ne sçauroient prendre part à ses idolâtries². » Sans doute, c'est aux enfans qui n'ont pas atteint l'âge de raison que s'adresse cette parole : « Sortez de Babylone, mon peuple : » ils entendront à merveille que Babylone, c'est l'Eglise romaine ; que c'est celle-là d'où il faut sortir, et qu'il faut passer en Hollande pour se joindre au peuple de Dieu ; les enfans entendent cela avant l'usage de la raison, et ils sont le peuple de Dieu à qui s'adresse cette voix du ciel. Qu'on espère de vous faire croire de telles absurdités! Mais si vous n'avez pas oublié ce que votre docteur vient de vous dire, ceux qui se sauvent dans la communion romaine, c'est-à-dire dans la Babylone spirituelle, ont été comparés aux Juifs qui étoient dans la Babylone temporelle ou en Egypte, qui sans doute étoient des adultes, et non pas de petits enfans avant l'âge de raison. On attribuoit tout à l'heure le salut de ce grand nombre d'élus, qui se trouve dans Babylone et sous le règne de l'Antechrist, à l'efficace de la parole, qui n'est jamais prêchée inutilement³ : est-ce que ces enfans écouteront cette parole, et qu'à la faveur des vérités qu'elle contient, ils sauront bien se séparer de la corruption ? Pour qui veut-on vous faire passer, et dans quel rang met-on ceux qu'on espère de contenter par de tels moyens ? Il n'y a donc rien à répondre à des passages si clairs : les plus sourds les entendent, les plus ignorans en sont frappés ; et il ne vous reste que le seul refuge où l'on se jette ordinairement quand on n'en peut plus ; c'est de dire ce que tous les jours nous entendons de votre bouche : Nous ne saurions vous répondre ; mais notre ministre, s'il étoit ici, vous répondroit bien. Quelle réponse pour des gens à qui tout est clair, et qui croient pouvoir décider seuls au-dessus de tous les docteurs et de tous les synodes ? Mais encore, ce misérable refuge vous est-il fermé à cette fois. Il n'est pas question de dire que votre ministre répondra quand on lui objectera ces passages tirés de ses livres : on les

¹ Jur., lett. II, p. 80. — ² Ibid. — ³ Voyez ci-dessus, n. 10.

lui a objectés dans l'*Histoire des Variations* [1] ; vous les trouverez dans ce livre XV, qu'il reconnoît avoir lu, et auquel il s'est engagé de répondre du moins pour les endroits qui le touchent ; il ne dit mot néanmoins de ceux-ci ; et ces témoignages qu'il a portés contre lui-même lui ferment la bouche.

XIII. Suite des passages du ministre, où il reconnoît dans l'Eglise romaine d'autres élus que les enfans.

Mais vous trouverez dans ce même livre de quoi le confondre plus démonstrativement. Le ministre propose deux voies dont Dieu se sert pour sauver son peuple au milieu de la corruption de Babylone : la première est la voie de tolérance, parce « qu'il supporte les erreurs et les superstitions en ceux qui y vivent de bonne foy, et qui d'ailleurs ont beaucoup de piété et de charité [2] ; » la seconde, est la voie de séparation, parce « qu'il éclaire ceux qu'il veut sauver, jusqu'à leur faire séparer la doctrine divine des additions humaines [3]. C'est ainsi, dit-il, qu'on se sauve dans le régne mesme de l'Antechrist. » Or constamment ce n'est pas ainsi que Dieu veut sauver les enfans : ni il ne supporte leurs erreurs, ni il ne leur donne de discernement ; ce n'est donc pas eux qu'on entend par ce peuple sauvé dans Babylone, ce sont les adultes : ce sont, dis-je, ceux-là qui selon les principes de votre ministre sont sauvés dans l'Eglise romaine, non-seulement en rejetant ses prétendues erreurs, mais encore en les croyant de bonne foi.

Vous ne croyiez pas, mes chers Frères, qu'on en pût venir parmi vous dans la conjoncture présente jusqu'à nous donner cet avantage : mais Dieu l'a voulu ainsi : Dieu, qui a soin de votre salut, a voulu vous donner ce témoignage par la bouche d'un ministre, d'ailleurs si implacable envers nous ; et il n'a pu s'en défendre. Car il a déclaré formellement que la voie de tolérance pour les erreurs regarde ceux qui y vivent de bonne foi ; et ce qu'il n'a dit qu'en passant dans ses *Préjugés légitimes* [4], il l'explique à fond dans son *Système*, où il parle ainsi : « Pour ce qui est des sectes qui renversent le fondement par additions, sans l'oster pourtant (vous entendez bien que c'est de nous et de nos semblables qu'il veut parler,) il est certain qu'on n'y peut communier sans péché ; et afin de pouvoir espérer de Dieu quelque

[1] *Var.*, liv. XV, n. 56. — [2] *Jur., ibid.*, n. 57. — [3] *Préj.*, Ire part., chap. I, p. 17. — [4] *Préj., ibid.*

tolérance, il faut premièrement qu'on y soit engagé par la naissance. 2° Qu'on ne puisse communier avec aucune autre société plus pure. C'est pourquoy il n'eust pas esté permis de communier tantost avec les vaudois, et tantost avec les prétendus catholiques. 3° Qu'on y communie de bonne foy, croyant qu'elle a conservé l'essence des sacremens, et qu'elle n'oblige à rien contre la conscience [1]. » Vous voyez donc clairement que ceux qui se sauvent dans ces communions impures, où néanmoins les fondemens subsistent toujours, ce sont ceux qui y vivent de bonne foi et qui croient qu'on « n'y oblige à rien qui blesse la conscience. Car, poursuit-il, si on croit que cette société oblige à quelque chose contre la conscience, on péche mortellement quand on participe à ses sacremens ; c'est pourquoy il ne vous est pas permis de communier alternativement avec les prétendus catholiques et avec les réformez, parce qu'étant dans les sentimens des réformez, nous sommes persuadez que le papisme nous oblige dans sa communion à bien des choses contre la conscience, comme, dit-il, à adorer le sacrement ; » par où l'on voit manifestement qu'il a compris l'Eglise romaine avec celles où l'on peut se sauver, en y vivant de bonne foi, c'est-à-dire en participant sincèrement à sa doctrine et à son culte; et c'est pourquoi il n'oblige à péché mortel que ceux qui communieroient ou adoreroient avec nous, sans croire de bonne foi notre doctrine.

On voit par là le pas important qu'il a fait au delà de M. Claude et du commun de sa secte. M. Claude avant la Réforme ne sauvoit parmi nous que ceux qui n'étoient pas de bonne foi, en demeurant dans le sein de notre Eglise sans y croire : M. Jurieu, qui a bien vu combien il étoit absurde de ne sauver que les hypocrites, a été forcé de passer outre, et d'accorder le salut plutôt à la bonne foi qu'à la tromperie.

Il est vrai qu'il semble y mettre deux conditions : l'une, qu'on soit engagé à une communion par la naissance; l'autre, qu'on ne puisse communier avec une société plus pure. Mais il tempère lui-même la première condition, en disant que ceux qui passent de bonne foi et par persuasion « dans les sectes qui ne ruinent ni

[1] *Syst.*, liv. I, p. 158, 159, 164, 174, 175, 195, 259.

ne renversent le fondement, » au nombre desquels il nous met, comme on a vu, « ne sont pas en autre état que ceux qui y sont nez : » et pour l'autre condition, qui est celle de ne pouvoir pas communier avec une société *plus pure,* il est fort commode pour cela, puisqu'en disant qu'il faut rompre avec les conciles « qui détruisent les fondemens de la religion, soit en les niant, soit en les renversant, » il y appose la condition, « si on est en état de pouvoir le faire [1]. » Les questions qu'il propose ensuite vous feront encore mieux connoître ses intentions : « Il semble, dit-il, que si l'idée de l'Eglise renferme généralement toutes les sectes, on puisse sans scrupule passer de l'une à l'autre; estre tantost grec, tantost latin, tantost réformé, tantost papiste, tantost calviniste, tantost luthérien [2]. » Telle est la question qu'il propose, où l'on voit qu'il met également les Latins et les Grecs, les papistes et les prétendus réformés : et il répond premièrement, qu'il n'est pas permis de passer d'une communion à une autre pour « faire profession de croire ce qu'on ne croit pas; » ce qui est très-assuré : mais, secondement, il ajoute qu'on y peut passer, comme on vient de voir, sans risque de son salut, « en changeant de sentiment, lors qu'on passe dans les sectes qui ne ruinent ni ne renversent le fondement [3]. »

Lorsque pour répondre à ce passage, il dit qu'il faut entendre sa proposition des sectes qui ne renversent en aucune sorte le fondement de la religion, ni en le niant, ni en y mêlant des erreurs mortelles, telles que sont les idolâtries qu'il nous impute [4]: il est battu premièrement par tous les endroits où il a sauvé, non-seulement les grecs aussi idolâtres que nous, mais encore les nestoriens et les eutychiens, qui joignent d'autres erreurs à ces prétendues idolâtries; et secondement, par toutes les preuves par lesquelles on a démontré qu'il met des idolâtres reconnus pour tels par lui-même, non-seulement au nombre des sauvés, mais encore au rang des plus grands saints.

XIV.
Suite de la même matière.

Si tout cela ne démontre pas qu'il a sauvé parmi nous d'autres gens que les enfans décédés avant l'usage de raison, je ne sais plus ce qu'il y a de démonstratif. Mais voici encore une autre

[1] *Syst.*, p. 259. — [2] *Ibid.* — *Ibid.,* 175. — [4] Lett. XI.

preuve, qui n'est pas moins concluante : « Nous avoùons, dit-il, à M. de Meaux que l'Eglise dont Jésus-Christ parle là (dans le passage de saint *Matthieu*, XVI, où il dit que l'enfer ne prévaudra point contre l'Eglise), est une Eglise confessante, une Eglise qui publie la foy, une Eglise par conséquent extérieure et visible; mais nous nions que cette Eglise confessante et qui publie la foy, soit une certaine communion chrétienne, distincte et séparée de toutes les autres; c'est l'amas de toutes les communions qui preschent un mesme Jésus-Christ, qui annoncent le mesme salut, qui donnent les mesmes sacremens en substance, et qui enseignent la mesme doctrine[1] : » en substance encore et quant aux points fondamentaux, comme il vient de dire; car s'il vouloit qu'en tout et partout on enseignât jusqu'aux moindres points la même doctrine, il sortiroit visiblement de son système, et ne pourroit plus sauver, comme il fait, ni les nestoriens, ni les jacobites, ni les grecs; et c'est pourquoi il ajoute que l'Eglise, dont Jésus-Christ parle ici, « est un corps qui renferme toutes les communions, lesquelles retiennent le fondement de la foy. » Or il nous comprend dans ce corps; il nous met dans cet amas, comme on a vu et comme il le dit à chaque page de son livre et en particulier dans cet endroit, puisque c'est de nous en particulier et de l'Eglise romaine qu'il s'agit. C'est dans cet amas que sont les élus; le ministre le décide ainsi par ces paroles : « Dans ce corps visible et externe est renfermée l'ame de l'Eglise, les fidèles et les vrays Saints; » et un peu plus bas, « quelque sens qu'on donne à cét article (c'est à l'article du Symbole où l'on croit l'Eglise universelle), et quoy que l'on avoùë que par là il faut entendre une vraie Eglise visible, les prétendus catholiques n'en peuvent tirer aucun avantage, puisque cette Eglise visible, laquelle nous faisons profession de croire, est celle qui est répanduë dans toutes les communions véritablement chrétiennes, et dans laquelle est renfermée la partie invisible, qui sont les éleûs et les vrais Saints[2]. » Nous sommes, comme on a vu plusieurs fois, une de ces communions véritablement chrétiennes, c'est-à-dire de celles où l'on retient les fondemens de la foi, et nous sommes par con-

[1] *Syst.*, p. 215. — [2] *Ibid.*, 216.

séquent une de ces communions où l'on est contraint d'avouer que les Saints sont renfermés. Qu'on ne nous objecte donc plus nos idolâtries prétendues comme exclusives du salut; nous annonçons dans le fond le même salut que les autres qu'on reconnoît pour véritables chrétiens : en l'annonçant, nous y conduisons, puisque selon les principes du *Système*, on ne l'annonce pas inutilement, et que la parole de Dieu n'est pas stérile. Qu'on ne nous objecte plus que nous retranchons avec la coupe une partie substantielle de l'Eucharistie; nous avons les sacremens en substance; et il n'y a aucune raison ni générale ni particulière de nous priver du salut. On ne peut ici se réduire aux enfans qui meurent parmi nous après le baptême et avant l'âge de raison; car il n'auroit fallu parler, ni de la doctrine, ni de la prédication, puisqu'ils n'y ont aucune part en l'état où ils sont. Les adultes se sauvent donc parmi nous, comme parmi les autres vrais chrétiens qui font une communion et retiennent les fondemens; et c'est en vain qu'on voudroit tâcher de renfermer le salut dans les enfans.

En effet dans le même endroit où le ministre semble s'y réduire, sentant bien en sa conscience qu'il n'y a pas moyen de s'en tenir là, il ajoute que s'il y avoit « quelques éleûs entre les adultes, cela estant absolument inconnu ne pouvoit servir à rien [1]; » comme s'il y avoit sur la terre une communion où l'on connût les élus, ou que l'on sût qu'il y en a par une autre voie que par celle qui a forcé le ministre à en mettre selon ses principes dans toutes les sociétés où la parole de Dieu est prêchée, c'est-à-dire par l'efficace et par la fécondité de cette parole.

XV. Qu'on ne peut sans trop d'injustice nous refuser le salut après l'avoir accordé à tant d'autres sectes dont la corruption est avouée.

C'en seroit trop sur cette matière, si elle étoit de moindre importance, et si le ministre à qui nous avons affaire vouloit agir de bonne foi; mais comme il ne cherche qu'à éluder tout ce qu'il a dit de plus clair, il faut l'accabler de preuves. Car après tout, quelle raison l'auroit empêché de nous sauver avec tous les autres, c'est-à-dire, non-seulement avec les luthériens qui font partie des protestans, mais encore avec ceux qu'on ne met point en ce rang, avec les grecs, les jacobites et les nestoriens, à qui il ne dénie pas qu'il ait accordé le salut? Commençons par ce qui re-

[1] Lett. XI.

garde le culte; car c'est ce qu'on fait passer pour le point le plus essentiel. On ne nie pas que les Grecs n'aient avec nous le culte des Saints, celui des reliques et des images, ni que ce culte n'ait passé en dogme constant au second concile de Nicée tenu et approuvé dans l'église grecque. Les nestoriens et les jacobites sont dans les mêmes pratiques; le fait est constant, et personne ne le conteste : ils sont donc déjà idolâtres comme nous et comme les Grecs; et néanmoins on se sauve parmi eux. Venons à ce qui regarde la personne de Jésus-Christ et son incarnation. Sans disputer maintenant du sentiment des nestoriens et des eutychiens ou demi-eutychiens et jacobites, vous avez vu que M. Jurieu les a sauvés [1], en présupposant dans la doctrine des nestoriens la désunion des personnes, et dans celle des eutychiens la confusion des natures. Vous avez vu, dis-je, qu'on peut être sauvé en croyant l'humanité absorbée dans la nature divine, et la personne de Jésus-Christ divisée en deux.

Passons à la doctrine de la grace et de la prédestination. Vous sauvez les luthériens, encore que de l'aveu de M. Jurieu ils soient demi-pélagiens, et qu'ils attachent la conversion de l'homme à des actes purement humains, où la grace n'a aucune part. Vous en avez vu les passages dans le second *Avertissement*.

Vous avez vu dans le même endroit que les mêmes luthériens nient que les bonnes œuvres soient nécessaires au salut, et qu'ils avouent qu'on se peut sauver sans exercer les vertus et sans aimer Dieu; ce qui va à l'extinction de la piété, et n'empêche pas néanmoins qu'ils ne parviennent au salut.

Disons un mot des sacremens. Ce seroit une cruauté, selon le ministre [2], de chasser de l'Eglise et d'exclure du salut ceux qui admettent d'autres sacremens que le baptême et la Cène; et loin de nous en exclure pour y avoir ajouté la confirmation, l'extrême-onction et les autres, il n'en exclut même pas les chrétiens d'Ethiopie, à qui il fait recevoir la circoncision à titre de sacrement, encore que saint Paul ait dit : « Si vous recevez la circoncision, Jésus-Christ ne vous servira de rien [3]. » Tout cela est objecté dans les *Variations* [4], et tout cela a passé sans contradiction.

[1] Ci-dessus, n. 2. — [2] *Syst.*, p. 539, 548. — [3] *Gal.*, v, 2. — [4] *Var.*, liv. XV, n. 60.

Pour la présence réelle, on n'a plus besoin d'en parler; et il y a trop longtemps qu'on est convenu en faveur des luthériens que cette doctrine, qui nous rangeoit autrefois au nombre des anthropophages, est devenue innocente et sans venin. L'ubiquité, doctrine insensée et monstrueuse s'il en fut jamais, de l'aveu de vos ministres, où l'on fait Jésus-Christ en tant qu'homme aussi immense que Jésus-Christ en tant que Dieu, est tolérée dans les luthériens avec la présence réelle, quoiqu'au fond cette doctrine emporte avec elle l'eutychianisme tout pur, et l'humanité absorbée dans la nature divine; mais cela même est déjà passé aux jacobites avec tout le reste.

Pour peu qu'il y eût de bonne foi, il ne faudroit pas disputer de la transsubstantiation, puisqu'il n'y a presque plus de protestans qui ne la reconnoissent parmi les Grecs, et que les savans la trouvent si claire dans les liturgies des nestoriens et des eutychiens, qu'il n'y a pas moyen de le nier : mais du moins à quelque excès que l'on porte l'impudence, on ne niera pas parmi eux, non plus que parmi les Grecs, une oblation et un sacrifice dans la célébration de l'Eucharistie, et un sacrifice offert à Dieu pour les morts comme pour les vivans, et pour les péchés des uns et des autres. Tout cela passe, et on se sauve avec tout cela : avec le culte des Saints et l'idolâtrie des reliques et des images; avec un sacrifice propitiatoire pour les vivans et les morts, puisque c'est pour les péchés des uns et des autres; avec la présence réelle et toutes ses suites; et ce qui est bien plus étrange, avec l'ubiquité des luthériens, avec le nestorianisme, l'eutychianisme, le semi-pélagianisme. Et qu'est-ce qui ne se passe point avec ces monstres d'erreurs ? Ce ne sont point seulement les enfans que le ministre a voulu sauver dans toutes ces sectes en vertu de leur baptême; ce sont les adultes qui y vivent de bonne foi, et ne songent seulement pas à en sortir; autrement il retomberoit dans la cruauté qu'il rejette, de damner tant de chrétiens qui lui paroissent de bonne foi. Ouvrant la porte du ciel à tant d'hérétiques, quel front eût-il fallu avoir pour nous en exclure?

Mais le grand principe du ministre l'oblige encore plus à nous recevoir. Car, comme on a vu souvent, ce qui l'oblige à sauver tant de sectes, et des sectes si corrompues de son aveu propre, c'est la fécondité qui selon lui est inséparable de la parole de Dieu, quoiqu'impurement prêchée. Or la parole de Dieu se prêche parmi nous autant et plus sans difficulté que parmi les jacobites et les grecs. Dieu seroit cruel, selon le ministre, si cette parole n'étoit prêchée que pour rendre les hommes plus inexcusables; et c'est de là qu'il conclut qu'elle a son effet entier dans toutes ces sectes et qu'elle y sauve quelqu'un. C'est pousser la haine trop avant et trop au delà de toutes les bornes, que de nous faire les seuls pour qui Dieu puisse être cruel; les seuls qui en retenant les fondemens du salut et les prêchant si solidement, ne puissions sauver personne; les seuls à qui il faille imputer les conséquences que nous nions. Avoir un Pape à sa tête pour maintenir l'unité, le bon ordre, même en tempérant sa puissance par l'autorité des canons, est-ce un crime si détestable, qu'il vaille mieux nier la grace, rejeter la nécessité des bonnes œuvres, diviser la personne de Jésus-Christ, absorber son humanité dans sa nature divine, et tout cela en termes formels? Ce seroit une cruauté et une absurdité tout ensemble, qu'un front humain ne pourroit soutenir.

Après cela si on nous demande d'où vient donc que les protestans sont si difficiles envers nous, et que M. Jurieu, qui nous admet au salut, fait semblant de s'en repentir : la raison en est bien aisée, et ce ministre nous apprend lui-même que c'est une fausse politique. C'est ce qu'il a dit clairement à la fin de la préface de son *Système*. Ce *Système*, qui met tant de sectes dans l'Eglise universelle et les admet au salut, selon lui est un dénoûment des plus grandes difficultés qu'on puisse faire à la Réforme; et ce ministre déclare que « si on n'a pas encore beaucoup appuyé là-dessus, » c'est l'effet « de la politique » du parti; c'est en un mot, qu'on a vu qu'il seroit facile d'attirer les protestans qui aiment la paix dans la communion de l'Eglise, si une fois on leur avouoit qu'on s'y pût sauver. Il n'y a personne qui ne fût bien aise d'assurer son salut par ce moyen; et voilà bien certainement « cette politique » dont se plaint M. Jurieu, et qui a empêché jusqu'ici qu'on n'appuyât beaucoup sur son système.

XVI. Que ce n'est que par politique qu'on a cessé dans la Réforme de nous recevoir au salut, et que M. Jurieu nous a lui-même découvert ce secret du parti.

Je lui ai fait cette objection dans le livre des *Variations* [1], et il n'a rien eu à répliquer; mais nous pouvons maintenant entrer plus avant dans ce secret de la Réforme. Il est certain qu'au commencement on n'y osoit dire qu'il n'y eût point de salut dans la communion romaine; au contraire on faisoit semblant de ne pas vouloir absolument y renoncer : les deux partis de la Réforme, c'est-à-dire tant les zuingliens que ceux de la Confession d'Augsbourg, se soumettoient au concile que le Pape assembleroit [2]. Nous avons vu qu'on mettoit au nombre des Saints les plus zélés défenseurs de l'Eglise et de la croyance romaine, un saint Bernard, un saint Bonaventure, un saint François; et Luther reconnoissoit en termes magnifiques le salut et la sainteté dans cette Eglise [3].

Je ne parle point des autres auteurs dont les discours vont au même but. Si dans la suite on a usé de plus de réserve, c'est l'appréhension qu'on a eue de rendre la Réforme moins nécessaire au salut, et de faire voir, si on se sauvoit dans la communion romaine, qu'il valoit mieux s'y tenir que d'aller risquer ailleurs son éternité. On sait ce qui se passa dans la conversion de Henri IV. Quand il pressoit ses théologiens, ils lui avouoient de bonne foi pour la plupart qu'avec eux l'état étoit plus parfait, mais qu'avec nous il suffisoit pour le salut. Ce prince ne trouva jamais aucun catholique qui lui en dît autant de la prétendue Réforme où il étoit. De là donc il concluoit qu'il faudroit être insensé pour ne pas aller au plus sûr, et Dieu se servoit de l'aveu de ses ministres pour faire entrer ses lumières dans le grand cœur de ce prince. La chose étoit publique dans la cour : les vieux seigneurs, qui le savoient de leurs pères, nous l'ont raconté souvent; et si on ne veut pas nous en croire, on en peut croire M. de Sully, qui tout zélé huguenot qu'il étoit, non-seulement déclare au roi qu'il tient infaillible qu'on se sauve étant catholique, mais nomme encore à ce prince cinq des principaux ministres qui ne s'éloignoient pas de ce sentiment [4]. Cependant un si grand exemple et la conversion d'un si grand roi fit peur aux docteurs de la Réforme, et ils

---

[1] *Var.*, liv. XV, n. 51. — [2] *Var.*, III, 50, 59, 60, 61, 62; *Præf. Conf. Aug., Conclus. Conf. Argent.* — [3] *Var.*, III, 60. — [4] *Mém. de Sully*, chap. XXXVIII.

n'osoient presque plus dire qu'on se sauvât parmi nous. M. Jurieu lui-même avoit peine à se déclarer dans ses *Préjugés légitimes.* Nous avons vu ¹ le passage où il dit « qu'il ne veut point définir quelles sont les sectes où Dieu peut avoir des éleûs, et où il n'en peut avoir : l'endroit, poursuit-il, est trop délicat et trop périlleux ². » Il le dit pourtant dans la suite, comme on a vu ; mais la politique du parti le faisoit encore un peu hésiter alors, et ce n'est que dans son *Système de l'Eglise* qu'il blâme ouvertement cette politique.

Demandez-lui maintenant ce qu'il y avoit « de si délicat et de si périlleux » dans ce système : étoit-ce de sauver les Grecs, les Russes, les jacobites, les nestoriens? Craignoit-il que ses protestans n'allassent en Orient rechercher le patriarche de Constantinople, ou celui des nestoriens? Et qui ne voit au contraire que ce qu'il craignoit, c'étoit de faciliter le passage de la Réforme vers nous? Il n'en faut pas davantage pour vous convaincre que, puisqu'à la fin il s'est élevé au-dessus de la politique du parti, c'étoit nous qu'il vouloit sauver. Et ce n'étoit pas les enfans qu'il avoit en vue : ce ne sont point les enfans qu'il faut empêcher d'aller chercher leur salut dans une autre communion : les adultes seuls étoient l'objet de la politique qu'il avoit enfin méprisée en nous recevant au salut. S'il semble s'en repentir et révoquer son aveu, c'est que la politique qu'il avoit blâmée reprend le dessus dans son esprit; et en deux mots, mes chers Frères, il craint d'en avoir trop dit, et que pour assurer votre salut, vous ne le cherchiez à la fin où lui-même il vous le montre.

XVII. Combien est important l'aveu du ministre, et qu'il rend les protestans inexcusables.

Non, direz-vous, cet inconvénient n'est pas à craindre, puisqu'après tout, en avouant qu'on se peut sauver dans la communion romaine, il y met des restrictions qui font trembler, et n'ouvre aux catholiques la voie du salut que par une espèce de miracle. Mais, mes Frères, tout cela est vain; et malgré les restrictions odieuses et excessives de votre ministre, l'avantage que nous remportons de son aveu est grand en toutes manières. Premièrement, parce qu'il s'ensuit que l'accusation d'idolâtrie et celle d'antichristianisme est tout à fait nulle, puisque ces deux choses mani-

¹ Ci-dessus, n. 10. — ² *Préj. légit.*, Iʳᵉ part., chap. I, p. 10.

festement sont incompatibles avec le salut, et que le ministre n'a pu le nier que par la contradiction qu'on a remarquée entre ses principes; marque évidente et inévitable de leur fausseté.

Secondement, tout le monde ne donnera pas dans les idées de M. Jurieu, où il faut composer l'Eglise catholique de tant de sectes ennemies qui poussent le schisme et la division jusqu'à s'excommunier mutuellement, et « jusqu'aux épées tirées, » comme parle ce ministre [1]. C'est détruire le christianisme que de donner cette foible idée de l'unité chrétienne; c'est ôter au royaume de Jésus-Christ le caractère de paix qui le rend éternel, et lui donner le caractère du royaume de Satan, prêt à tomber, selon la parole du Fils de Dieu, parce qu'il est divisé en lui-même [2]. Si donc on ouvre une fois les yeux à la vérité; si on voit qu'il n'est pas possible de nous refuser le titre de vraie Eglise, où l'on peut trouver le salut que nous cherchons tous, ceux qui le cherchent véritablement ne tarderont pas à pousser leurs réflexions plus loin. Ils reconnoîtront les avantages plus éclatans que le soleil de l'Eglise catholique romaine au-dessus de toutes les autres sociétés qui s'attribuent le titre d'Eglise. Ils y verront l'antiquité, la succession, la fermeté à demeurer dans le même état, sans qu'on lui puisse marquer par aucun fait positif ni la date du commencement d'aucun de ses dogmes, ni aucun acte où elle renonce à ses anciens maîtres. Ils y verront la Chaire de saint Pierre, où les chrétiens de tous les temps ont fait gloire de conserver l'unité : dans cette Chaire une éminente et inviolable autorité, et l'incompatibilité avec toutes les erreurs qui ont toutes été foudroyées de ce haut Siége. Ils y verront en un mot tous les avantages de la catholicité, qui forcent ses ennemis, au milieu de leurs calomnies, à lui rendre témoignage : ce qui fera confesser à tous les gens de bon sens qu'on devoit d'autant moins la quitter, qu'à la fin il faut avouer qu'on y trouve la vie éternelle; et il paroîtra évident, comme on est sorti de son sein, que c'est à ce sein maternel qu'il faut retourner de tous les coins de la terre pour assurer son salut.

En effet, en troisième lieu, les difficultés qu'on s'imagine à le trouver parmi nous ne sont point fondées en raison, mais dans la

---

[1] *Préj.*, p. 4. — [2] *Matth.*, XII, 25, 26.

haine la plus aveugle qu'on puisse jamais imaginer, puisque même on a osé dire qu'on se sauveroit plus aisément parmi les ariens [1], quoiqu'ils nient la divinité du Fils de Dieu. Voilà ce qu'a dit votre ministre, où vous voyez clairement que c'est la haine seule qui le fait parler, et rien ne le prouve mieux que la raison dont il se sert pour donner la préférence aux ariens : car c'est, dit-il, que parmi eux « on ne nie que cet article fondamental, » c'est-à-dire la divinité de Jésus-Christ, et que parmi les catholiques romains on en nie plusieurs. Mais vous le venez de voir forcé d'avouer que nous n'en nions aucun ; et s'il dit que nous les nions par conséquence, outre qu'il a justifié ceux qui rejettent les conséquences qu'on leur impute, toujours nous serions en meilleur état que les ariens, qui nient directement le fondement de la foi avec la divinité de Jésus-Christ. Or constamment, et selon les propres principes de M. Jurieu, ceux qui nient directement le fondement de salut, sont en pire état que ceux qui ne le nient qu'indirectement et par des conséquences qu'ils rejettent. Nous sommes de ce dernier nombre selon lui ; par conséquent, sans aucun doute et selon lui-même, préférables aux ariens, au-dessous desquels il nous met ; c'est donc manifestement la haine qui le fait parler, et non la raison. D'où premièrement je confirme, quoi qu'il dise, qu'il ne cherche qu'à diminuer l'impiété de ceux qui nient la divinité de Jésus-Christ ; et je conclus secondement, que tous les obstacles qu'on cherche avec tant d'aigreur au salut des catholiques sans en avoir aucune raison, ne servent qu'à faire voir dans leurs adversaires une aversion injuste et insupportable.

Une objection si pressante, proposée au livre XV des *Variations*, est demeurée sans réplique. Vous y voyez d'un côté la haine la plus excessive et la plus aveugle qu'on puisse imaginer ; et d'autre part, malgré cette haine, l'aveu le plus authentique et le plus formel, qu'on se peut sauver parmi nous. Dieu ne vous donne pas en vain ce témoignage : Dieu ne permet pas en vain que ce Caïphe prophétise : trompé et trompeur en tant d'endroits, il est forcé à dire cette vérité pour aider les foibles, pour ramener les gens de

---

[1] *Préj. lég.*, 1re part., chap. I; *Syst.*, p. 223; *Var.*, liv. XV, n. 172.

bonne foi, et à la fin rendre les autres autant inexcusables qu'ils sont endurcis.

Enfin si l'aveu que fait le ministre, qu'on se peut sauver parmi nous et dans l'Eglise romaine, n'étoit pas pour elle d'une extrême conséquence, ce ministre, après l'avoir fait si solennellement et tant de fois dans ses *Préjugés légitimes,* dans son *Système* et ailleurs, comme on a vu, ne feroit pas tant d'efforts dans sa *Lettre* onzième pour nous cacher un aveu si constant, ou plutôt pour se dédire s'il pouvoit. Mais il se tourmente en vain ; et de peur que vous ne croyiez que ce ministre n'en est venu là que parce qu'il l'a bien voulu, ou qu'il en pourroit revenir s'il lui plaisoit, il est bon de considérer par quelle force invincible il y a été entraîné. L'histoire en est courte, et je veux bien répéter ici en abrégé ce qui en est expliqué un peu plus au long, mais encore très-brièvement au quinzième livre des *Variations* [1].

XVIII. Par quelles raisons le ministre a été forcé à cet aveu, et qu'on n'en peut plus revenir.
Tout est fondé sur la question : Où étoit l'Eglise avant la Réforme? La chimère d'Eglise invisible ayant été vainement tentée et à la fin étant reconnue pour insuffisante, il a fallu avouer, non-seulement que l'Eglise étoit toujours, mais encore qu'elle étoit toujours visible et visiblement subsistante dans une immortelle société de pasteurs et de peuple. C'est cet aveu qu'on a démontré autant nécessaire qu'important dans les écrits des ministres Claude et Jurieu, qui après tout n'étoit qu'une suite des principes déjà avoués dans la Réforme. La question est donc toujours revenue : Où y avoit-il dans le monde une Eglise semblable à celle des protestans avant la réformation prétendue? Là, après avoir vainement cherché par toute la terre une Eglise qui eût la même foi que celle qui se disoit réformée, il a fallu enfin avouer qu'on n'en reconnoissoit aucune de cette sorte dans quelque partie que ce fût de l'univers, et ajouter que l'Eglise subsistoit visiblement dans ce corps de pasteurs et de peuple qu'on appeloit l'*Eglise romaine,* où les prétendus réformateurs et tous ceux qui les ont suivis avoient été élevés et avoient reçu le baptême. On se pouvoit donc sauver dans cette communion : les élus de Dieu y étoient. Quoiqu'on la dît idolâtre, quoiqu'on la dît antichrétienne, ce qui est le comble des maux, des in-

[1] *Var.,* liv. XV, n. 33 et suiv.

impiétés et des erreurs parmi les chrétiens : il a fallu en même temps lui donner la gloire de porter les enfans de Dieu, sans qu'elle eût perdu sa fécondité par tous les crimes et par toutes les erreurs qu'on lui imputoit. La question étant ainsi résolue du commun aveu de la Réforme, une autre question s'élève naturellement : Si on pouvoit se sauver dans la communion romaine avant la Réforme, qui empêche qu'on ne s'y sauve depuis? N'y avoit-il pas, quand on s'y sauvoit, la même messe, les mêmes prières, le même culte qu'on y veut regarder aujourd'hui comme un obstacle au salut? On s'y sauvoit néanmoins : d'où viendroit donc aujourd'hui qu'on ne pourroit s'y sauver ?

Dire qu'elle eût ajouté depuis dans le concile de Trente de nouveaux articles de foi, quand cela seroit, ce ne seroit rien : car il étoit bien constant qu'on n'avoit pas de nouveau ajouté la messe, ni tout ce que la Réforme vouloit appeler idolâtrie, et tout cela y étoit pendant qu'il faut confesser qu'on s'y sauvoit : pourquoi donc encore un coup ne pourroit-on maintenant que s'y damner?

Alléguer ici l'ignorance, et la faire servir d'excuse aux bonnes intentions de ceux qui vivoient avant la grande lumière de la Réforme, c'est, premièrement, une fausseté manifeste, puisque la Réforme prétend que dans le fond la même lumière a précédé dans les hussites, dans les vicléfites, dans les vaudois, dans les albigeois, dans Bérenger, dans les autres : et c'est, secondement, une vaine excuse pour des abus qu'on taxe d'idolâtrie manifeste, étant chose avouée parmi les chrétiens, comme elle l'est encore tout nouvellement par le ministre Jurieu, qu'on n'a jamais cru ni pensé qu'on pût sauver un idolâtre sous prétexte d'ignorance ou de bonne foi. Ainsi excuser nos pères sur leur ignorance [1], c'étoit détruire entièrement l'accusation d'idolâtrie, ôter tout le fondement de la Réforme et toute excuse du schisme. Il falloit donc ou damner nos pères, et ne laisser durant tant de siècles aucune ressource au christianisme; ou nous sauver avec eux, et l'argument ne souffroit aucune réplique. Ajoutez à tout cela les luthériens, que toute la Réforme sauve avec la présence réelle, avec le monstre de l'ubiquité, avec le semi-pélagianisme ennemi de la grace de

---

[1] Lett. xi, p. 80.

Jésus-Christ, avec l'erreur où l'on nie la nécessité des bonnes œuvres; faites la comparaison de ces dogmes qu'on veut tolérer avec ceux qu'on veut trouver intolérables; ajoutez l'ambiguïté des articles fondamentaux, énigme indissoluble à la Réforme : voilà par où M. Jurieu s'est trouvé forcé à l'aveu que nous avons vu, et dont il est maintenant si embarrassé.

XIX. Importance de la dispute sur l'article de l'Eglise : il force M. Jurieu à reconnoître l'Eglise infaillible.

Je ne m'étonne donc pas si les ministres, et en général tous les protestans, évitent autant qu'ils peuvent la question de l'Eglise comme l'écueil où ils se brisent. Ils parlent tous et toujours de cette question, comme si elle n'étoit pas du fond de la religion : C'est, disent-ils, une dispute étrangère et une chicane où on les jette. Mais il faudroit donc effacer cet article du Symbole : « Je crois l'Eglise universelle : » c'est de cet article qu'il s'agit dans la question de l'Eglise; si on l'entend bien ou mal ou, pour mieux dire, si on l'entend, ou si on ne l'entend pas. Il s'agit donc du fond de la foi et d'un article principal du christianisme, et il n'y a pas moyen de le nier. Bien plus, il ne s'agit pas seulement ici d'un des articles principaux, mais d'un article dont la décision entraîne celle de tous les autres. Car considérons où il nous mène, et commençons par considérer où il a conduit M. Jurieu. Je ne parle plus de la conséquence qu'il a tirée malgré lui et forcé par la vérité, qu'on se peut sauver parmi nous : en voici d'autres aussi importantes et aussi certaines. S'il y a toujours une Eglise où l'on se sauve, et que cette Eglise soit toujours visible, ce doit être en vertu de quelque promesse divine et d'une assistance particulière qui ne la quitte jamais : car la raison nous enseigne, l'Ecriture décide, l'expérience confirme, « qu'un ouvrage humain se dissiperoit de lui-même [1]. » Les ministres passent condamnation, et ils avouent que l'Eglise subsiste visiblement dans ses pasteurs et dans son peuple, en vertu de cette promesse : « Je suis avec vous; » de celle-ci : « Les portes d'enfer ne prévaudront point, » et des autres de cette nature. Mais l'Eglise ne peut subsister sans la profession de la vérité : c'est pourquoi M. Jurieu avoue après M. Claude, que l'Eglise, à qui Jésus-Christ promet une éternelle durée, « est une Eglise confessante, une Eglise qui publie la foy, »

---

[1] *Act.*, V, 35 et seq.

et par conséquent qui a pour cela une assistance particulière ; on en a vu les passages [1], et ces deux ministres l'avouent en termes formels. Il est vrai que c'est avec restriction ; car ils confessent que Jésus-Christ assiste l'Eglise visible, quoique non pas jusqu'au point de ne la laisser tomber en aucune erreur capitale. C'est pourquoi M. Jurieu demeure d'accord que « l'Eglise universelle est infaillible jusqu'à un certain degré, c'est-à-dire jusqu'à ces bornes qui divisent les véritez fondamentales de celles qui ne le sont pas [2]. » C'est déjà un attentat manifeste de donner des restrictions à la promesse de Jésus-Christ qui est absolue, et trois raisons s'y opposent, tirées l'une du côté de Dieu, l'autre du côté des dogmes qu'il révèle, et la troisième du côté des promesses mêmes. Du côté de Dieu, il est tout-puissant ; « il sauve en peu comme en beaucoup, » ainsi que dit l'Ecriture [3] ; et il ne lui est pas plus difficile de garantir de toute erreur que de quelque erreur, ni de conserver tous les dogmes que de conserver seulement les principaux, en laissant périr cependant ceux qui en sont des accessoires et des dépendances. Il les conserve donc tous dans son Eglise ; d'autant plus qu'à considérer les dogmes mêmes, Jésus-Christ qui nous les a révélés ou par lui-même ou par ses apôtres, n'est pas un maître curieux qui enseigne des dogmes inutiles et dont la croyance soit indifférente ; au contraire c'est de lui qu'il est écrit dans Isaïe : « Je suis le Seigneur qui t'enseigne des choses utiles, et qui te conduis dans la voie où tu dois marcher [4]. » Il n'a donc rien enseigné qui ne soit utile et nécessaire à sa manière : si quelqu'un de ses dogmes ne l'est pas à tous et toujours, il l'est toujours au général et il l'est aux particuliers en certains cas ; autrement il n'auroit pas dû le révéler ; et par la même raison qu'il a dû le révéler à son Eglise, il a dû aussi l'y conserver par l'assistance perpétuelle de son Saint-Esprit. C'est pourquoi, et c'est la troisième raison ; c'est pourquoi, dis-je, les promesses de cette assistance n'ont point de restriction ; car Jésus-Christ n'en apporte aucune, quand il dit : « Je suis avec vous ; » et quand il dit : « Les portes d'enfer ne prévaudront point. » Il ne dit pas : « Je suis avec vous » dans cer-

---

[1] *Var.*, liv. XV, n. 34 et suiv. — [2] *Syst.*, p. 256 ; *Var.*, liv. XV, n. 95. — [3] I *Reg.*, XIV, 6. — [4] *Isa.*, XLVIII, 17.

tains articles, et je vous abandonne dans les autres ; il ne dit pas :
L'enfer prévaudra dans quelques points, et dans les autres je rendrai ses efforts inutiles : il dit, sans restriction : « L'enfer ne prévaudra pas. » Il n'y a point là d'exception, ni aucun endroit de sa
doctrine que Jésus-Christ veuille abandonner au démon ou à l'erreur : au contraire il a dit que l'esprit qu'il enverroit à ses apôtres
« leur enseigneroit, » non pas quelque vérité, mais « toute vérité [1] : » Ce qui devoit durer éternellement, à cause que cet Esprit
ne devoit pas seulement « être en eux, » mais encore « y demeurer [2], » et que Jésus-Christ « les avoit choisis, » non-seulement
pour « porter du fruit, » mais encore, afin « que le fruit qu'ils
porteroient demeurât [3] ; » et, comme dit Isaïe, « afin que l'esprit
qui étoit en eux, et la parole qu'il leur mettoit à la bouche passât
de génération en génération, de la bouche du père à celle du fils,
et à celle du petit-fils, et ainsi à toute éternité [4]. » Ces promesses
n'ont point d'exceptions ou de restrictions, et on n'y en peut apporter que d'arbitraires qu'on tire de son cœur et de son esprit
particulier ; ce qui est la peste de la piété. Que le Seigneur juge
donc entre nous et nos frères ; ou plutôt qu'il prévienne son jugement, qui seroit terrible, en leur inspirant la docilité pour les
jugemens de l'Eglise à qui Jésus-Christ a tout promis. Mais sans
les pousser plus loin qu'ils ne veulent, ce qu'ils nous donnent suffit
pour les tirer de tous leurs doutes ; et vous en serez convaincus en
lisant le XVe livre de l'*Histoire des Variations* : car je ne veux ici
répéter ni soutenir que ce que M. Jurieu en a attaqué dans ses réponses.

xx.
Ce ministre répond
lui-même
à ce qu'il
nous objecte de
plus fort,
et premièrement à
l'embarras
où il prétend nous
jeter, pour
connoître

Il traite avec un grand air de mépris les *sophismes* de ce livre,
comme il les appelle, et ne daigne entrer dans cet examen ; mais
puisqu'il y a quelques endroits qu'il a jugés dignes de réponse,
voyons s'il y en aura du moins un seul où il ait pu se défendre.
Comme il ne songe, à dire vrai, qu'à rendre tout difficile, il prétend qu'on tombe parmi nous dans des embarras inévitables par
le recours qu'on y a dans les controverses aux décisions de l'Eglise universelle, parce que l'Eglise universelle « n'enseigne rien,

[1] *Joan.*, XVI, 13. — [2] *Joan.*, XIV, 16, 17. — [3] *Joan.*, XV, 16. — [4] *Isa.*, LIX, 21.

selon lui, ne décide rien, ne juge rien ¹, » et qu'on n'en peut sa- — *la foi de l'Eglise universelle*
voir les sentimens qu'avec un travail immense.

On voit bien où cela va : c'est à jeter tout particulier, savant ou ignorant, et jusqu'aux femmes les plus incapables, dans la discussion du fond des controverses, au hasard de n'en sortir jamais, ou de n'en sortir que par une chute ; et au hasard, en s'imaginant avoir tout trouvé de soi-même, de se laisser emporter au premier venu. Voilà où M. Jurieu et ses semblables ont entrepris de mener tous les fidèles.

Pour cela ce ministre a osé dire que « l'Eglise n'enseigne rien et ne juge rien. » Comment le peut-il dire, puisqu'il dit en même temps que le consentement de toutes les églises « à enseigner certaines véritez est une espèce de jugement et *de jugement infaillible;* si infaillible, selon lui, qu'il fait « une démonstration » (ce sont ses paroles), et qu'on ne peut regarder que comme une « marque certaine de réprobation » l'audace de s'y opposer ² ? Ce sont encore ses paroles, et on ne pouvoit en imaginer de plus fortes. Mais, poursuit-il, on ne peut savoir le sentiment de l'Eglise universelle qu'avec beaucoup de recherches. Quelle erreur ! et pourquoi ainsi embrouiller les choses les plus faciles ? On fait imaginer à un lecteur ignorant que, pour savoir les sentimens de l'Eglise catholique, il faut envoyer des courriers par toute la terre habitable, comme s'il n'y avoit pas dans les pays les plus éloignés des choses dont on peut s'assurer infailliblement, sans qu'il en coûte autre chose que la peine de les vouloir apprendre ; ou que tout particulier, dans quelque partie qu'il habitât du monde connu, ne pût pas aisément savoir ce qui, par exemple, avoit été décidé à Nicée ou à Constantinople sur la divinité de Jésus-Christ ou du Saint-Esprit, et ainsi du reste. Je ne sais comment on peut contester des choses si évidentes, ni comment on peut s'imaginer qu'il soit difficile d'apprendre des décisions que ceux qui les font sont soigneux de rendre publiques par tous les moyens possibles ; en sorte qu'elles deviennent aussi éclatantes que le soleil, et qu'on en peut dire ce que saint Paul disoit de la prédication apostolique:

¹ *Var.*, liv. XV, n. 87 ; *Syst.*, p. 6, 217, 233 et suiv. — ² *Var.*, liv. XV, n. 87, 88 ; *Syst.*, p. 296.

312   AVERTISSEMENS AUX PROTESTANS.

« Le bruit s'en est répandu dans toute la terre, et la parole en a pénétré jusqu'aux extrémités de l'univers[1]. » Saint Paul parloit aux Romains d'une vérité qui leur étoit connue, sans avoir besoin de dépêcher des courriers par tout le monde, ni d'en attendre des réponses ; et pour venir à des exemples qui touchent de plus près les protestans, faut-il envoyer en Suède pour savoir qu'on y professe le luthéranisme, ou en Ecosse pour savoir que le puritanisme y prévaut et que l'épiscopat y est haï, ou en Hollande pour savoir que les arminiens qui y sont fort répandus tendent fort à la croyance des sociniens ? Mais puisque le ministre est en humeur de contester tout, qu'il se souvienne du moins de ce qu'il a dit lui-même, que ce consentement de « l'Eglise universelle est la régle la plus seûre pour juger quels sont les points fondamentaux, et les distinguer de ceux qui ne le sont pas ; question, dit-il, si épineuse et si difficile à résoudre [2]. »

XXI.
Le ministre forcé de dire que la dispute sur les points fondamentaux ne regarde point le peuple. Absurdité de cette pensée.

Voilà les passages de M. Jurieu, que je lui objecte à lui-même dans le livre XV des *Variations.* Ils sont assez importans, et surtout le dernier, pour montrer l'autorité infaillible des jugemens de l'Eglise : que croyez-vous, mes chers Frères, que ce ministre y réponde ? Une chose rare sans doute : écoutez-la, et voyez d'abord de quelle hauteur il le prend : « On veut bien que M. Bossuet sçache qu'on ne parle pas à des simples, mais à des sçavans qui éxaminent la question des points fondamentaux et non fondamentaux. Mais, poursuit-il un peu après, à l'égard des simples, cette régle est de nul usage [3]. » Mais quelle règle auront donc les simples pour résoudre cette question « si épineuse et si difficile ? » L'Ecriture ? Mais comment donc dites-vous, « que la régle la plus seûre » est le consentement des Eglises ? Il y auroit donc une règle plus sûre que l'Ecriture ? Mais si l'Ecriture est claire, comme vous le soutenez, comment est-ce que la question des articles fondamentaux est « si épineuse et si difficile à résoudre ? » Ou bien est-ce qu'elle est difficile pour les savans seulement, sans l'être pour le simple peuple ; et que l'Ecriture, qui la décide pour le peuple, ne la décide pas pour les savans ? Reconnoissez que souvent on s'embarrasse beaucoup, quand on ne songe, en expli-

[1] *Rom.*, x, 18 ; *Ps.* XVIII. 5. — [2] *Syst.*, p. 237. — [3] *Lett.* XI, p. 83, col. 1.

quant les difficultés, qu'à éblouir le vulgaire. Mais voici un beau dénouement : « C'est que les simples ne sont guères appelez à distinguer les points fondamentaux et non fondamentaux; cela ne leur est aucunement nécessaire. Mais s'ils veulent entrer dans cet éxamen, leur unique régle sera *leur raison et l'Ecriture sainte;* et par ces deux lumiéres ils jugeront aisément du poids et de l'importance d'une doctrine pour le salut[1]. » Mais si les simples le peuvent « juger aisément, » pourquoi les savans seront-ils les seuls à qui cette question « est si épineuse et si difficile à résoudre? La raison et l'Ecriture » ne sont-elles que pour les simples? Et les savans ont-ils une autre règle de leur croyance que les autres? Mais pourquoi vous met-on ici « votre raison avec l'Ecriture? Leur raison et l'Ecriture, dit-on, seront leur unique régle. » Est-ce qu'à ce coup l'Ecriture n'est pas suffisante? Ou bien est-ce qu'en cette occasion il faut avoir de la raison pour bien entendre l'Ecriture, et que dans les autres questions la raison n'est pas nécessaire? O peuples fascinés et préoccupés! car c'est à vous que je parle ici, et je laisse pour un moment les superbes docteurs qui vous séduisent : ne sentirez-vous jamais que vos ministres se jouent de votre foi? Car, je vous prie, pourquoi vous exclure de l'examen des articles fondamentaux, et se le réserver à eux seuls? N'est-ce pas un article nécessaire à tous, de bien savoir, par exemple, que Jésus-Christ « est le fondement [2]? » Mais si quelqu'un venoit dire que l'article de sa divinité, ou celui du péché originel et de la grace, ou celui de l'immortalité de l'ame et de l'éternité des peines, ou quelque autre de cette importance, n'est pas fondamental et qu'il faut communier les sociniens qui les nient : pourquoi le peuple sera-t-il exclus de la connoissance de cette question? Mettons, par exemple, que quelque ministre ose avancer qu'il faut recevoir à la communion, non-seulement les luthériens, mais encore ceux qui rejettent les articles qu'on vient de rapporter, ou qui veulent qu'ils n'appartiennent pas à l'essence de la religion : ce n'est point là une idée en l'air; M. Jurieu sait bien que plusieurs ont proposé et proposent encore de semblables tolérances : les docteurs jugeront-ils seuls cette question, ou se-

---

[1] Lett. xi, p. 83.— [2] I *Cor.*, III, 11.

ront-ils infaillibles à cette fois, et le peuple sera-t-il tenu de les en croire à l'aveugle ? Mais si les ministres se trompent, car ils ne veulent être infaillibles ni en particulier ni en corps, faudra-t-il consentir à leur erreur? Peuple aveugle, où vous mène-t-on, en vous disant que vous voyez tout par vous-mêmes? Et à qui peut-on mieux appliquer cette parole du Sauveur : « Si vous étiez aveugles, vous n'auriez point de péché : mais maintenant que vous dites : Nous voyons ; votre péché demeure sur vous [1] ? »

XXII. M. Jurieu contraint de renvoyer les fidèles à l'autorité de l'Eglise, et puis de les retirer de ce refuge.

Mais voici encore une autre illusion. M. Nicole presse le ministre sur l'invincible difficulté où se trouvera une bonne femme dans un article important, lorsque, par exemple (car il m'est permis de réduire la question générale à un cas particulier), lors, dis-je, qu'un socinien lui viendra dire, comme font tous ceux de cette secte, que l'intelligence des paroles par où on lui prouve la divinité de Jésus-Christ, ou le péché originel, ou l'éternité des peines, dépend des langues originales dont les versions, et même les plus fidèles, ne peuvent jamais égaler la force ni remplir toutes les idées. L'embarras assurément n'est pas petit, lorsqu'avec les protestans on tient pour certain que dans les points de la foi on ne peut se fier qu'à soi-même, et cette femme est agitée d'une terrible manière. Mais M. Jurieu apaise ses troubles, en lui disant, « qu'une simple femme qui aura appris le Symbole des apostres, et qui l'entendra dans le sens de l'Eglise universelle, sera peut-estre dans une voye plus seûre que les sçavans qui disputent avec tant de capacité sur la diversité des versions [2]. » Le livre des *Variations* proposoit encore à votre ministre ce témoignage tiré de lui-même, où il paroît clairement que pour tirer d'embarras cette pauvre femme, il lui propose l'autorité de l'Eglise universelle, comme un moyen plus facile que celui de la discussion. C'étoit là parler en catholique; c'étoit donner à cette femme le même moyen d'affermir sa foi que nous donnons généralement à tous les fidèles; et dans un état si embarrassant, votre ministre n'a pu s'empêcher de revenir à notre doctrine. Mais il tâche de se relever contre cet aveu : « Vit-on jamais, répond-il, une plus misérable chicanerie? Le ministre dit bien qu'une femme peut entendre le

[1] *Joan.*, IX, 41. — [2] *Syst.*, liv. III, chap. IV, p. 463.

Symbole dans le sens de l'Eglise universelle ; mais il ne dit pas qu'elle puisse sçavoir le sens de l'Eglise universelle ¹. » Et un peu après : « Elle ne connoistra point le sens de l'Eglise universelle par l'Eglise universelle elle-mesme ; ce sera par l'Ecrtiure. Car elle fera ce raisonnement : C'est icy le vray sens de l'Ecriture ; et par conséquent c'est celuy de l'Eglise universelle. » Ne voilà-t-il pas un doute bien résolu, et une femme bien contente ? Troublée en sa conscience sur l'intelligence de l'Ecriture et embarrassée d'un examen où elle se perd, elle trouvoit du soulagement lorsque vous la renvoyiez à l'autorité de l'Eglise universelle comme à un moyen plus connu, et maintenant vous lui faites voir qu'elle ne voit goutte en ce moyen ! Pourquoi donc le lui proposer ? Qui vous obligeoit à lui parler de l'Eglise universelle, pour dans la suite l'embarrasser davantage ? Et ne valoit-il pas mieux selon vos principes, sans lui parler de l'Eglise ni du Symbole, la renvoyer tout court à l'Ecriture, que d'y revenir enfin par ce circuit embarrassant ? Mais c'est que les principes de la Réforme veulent une chose, et que la force de la vérité ou plutôt le besoin pressant d'une conscience agitée en demande une autre.

XXIII. *Que le ministre nous donne lui-même un moyen facile pour reconnoître la foi de tous les siècles, et nous démontre que se soumettre à l'autorité de l'Eglise, ce n'est pas se soumettre aux hommes, mais à Dieu.*

Que si le ministre nous demande comment on peut s'assurer du consentement de tous les siècles dans certains articles, sans lire beaucoup d'histoires et remuer beaucoup de livres : ce moyen étoit tout trouvé dans les principes qu'il posoit, s'il eût voulu les pousser dans toute leur suite. Il n'avoit qu'à se souvenir que Jésus-Christ, selon lui, promet une Eglise où la vérité sera toujours annoncée du moins quant aux articles capitaux, infaillible par conséquent à cet égard, comme il en est convenu. Or une Eglise infaillible n'erre dans aucun moment : qui n'erre point, croit toujours la même chose ; et il n'y a dans ce cas qu'à voir ce qu'on croit de son temps pour savoir ce qu'on a toujours cru ². Les principes sont avoués ; la conséquence est claire ; on nous donne un dénouement sûr à la principale difficulté qu'on nous fait sur l'autorité de l'Eglise. On nous objecte sans cesse, et autant de fois que nous recourons à cette autorité, que c'est recourir aux hommes au lieu de se tourner du côté de Dieu. Que si on avoue maintenant

---

¹ Jur., lett. XI, p. 83. — ² *Var.*, liv. XV, n. 95, 96.

que le consentement de l'Eglise est une règle certaine et « la plus seûre de toutes, » il est clair qu'en s'y soumettant, ce n'est pas aux hommes qu'on cède, mais à Dieu; et l'objection que la Réforme nous faisoit est résolue par la Réforme même.

XXIV. Les ministres Claude et Jurieu, contraints d'abandonner la nécessité de la règle de l'Ecriture pour former la foi du chrétien.

C'est ce que j'ai dit au ministre [1]; et sans seulement songer à y répondre, il continue ses plaintes contre l'évêque de Meaux en cette sorte : « Vit-on jamais un plus étrange exemple de hardiesse, que l'accusation qu'il fait aux ministres Claude et Jurieu, d'avoir confessé ou écrit qu'il n'est pas nécessaire aux simples de lire et d'étudier l'Ecriture sainte? Dans quel esprit faut-il estre pour imputer à des gens un aveu formellement contraire à toutes leurs disputes et à leurs sentimens [2]? » Le ministre change un peu les termes. Je n'accuse ni M. Claude ni lui de nier absolument la nécessité de lire ou d'étudier l'Ecriture sainte : je dis seulement qu'ils ont nié que l'Ecriture fût nécessaire aux simples pour former leur foi. Et afin de marquer les termes précis de l'accusation, je soutiens que ces deux ministres ont enseigné positivement « que l'Ecriture n'est pas nécessaire au fidéle pour former sa foy; qu'il la peut former sans en avoir leû aucun livre, et sans sçavoir mesme quels sont les livres inspirez de Dieu [3]. » J'avoue bien que cette doctrine est contraire à toutes les maximes de la secte; et c'est aussi pour cette raison que je maintiens que la secte est insoutenable, puisqu'à la fin il en faut nier toutes les maximes. Mais voyons ce qu'on nous répond. Voici les propres paroles de M. Jurieu : « Les ministres Claude et Jurieu ont avoué qu'il n'estoit pas d'une absoluë nécessité aux simples d'étudier la question des livres canoniques et apocryphes; donc ils ont avoué qu'il ne leur est pas permis de lire l'Ecriture. Quelle croyance devez-vous avoir à un convertisseur d'une mauvaise foy si découverte [4]? » Encore un coup, on change les termes de l'accusation pour lui ôter la vraisemblance; car qui croira que des ministres en soient venus jusqu'à dire que la lecture de l'Ecriture ne soit pas permise aux simples? Aussi n'est-ce pas là ce que je dis, mais seulement que l'Ecriture « n'est pas nécessaire au fidéle pour former sa foy. »

[1] *Var.*, liv. XV, n. 91. — [2] Jur., lett. XI, p. 83, col. 2. — [3] *Var.*, liv. XV, n. 113, 114. — [4] Lett. XI, p. 83.

Voilà mon accusation, surprenante à la vérité contre des ministres, mais par malheur pour celui-ci qui fait tant l'étonné, il en avoue déjà la moitié, et encore, comme on va voir, une moitié qui entraîne l'autre. Car enfin qu'il biaise tant qu'il lui plaira, et qu'il tâche de dissimuler son aveu, en disant qu'il n'est pas « de nécessité absoluë aux simples d'étudier la question des livres canoniques, » ou cette question est indifférente, et les fidèles formeront leur foi sans connoître quels sont les livres divins; ou s'il leur est nécessaire de le savoir et qu'ils ne le sachent pas, il faudra bien ou qu'ils l'étudient, ou qu'ils s'en fient à leurs docteurs et à l'autorité de l'Eglise; ou que, comme des fanatiques, ils attendent que, sans étude et sans aucun soin, Dieu leur révèle par lui-même les Livres divins. Quoi qu'il en soit et de quelque côté qu'il se tourne, au fond il est constant qu'il accorde ce que M. Claude avoit aussi accordé, qu'il n'est pas besoin qu'un homme étudie « la question des livres apocryphes et canoniques; » et il avoue lui-même en termes formels que « la question des livres apocryphes et canoniques fait partie de cette science qu'on appelle *théologie*, mais qu'elle ne fait point partie de l'objet de la foy [1]. » Quoi donc ! il n'appartient point à la foi, si l'*Apocalypse*, si l'*Epître aux Hébreux*, si d'autres livres sont divins ou non? On peut errer sur ce point sans blesser la foi? Que deviendra donc la doctrine, que l'Eglise romaine est Babylone [2]; doctrine si importante, qu'elle est à présent le principal fondement de la séparation et un article sans lequel on ne peut pas être chrétien? Que deviendra cet article selon la Réforme, et quel fondement aura-t-il, si l'on peut révoquer en doute la divinité de l'*Apocalypse?* D'ailleurs s'il est permis une fois aux simples de croire, par exemple, sur la foi de saint Innocent et du concile de Carthage, pour ne point ici parler des autres auteurs, que les livres des *Machabées* sont divins; il faudra donc passer nécessairement, et le sacrifice pour les morts, et la rémission des péchés après cette vie [3], comme choses révélées de Dieu. Je crois alors que la question des livres canoniques ou apocryphes deviendra appartenante à la foi autant pour les

[1] *Syst.*, liv. III, chap. II, p. 251, 453. — [2] Jur., *Préf. de l'Acc. des Proph.*, lett. XI, etc. — [3] II *Mach.*, XII, 43 et seq.

simples que pour les doctes protestans : autrement ce qu'on leur donne pour assuré par la foi ne le sera plus. Que dira ici la Réforme, si vivement pressée par les propres réponses de ses ministres ? Avouez que la confusion se met parmi vous d'une manière terrible, et, comme disoit le Psalmiste, que « l'iniquité se dément » trop visiblement « elle-même [1]. »

XXV. Raisons inévitables qui les ont poussés à cette doctrine, si contraire à leurs maximes. Mais encore qui pouvoit obliger deux ministres si précautionnés et si subtils à un aveu si considérable ? Je le dirai en peu de mots : c'est qu'enfin ils ont reconnu qu'on ne peut plus soutenir cet article de la Réforme : « Qu'on connoissoit les Livres divins pour canoniques, non tant par le consentement de l'Eglise universelle, que par le témoignage et la persuasion intérieure du Saint-Esprit [2]. » Les ministres ont bien senti que de faire croire à tous les fidèles qu'ils vont connoître d'abord par un goût sensible la divinité du *Cantique des Cantiques,* ou du commencement de la *Genèse* ou d'autres livres semblables sans le secours de la tradition : ce seroit une illusion trop manifeste ou, pour enfin trancher le mot, un franc fanatisme. De renvoyer les fidèles au consentement de l'Eglise, que, pour ne point donner tout à l'inspiration fanatique, on étoit forcé en cette occasion de reconnoître du moins comme un moyen subsidiaire, cela seroit dangereux : car à quelque prix que ce soit, on veut que ce consentement de l'Eglise, moyen que l'antiquité a toujours donné pour si facile, soit d'une recherche si abstruse et si embarrassante, que les simples n'y connoissent rien. Que faire donc ? Le plus court a été de dire que la question des livres canoniques et apocryphes, où il s'agit d'établir le fondement de la foi et la parole qui en règle tous les articles, n'appartient pas à la foi et n'est pas nécessaire aux simples.

Mais comme enfin il a bien fallu donner aux simples un moyen facile de discerner les Livres divins d'avec les autres, à moins de les exposer à autant de chutes que de pas, on a trouvé ce moyen dans nos jours, de dire que la foi commence par sentir les choses en elles-mêmes, et que par le goût qu'on a pour les choses, on apprend aussi à goûter les livres où elles sont contenues. C'est ce

[1] *Ps.* XXVI, 12. — [2] *Conf. de foi,* art. 4.

que le ministre Claude a dit le premier, cet homme que les protestans nomment maintenant *leur invincible Achille ;* c'est ce que le ministre Jurieu a suivi depuis ; et voici ses propres paroles : « C'est la doctrine de l'Evangile et de la véritable religion qui fait sentir sa divinité aux simples indépendamment du livre où elle est contenue ; » et pour conclusion : « En un mot, continue-t-il, nous ne croyons pas divin ce qui est contenu dans un livre, parce que ce livre est canonique ; mais nous croyons qu'un tel livre est canonique, parce que nous avons senti que ce qu'il contient est divin ; et nous l'avons senti comme on sent la lumière quand on la voit, la chaleur quand on est auprès du feu, le doux et l'amer quand on mange[1]. »

Ainsi contre les maximes qu'on avoit crues jusqu'ici les plus constantes dans la Réforme, le fidèle ne forme plus sa foi sur l'Ecriture ; mais après avoir formé sa foi en lui-même, indépendamment des Livres divins, il commence la lecture de ces Livres. Ce n'est donc point pour apprendre ce que Dieu a révélé qu'il les lit ; il le sait déjà ou plutôt il le sent : et je vous laisse à penser avec cette prévention s'il trouvera autre chose dans ces divins Livres que ce qu'il aura déjà cru voir comme on voit le soleil, et sentir comme on sent le froid et le chaud.

Or cela, c'est formellement ce qu'enseignent les fanatiques, comme il paroît par leurs thèses : car voici celles que les quakers ou les trembleurs, c'est-à-dire les fanatiques les plus avérés, ont publiées, et qu'ils ont ensuite traduites en françois par ces paroles : « Les révélations divines et intérieures, lesquelles nous croyons absolument nécessaires pour *former la vraye foy,* comme elles ne contredisent point au témoignage extérieur des Ecritures, non plus qu'à la saine raison, aussi n'y peuvent-elles jamais contredire. Il ne s'ensuit pas toutefois de là que ces révélations divines *doivent estre soumises* à l'examen du témoignage extérieur des Ecritures, non plus qu'à celuy de la raison naturelle et humaine, comme à la plus noble et à la plus certaine règle et mesure : car la révélation divine et illumination intérieure, est une

XXVI. Fanatisme manifeste de cette doctrine, et sa parfaite conformité avec les thèses des quakers.

[1] *Déf. de la Réf.,* IIe part., chap. IX, p. 196 et suiv.; Jur., *Syst.,* liv. III, ch. II, p. 453.

chose qui de soy est évidente et claire, et qui contraint par sa propre évidence et clarté, un entendement bien disposé à consentir, et qui le meut et le fléchit sans aucune résistance ; ne plus ne moins que les principes naturels meuvent et fléchissent l'esprit au consentement des véritez naturelles, comme sont : Le tout est plus grand que sa partie : Deux contradictoires ne peuvent estre ensemble vrais ou faux [1]. » D'où s'ensuit la troisième thèse, que « de ces saintes révélations de l'Esprit de Dieu sont émanées les Ecritures, » dont la thèse fait une espèce de dénombrement ; et puis elle poursuit en cette sorte : « Cependant ces Ecritures n'estant seulement que la déclaration de la source d'où elles procédent, et non pas cette mesme source, elles ne doivent pas estre considérées comme le principal fondement de toute vérité et connoissance, ni comme la régle première et très-parfaite de la foy et des mœurs ; quoy que rendant un fidèle témoignage de la premiére vérité, elles en soient et puissent estre estimées la seconde régle, subordonnée à l'Esprit duquel elles tirent toute l'excellence et toute la certitude qu'elles ont. »

Quand ils disent que l'Ecriture n'est que la seconde règle, conforme néanmoins à la première, qui est la foi déjà formée dans l'intérieur avec toute sa certitude par la révélation avant l'Ecriture, ils ne font que dire en autres termes ce qu'on vient d'entendre de la bouche de nos ministres ; qu'avant toute lecture des Livres divins, on a déjà senti au dedans toute vérité, comme on sent le froid et le chaud, c'est-à-dire d'une manière dont on ne peut jamais douter ; ce qui opère nécessairement, non qu'on juge de ses sentimens par l'Ecriture, et qu'on les rapporte à cette règle comme à la première, ainsi qu'on l'avoit toujours cru dans la Réforme ; mais qu'on accommode l'Ecriture à sa prévention, et qu'on appelle cette prévention de son jugement une révélation de l'esprit de Dieu. Qu'on me cherche un moyen plus sûr de faire des fanatiques. La Réforme tombe à la fin dans ce malheur, et c'étoit l'effet nécessaire de ces enseignemens.

Je ne m'étonne donc pas si M. Jurieu a tant déguisé l'accusation

---

[1] *Les Princ. de la Vér. etc.*, avec les *Thèses théolog.* impr. à Roterd. en 1675 ; *Th.* II, p. 21, 22.

que je lui faisois, aussi bien qu'à M. Claude ; et s'il en a dissimulé la moitié, c'est-à-dire cette formation, pour ainsi parler, de la foi indépendamment de l'Ecriture. Pressé par la vérité, on hasarde de telles choses dans un long discours, où les simples ne les sentent pas au milieu d'un embarras infini de questions et de distinctions dont on les amuse ; mais s'il eût fallu dire la chose en trois mots précis dans un article d'une lettre, on eût fait trop tôt sentir à la Réforme l'étrange variation qu'on introduit dans ses maximes les plus essentielles ; et tout le monde auroit frémi à un établissement si manifeste du fanatisme, où l'on veut que chacun juge de sa foi par son goût, c'est-à-dire, qu'il prenne pour inspiration toutes les pensées qui lui montent dans le cœur, et en un mot qu'il appelle *Dieu* tout ce qu'il songe.

Ainsi cette accusation de l'évêque de Meaux, qui devoit faire sentir toute la mauvaise foi de ce convertisseur (plût à Dieu, encore une fois, que j'eusse pu mériter ce titre!) se trouve à la fin très-véritable ; mais le ministre sera encore plutôt confondu dans sa dernière plainte. Elle est fondée sur ce qu'il exclut les sociniens et les autres sectes semblables d'être « des communions et des communions chrétiennes, » à cause qu'elles ne « sont ni anciennes ni étendues ; » d'où j'ai conclu qu'il reconnoît donc que toute communion chrétienne doit avoir l'antiquité, c'est-à-dire la succession qui manque visiblement aux calvinistes [1]. Cette conséquence est claire ; ce raisonnement est court et démonstratif. Toute communion chrétienne, selon M. Jurieu, doit avoir « l'antiquité » ou la succession, et en même temps « l'étendue ; » elle ne doit pas venir d'elle-même, mais elle doit montrer ses prédécesseurs dans tous les temps précédens : elle ne doit pas s'élever comme une parcelle détachée du tout, ni comme le petit nombre qui se soulève contre le grand et contre l'universalité ; c'est-à-dire, en autres termes, que toute société chrétienne doit être universelle, et pour les temps et pour les lieux : et voilà ce beau caractère de catholicité, tant loué par les chrétiens de tous les âges ; caractère inséparable de la vraie Eglise, et en même temps inimitable à toutes les hérésies, dont aussi M. Jurieu se sert lui-

XXVII. Que le ministre Jurieu n'a pu exclure les sociniens du titre d'église, sans en exclure toute la Réforme : aveu mémorable de ce ministre sur la succession et l'étendue de l'Eglise.

---

[1] *Syst.*, liv. III, chap. I, p. 232 ; *Var.*, liv. XV, n. 92, 93, 94.

même pour confondre les sociniens. Mais il ne veut pas entendre qu'il confond en même temps toute la Réforme ; car ayant trouvé dans le livre des *Variations* cette objection tirée de lui-même : « Cela est faux, répond-il : si le ministre a dit que par les communions qu'il renferme dans l'Eglise universelle, il n'entend que les grandes communions qui ont de l'étenduë et de la durée, c'est à la vérité pour en exclure les sociniens, qui n'ont ni étenduë ni durée ; mais il n'a pas voulu dire que quand cette secte auroit étenduë et durée, il voulust la renfermer dans le vray christianisme[1]. » Je l'entends. La succession et l'étendue ne font pas qu'on soit compris dans l'Eglise ; à la vérité on en est exclus par le défaut de ces deux choses : il faut plus que cela pour l'inclusion, mais pour l'exclusion cela suffit : je n'en veux pas davantage. On est exclus du titre d'Eglise et de communion chrétienne, lorsqu'on manque de succession et d'étendue (c'est la proposition de M. Jurieu contre les sociniens) : or est-il que les calvinistes et les luthériens, comme toutes les autres sectes, n'avoient au commencement ni antiquité ou succession, ni étendue, non plus que les sociniens ; comme eux donc ils étoient alors exclus de l'Eglise universelle, qui est tout ce que je voulois dans l'*Histoire des Variations,* et à quoi M. Jurieu n'a pas seulement songé à répondre, quoiqu'il traite expressément cet endroit-là.

xxviii. Réflexion sur cette doctrine. Victoire inévitable de la vérité et sa force pour se faire reconnoître. Il est donc vrai, mes chers Frères, que la vérité l'accable. Il a conçu une injuste horreur contre l'Eglise romaine : sa haine le porte jusqu'à dire qu'on se sauve plus aisément avec les ariens qu'avec elle ; mais à la fin il faut avouer qu'on fait son salut dans sa communion. Il fait semblant d'être impitoyable aux sociniens, jusqu'à les mettre sans miséricorde au rang des mahométans ; cependant les principes qu'il pose le forcent à reconnoître que leur erreur n'empêcheroit pas que leur prédication ne produisît de vrais saints dans leur communion, s'ils pouvoient venir à bout d'être une communion ou une société chrétienne. Il entreprend de leur montrer qu'ils n'en sont pas une, et qu'ils ne méritent pas le nom d'*Eglise,* à cause de leur état malheureux où manquent ces deux caractères, l'antiquité ou la succession et

[1] Jur., lett. xi, p. 84.

l'étendue. Mais quoi! un calviniste reprocher aux autres le défaut de succession ou d'étendue! Ne songe-t-il pas à lui-même et à la société où il est ministre? Cette société se méconnoît-elle? Un siècle ou deux de durée lui ont-ils fait oublier ses commencemens, et ne sentira-t-elle jamais qu'elle les condamne? Non, mes Frères, la vérité est plus forte que toutes ces considérations. Parle, parle, dit-elle au ministre, condamne les sociniens par une preuve qui retombera contre toi-même : ainsi deux mauvaises sectes seront percées d'un même coup, et à travers du socinien le calviniste portera le couteau jusque dans son propre sein. Je vous avois dit, mes Frères, dès mon premier *Avertissement*, que cela devoit arriver, mais maintenant le fait est constant par l'expérience.

Que si vous dites peut-être qu'aussi votre ministre s'est trop avancé, et qu'il a eu tort de se servir de ces preuves dont les papistes tirent de si grands avantages : désabusez-vous, mes chers Frères; car il n'avoit point d'autre moyen d'exclure les sociniens de l'unité de l'Eglise et du nombre des sociétés vraiment chrétiennes. Vous avez vu ses variations sur leur sujet; mais dans les temps où il a voulu les exclure du titre d'Eglise et de communion chrétienne, il n'avoit point de meilleur moyen de le faire, qu'en leur montrant, par le défaut de la succession et de l'étendue qu'ils ne méritoient même pas le nom de communion, qu'il ne pouvoit refuser aux sociétés à qui il attribuoit la succession et l'étendue.

XXIX. Que cet aveu du ministre est forcé en cet endroit, aussi bien que dans tous les autres.

Voilà donc une première raison qui l'obligeoit à condamner les sociniens par le défaut d'étendue et d'antiquité. Mais une autre raison plus pressante l'y forçoit encore ; c'est qu'il sentoit en sa conscience que cette preuve, quoique fatale à votre Réforme, en effet et par elle-même étoit invincible : car, mes Frères, ce sera toujours, quoi qu'on dise, un coup mortel aux sociniens et à tous ceux qui nient ou qui ont nié la divinité du Fils de Dieu, toutes les fois que vous leur direz : Quand vous êtes venus au monde, il n'y avoit dans le monde personne de votre croyance : si donc votre doctrine est la vérité, il s'ensuit que la vérité étoit éteinte sur la terre. Cette objection suffit pour fermer la bouche à ces hérétiques : ils n'ont rien eu, ils n'ont rien encore, ils n'auront jamais rien à y répondre toutes les fois que vous la ferez ; car nulle oreille chrétienne ne souffrira qu'on assure que sous un Dieu si puissant, si sage, si bon, la vérité soit éteinte sur la terre. Mais en même temps que vous aurez lâché le mot, et que vous aurez fait cette objection aux hérétiques qui venoient nier la divinité du Fils de Dieu, en même temps nous retombons sur vous, et nous vous forçons d'avouer que la vérité, qu'on se vantoit de rétablir dans la Réforme, étoit donc éteinte avant que la Réforme parût, aussi bien que celle que les sociniens et avant eux les ariens, les paulianistes et les autres se vantoient de rétablir.

XXX. Vaine défaite des sept mille qui n'ont pas fléchi le genou devant Baal. Fait évident qui démontre que ces sept mille n'ont jamais été.

Il n'est pas vrai, direz-vous; il y avoit « les sept mille qui n'avoient point fléchi le genouïl devant Baal. » Mais qui empêche les ariens et les sociniens, et en un mot tous les hérétiques d'en dire autant? On les confond en leur montrant que la vérité ne vouloit pas seulement être crue, mais encore annoncée, et que l'Eglise ne devoit pas être seulement, mais encore être visible, ainsi que nous l'avons vu très-clairement reconnu par vos ministres. Mais sans avoir recours à cet argument, quoiqu'invincible, on les confond encore par une voie plus courte en leur disant : Si lorsqu'un Artémon, un Paul de Samosate, un Bérylle, un Arius et les autres qui s'opposoient à la divinité de Jésus-Christ, ont commencé à prêcher, leur doctrine eût déjà été dans l'Eglise en quelque sorte que ce fût, cachée ou publique, on ne se seroit pas étonné de leur nouveauté ; ils n'auroient pas été réduits à n'être d'abord que quatre ou cinq, ni contraints d'avouer qu'ils avoient eux-mêmes été élevés dans une créance contraire à celle qu'ils vouloient introduire dans le monde, sans pouvoir nommer personne, je ne dis pas qui la professât, mais qui la reçût auparavant. Osez faire le même argument à ces hérétiques; vous les réduirez à la honte de ne pouvoir trouver dans tout l'univers un seul homme qui crût comme eux quand ils sont venus. Mais en même temps vous voilà perdus, puisque vous ne sauriez vous sauver du même reproche.

La preuve en est bien facile, en vous faisant seulement cette demande. Mes Frères, donnez gloire à Dieu. Quand on a commencé votre Réforme, y avoit-il, je ne dis pas quelque Eglise (car il est déjà bien certain qu'il n'y en avoit aucune), mais du moins y avoit-il un seul homme qui en se joignant à Luther, à Zuingle, à Calvin, à qui vous voudrez, lui ait dit en s'y joignant : J'ai toujours cru comme vous, je n'ai jamais cru ni à la messe, ni au Pape, ni aux dogmes que vous reprenez dans l'Eglise romaine ? Mes chers Frères, pensez-y bien ; vous a-t-on jamais nommé un seul homme qui se soit joint de cette sorte à votre Réforme ? En trouverez-vous quelqu'un dans vos annales, où l'on a ramassé autant qu'on a pu tout ce qui pouvoit vous justifier contre les reproches des catholiques, et surtout contre le reproche de la nouveauté, qui étoit le plus pressant et le plus sensible ? Donnez gloire à Dieu encore un coup ; et en avouant que jamais vous n'avez rien ouï dire de semblable, confessez que vous êtes dans la même cause que les sociniens, et que tout ce qu'il y a jamais eu d'hérétiques.

XXXI. Ce fait articulé nettement, et embarras des ministres Claude et Jurieu.

Vous pouvez dire, mes Frères, car je cherche tous les moyens dont vous pouvez fortifier vos prétentions ; vous pouvez donc dire : Il est vrai ; on ne nous a jamais nommé personne qui se soit rangé dans la Réforme, en disant qu'il avoit toujours cru comme elle ; mais c'est aussi que peut-être on n'a jamais fait cette question à nos ministres. Mes chers Frères, ne vous flattez pas de cette pensée : on la leur a faite cent fois ; on leur a demandé cent fois qu'ils montrassent quelqu'un qui crût comme eux quand ils sont venus : moi-même le dernier des évêques et le moindre des serviteurs de Dieu, j'ai demandé à M. Claude [1] le plus subtil de vos défenseurs, s'il pouvoit nommer un seul homme qui se soit uni à la Réforme en disant : J'ai toujours cru comme cela, je n'ai jamais adhéré à la foi romaine. Qu'a répondu ce ministre si fécond en évasions, si adroit à éluder les difficultés ? « M. de Meaux s'imagine-t-il qu'on ait tout écrit [2] ? » Vous le voyez, mes chers Frères, il n'a eu personne à vous nommer. J'ai relevé cette réponse dans ma *Lettre pastorale;* et de ce que M. Claude n'a rien eu à dire sur un fait si bien articulé, sur une demande si précise, j'ai conclu, comme on fait dans un légitime interrogatoire, que le fait étoit avéré et ma demande sans réplique [3]. Qu'a répondu M. Jurieu, qui se vante d'*anéantir* cette Lettre pastorale ?

[1] Confér. Réf., XIII. — [2] M. Claude, *Réponse au disc. de M. de Cond.* p. 362. — [3] *Lett. past. de M. de Meaux*, n. 8.

Voici tout ce qu'il a répondu quand il est venu à cet endroit : « Ensuite de cela notre auteur entre en grosse dispute avec M. Claude, pour luy prouver que la supposition des fidéles cachez est ridicule [1]. » Vous vous trompez, lui disons-nous ; ce n'est point ici une grosse dispute, comme vous voudriez le faire accroire à vos lecteurs, afin de les rebuter par la difficulté de la matière : encore un coup ce n'est point ici un long procès : il ne s'agit que d'un simple fait, savoir si parmi vous on sait quelqu'un qui en se joignant aux réformateurs, leur ait déclaré que toujours il avoit cru comme eux. Voilà cette « grosse dispute » où vous voudriez qu'on n'entrât jamais, parce que vous y trouvez votre honte. Ce fait dont il s'y agit devroit être constant parmi vous, s'il n'étoit pas absolument faux. Répondez-y du moins, M. Jurieu, vous qui avez entrepris d'y répondre; si vous savez sur ce fait quelque chose de meilleur que M. Claude, il est temps de nous le dire. Mais, mes Frères, vous vous y attendez en vain, et voici tout ce que vous en aurez : « En répondant à M. Nicole et à M. Bossuet, on a répondu cent fois à ce sophisme : nous y avons répondu dans nos *Lettres pastorales,* et encore tout nouvellement en réfutant le troisiéme livre des *Variations* [2]. » Je reconnois le style ordinaire de vos ministres : ils ont toujours répondu à tout ; mais ne les en croyez pas : M. Jurieu n'a pas dit un seul mot sur ce fait articulé à M. Claude ; il n'a même rien dit qui approche de cette matière. Mais il sait bien que vous n'irez pas lire tous ses ouvrages, où il vous renvoie en général, sans vous en marquer aucun endroit pour chercher la réponse qu'il se vante d'avoir faite. Il est vrai qu'il vous a marqué « la réfutation du troisiéme livre des *Variations* [3]. » C'est dans sa septième *Lettre* de cette année que se trouve cette prétendue réfutation; elle consiste en deux ou trois pages, qui ne font rien à la question, comme vous verrez en son lieu; mais où constamment vous ne trouverez pas un seul mot du fait proposé à M. Claude, ni qui y tende. Vous en pouvez juger autant des autres endroits où il vous renvoie, et par le silence obstiné de vos ministres sur un fait de cette importance, le tenir pour avoué.

[1] Jur., lett. xix, p. 150, col. 2.— [2] *Ibid.,* p. 110.— [3] Lett. vii, de la 3ᵉ ann., p. 54, 55.

Mais vous n'avez qu'à entendre ce qu'il dit encore sur ce sujet-là dans sa XIX⁰ *Lettre,* pour voir qu'il ne sait où il en est. L'objection qu'il vouloit détruire de ma *Lettre pastorale,* étoit qu'on ne pouvoit du moins nier qu'on n'eût cru la réalité et adoré l'Eucharistie depuis Bérenger, c'est-à-dire depuis six à sept cents ans. Donc, ai-je dit, tous les chrétiens étoient idolâtres selon vous; et si on ne peut montrer au temps de Zuingle et de Calvin aucun homme qui leur ait déclaré en se joignant à eux qu'il n'avoit jamais pris de part à la croyance ni au culte de Rome, il sera vrai que tout le monde adoroit donc ce qu'ils appeloient une idole. A cette pressante instance M. Jurieu répond : « Que cela soit, il ne nous importe [1]. » Il ne nous importe que Dieu ait eu des adorateurs, du moins cachés. Et que deviendront « ces sept mille » tant vantés? C'étoit déjà trop avouer que de dire qu'ils étoient cachés, puisque le vrai culte doit être public aussi bien que la vraie croyance; mais j'ai voulu entrer avec vous jusque dans la dernière condescendance, et je vous disois dans ma *Lettre pastorale :* Que ces sept mille se soient cachés avant la Réforme, « ils se seront du moins déclarés quand ils l'ont embrassée, et ils auront dit du moins alors : Dieu soit loué, nous voyons enfin des gens qui croient comme nous faisions, et il nous est à présent permis de déclarer notre pensée. Mais on ne trouve pas un homme qui ait parlé de cette sorte. M. Claude n'en a rien trouvé dans les registres de la Réforme, ni dans ce nombre infini d'écrits qu'elle a publiés pour sa défense : il n'a rien trouvé sur un fait qui eût vérifié si clairement, au grand désir de la Réforme, que Dieu s'étoit réservé des adorateurs du moins cachés; un fait par conséquent qui à cet égard eût fermé la bouche aux catholiques étant prouvé, et qui les rendoit invincibles ne l'étant pas. M. Jurieu n'en trouve rien non plus que M. Claude, et il est réduit à dire : « Que nous importe? » sur un fait dont l'importance est si visible. Le fait est donc avéré, encore un coup, et il n'y a rien de si certain que la vérité étoit éteinte sur la terre, si on dit que la vérité est dans la Réforme.

Mais ce qu'ajoute M. Jurieu n'est pas moins clair. « Que nous importe, dit-il donc, si tous les chrétiens depuis ce temps-là ont

[1] Jur., lett. XIX, p. 150.

esté idolâtres [1]; » ajoutons, et s'ils l'étoient encore lorsque la Réforme a commencé? Avouez que cela presse M. Jurieu, et qu'il seroit à désirer pour votre défense qu'on pût alors trouver quelqu'un qui n'adorât pas l'idole que tout le monde servoit. Mais loin de l'assurer, voici ce qu'il dit : « C'est ce que nous n'affirmons pas, de peur d'estre téméraires, comme M. Bossuet qui asseûre que depuis ce temps-là (depuis le temps de Bérenger), tous les chrétiens ont adoré le Dieu de la messe. Nous ne le croyons pas ainsi : il est *bien plus probable* que Dieu en a garanti plusieurs de cette idolâtrie. » Mais si c'est constamment une idolâtrie, il n'est pas seulement « plus probable, » il est certain et indubitable que Dieu en a garanti quelques-uns, autrement il ne seroit pas certain qu'il y auroit eu des élus ou des saints, par conséquent des adorateurs véritables dans tous les temps. Or c'est une vérité que personne n'a encore osé nier, et que M. Jurieu confesse comme constante en cinquante endroits de son *Système,* pour ne point ici parler de ses autres ouvrages; il est, dis-je, très-constant que Dieu a eu de tout temps un corps d'Eglise universelle, où s'est trouvée la communion des Saints, la rémission des péchés et la vie éternelle, par conséquent de véritables adorateurs : autrement le Symbole seroit faux. Mais ce qui est constant par le principe commun de tous les chrétiens, sans en excepter les prétendus réformés, n'est seulement que plus probable quand on presse davantage les ministres; et ils n'ont rien à répondre, non plus que tous les autres hérétiques, quand on leur demande où étoit la vérité quand ils sont venus.

Il ne faut donc plus s'étonner si cette seule demande les jette dans les contradictions que vous avez vues. Il a fallu trouver des élus avant la Réforme; car il en faut trouver dans tous les temps. Il en a fallu trouver même dans l'Eglise romaine, aussi bien ou même plutôt que dans les autres, puisque les fondemens du salut s'y trouvoient comme chez les autres ou mieux, et qu'ainsi on ne lui pouvoit refuser d'être du moins une partie de cette Eglise catholique que l'on confesse dans le Symbole. Mais dans l'Eglise romaine il ne pouvoit y avoir que de quatre sortes de gens : ou

---

[1] Jur., lettre xix, p. 150.

ceux qui y étoient de bonne foi, croyant sa doctrine et consentant à son culte; ou des impies déclarés qui se moquoient ouvertement de toute religion; ou des hypocrites et des politiques, qui s'en moquant dans leur cœur faisoient semblant au dehors d'y communiquer avec les autres; ou ces prétendus sept mille réformés avant la Réforme, qui luthériens ou calvinistes dans le cœur, trouvoient moyen de ne rien faire et de ne rien dire qui approuvât ou le culte ou la doctrine de Rome. On vient de voir que ce dernier genre est une chimère, et cent raisons le démontrent. Ce ne sont ni les impies déclarés, ni les hypocrites qu'on veut sauver; ce sont donc les catholiques de bonne foi, consentant à un culte impie et idolâtre et croyant ce que croyoit Rome. Voilà où l'on est poussé par cette seule demande : Où étoit la vérité, où le vrai culte, où la vraie Eglise, où les vrais saints, quand Luther a commencé son Eglise? Cette demande a confondu la Réforme dès son commencement, comme il a été démontré dans l'*Histoire des Variations*[1]. Mais peut-être qu'à force d'y penser on se sera rassuré depuis? Point du tout; il y a des difficultés auxquelles plus on pense, plus on se confond; et c'est pourquoi M. Claude et M. Jurieu, qui y ont pensé les derniers, et qui ont pu profiter des découvertes de tous les autres, ont été, comme on a vu, ceux qui se sont le plus confondus eux-mêmes. M. Jurieu fait enfin un dernier effort dans ses *Lettres* pour se tirer de cet embarras; mais vous avez vu que tous ses efforts ne servent qu'à l'embarrasser davantage, et à serrer de plus près le nœud où il est pris. Que reste-t-il donc, mes Frères, sinon que vous donniez gloire à la vérité, qui seule vous peut délivrer de ces lacets?

Voilà de très-bonne foi toutes les plaintes de votre ministre sur le livre XV des *Variations*. On a démontré dans ce livre trente autres absurdités de la doctrine des protestans sur l'unité de l'Eglise; je le dis sans exagérer, et vous pouvez vous en convaincre par une lecture de demi-heure : de toutes ces absurdités qu'on démontre à M. Jurieu, il n'a relevé que celle que vous venez d'entendre, où il succombe manifestement comme vous voyez. Un de ces messieurs de Hollande, qui entretiennent le public des ou-

XXXIII.
Conclusion et abrégé de ce discours.

---

[1] Liv. XV, n. 4 et suiv.

vrages des gens de lettres, remarque ici en parlant de ce XV° livre des *Variations,* que sans doute en l'écrivant je n'avois pas lu le livre de l'*Unité,* où M. Jurieu répond à M. Nicole. Je n'avois garde de l'avoir vu, puisqu'à peine étoit-il imprimé lorsque mon *Histoire* a paru. Je l'ai vu depuis; et je m'assure que M. Jurieu ne dira pas qu'il y ait seulement touché, ou prévu la moindre des observations qui me sont particulières : chacun a les siennes; et outre la diversité qui se trouve dans les esprits, on prend diverses vues selon la matière qu'on se propose. Concluons donc que toutes mes remarques sont en leur entier; mais concluons encore plus certainement après toutes les raisons qu'on vient de voir, que j'ai très-bien démontré que de l'aveu du ministre on peut se sauver dans l'Eglise romaine; qu'elle n'est donc ni idolâtre ni antichrétienne; qu'il y faudroit revenir pour assurer son salut, comme à celle à qui ses ennemis mêmes rendent témoignage, puisque les ministres qui l'attaquent avec tant de haine, qu'ils osent même donner la préférence sur elle à une église arienne, sont forcés par la vérité à la reconnoître; qu'ils sont encore obligés à reconnoître dans certains points l'autorité infaillible de l'Eglise universelle, et les promesses sur lesquelles elle est fondée; qu'ils n'ont aucune raison de les limiter, et qu'ils n'y apportent que des restrictions arbitraires; que soumettre son jugement à l'Eglise universelle, ce n'est pas se soumettre à l'homme, mais à Dieu; que cette soumission est le plus sûr fondement du repos et des savans et des simples; que faute de se soumettre à une autorité si inviolable, on se contredit sans cesse, on renverse tous les principes qu'on a établis, on renverse la Réforme même et tout ce que jusqu'ici on y avoit trouvé de plus certain; et qu'enfin on se jette dans le fanatisme et dans les erreurs des quakers : au reste, qu'après avoir posé des principes par lesquels on est forcé de recevoir les sociniens dans l'Eglise, jusqu'à mettre des prédestinés parmi eux, lorsqu'on songe à les exclure du nombre des communions chrétiennes, on ne peut le faire que par des moyens par où on s'exclut soi-même; en sorte que d'un côté on rend témoignage à l'Eglise, de l'autre on tend la main aux sociniens, et de l'autre on ne se laisse à soi-même aucune ressource.

ÉCLAIRCISSEMENT

SUR

LE REPROCHE DE L'IDOLATRIE

ET SUR L'ERREUR DES PAIENS;

Où la calomnie des ministres est réfutée par eux-mêmes.

Mes chers Frères,

Le reproche d'idolâtrie est celui qu'on a toujours le plus employé pour allumer votre haine et donner quelque prétexte au schisme de vos églises prétendues. « Si l'Eglise romaine est idolâtre, notre séparation ne peut être un schisme : » c'est ce que dit M. Jurieu, dans le livre de l'*Unité*[1], mais il ne le dit pas plus dans ce livre que dans tous les autres, surtout dans toutes les *Lettres* de la dernière année[2], et sans cette accusation d'idolâtrie ce ministre seroit muet. Il la pousse à un tel excès, que dans des esprits moins prévenus elle se détruiroit par elle-même, puisqu'il veut, et qu'il le répète cent fois, que nous sommes des idolâtres aussi grossiers et aussi charnels que les païens, qui ne soupçonnoient seulement pas qu'il y eût une création ; et qu'il prétend que nous égalons avec Dieu connu comme Créateur sa créature, qu'il a tirée et qu'il tire continuellement du néant, à laquelle il ne cesse de donner tout ce qu'elle a, et dans l'ordre de la nature, et dans l'ordre de la grace, et dans celui de la gloire. Il n'en faudroit pas davantage pour vous convaincre qu'il n'y eut jamais de calomnie plus grossière. Car qui jamais s'avisa d'égaler par son culte des choses où il reconnoît une différence infinie par leur nature, ou de rendre les honneurs divins à ce qu'il ne croit pas Dieu ? Nous serions les seuls dans l'univers et dans toute l'étendue des siècles

I. La calomnie des ministres qui nous accusent d'idolâtrie, détruite par elle-même, est détruite dans ce discours par les principes des ministres mêmes.

[1] *Traité de l'Unité de l'Eglise contre M. Nicole*, en 1681. — [2] 1688.

capables d'une semblable extravagance, de ne croire qu'un seul Dieu, et d'en adorer plusieurs comme Dieu même et du même honneur que lui. Et néanmoins, sans cela, il n'y auroit rien ou presque rien à nous dire. Sans cela premièrement, il n'y auroit plus pour M. Jurieu d'église antichrétienne, comme on a vu dans les précédens discours : on auroit ôté le plus grand, ou pour mieux dire le seul obstacle que ce ministre tâche de mettre à notre salut. C'est l'endroit où il triomphe le plus. Car ayant bientôt laissé là les *Variations* trop ennuyantes pour lui, après les avoir tâtées par cinq ou six *Lettres*, de peur qu'on ne croie qu'il n'a plus rien à me reprocher, il s'avise après trois ans d'interruption, de retomber tout de nouveau sur ma *Lettre pastorale* [1], et s'attache presque uniquement à cette accusation d'idolâtrie. Je veux donc bien aussi interrompre un peu la matière des variations, pour entrer dans celle-ci ; et quoique j'aie fait voir dans le dernier *Avertissement* [2] qu'assurément il n'y eut jamais d'idolâtrie plus innocente et plus pieuse que la nôtre, puisque de l'aveu de M. Jurieu loin de damner ceux qui la pratiquent elle leur est commune avec les Saints, de peur qu'on ne s'imagine que nous ne pouvons nous sauver que par des exemples, je démontrerai par des principes avoués des ministres mêmes que l'accusation d'idolâtrie formée contre nous ne peut subsister.

II. Définition de l'idolâtrie ; définition de l'invocation des Saints. Démonstration par ces définitions qu'elle ne peut pas être un honneur divin, ni un acte d'idolâtrie.

Je pose pour fondement la définition de l'idolâtrie. Idolâtrer, c'est rendre les honneurs divins à la créature : c'est, dis-je, transporter à la créature le culte qu'on doit à Dieu. Or est-il qu'il est manifeste que nous ne le faisons pas, et ne le pouvons pas faire selon nos principes ; ce que je prouve premièrement dans l'invocation des Saints, pour de là successivement passer aux autres matières. La chose est aisée à faire, puisqu'il n'y a qu'à définir cette invocation pour la justifier.

Qu'on ne chicane point sur le mot. L'invocation dont il s'agit, aux termes du concile de Trente, est inviter les Saints à prier pour nous, *afin d'obtenir la grace de Dieu, par Notre-Seigneur Jésus-Christ* [3]. Or est-il que c'est là si peu un honneur divin,

---

[1] *Aux nouveaux Catholiques*, imprimée dès 1686. — [2] IIIe *Avert.* — [3] *Decr. de invoc. Sanct.*, etc., sess. XXV.

qu'au contraire il n'est pas possible de l'attribuer à autre qu'à la créature, n'y ayant visiblement que la créature qui puisse prier, demander, obtenir les graces et encore par un autre, c'est-à-dire par Jésus-Christ, comme on vient de voir que font les Saints. C'est donc si peu un honneur divin que c'est chose, dans les propres termes, absolument répugnante à la nature divine, d'où se forme ce raisonnement : Tout honneur qui renferme dans sa notion la condition essentielle à la créature, ne peut par sa nature être un honneur divin ; or la prière par laquelle on demande aux Saints qu'ils nous aident auprès de Dieu par leurs prières, pour nous obtenir ses graces, enferme dans sa notion la condition de la créature, c'est-à-dire sa dépendance : ce ne peut donc pas être un honneur divin.

Cette preuve est si convaincante que pour la détruire, il faut nier que nous nous bornions à demander aux Saints le secours de leurs prières. Car, dit-on, l'Eglise les prie non-seulement de prier, mais de donner, mais de faire, mais de protéger, mais de défendre : donc on les regarde non-seulement comme intercesseurs, mais comme auteurs de la grace. Mais cela visiblement est moins que rien.

<small>III. Pourquoi on dit que les Saints font et que les Saints donnent. Que ces façons de parler sont de l'Ecriture.</small>

Car celui qui prie et qui obtient, protége, défend, assiste, donne et fait à sa manière. Lorsqu'on attribue aux Saints des effets qu'on sait très-bien dans le fond qu'il faut attribuer à Dieu, on ne fait qu'exprimer par là l'efficace de la prière : qu'elle peut tout, qu'elle pénètre le ciel, qu'elle y va forcer Dieu jusque dans son trône ; il ne lui peut résister, elle emporte tout sur sa bonté, « il fait la volonté de ceux qui le craignent [1], il obéit à la voix de l'homme [2]. » Pressé et comme forcé par Moïse, il lui dit : « Laissez-moi, que je punisse ce peuple ; » mais Moïse l'emporte contre lui, et lui arrache pour ainsi dire des mains la grace qu'il lui demande [3] : en un mot, « la foi peut tout, jusqu'à transporter les montagnes [4] ; » et si cela est vrai de la prière qui se fait parmi les ténèbres de la foi, combien plus le sera-t-il de celle qui est formée au milieu des lumières des Saints, et qui partant de la sainte ardeur de la cha-

---

[1] *Psal.* CXLIV, 19. — [2] *Jos.*, X, 14. — [3] *Exod.*, XXXII, 9 et seq. — [4] 1 *Cor.*, XIII, 2.

rité consommée, porte en elle-même le caractère de Dieu dont elle jouit! Ainsi les Saints peuvent tout : « assis sur le trône de Jésus-Christ [1] » selon sa promesse, revêtus de sa puissance par l'union où ils sont avec lui, comme lui « ils gouvernent les Gentils et les brisent avec un sceptre de fer [2]. » En un mot, il n'y a rien qu'ils ne puissent, et l'Ecriture n'hésite point à leur attribuer en ce sens ce qu'ailleurs elle attribue à Jésus-Christ même.

IV. Que l'Ecriture parle comme nous de l'efficace de la prière, et que selon notre croyance toute la force des Saints est dans leurs prières.

Quand on attribue à la prière les effets de la toute-puissance de Dieu, ce n'est pas là seulement un langage humain : c'est le langage du Saint-Esprit et de l'Ecriture. « Racontez-moi les miracles qu'a faits Elisée, » disoit un roi d'Israël [3] à Giézi. Un protestant lui diroit ici : Vous parlez mal. Ce n'est pas lui qui les a faits, c'est Dieu par lui et à sa prière.

Mais le texte sacré poursuit : « Et Giézi lui raconta comment il avoit ressuscité un mort. » Dites toujours : Ce n'étoit pas lui, c'étoit Dieu; mais le Saint-Esprit continue : « Et comme Giezi racontoit ces choses, la femme dont il avoit ressuscité le fils vint tout à coup devant le roi, et Giézi s'écria : Seigneur, voilà la femme et voilà le fils qu'Elisée a ressuscité. » Tout le peuple de Dieu parloit ainsi, et l'on appeloit cette femme « la femme dont Elisée avoit fait vivre le fils [4]. » Il ne l'avoit pourtant fait que par ses prières, et je ne crois pas qu'il fût plus puissant que le Fils de Dieu, qui voulant ressusciter Lazare : « Mon Père, dit-il [5], je vous rends graces de ce que vous m'avez exaucé. »

Il y a donc toujours une prière secrète dans tous les miracles; et quoiqu'elle ne soit pas toujours exprimée, il la faut sous-entendre, même dans tous ceux qui se font par une espèce de commandement, puisque c'est toujours la foi et l'invocation du nom de Dieu qui fait tout. C'est pourquoi le roi de Syrie écrivoit au roi d'Israël : « Je vous ai envoyé Naaman, afin que vous le guérissiez de sa lèpre [6]; » il vouloit dire qu'il le fît guérir par Elisée. Ils entendoient pourtant bien qu'il ne le feroit que par sa prière, puisque Naaman dit ces paroles : « Je pensois qu'il viendroit à moi; et que s'approchant, il invoqueroit le nom de son Dieu, et me touche-

---

[1] *Apoc.*, II, 26; III, 21. — [2] *Ibid.*, XIX, 15. — [3] Joram. IV *Reg.*, VIII, 4 et seq. — [4] *Ibid.*, 1. — [5] *Joan.*, XI, 41. — [6] IV *Reg.*, V, 6.

roit de sa main, et me guériroit¹. » Ainsi l'effet est attribué à celui qui prie et qui obtient; et si l'on n'exprime pas toujours la prière, c'est que la chose est si claire, qu'on la regarde comme toujours sous-entendue. L'Eglise dit tant de fois dans ses oraisons que ce qu'elle espère des Saints, elle l'espère par leur intercession et par leurs prières, qu'elle sait qu'il n'est pas possible qu'on l'entende jamais autrement, ni qu'on attende autre chose du secours des Saints qu'une puissante intercession auprès de Dieu par Jésus-Christ. Il n'est pas toujours nécessaire d'exprimer dans les prières ce qu'on sait déjà. « Je vous prie, disoit Elisée au prophète Elie, que votre double esprit soit en moi, ou que votre esprit soit en moi avec abondance; » et Elie lui répondit : « Vous demandez une chose difficile : toutefois si vous me voyez lorsque je serai élevé, cela sera; » et il avoit dit auparavant à Elisée : « Que voulez-vous que je vous fasse²? » comme tout étant en sa main, parce qu'il est en celle de Dieu, qui ne refuse rien à ses amis. Ils ne parlent de Dieu ni l'un ni l'autre. En savoient-ils moins que c'étoit Dieu seul qui pouvoit donner son esprit? A Dieu ne plaise! Il ne faut point abuser de ces façons de parler; mais aussi ne faut-il pas tomber dans la petitesse de croire qu'on déplaise à Dieu en sous-entendant une chose claire, comme s'il ne voyoit pas les intentions, ou qu'à l'exemple des ministres il fût toujours attentif à épiloguer sur les paroles. L'Eglise ne manque point de bien instruire le peuple que la puissance des Saints est dans leurs prières. Ecoutez le concile : « Il faut enseigner avec soin que les Saints prient, qu'il est bon de les appeler à son secours, pour nous obtenir les graces de Dieu par Jésus-Christ; qu'il est bon d'avoir recours à leurs prières; qu'il ne faut point assurer qu'ils ne prient pas pour nous, ni que ce soit une idolâtrie de leur demander qu'ils prient en particulier pour chacun de nous³. » Voilà leur prière répétée cinq ou six fois en dix lignes, afin que nous entendions que les Saints, encore un coup, ne sont puissans qu'en priant pour nous.

Il n'y a aucun de nos catéchismes où il ne soit exprimé soigneusement que Dieu donne, et que les Saints demandent. Si nous

---

¹ IV Reg., V, 11. — ² Ibid., II, 9. — ³ Decr. de invoc. Sanct., sess. XXV.

leur attribuons du pouvoir auprès de Dieu, c'est que Dieu, qui leur inspire tout ce qu'ils demandent, ne leur peut rien refuser. Nous imputer une autre pensée et nous chicaner sur les mots, c'est faire le procès à l'Ecriture, où il est écrit tant de fois : « Que l'aumône éteint le péché [1], que la prière de la foi sauve le malade [2], » et cent autres choses semblables; et reprocher à Jésus-Christ même qu'il n'a pas parlé correctement quand il a dit : « Guérissez les malades, purifiez les lépreux, ressuscitez les morts, chassez les démons; vous avez reçu gratuitement, donnez de même [3]. »

<small>V. Prières de S. Augustin, de S. Basile et des autres saints aux saints martyrs.</small>

C'est en cette confiance que saint Augustin, un si sublime docteur, un théologien si exact, loue la prière d'une mère qui disoit à saint Etienne : « Saint martyr, rendez-moi mon fils, vous savez pourquoi je le pleure, et vous voyez qu'il ne me reste aucune consolation [4]. » C'est qu'il étoit mort sans baptême. Saint Augustin ne s'avisa pas de chicaner cette femme sur ce qu'elle disoit au martyr : « Rendez-moi mon fils. » Il savoit bien qu'elle n'ignoroit pas à qui c'étoit à le rendre, et à donner l'efficacité aux prières du saint martyr. Saint Basile demandant les prières des saints quarante martyrs, les appelle « notre défense et notre refuge, les protecteurs et les gardiens de tout le genre humain [5]. » Saint Grégoire, évêque de Nysse, son frère, prie saint Théodore « de regarder d'en haut la fête qui se célébroit en son honneur. Nous croyons, lui disoit-il, vous devoir le repos dont nous jouissons à présent; mais nous demandons la tranquillité de l'avenir [6]. » Saint Astère, évêque d'Amase, contemporain et digne disciple de saint Chrysostome, introduit dans son discours un fidèle qui prie ainsi saint Phocas : « Vous qui avez souffert pour Jésus-Christ, priez pour nos souffrances et nos maladies; vous avez vous-même prié les martyrs, avant que de l'être; alors vous avez trouvé en cherchant; maintenant que vous possédez, donnez-nous [7]. » Saint Grégoire de Nazianze a prié saint Cyprien et saint Athanase « de le regarder d'en haut, de gouverner ses discours et sa vie, de

---

[1] *Tob.*, xii, 9; *et in* S. *Script.* passim. — [2] *Jac.*, v, 15. — [3] *Matth.*, x, etc. — [4] Aug., *Serm.* cccxxiv, *in nat. Mar.*, alias xxxiii, *de divers.* — [5] *Orat. in* xl *Mart.* — [6] *Orat. in Theod.* — [7] *Hom. in Phoc.*

paître avec lui son troupeau, de lui donner une connoissance plus parfaite de la Trinité, et enfin de le tirer où ils étoient, de le mettre avec eux et avec leurs semblables¹. » Les autres Pères ont parlé de même. Si ces grands Saints ignoroient que Dieu donnoit toutes choses, et croyoient les recevoir des saintes ames autrement que par leurs prières, ils ne sont pas seulement, comme le veut le ministre, des Antechrists commencés, mais des Antechrists consommés, ou quelque chose de pire.

Revenons donc, et disons : Idolâtrer est rendre à la créature les honneurs divins. Or prier les Saints de prier, c'est si peu un honneur divin, que c'est chose qu'il n'est pas possible d'attribuer à d'autre qu'à la créature : ce n'est donc pas un honneur divin, ni enfin rien au-dessus de la créature, puisqu'au contraire son apanage naturel est qu'on lui demande de prier.

<small>VI. C'est chose claire par la raison et d'ailleurs expressément révélée de Dieu, que prier de prier n'est pas un honneur divin.</small>

Et cela n'est pas seulement constant par la raison naturelle; c'est une chose expressément révélée de Dieu, puisque saint Paul a dit à la créature, et qu'il a répété souvent : « Mes frères, priez pour moi. » C'est donc chose révélée de Dieu, en termes formels, que demander des prières ne peut être un honneur divin ni au-dessus de la créature. Il n'en faudroit pas davantage pour confondre M. Jurieu et tous les ministres. Car voilà en termes précis cette demande : « Priez pour nous, » déclarée par un apôtre un honneur humain et convenable à la créature : or cet honneur, qui est humain en le faisant aux fidèles qui sont sur la terre, ne peut pas devenir divin en le faisant aux esprits bienheureux, puisqu'on fait l'un et l'autre dans le même esprit de demander la société des prières de nos frères.

Il ne reste à vos ministres que de nier, comme ils osent le faire, que nous prions les bienheureux Esprits dans le même esprit que nous prions nos frères. Mais c'est là nous contredire dans la chose du monde la plus claire, puisqu'il est clair et attesté par tous les actes de notre religion que nous ne demandons aux plus grands saints et même à la sainte Vierge que des prières. C'est ce que démontrent tous nos conciles, tous nos catéchismes, tout notre service, tous nos rituels, et en un mot tous les actes de notre re-

<small>VII. Calomnie des ministres, qui veulent nous faire accroire que nous demandons aux saints autre chose que des prières, ou que nous</small>

¹ *Orat.* XVIII, etc.

ligion; et pour en venir à un exemple, c'est ce qui paroît dans le *Confiteor*, prière si familière à tous les fidèles, où après avoir confessé nos péchés à Dieu, à ses anges, à ses Saints et à nos frères présens, pour nous humilier non-seulement devant Dieu, mais encore devant toutes ses créatures, nous finissons en disant : « Je prie la sainte Vierge, les saints anges, saint Jean-Baptiste, saint Pierre, saint Paul, tous les autres Saints et vous, mes frères, de prier pour moi notre Dieu tout-puissant. »

<small>les prions dans un autre esprit que nos frères qui sont sur la terre</small>

Vous le voyez, mes chers Frères; nous ne prions point les Saints et la sainte Vierge elle-même de prier pour nous autrement que nous en prions nos frères, parmi lesquels nous vivons. Cette prière adressée à nos frères vivans avec nous, se trouve en termes formels dans l'Ecriture; donc celle que nous adressons aux Saints qui sont avec Dieu étant de même nature, est clairement autorisée dans l'équivalent.

<small>VIII. Extravagances du ministre Jurieu, lorsqu'il dit qu'il est moins permis de prier et d'honorer les Saints dans la gloire que lorsqu'ils sont en cette vie.</small>

Qui veut voir combien ce raisonnement embarrasse les ministres, n'a qu'à entendre les extravagances où il jette M. Jurieu. Il entreprend de prouver que la glorification des bienheureux est un obstacle à cette prière qu'on leur pourroit faire; et la raison qu'il en apporte, est, dit-il, « qu'il seroit moins criminel d'invoquer un homme sur la terre que de l'aller chercher dans les cieux. Sur la terre, un homme est loin de Dieu : il est ou il paroît être quelque chose étant seul; mais uni à Dieu, réuni à sa source comme un fleuve est réuni à l'Océan quand il s'y est jeté, il n'est plus rien, il est englouti et abîmé pour ainsi dire dans les rayons de la gloire de Dieu. » Quelle vision de s'imaginer qu'un bienheureux, uni à Dieu, n'est plus rien, qu'il n'agit plus et ne vit plus ! C'est du Dieu des Siamois que le ministre veut sans doute parler. Que si l'on dit que c'est une exagération qui fait voir qu'à comparaison de la gloire immense de Dieu, celle de la créature doit être comptée pour rien, il faut donc avouer en même temps que le bienheureux, loin d'être effectivement anéanti et sans action dans ce glorieux état, est au contraire d'autant plus, vit et agit d'autant plus, qu'il est plus intimement uni à la source de la vie et à la plénitude de l'être. S'imaginer maintenant qu'il n'est plus permis de l'honorer dans cet état, ce seroit dire en même temps qu'on ne le peut plus honorer ni glorifier, à cause qu'il est arrivé au comble de la gloire, ce qui seroit la plus grossière de toutes les absurdités.

Que veut donc dire ce vain discours de votre ministre : « On est obligé de s'abstenir de rendre tout hommage à un sujet en présence de son souverain, et l'on ne sera pas obligé de s'abstenir de rendre un culte religieux à une créature devant le Créateur? » Quand on tient de pareils discours, où il n'y a qu'un son éclatant et des couleurs spécieuses, on montre bien qu'on ne veut qu'éblouir le monde. Car laissant à part l'équivoque du terme de *religieux* dont on parlera bientôt, demandez, mes Frères, à votre ministre s'il permet de louer et de glorifier les bienheureux Esprits dans l'état de gloire où ils sont. Voilà donc cette espèce d'hommage, puisqu'il veut l'appeler ainsi; et pour parler plus correctement, voilà les justes louanges et la glorification rendue aux Saints sous les yeux de Dieu, sans qu'il s'en offense. Niera-t-on que les louanges soient un culte, et les louanges de Dieu la principale partie du culte divin ? Donc les louanges des Saints sont un honneur qu'on leur rend. On sait bien, et il ne faut pas se tourmenter à nous l'expliquer, qu'on ne les loue pas comme Dieu; mais enfin en les louant on les honore. Le ministre nous dira, quand il lui plaira, si cet honneur qu'on leur rend pour l'amour de Dieu est religieux ou profane. En attendant, il est constant qu'on ne les regarde pas devant Dieu comme des riens, puisqu'on les loue à ses yeux, et que c'est là proprement que nous les devons glorifier, puisque c'est là que Dieu les glorifie.

<small>IX. Vain discours et absurdités du même ministre, lorsqu'il dit qu'il n'est pas permis d'honorer les Saints devant Dieu.</small>

La comparaison des rois de la terre montre bien encore qu'on ne s'entend pas. Car sans parler de certains honneurs qu'on rend tous les jours aux enfans des rois en présence de leur père, et qui rejaillissent sur les rois mêmes, ce qui montre qu'on peut honorer les enfans de Dieu devant leur Père céleste, où est-ce qu'on les honorera, si l'on ne les honore pas devant Dieu et sous ses yeux? Où est-ce que Dieu n'est pas ? Où est-ce que la foi ne nous le représente pas dans sa majesté et dans sa gloire? Il ne faudroit donc jamais honorer nos frères, ni les prier de prier pour nous. Car nous ne le pouvons faire qu'en les regardant sous les yeux de

<small>X. Suite des absurdités du même ministre.</small>

cette suprême Majesté. Et d'ailleurs peut-on ne pas voir que ce qui oblige à supprimer devant les rois certains honneurs qu'on pourroit rendre aux autres hommes en leur absence, c'est qu'après tout le roi n'est qu'un homme, et l'honneur qu'on lui rend est un honneur fini qu'un autre honneur peut partager et diminuer; mais l'honneur qu'on rend à Dieu n'ayant point de bornes, puisqu'on y regarde toujours la disproportion de créature à Créateur, qui est infinie, Dieu ne peut rien perdre du sien, quand on honore ses serviteurs qu'on ne regarde au contraire que comme un foible écoulement de sa grandeur infinie; et qu'on regarde toujours comme d'autant plus revêtus de ses bienfaits, qu'ils sont eux-mêmes plus grands. Il n'en est pas ainsi des rois. Les hommes n'en tiennent pas toutes les belles qualités d'esprit et de corps qui leur attirent du respect. Mais tous les avantages que nous révérons dans les Saints leur viennent de Dieu; et dès qu'ils sont connus comme tels, s'ils provoquoient Dieu à jalousie, Dieu seroit jaloux de lui-même.

XI. Autre raison du ministre, qui se détruit elle-même. Intervention des Saints: ce que c'est.

Mais voici une autre raison de votre ministre : « Quand vous dites à un saint vivant : Priez pour nous, vous n'en faites point un intercesseur qui soit médiateur auprès de Dieu; car il n'est pas plus auprès de Dieu que vous : il n'est point entre Dieu et vous : ce n'est qu'une jonction de prières que vous demandez; mais quand vous dites à un Saint qui est au ciel plus près de Dieu que vous, et tout près de Dieu : Priez pour nous, vous en faites un intercesseur posé près de Dieu, un médiateur entre Dieu et vous. » Dans quelles subtilités s'embarrasse l'esprit humain, et quel vain tourment il se donne, quand il ne veut pas ouvrir les yeux à la vérité! Un bienheureux est uni à Dieu par la charité : un fidèle qui est sur la terre lui est uni par le même nœud, et c'est la même charité partout, puisque saint Paul a prononcé « que la charité ne se perd jamais [1], » et par conséquent ne se perd pas même dans la gloire, comme la foi et l'espérance s'y perdent. Si c'est la même charité, elle nous unit avec Dieu et entre nous, tant dans le ciel que sur la terre, en sorte que tous ensemble nous ne faisons qu'un même corps de Jésus-Christ. Les Saints voient ce que nous

---

[1] *I Cor.*, XIII, 8.

croyons ; mais toute la perfection de la gloire est renfermée dans la foi, comme le fruit dans son germe. Les Saints ne sont donc pas entre Dieu et nous, à parler dans la précision d'une saine théologie ; mais ils sont nos membres et nos frères, qui ont accès comme nous par le même Médiateur, qui est Jésus-Christ. De là se forme ce raisonnement tiré des principes du ministre : Ce n'est point offenser Dieu ni Jésus-Christ « que de demander aux Saints une jonction de prières » (ce sont les paroles du ministre qu'on vient de voir). Or nous ne demandons aux Saints qu'une jonction de prières. Ce n'est point mettre les Saints entre Dieu et nous, que de les regarder comme unis à nous (c'est encore le principe du même ministre). Or nous ne regardons les Saints, qui sont dans la gloire, que comme unis avec nous par la charité en un même corps de Jésus-Christ ; nous ne les mettons donc pas entre Dieu et nous, comme nous y mettons Jésus-Christ ; et à proprement parler, il n'y a que Jésus-Christ seul à qui nous rendions cet honneur, puisqu'il n'y a que lui seul que nous regardions comme écouté par lui-même ; tous les autres, qui prient dans le ciel ou sur la terre, ne l'étant uniquement que par lui, ainsi qu'on vient de le voir par le concile de Trente, et qu'on le verra encore plus évidemment dans la suite.

Il s'ensuit de là clairement que les prières qu'on adresse aux Saints, loin de nous détourner de Dieu, nous y unissent ; ce qui se démontre en cette sorte. La prière, dont Dieu est toujours le premier et le principal objet, ne nous peut détourner de Dieu ; or est-il que Dieu est toujours le premier et le principal objet de la prière que les catholiques adressent aux Saints, puisqu'ils ne les prient que de prier Dieu ; par conséquent la prière adressée aux Saints ne peut jamais détourner de Dieu ceux qui la font dans l'esprit de l'Eglise catholique.

XII. Que les prières qu'on adresse aux Saints, loin de nous détourner de Dieu, nous y unissent. Exemple de S. Basile et de s. Chrysostome.

En effet le but de cette prière n'est pas tant de s'adresser aux Saints comme priés, que de nous unir à eux comme prians ; et c'est pourquoi saint Basile ne croyoit pas détourner les peuples de prier Dieu en les invitant à prier les Saints, parce que les invitant à prier les Saints selon l'esprit du christianisme, c'étoit leur dire en d'autres paroles, comme il l'interprète lui-même : « Que vos prières se répandent devant Dieu avec celles des martyrs [1]. » Le dessein de glorifier Jésus-Christ est toujours le principal et le plus intime motif qui anime ces prières ; c'est aussi ce qui faisoit dire à saint Chrysostome : « Où est le sépulcre d'Alexandre le Grand ? Mais les tombeaux des serviteurs de Jésus-Christ sont illustres dans la ville maîtresse ; et personne n'ignore les jours de leur mort, qui sont devenus des jours de fêtes par tout l'univers... Les tombeaux des serviteurs du Crucifié sont plus magnifiques que les palais des rois, non tant par la beauté de la structure, quoique cela ne leur manque pas, que par le concours des peuples. Car celui qui porte la pourpre y accourt lui-même pour embrasser ces tombeaux ; et ayant déposé son faste, il est debout, priant les Saints qu'ils l'aident par leurs prières. Celui qui porte le diadème choisit un pêcheur et un faiseur de tentes, même après leur mort, pour ses patrons. Direz-vous que Jésus-Christ soit mort, lui dont les serviteurs, même après leur mort, sont les patrons et les protecteurs des rois de la terre [2]. » C'est dans la gloire qu'il les regarde, comme vous voyez ; et loin d'être rebuté de les honorer, sous prétexte qu'il les regarde avec Jésus-Christ, c'est au contraire pour cette raison qu'il les juge dignes des plus grands honneurs. C'est ainsi que ces grands hommes faisoient servir la gloire des Saints à celle de Jésus-Christ. Le même saint Chrysostome dit encore ailleurs : « Allons souvent visiter ces saints martyrs, touchons leurs châsses, embrassons avec foi leurs saintes reliques, afin d'en attirer quelques bénédictions sur nous ; car comme de braves soldats montrant aux rois les plaies qu'ils ont reçues pour leur service, leur parlent avec confiance, de même ceux-ci, en montrant leurs têtes coupées, obtiennent tout ce qu'ils veulent du Roi du ciel [3]. »

XIII. Passage d'Œcolampade.

Ce beau passage de saint Chrysostome a tellement touché Œcolampade, un des prétendus réformateurs, qu'il l'oblige à parler ainsi dans les notes qu'il a faites sur cette Homélie : « Je ne voudrois pas nier que les Saints ne prient pour nous ; je ne voudrois pas dire non plus qu'il fût assuré que ce fût une impiété et une

[1] *Orat. in* XL *Mart.* — [2] Homil. XXVI *in* II *ad Cor.* — [3] Homil. LIX *de SS. Juvent. et Max.*

idolâtrie d'implorer leur protection. Les Saints sont tout embrasés de charité dans le ciel : ils ne cessent de prier pour nous. Quel mal y a-t-il donc de leur demander qu'ils fassent ce que nous croyons que Dieu a très-agréable, quoiqu'il ne nous ait pas commandé de le faire? » Un ministre nous justifie contre les ministres ; et malgré les préventions de la secte, lorsqu'il entend les Pères parler comme nous, il n'ose pas assurer que nos prières se ressentent de l'idolâtrie.

Mais, dit-on, et voici le fort des prétendus réformés, on présuppose en priant les Saints de tant d'endroits de la terre, qu'ils ont l'oreille partout et qu'ils connoissent le secret des cœurs ; ce qui est leur attribuer une prérogative divine. Qu'un autre ministre réponde pour nous. Les prétendus réformés n'ont pas dessein d'élever les anges, non plus que les autres Saints, au-dessus de la créature. Cependant que nous disent-ils de ces créatures bienheureuses ? « Les anges, dit M. Daillé, voient ce qui touche chacun de nous en particulier. Ils voient le péril de chacun de nous, ce que chaque fidèle craint, ce qu'il désire, ce qu'il demande, parce qu'ils sont présens sur la terre et mêlés au milieu de nous [1]. » Daillé en fait-il des dieux en leur donnant tant de connoissances, et de nos besoins, et de nos désirs, et de tout ce qui nous touche en particulier? « Mais c'est, dit-il, qu'ils sont sur la terre au milieu de nous : » comme si la connoissance de tant de secrets dépendoit des lieux, et non d'une lumière céleste, que Dieu communique à qui il lui plaît. Quoi qu'il en soit, on peut dire sans blesser la foi que les anges connoissent ce qui se passe sur la terre, et même nos secrets désirs. Ce qui fait que cette opinion qu'on a de leurs connoissances ne nous empêche pas de les reconnoître pour ce qu'ils sont, c'est-à-dire pour des créatures, c'est que nous savons d'où leur viennent toutes leurs lumières, d'où ils reçoivent leurs ordres et où ils mettent leur félicité. Nous n'avons donc pas besoin d'égaler les Saints à Dieu, pour leur faire entendre nos vœux. Il ne faut que les égaler aux anges, qui savent nos prières, qui les présentent à Dieu, qui les mettent sur l'autel céleste devant le trône de Dieu comme un présent agréable[2]. Lisez le chapitre VIII

XIV. Qu'on n'attribue rien de divin aux anges ni aux Saints, en leur attribuant la connoissance de nos prières. Preuve par l'Écriture, par les saints Pères, par la raison et par Daillé même.

[1] Lib. III, cap. XXIII, p. 484. — [2] Apoc., VIII, 3.

de l'*Apocalypse;* et ne dites pas que l'ange qui y offre à Dieu les prières des Saints soit Jésus-Christ ; saint Jean ne l'appelle *qu'un autre ange*[1], un ange comme les autres qui paroissent dans ce divin livre; un ange comme les sept anges dont il venoit de parler. Cet ange, qui n'est qu'une créature, entend nos vœux, puisqu'il les offre. Qu'on répète tant qu'on voudra, que c'est une idolâtrie que d'égaler par quelque endroit que ce soit les Saints à Dieu : j'en conviens ; mais sera-ce encore une idolâtrie de les égaler aux anges, à qui Jésus-Christ même nous apprend que sa grace nous rendra semblables? « Ils seront, dit-il, comme les anges de Dieu [2]. » Mais qui empêche qu'ils ne le soient dès à présent, puisqu'ils voient, comme les anges, « la face du Père? » Un ange présente nos prières [3] et les fioles qui sont pleines de ce céleste parfum. Mais les vingt-quatre vieillards, qui nous représentent l'universalité des Saints, assis devant le trône de Jésus-Christ, revêtus de blanc et couronnés, c'est-à-dire avec la couleur et les ornemens de la gloire [4], n'apportent-ils pas aussi dans leurs mains ces fioles pleines de parfums qui sont les prières des Saints? Si les anges sont appelés à la participation des secrets divins, et s'ils en font le sujet des louanges qu'ils donnent à Dieu, ne voit-on pas les ames des martyrs sous l'autel où elles sont en Jésus-Christ, dans lequel elles sont cachées, qui connoissent l'état de l'Eglise, en savent les persécutions dont elles demandent la fin, et apprennent qu'elle est différée et pour peu de temps et pourquoi [5] ? N'est-ce donc pas blasphémer que de les ranger parmi les morts qui ne savent rien de ce qui se passe sur la terre; et quand Babylone tombe, les apôtres et les martyrs ne sont-ils pas invités à louer Dieu de ses jugemens, et n'entend-on pas en effet aussitôt après des cantiques d'admiration dans le ciel sur ce sujet [6]? Ne voit-on pas que l'exécution des justes jugemens de Dieu sont une fête dans le ciel pour tous les esprits bienheureux, et autant pour les ames saintes que pour les saints anges? Pourquoi donc ces ames saintes n'entreront-elles pas dans les actions particulières et dans la fête qu'on fait dans le ciel pour la conversion

---

[1] *Apoc.*, VIII, 3. — [2] *Matth.*, XXII, 30. — [3] *Apoc.*, VIII, 3. — [4] *Apoc.*, IV, 4; *ibid.*, V, 8; *ibid.*, VI, 1, 11. — [5] *Apoc.*, VI, 9, 10, 11. — [6] *Apoc.*, XVIII, 20; XIX, 1.

d'un pécheur? Qu'on ne nous dise donc plus que c'est en faire des dieux que de leur faire connoître ce qui se passe ici-bas, et en particulier les prières que nous envoyons au ciel. Suivons de plus hauts principes, et apprenons à connoître en quoi consiste la grandeur de Dieu. Il fait entendre à ses prophètes, aux ames saintes, à ses anges et à tel autre qu'il lui plaît de ses serviteurs, non-seulement les pensées des hommes, mais encore ses propres pensées, et ce qu'il a résolu des peuples et des nations dans son conseil éternel. Il les élève plus haut, lorsqu'il leur montre son essence à découvert. Et sans doute c'est quelque chose de plus de le voir lui-même face à face que de connoître ses desseins quelque hauts qu'ils soient, à plus forte raison que de connoître les desseins et les pensées des hommes mortels. Dieu mène ses serviteurs autant qu'il lui plaît, ainsi qu'il lui plaît, par tous les degrés de connoissances; et à quelque perfection qu'il les élève, il se montre toujours leur Dieu, parce qu'ils ne sont éclairés que par sa lumière.

C'est pourquoi les saints docteurs n'ont point hésité à attribuer la connoissance de nos prières aux ames saintes. Nous avons ouï saint Grégoire de Nysse dire au martyr saint Théodore: « O saint martyr, regardez-nous du plus haut des cieux. » Nous avons ouï saint Augustin louer la prière d'une mère chrétienne, qui avoit perdu son fils sans être baptisé: « O saint martyr, vous savez pourquoi je le pleure [1], » disoit cette mère; et parce qu'elle avoit dit: *Vous savez,* « Dieu, continue le même Père, voulut montrer quelle avoit été sa pensée. Elle porta l'enfant ressuscité aux prêtres, il fut baptisé, il fut sanctifié, il fut oint, on lui imposa les mains; tous les sacremens étant achevés, il mourut. Sa mère accompagna son enterrement avec un visage qui faisoit paroître qu'elle ne croyoit pas tant mettre son fils dans le tombeau que le mener dans le propre sein du martyr. » Que d'articles de la nouvelle Réforme sont condamnés par ce récit; et qu'on doit être fâché, s'il reste quelque sentiment de piété véritable, d'être d'une religion qui oblige à rejeter des choses si saintes et à la fois si bien attestées par de si grands hommes! Mais quelque opinion qu'on en ait, j'ai

[1] Vide sup., n. 5.

toujours gagné ce que je voulois ; et il est bien assuré que, ni la femme qui fit cette prière à saint Etienne, ni saint Augustin qui la loue, ne vouloient pas faire un Dieu de ce saint martyr. Les autres Pères ne vouloient pas non plus attribuer aux Saints, dont ils demandoient les prières, aucune perfection divine, puisque quelque intelligence qu'ils y reconnussent de nos besoins, ou en général des choses du monde, ils savoient bien qu'ils ne voyoient rien que dans une lumière empruntée. « Vous savez tout, disoit saint Paulin à saint Félix ; vous voyez dans la lumière de Jésus-Christ les choses les plus secrètes et les plus éloignées, et vous comprenez tout en Dieu, où tout est renfermé [1]. »

XV. Aveu du ministre, que nous n'égalons pas les Saints à Dieu par nos invocations : il se réduit à dire que nous les égalons à Jésus-Christ, et comment.

Il faut que le ministre succombe sous des vérités si constantes. Il en a senti le poids : il a, dis-je, bien senti que ni les saints Pères qu'il accuse comme nous d'idolâtrie, ni nous qui ne faisons que les suivre, n'attribuons rien de divin aux bienheureux Esprits; et vous le pouvez entendre par ces paroles : « Nous pouvons défier l'Eglise romaine de nous montrer aucune différence entre le culte qu'elle rend au Fils de Dieu, et celuy qu'elle rend aux Saints. Ils en peuvent trouver quelqu'une entre le culte du Père et celui des Saints; mais entre les cultes des Saints et du Fils, je les défie d'en montrer aucune [2]. » Tout cela se réduit à dire que Jésus-Christ « homme fait tout le bien qu'il nous fait par voie d'intercession, » comme les Saints. Au nom de Notre-Seigneur et par le soin que vous devez avoir de votre salut, arrêtez-vous ici, mes très-chers Frères. Vous voyez à quoi votre ministre réduit principalement la difficulté : « Ils peuvent, dit-il, trouver quelque différence entre le culte du Père éternel et celuy des Saints. » Il n'ose découvrir tout ce qu'il sent. « Nous pouvons trouver quelque différence, » c'est-à-dire naturellement, quelque petite différence; mais ou nous n'en pouvons trouver aucune, ou celle que nous trouvons est infinie. Car, je vous prie, quelle différence avons-nous trouvée entre le secours de Dieu et celui des Saints, entre la manière de prier Dieu et celle de prier les Saints ? C'est, avons-nous dit, que Dieu donne et les Saints obtiennent : on prie Dieu comme la source de tout bien, de donner ses graces quelles qu'elles

---

[1] Paul, *de Nat. S. Fel.* — [2] Lett. XV, p. 114, 115.

soient, temporelles ou spirituelles, et on prie les Saints de les demander. Or ce n'est pas là quelque différence, c'est une différence immense, infinie, puisque c'est une différence qui d'un côté fait Dieu Être parfait, et de l'autre la créature être indigent, tiré du néant et le néant même ; une différence, en un mot, qui met d'un côté l'indépendance absolue, et de l'autre la dépendance sans bornes. Ce n'est pas là quelque différence ; mais c'est toute la différence qu'on peut établir entre Dieu et la créature, et l'on ne peut en imaginer une plus grande ni une plus essentielle.

Ici votre ministre se tourmente en vain à prouver aux catholiques « qu'il n'y a point de biens et de graces, pour le temps et pour l'éternité, qu'ils ne demandent à leurs Saints directement et sans détour. » Veut-il dire qu'on les leur demande comme à ceux qui les donnent? Il n'y auroit donc aucune différence. Or est-il qu'il ne peut nier que nous n'y en mettions quelqu'une ; et nous venons de lui prouver, ou que nous n'en mettons aucune, ou que nous en mettons une aussi grande qu'on la puisse mettre, et en un mot une infinie. Qu'il enfle donc son discours de tant d'exagérations qu'il lui plaira, et qu'il raconte toutes les graces qu'on demande à la sainte Vierge ; il demeure lui-même d'accord qu'on ne les demande que par voie d'intercession, puisque même, selon lui, on n'en attend pas davantage de Jésus-Christ. La difficulté n'est donc plus que de l'intercession de Jésus-Christ. Il s'agit de voir si celle des Saints est de même nature que la sienne ; et il est essentiel à cette cause que vous compreniez que c'est en cela précisément que votre ministre met le nœud de cette question. C'est ce qu'il déclare par ces paroles : « Pour moy, poursuit-il, plus j'estudie le culte qu'on rend à Jésus-Christ, plus je le trouve semblable à celuy des Saints. Nous adressons à Jésus-Christ deux sortes de prières : l'une indirecte en luy disant : « Priez pour nous ; » l'autre directe en luy demandant directement la grace, la rémission des péchés, la vie éternelle. Dans l'Eglise romaine, on fait précisément la même chose à l'égard des Saints. Cela laisse une différence, je l'avoüe, entre l'adoration qu'on rend à Dieu le Père et celle qu'on rend aux Saints [1]. » La voilà donc encore une

[1] Lett. xv, p. 115.

fois établie, de son aveu, cette différence qui, comme on voit, est infinie. « Car, continue-t-il, jamais on ne dit au Père : Seigneur, priez pour nous, intercédez pour nous auprés de votre Fils. Cela seroit insensé, et peut-être impie ; et je crois que Rome ne pratique pas cette impiété. » Il y a donc pour la troisième fois une différence essentielle entre la prière que l'Eglise romaine fait au Père et celle qu'elle fait aux Saints, de l'aveu de votre ministre. « Mais il n'y a, continue-t-il, aucune différence du culte rendu à Jésus-Christ et de celuy qu'on rend aux Saints ; car et à celui-là et à celui-ci, on dit indifféremment : « Priez pour nous, » afin que Dieu nous donne ; ou bien : « Donnez-nous vous-même, » *par voie d'intercession et d'impétration* de son Père, » comme il l'explique lui-même et le répète dix fois. Il ne reste donc plus qu'à faire voir qu'il y a encore une différence infinie entre l'intercession de Jésus-Christ et celle des Saints ; et c'est là, comme vous voyez, que votre ministre fait consister notre question. Mais elle est si aisée à résoudre, que je n'y veux employer que M. Daillé. C'est un ministre que je prends pour juge entre M. Jurieu et moi.

XVI. Le ministre réfuté par Daillé. La médiation de Jésus-Christ expliquée, et les catholiques justifiés.

Daillé étant obligé par une objection du cardinal du Perron de parler de cette matière, et d'expliquer comment on peut croire que Jésus-Christ prie pour nous, commence en cette sorte : « Ni nous, ni les anciens, ni aucun chrétien vraiment pieux, n'avons jamais prié Jésus-Christ de prier son Père pour nous [1]. » D'abord il apprend bien à M. Jurieu qu'il ne sait pas sa théologie, quand il dit qu'on prie Jésus-Christ de prier pour nous : « Ni nous, dit-il, ni les anciens, ni aucun chrétien vraiment pieux, ne l'a jamais fait. » M. Jurieu n'est donc pas de ces pieux chrétiens, selon le ministre Daillé. Il poursuit : « Du Perron pense-t-il que Jésus-Christ ne fasse pour nous autre chose que de se prosterner devant Dieu, afin de prier comme feroit un des Saints de ce cardinal ? Assurément il se trompe, s'il a une semblable pensée. » Tout en s'emportant contre nous, Daillé nous accorde ce que nous voulons. Les Saints du cardinal du Perron, c'est-à-dire les Saints des catholiques, sont prosternés devant Dieu comme d'humbles supplians : Jésus-Christ n'agit pas de cette manière, et nous en convenons

[1] Daill., *de Cult. Latr.*, lib. III, cap. XIX, p. 386.

avec le ministre ; l'intercession de Jésus-Christ n'est donc pas de même nature que celle des Saints. Prenons encore la chose d'une autre manière. Daillé dit, et il dit vrai, qu'on n'a jamais prié Jésus-Christ de prier pour nous. Il n'y en a aucun exemple, ni aucun précepte, ni aucun conseil, ni dans l'Ecriture, ni dans la tradition. Quand donc on prie les Saints, comme fait l'Eglise romaine, on ne leur demande rien de semblable à ce qu'on attend de Jésus-Christ. Voilà qui est clair, mais la suite le sera beaucoup davantage; et plus Daillé s'étudie à nous expliquer la dignité de la Médiation de Jésus-Christ, plus il justifie les catholiques. Car écoutons ce qu'il ajoute : « Jésus-Christ, Père de l'éternité, est Seigneur et dispensateur de toutes les graces que son sang nous a méritées. Ce puissant Roi de l'univers nous les donne ainsi qu'il lui plaît : ses sujets ne le tiennent pas pour un simple intercesseur, mais pour leur Roi, pour leur Seigneur, pour leur Dieu, et ils souhaitent que ce qu'ils demandent leur soit accordé par sa volonté et par sa puissance. » Notre cause se fortifie visiblement par le discours de Daillé. Il ne permet pas qu'on regarde Jésus-Christ comme un simple intercesseur. Il est, dit-il, dispensateur et distributeur des graces de Dieu; mais il les donne avec autorité et comme Seigneur, parce qu'il « les a méritées par son sang : » elles sont à lui; il les a acquises; il les a achetées, et cela par un prix infini, qui est celui de son sang; et si M. Daillé rapporte cela à la nature divine de Jésus-Christ, c'est que c'est là qu'est la source de la dignité et du mérite infini qui se trouve dans les actions de Jésus-Christ et dans toute sa personne, ce qui est indubitable; mais en même temps il ne l'est pas moins que ceux qui comme nous regardent les Saints, non comme « distributeurs de la grace, » mais comme de « simples intercesseurs, » ne les égalent en aucune sorte avec Jésus-Christ. Mais le ministre, en continuant de plaider sa cause, va donner comme un dernier trait à la bonté de la nôtre. » Que si on dit, poursuit-il, que Jésus-Christ prie pous nous, il faut entendre cela, non d'une manière basse, mais d'une manière relevée et convenable à la majesté d'un si grand Roi. Ce n'est point en se prosternant, en tendant les mains, ni en disant des paroles de suppliant qu'il intercède pour nous;

c'est qu'il apaise son Père par le prix et la bonne odeur toujours présente de la victime qu'il a une fois offerte, et fait qu'il nous donne les graces que nous demandons, lui-même consentant aussi et voulant que nous les ayons. Telles sont les prières que Jésus-Christ fait pour nous. Elles sont dignes de sa personne; et saint Paul nous le fait entendre, lorsqu'il dit que l'épanchement du sang de Jésus crie plus haut que le sang d'Abel. » Nous sommes d'accord avec les ministres de cette manière d'expliquer la médiation de Jésus-Christ. On la peut voir très-bien expliquée dans saint Thomas, et l'on n'en connoît point d'autre dans nos écoles. On y enseigne constamment que Jésus-Christ intercède par son sang répandu pour nous, et par la vertu éternelle de son sacrifice. Il n'a besoin ni de paroles, ni de postures suppliantes; il suffit, comme dit l'Apôtre, « qu'il paroisse pour nous devant Dieu, » afin de nous obtenir tout ce qu'il lui plaît. Ce qu'on appelle prière dans cet état glorieux de Jésus-Christ, c'est dans sa sainte ame une perpétuelle volonté de nous sanctifier, conformément à cette parole qu'il a prononcée : « Je me sanctifie pour eux, afin qu'ils soient saints en vérité [1]; » et à celle-ci : « O mon Père, je veux que ceux que vous m'avez donnés soient avec moi [2]. » Il a droit de dire : *Je veux*, d'une façon particulière qui ne convient qu'à lui seul : il peut disposer de nous et des graces qu'il nous distribue, comme de choses qui sont siennes, qu'il a achetées, qu'il s'est rendues propres. Nous ne donnons rien de semblable aux Saints. Ce n'est point leur sang qui nous sauve, ni qui est une source de graces pour nous : ils n'ont point offert le sacrifice dont l'efficace infinie et toujours présente sanctifiera les pécheurs jusqu'à la fin des siècles : ils sont humbles supplians devant la Majesté divine, serviteurs agréables à leur Maître; mais enfin simples serviteurs, non seigneurs, ni rédempteurs, ni dispensateurs des graces comme Jésus-Christ. Ainsi ni nous ne faisons faire à Jésus-Christ ce que font les Saints, ni nous ne faisons faire aux Saints ce que fait Jésus-Christ. Leur intercession laisse en son entier tout ce qui convient, selon les ministres aussi bien que selon nous, à celle du Fils de Dieu, et nous ne leur en donnons aucune partie.

[1] *Joan.*, XVII, 19. — [2] *Ibid.*, 24.

Mais après avoir fait voir au ministre que nous établissons parfaitement la médiation de Jésus-Christ, apprenons-lui à la mieux entendre qu'il ne fait, lui qui en fait consister la reconnoissance à dire à Jésus-Christ : « Priez pour nous. » M. Daillé a eu raison de lui dire que, ni les modernes, ni les anciens n'ont jamais prié ainsi. Quand saint Etienne mourant invoqua Jésus-Christ pour ceux qui le lapidoient, il ne lui dit pas : O Seigneur, priez pour eux; mais : « O Seigneur, ne leur imputez pas leur péché [1], » le regardant comme juge, comme celui « qui opère par lui-même la purification du péché [2]. » Il ne lui dit pas : Priez votre Père de recevoir mon esprit; mais il lui dit à lui-même : « O Seigneur, recevez mon esprit [3]. » Je ne sache aucun orthodoxe qui ait osé dire, comme fait M. Jurieu, qu'il faut dire à Jésus-Christ, même comme homme : « Priez pour nous, » parce que l'homme dans Jésus-Christ étant élevé à être Dieu, ce qui lui a donné le moyen de nous acheter les graces et en particulier celle de la rémission des péchés par un prix proportionné à leur valeur, il en est fait Seigneur même comme homme, mais comme homme élevé à être Dieu. C'est pourquoi on ne le prie pas de la demander, mais de la donner comme Seigneur; ce qui fait aussi que saint Etienne lui donne le nom de *Seigneur* dans cette prière : « O Seigneur, n'imputez pas ce péché; » et de même : « O Seigneur, recevez mon esprit. » Car c'est à vous de le recevoir, à la vérité, pour le présenter à votre Père, mais néanmoins comme Seigneur à qui il appartient en propre, parce que vous l'avez acheté par votre sang.

XVII. Qu'on n'adresse point à Jésus-Christ cette prière : « Priez pour nous » M. Jurieu corrigé par M. Daillé.

Mais quand il seroit permis « de prier Jésus-Christ de prier, » chose que la vraie piété a en horreur, toujours le ministre n'y gagneroit rien, parce qu'il y aura toujours une différence infinie entre la prière du Chef et celle des membres, entre la prière de celui où réside la plénitude et la source de la grace et celle de ceux qui n'en reçoivent qu'un écoulement imparfait, enfin entre la prière d'une personne sainte par la propre sainteté substantielle de Dieu et la prière de ceux qui ne le sont que par quelque participation de sa sainteté infinie; ce qui fait que la prière de l'un est agréable et reçue par sa propre dignité, et celle des autres au

XVIII. Différence infinie de l'intercession de Jésus-Christ et de celle des Saints.

---

[1] *Act.*, VII, 5. — [2] *Hebr.*, I, 3. — [3] *Act.*, VII, 58.

contraire en son nom et par le mérite de la sienne ; et c'est aussi ce qui met la différence la plus essentielle qu'on puisse jamais établir de prière à prière, et même une différence qui va jusqu'à l'infini, parce qu'elle est fondée sur la perfection de la nature divine.

Toute cette doctrine est renfermée dans cette conclusion solennelle des prières ecclésiastiques, qui finissent toutes en ces termes : *Per Dominum nostrum Jesum Christum* : « Par Notre-Seigneur Jésus-Christ ; » par où l'Eglise reconnoît que toutes ses prières tirent leur valeur et leur efficace de l'interposition du nom de Jésus-Christ, à quoi elle ajoute en même temps la confession de la divinité du même Sauveur, en adressant ces paroles à Dieu le Père : « Par Jésus-Christ votre Fils unique, qui étant Dieu vit et règne aux siècles des siècles avec vous et le Saint-Esprit ; » où l'Eglise met clairement la médiation de Jésus-Christ en ce qu'il est un Homme-Dieu en qui s'unissent toutes choses ; c'est-à-dire tout ensemble les hautes et les basses, les célestes et les terrestres, sans que ni nous ni les plus grands Saints puissent impétrer aucune grace ni pour eux, ni pour leurs frères, en un autre nom.

<small>XIX. Médiation de Jésus-Christ très-bien expliquée par saint Grégoire de Nazianze, et les autres Pères qui ont prié les Saints comme nous.</small>

Au reste si l'on a vu la médiation de Jésus-Christ si parfaitement expliquée par le ministre Daillé, il faut se souvenir qu'on a vu aussi qu'il n'y a rien là de nouveau pour nous, puisque tous nos docteurs l'expliquent de même sur le fondement des Ecritures et sur la doctrine de saint Paul. Ç'a été aussi la doctrine de tous les anciens Pères ; et saint Grégoire de Nazianze l'a expliquée admirablement par ces paroles : « Le Verbe engendré de Dieu avant tous les temps et par là étant Fils de Dieu, est devenu Fils de l'homme. Il est sorti sans impureté et d'une manière miraculeuse du sein d'une Vierge, homme parfait aussi bien que Dieu parfait, pour sauver en toutes ses parties l'homme qui étoit blessé en elles toutes, et détruire la condamnation du péché [1]. »

C'est en cela que consiste sa médiation, et c'est aussi sur ce fondement que le même Saint l'établit, en supposant premièrement qu'il ne faut point croire « que le Fils de Dieu se jette aux pieds de son Père d'une manière servile. Loin de nous, dit-il, cette

[1] *Orat.* XL.

pensée basse et indigne de l'esprit de Dieu. Il ne convient ni au Père d'exiger une telle chose, ni au Fils de la souffrir [1]. » Il enseigne « qu'intercéder n'est autre chose au Fils de Dieu que d'agir pour nous auprès de son Père en qualité de Médiateur de Dieu et des hommes, Jésus-Christ homme ; et, ajoute ce grand personnage, comme homme il intercède pour mon salut, parce qu'il est toujours avec le corps qu'il a pris, et qu'il me fait devenir un dieu par la force de l'humanité qu'il s'est unie. »

Voilà une manière d'intercéder digne de Jésus-Christ. Un Dieu en se faisant homme, nous a faits des dieux par ressemblance : son humanité est le moyen par lequel la divinité nous est communiquée : son corps, qui a été notre victime, nous attire continuellement les grâces du ciel, et Jésus-Christ ne cesse d'intercéder, parce qu'il ne quitte jamais l'humanité qu'il a prise.

Cette sublime médiation, qui ne convient qu'à Jésus-Christ seul, n'a pas empêché que le même Père, en prenant la médiation en un autre sens infiniment inférieur à celui-là, n'ait dit que « les saints martyrs sont les médiateurs de cette élévation qui nous divinise [2] ; » sans doute, parce qu'ils nous en montrent le chemin par leur exemple, et qu'ils nous aident à y arriver par leurs prières.

Qu'on ne nous objecte donc plus ces mots de saint Paul : « Il y a un Médiateur [3]. » Sans disputer sur les mots : « Il n'y a pas plus un Médiateur qu'il y a un Dieu, » je dis que si nous pouvons par Jésus-Christ, selon saint Pierre, « participer à la nature divine [4], » nous pouvons aussi en quelque façon, quoique très-imparfaitement, participer par la charité fraternelle à la qualité de médiateur. Mais, à parler proprement, il n'y a que Jésus-Christ seul qui la porte et qui fasse cet office ; ce que saint Augustin a expliqué à fond en ce peu de mots : « Les chrétiens, dit-il, se recommandent aux prières les uns des autres ; mais celui qui intercède pour tous, sans avoir besoin que personne intercède pour lui, est le seul et le véritable Médiateur [5]. »

Les prétendus réformés se servent de ce passage contre la prière

---

[1] *Orat*, XXXVI. — [2] *Orat*. VI. — [3] *Gal*., III, 20. — [4] II *Petr*., I, 4. — [5] *Cont. Epist. Parmen.*, lib. II, n. 16.

des Saints, au lieu qu'ils devroient comprendre que, si un Père qui a si parfaitement entendu la doctrine de la médiation de Jésus-Christ, n'a pas laissé de les prier, comme les ministres l'avouent, il paroît qu'il n'a jamais seulement pensé que ces deux choses soient incompatibles. J'en dis autant de saint Grégoire de Nazianze, qui d'un côté constamment a prié les Saints comme nous, et qui aussi constamment n'en a pas moins bien entendu la doctrine de la médiation de Jésus-Christ, comme on vient de le voir ; en sorte qu'en toutes manières, il n'y a rien de plus faux que de confondre deux choses dont la différence est infinie.

XX. Que la manière dont on interprète dans l'Eglise les mérites des Saints envers Dieu, de l'aveu des ministres mêmes, est infiniment différente de la manière dont on interpose ceux de Jésus-Christ.

Après cela en reviendra-t-on à cette objection cent fois résolue, mais que M. Jurieu répète encore, comme si l'on n'y avoit jamais répondu ? « Vous offrez à Dieu, dit-il, les mérites des Saints, comme vous luy offrez ceux de Jésus-Christ : vous priez Dieu par les mérites des Saints, comme vous priez Dieu par les mérites de Jésus-Christ ; c'est donc en tout et partout la même chose [1]. » Mais sans nous donner la peine de répondre, Bucer, un des chefs de la Réforme, répondra pour nous. Le passage en est connu, et M. Jurieu l'a lu dans l'*Histoire des Variations*[2] : « Pour ce qui regarde ces prières publiques qu'on appelle *Collectes*, où l'on fait mention des prières et des mérites des Saints, puisque dans ces mêmes prières tout ce qu'on demande en cette sorte est demandé à Dieu, et non pas aux Saints, et encore qu'il est demandé par Jésus-Christ, dès là tous ceux qui font cette prière reconnoissent que tous les mérites des Saints sont des dons gratuitement accordés. » Et un peu après : « Car d'ailleurs nous confessons et nous prêchons avec joie que Dieu récompense les bonnes œuvres de ses serviteurs, non-seulement en eux-mêmes, mais encore en ceux pour qui ils prient, puisqu'il a promis qu'il feroit du bien à ceux qui l'aiment jusqu'à mille générations. » Voilà ce qu'un reste de bonne foi fit avouer à Bucer, en 1546, dans la conférence de Ratisbonne. Je ne demande pas au ministre dédaigneux qu'il cède à l'autorité de Bucer ; mais qu'il imite sa bonne foi, en reconnoissant que le mérite que nous attribuons à Jésus-Christ est bien d'une autre nature que celui que nous attribuons aux Saints,

[1] Jur., lett. XV, p. 114, 115, etc. — [2] Liv. III, n. 43.

puisque le mérite de Jésus-Christ est infini à cause qu'il est Dieu et homme, et celui des Saints fini à cause qu'ils sont des hommes purs; d'où suit une autre différence qui n'est pas moins essentielle, savoir que le mérite de Jésus-Christ a sa valeur par lui-même auprès de Dieu, au lieu que les mérites des Saints n'en ont que par celui de Jésus-Christ : ce qui fait qu'en priant Dieu d'avoir agréables les mérites de ces Saints, l'Eglise finit toujours en demandant que ce soit par Jésus-Christ : *Per Dominum nostrum Jesum Christum;* et que le concile de Trente en définissant qu'il « est utile de prier les Saints de nous obtenir les graces de Dieu, » ajoute : « Par Jésus-Christ, » et décide que c'est par là qu'ils nous les obtiennent.

Ainsi il ne reste plus de difficulté dans la question que nous traitons. Il s'agit de savoir si nous sommes idolâtres en priant les Saints, c'est-à-dire, en d'autres mots, si nous égalons les Saints ou à Dieu ou à Jésus-Christ : et le ministre est déjà demeuré d'accord que nous mettons une différence très-essentielle du côté de la prière qu'on adresse à Dieu. Restoit celle qu'on adressoit à Jésus-Christ; et la différence n'est pas moins essentielle, de l'aveu même et par les principes de Daillé et de Bucer; par conséquent la question est vidée. C'est en vain que le ministre triomphe, et qu'il provoque l'évêque de Meaux à lui répondre. Cet évêque lui a répondu; mais s'il restoit quelque bonne foi à votre ministre, il n'y avoit rien de plus aisé pour lui que de prévenir cette réponse, puisqu'il l'auroit pu trouver dans ses propres théologiens aussi claire et aussi distincte que l'auroit pu faire un des nôtres.

<small>XXI. Qu'il n'y a nulle difficulté dans les objections du ministre Jurieu.</small>

En effet, quoi qu'il puisse dire, il sait bien que le vrai Dieu que nous adorons n'est pas le Jupiter des païens. Les anges et les ames bienheureuses dont nous demandons la société dans nos prières ne sont ni des dieux, ni des demi-dieux, ni des génies, ni des héros, ni rien enfin de semblable à ce que les gentils imaginoient. Notre Dieu est le Dieu qui seul a fait toutes choses par sa parole, qui n'a pas commis à ses subalternes une partie de l'ouvrage, comme on disoit dans le paganisme. Le monde n'est pas un arrangement d'une matière que Dieu ait trouvée toute faite; les ames et les esprits ne sont pas une portion de son être et de sa

<small>XXII. Différence infinie de la doctrine et du culte des païens d'avec le nôtre.</small>

substance. Il a tout également tiré du néant, et tout également par lui-même. Vos ministres n'oseroient nier que ce ne soit là constamment notre doctrine. Qu'ils entreprennent de nous montrer ce caractère dans le paganisme. Ne sait-on pas que Jupiter y étoit le père des dieux, à peu près dans le même sens qu'un père de famille l'est de ses enfans, et qu'il en étoit le maître à peu près comme un roi l'est de ses ministres, sans leur avoir donné le fond de l'être? Mais Dieu qui l'a donné à tous les Esprits bienheureux, ou plutôt qui le leur donne sans cesse par une influence toujours nécessaire, leur donne en même temps toute leur puissance, inspire tous leurs désirs, ordonne toutes leurs actions, et il est lui seul toute leur félicité; choses que les païens, je dis même les philosophes, ne songeoient pas seulement à attribuer à leur Jupiter. Cette différence infinie de leur théologie et de la nôtre en produit une qui n'est pas moins grande dans le culte. C'est qu'au fond, tout notre culte se renferme en Dieu. Nous n'honorons dans les Saints que ce qu'il y met : en demandant la société de leurs prières, nous ne faisons qu'aller à Dieu dans une compagnie plus agréable; mais enfin c'est à lui que nous allons, et lui seul anime tout notre culte.

XXIII. Horrible calomnie du ministre, qui compare notre doctrine avec celle des païens.

Votre ministre nous fait ici une horrible calomnie, mais qui seule devroit servir à vous désabuser de toutes les autres. « Les dieux supérieurs des païens, dit-il, estoient si célestes, si sublimes et si purs, qu'ils ne pouvoient par eux-mesmes avoir aucun commerce avec les hommes, ni s'abaisser jusqu'aux soins des affaires pour les gouverner immédiatement et par eux-mesmes. C'est pourquoy ils établirent les démons comme des médiateurs et des agens entre les dieux souverains et les hommes mortels, disoit Platon[1]. » Il est vrai, c'est la doctrine de Platon, et c'est aussi ce qui met une différence infinie entre lui et nous. Car qui jamais a ouï dire dans l'Eglise qu'il fût indigne de Dieu de se mêler par lui-même des choses humaines, ou qu'il fallût mettre entre lui et nous cette nature mitoyenne ou médiatrice des démons? C'est pourtant ce qu'on nous impute. Car écoutons le ministre : « Or, dit-il, une goutte d'eau n'est pas plus semblable à une goutte

[1] *Acc. des luth.*, I part., p. 183.

d'eau que cette théologie païenne à la théologie du papisme. Dieu et Jésus-Christ, disent-ils, qui sont nos grands dieux, sont trop sublimes pour nous adresser droit à eux.[1] » Je ne sais comment on ne rougit pas d'une si grossière calomnie. Car ce ministre sait bien en sa conscience qu'outre que Dieu et Jésus-Christ ne sont pas nos « grands dieux, » puisqu'ils ne sont pour nous qu'un seul et même Dieu avec le Saint-Esprit, et que c'est une trop hardie imposture de nous faire parler ainsi contre toute notre doctrine, ce n'en est pas une moindre de nous faire dire « qu'on ne peut aller droit à eux, » puisque constamment toutes les Collectes, toutes les Secrètes, toutes les Post-communions, toutes les prières du sacrifice, le *Gloria in excelsis*, le *Te Deum*, toutes les autres prières du service ou du bréviaire s'adressent ou à Dieu par Jésus-Christ, ou à Jésus-Christ lui-même ; et que dans celles qu'on adresse aux Saints dans les Litanies et dans quelques autres endroits, dès là qu'on les prie de prier pour nous, on ne fait que s'unir à eux par la charité pour aller à Dieu. On ne les regarde donc pas comme des natures mitoyennes et médiatrices ; mais on entre en société avec eux pour aller également à Dieu, puisque si Dieu nous a donné un Médiateur nécessaire en Jésus-Christ, il est pour eux comme pour nous, et qu'ils n'ont d'accès qu'en ce seul nom et comme membres de ce même Chef. Qu'on nous montre ce caractère dans le paganisme. Mais on vient de nous y montrer un caractère tout contraire, en nous disant que les grands dieux du paganisme sont trop sublimes pour se mêler par eux-mêmes de nos affaires, ou avoir aucun commerce avec nous. Votre ministre sait bien que nous ne disons, ni ne croyons rien de semblable. Quand donc il ose avancer « qu'une goutte d'eau n'est pas plus semblable à une autre goutte d'eau que notre doctrine à celle des païens, » il parle contre sa conscience et contre ses propres paroles, et l'iniquité se dément visiblement elle-même.

Achevons. Le culte est intérieur ou extérieur. L'intérieur est le sentiment qu'on vient de voir. Pour donc montrer notre culte intérieur dans les païens, il y faut montrer nos sentimens : qu'on les y montre tels que nous venons de les exposer. Que si l'on pré-

XXIV. Que notre culte intérieur est infiniment différent de celui des païens.

[1] *Acc. des luth.*, 1re part., p. 184.

tend que ce n'est pas là notre doctrine, et qu'on répète les calomnies cent fois réfutées, qu'on nous attaque du moins une fois dans ce fort et qu'on y découvre le moindre trait d'idolâtrie.

<small>XXV. Démonstration de la même différence dans le culte extérieur.</small>

Mais si le culte intérieur des païens est si essentiellement différent du nôtre, donc le culte extérieur n'étant que le signe de l'intérieur, il s'ensuit qu'il y a la même différence. Et en effet les païens, qui regardoient tous leurs dieux, et les plus grands, et les médiocres, et les plus petits comme des natures à peu près semblables, leur offroient aussi à tous également le même culte du sacrifice que nous réservons à Dieu seul, quoi qu'en dise le ministre. A lui seul appartient la souveraine louange, à lui seul la reconnoissance d'un empire absolu et tout-puissant, et l'hommage de l'être reçu, tant de celui qui nous fait hommes que de celui qui nous fait saints et agréables à Dieu. Si l'on croit trouver tout cela dans le paganisme, on croit trouver la lumière dans les ténèbres; et si l'on croit seulement y en voir quelque ombre, c'est qu'il faut bien trouver dans l'erreur le fond de la vérité qu'elle gâte, et dans le culte des démons ce qu'ils imitent et ce qu'ils dérobent du culte de Dieu.

<small>XXVI. Source de l'idolâtrie, d'où nous sommes éloignés jusqu'à l'infini.</small>

L'idolâtrie a eu plusieurs formes, et s'est accrue ou diminuée par divers degrés; mais parmi ces variétés, c'est une chose constante que tous ceux qu'on a jamais vus rendre sérieusement à la créature quelque partie des honneurs divins, ont erré dans la pensée qu'ils ont eue de Dieu. Les fausses idées qu'on a de Dieu, comme dit souvent saint Augustin, sont les premières idoles que les hommes se sont forgées, et c'est là le vrai principe de l'idolâtrie. Que si nous remontons jusqu'à la source de l'erreur, nous trouverons que l'idolâtrie vient au fond de n'avoir pas bien connu la création.

Elle n'étoit connue que du peuple hébreu. Parmi tous les autres peuples on croyoit que la substance et le fond de l'être étoit indépendant de Dieu, et que tout au plus il n'étoit auteur que de l'ordre, ou que sans avoir fait l'univers, il n'en étoit que le moteur.

C'est de là qu'est venue l'erreur qui a fait adorer le monde, soit qu'on le regardât comme Dieu lui-même, ou qu'on le considérât comme le corps dont Dieu étoit revêtu. On en adoroit le tout, on en adoroit toutes les parties, c'est-à-dire le ciel, la terre, les astres et les élémens, les rivières et les fontaines, et enfin on adoroit toute la nature. Tout avoit part à l'adoration, parce que tout en un certain sens avoit part à l'indépendance : tout étoit coéternel à Dieu : tout étoit comme une partie de l'être divin : l'ame étoit dérivée de là, selon quelques-uns [1]. C'est pourquoi ils le regardoient comme étant ingénérable et incorruptible en sa substance. C'étoit une portion de la divinité: c'étoit un Dieu elle-même, disoit cet empereur philosophe [2], après plusieurs autres. C'est ce qui a donné lieu à l'erreur qui a consacré tant de mortels, et qui leur a fait rendre les honneurs divins. Les biens qu'ils avoient procurés au monde ont fait regarder leur ame comme ayant quelque chose de plus divin que les autres, et tout cela enfin étoit fondé sur ce que rien n'étoit regardé comme absolument dépendant d'une volonté souveraine, ni comme tenant d'autre que de soi le fond de son être.

Le ministre, qui nous parle tant de ces natures médiatrices et de ces esprits médiateurs introduits par le platonisme, ne sait pas, ou ne songe pas, ou ne veut pas avouer de bonne foi, qu'on les y faisoit médiateurs de la création de l'homme, comme ils l'étoient de sa réunion avec Dieu. Ainsi la nature divine étoit inaccessible pour les hommes, et ils n'en pouvoient approcher que par les demi-dieux qui les avoient faits, qu'on appeloit aussi *démons*. Il est certain que ces démons ou ces demi-dieux de Platon [3], furent adorés sous le nom des *anges* par un Simon le Magicien, par un Ménandre, par cent autres, qui dès l'origine du christianisme mêloient les rêveries des philosophes avec une profession telle quelle du christianisme [4]. Mais si ces hommes, aussi mauvais philosophes que mauvais chrétiens, avoient compris que Dieu tire également du néant toutes les natures intelligentes, et les anges comme les hommes, ils n'auroient jamais pensé que les uns eussent besoin d'aller à Dieu par les autres, ni que, pour approcher de lui, il fallût mettre tant de différence entre ceux qu'il avoit

XXVII. Ce que c'étoit, selon les platoniciens, que la médiation des démons et combien nous sommes éloignés de cette doctrine.

---

[1] Platon. — [2] Marc-Aurèle. — [3] Plat., *in Tim.* — [4] Tertull., *De Præscr.*, n. 33; Hieron., *adv. Lucif.*; Epiph., *hær.* 60 ; Theod., *Hær. Fab.*, lib. V, cap. VII.

formés de la même main. La religion chrétienne ne connoît point ces entremetteurs qui empêchent Dieu de tout faire, de tout gouverner, de tout écouter par lui-même ; et s'il a donné aux hommes un Médiateur nécessaire qui est Jésus-Christ, ce n'est pas qu'il dédaigne leur nature qu'il a faite ; mais c'est que leur péché, qu'il n'a pas fait, a besoin d'être expié par le sang du Juste. C'est par là que nous avons besoin de Médiateur. Mais afin que nous connussions que c'étoit notre péché et non pas notre nature qui nous éloignoit de Dieu, il a voulu que ce Médiateur fût homme ; et il a si peu dédaigné la nature humaine, qu'il l'a même unie à la personne de son Fils.

XXVIII. Moyens que Dieu a trouvés pour fermer parmi les fidèles toute voie à l'idolâtrie. Il est impossible de rien égaler à Dieu ni à Jésus-Christ.

Par ce mystère l'idolâtrie devient comme impossible au chrétien, et il ne peut y tomber qu'en oubliant jusqu'aux premiers principes de sa religion. Il ne peut plus, comme faisoient les païens, égaler les hommes à Dieu, puisqu'il voit que le genre humain étoit si éloigné de Dieu par son péché, qu'il avoit besoin d'un Médiateur pour en approcher. Mais ce Médiateur est homme ; et quand il ne seroit que cela, aux merveilles qu'il a faites et aux graces qu'il répand sur nous, le genre humain, porté à diviniser ses bienfaiteurs, auroit tenté d'en faire un Dieu et de lui rendre les honneurs divins. Pour prévenir cette erreur, Dieu en incarnant son Fils unique, en le faisant homme comme nous, a su faire de ce Médiateur qu'il nous donne un Dieu égal à lui ; en sorte qu'on ne se trompe pas de l'adorer comme tel. Mais de peur qu'on n'étendît le même honneur à d'autres hommes excellens, on apprend que pour faire un Dieu de Jésus-Christ, il a fallu lui donner outre la nature humaine une nature plus haute, et qu'il ne fût rien moins qu'une des Personnes divines, à laquelle on rendît avec Dieu en unité un même culte suprême. Car si l'on avoit attribué notre rédemption ou notre réconciliation à la nature angélique, l'on auroit pu adorer les anges ; mais on ne le peut plus, depuis qu'on adore en Jésus-Christ celui-là même qui a fait les anges et que les anges adorent. Il n'y a donc plus moyen de lui rien égaler dans sa pensée, ni par conséquent de rien égaler à son Père et au Saint-Esprit, auxquels seuls on le rend égal. Mais ne peut-il pas arriver qu'en le regardant en sa qualité de Médiateur, qui l'approche si fort de nous, on lui donne des égaux par cet endroit-là, et des médiateurs à même titre? Point du tout, puisqu'on ne le fait Médiateur qu'au titre d'un mérite et d'une dignité infinie : ce qu'il ne pourroit avoir s'il n'étoit Dieu et Fils unique de Dieu, de même nature que lui. Car s'il exerce sa médiation par une nature humaine et par des actions humaines, on reconnoît tout ensemble que tout cela seroit inférieur à cet emploi, si tout cela n'étoit élevé par la divinité même de cette Personne; et c'est ce qui nous est déclaré dans le mystère de l'Eucharistie, où Jésus-Christ exerce très-parfaitement son office de Médiateur, puisqu'il nous y consacre et nous y sanctifie par son corps et par son sang. Mais en même temps nous voyons qu'on ne nous sanctifie dans ce sacrement, ni par le corps d'un apôtre, ni par le corps d'un martyr, ni par le corps de la sainte Vierge, ni enfin par le corps d'aucun autre Saint, si ce n'est par le corps de celui qui est reconnu pour le Saint des saints. Ainsi l'Eucharistie même nous dévoue et nous consacre à Dieu seul, non-seulement parce que l'objet à qui nous nous dévouons est Dieu, mais encore parce que le moyen qui nous y unit, en même temps qu'il s'approche de nous en tant qu'homme, consomme notre unité en tant que Dieu. Cela est cru dans l'Eglise, et y est cru très-distinctement, et y est soigneusement enseigné à tous les fidèles dès l'enfance jusqu'à la vieillesse et jusqu'à la mort. Tous vos ministres le savent; et si vous savez les presser, vous leur en arracherez l'aveu, malgré qu'ils en aient. Qu'on s'imagine après cela par quel endroit l'idolâtrie pourroit s'introduire dans un tel culte, et comment il seroit possible de rien égaler ou à Dieu, ou à Jésus-Christ, qui seul est un avec Dieu même. A cela qu'oppose-t-on? Des chicanes que j'ai honte de rapporter, tant elles sont vaines; et qu'il faut néanmoins encore que je réfute, puisqu'on ne cesse de les objecter, quoique cent fois réfutées.

Vous égalez, dit-on, vos Saints à Dieu, puisque vous leur érigez des temples, puisque vous leur consacrez des jours de fêtes. Quoi! n'y aura-t-il point quelque ministre assez officieux pour nous décharger de l'ennui de répéter cent fois la même chose, sans qu'on veuille nous écouter? Mais je n'ai pas besoin d'un mi-

XXIX. Les fêtes des Saints, ce que c'est: doctrine de l'église anglicane et protestante.

nistre officieux. Toute l'Angleterre plaide notre cause, puisqu'elle célèbre comme nous les fêtes des Saints, et pour ne manquer à aucun même la fête de la Toussaint. Le calendrier où elles sont marquées, et l'office qu'on y fait ne sont pas encore abolis. Ils pourront l'être avec le temps, et tout cela peut devenir une idolâtrie, s'il plaît au vainqueur (a) (car il faudra bien subir la loi) ; mais on ne fera jamais qu'on ne les ait célébrées, ni que Burnet qui sans doute n'eut jamais dessein de nous obliger, n'ait écrit qu'on devoit les célébrer, même par principe de conscience, « parce qu'aucun de ces jours n'est proprement dédié à un Saint; mais qu'on les consacre à Dieu en la mémoire des Saints, dont on leur donne le nom [1]; » ce qui est de mot à mot notre doctrine, comme il paroît en tout et partout par nos catéchismes, et tout ce qu'on nous impute au delà est une manifeste calomnie.

XXX.
Les églises dédiées aux Saints justifiées par la même voie : remarque envenimée de Daillé sur le mot *divus* ou *divi*.

Venons aux temples ; mais ici toute l'Angleterre nous justifie encore. Qui ne connoît à Londres l'église de Saint-Paul et toutes les autres qui portent les noms des Saints? On nous dira que c'est pour en conserver la mémoire ; mais que les temples sont proprement dédiés à Dieu, comme les fêtes. C'est encore notre doctrine. Toutes les églises et toutes les fêtes sont également dédiées à Dieu. On leur donne les noms des Saints pour les distinguer. Qu'on nous reproche après cela les églises dédiées aux Saints, et celle de Saint-Eustache ou de Notre-Dame plus belle que celle du Saint-Esprit. Tout le synode de Thorn, de la religion de nos prétendus réformés, a inséré dans ses actes qu'il s'étoit assemblé dans le temple de la sainte Vierge, *Divæ Virginis* [2]. Le même synode parle encore du 25 août comme d'un jour consacré à saint Barthélemi, *Divo Bartholomæo sacra*. Ces actes sont rapportés dans le *Recueil des Confessions orthodoxes*, de Genève ; et en passant, voilà non-seulement le temple de la sainte Vierge et la fête de saint Barthélemi, mais encore le mot *Divus*, dont Daillé nous fait un si grand crime. Car c'est, dit-il, ériger les Saints « en dieux tout court [3]. » Sur cela il prend la peine de ramasser les passages

[1] Burn., tom. I, p. 191; *Var.*, liv. VII, n. 91. — [2] *Syn. Tor.*, *Syntag. Conf. Fidei*, part. II, p. 240, 242. — [3] *De cultu. latr.*, p. 523, 525.

(a) Bossuet désigne ici le prince d'Orange, qui venoit d'usurper la couronne d'Angleterre sur le roi Jacques II, son beau-père. (*Edit. de Leroi.*)

où les Saints sont appelés de ce nom dans un Paul Jove, dans un Bembe, dans un Juste Lipse. Il est vrai, le zèle de l'ancien latin nous a introduit ce mot et tant d'autres aussi ridicules, quand on les affecte. Tout est perdu, si en lisant Bembe et les autres auteurs de ce goût, on trouve un seul mot que Cicéron ou Virgile n'aient point prononcé; et Juste Lipse, qui s'est moqué de cette fade affectation, n'a pu s'empêcher d'y tomber. Qu'on s'en moque; nous y consentons; mais ceci devient une affaire de religion. N'importe que Bellarmin, plus régulier, ait blâmé ces expressions païennes. Daillé le trouve mauvais. Comme il vouloit se servir de ce mot pour montrer que nous donnons de la divinité aux Saints en les appelant *Divi*, il s'emporte contre Bellarmin, parce qu'il ne trouve pas dans ses écrits ce mot, dont il prétendoit tirer avantage, lui reprochant avec amertume que « sa modestie est fausse, ridicule et impertinente. » Enfin il fait tort aux Saints, et lorsqu'il ne. . . . .

QUATRIÈME AVERTISSEMENT
AUX PROTESTANS

SUR

LES LETTRES DU MINISTRE JURIEU

CONTRE

L'HISTOIRE DES VARIATIONS.

La sainteté et la concorde du mariage chrétien violées.

Mes chers Frères,

<small>I.
Dessein des deux Avertissemens suivans.</small>
Il n'y a rien de si sacré dans les mystères de la religion, que M. Jurieu n'ait cru devoir attaquer pour défendre votre cause : vous l'avez vu dans les *Avertissemens* précédens : les deux suivans vous feront voir qu'il attaque encore les fondemens que Jésus-Christ a donnés à l'union des familles et au repos des empires, et ce ministre n'a rien épargné.

<small>II.
Permission donnée par les chefs de la Réforme à Philippe, landgrave de Hesse, de tenir deux femmes ensemble : nécessité de défendre cette scandaleuse permission.</small>
C'étoit pour lui et pour toute la Réforme un endroit fâcheux que le VIe livre des *Variations*, où l'on voit la permission donnée à Philippe landgrave de Hesse, le héros et le soutien de la Réforme, d'avoir deux femmes ensemble, contre la disposition de l'Evangile et la doctrine constante des chrétiens de tous les siècles. Il n'y avoit rien de moins convenable à une Réforme et au titre de réformateurs, que d'anéantir un si bel article de la morale chrétienne, et la réforme que Jésus-Christ même avoit faite dans le mariage, lorsque s'élevant au-dessus de Moïse et des patriarches, il régla la sainte union du mari et de la femme, selon la forme que Dieu lui avoit donnée dans son origine. Car alors en bénissant l'amour conjugal comme la source du genre humain, il ne lui permit pas de s'épancher sur plusieurs objets, comme il arriva dans la suite lorsqu'un même homme eut plusieurs femmes :

mais réduit à l'unité de part et d'autre, il en fit le lien sacré de deux cœurs unis; et pour lui donner sa perfection et à la fois le rendre une digne image de la future union de Jésus-Christ avec son Eglise, il voulut que le lien en fût éternel comme celui de l'Eglise avec Jésus-Christ. C'est sur cette idée primitive que Jésus-Christ réforma le mariage; et comme disent les Pères, il se montra le digne Fils du Créateur, en rappelant les choses au point où elles étoient à la création. C'est sur cet immuable fondement qu'il a établi la sainteté du mariage chrétien et le repos des familles. La pluralité des femmes autrefois permise ou tolérée, mais pour un temps et pour des raisons particulières, fut ôtée à jamais, et tout ensemble les divisions et les jalousies qu'elle introduisoit dans les mariages les plus saints. Une femme, qui donne son cœur tout entier et à jamais, reçoit d'un époux fidèle un pareil présent, et ne craint point d'être méprisée ni délaissée pour une autre. Toute la famille est unie par ce moyen : les enfans sont élevés par des soins communs; et un père qui les voit tous naître d'une même source, leur partage également son amour; c'est l'ordre de Jésus-Christ, et la règle que les chrétiens n'ont jamais violée par aucun attentat.

Mais Luther, Bucer et Mélanchthon, trois chefs principaux de la Réforme, ont osé y donner atteinte : ce sont les premiers des chrétiens qui ont permis d'avoir deux femmes à un prince qui confessoit son intempérance. On ne pouvoit pousser plus loin la corruption; et comme cette permission est inexcusable, il en falloit abandonner les auteurs à la détestation de tous les fidèles. Mais l'endroit est trop délicat. Quel abus oseroit-on dorénavant reprocher à l'Eglise catholique, si on en avouoit un si criant dès le commencement de la Réforme, sous ses chefs et dans sa plus grande vigueur? C'est pourquoi M. Jurieu rappelle ici tout son esprit pour excuser les réformateurs le mieux qu'il peut; et lui qui ne fait que courir ou pour mieux dire, voltiger sur les autres variations des protestans, prend un soin particulier de défendre celle-ci.

D'abord il voudroit pouvoir douter du fait : « Je diray, dit-il, quelque chose sur un fait dont M. Bossuet fait grand bruit : c'est

III. Le ministre Jurieu

tente vainement de rendre 1 fait douteux.

une consultation véritable ou prétenduë du landgrave [1]. » Il n'ose dire qu'elle soit fausse. J'ai fait voir qu'elle étoit publique il y a douze ans, sans avoir été contredite [2] : les actes en sont produits tous entiers en forme authentique dans une histoire [3] attaquée en mille endroits, même par des auteurs protestans, sans qu'ils aient osé toucher à celui-ci. J'ai ajouté pour confirmer ce fait important, l'instruction donnée à Bucer par le landgrave lui-même, pour obtenir de Luther et de Mélanchthon cette honteuse dispense : tout cela a été rendu public, comme on a vu dans l'*Histoire des Variations*, par un électeur palatin et par un prince de la maison de Hesse, un des descendans du landgrave. Nous avons encore produit en confirmation des lettres de Luther et du landgrave [4]; et un fait si honteux à la Réforme est devenu plus clair que le soleil. Il ne faut donc pas s'étonner si le ministre n'a osé le nier. Vous voyez en même temps qu'il voudroit bien ne pas avouer qu'il soit constant : mais c'est un foible artifice; et s'il y avoit quelque chose à dire contre des actes si authentiques que j'ai soutenus de tant de preuves, on l'auroit dit il y a longtemps dans le parti, ou enfin M. Jurieu le diroit maintenant.

IV. *Vaines clameurs du ministre, et ses honteuses récriminations.*

Passez donc condamnation sur le fait : il faut voir comment on pourra le pallier, et connoître à cette fois pour toujours les vains raisonnemens, la vaine science et en un mot les vains artifices de votre grand défenseur.

Il prend d'abord son air de dédain, comme il fait quand il n'en peut plus : « Et voilà, dit-il, qui revient bien au titre et au but des *Variations* [5]. » Quoi! ce n'est pas innover et varier dans la doctrine, que d'en changer un article auquel aucun chrétien et pas même les réformateurs n'avoient encore osé donner d'atteinte : et le mariage chrétien deviendra semblable à celui des infidèles, sans qu'on puisse imputer de variations aux auteurs d'une si étrange nouveauté? « Mais, dit-il, cela ne fait rien pour prouver que les véritez venuës de Dieu obtiennent d'abord toute leur perfection [6]. » Je l'avoue. Je ne prétends pas prouver ici cette vérité : je la suppose connue et même prouvée ailleurs, si elle avoit besoin de

---

[1] Lett. VIII, p. 56. — [2] *Var.*, liv. VI, n. 9. — [3] Varillas, *Hist. de l'Her.*, liv. XII. — [4] *Var.*, liv. VI, n. 10. — [5] Lett. VIII, p. 57. — [6] *Ibid.*

preuves[1] : je fais voir seulement ici que l'Eglise protestante est entraînée par un esprit d'innovation, et ne laisse rien d'inviolable parmi les fidèles, pas même la sainte alliance du mariage. Voyons comme on se défend de ce reproche.

Après les airs de dédain on vient aux injures, autre marque de foiblesse; et on écrit ce que j'ai honte de répéter, mais ce que néanmoins je ne puis taire, que « l'Eglise romaine donne des dispenses des crimes les plus affreux, accorde des indulgences à ceux qui ont couché avec leur mère et avec leur sœur, permet d'exercer la sodomie les trois plus chauds mois de l'année, et en a signé la permission par son Pape[2]. » On ne peut assez s'étonner ni de l'impudence d'un si infâme langage, ni de celle d'avancer sans la moindre preuve des faits si atroces; car il s'agit de dispenses et de permissions : il s'agit non des indulgences qu'on pourroit donner après les crimes commis aux pécheurs vraiment repentans, de peur « qu'abîmés dans un excès de tristesse, » ils ne tombent dans le désespoir; car de telles indulgences n'ont point de difficulté, et on sait que l'Apôtre même en a donné de semblables[3] : les indulgences qu'on veut ici que nos Papes aient signées, ne sont pas celles qu'on accorde à un pécheur accablé par la douleur de son crime, mais de celles où on lui permet de le commettre. Votre ministre ose nous imputer de cette sorte d'indulgence qui nous fait horreur : mais on connoît son artifice. Il ne croit pas que vous puissiez vous imaginer qu'il écrive des faits si étranges sans quelques preuves : et il est vrai que cela n'est pas croyable, mais néanmoins il est vrai en même temps qu'il ne cite rien pour prouver ce qu'il avance. Il ne produit point ces décrets honteux signés par les Papes : on ne peut pas deviner où il les a pris, non plus que ses autres calomnies : il n'y a que le père des mensonges, dont le nom propre est celui de *calomniateur*, qui puisse les avoir inventées. Mais quoi! plus la raison manque, plus un homme violent répand d'injures; et il n'y a plus à s'étonner que de ce qu'on l'écoute parmi vous.

Mais venons au fond. Il est question de savoir si Luther, Mélanchthon, Bucer, ces trois piliers de la Réforme, ont eu droit de

V. Ignorance de ce mi-

---

[1] *Var. Préf.*, n. 1 et suiv. — [2] Jur., lett. VIII, p. 57. — [3] II *Cor.*, II, 6, 7.

nistre sur la loi des mariages. dispenser le landgrave de la loi de l'Evangile qui réduit le mariage à l'unité, et par là d'établir une doctrine directement contraire à celle de tout ce qu'il y a jamais eu de chrétiens dans l'univers. Le ministre s'embarrasse ici d'une si terrible manière, qu'on ne comprendroit rien dans tout son discours, si pour le rendre plus intelligible on ne tâchoit de le réduire à quelques principes. Voici donc comme il raisonne : « Les loix naturelles, dit-il, sont entièrement indispensables : mais quant aux loix positives, telles que sont celles du mariage, on en peut estre dispensé, non-seulement par le législateur, mais encore par la souveraine nécessité. Ainsi, continue-t-il, les enfans d'Adam et de Noé se marièrent au premier degré de consanguinité, frères et sœurs, quoy qu'ils n'en receûrent dispense, ni du souverain Législateur, ni de ses ministres : la nécessité en dispensa [1]. » Dissimulons pour un temps la prodigieuse ignorance de ce ministre, qui premièrement ose avancer que les enfans de Noé se marièrent frères et sœurs comme ceux d'Adam. Où a-t-il rêvé cela? l'Ecriture dit expressément et répète cinq ou six fois que les trois enfans de Noé avoient leurs femmes dans l'arche, dont ils eurent des enfans après le déluge [2] : mais qu'elles fussent leurs sœurs, c'est ce qu'on ne voit nulle part. Qui les auroit obligés à épouser leurs sœurs avant que d'entrer dans l'arche (car ils y entrèrent mariés), pendant que toute la terre étoit pleine d'hommes? Et où M. Jurieu pourroit-il trouver alors cette souveraine nécessité qu'il nous allègue? Il n'en paroît non plus dans la suite; les enfans de l'un des trois frères pouvoient choisir une femme dans la famille des autres : de cette sorte, sans se marier « frères et sœurs au premier degré de consanguinité, » comme l'assure M. Jurieu, les mariages se pouvoient faire entre les germains; et on ne sait où le ministre a pris le contraire. Mais cette erreur n'est rien à comparaison de celle où il tombe, lorsqu'il conclut par ses raisons, que le mariage d'entre frères et sœurs n'est pas contre la loi naturelle, sous prétexte qu'il s'en est fait de semblables dans l'origine des choses; par où il montre qu'il ne sait pas même qu'il y a un ordre entre les lois naturelles, les moindres cédant aux plus grandes. Ainsi lorsque les enfans d'Adam

---

[1] Lett. VIII, p. 57. — [2] *Gen.*, VI, VII, VIII, IX, X.

se marièrent ensemble au premier degré de consanguinité, ce ne fut pas une dispense de la loi naturelle, qui défend le mariage de frère à sœur : mais l'effet de la subordination de cette loi à une autre loi plus essentielle, et si on peut ainsi parler, plus fondamentale, qui étoit celle de continuer le genre humain.

Il n'y a donc rien de plus mauvais sens à votre ministre, que de parler ici de dispense. Mais après tout, s'il en falloit une, ou pour les enfans d'Adam, ou enfin s'il plaît au ministre, pour ceux de Noé, elle étoit suffisamment renfermée dans ce commandement exprès de Dieu : « Croissez et multipliez, et remplissez la terre[1] : » commandement donné aux premiers hommes dès l'origine du monde, et qui obligeroit sans difficulté en pareil cas ; mais commandement que Dieu daigna bien encore réitérer à Noé et à ses enfans[2] : de sorte qu'avoir recours à la seule nécessité dans cette prétendue dispense, sans y reconnoître l'expresse autorité du Législateur, c'est assurément une ignorance du premier ordre. Mais c'en est une de la même force de ne pas entendre dans ce précepte divin la voix même de la nature, qui veut être multipliée et qui ne veut pas périr, parce que son Auteur l'a faite pour durer. C'est aussi pour cette raison qu'il a créé les deux sexes, qu'il les a bénis, qu'il y a répandu sa fécondité et quelque image de l'éternelle génération de son Fils : ce qui fait que leur union est autant de droit naturel que leur distinction ; de sorte que c'est sans raison qu'on a ici recours aux lois positives.

Il ne falloit donc pas dire si absolument que les lois du mariage sont des lois positives, et que le mariage est de pure institution : comme s'il n'étoit pas fondé sur la nature même, ou que la sainte société de l'homme et de la femme, avec la production et l'éducation des enfans, ne fût pas au fond de droit naturel, sous prétexte que les conditions en sont réglées dans la suite par les lois positives.

Mais il y a encore ici une autre erreur; c'est qu'en parlant des lois positives qui ont réglé le mariage, le ministre oublie de dire ce qui étoit en ce cas le principal, qui est qu'elles sont divines, par conséquent indispensables de leur nature tant qu'elles sub-

[1] *Gen.*, I, 28. — [2] *Gen.*, IX, 1.

sistent; et si M. Jurieu y avoit pensé, il n'auroit pas dit comme il fait, que la souveraine nécessité puisse dispenser de ces lois, puisque c'est dire que Dieu commande des choses dont il est souvent nécessaire de se dispenser ; doctrine aussi ridicule qu'elle est inouïe. Mais laissons ignorer ces choses à notre ministre, et efforçons-nous de comprendre où il en veut venir par tous ces détours.

VI.
Nouveaux articles de réforme proposés par M. Jurieu sur le mariage et sur le divorce.

Ce fondement des dispenses des lois positives, même divines, par la souveraine nécessité étant supposé, M. Jurieu passe au divorce dont il ne s'agit nullement dans cette affaire, puisque le landgrave, sans faire divorce avec sa femme, en prit une autre et demeura également avec les deux. Mais puisque M. Jurieu pour embarrasser la matière veut nous parler du divorce, ayons la patience de l'entendre. « Les loix, dit-il, qui regardent les divorces, ne sont point d'une autre nécessité que celles qui regardent les degrez dans lesquels les mariages sont incestueux : ni Dieu ni les hommes n'en dispensent plus ; mais au moins la nécessité en peut dispenser. Le Seigneur Jésus-Christ déclare que l'adultère dissout le mariage, et qu'un homme qui y surprend sa femme la peut abandonner et en prendre une autre : c'est la raison de la nécessité qui fait cela, et non pas la nature et l'adultère [1]. »

Ne donnons pas ici le plaisir à notre ministre de nous détourner sur la question de l'adultère et de la dissolution du mariage en ce cas : mais si c'est là une dispense, qu'il reconnoisse du moins que l'autorité du Législateur y intervient, puisqu'il l'attribue lui-même à Notre-Seigneur.

Passons outre. « L'apostre saint Paul, poursuit M. Jurieu, nous donne un autre cas de nécessité qui dispense des loix du mariage : c'est le refus de la cohabitation [2]. » Voici une nouvelle doctrine, et de quoi grossir les *Variations,* si on enseigne que le mariage contracté entre les fidèles après le baptême se peut rompre, même quant au lien, par les refus de l'une des deux parties. Luther l'a dit ; je le sais, et je m'en suis étonné [3] ; mais je ne croyois pas que ces excès fussent approuvés dans la Réforme. Les lumières y croissent tous les jours, et le ministre ne fait « aucune difficulté

---

[1] Lett. VIII, p. 58, col. 2. — [2] *Ibid.*, p. 59. — [3] *Var.*, liv. VI, n. 11.

qu'un mary dont la femme seroit entre les mains des barbares sans aucune espérance de pouvoir estre retirée, aprés y avoir fait tout ce qui est possible, pourroit légitimement passer à un autre mariage, de mesme que les loix civiles permettent à une femme dont le mary est absent durant plusieurs années, de présumer son mary mort et de se remarier [1]. » Nous allons loin par ces principes : la perpétuelle indisposition survenue à un mari ou à une femme, n'est pas un empêchement moins invincible que l'absence ou la captivité même : il faut donc que les mariés se quittent impitoyablement dans ces tristes états : mais l'incompatibilité des humeurs, maladie des plus incurables, ne sera pas un empêchement moins nécessaire. M. Jurieu n'a qu'à suivre son raisonnement : par ses soins le mariage deviendra si libre, qu'il n'y aura plus à se plaindre de ses contraintes ou de ses incommodités ; et les apôtres auront eu tort de dire à leur Maître, lorsqu'il défendoit si sévèrement le divorce : « Maître, si telle est la condition du mari et de la femme, il vaut mieux ne se pas marier [2]. » Quand ils parloient de cette sorte, ils ne songeoient pas aux commodités que le christianisme réformé devoit apporter aux mariages. Voilà des facilités et des complaisances que notre discipline ne connoît pas : la Réforme devoit du moins les chercher dans l'Ecriture, où elle se vante de trouver toute sa doctrine ; et nous ne croyons pas qu'elle dût régler les consciences sur les tolérances de la loi civile pour la plupart abolies.

Pour nous, il y a longtemps que nous en avons purgé le christianisme. C'est une règle inviolable parmi nous de ne permettre les secondes noces à l'une des parties, qu'après que les preuves de la mort de l'autre sont constantes : on n'a point d'égard aux captivités ni aux absences les plus longues. Les Papes, que la Réforme veut regarder comme les auteurs du relâchement, n'ont jamais laissé affoiblir cette sainte discipline [3]. L'Eglise parle pour l'absent, et ne permet pas qu'on l'oublie, ni qu'on mette au rang des morts celui pour qui le soleil se lève encore. M. Jurieu nous apprend que « le droit commun de l'Etat des Provinces-Unies et

---

[1] Jur., Lett. VIII, *ibid.* — [2] *Matth.*, XIX, 10. — [3] *Ext.*, cap. *In præsentia, De Sponsal.*, lib. IV *Decretal.*, tit. I, cap. XIX.

de tous les Etats protestans, est que l'absence invincible et la perte irréparable du mary ou de la femme après quelques années, est réputée une mort[1]. » Mais comment est-ce qu'on peut croire l'absence d'une personne invincible, et sa perte irréparable tant qu'elle est vivante ? Cependant « c'est le droit commun de tous les Etats protestans; » et les exemples par conséquent en sont ordinaires; une absence de « quelques années » a cet effet. Apparemment, ces « quelques années » s'écoulent bien vite : car un chrétien réformé ne peut pas attendre longtemps la liberté de sa femme, quoiqu'il la sache vivante : il suffit qu'il en croie la perte irréparable pour lui selon l'état de ses affaires. Si elles l'appellent à Batavia ou plus loin et que sa femme ne puisse supporter la mer, « après quelques années, » M. Jurieu, et si nous l'en croyons, « le droit commun de la Réforme, » lui permettra d'en prendre une autre. Qui peut douter après cela de l'empêchement d'une maladie incurable? Nulle absence ne sera jamais plus irréparable; et il est plus aisé de s'échapper d'une captivité, quelque dure qu'on se l'imagine, que de guérir de telle maladie. Un confrère de M. Jurieu lui reproche ses facilités[2] : mais il le traite d'ignorant et méprise sa critique. « Cét auteur, dit-il, ne sçait rien, et critique tout[3]. » Pour les Papes, dans ces occasions ils conseillent la prière, le jeûne, la patience; et Jésus-Christ ayant prononcé si absolument « que l'homme ne sépare pas ce que Dieu a uni[4], » nous ne trouvons point de nécessité qui dispense de cette loi : si la Réforme l'a corrigée, nous ne voulons pas être réformés à ce prix. Mais enfin passons tout ceci à M. Jurieu, et tâchons de voir à la fin s'il conclura quelque chose en faveur de la permission donnée au landgrave.

VII. Étrange idée du divorce et suite d'extravagances.

« Il faut, dit-il, observer après cela que le divorce est une espéce de polygamie[5]. » Voici une étrange idée : le divorce, qui est la rupture du lien du mariage, est un moyen de l'étendre et d'établir la polygamie; mais voyons la preuve du ministre : « Car celuy, dit-il, qui se marie à une autre femme, la premiére estant vivante, a plusieurs femmes actuellement, encore qu'il n'habite

---

[1] Lett. XXI, p. 168. — [2] *Rép. du Ministre sur le sujet des prét. Proph. de Dauph.*, etc. — [3] Jur., Lett. XXI. — [4] *Matth.*, XIX, 6. — [5] Jur., Lett. VIII.

pas avec les deux ensemble. » A la bonne heure : qu'on permette donc au landgrave de faire divorce avec sa femme, puisqu'on lui en veut donner une autre : ce sera sans doute un attentat contre l'Evangile ; mais bien moindre que d'autoriser hautement la polygamie à l'exemple des mahométans, et de vouloir mettre deux femmes également légitimes dans un même lit nuptial.

Au reste je laisse passer pour un peu de temps cette étrange proposition, qu'une épouse qu'on abandonne et sur laquelle on n'a plus aucun droit, non plus qu'elle sur nous, le contrat étant résolu de part et d'autre, soit encore une épouse : je laisse, dis-je, passer cela par le désir qui me presse, je l'avoue, de voir enfin les conclusions que le ministre prétend tirer de ces beaux principes : les voici : « Toutes ces considérations font voir que les théologiens luthériens, qui eurent la complaisance de permettre au landgrave de prendre une seconde femme du vivant de la première, se sont trompez beaucoup plus dans le fait que dans le droit[1] : » c'est directement le contraire. Le fait étoit que le landgrave leur déclaroit fort grossièrement et sans équivoque, ce que j'ai honte de répéter, « qu'il ne vouloit ni ne pouvoit se contenter de sa femme[2], » et le droit étoit de juger que c'étoit là un moyen légitime d'en avoir une autre. Ils se trompent donc beaucoup moins dans le fait, qui pouvoit dépendre en quelque façon de la bonne foi du prince, que dans le droit qui étoit constant par l'Evangile, où il est clair qu'on ne peut avoir qu'une seule femme, sans que jamais on ait douté de cette règle. Mais passons. « Le principe sur lequel ils se sont fondez (Luther et les consultans,) c'est que les loix du mariage estant des loix positives, la nécessité en certains cas en dispensoit. » Il falloit avoir ajouté, « quoiqu'elles fussent divines : » et l'erreur seroit en ce cas de reconnoître des nécessités contre ces lois, puisque c'est donner le moyen de les éluder et de s'élever au-dessus de Dieu. Poursuivons. « Ils ont fondé cette maxime sur la permission que donnent Jésus-Christ et saint Paul de rompre les liens du mariage en certains cas. » Mais au contraire bien éloignés d'avoir fondé leur résolution sur la permission de rompre ce mariage, ils ont si bien supposé qu'il

VIII. Appplication des principes de M. Jurieu à l'affaire du landgrave.

[1] Jur., Lett. VIII, p. 54. — [2] *Inst. du Land., Var.*, liv. VI.

n'y avoit pas lieu de le rompre, qu'ils ont donné au landgrave une autre femme sans le séparer d'avec la sienne ; en sorte que ce n'étoit plus « deux personnes dans une même chair, » comme Jésus-Christ l'avoit commandé [1] ; mais trois, contre son précepte et contre le sacré mystère du mariage chrétien, qui ne donne à un mari qu'une seule épouse, comme il ne donne à Jésus-Christ qu'une seule Eglise. Mais voici la conclusion plus ridicule et plus indigne, s'il se peut, que tout le reste : « Ils peuvent, dit-il, avoir poussé ce principe trop loin, en l'étendant à la polygamie formelle : s'ils se sont trompez en cela, leur erreur vient de ce que j'ay dit, que le divorce est une espèce de polygamie, et ils ont confondu la polygamie directe avec la polygamie indirecte; ce qui n'est qu'une erreur humaine [2]. » Si pour éluder une loi expresse de Jésus-Christ, il ne faut qu'embarrasser un discours, et en pousser l'ambiguïté jusqu'à la dernière extrémité où l'on peut aller, le ministre a gagné sa cause : mais tâchons de développer, s'il est possible, l'obscurité affectée de son discours.

IX. Que les termes du ministre sont incompatibles, et que sa doctrine se détruit par elle-même.

La polygamie directe et formelle doit être d'avoir deux femmes ensemble, avec lesquelles on vit conjugalement : la polygamie indirecte doit être, après le divorce, d'avoir une femme, vraie femme, sur laquelle on ait le droit conjugal, et une autre qu'on ait quittée, et sur laquelle il ne reste plus aucun droit. Je demande si on s'est jamais avisé d'appeler cela *polygamie ?* Mais tout est permis pour excuser les réformateurs : il faut bien embrouiller les choses quand on n'en peut plus, et que le foible de la cause se va faire sentir aux plus ignorans. Que si on réduit en termes communs le raisonnement du ministre, il veut dire que Luther et ses consultans persuadés qu'en certains cas, comme dans celui de l'absence ou de l'adultère, on pouvoit rompre le mariage en ôtant tout droit au mari sur la femme qu'il avoit, sont excusables d'avoir cru sur ce fondement qu'on pouvoit donner en même temps à un seul mari un droit légitime sur deux femmes. Mais c'est tout le contraire qu'il faudroit conclure, puisque par les exemples du divorce que le ministre nous allègue, quand ils seroient approuvés, il paroît qu'on ne peut donner une

[1] *Matth.,* xix, 5. — [2] *Ibid.*

nouvelle femme à un mari, qu'en lui ôtant tout droit sur celle qu'il avoit auparavant; de sorte qu'il n'y a rien de plus ridicule, que de s'imaginer des nécessités telles qu'étoient celles du landgrave, où il n'y ait point de remède qu'en tenant deux femmes ensemble, puisque c'est manifestement lâcher la bride à la licence, et renverser l'Évangile.

Revenons un peu maintenant aux propositions que nous avons laissé passer. Je dis que les lois positives divines, tant qu'il plaît à Dieu qu'elles subsistent, ne sont pas moins indispensables que les naturelles. Je dis qu'on ne peut non plus admettre de nécessité contre les unes que contre les autres, et que tant qu'une loi divine subsiste, alléguer la nécessité pour s'en dispenser, c'est s'élever au-dessus de Dieu même. Je dis que M. Jurieu, qui enseigne le contraire, quoi que Grotius, dont il s'autorise, ait pu dire sur ce sujet, n'a compris ni la notion ni la force de la loi naturelle, qui après tout n'est inviolable qu'à cause qu'elle est divine. Je dis que, sans disputer si Jésus-Christ ou saint Paul ont permis le divorce en certains cas, c'est un attentat impie d'en pousser la permission au delà. Je dis enfin que le divorce n'a rien de commun avec la polygamie; et que ce seroit se moquer de Dieu, quand il auroit permis d'ôter une femme, d'en conclure que sans sa permission on pût en même temps en avoir deux.

<small>X. Les raisonnemens du ministre sur les lois divines et sur celles du mariage, convaincus de fausseté</small>

Ce raisonnement du ministre, « que la relation de mary à femme ne peut non plus estre anéantie que celle de fils à père, à cause qu'elle est fondée sur des actions très-réelles, qui ne peuvent pas n'avoir pas esté faites[1], » est une preuve constante qu'il n'entend pas ce qu'il dit : car pour peu qu'il l'eût entendu, il auroit pu épargner à son lecteur la peine de réfléchir sur cette « action si réelle » à laquelle il donne tant de force, puisqu'après tout, ce n'est pas celle qui fait le mariage; autrement elle marieroit tous les impudiques : le mariage consiste dans la foi, dans le lien, dans le droit mutuel qu'on a l'un sur l'autre; et quand on ôte ce droit, quand il n'y a plus de foi conjugale et qu'on résout le contrat de part et d'autre, on n'est non plus mari et femme que si on ne l'avoit jamais été.

<small>XI. Fausses idées du ministre sur le divorce et sur la séparation des mariés</small>

[1] Lett. VIII, p. 49.

Quand le ministre allègue ici « la séparation de corps et de biens [1], » il ne fait que confirmer de plus en plus qu'il parle sans entendre de quoi il s'agit, puisque si le mariage subsiste dans cet état, ce n'est pas, comme le dit ce docteur, « parce que cette relation fondée sur une action si réelle ne se peut jamais anéantir : » c'est à cause que ce qu'on appelle la foi, le contrat, en un mot, le lien du mariage subsiste toujours : autrement chacun des conjoints auroit la liberté de se pourvoir ; ce que la séparation de corps et de biens constamment n'opère pas.

<small>XII. Que malgré M. Jurieu, les chefs de la Réforme demeurent couverts d'un éternel opprobre.</small>

A quoi servent donc tous ces détours et tous les vains raisonnemens de la *Lettre* VIII de M. Jurieu, si ce n'est à éblouir les ignorans, et à se donner un air de savant par des distinctions frivoles ? C'a été manifestement à ce ministre une foiblesse digne de pitié, de prétendre faire accroire aux gens de bon sens, soit protestans soit catholiques, que des docteurs qui ont permis expressément la polygamie ne se sont trompés que dans le fait, et n'ont pas détruit un dogme certain de la religion chrétienne, ni établi une erreur judaïque et mahométane ; et tout cela pour quelle fin ? Pour prouver en tout cas que ces docteurs n'étoient pas « des scélérats [2], » car c'est tout ce qu'il prétend. N'est-ce pas là un beau fruit de son travail, et un bel éloge pour les réformateurs du genre humain ?

Mais puisqu'il nous pousse jusque-là, comment veut-il donc que nous appellions, et comment veut-il appeler lui-même des gens assez corrompus pour flatter l'intempérance d'un prince, jusqu'à lui permettre la polygamie dont ils rougissoient en leur cœur, puisqu'ils prenoient tant de précautions pour la cacher [3] ? des gens qui ayant honte de ce qu'ils faisoient, le font néanmoins, de peur de choquer ce prince qui étoit l'appui de la Réforme ? qui leur déclaroit ouvertement qu'il pourroit bien s'adresser à l'Empereur pour cette affaire ? qui leur faisoit aussi entrevoir qu'on pourroit bien y mêler le Pape ? qui leur faisoit craindre par là qu'il pourroit bien échapper au parti ? qui pour ne rien oublier et gagner ces ames vénales par les intérêts les plus bas, leur propose de leur accorder pour prix de leur iniquité tout ce qu'ils lui de-

---

[1] Lett. VIII, p. 49. — [2] *Ibid.*, 59, col. 2. — [3] *Var.*, liv. V, n. 4 et suiv.

manderoient, « soit que ce fût les biens des monastères, ou d'autres choses semblables ¹ ? » C'est ainsi que les traita le landgrave, qui assurément les connoissoit ; et au lieu de lui répondre avec la vigueur et le désintéressement que le nom de réformateur demandoit, ils lui répondent en tremblant ² : « Notre pauvre Eglise, petite, misérable et abandonnée a besoin de princes régens vertueux, » tel qu'étoit sans doute celui-ci, qui vouloit bien tout accorder à la Réforme et lui demeurer fidèle, pourvu qu'on lui permît d'avoir plusieurs femmes en sûreté de conscience à l'exemple des mahométans ou des païens, et de contenter ses désirs impudiques.

Voilà ceux que votre ministre tâche d'excuser ; et « pour ce qui est du landgrave, à Dieu ne plaise, dit-il, que je le justifie d'avoir eû un désir si dereglé que celuy de prendre une seconde femme avec celle qu'il avoit déja ³. » Mais si ce prince est inexcusable, Luther et les autres chefs de la Réforme le sont beaucoup davantage, de lui trouver des excuses dans son crime et d'autoriser son impénitence. Au lieu d'être des réformateurs, on voit par là qu'ils ne sont que de ces « conducteurs aveugles » dont le Fils de Dieu a prononcé non-seulement « qu'ils tombent dans l'abîme, mais encore qu'ils y précipitent ceux qui les suivent ⁴. » Je n'ai pas besoin d'exagérer davantage une si grande prostitution de la théologie réformée : la chose parle d'elle-même ; et quelque étrange qu'elle paroisse dans la déduction qu'on en vient de voir, j'ose assurer qu'elle paroîtra plus odieuse encore et plus horrible quand on en verra l'histoire entière, comme elle est fidèlement rapportée dans le livre des *Variations*.

Toute la Réforme est armée contre ce livre, et M. Burnet a interrompu ses grandes occupations pour y répondre, ou plutôt pour dire qu'il y répondoit. Car on n'appellera pas une réponse quarante ou cinquante pages d'un petit volume qu'il vient d'opposer à cette *Histoire*, sans avoir osé attaquer aucun des faits qu'elle contient. C'est une nouvelle manière de combattre une histoire, que d'en laisser tous les faits en leur entier. Tous les autres

---

¹ *Inst. du Land., Var.*, liv. VI, n. 4. — ² *Consult. de Luth., Var.*, liv. VI, n. 7. — ³ Lett. VIII, p. 59. — ⁴ *Matth.*, xv, 14.

qui se soulèvent contre celle-ci, la laissent également inviolable : on blâme, on gronde, on menace ; mais pour les faits, on n'en a pas encore marqué un seul qu'on accuse de fausseté ; et en particulier M. Burnet a laissé passer tous ceux qu'on a avancés sur son Cranmer et sur les autres réformateurs : ainsi on peut dorénavant tenir pour certain que Luther, Bucer et Mélanchthon ne sont pas les seuls qui aient flatté les princes intempérans. Il faut mettre encore en ce rang le héros de M. Burnet et le chef de la réformation anglicane. M. Burnet continue bien à l'égaler aux Athanases, aux Cyrilles, aux Grégoires et aux autres grands saints ; mais pour le purger de sa perpétuelle lâcheté et de la honteuse prostitution de sa conscience livrée à toutes les volontés d'un mauvais prince : il n'y songe seulement pas. Nous parlerons à lui une autre fois, et il ne faut pas mêler tant de matières, lorsqu'on en veut donner l'intelligence.

XIII. Un ministre tâche vainement à réprimer M. Jurieu.

Au reste je suis bien aise de voir que les maximes dont M. Jurieu tâche de souiller la sainteté du mariage, ne soient pas universellement approuvées dans la Réforme. Pendant que nous écrivions ceci, nous avions devant les yeux une lettre, dont nous avons déjà dit un mot, d'un ministre qui trouve aussi mauvais que nous, que M. Jurieu « soit assez inaccessible aux conseils moderez, pour oser dire qu'un mari dont la femme est captive entre les mains des barbares sans espérance de la pouvoir retirer, peut se remarier, parce que la nécessité n'a point de loy, et que le fascheux reméde de la polygamie est plus soutenable que les impuretez inévitables dans une perpétuelle séparation à ceux qui n'ont pas le temperament tourné du costé de la continence [1]. » Ce ministre rougit pour son confrère de ces nécessités contre l'Evangile, et de « ces impuretez inévitables, » sans que la prière ni le jeûne y puissent apporter de remède. Il voit comme nous l'inconvénient de cette impure doctrine, qui introduiroit le divorce et même la polygamie aussitôt que l'un des conjoints seroit travaillé de maladies, je ne dis pas incurables, mais longues ; ou qu'il se trouvât d'ailleurs quelque empêchement qui les obligeât à de-

[1] *Rép. de M... Ministre, sur le sujet des prét. Proph. de Dauphiné*, etc., p. 3, col. 1.

meurer séparés. Si cette doctrine avoit lieu, qu'y auroit-il de plus inhumain ni de plus brutal que la société du mariage ? Mais en permettant de quitter sa femme, ou ce qui est bien plus détestable, d'en prendre une autre avec elle en cas de captivité ; s'il arrivoit par hasard que contre l'espérance du mari sa femme fût délivrée : laquelle des deux demeureroit ? ou bien seroit-il permis à un chrétien d'en avoir deux ? M. Basnage en a honte, et il voudroit bien qu'on ne souffrît pas de tels excès. Mais M. Jurieu a pris le dessus et le traite d'ignorant : la Réforme ne permet pas qu'on abandonne ses chefs, ni qu'on en fasse les plus corrompus et les plus infâmes de tous les hommes. On aimera toujours mieux M. Jurieu qui les excuse, quoique pitoyablement, que M. Basnage tout prêt à les condamner. Aussi se tait-on dans les consistoires : les synodes sont muets : M. Basnage lui-même ne reprend l'erreur qu'en tremblant, et comme un homme qui craint la colère envenimée d'un adversaire toujours prêt à se venger à toute outrance. Car c'est ainsi qu'il en parle : M. Jurieu triomphe, et la vérité est opprimée.

CINQUIÈME AVERTISSEMENT
AUX PROTESTANS

SUR

LES LETTRES DU MINISTRE JURIEU

CONTRE

L'HISTOIRE DES VARIATIONS.

Le fondement des empires renversé par ce ministre.

Mes chers Frères,

<small>1. Caractères bien différens de l'ancien christianisme, et du christianisme prétendu réformé.</small>

Dieu, qui est le Père et le Protecteur de la société humaine, qui a ordonné les rois pour la maintenir, qui les a appelés ses *Christs*, qui les a faits ses lieutenans et qui leur a mis l'épée en main pour exercer sa justice, a bien voulu, à la vérité, que la religion fût indépendante de leur puissance et s'établît dans leurs Etats malgré les efforts qu'ils feroient pour la détruire : mais il a voulu en même temps que, bien loin de troubler le repos de leurs empires ou d'affoiblir leur autorité, elle la rendît plus inviolable, et montrât par la patience qu'elle inspiroit à ses défenseurs que l'obéissance qu'on leur doit est à toute épreuve. C'est pourquoi c'est un mauvais caractère et un des effets des plus odieux de la nouvelle Réforme d'avoir armé les sujets contre leur prince et leur patrie, et d'avoir rempli tout l'univers de guerres civiles ; et il est encore plus odieux et plus mauvais de l'avoir fait par principes, et d'établir, comme fait encore M. Jurieu, des maximes séditieuses qui tendent à la subversion de tous les empires et à la dégradation de toutes les puissances établies de Dieu. Car il n'y a rien de plus opposé à l'esprit du christianisme, que la Réforme se vantoit de rétablir, que cet esprit de révolte ; ni rien de plus beau à l'ancienne Eglise que d'avoir été tourmentée et persécutée jusqu'aux dernières extrémités durant trois cents ans, et depuis à diverses reprises par des princes hérétiques ou infidèles, et d'avoir toujours conservé dans une oppression si violente une inaltérable douceur, une patience invincible et une inviolable fidélité envers les puissances. C'est un miracle visible qu'on ne voie durant tous ces temps ni sédition, ni révolte, ni aigreur, ni murmure parmi les chrétiens : et ce qu'il y avoit de plus remarquable dans leur conduite, c'étoit la déclaration solennelle qu'ils faisoient de pratiquer cette soumission envers l'empire persécuteur, non point comme une chose de perfection et de conseil, mais comme une chose de précepte et d'obligation indispensable ; alléguant non-seulement les exemples, mais encore les commandemens exprès de Jésus-Christ et des apôtres : d'où ils concluoient que l'empire ni les empereurs n'auroient jamais rien à craindre des chrétiens en quelque nombre qu'ils fussent, et quelques persécutions qu'on leur fît souffrir. « Plus il y aura de chrétiens, » disoient-ils à leurs persécuteurs, « plus il y aura de gens de qui jamais vous n'aurez rien à craindre [1]. » Il n'y a donc rien, encore un coup, de plus opposé à l'ancien christianisme que ce christianisme réformé, puisqu'on a fait et qu'on fait encore dans celui-ci un point de religion de la révolte, et que dans l'autre on en a fait un de l'obéissance et de la fidélité.

Que la Réforme ne pense pas à s'excuser sur ce qu'elle semble à la fin avoir condamné en France et en Angleterre, par ses plus fameux écrivains, ces guerres civiles de religion, et les maximes dont on les avoit soutenues. Car les réprouver quelque temps pour y revenir après, c'est bien montrer qu'on a honte de son erreur, mais c'est montrer en même temps qu'on ne veut pas s'en corriger, et c'est enfin augmenter, dans un article si important à la tranquillité publique, les variations dont la Réforme est convaincue.

11. Dessein de cet *Avertissement*.

C'est, mes Frères, ce que j'entreprends de vous découvrir dans cet *Avertissement*. J'entreprends, dis-je, de vous découvrir que votre Réforme n'est pas chrétienne, parce qu'elle n'a pas été fidèle à ses princes et à sa patrie. Que la proposition ne vous fâche pas :

[1] Tertul., *Apol.*, c. 37, 43.

il sera temps de se fâcher si ma preuve vous paroît défectueuse : si je vous laisse le moindre doute de ce que j'avance : en attendant, lisez sans aigreur ce que je vous expose pour votre bien. Je dirai tout avec ordre ; et quoiqu'il fût naturel en déduisant ce que j'ai à dire d'un seul et même principe, de vous le développer sans interruption par la suite d'un même discours, je partagerai celui-ci pour votre commodité en plusieurs parties, que les titres vous apprendront.

Maxime de M. Jurieu, qu'on peut faire la guerre à son prince et à sa patrie pour défendre sa religion : que cette maxime est née dans l'hérésie. Variations de la Réforme.

III. Les guerres civiles sous prétexte de religion, ont paru pour la première fois dans l'hérésie.

Ce qui aggrave le crime de la Réforme si souvent rebelle, c'est de voir d'un côté naître l'Eglise avec l'esprit de fidélité et d'obéissance au milieu de l'oppression la plus violente : et de voir de l'autre l'esprit contraire, c'est-à-dire l'esprit de sédition et de révolte prendre naissance et se perpétuer dans les hérésies. Les premiers des chrétiens qui ont pris séditieusement les armes avec une ardeur furieuse sous prétexte de persécution, ont été les donatistes : c'est une vérité constante. Il n'est pas moins assuré que les premiers qui ont fait des guerres réglées à leurs souverains pour la même cause, ont été les manichéens, les plus insensés et les plus impies de tous les hommes. Pour ce qui regarde les donatistes, il n'y a personne qui ne sache les fureurs de leurs Circumcellions, rapportées en tant de lieux de saint Augustin [1], qui montre même que les violences de ce parti séditieux ont égalé les ravages que les barbares faisoient alors dans les plus belles provinces de l'empire. Et quant aux manichéens, nous en avons raconté les guerres sanglantes dans le livre XI des *Variations* [2]. Les albigeois ont suivi ce mauvais exemple : aussi avons-nous vu qu'ils étoient de dignes rejetons de cette abominable secte. Les vicléfites n'ont point eu de honte de marcher sur leurs pas : les hussites et les taborites les ont imités ; et puisqu'enfin il en faut venir aux sectes de ces derniers siècles, on sait l'histoire des luthériens et des calvinistes.

[1] Epist. CXI, olim CXXII, *ad Victorian.* — [2] *Var.*, liv. XI, n. 13, 14.

C'étoit un terrible préjugé contre la Réforme naissante, de n'avoir pu prendre l'esprit de l'ancien christianisme qu'elle se vantoit de rétablir, et d'avoir pris au contraire l'esprit turbulent et séditieux qui avoit été conçu et qui s'étoit conservé dans l'hérésie. Car c'étoit d'un côté ne pouvoir prendre l'esprit de Jésus-Christ; et de l'autre prendre l'esprit opposé, c'est-à-dire l'esprit de sédition, que Jésus-Christ nous fait voir être l'esprit du démon et de son empire [1]; d'où suit aussi, selon sa parole, la désolation des royaumes et de toute la société humaine, que Dieu a formée par ses lois et qu'il a prise en sa protection.

Sur une si pressante accusation, il n'est pas aisé d'exprimer combien la Réforme a été déconcertée. Tantôt elle a fait profession d'être soumise et obéissante : tantôt elle a étalé les sanguinaires maximes qui exhortoient à prendre les armes sans se soucier du nom ni de l'autorité du prince. Elle a fait d'abord la modeste : il le falloit bien quand elle étoit foible; et d'ailleurs comment soutenir sans ce caractère le nom et le caractère de christianisme réformé? C'est pourquoi au commencement, à l'exemple des premiers chrétiens, on ne nous vantoit que douceur, que patience, que fidélité. « Il vaut mieux souffrir, disoit Mélanchthon, toutes sortes d'extrémités, que de prendre les armes pour les affaires de l'Evangile (c'est du nouvel évangile qu'il vouloit parler), et d'exciter des guerres civiles : tout bon chrétien, tout homme de bien, continuoit-il, doit empêcher les ligues » qu'on trame secrètement sous prétexte de religion [2]. Luther, tout violent qu'il étoit, défendoit les armes dans cette cause, et fit même un sermon exprès dont le titre étoit : « Que les abus doivent être ôtés, non par la main, mais par la parole [3]. » La Papauté devoit tomber dans peu de temps : mais seulement par le souffle de la prédication de Luther, « pendant qu'il boiroit sa bière et tiendroit de doux propos au coin de son feu avec son cher Mélanchthon et avec Amsdorf. » Les calvinistes n'étoient pas moins doux en apparence. Il ne faut qu'écouter Calvin écrivant à François I en 1536, à la tête de ce fameux livre de l'*Institution*, où il se plaint

IV.
Variations de la Réforme sur ce sujet.

[1] *Matth.*, XII, 25, 26. — [2] Lib. III, epist. XVI; lib. IV, epist. XXXV, CX, CXI; *Var.*, liv. V, n. 32, 33. — [3] *Var.*, liv. I, n. 31 ; liv. II, n. 9.

à ce prince qu'on lui faisoit immoler à la vengeance publique ses plus fidèles sujets, avec de solennelles protestations de l'inébranlable fidélité de lui et des siens. Il ne faut, trente ans après et jusqu'à la veille des guerres civiles, qu'écouter Bèze et sa magnifique comparaison de l'Église avec une enclume, qui n'étoit faite que pour recevoir des coups, et non pas pour en donner; mais qui aussi en les recevant brisoit souvent les marteaux dont elle étoit frappée [1]. Voilà des colombes et des brebis qui n'ont en partage que d'humbles gémissemens et la patience : c'étoit le plus pur esprit et la parfaite résurrection de l'ancien christianisme; mais il n'étoit pas possible qu'on soutînt longtemps ce qu'on n'avoit pas dans le cœur. Au milieu de ces modesties de Luther, il échappoit des paroles de menaces et de violence qu'il ne pouvoit retenir : témoin celles qu'il écrivit à Léon X après la sentence où ce Pape le citoit devant lui; qu'il espéroit bientôt y comparoître avec vingt mille hommes de pied et cinq mille chevaux, et qu'alors il se feroit croire [2]. Ce n'étoit là encore que des paroles, mais on en vint bientôt aux effets [3]. Ces ligues tant détestées par Mélanchthon se formèrent à son grand regret par les conseils de Luther [4]. Le landgrave et les protestans prirent les armes sur de vains ombrages : Mélanchthon en rougissoit pour le parti; mais Luther prit en main la défense des rebelles; et il osa bien menacer George de Saxe, prince de la maison de ses maîtres, de faire tourner contre lui les armes des princes pour l'exterminer lui et ses semblables, qui n'approuvoient pas la Réforme. Enfin il n'oublia rien de ce qui pouvoit animer les siens; et irrité contre Rome, qui malgré ses prédications et ses prophéties, avoit bien osé subsister au delà du terme qu'il lui donnoit, il mit au jour la thèse sanguinaire où il soutenoit que le Pape étoit « un loup enragé, contre lequel il falloit assembler les peuples, et n'épargner pas les princes qui le soutiendroient, fût-ce l'empereur lui-même [5]. » L'effet suivit les paroles. L'électeur de Saxe et le landgrave prirent les armes contre Charles V; mais l'électeur plus

[1] *Hist. de Bèze*, liv. VI ; *Var.*, liv. X, n. 47. — [2] *Var.*, liv. I, n. 25; Luth. *adv. Ant. Bull.*, tom. II.— [3] *Var.*, liv. IV, n. 1 et suiv.— [4] *Var.*, liv. II, n. 44 et suiv. — [5] *Disp.*, 1540, prop. 39 et seq., tom. I ; vid. Sleid., lib. XVI; *Var.*, liv. I, n. 25; liv. VIII, n. 1.

consciencieux que ne vouloit la Réforme, ne savoit comment concilier avec l'Evangile cette guerre contre le chef de l'Empire. On trouva l'expédient dans le manifeste de traiter Charles V, non comme empereur, car c'étoit précisément cette qualité qui troubloit la conscience de l'électeur, mais comme « se portant pour empereur [1] : » comme si c'étoit un usurpateur, ou qu'il fût au pouvoir des rebelles de le dépouiller de l'empire. Tout devint permis par cette illusion; et la propre déclaration des princes ligués fut un témoignage éternel, que ceux qui entreprenoient cette guerre la tenoient injuste contre un empereur reconnu de tout le monde.

Je n'ai pas besoin de parler de la France : on sait assez que la violence du parti réformé retenue sous les règnes forts de François I et de Henri II, ne manqua pas d'éclater dans la foiblesse de ceux de François II et de Charles IX. On sait, dis-je, que le parti n'eut pas plutôt senti ses forces, qu'on n'y médita rien de moins que de partager l'autorité, de s'emparer de la personne des rois, et de faire la loi aux catholiques. On alluma la guerre dans toutes les villes et dans toutes les provinces : on appela les étrangers de toutes parts au sein de la France comme à un pays de conquête; et on mit ce florissant royaume, l'honneur de la chrétienté, sur le bord de sa ruine, sans presque jamais cesser de faire la guerre, jusqu'à ce que le parti dépouillé de ses places fortes fût dans l'impuissance de la soutenir.

V. Malheurs de la France par la Réforme

Ceux qui n'ont que les dragons à la bouche, et qui pensent avoir tout dit pour la défense de leur cause quand ils les ont seulement nommés, doivent souffrir à leur tour qu'on leur représente ce que le royaume a souffert de leurs violences, et encore presque de nos jours : ils sont convaincus par actes et par leurs propres délibérations, qu'on a en original, d'avoir alors exécuté en effet par une puissance usurpée, plus qu'ils ne se plaignent à présent d'avoir souffert de la puissance légitime. Le fait en a été posé dans l'*Histoire des Variations* [2], et n'a pas été contredit. On y a dit qu'on avoit en main en original les ordres des généraux et ceux des villes à la requête des « consistoires, » pour contraindre

[1] Sleid., lib. XVII; *Var.*, liv. VIII n. 1, 2, 3. — [2] *Var.*, liv. X, n. 52.

les « papistes » à embrasser la Réforme « par taxes, par logemens, par démolitions de leurs maisons et par découvertes de leurs toits. » Ceux qui s'absentoient pour éviter ces violences étoient dépouillés de leurs biens. Les registres des hôtels de ville de Nîmes, de Montauban, d'Alais, de Montpellier, et des autres villes du parti, sont pleins de telles ordonnances. On a été bien plus avant : une infinité de prêtres, de religieux, de catholiques de tous les états ont été massacrés dans le Béarn par les ordres de la reine Jeanne, sans autre crime que celui de leur religion ou de leur ordre. Il y a encore des actes authentiques des habitans de la Rochelle, où il est porté que la guerre fut renouvelée à l'occasion des prêtres qu'ils précipitèrent dans la mer jusqu'au nombre de vingt-six ou de vingt-sept : de sorte que ceux qui nous vantent leur patience et leurs martyres sont en effet les agresseurs, et le sont de la manière la plus sanguinaire. Ces dragons, dont on fait sonner si haut les violences, ont-ils approché de ces excès ? Et tout ce qu'on leur reproche d'avoir entrepris sans ordre, de combien est-il au-dessous des violences où les protestans se sont emportés par des ordres bien délibérés et bien signés ? On a avancé ces faits publiquement : M. Jurieu ou quelqu'autre les ont-ils niés, ou ont-ils dit un seul mot pour les affoiblir ? Rien du tout, parce qu'ils savent bien qu'ils sont connus par toute la chrétienté, écrits dans toutes les histoires et de plus prouvés par actes publics. Mais c'étoient, disoient-ils, des temps de guerre, et il n'en faut plus parler : comme s'ils étoient les seuls qui eussent droit de se plaindre de la violence, et que ce ne fût pas au contraire une preuve contre leur Réforme, d'avoir entrepris par maxime de religion des guerres dont les effets ont été si cruels.

VI. Séditieuses explications de l'*Apocalypse*.

Joignons à toutes ces choses les explications sanguinaires qu'on donnoit à l'*Apocalypse*, où la Réforme en prenant pour elle et interprétant contre Rome ce commandement : « Sortez de Babylone, » s'appliquoit aussi à elle-même cet autre commandement du même lieu : « Faites-lui comme elle vous a fait : » d'où nous avons vu qu'elle concluoit qu'il lui étoit commandé, non-seulement de sortir de Rome, mais encore de l'exterminer à main armée avec tous ses sectateurs, partout où on les trouveroit, avec une espérance certaine de la victoire [1].

Voilà donc la Réforme convaincue d'avoir entrepris, et encore d'avoir entrepris par maxime et comme par un précepte divin, les guerres qu'elle sembloit détester au commencement. Mais si elle rougissoit du dessein de les entreprendre, elle en a encore rougi après l'avoir exécuté. C'est pourquoi ne pouvant nier le fait, ni faire oublier au monde ses guerres sanglantes, quand elle a cru que les causes en pouvoient être oubliées par le temps, elle a employé tout ce qu'elle avoit de plus habiles écrivains pour soutenir que ces guerres, tant reprochées à la Réforme, ne furent jamais des guerres de religion : et non-seulement M. Bayle dans sa *Critique de M. Maimbourg* [2] et M. Burnet dans son *Histoire de la réformation anglicane* [3], mais encore M. Jurieu, qui s'en dédit aujourd'hui dans son *Apologie de la Réforme,* ont épuisé toute leur adresse à soutenir ce paradoxe.

VII. Autres variations de la Réforme ses vains efforts pour prouver que ces guerres civiles n'ont pas été des guerres de la religion.

Il n'y a rien de plus étrange que la manière dont il défend les réformés, de la conjuration d'Amboise, qui est l'endroit par où ont commencé toutes les guerres : « La tyrannie des princes de Guise ne pouvoit estre abattuë que par une grande effusion de sang : *l'esprit du christianisme ne souffre point cela :* mais si l'on juge de cette entreprise par les régles de la morale du monde, elle n'est point du tout criminelle; » et il conclut « qu'elle ne l'est en tout cas que selon les régles de l'Evangile [4]. » Par où l'on voit clairement en premier lieu, que toutes ces guerres des prétendus réformés, selon lui, étoient injustes et contraires à l'esprit du christianisme; et en second lieu, qu'il se console de ce qu'elles sont contraires à cet esprit « et aux régles de l'Evangile, » sur ce qu'en tout cas, à ce qu'il prétend, elles sont conformes « aux régles de la morale du monde : » comme si ce n'étoit pas le comble du mal de lui chercher des excuses dans le déréglement du genre humain corrompu, qui ne l'est pourtant pas assez (*a*), comme

VIII. Paroles remarquables de M. Jurieu, qui condamne les guerres civiles de la Réforme.

---

[1] *Explic. de l'Apoc., Avert. aux Prot. sur l'Acc. des Proph.*, n. 1. — [2] *Var.*, liv. X. — [3] *Hist. de la Réf. Ang.*, II⁰ part., liv. III ; *Var.*, liv. X, n. 42 et suiv. — [4] *Apol. de la Réf.*, I⁰ part., chap. XV, p. 453 ; *Var.*, liv. X, n. 49.

(*a*) *Leçon primitive :* Dans la corruption du genre humain, qui ne l'est pourtant pas assez..... Dans la révision de plusieurs de ses ouvrages, après le

nous l'avons démontré ailleurs¹, pour approuver de tels attentats. C'est ainsi que M. Jurieu défend la Réforme; et tout cela pour confirmer ce qu'il avoit dit, « que la religion s'est trouvée purement par accident dans ces querelles, et pour y servir de prétexte². »

<small>IX. M. Jurieu n'a rien à répliquer aux preuves par lesquelles on a fait voir que ces guerres de la Réforme ont été entreprises par maxime de religion.</small>

Il n'a pas été malaisé de le convaincre. Car outre que c'étoit à la Réforme une action assez honteuse de vouloir bien donner un prétexte à une guerre que ce ministre avouoit alors contraire à l'esprit et aux règles du christianisme, il est plus clair que le jour que la religion étoit le fond de toutes ces guerres. C'est ce qu'on voit dans le livre des *Variations*³, par la propre Histoire de Bèze, par les consultations, par les requêtes, par les délibérations et par les traités qu'il rapporte ; on voit, dis-je, plus clair que le jour par toutes ces choses que la guerre fut entreprise dans la Réforme par délibération expresse des ministres et de tout le parti, et par principe de conscience : en sorte qu'il n'est pas possible de s'empêcher de le voir en lisant le X° livre des *Variations*, où cette matière est traitée, et qu'en effet M. Jurieu n'a rien eu à y répliquer, si ce n'est ce mot seulement : « Ce n'est point, dit-il, mon affaire de parler de cette matière : on y répondra si l'on veut : et pour moy ce que j'en ay dit dans ma *Réponse à l'histoire* du jésuite Maimbourg me suffit⁴. » Il est content de lui-même, c'est assez ; et il ne veut pas seulement songer que tout ce qu'il a dit sur ce sujet est clairement réfuté, non point par raisonnement, mais par actes ; et sans ici répéter tout le reste qui est produit dans l'*Histoire des Variations*⁵, par les décrets très-formels du synode national de Lyon en 1563, dès le commencement des guerres.

<small>X. Décret décisif du synode national de Lyon, qui contraint M. Jurieu à se dédire</small>

On y accorde par décret exprès la Cène à un abbé réformé à la nouvelle manière, parce que sans se défaire de son abbaye dont le revenu l'accommodoit, « il en avoit bruslé les titres, et n'avoit pas permis depuis six ans qu'on y chantast messe ; ains s'estoit toujours porté *fidèlement*, et avoit *porté les armes pour maintenir l'Evangile*⁶. » Ce n'est pas ici un prétexte : ce sont les armes

---

¹ *Var.*, lib. X, n. 49. — ² Jur., *Apol. de la Réf.*, Iᵉ part. chap. x. — ³ *Var.*, liv. X, n. 25, 26 et suiv. — ⁴ Jur., lett. IX. — ⁵ *Var.*, liv. X, n. 36, 37. — ⁶ *Var.*, ibid.

VIᵉ *Avertissement aux Protestans*, Bossuet a corrigé la phrase comme on l'a lue dans le texte.

portées ouvertement pour l'évangile réformé, et cette action honorée dans le parti jusqu'à y être récompensée et ratifiée par la réception de la Cène.

Oser vous dire après cela que ce n'est pas ici une guerre de religion, c'est vous déclarer, mes Frères, qu'on n'a besoin ni de raison, ni de bonne foi, ni même de vraisemblance, pour vous persuader tout ce que l'on veut. Mais voici un cas bien plus étrange, et un décret bien plus surprenant du même synode national : « Un ministre, qui autrement s'estoit bien comporté, » c'est-à-dire qui avoit bien fait son devoir à inspirer la révolte, pour réparer cette faute « avoit écrit à la reine mére, qu'il n'avoit jamais consenti au port des armes, jaçoit qu'il y eust consenti et contribué ; fut obligé à un jour de Cène de faire confession publique de sa faute devant tout le peuple ; » et pour pousser l'audace jusqu'au bout, « à faire entendre à la reine sa pénitence ; » de peur que cette princesse, qui étoit alors régente, ne s'imaginât qu'on fût capable de garder aucune mesure avec elle et avec le roi. N'est-ce pas là déclarer la guerre, et la déclarer à la propre personne de la régente, et de la part de tout un synode national, afin qu'on ne doute pas que ce ne soit une guerre de religion, et encore de tout le parti ? Mais on n'en demeure pas là. Pour éviter le scandale que ce ministre avoit donné à son église en se repentant de son crime, et marquant ses soumissions à la reine, on permet au synode de sa province « de le changer de lieu ; » en sorte qu'on ne le voie plus dans celui qu'il avoit scandalisé en se montrant bon sujet. Loin de se repentir d'avoir pris les armes, la Réforme ne se repent que de s'être repentie de les avoir prises ; et au lieu de rougir de ces excès, M. Jurieu répond hardiment : « M. de Meaux doit sçavoir que nous ne nous faisons pas une honte de ces décisions de nos synodes. »

Mais si la Réforme n'avoit point de honte des guerres qu'elle avoit faites pour la religion, pourquoi donc M. Jurieu ne les osoit-il avouer il y a quelques années ? Et pourquoi écrivoit-il que la religion « s'y estoit trouvée purement par accident ? » C'étoit une espèce de réparation de ces attentats, que de tâcher de les pallier comme il faisoit : mais maintenant il lève le masque. En parlant

XI. Contradictions de la Réforme : M. Jurieu contraint de soutenir les guerres civiles qu'il avoit condamnées.

de ses réformés en l'état où ils sont en France, il déclare « qu'il faut estre aveugle pour ne voir pas que des gens à qui on renfonce la vérité dans le cœur à coups de barre, ne se releveront *pas le plustost qu'ils pourront et par toutes sortes de voie* ¹. » D'où il conclut que « dans peu d'années on verra un grand éclat de ce feu que l'on renferme sans l'étouffer. » Ce n'est pas seulement prédire, c'est souffler la rébellion que de parler de cette sorte. Il ne dissimule point que les prétendus réformés n'aient « la fureur et la rage dans le cœur : et c'est, dit-il, ce qui fortifie la haine qu'ils avoient pour l'idolâtrie; » dont il rend cette raison, « que les passions humaines, » telles que sont la rage et la fureur, « sont de grands secours aux vertus chrétiennes ². » Voici un nouveau moyen de fortifier les vertus et « des vertus chrétiennes, » que les apôtres ne connoissoient pas. Saint Paul a fondé sur la charité toutes les vertus chrétiennes : mais qu'a-t-il dit de la charité, sinon « qu'elle est douce, qu'elle est patiente, qu'elle n'est ni envieuse ni ambitieuse, qu'elle ne s'enorgueillit point ni ne s'aigrit point ³? » Et notre docteur nous dit qu'elle est furieuse : quelle vertu, quelle vérité, quelle religion est celle-là, qui emploie jusqu'à la rage pour se maintenir dans un cœur? C'est ainsi que sont disposés les réformés selon M. Jurieu, et c'est ainsi qu'il les veut. Car il n'oublie rien pour nourrir en eux ces sentimens qui les portent à la révolte : et pour les y exciter il fait une *Lettre* entière ⁴, où sans pallier comme auparavant le crime des guerres civiles, il entreprend ouvertement de les justifier. Lui qui hésitoit auparavant, ou plutôt qui sans hésiter décidoit, comme on vient de voir, que ces guerres contre son pays et son prince légitime, « estoient contraires à l'esprit du christianisme et aux régles de l'Evangile, » trop heureux de les pouvoir excuser *par les régles de la morale* corrompue du monde, dit maintenant à la face de l'univers et au nom de toute la Réforme : « Nous ne nous faisons pas une honte des décisions de nos synodes, » qui ont soutenu qu'on est en droit, pour défendre la religion, de faire la guerre à son roi et à sa patrie. C'est la femme prostituée qui ne rougit plus; qui

---

¹ *Accomp. des Proph. Avis à tous les Chrét.* — ² *Ibid.* — ³ 1 *Cor.*, XIII, 4, 5. — ⁴ Jur., lett. IX.

après avoir longtemps déguisé son crime et cherché de vaines excuses à ses infidélités, à la fin étant convaincue, se fait un front d'impudique, comme parle l'Ecriture sainte, et dit hardiment : « Oui, j'ai aimé des étrangers et je marcherai après eux [1]. »

Il ne faudroit rien davantage que sa honte d'un côté, et sa hardiesse de l'autre pour la confondre. Que nous dira donc M. Jurieu, qui après avoir condamné ces guerres, aujourd'hui en entreprend la défense? Et n'est-il pas confondu par ses propres variations? Mais ne laissons pas d'écouter ses foibles raisonnemens.

Réponses de M. Jurieu à l'exemple de l'ancienne Eglise. Question : si la soumission des premiers chrétiens n'étoit que de conseil, ou en tout cas un précepte accommodé à un certain temps.

Les réponses de ce ministre sont prises d'un dialogue de Buchanan qui a pour titre : *Du droit de régner dans l'Ecosse*. Les sentimens en sont si excessifs, qu'il a été détesté par les plus habiles gens de la Réforme : mais aujourd'hui M. Jurieu en prend l'esprit, et aussi ne lui restoit-il que ce moyen-là de saper les fondemens et de renverser le droit des monarchies.

XII. Sentimens des martyrs : ce que M. Jurieu y a répondu.

Il faut écouter avant toutes choses ce qu'ils répondent à l'exemple des martyrs. Il n'y a personne qui ne soit touché, quand on les voit dans leur passion, entre les mains et sous les coups des persécuteurs, les conjurer « par le salut et la vie de l'empereur [2], » comme par une chose sainte, de contenter le désir qu'ils avoient de souffrir pour Jésus-Christ. « A Dieu ne plaise, disoient-ils, que nous offrions pour les empereurs le sacrifice que vous nous demandez pour eux : on nous apprend à leur obéir, mais non pas à les adorer [3]. » L'obéissance qu'ils leur rendoient, servoit de preuve à celle qu'ils vouloient rendre à Dieu. « J'ai été, disoit saint Jule, sept fois à la guerre : je n'ai jamais résisté aux puissances, ni reculé dans les combats, et je m'y suis mêlé aussi avant qu'aucun de mes compagnons. Mais si j'ai été fidèle dans de tels combats, croyez-vous que je le sois moins dans celui-ci, qui est bien d'une autre importance [4]? » Tout est plein de semblables discours dans

---

[1] *Jer.*, II, 25. — [2] *Act. Jul., Act. Marc. et Nicand.*, etc. — [3] *Act. Phil., Epist. Heracl.*, etc. — [4] *Act. Jul.*

les Actes des martyrs : la profession qu'ils faisoient parmi les supplices, de demeurer fidèles à leurs princes en tout ce qui ne seroit point contraire à la loi de Dieu, faisoit la gloire de leur martyre, et ils la scelloient de leur sang comme le reste des vérités qu'ils annonçoient. Mais écoutons ce que leur répond M. Jurieu. « A Dieu ne plaise, dit-il, que je voulusse diminuer le mérite des martyrs, et rien rabattre des louanges qu'on leur donne; mais je voudrois bien qu'on me fist voir qu'ils ont esté en état de se pourvoir contre les violences des empereurs romains. Que pouvoit faire, continue-t-il, un si petit nombre de gens épars dans toute l'étenduë d'un grand empire, qui avoit toûjours sur pied des armées nombreuses pour la garde de ses vastes frontieres? Ce n'estoit donc pas seulement piété, mais c'estoit prudence aux premiers chrétiens de souffrir un moindre mal pour en éviter un plus grand[1]. » C'est sa première raison, qu'il a tirée de Buchanan son grand auteur : mais voyons celles dont il la soutient. « Outre cela, on ne sçauroit tirer un grand avantage de la conduite des premiers chrétiens au sujet de la prise des armes. Il y en avoit plusieurs qui ne croyoient pas qu'il fust permis de se servir du glaive en aucune maniere, ni à la guerre ni en justice pour la punition des criminels : c'estoit une vérité outrée et une maxime généralement reconnuë pour fausse aujourd'huy; tellement que leur patience ne venoit que d'une erreur et d'une morale mal entenduë[2]. » Voilà donc la seconde cause de la patience des martyrs : la première étoit leur foiblesse; la seconde étoit leur erreur. Voilà d'abord comme on traite ceux dont on dit qu'on ne voudroit diminuer en rien le mérite.

Mais le ministre sait bien en sa conscience que le sentiment de l'Eglise n'étoit pas celui de ces esprits outrés qui condamnoient universellement l'usage des armes. Nous venons d'ouïr un martyr qui fait gloire d'avoir bien servi les empereurs à la guerre : cent autres en ont fait autant, et l'Eglise ne les met pas moins parmi les Saints. Tertullien, dont on auroit le plus à craindre ces maximes outrées, n'hésite point à dire au sénat et aux magistrats de Rome au nom de tous les chrétiens : « Nous sommes comme tous

---

[1] Jur., lett. IX, p. 67, col. 2 et suiv. — [2] *Ibid.*, p. 68.

les citoyens dans les exercices ordinaires ; nous labourons, nous naviguons, nous faisons la guerre avec vous. Nous remplissons la ville, le palais, le sénat, le marché, le camp et les armées : il n'y a que les temples seuls que nous vous laissons [1]. » C'est-à-dire que hors la religion tout le reste leur étoit commun avec leurs concitoyens et les autres sujets de l'Empire. Il y avoit même des légions toutes composées de chrétiens. On connoît celle dont les prières furent si favorables à Marc-Aurèle [2], et celle qui fut immolée à la foi sous la conduite de saint Maurice : on entend bien que je parle de cette fameuse légion thébaine, dont le martyre est si fameux dans l'empire de Dioclétien et de Maximien.

M. Jurieu n'ignoroit pas ces grands exemples ; et c'est pourquoi il ajoute : « Dans le fond ce n'estoit point cette délicatesse de conscience qui a empesché les premiers chrétiens de se défendre contre leurs persécuteurs : car ces devots, dont la morale estoit si sévère, estoient en petit nombre en comparaison des autres [3]. » Il eût donc mieux fait de supprimer cette raison, qui lui paroît sans force à lui-même. Mais c'est qu'il est bon d'embrouiller toujours la matière, en entassant beaucoup d'inutilités, et à la fin d'affoiblir un peu l'autorité de l'ancienne Eglise dont les exemples l'accablent.

Il poursuit ; et pour montrer que le nombre de ces faux dévots qui croyoient les armes défendues aux chrétiens étoit petit, il nous dit ceci pour preuve : « Par les plaintes que les Pères nous font des maux des chrétiens de leur siécle, il est bien aisé à comprendre que des gens aussi peu reguliers dans leur conduite qu'estoient plusieurs chrétiens d'alors, ne se laissoient pas tuer par conscience, mais par foiblesse et par impuissance. » C'est ce que diroient des impies, s'ils vouloient affoiblir la gloire des martyrs et les témoignages de la religion. Au reste il est évident que tout cela ne servoit de rien à M. Jurieu. Il avoit, comme on vient de voir, assez de moyens pour justifier les chrétiens des premiers siècles, sans en alléguer les mauvaises mœurs : mais il n'a pu se refuser à lui-même ce trait de chagrin contre l'Eglise primitive, dont on lui objecte trop souvent l'autorité.

[1] *Apol.*, cap. XXXVII, XL. — [2] *Apol.*, cap. XLV. — [3] Jur., *ibid*.

« Enfin, conclut-il, quand les premiers chrétiens par tendresse de conscience n'auroient pas pris le parti de se défendre, en cela sans doute ils n'auroient pas mal fait : il est toûjours permis de se relascher de son droit, car on fait de son bien ce qu'on veut ; mais on ne péche pourtant pas en se servant de ses droits. Il y a, continue-t-il, de la différence entre le mieux et le bien. Celuy qui marie sa fille fait bien, et celuy qui ne la marie pas fait mieux. Supposé que les chrétiens ayent mieux fait, en ne prenant pas les armes pour se garantir de la persécution (car c'est de quoi le ministre doute), il ne s'ensuit pas que ceux qui font autrement ne fassent bien, et que peut-estre ils ne fassent mieux en certaines circonstances. » Il ne restoit plus au ministre que de proposer un moyen de mettre la Réforme armée, et non-seulement menaçante, mais encore ouvertement rebelle à ses rois, au-dessus de l'Eglise ancienne, humble et souffrante, qui ne connoissoit d'autres armes que celles de la patience.

XIII.
Première glose de M. Jurieu, que l'obéissance proposée aux chrétiens durant les persécutions étoit de perfection et de conseil, et non d'obligation et de commandement.
Preuve du contraire.

Telles sont les réponses de M. Jurieu. Pour commencer par la dernière, qu'il fonde sur la distinction de perfection et de conseil, et du bien de nécessité et d'obligation, le ministre nous allègue le mot de saint Paul : *Celuy qui marie sa fille fait bien : mais celuy qui ne la marie pas fait mieux* [1]. Mais pour appliquer ce passage à la matière dont il s'agit, il faudroit qu'il fût écrit quelque part, ou qu'on pût attribuer aux apôtres et aux premiers chrétiens cette doctrine : C'est bien fait à des sujets persécutés de prendre les armes contre leurs princes; mais c'est encore mieux fait de ne les pas prendre. M. Jurieu oseroit-il bien attribuer cette doctrine aux apôtres? Mais en quel endroit de leurs écrits en trouvera-t-il le moindre vestige? Quand les premiers chrétiens nous ont fait voir qu'ils étoient fidèles à leur patrie quoiqu'ingrate, et aux empereurs quoiqu'impies et persécuteurs, ont-ils laissé échapper la moindre parole pour faire entendre qu'il leur eût été permis d'agir autrement, et que la chose étoit libre? Au contraire lorsqu'ils entreprennent de prouver qu'ils sont fidèles à tous leurs devoirs, ils commencent par déclarer qu'ils ne manquent à rien « ni envers Dieu ni envers l'Empereur et sa famille; qu'ils paient fidèlement

---

[1] *I Cor.*, VII, 38.

les charges publiques selon le commandement de Jésus-Christ :
« Rendez à César ce qui est à César [1]; » qu'ils font des vœux continuels pour la prospérité de l'empire, des empereurs, de leurs officiers, du sénat dont ils étoient les chefs, de leurs armées : et enfin, leur disoient ces bons citoyens fidèles à Dieu et aux hommes, « à la réserve de la religion, dans laquelle notre conscience ne nous permet pas de nous unir avec vous, nous vous servons avec joie dans tout le reste, priant Dieu de vous donner avec la souveraine puissance de saintes intentions [2]. » C'est ainsi qu'ils n'oublient rien pour signaler leur fidélité envers leurs princes; et afin qu'on ne doutât pas qu'ils ne la crussent d'obligation indispensable, ils en parlent comme d'un devoir de religion. Ils l'appellent « la piété, la foi, la religion envers la seconde majesté, envers l'empereur que Dieu a établi et qui en exerce la puissance sur la terre [3]. » C'est pourquoi lorsqu'on les accuse de manquer de fidélité envers le prince, ils s'en défendent, non-seulement comme d'un crime, mais encore comme d'un sacrilége, où la majesté de Dieu est violée en la personne de son lieutenant; et ils allèguent non-seulement les apôtres, mais encore Jésus-Christ même qui leur dit : « Rendez à César ce qui est à César, et à Dieu ce qui est à Dieu [4] : » par où il met, pour ainsi parler, dans la même ligne ce qu'on doit au prince avec ce qu'on doit à Dieu même, afin qu'on reconnoisse dans l'un et dans l'autre une obligation également inviolable : ce qui aussi étoit suivi par le prince des apôtres, lorsqu'il avoit dit : « Craignez Dieu, honorez le roi [5] : » où l'on voit qu'à l'exemple de son maître, il fait marcher ces deux choses d'un pas égal comme unies et inséparables. Que s'ils poussoient cette obligation jusqu'à être toujours soumis malgré les persécutions les plus violentes, c'est que Jésus-Christ, qui assurément n'ignoroit pas que ses disciples ne dussent être persécutés par les princes, puisque même il l'avoit prédit si souvent, n'en rabattoit rien pour cela de l'étroite obéissance qu'il leur prescrivoit : au contraire en leur prédisant qu'ils seroient « traînés devant les présidens et devant

---

[1] Athenag., *Legat. pro Christ.*; Just., *Apol.* 2. — [2] Just. *ibid.*; Tertul. *Apol.*, cap. V, XXXIX. — [3] Tertul., *Apol.*, cap. XXXII, XXXIV-XXXVI. — [4] *Matth.*, XXII, 21. — [5] I *Pet.*, II, 17.

les rois, et haïs de tout le monde pour son nom ¹, » il leur déclare en même temps, « qu'il les envoie comme des brebis au milieu des loups ², » sans armes et sans résistance, ne leur permettant que « la fuite d'une ville à l'autre, » et ne leur donnant autre moyen « de posséder leurs ames, » c'est-à-dire, d'assurer leur vie et leur liberté, en un mot de jouir d'eux-mêmes, que la patience : « Ce sera, dit-il, par votre patience que vous posséderez vos ames ³. » Telles sont les instructions, tels sont les ordres que Jésus-Christ donne à ses soldats. L'effet suivit les paroles. Les apôtres ne prévoyoient pas seulement les persécutions; mais ils les voyoient commencer, puisque saint Paul disoit déjà : « Tous les jours on nous fait mourir pour l'amour de vous, et on nous regarde comme des brebis destinées à la boucherie ⁴. » Mais les chrétiens ne sortirent pas pour cela du caractère de brebis que Jésus-Christ leur avoit donné; et déchirés selon sa parole par les loups, ils ne leur opposèrent que la patience qu'il leur avoit laissée en partage. C'est aussi ce que les apôtres leur avoient enseigné : lorsqu'ils virent que les empereurs et tout l'Empire romain entroient en furieux dans le dessein de ruiner le christianisme, bien instruits par le Saint-Esprit de ce qui alloit arriver, de peur que la soumission des chrétiens ne fût ébranlée par une oppression si longue et si violente, ils leur recommandèrent avec plus de soin et de force que jamais l'obéissance envers les rois et les magistrats. « Il est temps, disoit saint Pierre, que le jugement commence par la maison de Dieu. Que nul de vous ne souffre comme homicide ou comme voleur; mais si c'est comme chrétien, qu'il n'en rougisse pas, et qu'il glorifie Dieu en ce nom ⁵. » Ce qu'il répète trois ou quatre fois en mêmes paroles ⁶, de peur que l'oppression où l'Eglise étoit déjà et où elle alloit être jetée de plus en plus, ne les surprît. Mais il ne répète pas avec moins de soin « qu'on soit soumis aux rois et aux magistrats, » et afin de ne rien omettre, *à ses maîtres même fâcheux* et inexorables : tant il craignoit qu'on ne manquât à aucun devoir, dans un temps où la patience et avec elle la fidélité alloit être poussée à bout de toutes

. ¹ *Matth.*, x, 18, 22. — ² *Luc.*, xxi, 12, 19. — ³ *Ibid.*, 19. — ⁴ *Rom.*, viii, 36.—
⁵ I *Pet.*, iv, 15, 16, 17. — ⁶ *Ibid.*, ii, 19, 20 ; iii, 14, 17 ; v, 9, etc.

parts. On ne peut donc plus douter que ces préceptes de soumission et de patience ne regardent précisément l'état de persécution. C'étoit en cette conjoncture et en cet état que saint Paul, déjà dans les liens et presque sous le coup des persécuteurs, ordonnoit qu'on leur fût fidèle et obéissant, et qu'on priât pour eux avec instance [1].

Buchanan a bien osé éluder la force de ce commandement apostolique, en disant qu'on prioit bien pour les voleurs, afin que Dieu les convertît : impie et blasphémateur contre les puissances ordonnées de Dieu, qui n'a point voulu ouvrir les yeux, ni entendre qu'on ne prie pas Dieu pour l'état et la condition des voleurs, et qu'on ne s'y soumet pas : mais qu'on prie Dieu pour l'état et la condition des princes quoiqu'impies et persécuteurs, comme pour un état ordonné de Dieu auquel on se soumet pour son amour. On demande à Dieu dans cet esprit qu'il donne « à tous les empereurs, » à tous, remarquez, bons ou mauvais, amis ou persécuteurs, « une longue vie, un empire heureux, une famille tranquille, de courageuses armées, un sénat fidèle, un peuple juste et obéissant, et que le monde soit en repos sous leur autorité [2]. » Mais peut-on demander cette sûreté du monde et des empereurs, même dans les règnes fâcheux, si on se croit en droit de la troubler ?

Enfin saint Jean avoit vu et souffert lui-même la persécution, et il en voyoit les suites sanglantes dans sa Révélation : mais il n'y voit de couronne ni de gloire que pour ceux qui ont vécu dans la patience. « C'est ici, dit-il, la foi et la patience des Saints [3] : » marque indubitable que les témoins et les martyrs qu'il voyoit [4] n'étoient pas ces témoins guerriers de la Réforme, toujours prêts à prendre les armes quand ils se croiroient assez forts ; mais des témoins qui n'avoient pour armes que la croix de Jésus-Christ et pour règle que ses préceptes et ses exemples : martyrs, comme dit saint Paul, « qui résistent jusqu'au sang [5] ; » jusqu'à prodiguer le leur, et non pas jusqu'à verser celui des autres et à armer des sujets contre la puissance publique, contre laquelle nul particulier n'a

---

[1] *Tit.*, III, 1 ; 1 *Tim.*, II, 1, 2. — [2] Tert., *Apol.*, cap. XXXII. — [3] *Apoc.*, XIII, 10 ; XIV, 12. — [4] *Ibid.*, XI, 8. — [5] *Hebr.*, XII, 4.

de force ni d'action. Car c'est là le grand fondement de l'obéissance, que comme la persécution n'ôte pas aux saints persécutés la qualité de sujets, elle ne leur laisse aussi, selon la doctrine de Jésus-Christ et des apôtres, que l'obéissance en partage. C'est ce que les premiers chrétiens avoient dans le cœur; c'est l'exemple que Jésus-Christ leur avoit donné, lorsque soumis à César et à ses ministres, comme il l'avoit enseigné, il reconnoît dans Pilate, ministre de l'Empereur, « une puissance que le ciel lui avoit donnée sur lui-même [1]. » C'est pourquoi il lui répond, lorsqu'il l'interroge juridiquement, comme il avoit fait au pontife, se souvenant du personnage humble et soumis qu'il étoit venu faire sur la terre; et ne daigna dire un seul mot à Hérode, qui n'avoit point de pouvoir dans le lieu où il étoit. C'est donc ainsi qu'il accomplit toute justice, comme il avoit toujours fait; et il apprit à ses apôtres ce qu'ils devoient à la puissance publique, lors même qu'elle abusoit de son autorité et qu'elle les opprimoit. Aussi est-il bien visible que les apôtres ne nous donnent pas la soumission aux puissances comme une chose de simple conseil ou de perfection seulement, et en un mot comme un mieux, ainsi que M. Jurieu se l'est imaginé, mais comme le bien nécessaire, qui obligeoit, dit saint Paul, « en conscience [2]; » ou, comme disoit saint Pierre lorsqu'après avoir écrit ces mots : « Soyez soumis au roi et au magistrat pour l'amour de Dieu, » il ajoute, « parce que c'est la volonté de Dieu [3], » qui veut que par ce moyen vous fermiez la bouche à ceux qui vous calomnient comme ennemis de l'Empire. Les chrétiens avoient reçu ces instructions comme des commandemens exprès de Jésus-Christ et des apôtres; et c'est pourquoi ils disoient aux persécuteurs par la bouche de Tertullien, dans la plus sainte et la plus docte Apologie qu'ils leur aient jamais présentée, non pas : On ne nous a pas conseillé de nous soulever; mais : Cela nous est défendu, *vetamur* [4]; ni : C'est une chose de perfection; mais : C'est une chose de précepte, *Præceptum est nobis* [5]; ni : Que c'est bien fait de servir l'Empereur, mais : Que c'est une chose due, *debita Imperatoribus;* et due encore, comme on a

[1] *Joan.*, XIX, 11. — [2] *Rom.*, XIII, 5. — [3] 1 *Pet.*, II, 13-15. — [4] Tertul., *Apol.*, cap. XXXVI. — [5] *Ibid.*, cap. XXXII.

vu, « à titre de religion et de piété, » *Pietas et religio Imperatoribus debita*[1] : ni : Qu'il est bon d'aimer le prince; mais : Que c'est une obligation et qu'on ne peut s'en empêcher, à moins de cesser en même temps d'aimer Dieu qui l'a établi. *Necesse est ut diligam*[2]. C'est pourquoi on n'a rien fait et on n'a rien dit, durant trois cents ans, qui fît craindre la moindre chose ou à l'Empire et à la personne des empereurs, ou à leur famille; et Tertullien disoit, comme on a vu, non-seulement que l'Etat n'avoit rien à craindre des chrétiens, mais que par la constitution du christianisme il ne pouvoit arriver de ce côté-là aucun sujet de crainte : *A quibus nihil timere possitis*[3], parce qu'ils sont d'une religion qui ne leur permet pas de se venger des particuliers, et à plus forte raison de se soulever contre la puissance publique.

Voilà ce qu'on enseignoit au dedans, ce qu'on déclaroit au dehors, ce qu'on pratiquoit dans l'Eglise comme une chose ordonnée de Dieu aux chrétiens. On le prêchoit, on le pratiquoit de cette sorte par rapport à l'état où l'on étoit, c'est-à-dire dans l'état de la persécution la plus violente et la plus injuste. C'étoit donc par rapport à cet état qu'on établissoit l'obligation de demeurer parfaitement soumis, sans jamais rien remuer contre l'Empire. Et on ne peut pas ici nous alléguer, comme M. Jurieu fera bientôt, le caractère excessif de Tertullien, ni ces maximes outrées qui défendoient de prendre les armes pour quelque cause que ce fût; car l'Eglise ne se fondoit pas sur ces maximes qu'on a vu qu'elle réprouvoit, et n'auroit jamais souffert qu'on eût avancé une doctrine étrangère ou particulière dans les apologies qu'on présentoit en son nom. D'où il faut conclure nécessairement que les chrétiens étoient retenus dans l'obéissance, non par des opinions particulières que l'Eglise n'approuvoit pas, mais par les principes communs du christianisme.

Il n'y a donc plus moyen de dire que tout cela n'étoit qu'un conseil et un mieux : et non-seulement les propres paroles de Jésus-Christ et des apôtres, mais encore leur pratique même et celle des premiers siècles résistent à cette glose. Ainsi il ne reste

XIV. Autre glose de M. Jurieu et de Buchanan, que l'o-

---

[1] Tertul., *Apol.*, cap. XXXVI. — [2] Tertul., *ad Scap.*, cap. II. — [3] *Apol.*, cap. XXXVI, XLIII.

béissance des chrétiens étoit fondée sur leur impuissance, et le précepte d'obéir accommodé au temps. plus à M. Jurieu que celle qu'il a aussi proposée d'abord, que la patience des chrétiens étoit fondée sur leur impuissance, parce que dans leur petit nombre ils ne pouvoient rien contre la puissance romaine.

C'est aussi la glose de Buchanan, qui soutient que les préceptes de Jésus-Christ et des apôtres, qui ordonnoient aux chrétiens de tout souffrir, étoient préceptes accommodés au temps d'alors, où l'Eglise foible encore et impuissante ne pouvoit rien contre les princes ses persécuteurs ; en sorte que la patience tant vantée des martyrs est un effet de leur crainte plutôt que de leur vertu. Mais cette glose n'est pas moins impie ni moins absurde que l'autre ; et pour en entendre l'absurdité, il ne faut qu'ajouter à l'apologie des chrétiens, qui se glorifioient de leur inviolable fidélité, ce que Buchanan et M. Jurieu veulent qu'ils aient eu dans le cœur. Il est vrai, sacrés empereurs, vous n'avez rien à craindre de nous tant que nous serons dans l'impuissance : mais si nos forces augmentent assez pour vous résister par les armes, ne croyez pas que nous nous laissions ainsi égorger. Nous voulons bien ressembler à des brebis, nous contenter de bêler comme elles, et nous couvrir de leur peau pendant que nous serons foibles ; mais quand les dents et les ongles nous seront venus comme à de jeunes lions, et que nous aurons appris à faire des veuves et à désoler les campagnes, nous saurons bien nous faire sentir, et on ne nous attaquera pas impunément. Avoir de tels sentimens, n'est-ce pas sous un beau semblant d'obéissance et de modestie couver la rébellion et la violence dans le sein ? Mais que seroit-ce, s'il falloit trouver cette hypocrisie, non plus dans les discours des chrétiens, mais dans les préceptes des apôtres et dans ceux de Jésus-Christ même ? Oui, mes Frères, dira un saint Pierre ou un saint Paul, dites bien qu'il faut obéir aux puissances établies de Dieu, et que leur autorité est inviolable ; mais c'est tant qu'on sera en petit nombre : à cette condition et dans cet état vantez votre obéissance à toute épreuve : croissez cependant ; et quand vous serez plus forts, alors vous commencerez à interpréter nos préceptes en disant que nous les avons accommodés au temps ; comme si obéir et se soumettre c'étoit seulement attendre de nouvelles forces et une conjoncture plus favorable, ou que la soumission ne fût qu'une politique.

Enfin il faudra encore faire dire à Jésus-Christ selon ces principes : Vous, Juifs, qui souffrez avec tant de peine le joug des Romains, rendez à César ce qui lui est dû, c'est-à-dire gardez-vous bien de le fâcher jusqu'à ce que vous vous sentiez en état de vous bien défendre. Que si cette glose fait horreur dans les préceptes de Jésus-Christ et des apôtres, avouons donc que les chrétiens qui les alléguoient pour prouver qu'il n'y avoit rien à craindre d'eux, en quelque nombre qu'ils fussent et quelle que fût leur puissance, ne vouloient pas qu'on les crût soumis par l'effet d'une prudence charnelle, qui, comme dit M. Jurieu, « préfére un moindre mal à un plus grand, » mais par un principe de fidélité et de religion envers les puissances ordonnées de Dieu, que les tourmens, quelque grands qu'ils fussent, n'étoient pas capables d'ébranler.

Laissons donc ces gloses impies de M. Jurieu et de Buchanan, qui aussi bien ne peuvent cadrer avec l'Ecriture : car saint Paul nous fait bien entendre que ce n'est pas seulement par la prudence de la chair, et pour éviter un plus grand mal, qu'il faut être soumis aux puissances, lorsqu'il dit : « Soyez soumis par nécessité, non-seulement à cause de la colère, mais encore à cause de la conscience [1], » où il semble qu'il ait eu en vue ces deux gloses des protestans pour les condamner en deux mots. Si l'on entreprend de nous faire accroire que les chrétiens demeuroient soumis, mais seulement par conseil, saint Paul détruit cette glose en disant : « Soyez soumis par nécessité. » Que si l'on revient à nous dire qu'on doit à la vérité être soumis par la nécessité, mais par celle de la crainte, de peur de se voir bientôt accabler par une plus grande puissance : saint Paul tombe sur cette glose encore avec plus de force, en enseignant clairement que cette nécessité n'est pas celle de la crainte, pour laquelle on n'a pas besoin des instructions d'un apôtre, mais celle de la conscience.

XV. Les deux gloses de M. Jurieu détruites par un seul mot de S. Paul.

En effet ce ne pouvoit être une autre nécessité que saint Paul voulût établir dans ce passage. Celle d'être mis à mort n'est pas la nécessité que les apôtres veulent faire craindre aux chrétiens;

[1] *Rom.*, XIII, 5.

au contraire ils vouloient munir les chrétiens contre une telle nécessité, à l'exemple de Jésus-Christ qui leur avoit dit : « Ne craignez pas ceux qui ne peuvent faire mourir que le corps, et n'ont point de pouvoir sur l'ame [1]. » Ainsi la nécessité dont parle saint Paul visiblement ne peut être que celle de la conscience : nécessité supérieure à tout et qui nous tient soumis aux puissances, non-seulement lorsqu'elles peuvent nous accabler, mais encore lorsque nous sommes en état de n'en rien craindre.

XVI. Cette vérité confirmée par les maximes et la pratique de l'Eglise persécutée.

Car enfin s'il étoit vrai que les chrétiens eussent eu d'autres sentimens; si, comme dit M. Jurieu, la foiblesse ou la prudence les eût retenus plutôt que la religion et la conscience, on auroit vu leur audace croître avec leur nombre; mais on a vu le contraire. M. Jurieu traite Tertullien de déclamateur et d'esprit outré [2], lorsqu'il dit que « les chrétiens remplissoient les villes, les citadelles, les armées, le palais, les places publiques, et tout enfin excepté les temples [3], » où l'on servoit les idoles. Mais pourquoi ne vouloir pas croire la prompte et prodigieuse multiplication du christianisme, qui étoit l'accomplissement des anciennes prophéties et de celles de Jésus-Christ même? A peine l'Evangile avoit-il paru; et les Juifs, quoique ce fût le peuple réprouvé, entroient dans l'Eglise par milliers. « Voyez, mon frère, disoit saint Jacques à saint Paul, combien de milliers de Juifs ont cru [4]. » Combien plus se multiplioient les fidèles parmi les gentils, qui étoient le peuple appelé, et dans l'Empire romain, qui dans l'ordre des desseins de Dieu en devoit être le siége principal? Saint Paul n'outroit point les choses et n'étoit pas un déclamateur, lorsqu'il disoit aux Romains : « Votre foi est annoncée par tout l'univers [5]; » et aux Colossiens, que « l'Evangile qu'ils ont reçu est et fructifie, et s'accroît par tout le monde comme au milieu d'eux [6]. » Que si l'Eglise si étendue du temps des apôtres, ne cessoit de s'augmenter tous les jours sous le fer et dans le feu, comme il avoit été prédit, ce n'étoit donc pas un excès à Tertullien de dire deux cents ans après la prédication apostolique que tout étoit plein de chrétiens : c'étoit un fait qu'on posoit à la face de tout l'univers. Ce

---

[1] *Matth.*, x, 28; *Luc.*, xii, 5. — [2] Lett. ix, p. 68. — [3] Tert., *Apol.*, cap. xxxvii, p. 30. — [4] *Act.*, xxi, 20. — [5] *Rom.*, i, 8. — [6] *Col.*, i, 6.

qu'on disoit aux gentils dans l'apologie qu'on leur présentoit pour les fidèles, afin de les obliger à épargner un si grand nombre d'hommes, on le disoit aux Juifs pour leur faire voir l'accomplissement des anciennes prophéties. Tertullien, après saint Justin, mettoit en fait que les chrétiens remplissoient tout l'univers, et même les peuples les plus barbares, que l'Empire romain qui maîtrisoit tout n'avoit pu dompter [1]. C'étoit donc ici un fait connu qu'on alléguoit également aux gentils et aux Juifs. Les gentils eux-mêmes en convenoient. C'étoient eux, dit Tertullien, qui se plaignoient qu'on trouvoit partout des chrétiens ; que « la campagne, les îles, les châteaux, la ville même en étoit obsédée [2]. » Quelque outré qu'on s'imagine Tertullien, l'Eglise pour qui il parloit lui auroit-elle permis ces prodigieuses exagérations, afin qu'on pût la convaincre de faux et qu'on se moquât de ses vanteries ? Quand donc Tertullien dit aux gentils que les chrétiens pouvoient se faire craindre à l'empire, autant du moins que les Parthes et les Marcomans, si leur religion leur permettoit de se faire craindre à leurs souverains et à leur patrie [3], si c'étoit une expression forte et vigoureuse, ce n'étoit pas une vaine ostentation. Car qui eût empêché les chrétiens d'obtenir la liberté de conscience par les armes ? Etoit-ce leur petit nombre ? On vient de voir que tout l'univers en étoit plein. « Nous faisons, disoit Tertullien, presque la plus grande partie de toutes les villes [4]. » Nos protestans approchoient-ils de ce nombre, quand ils ont arraché par force tant d'édits à nos rois ? Est-ce qu'ils n'étoient pas unis, eux qui dès l'origine du christianisme n'étoient qu'un cœur et qu'une ame ? Est-ce qu'ils manquoient de courage, eux à qui la mort et les plus affreux supplices n'étoient qu'un jeu, et l'étoient non-seulement aux hommes, mais encore aux femmes et aux enfans, en sorte qu'on les appeloit des hommes d'airain, qui ne sentoient pas les tourmens ? Peut-être n'étoient-ils pas assez poussés à bout, eux qui ne trouvoient de repos ni nuit ni jour, ni dans leurs maisons ni dans les déserts, ni même dans les tombeaux et dans l'asile de la sépulture ? Que n'y auroit-il à craindre, dit Tertullien, de gens

---

[1] Tert., *ad Jud. Just., adv. Tryph.* — [2] *Apol.*, cap. I. — [3] *Apol.*, cap. XXXVII. — [4] *Ad Scap.*, cap. II.

si unis, si courageux ou plutôt si intrépides et en même temps si maltraités [1]? Mais peut-être ne savoient-ils pas manier les armes, eux qui remplissoient les armées et y composoient des légions entières; ou qu'ils manquoient de chefs; comme si la nécessité et même le désespoir n'en faisoit pas lorsqu'on est capable de s'y abandonner? N'auroient-ils pas pu du moins se prévaloir de tant de guerres civiles et étrangères dont l'empire romain étoit agité, pour obtenir un traitement plus favorable? Mais non : on les a vus durant trois cents ans également tranquilles, en quelque état que l'empire se soit trouvé : non-seulement ils n'y ont formé aucun parti, mais on ne les a jamais trouvés dans aucun de ceux qui se formoient tous les jours. Non-seulement, dit Tertullien, il ne s'est point trouvé parmi nous de Niger, ni d'Albin, ni de Cassius, « mais il ne s'y est point trouvé de Nigriens, ni de Cassiens, ni d'Albiniens [2]. » Les usurpateurs de l'empire ne trouvoient point de partisans parmi les chrétiens, et ils servoient toujours fidèlement ceux que Rome et le sénat avoient reconnus. C'est ce qu'ils mettent en fait avec tout le reste à la face de tout l'univers, sans craindre d'être démentis. Ils ont donc raison de ne vouloir pas qu'on leur impute leur soumission à foiblesse. Si Tertullien est outré lorsqu'il raconte la multitude des fidèles, saint Cyprien ne l'est pas moins, puisqu'il écrit à Démétrien, un des plus grands ennemis des chrétiens : « Admirez notre patience, de ce qu'un peuple si prodigieux ne songe pas seulement à se venger de votre injuste violence [3]. » S'ils parloient avec cette force du temps de Sévère et de Dèce, qu'eussent-ils dit cinquante ans après sous Dioclétien, lorsque le nombre des chrétiens étoit tellement accru, que les tyrans étoient obligés « par une feinte pitié à modérer la persécution, pour flatter le peuple romain [4], » dont les chrétiens faisoient dès lors une partie si considérable? Les conversions étoient si fréquentes et si nombreuses, qu'il sembloit que tout alloit devenir chrétien. On entendoit en plein théâtre ces cris du peuple étonné ou de la constance ou des miracles des martyrs : Le Dieu des chrétiens est grand. On marque des villes entières dont tout le

---

[1] *Apol.*, cap. xxxvii. — [2] *Apol.*, cap. xxxv; *Ad Scap.*, cap. ii.— [3] Cypr., *ad Demet.*, p. 216. — [4] Euseb., lib. VIII, cap. xiv.

peuple et les magistrats étoient dévoués à Jésus-Christ, et lui furent tous consacrés en un seul jour et par un seul sacrifice, pêle-mêle, riches et pauvres, femmes et enfans [1]. On sait aussi le martyre de cette sainte légion thébaine, où tant de braves soldats, que l'ennemi avoit vus toujours intrépides dans les combats, à l'exemple de saint Maurice qui les commandoit, tendirent le cou comme des moutons à l'épée du persécuteur. « O Empereur, disoient-ils, nous sommes vos soldats, mais nous sommes serviteurs de Dieu : nous vous devons le service militaire; mais nous lui devons l'innocence : nous sommes prêts à vous obéir, comme nous avons toujours fait, lorsque vous ne nous contraindrez pas de l'offenser. Pouvez-vous croire que nous puissions vous garder la foi, si nous en manquons à Dieu? Notre premier serment a été prêté à Jésus-Christ, et le second à vous : croirez-vous au second, si nous violons le premier [2]. » Tels furent les derniers ordres qu'ils donnèrent aux députés de leur corps pour porter leurs sentimens à Maximien. On y voit les saintes maximes des chrétiens fidèles à Dieu et au prince, non par foiblesse, mais par devoir. Si Genève, qui les avoit vus mourir dans son voisinage et à la tête de son lac, s'étoit souvenue de leurs leçons, elle n'auroit pas inspiré, comme elle a fait par la bouche de Calvin, de Bèze et de ses autres ministres, la rébellion à toute la France sous prétexte de persécution. Qu'on ne dise point qu'une légion ne pouvoit pas résister à toute l'armée : car les maximes qu'ils posent, de fidélité et d'obéissance envers l'Empereur, font voir que leur religion ne leur eût non plus permis de lui résister, quand ils auroient été les plus forts; et enfin si les chrétiens avoient pu se mettre dans l'esprit que la défense contre le prince fût légitime, sans conjurer de dessein formé la ruine de l'Empire, ils auroient pu songer à ménager à l'Eglise quelque traitement plus doux, en montrant que les chrétiens savoient vendre cher leur vie et ne devoient pas être poussés à l'extrémité. Mais c'est à quoi on ne songeoit pas; et si on obtenoit, comme il arrivoit souvent, des édits plus avantageux, ce n'étoit pas en se faisant craindre, mais en lassant les tyrans par

---

[1] Euseb., lib. VIII, cap. XI; Lact., *Div. Instit.*, lib. V, cap. XI. — [2] *Serm. S. Euch.*, *Pass. Agaun. Mart.*, *Act. Mart.*, p. 290.

sa patience. A la fin on eut la paix, mais sans force et seulement, dit saint Augustin, à cause que les chrétiens firent honte pour ainsi dire aux lois qui les condamnoient, et contraignirent les persécuteurs à les changer. Imputer à de telles gens qu'ils sont soumis par foiblesse, ou modestes par crainte, ce n'est pas vouloir seulement déshonorer le christianisme, mais encore vouloir obscurcir la vérité même plus claire que le soleil. Car au contraire on voit manifestement que plus l'Eglise se fortifioit, plus elle faisoit éclater sa soumission et sa modestie.

XVII. État de l'Eglise sous Julien l'Apostat.

C'est ce qui parut plus que jamais sous Julien l'Apostat, où le nombre des chrétiens étoit si accru et l'Eglise si puissante, que toute la multitude qu'on a vue si grande dans les règnes précédens, en comparaison de celle qu'on vit sous cet empereur, parut petite. Ce qui fait dire à saint Grégoire de Nazianze : « Julien ne songea pas que les persécutions précédentes ne pouvoient pas exciter de grands troubles, parce que notre doctrine n'avoit pas encore toute son étendue, et que peu de gens connoissoient la vérité [1]; » ce qu'il faut faire toujours entendre en comparaison du prodigieux accroissement arrivé durant la paix sous Constantin et sous Constance : « Mais maintenant, poursuit ce saint docteur, que la doctrine salutaire s'étoit étendue de tous côtés, et qu'elle dominoit principalement parmi nous, vouloir changer la religion chrétienne, ce n'étoit rien moins entreprendre que d'ébranler l'Empire romain et mettre tout en hasard. »

L'Eglise n'étoit pas foible, puisqu'elle étoit dominante et en état de faire trembler l'Empereur : l'Eglise étoit attaquée d'une manière si formidable, que tout le monde demeure d'accord que jamais elle n'avoit été en plus grand péril : l'Eglise cependant fut aussi soumise en cet état de puissance, qu'elle avoit été sous Néron et sous Domitien, lorsqu'elle ne faisoit que de naître. Concluons donc que la soumission des chrétiens étoit un effet des maximes de leur religion ; sans quoi ils auroient pu obliger les Sévères, les Valériens et les Dioclétiens à les ménager, et Julien jusqu'à les craindre comme des ennemis plus redoutables que les Perses : de sorte que toutes les bouches qui attribuent la soumission de l'E-

---

[1] *Orat.* III, *in Jul.*

glise à la foiblesse ou à la prudence de la chair plutôt qu'à la religion, sont fermées par cet exemple.

Et il ne faut pas s'imaginer que la religion ne fût dominante que parmi le peuple, ou qu'elle fût plus foible dans l'armée ; car il paroît au contraire qu'après la mort de Julien les soldats ayant déféré l'empire à Jovien qui le refusoit, parce qu'il ne vouloit commander qu'à des chrétiens, toute l'armée s'écria : « Nous sommes tous chrétiens et élevés dans la foi sous Constantin et Constance[1] : » et encore six mois après, cet empereur étant mort, l'armée élut en sa place Valentinien, non-seulement chrétien, mais encore confesseur de la foi, pour laquelle il avoit quitté généreusement les marques du commandement militaire sous Julien.

On voit aussi combien les soldats étoient affectionnés à Jésus-Christ, par le repentir qu'ils témoignèrent d'avoir brûlé de l'encens devant la statue de Julien et aux idoles, plutôt par surprise que de dessein. Car alors, comme le raconte saint Grégoire de Nazianze, ils rapportèrent à cet apostat le don qu'ils venoient d'en recevoir pour prix de ce culte ambigu, en s'écriant : « Nous sommes, nous sommes chrétiens ; et le don que nous avons reçu de vous n'est pas un don, mais la mort[2]. » Des soldats si fidèles à Jésus-Christ furent en même temps très-obéissans à leur empereur. « Quand Julien leur disoit : Offrez de l'encens aux idoles, ils le refusoient : quand il leur disoit : Marchez, combattez, ils obéissoient sans hésiter, comme dit saint Augustin : ils distinguoient le Roi éternel du roi temporel, et demeuroient assujettis au roi temporel pour l'amour du Roi éternel, parce que, dit le même Père, lorsque les impies deviennent rois, c'est Dieu qui le fait ainsi pour exercer son peuple ; de sorte qu'on ne peut pas ne pas rendre à cette puissance l'honneur qui lui est dû[3]. » Ce qui détruit en un mot toutes les gloses de M. Jurieu, puisque dire qu'on ne peut pas faire autrement, ce n'est pas seulement exclure la notion d'un simple conseil, mais c'est encore introduire un précepte dont l'obligation est constante et perpétuelle.

[1] Soc., lib. III, c. XIX ; Soz., lib. VI, c. III ; Theodor., lib. III, c. I. — [2] S. Aug., in Ps. CXXIV. — [3] Orat. III, p. 85.

Il ne faut non plus répondre ici que Julien n'étoit pas persécuteur, puisqu'outre qu'il autorisoit et animoit secrètement la fureur des villes qui déchiroient les chrétiens, et que lui-même, pour ne point parler de ses artifices plus dangereux que ses violences, il eût répandu beaucoup de sang chrétien sous de faux prétextes, on savoit qu'il avoit voué à ses dieux le sang des fidèles après qu'il auroit vaincu les Perses : et cependant ces fidèles destinés à être la victime de ces dieux, ne laissoient pas de combattre sous ses étendards, et de promouvoir de toute leur force la victoire dont leur mort devoit être le fruit. Lui-même n'entra jamais en aucune défiance de ses soldats qu'il persécutoit, parce que bien instruit qu'il étoit des commandemens de Jésus-Christ et de l'esprit de l'Eglise, il savoit que la fidélité des chrétiens pour les puissances suprêmes étoit à toute épreuve; et comme nous disoit saint Augustin, « qu'il ne se pouvoit pas faire qu'on ne rendît à cette puissance l'honneur qui lui étoit dû [1]. » C'est aussi ce que ce tyran expérimenta, lorsque faisant tourmenter jusqu'à la mort deux hommes de guerre d'une grande distinction parmi les troupes, nommés Juventin et Maximin, ils moururent en lui reprochant ses idolâtries, et lui disant en même temps « qu'il n'y avoit que cela qui leur déplût dans son empire [2] : » montrant bien qu'ils distinguoient ce que Dieu avoit mis dans l'Empereur de ce que l'Empereur faisoit contre Dieu, et toujours prêts à lui obéir en toute autre chose.

Ainsi, soit que l'on considère les préceptes de l'Ecriture, ou la manière dont on les a entendus et pratiqués dans l'Eglise, la maxime qui prescrit une obéissance à toute épreuve envers les rois, ni ne peut être un simple conseil, ni un précepte accommodé aux temps de foiblesse, puisqu'on la voit établie sur des principes qui sont également de tous les temps, tels que sont l'ordre de Dieu et le respect qui est dû pour l'amour de lui et pour le repos du genre humain aux puissances souveraines : principes qui étant tirés des préceptes de Jésus-Christ, devoient durer autant que son règne; c'est-à-dire, selon l'expression du Psalmiste, autant que le soleil et que la lune, et autant que l'univers.

[1] S. Aug., *in Ps.* CXXIV, n. 7. — [2] Theodor., lib. III, c. XV.

Ce qui a paru dans l'Eglise sous les princes infidèles, ne s'est pas moins soutenu sous les princes hérétiques. Il est aisé de montrer, et nous-mêmes nous l'avons fait dans le premier *Avertissement,* que le nombre des catholiques a toujours été sans comparaison plus grand que celui des ariens. L'empereur Constance se mit à la tête de ce malheureux parti, et persécuta si cruellement les catholiques par confiscations de biens, par bannissemens, par emprisonnemens, par de sanglantes exécutions, et même par des meurtres, tels que furent ceux qu'un Syrien et ses autres officiers firent sous ses ordres et de son aveu, que cette persécution étoit regardée comme plus cruelle que celle des Dèces et des Maximiens, et en un mot comme un prélude de celle de l'Antechrist ¹. Et toutefois dans le même temps qu'on lui reprochoit à lui-même ses persécutions sans aucun ménagement, il n'en passoit pas moins pour constant qu'il n'étoit pas permis de rien entreprendre contre lui, « parce que le règne et l'autorité de régner vient de Dieu, et qu'il faut rendre à César ce qui appartient à César. » C'est ce qu'enseignoit saint Hilaire ²; c'est ce qu'enseignoit Osius, non pas dans le temps de sa foiblesse, mais dans la force de sa glorieuse confession, lorsqu'il écrivoit à l'Empereur au nom de tous les évêques ³ : « Dieu vous a commis l'Empire et à nous l'Eglise; et comme celui qui affoiblit votre empire par des discours pleins de haine et de malignité s'oppose à l'ordre de Dieu, ainsi vous devez prendre garde que tâchant de vous attirer ce qui appartient à l'Eglise, vous ne vous rendiez coupable d'un grand crime. « Rendez à César ce qui est à César, et à Dieu ce qui est à Dieu : » ainsi ni l'empire ne nous appartient, ni l'encensoir et les choses sacrées ne sont à vous. » Peut-on établir plus clairement comme un principe certain, par l'Evangile, la nécessité d'obéir à un prince, même hérétique et persécuteur? Saint Athanase n'avoit point d'autre sentiment, lorsqu'il protestoit au même Empereur de lui être toujours obéissant, et lui déclaroit que lui et les catholiques dans toutes leurs assemblées lui souhaitoient une longue vie et un règne heureux ⁴. Tous les évêques lui faisoient de pareilles déclarations, et

---

¹ Hil., lib. *cont. Const.*; Athan. *Apol., ibid.* — ² Hil., Fragm. 1. — Apud Athan., *Apol. ad Const.* — ⁴ *Apol. ad Const.*, etc.

même dans les conciles. Ce courageux confesseur de Jésus-Christ, saint Lucifer de Cagliari, adressa à cet empereur un livre, dont le titre étoit : *Qu'il ne faut point épargner ceux qui offensent Dieu en reniant son Fils :* et toutefois y établit comme un principe constant « qu'on demeure toujours débiteur envers les puissances souveraines selon le précepte de l'Apôtre; » de sorte qu'il n'y a rien à faire contre l'Empereur, que « de mépriser les ordres impies qu'il donne contre Jésus-Christ, et tout au plus lui dénoncer librement qu'il est anathème [1]. »

On peut ajouter ici avec les anciens historiens ecclésiastiques [2] qu'au commencement de la persécution de Constance, pendant qu'il persécutoit saint Athanase et les autres évêques orthodoxes jusqu'à les bannir et leur faire craindre la mort, le parti catholique étoit si fort, qu'il avoit pour lui deux empereurs, qui étoient Constantin et Constant, les deux frères de Constance, dont le premier le menaça de lui faire la guerre s'il ne rétablissoit saint Athanase : et cependant les catholiques qui vivoient sous l'empire de Constance ne songèrent pas seulement à remuer; et saint Athanase accusé d'avoir aigri contre Constance l'esprit de ses frères, s'en défend comme d'un crime, en faisant voir à Constance dont il étoit sujet qu'il ne lui avoit jamais manqué de fidélité [3].

XIX. Sous Valens, sous Justine, et en Afrique sous la tyrannie des Vandales.

Valens, empereur d'Orient, arien comme Constance, fut encore un plus violent persécuteur; et c'est de lui qu'on écrit « qu'il parut un peu s'adoucir lorsqu'il changea en bannissement la peine de mort [4] : » et néanmoins les catholiques, quoique les plus forts, même dans son empire, ne lui donnèrent jamais le moindre sujet de craindre, ni ne songèrent à se prévaloir des longues et fâcheuses guerres où à la fin il périt misérablement. Au contraire les saints évêques ne prêchoient et ne pratiquoient que l'obéissance : saint Basile rendit à Modeste, que l'Empereur lui envoyoit, toutes sortes de devoirs [5] : ce saint évêque Eusèbe de Samosate, craignant quelque émotion populaire contre celui qui lui portoit l'ordre de se retirer, l'avertit de prendre garde à lui et de se retirer sans bruit,

---

[1] Athan., *Epist. de Syn.*— [2] Socr., lib. VI, c. XVIII; Soz., lib. III, c. II; Theodor., lib. II, c. I et II. — [3] *Apol. ad Const.* — [4] Greg. Naz., *Orat.* XX ; Socr., lib. IV, cap. XXVII. — [5] Greg. Naz., *ibid.*

apaisant le peuple qui accourut à son pasteur, et lui « récitant ce précepte apostolique, qu'il falloit obéir aux rois et aux magistrats ¹. » Je ne finirois jamais, si je voulois raconter tous les exemples semblables. Saint Ambroise étoit le plus fort dans Milan, lorsque l'impératrice Justine, arienne, y voulut faire tant de violences en faveur des hérétiques : mais il n'en fut pas moins soumis, ni n'en retint pas moins tout le peuple dans le respect, disant toujours : « Je ne puis pas obéir à des ordres impies, mais je ne dois point combattre : toute ma force est dans mes prières; toute ma force est dans ma foiblesse et dans ma patience; toute la puissance que j'ai, c'est d'offrir ma vie et de répandre mon sang ². » Le peuple si bien instruit par son saint évêque, s'écria : « O César, nous ne combattons pas, nous vous prions : nous ne craignons rien, mais nous vous prions; » et saint Ambroise disoit : « Voilà parler, voilà agir comme il convient à des chrétiens. » M. Jurieu auroit bien fait d'autres sermons, et leur auroit enseigné que la modestie n'est d'obligation que lorsqu'on est le plus foible; mais sant Ambroise et tout le peuple parlèrent ainsi, depuis même que les soldats de l'Empereur, tous catholiques, se furent rangés dans l'Eglise avec leur évêque, et dans une conjoncture où l'Empereur menacé du tyran Maxime, avoit plus besoin du saint évêque que le saint évêque de lui, comme la suite des affaires le fit bientôt paroître. C'en est assez; et de tous les exemples qui se présentent en foule à ma mémoire, je ne veux plus rapporter que ceux des catholiques africains sous l'impitoyable persécution des Gensérics et des Hunérics, ariens. Ils résistèrent, dit saint Gélase; mais « ce fut en endurant avec patience les dernières extrémités ³. » Les chrétiens ne connoissoient point d'autre résistance ; et pour montrer que ce sentiment leur venoit, non de leur foiblesse, mais de la foi même et de la religion, saint Fulgence, l'honneur de l'Afrique comme de toute l'Eglise d'alors, écrivoit à un de ces rois hérétiques ⁴ : « Quand nous vous parlons librement de notre foi, nous ne devons pas pour cela vous être suspects ou de rébellion

---

¹ Theodor., lib. IV, c. xiv. — ² *Orat. de Basil. trad.,* post *Epist.* xxxii, nunc xxi; *Epist.* xxxiii, *ad Marcell.,* nunc xx. — ³ *Epist.* xiii. — ⁴ *Ad Trasim.*, lib. I, cap. ii.

ou d'irrévérence, puisque nous nous souvenons toujours de la dignité royale et des préceptes des apôtres qui nous ordonnent d'obéir aux rois. »

XX. Les chrétiens de Perse, les Goths persécutés par Athanaric.

Cette doctrine se trouve établie partout où le christianisme s'étoit répandu. Au quatrième siècle, Sapor roi de Perse fit un effroyable carnage des chrétiens, puisqu'on en compte de martyrisés « jusqu'à seize mille dont on sait les noms, sans parler des autres qu'un ne peut pas même nombrer [1]. » On objecta d'abord à leur archevêque « d'avoir intelligence avec les Romains » ennemis de l'empire des Perses. Mais les chrétiens s'en défendoient comme d'un crime, et soutenoient que c'étoit là une calomnie. On ne poussa point une accusation si mal fondée ; et pour achever de la détruire, un chrétien trouva le moyen d'obtenir de Sapor qu'en le traînant au supplice, « on publieroit auparavant par un cri public, qu'il n'étoit pas infidèle au prince ni accusé d'autre chose que d'être chrétien [2]. »

Les chrétiens quoiqu'en si grand nombre et constamment les plus forts « dans une province des plus importantes et des plus voisines des Romains [3], » se laissoient traîner au supplice comme des brebis à la boucherie, sans se prévaloir de ce voisinage ni des guerres continuelles qui étoient entre les Romains et les Perses : contents de trouver un refuge assuré dans l'Empire romain, ils ne le remplissoient pas de leurs cris pour animer tous les peuples et les empereurs contre leur patrie ; ils ne leur offroient point leur main contre elle, et on ne les vit point à la guerre contre leur prince.

Les Goths zélés chrétiens si cruellement persécutés par leur roi Athanaric, se contentèrent aussi de se réfugier chez les Romains [4] ; mais ils ne songèrent pas à en faire des ennemis à leur roi : l'amour de la patrie et la soumission pour leur prince régna toujours dans leur cœur ; la maxime demeuroit ferme, que la soumission doit être à toute épreuve : la tradition en étoit constante en tous lieux comme en tous temps, parmi les Barbares comme parmi les Romains, et tout le nom chrétien la conservoit.

[1] Soz., lib. II, cap. VIII et seq. — [2] *Ibid.* — [3] *Ibid.* — [4] Paul. Oros., lib. VII, XXXII ; Aug., *de Civ. Dei*, lib. XVII, cap. LI.

Il n'est pas ici question de chercher de mauvais exemples depuis que la vigueur de la discipline chrétienne s'est relâchée : l'Eglise ne les a jamais approuvés ; et la foi des premiers siècles est demeurée ferme. Quand l'Eglise (ce qu'à Dieu ne plaise) auroit dégénéré de ces anciennes maximes sur lesquelles la religion a été fondée, c'étoit à des chrétiens qui se disoient réformés à purger le christianisme de ces erreurs ; mais au fond l'Eglise catholique ne s'est jamais démentie de l'ancienne tradition. S'il y a eu de mauvais exemples dans les derniers temps, s'il y en a eu de mêlés, l'Eglise n'a jamais autorisé le mal ; et en un mot la révolte, sous prétexte de persécution, n'a pu trouver d'approbation dans ses décrets. Les protestans sont les seuls qui en ont donné en faveur de la rébellion, que leurs synodes nationaux ont passée en dogme, jusqu'à déclarer eux-mêmes, pour ainsi parler, la guerre aux rois. Nous condamnons hautement tous les attentats semblables, en quelque lieu et en quelque temps qu'on les ait vus ; et tout le monde sait les décrets de nos conciles œcuméniques en faveur de l'inviolable majesté des rois. Mais la Réforme défend encore aujourd'hui les décrets de ses synodes, puisque M. Jurieu ose dire qu'elle n'en a point de honte : ce ne sont pas des foiblesses dont elle rougisse, ce sont des attentats qu'elle soutient.

Ainsi l'opposition entre les premiers chrétiens et nos chrétiens réformés est infinie. Les premiers chrétiens n'avoient rien que de doux et de soumis : mais on ne voit rien que de violent et d'impétueux dans ces chrétiens qui se sont dits réformés. Leurs propres auteurs nous ont raconté que dès le commencement ils étoient pleins « de vengeance, et se servoient dans leurs entreprises de gens aiguillonnés de leurs passions [1] ; » et leur ministre nous les représente encore à présent comme gens en qui « la rage et la fureur » fortifient l'attachement qu'ils ont à leur religion : mais les premiers chrétiens n'avoient rien d'amer ni d'emporté dans leur zèle. Aussi disoient-ils hautement, sans même que les infidèles osassent le nier, qu'ils n'excitoient point de trouble, ni n'attroupoient le peuple par des discours séditieux [2] : au contraire les premières prédications de nos réformés furent suivies partout

XXI. Réflexion sur le discours précédent : opposition entre les premiers chrétiens et les chrétiens prétendus réformés.

[1] *Var.*, liv. X, n. 32, 39. — [2] *Act.*, XXIV, 18.

de séditions et de pilleries. Les infidèles avouoient eux-mêmes que les premiers chrétiens « ne blasphémoient point leurs faux dieux [1], » encore qu'ils en découvrissent la honte avec une extrême liberté : parce qu'ils parloient sans aigreur et ne disoient que la vérité sans y mêler de calomnies : au contraire tout a été aigre et calomnieux dans nos chrétiens réformés, qui n'ont cessé de défigurer notre doctrine, et ont rempli l'univers de satyres envenimées pour exciter la haine publique contre nous. Les premiers chrétiens n'ont jamais été ni orgueilleux ni menaçans : nos chrétiens réformés, non contens de violentes menaces, en sont venus aux effets dès le commencement de leur Réforme. Il est vrai que nos chrétiens réformés ont eu à souffrir en quelques endroits, et la Réforme a tâché d'avoir le caractère des martyrs. Mais, comme nous avons vu, les martyrs souffroient avec humilité ; et les autres, de leur aveu propre, avec dépit ; les uns soutenus par leur seule foi, et les autres par leur passion : c'est pourquoi de si différens principes ont produit des effets bien contraires. Trois cents ans de continuelle et implacable persécution n'ont pu altérer la douceur des premiers chrétiens : la patience a d'abord échappé aux autres, et leur violence les a emportés aux derniers excès. A peine nomme-t-on en Allemagne trois ou quatre hommes punis pour le luthéranisme ; cependant toute l'Allemagne vit bientôt les ligues, et sentit les armes de nos réformés : ceux de France furent patiens durant environ trente ans à différentes reprises, sous les règnes de François I et de Henri II : ils ne furent pas à l'épreuve d'une plus longue souffrance ; et ils n'eurent pas plutôt trouvé de la foiblesse dans le gouvernement, qu'ils en vinrent aux derniers efforts contre l'Etat.

XXII. Vain prétexte des guerres civiles apporté par M. Jurieu, et leur vraie cause.

M. Jurieu donne pour raison de la justice de leurs armes le massacre de Vassi, sans répondre un mot seulement aux témoignages incontestables même des auteurs protestans, par lesquels nous avons montré que ce prétendu massacre ne fut qu'une rencontre fortuite, et un prétexte que la rébellion déjà résolue se vouloit donner [2]. Mais sans répéter les preuves que nous en avons rapportées contre ce ministre, nous avons de quoi le confondre

[1] *Act.*, XIX, 37. — [2] *Var.*, liv. X, n. 42.

par lui-même. « Le massacre de Vassi, dit-il, avoit donné le signal par toute la France, parce que, continue-t-il, au lieu qu'il ne s'agissoit que de la mort de quelques particuliers sous les règnes de François I et de Henri II, ici et dans ce massacre la vie de tout un peuple étoit en péril [1]. » Mais si l'on attendoit ce signal, pourquoi donc avoit-on déjà machiné la conspiration d'Amboise par expresse délibération de la Réforme, comme nous l'avons démontré par cent preuves et par l'aveu de Bèze même? Et pourquoi donc avoit-on résolu de s'emparer du château où le roi étoit, arracher ses ministres d'entre ses bras, se rendre maître de sa personne, lui contester sa majorité, lui donner un conseil forcé, et allumer la guerre civile dans toute la France jusqu'à ce que ce noir dessein fût accompli? Car tout cela est prouvé plus clair que le jour dans l'*Histoire des Variations* [2], sans que M. Jurieu y ait répondu, ni pu répondre un seul mot. Et quant à ce que dit ce ministre, qu'on songea à prendre les armes, lorsqu'on vit que tout un peuple étoit en péril, au lieu qu'il ne s'agissoit auparavant, c'est-à-dire sous François I et Henri II, que de quelques particuliers : Bèze a été bien plus sincère, puisqu'il est demeuré d'accord que ce qui causa les grands troubles de ce royaume, fut que « les seigneurs considérèrent que les rois François et Henri n'avoient jamais voulu attenter à la personne des gens d'Etat, » c'est-à-dire, des gens de qualité, « se contentant de battre le chien devant le loup » et les gens de plus basse condition devant les grands, « et qu'on faisoit alors le contraire [3]. » Ce fut donc, de l'aveu de Bèze, ce qui les fit réveiller « comme d'un profond assoupissement; » et ils émurent le peuple, dont ils avoient méprisé les maux, tant qu'on ne s'étoit attaqué qu'à lui. Mais ni Bèze, ni Jurieu n'ont dit le fond. Les supplices des protestans condamnés à titre d'hérésie par édits et par arrêts sous François I et Henri II, mettoient en bien plus grand péril tout le parti réformé, et devoient lui donner bien plus de crainte que la rencontre fortuite de Vassi, où il étoit bien constant que ni on n'avoit eu de mauvais dessein, ni on n'avoit rien oublié pour empêcher qu'on ne s'échauffât. L'intérêt des gens de qualité ne fut

---

[1] Lett. IX, p. 70. — [2] Liv. X, n. 26 et suiv. — [3] *Var., ibid.,* n. 27.

pas aussi la seule cause qui obligea la Réforme à se remuer sous François II ou Charles IX; car ils se seroient remués dès le temps de François I et de Henri II, puisqu'ils sentoient bien que ces princes ne les épargneroient pas s'ils se déclaroient, et qu'ils ne se sauvoient de leur temps qu'en dissimulant. Il ne s'agissoit non plus dans nos guerres civiles de la vie des protestans, puisque nous avons fait voir et qu'il est constant qu'ils ont pris les armes tant de fois, non point pour leur vie, à laquelle il y avoit longtemps qu'on n'en vouloit plus, mais pour avoir part aux honneurs et un peu plus de commodité dans leur exercice. Il n'y a qu'à voir leurs traités et leurs délibérations pour en être convaincu; et Bèze demeure d'accord [1] qu'il ne tint pas aux ministres qu'on ne rompît tout pour quelques articles si légers qu'on en a honte en les lisant. Ainsi la vraie cause des révoltes arrivées sous François II, sous Charles IX et sous les règnes suivans, c'est que la patience, qui n'est conçue et soutenue que par des sentimens humains, ne dure pas; et que le dépit retenu dans des règnes forts, se déclare quand il en trouve de plus foibles. C'est ensuite que la Réforme délicate a pris pour persécution ce que les anciens chrétiens n'auroient pas seulement compté parmi les maux, c'està-dire la privation de quelques honneurs publics et de quelques facilités, comme on a dit : encore le plus souvent leurs plaintes n'étoient que des prétextes. Les rois qui leur ont été le plus contraires n'eussent pas songé à les troubler, si des esprits si remuans avoient pu se résoudre à demeurer en repos. Certainement sous Louis XIII ils étoient devenus si délicats et si plaintifs dans leurs assemblées politiques, et encore plus dans leurs synodes, qu'on les voyoit prêts à échapper à tous momens; en sorte qu'on n'osoit rien entreprendre contre l'étranger, quoi qu'il fît, tant qu'on avoit au dedans un parti si inquiet et si menaçant. Voilà dans la vérité et tous les François le savent, ce qui a fait nos guerres civiles; et voilà en même temps ce qui mettra une éternelle différence entre les premiers chrétiens et les chrétiens réformés. M. Jurieu ne sortira jamais de cette difficulté : qu'il brouille tout; qu'il mêle le ciel à la terre; qu'il change les préceptes en conseils, et les règles

[1] *Hist.*, lib. VI.

perpétuelles fondées sur l'ordre de Dieu et le repos des Etats, en préceptes accommodés au temps; qu'il change encore la patience des premiers chrétiens en foiblesse; qu'il fasse leur obéissance forcée; qu'il cherche de tous côtés des prétextes à la rébellion de ses pères : il est accablé de toutes parts par l'Ecriture, par la tradition, par les exemples de l'ancienne Eglise, par ses propres historiens; et il n'y eut jamais une cause plus déplorée.

Exemples de M. Jurieu en faveur des guerres civiles de religion. Premier exemple, tiré de Jésus-Christ même.

Prêtez maintenant l'oreille, mes Frères, aux exemples dont on se sert parmi vous, pour permettre aux chrétiens opprimés de défendre leur religion à main armée contre les puissances souveraines. Etrange illusion! M. Jurieu a osé produire l'exemple de Jésus-Christ même, et encore dans le temps de sa passion, lorsqu'il ne fit autre chose, comme dit saint Pierre [1], que de se livrer à un juge inique comme un agneau foible et muet, sans ouvrir seulement la bouche pour se défendre [2]. Mais voyons comme le ministre argumente. « L'Evangile, dit-il, n'a osté à personne le droit de se défendre contre de violens agresseurs; et c'est sans doute ce que le Seigneur a voulu signifier, quand allant au jardin où il sçavoit que les Juifs devoient le venir enlever avec violence; et comme on luy eût dit : Voici deux épées, il répondit : C'est assez [3]. » Sur quoi le ministre fonde ce raisonnement : « Ce n'estoit pas assez pour repousser la violence; car deux hommes armez ne pouvoient pas résister à la troupe qui accompagnoit Judas : mais c'estoit assez pour son but, qui estoit de faire voir que ses disciples dans une telle occasion ont le droit de se servir des armes : car autrement, quel sens cela auroit-il : Prenez vos épées? » Il ne falloit rien changer aux paroles du Fils de Dieu qui n'a point parlé en ces termes. Mais pour en venir au sens et à l'esprit, le ministre songe-t-il bien à ce qu'il dit, lorsqu'il tient un tel discours? Songe-t-il bien, dis-je, que ceux qui venoient prendre Jésus-Christ étoient les ministres de la justice, et que le *conseil* ou le sénat de Jérusalem, qui les envoyoit [4], avoit en main une partie

XXIII. Prétention de M. Jurieu, que Jésus-Christ a autorisé les apôtres à se servir de l'épée contre les ministres de la justice qui se saisissoient de sa personne.

[1] *I Petr.*, II, 23. — [2] *Isa.*, LIII, 7. — [3] *Lett.* IX, p. 69. — [4] *Matth.*, XXVI, 47.

de la puissance publique? Car il pouvoit faire arrêter qui il vouloit, et il avoit la garde du temple et d'autres gens armés en sa puissance pour exécuter ses décrets. C'est pourquoi on voit si souvent dans les *Actes* « que les apôtres sont arrêtés par les pontifes et les magistrats du temple, et mis dans la prison publique pour comparoître devant le conseil [1], » où en effet ils répondent juridiquement sans en contester le pouvoir. Aussi lorsqu'ils prirent le Sauveur, sans les accuser d'usurper un droit qui ne leur appartenoit pas, il se contente de leur dire: « Vous venez me prendre à main armée comme un voleur : j'étois tous les jours au milieu de vous enseignant dans le temple, et vous ne m'avez pas arrêté [2]: » reconnoissant clairement qu'ils en avoient le pouvoir, et dans la suite reprenant saint Pierre qui avoit frappé un des soldats, dont aussi il guérit la plaie par un miracle [3]. Au lieu donc qu'il faudroit conclure de ce lieu, comme fait aussi saint Chrysostome, « qu'il faut souffrir les persécutions avec patience et avec douceur, et que c'est là ce que le Sauveur a voulu montrer par cette action [4], » M. Jurieu conclut au contraire qu'il a voulu montrer « qu'en cette occasion on a droit de se servir des armes. » Mais qui lui donne la liberté de tourner ainsi l'Ecriture à contresens, et de porter son venin jusque sur les actions de Jésus-Christ même? « Quel sens, dit-il, auroit cela : Prenez vos épées? et de quel usage seroient-elles, si on ne pouvoit s'en servir [5]? » Et il ne veut pas seulement entendre cette parole de Jésus-Christ, lorsqu'il ordonne à ses apôtres d'avoir une épée : « Car je vous dis qu'il faut encore que ce qui est écrit de moi soit accompli : Il a été compté parmi les scélérats [6]. » Tel étoit donc le but de Jésus-Christ, non, comme dit M. Jurieu, d'instruire les chrétiens à prendre les armes contre la puissance publique lorsqu'ils en seroient maltraités, mais d'accomplir la prophétie où il étoit dit « qu'on le mettroit au rang des scélérats. » En quoi, si ce n'est que comme un voleur il se faisoit accompagner de gens violens pour s'empêcher d'être pris, et qu'il employoit les armes contre les ministres de la justice pour ne point tomber entre ses mains?

[1] *Act.*, IV, 3; V, 18. — [2] *Matth.*, XXVI, 55. — [3] *Joan.*, XVIII, 11. — [4] *Homil.* LXXXIII *in Joan.* — [5] *Jur.*, *ibid.* — [6] *Luc.*, XXII, 37.

Jésus-Christ regardoit donc cette résistance qu'il prévoyoit qu'on feroit en sa faveur, non pas à la manière de M. Jurieu, comme une défense légitime, mais comme une violence et un attentat manifeste, qui aussi le feroit mettre par le peuple « au nombre des scélérats. » C'est pourquoi il reprend saint Pierre de s'être servi de son épée, et dit à lui et aux autres qui se mettoient en état de l'imiter : « Demeurez-en là ; qui prend l'épée, périt de l'épée [1] ; » non pour défendre de s'en servir légitimement, mais pour défendre de s'en servir dans de semblables occasions, et surtout contre la puissance publique. M. Jurieu ose dire que Jésus-Christ ne reprit saint Pierre de s'être servi de l'épée, qu'à cause du temps où il le fit [2], qui étoit celui où, selon l'ordre de son Père, il falloit qu'il mourût : comme si dans une autre occasion Jésus-Christ eût voulu permettre à ses disciples d'opposer la force aux puissances légitimes. Voilà ce que M. Jurieu ose attribuer à Jésus-Christ. Socrate un païen aura bien connu qu'on est obligé d'obéir aux lois et aux magistrats de son pays, quand même ils vous condamnent injustement [3] ; autrement, dit-il, il n'y auroit plus ni peuple, ni jugement, ni loi, ni Etat : par ces solides maximes ce philosophe aura consenti à périr, plutôt que d'anéantir les jugemens publics par sa résistance, et n'aura pas voulu s'échapper de la prison contre l'autorité de ces lois, de peur de tomber après cette vie entre les mains des lois éternelles, lorsqu'elles prendront la défense des lois civiles leurs sœurs (car c'est ainsi qu'il parloit) ; et Jésus-Christ qui rejette ceux dont la justice n'est pas au-dessus de celle des païens [4], aura été moins juste et moins patient qu'un philosophe, et aura voulu montrer à ses disciples que la défense contre le public est légitime ? Qui vit jamais un semblable attentat ? et n'est-ce pas faire prêcher la révolte à Jésus-Christ même ? Mais qui ne voit manifestement que ce qu'il blâme en cette occasion n'est pas seulement une résistance dans le temps où son Père vouloit qu'il mourût, ce qui n'eût regardé que ses disciples à qui il avoit appris ce secret de Dieu : mais en général une résistance qui le faisoit mettre « au rang des méchans et des scélé-

---

[1] *Luc.*, XXII, 50, 51 ; *Matth.*, XXVI, 52 ; *Joa.*, XVIII, 11. — [2] *Jur., ibid.* — [3] Plat. *Crito.* — [4] *Matth.*, V, 20.

rats; » en un mot une résistance contre la puissance publique, contre laquelle un particulier, un sujet, qui étoit le personnage que Jésus-Christ vouloit faire alors sur la terre, n'a point de défense? C'est pourquoi il répond juridiquement au conseil de Jérusalem, comme nous l'avons déjà dit, et il demeure d'accord que « la puissance » de vie et de mort, dont Pilate le menaçoit [1], « lui venoit d'en haut » comme étant légitime et « ordonnée de Dieu, » ainsi que son Apôtre le dit après lui [2] : et il ajoute que « son royaume n'est pas de ce monde [3], » non plus que les ministres dont la force le pourroit défendre contre l'injustice des hommes, afin que ses disciples entendent qu'il veut bien en tout et partout se laisser traiter comme un sujet, et leur enseigner en même temps ce qu'ils doivent aux magistrats même injustes et persécuteurs.

M. Jurieu ne rougit pas de nous alléguer cet exemple, et de mettre la défense de sa religion dans un attentat manifeste : dans un attentat déclaré tel par les prophètes qui l'ont prédit; que Jésus-Christ qui l'a vu a réprouvé, et qu'il a même réparé par un miracle, de peur qu'on ne pût jamais le lui imputer. Un tel exemple, qu'est-ce autre chose qu'une parfaite démonstration de la doctrine opposée à celle que le ministre vouloit soutenir, et le tour qu'y donne M. Jurieu, une manifeste profanation des paroles de Jésus-Christ?

Second exemple. Les Machabées.

XXIV. Six circonstances de l'histoire des Machabées qui font voir que leurs guerres étoient légitimes et entreprises par une inspiration particulière.

Mais ce ministre se promet une victoire plus assurée de l'exemple des Machabées ou des Asmonéens, puisqu'il est certain qu'ils secouèrent le joug des rois de Syrie, qui les persécutoient pour leur religion. Il n'en faut pas davantage à notre ministre pour égaler la Réforme, et la nouvelle république des Pays-Bas, au nouveau royaume de Judée érigé par les Asmonéens [4]. Mais pour se désabuser de cette comparaison, il ne faut que lire l'histoire [5], et bien comprendre l'état du peuple de Dieu.

Premièrement, il est constant qu'Antiochus et les autres rois

---

[1] *Joan.*, XIX, 10, 11. — [2] *Rom.*, XIII, 1. — [3] *Joan.*, XVIII, 36. — [4] Lett. IX, p. 67. — [5] II *Mach.*, II, III.

de Syrie ne se proposoient rien de moins que d'exterminer les Juifs, en faire passer toute la jeunesse au fil de l'épée, vendre tout le reste aux étrangers, en même temps donner à ces étrangers la terre que Dieu avoit promise aux patriarches pour toute leur postérité, détruire la nation avec la religion qu'elle professoit, et en éteindre la mémoire, profaner le temple, y effacer le nom de Dieu, et y établir l'idole de Jupiter Olympien [1]. Voilà ce qu'on avoit entrepris, et ce qu'on exécutoit contre les Juifs avec une violence qui n'avoit point de bornes.

Secondement, il n'est pas moins assuré que la religion et toute l'ancienne alliance étoit attachée au sang d'Abraham, à ses enfans selon la chair, à la terre de Chanaan, que Dieu leur avoit donnée pour y habiter, au lieu choisi de Dieu pour y établir son temple, au ministère lévitique et au sacerdoce attaché au sang de Lévi et d'Aaron, comme toute l'alliance en général l'étoit à celui d'Abraham : en sorte que sans tout cela, il n'y avoit ni sacrifice, ni fête, ni aucun exercice de la religion. C'est pourquoi le peuple hébreu, selon les anciennes prophéties, ne devoit être tiré de cette terre que deux fois : l'une sous Nabuchodonosor et dans la captivité de Babylone par un ordre exprès de Dieu, que le prophète Jérémie leur porta, et avec promesse d'y être rappelés bientôt après pour n'en être jamais chassés, selon que le même Jérémie et les autres prophètes le leur promettoient [2]. Telle est la première transportation du peuple de Dieu hors de sa terre. La seconde et la dernière est celle qui leur devoit arriver selon l'oracle de Daniel après avoir mis à mort l'Oint de Dieu et le Saint des saints [3], qui devoit être perpétuelle, et emportoit aussi avec elle l'entière réprobation de l'alliance et de la religion judaïque.

Troisièmement, il étoit constant par là que tant que l'ancienne alliance subsistoit, il n'étoit non plus permis aux Juifs de se laisser transporter hors de leur terre, que de renoncer à tout le culte extérieur de leur religion ; et que consentir à la perte totale de la famille d'Abraham où celle d'Aaron étoit comprise, c'étoit consentir en même temps à l'extinction de la religion, de l'alliance et du sacerdoce. D'où il s'ensuit manifestement,

[1] II *Mach.*, v, vi. — [2] *Jer.*, xxi, xxv, xxvii, xxix-xxxi, etc.— [3] *Dan.*, ix, 26.

En quatrième lieu, que lorsque Dieu ne leur donnoit aucun ordre d'abandonner la terre promise, où il avoit établi le siége de la religion et de l'alliance, ni ne leur montroit aucun moyen de conserver la race d'Abraham que celui d'une résistance ouverte, comme il leur arriva manifestement dans cette cruelle persécution des rois de Syrie, c'étoit une nécessité absolue et une suite indispensable de leur religion de se défendre.

Et néanmoins, en cinquième lieu, ils n'en sont venus à ce dernier et fatal remède qu'une seule fois, et après une déclaration manifeste de la volonté de Dieu. Car auparavant, en quelque oppression qu'on les tînt dans le superbe et cruel empire de Babylone, ils y demeurèrent « paisibles et soumis, » offrant à Dieu des vœux continuels pour cet empire et pour ses rois, selon l'ordre qu'ils en avoient reçu de Dieu par la bouche de Jérémie et de Baruch[1]. Quand ils virent paroître Cyrus, qui devoit être leur libérateur, encore qu'il leur eût été non-seulement prédit, mais encore expressément nommé par leurs prophètes, ils ne se remuèrent pas en sa faveur, et attendirent en patience sa victoire d'où dépendoit leur délivrance : et quand Assuérus, un de ses successeurs, séduit par les artifices d'Aman, entreprit de détruire toute la nation, et de « fermer par toute la terre la bouche de ceux qui louoient Dieu[2], » ils ne firent aucun effort pour lui résister, parce que Mardochée, un prophète et un homme manifestement inspiré de Dieu, leur faisoit voir une espérance assurée de protection en la personne de la reine Esther; en sorte qu'il ne leur restoit qu'à prier Dieu dans le sac et dans la cendre qu'il conduisît les desseins de cette reine. Que si dans la suite ils prirent les armes pour punir l'injustice de leurs ennemis, ce fut par un édit exprès du roi[3]; et Dieu le permit ainsi pour montrer que ses fidèles naturellement ne troubloient point les Etats, et n'y entreprenoient rien qu'avec l'ordre de la puissance souveraine. Ils seroient donc demeurés aussi humbles et aussi soumis sous Antiochus, si Dieu leur avoit donné une semblable espérance et un moyen aussi naturel de fléchir le roi. Mais le temps étoit arrivé où il avoit résolu

---

[1] *Jerem.*, XXVII, 7; *Bar.*, I, 11, 12. — [2] *Est.*, III, IV, XIII, etc. — [3] *Ibid.*, V, VII, VIII, XVI.

de les sauver par d'autres voies, ainsi qu'il étoit marqué dans Daniel et dans Zacharie[1]. Alors donc il inspira Mathathias, qui poussé du même esprit que son ancêtre Phinées, c'est-à-dire manifestement de l'esprit de Dieu[2], du même esprit dont Moïse avoit été poussé à tuer l'Egyptien qui maltraitoit les enfans d'Israël[3], selon qu'il est expliqué dans les *Actes*[4] ; du même esprit qui avoit incité Aod à enfoncer un couteau dans le sein d'Eglon, roi de Moab[5], et Jahel femme d'Héber, à attirer Sisara dans sa maison pour lui percer les tempes avec un clou[6] ; du même esprit dont Judith étoit animée lorsqu'elle coupa la tête d'Holoferne[7] : Mathathias donc poussé de cet esprit, perça d'un coup de poignard un Juif qui se présentoit pour sacrifier aux idoles, et l'immola sur l'autel où il alloit sacrifier au Dieu étranger[8]. Il enfonça le même poignard au sein de celui qui par l'ordre d'Antiochus contraignoit le peuple à ces sacrifices impies, et il leva l'étendard de la liberté en disant : « Quiconque a le zèle de la loi, qu'il me suive[9]. » C'est donc ici manifestement une inspiration extraordinaire, telle que celles qu'on voit paroître si souvent dans l'Ecriture et ailleurs. Il n'y a que les impies qui puissent nier de semblables inspirations extraordinaires ; et si les hypocrites ou les fanatiques s'en vantent à tort, il ne s'ensuit pas que les vrais prophètes et les hommes vraiment poussés par l'esprit de Dieu, se les attribuent vainement. Mathathias fut du nombre de ces hommes vraiment inspirés : il en soutint le caractère jusqu'à la mort, et il distribua entre ses enfans les fonctions auxquelles Dieu les destinoit, avec une prédiction manifeste des grands succès qui leur étoient préparés[10]. La suite des événemens justifia clairement que Mathathias étoit inspiré : car outre qu'il parut des signes et *des illuminations* surprenantes et miraculeuses dans le ciel, on vit paroître dans les combats des anges qui soutenoient le peuple de Dieu, et « en foudroyant » les ennemis jetoient « le désordre et la confusion dans leur armée[11]. » Le prophète Jérémie apparut à Judas le Machabée « dans un songe digne de toute croyance, » et lui mit en main

---

[1] *Dan.*, VII, VIII, X-XII ; *Zach.*, XI, 7 et seq. — [2] I *Mach.*, II, 24, etc. — [3] *Exod.*, II, 12. — [4] *Act.*, VII, 24, 25. — [5] *Judic.*, III, 21. — [6] *Judic.*, IV, 17 et seq.; V, 24 et seq. — [7] *Judith*, VIII, etc. — [8] I *Mach.*, II, 23, 24. — [9] *Ibid.*, 27 et seq. — [10] I *Mach.*, II, 49, 64 et seq. — [11] II *Mach.*, X, 29, 30.

l'épée par laquelle il devoit défaire les ennemis de son peuple, en lui disant : « Recevez cette sainte épée et ce présent de Dieu, par lequel vous renverserez les ennemis de mon peuple d'Israël[1]. » Tant de victoires miraculeuses, qui suivirent cette céleste vision, firent bien voir qu'elle n'étoit pas vaine; et la vengeance divine fut si éclatante sur Antiochus, que lui-même la reconnut, et fut contraint d'adorer, mais trop tard, la main de Dieu dans son supplice[2]. Que si nos réformés ne veulent pas reconnoître ces signes divins, à cause qu'ils sont tirés des livres des *Machabées* qu'ils ne reçoivent pas pour canoniques; sans leur opposer ici l'autorité de l'Eglise, qui les a mis dans son canon il y a tant de siècles, je me contente de l'aveu de leurs auteurs qui respectent ces livres comme contenant une histoire véritable et digne de tout respect, où Dieu a étalé magnifiquement la puissance de son bras et les conseils de sa providence pour la conservation de son peuple élu. Que si M. Jurieu ou quelque autre aussi emporté que lui refusoient à des livres si anciens la vénération qui leur est due, il n'y auroit qu'à leur demander d'où ils ont donc pris l'histoire des Machabées qu'ils nous opposent? Que s'ils sont contraints d'avouer que les livres que nous leur citons sont les véritables originaux d'où Josèphe et tous les Juifs ont tiré cette admirable histoire, il faut ou la rejeter comme fabuleuse ou la recevoir avec toutes les merveilleuses circonstances dont elle est revêtue. Et il ne faut point s'étonner que Josèphe en ait supprimé une partie, puisqu'on sait qu'il dissimuloit ou qu'il déguisoit les miracles les plus certains, de peur d'épouvanter les gentils pour qui il écrivoit. Si les protestans se veulent ranger parmi les infidèles, et refuser leur croyance aux miracles dont Dieu se servoit pour déclarer sa volonté à son peuple, nous ne voulons pas les imiter; et nous soutenons avec l'histoire originale de la guerre des Machabées, qu'elle ne fut entreprise qu'avec une manifeste inspiration de Dieu.

Enfin en sixième lieu, Dieu, qui avoit résolu d'accumuler tous les droits pour établir le nouveau royaume qu'il érigea en Judée sous les Machabées, fit concourir à ce dessein les rois de Syrie, qui accordèrent à Jonathas et à Simon, avec l'entier affranchisse-

---

[1] II *Mach.*, xv, 11, 15, etc. — [2] I *Mach.*, vi, 12; II *Mach.*, ix, 12.

ment de leur peuple, non-seulement toutes les marques, mais encore tous les effets de la souveraineté; ce qui fut aussi accepté et confirmé par le commun consentement de tous les Juifs.

Je veux bien accorder à M. Jurieu et aux Provinces-Unies, si elles veulent, qu'elles ont eu en quelque chose un succès pareil à ce nouveau royaume de Judée, puisqu'à la fin les rois d'Espagne leurs souverains ont consenti à leur affranchissement. Bien plus, afin que les choses soient plus semblables, puisqu'en regardant ces provinces comme imitatrices du nouveau royaume de Judée, il faut aussi regarder les princes d'Orange comme les nouveaux Machabées qui ont érigé cet Etat; je n'empêche pas qu'on ne dise qu'à l'exemple des Asmonéens ces princes se sont faits les souverains du peuple qu'ils ont affranchi, et qu'ils peuvent s'en dire les vrais rois, comme ils y ont déjà de gré ou de force l'autorité absolue. Si les Provinces-Unies donnent à la fin leur consentement à cette souveraineté, il sera vrai que la fin des princes d'Orange sera à peu près semblable de ce côté-là à celle des Machabées : mais il y aura toujours une différence infinie dans les commencemens des uns et des autres. Car, quelque dévoué qu'on soit à la maison d'Orange, on ne dira jamais sérieusement, ni que le prince d'Orange Guillaume Ier ait été un homme manifestement inspiré, un Phinées, un Mathathias, un Judas le Machabée, qui ne respiroit que la piété ; ni que la Hollande, dont il conduisoit les troupes, fût le seul peuple où par une alliance particulière Dieu eût établi la religion et ses sacremens ; ni que la religion qu'il soutenoit fût la seule cause qui lui fît prendre les armes, puisque sans parler de ses desseins ambitieux si bien marqués dans toutes les histoires, il cacha si longtemps lui-même sa religion et donna tout autre prétexte à ses entreprises ; ni que lui et ses successeurs n'aient jamais rien attenté pour subjuguer ceux qui leur avoient confié la défense de leur liberté. Il faudroit donc laisser là l'exemple des Machabées; et pour ne parler plus ici de la vaine flatterie que le ministre Jurieu fait aux Provinces-Unies, je soutiens que l'action des Machabées et des Juifs qui les ont suivis, étant extraordinaire et venant d'un ordre spécial de Dieu dans un cas et

[1] I *Mach.*, cap. XI, XII et seq.

un état particulier, ne peut être tirée à conséquence pour d'autres cas et d'autres états. En un mot, il n'y a rien de semblable entre les Juifs d'alors et nos réformés, ni dans l'état de la religion, ni dans l'état des personnes. Car dans la religion chrétienne, il n'y a aucun lieu ni aucune race qu'on soit obligé de conserver, à peine de laisser périr la religion et l'alliance. Au lieu de dire, comme pouvoient faire les Juifs : Il faut sauver notre vie pour sauver la religion, il faudroit dire au contraire, selon les maximes de Jésus-Christ : Il faut mourir pour l'étendre : c'est par la mort et la corruption que ce grain se multiplie ; et ce n'est pas le sang transmis à une longue postérité qui fait fructifier l'Evangile ; mais c'est plutôt le sang répandu pour le confesser : ainsi la religion ne peut jamais être parmi nous en l'état et dans la nécessité où elle étoit sous les Machabées. L'état des personnes est encore plus dissemblable que celui de la religion. Les Machabées voyoient toute leur nation attaquée ensemble, et prête à périr toute entière comme par un seul coup : mais nos réformés, loin de combattre pour toute la nation dont ils étoient, n'en faisoient que la plus petite partie, qui avoit entrepris d'accabler l'autre et de lui faire la loi. Les Machabées et les Juifs qui les suivoient, loin de vouloir forcer leurs compatriotes à corriger la religion dans laquelle ils étoient nés, ne demandoient que de vivre dans le même culte où leurs pères les avoient élevés : mais nos rebelles condamnoient les siècles passés, et ne cherchoient qu'à détruire la religion où leurs pères étoient morts, quoiqu'eux-mêmes ils l'eussent sucée avec le lait. Les Machabées combattoient, afin qu'on leur laissât la possession du saint temple où leurs pères servoient Dieu : nos rebelles renonçoient aux temples et aux autels de leurs pères, quoique ce fût le vrai Dieu qu'ils y adorassent ; ou s'ils les vouloient avoir, c'étoit en les enlevant à leurs anciens et légitimes possesseurs, et encore en y changeant tout le culte pour lequel la structure même de ces édifices sacrés faisoit voir qu'ils étoient bâtis ; en quoi ils étoient semblables, non point aux Machabées défenseurs du temple, mais aux gentils qui en étoient les profanateurs, puisque si ceux-ci profanoient le temple en y mettant leurs idoles, nos réformés, pour avoir occasion de profaner aussi les temples de leurs pères, faisoient semblant d'oublier qu'ils étoient dédiés au Dieu vivant; et autant qu'il étoit en eux, ils en faisoient des temples d'idoles, en appelant de ce nom les images érigées par nos pères pour honorer la mémoire des mystères de Jésus-Christ et celle des Saints. Bien éloigné qu'on puisse dire que le ministère de la religion fût corrompu et interrompu par les Machabées, ils étoient eux-mêmes revêtus de l'ancien sacerdoce de la nation, où ils étoient élevés par la succession naturelle et selon les lois établies : nos rebelles disoient au contraire que sans égard à la succession, ni à ceux qu'elle mettoit en possession du ministère sacré, il en falloit dresser un autre; ce qui étoit renoncer à la ligne du sacerdoce et à la suite de la religion, ou plutôt à la religion dans son fond, puisque la religion ne peut subsister sans cette suite. On voit bien, selon ces principes, qu'il y a pu avoir dans les Machabées, qui venoient dans la succession légitime et dans l'ordre établi de Dieu, un instinct particulier de son Saint-Esprit pour entreprendre quelque chose d'extraordinaire ; mais au contraire l'esprit dont étoient agités ceux qui menoient nos réformés au combat et en commandoient les armées, étant entièrement détaché de l'ordre établi de Dieu et de la succession du sacerdoce, ne pouvoit être qu'un esprit de rébellion et de schisme. Aussi l'Esprit de Dieu paroît-il si peu dans les capitaines de la Réforme, que loin d'oser dire qu'ils fussent des hommes pleins de Dieu, comme étoient un Mathathias et ses enfans, M. Jurieu n'a osé dire que ce fussent de vrais gens de bien selon les regles de l'Evangile, ni autre chose tout au plus, selon lui-même, que des héros à la manière du monde ; de sorte que ce seroit se jouer manifestement de la foi publique, de reconnoître ici la moindre apparence d'un instinct divin et prophétique. Aussi n'y en avoit-il ni marque ni nécessité; ni, en un mot, rien de semblable entre les Machabées et les protestans, que le simple extérieur d'avoir pris les armes.

C'est pourquoi nous ne voyons pas que l'Eglise persécutée par les princes infidèles ou hérétiques, se soit jamais avisée de l'exemple des Machabées pour s'animer à la résistance. Il étoit trop clair que cet exemple étoit extraordinaire, dans un cas et dans un état tout particulier, manifestement divin dans ses effets

XXVI. Exemples du respect de l'ancien peuple envers les rois impies et persécuteurs :

et que ce sont là les seuls exemples que l'Eglise s'est proposés, comme ceux qui établissoient la conduite ordinaire.

et dans ses causes; en sorte que, pour s'en servir, il falloit pouvoir dire et justifier qu'on étoit manifestement et particulièrement inspiré de Dieu. Mais pour connoître la vraie tradition de l'ancien peuple, qui devoit servir de fondement à celle du nouveau, il ne falloit que considérer sa pratique continuelle dès son origine : car à commencer par le temps de sa servitude en Egypte, il est certain qu'il n'employa pour s'en délivrer que ses gémissemens et ses prières [1]. Que si Dieu employa des voies plus fortes, ce furent tout autant de coups de sa main toute-puissante et de son bras étendu, comme parle l'Ecriture, sans que ni le peuple, ni Moïse qui le conduisoit, songeassent jamais ni à se défendre par la force, ni à s'échapper de l'Egypte d'eux-mêmes ou à main armée; en sorte que Dieu les laissa dans l'obéissance des rois qui les avoient reçus dans leur royaume, se réservant de les délivrer par un coup de sa souveraine puissance. Nous aurons lieu dans la suite d'examiner leur conduite sous leurs rois, et les droits de la monarchie que Dieu avoit établie parmi eux. Mais on peut voir en attendant, quelle obéissance eux et leurs prophètes crurent toujours devoir à ces rois, puisque sous des rois impies, tels qu'étoient un Achab, un Achaz, un Manassès, quoiqu'ils fissent mourir les prophètes et qu'ils contraignissent le peuple à un culte impie, en sorte que les fidèles étoient contraints de se cacher, pendant que toutes les villes et Jérusalem elle-même regorgeoient de sang innocent, comme il arriva sous Manassès : un Elie, un Elisée, un Isaïe, un Osée et les autres saints prophètes qui crioient si haut contre les égaremens de ces princes, ne songeoient pas seulement à leur contester l'obéissance qui leur étoit due. Le peuple saint fut aussi paisible sous le joug de fer de Babylone, comme nous avons déjà vu ; et pour ne point répéter ce que j'ai dit, ni prévenir ce que j'ai à dire dans la suite sur ce sujet, on voit régner dans ce peuple les mêmes maximes que le peuple chrétien en a aussi retenues, de rendre à ses rois, quels qu'ils fussent, un fidèle et inviolable service. C'est par toute cette conduite du peuple de Dieu qu'il falloit juger du droit que Dieu même avoit établi parmi eux. S'il a voulu une seule fois s'en dispenser sous les Machabées avec les

[1] *Exod.,* v et seq.

restrictions et dans les conjonctures particulières qu'on vient de voir, il a marqué clairement que ce n'étoit pas le droit établi, mais l'exception de ce droit faite par sa main souveraine; et c'est pourquoi sans se fonder sur ce cas extraordinaire, l'Eglise chrétienne s'est fait une règle de la pratique constante de tout le reste des temps : de sorte qu'on peut assurer comme une vérité incontestable que la doctrine qui nous oblige à pousser la fidélité envers les rois jusqu'aux dernières épreuves, est également établie dans l'ancien et dans le nouveau peuple.

Troisième exemple. Celui de David.

Il reste à examiner le troisième exemple de M. Jurieu, qui est celui de David, que ce ministre propose pour prouver qu'on peut défendre sa vie à main armée contre son prince; et il répète souvent que si on peut prendre les armes contre son roi pour la vie, on le peut à plus forte raison pour la religion et pour la vie tout ensemble. D'abord et sans hésiter j'accorde la conséquence : mais voyons comme il établit le fait d'où il la tire. « Pourquoy, dit-il, David avoit-il assemblé autour de luy quatre ou cinq cents hommes tous gens braves et bien armez? N'estoit-ce pas pour se défendre, pour résister à la violence par la force, et pour résister à son roy qui le vouloit tuer? Si Saül fust venu l'attaquer avec pareil nombre de gens, s'en seroit-il fuï? N'auroit-il pas combattu pour sa vie, quand mesme ç'auroit esté avec quelque péril de la vie de Saül luy-mesme, parce que dans le combat on ne sçait pas où les coups portent? David sçavoit son devoir; il avoit la conscience délicate : il respecte l'onction de Dieu dans les rois; mais il ne croit pas qu'il soit toûjours illégitime de leur résister, et mesme David estoit dans un cas où nous ne voudrions pas permettre de résister par les armes à un souverain; dans le fond il estoit seul, et n'estoit qu'un particulier; nous n'étendons pas le pouvoir de résister à un souverain jusque-là : mais celuy qui a cru qu'un particulier pouvoit repousser la violence par la force, a cru à plus forte raison que tout un peuple le pouvoit [1]. » J'ai rapporté exprès tout au long le discours de M. Jurieu, afin qu'on

XXVII. Que, selon les principes du ministre, l'exemple de David n'est pas à suivre.

[1] Lett. XVII, p. 134; Lett. IX.

voie que ce ministre détruit lui-même son propre raisonnement ; car en effet il sent bien qu'il prouve plus qu'il ne veut. Il veut prouver que tout un peuple, c'est-à-dire, non-seulement tout un royaume, mais encore une partie considérable d'un royaume, tel qu'étoit tout le peuple chrétien dans l'empire romain ou en France tous les protestans, ont pu prendre les armes contre leur prince. Voilà ce qu'il vouloit prouver ; mais sa preuve porte plus loin qu'il ne veut, puisqu'elle démontreroit, si elle étoit bonne, non-seulement que tout un grand peuple, mais encore tout particulier peut s'armer contre son prince, lorsqu'il lui fait violence ; ce que le ministre rejette non-seulement ici, comme il paroît par les paroles qu'on vient de produire, mais encore en d'autres endroits [1]. C'est néanmoins ce qu'il prouve ; et par conséquent selon lui-même sa preuve est mauvaise, n'y ayant rien de plus assuré que cette règle de dialectique : Qui prouve trop ne prouve rien. Cela paroît encore plus évidemment, en ce qu'il attribue à David d'avoir cru « qu'un particulier pouvoit repousser à main armée la violence, » même celle de son roi ; car c'est de quoi il s'agit : ce qui est lui attribuer une erreur grossière et insupportable, et par conséquent condamner toute l'action qu'on fonde sur une maxime si visiblement erronée : en quoi non-seulement M. Jurieu blâme en David ce que l'Ecriture n'y blâme pas, mais encore il se confond lui-même, en nous alléguant un auteur, qui selon lui est dans l'erreur, et nous donnant pour modèle un exemple qui est mauvais selon ses principes.

XXVIII. Fondement de la conduite de David : erreur du ministre, qui en fait un particulier.

Je n'aurois donc qu'à lui dire, si je voulois lui fermer la bouche par son propre aveu, que David, qui agissoit sur de faux principes, ne doit pas être suivi dans cette action ; mais la vérité ne me permet pas de profiter ou de l'ignorance ou de l'inconsidération de mon adversaire. Toute l'Ecriture me fait voir que dans cette conjoncture David agit toujours par l'Esprit de Dieu ; que dans toutes ses entreprises il attendoit la déclaration de sa volonté ; qu'il consultoit ses oracles ; qu'il étoit averti par ses prophètes, qu'il étoit prophète lui-même, et que l'esprit prophétique qui étoit en lui ne l'abandonna jamais [2]. Témoins les *Psaumes* qu'il fit dans

[1] Lett. XVIII, p. 134. — [2] I *Reg.*, XXII, 3, 5 ; XXIII, 2, 4.

cet état, et même chez le roi Achis, et au milieu du pays étranger où il s'étoit réfugié; *Psaumes* que nous chantons tous les jours comme des cantiques inspirés de Dieu. J'avoue donc qu'il n'y a rien à blâmer dans la conduite de David; et ce qui a trompé M. Jurieu, qui abuse de son exemple, c'est qu'il n'a pas voulu considérer ce que David étoit alors. Car s'il avoit seulement songé que ce David, qui n'est selon lui « qu'un particulier, » en effet étoit un roi sacré par l'ordre de Dieu [1], il auroit vu le dénouement manifeste de toute la difficulté, mais en même temps il auroit fallu renoncer à toute sa preuve; car on n'auroit pu nier que ce ne fût un cas tout particulier, puisque celui qu'on verroit armé pour se défendre du roi Saül est roi lui-même. Et sans vouloir examiner si on ne pourroit pas soutenir qu'en effet il étoit roi de droit, et que Saül ne régnoit que par tolérance, ou en tout cas par précaire et comme simple usufruitier, pour honorer en sa personne le titre de roi qu'il avoit eu; quand il ne faudroit regarder dans le sacre de David qu'une simple destination à la couronne : toujours faudroit-il dire, puisque cette destination venoit de Dieu, que Dieu, qui lui avoit donné ce droit, étoit censé lui avoir donné en même temps tout le pouvoir nécessaire pour le conserver. Car au reste le droit de David étoit si certain, qu'il étoit connu de Jonathas fils de Saül, et de Saül même [2] : de là vient que Jonathas demandoit pour toute grace à David d'être le second après lui. Le peuple aussi étoit bien instruit du droit de David, comme il paroît par le discours d'Abigaïl [3]. Ainsi personne ne pouvoit douter que sa défense ne fût légitime, et Saül lui-même le reconnoissoit, puisqu'au lieu de le traiter de rebelle et de traître, il lui disoit : « Vous êtes plus juste que moi, » et il traitoit avec lui comme d'égal à égal, en le priant de conserver sa postérité [4].

XXIX. Que David n'a rien entrepris contre son prince et son pays.

Il ne faut pourtant pas s'imaginer que Dieu ait voulu se servir de David pour diviser les forces de son peuple, ni que ses armes toujours fatales aux Philistins, dussent jamais se tourner contre sa patrie et contre son prince; car premièrement, lorsqu'il assembla ces quatre cents hommes, son intention n'étoit pas de demeu-

---

[1] I *Reg.*, XVI, 12, 13. — [2] I *Reg.*, XXIII, 17; XXIV, 21. — [3] I *Reg.*, XXV, 30, 31. — [4] I *Reg.*, XXIV, 18, 21 ; XXVI, 25.

rer dans le royaume d'Israël, mais avec le roi de Moab avec qui il étoit d'accord pour sa sûreté. S'il campoit et se tenoit sur ses gardes, cette précaution étoit nécessaire contre des gens sans aveu qui auroient pu l'attaquer ; et au surplus il tenoit son père et sa mère entre les mains du roi de Moab, « jusqu'à ce que la volonté du Seigneur se fût déclarée [1]. » Loin donc de vouloir combattre contre son pays, il alloit chercher la sûreté de sa personne sacrée dans une terre étrangère : que s'il en sortit enfin pour se retirer dans les terres de la tribu de Juda, qui lui étoit plus favorable à cause que c'étoit la sienne, ce fut un ordre exprès de Dieu porté par le prophète Gad qui l'y obligea [2]. Lorsqu'il fut dans le royaume de Saül, il y fit si peu de mal à ses citoyens, qu'au contraire sur le mont Carmel, l'endroit le plus riche de tout le royaume, et au milieu des biens de Nabal le plus puissant homme du pays, il ne toucha ni à ses biens, ni à ses « troupeaux : on ne trouva jamais à dire une seule de ses brebis ; » et au contraire les gens de Nabal rendoient témoignage aux troupes de David, « que loin de les vexer, elles leur étoient un rempart et une défense assurée [3]. » Pendant qu'on le poursuivoit à toute outrance, il fuyoit de désert en désert, pour éviter la rencontre des gens de Saül, et pour assurer sa personne dont il devoit la conservation à l'Etat, sans jamais avoir répandu le sang d'aucun de ses citoyens, ni profité contre eux ni contre Saül d'aucun avantage : mais au contraire il étoit toujours attentif au bien de son pays ; et contre l'avis de tous les siens, il sauva la ville de Ceilan des Philistins qui l'alloient surprendre, et qui déjà en avoient pillé tous les environs [4] : ainsi dans une si grande oppression, il ne songeoit qu'à servir son prince et son pays. Lorsqu'enfin il fut obligé de traiter avec les ennemis, ce fut seulement pour la sûreté de sa personne. Il ne fit jamais de pillage que sur les Amalécites et les autres ennemis de sa patrie [5]. De cette sorte la nécessité où il se voyoit réduit ne lui fit jamais rien entreprendre qui fût indigne d'un Israélite ni d'un fidèle sujet : le traité qu'il fit avec l'étranger servit à la fin à sa patrie ; et il incorpora au peuple de Dieu

---

[1] I Reg., XXII, 3. — [2] Ibid., 5. — [3] I Reg., XXV, 8, 15. — [4] I Reg., XXIII, 1 et seq. — [5] I Reg., XXVII, 8, 9, 10.

la ville de Siceleg, que les Philistins lui avoient donnée pour retraite.

Si M. Jurieu savoit ce que c'est que d'expliquer l'Ecriture, il auroit pesé toutes ces circonstances; et il se seroit bien gardé de dire ni que David fût un simple particulier, ni qu'il ait jamais rien entrepris contre la puissance publique. Au lieu de peser en théologien et en interprète exact ces circonstances importantes, il se met à raisonner en l'air; et il nous demande pourquoi David étoit armé, « si ce n'estoit pour se défendre contre son roi : » comme s'il n'eût pas eu à craindre cent particuliers, qui pour faire plaisir à Saül pouvoient l'attaquer, ou que sans aucun dessein d'en venir avec Saül aux extrémités, il n'eût pas pu avoir en vue de faire envisager à ce prince ce que la nécessité et le désespoir pouvoient inspirer contre le devoir à de braves gens poussés à bout. Mais M. Jurieu passe plus avant, et il ne veut pas qu'on croie que David « avec des forces égales s'en seroit fui » devant Saül. Pourquoi non, plutôt que d'être forcé à combattre contre son roi? Mais le vaillant Jurieu ne peut comprendre qu'on fuie. Qu'il permette du moins à David de faire devant l'ennemi une belle et glorieuse retraite. Non, dit-il, il faut donner; et David auroit combattu au hasard, dit notre ministre [1], de mettre en péril la vie du roi son beau-père; car ces titres de roi et de beau-père ne lui sont rien. Comment n'a-t-il pas frémi en écrivant ces paroles? David rencontrant Saül à son avantage, après lui avoir sauvé la vie malgré les instances de tous les siens, se sentit saisi de frayeur pour lui avoir seulement coupé le bord de sa robe, et avoir mis la main, quoique d'une manière si innocente, sur sa personne sacrée [2] : et celui qu'on voit si frappé d'une ombre d'irrévérence envers son roi, ne fuiroit pas un combat où on auroit pu attenter sur sa vie? Voilà comme les ministres enseignent à ménager le sang des rois. Cependant M. Jurieu, comme nous verrons, fait semblant d'avoir en horreur les attentats sur les souverains; et ici contraire à lui-même, il veut qu'un particulier ait droit de donner combat à son roi présent, au hasard de le tuer dans la mêlée. Mais David étoit bien éloigné de ce sentiment impie, lorsqu'il disoit : « Dieu me

XXX. Que le ministre donne à David des sentiments impies contre Saül, que David a toujours abhorrés.

[1] Jur., Lett. XVII. — [2] I Reg., XXIII, 6 et seq.

garde de mettre la main sur mon maître l'Oint du Seigneur[1] ! »
Et il crioit à Saül : « Ne croyez pas les calomniateurs qui vous
disent que David veut attenter sur vous. Vous le voyez de vos
yeux, que Dieu vous a mis entre mes mains dans la caverne. Mais
j'ai dit en mon cœur : A Dieu ne plaise que j'étende la main sur
l'Oint du Seigneur ! Que le Seigneur juge entre vous et moi, et
qu'il me venge de vous comme il lui plaira; mais que ma main
ne soit pas sur vous [2] ! » Il ne reconnoissoit donc autre puissance
que celle de Dieu, qui pût lui faire justice de Saül. Ce qu'il explique encore plus clairement, lorsque devenu une seconde fois
maître de la vie de ce prince, il dit à Abisaï qui l'accompagnoit[3] :
« Gardez-vous bien de mettre la main sur Saül; car qui pourra
étendre sa main sur l'Oint du Seigneur et demeurer innocent?
Vive le Seigneur, si le Seigneur ne le frappe, ou que le jour de
sa mort n'arrive, ou que venant à une bataille il n'y meure »
(comme Saül mourut en effet dans une bataille contre les Philistins), il n'a rien à craindre, « et ma main ne sera jamais sur lui.
Dieu m'en garde, et ainsi me soit-il propice ! » C'est en cette sorte
que David a recours à Dieu comme à son unique vengeur. Encore
lorsqu'il parloit de cette vengeance, c'étoit pour montrer à Saül
ce que ce prince avoit à craindre, et non pas pour lui déclarer ce
que David lui souhaitoit, puisque, loin de souhaiter la mort à
Saül, il la pleura si amèrement, et en fit un châtiment si prompt
lorsqu'elle lui fut annoncée [4]. Un homme qui parle et agit ainsi,
est bien éloigné de vouloir lui-même combattre contre son roi,
ni attenter sur sa vie en quelque manière que ce soit. Et en effet
s'il eût cru l'attaque légitime, ou qu'il pût avoir d'autre droit que
celui de s'empêcher d'être pris, comme il faisoit en se cachant, il
auroit pu aussi bien attenter contre son roi dans une surprise que
dans un combat. Le même droit de la guerre permet également
l'un et l'autre : et s'il vouloit épargner le sang de Saül, il pouvoit
du moins s'assurer de sa personne. Mais il savoit trop qu'un sujet
n'a ni droit, ni force contre la personne de son prince; et le ministre
le met en droit de le faire périr dans un combat ! Il a oublié toute

[1] I *Reg.*, XXIV, 3 et seq.— [2] *Ibid.*, 7 et seq.— [3] I *Reg.*, XXVI, 9-11.— [4] II *Reg.*, I, 14, 17.

l'Ecriture ; mais il a oublié tous les devoirs d'un sujet. Il ne songe plus à ce qui est dû à la majesté, ni à la personne sacrée des rois, ni à la sainte onction qui est sur eux. Je ne m'en étonne pas : il ne se souvient même plus qu'il est François ; et il nous parle avec dédain de la loi Salique, « véritable, » dit-il[1], « ou prétendue, » comme feroit un homme venu des Indes ou du Malabar ; tant est sorti de son cœur ce qui est le plus avant imprimé de tout temps et dès l'origine de la nation, dans le cœur de tous les François.

Mais pour revenir à notre sujet, concluons qu'il n'y a rien de plus mal allégué que l'exemple de David, puisque bien loin qu'il fût permis de le regarder comme un simple particulier, Dieu qui l'avoit sacré roi, vouloit qu'on le regardât comme un personnage public, dont la conservation étoit nécessaire à l'Etat : et qu'après tout il n'a fait que pourvoir à sa sûreté, comme il y étoit obligé, non-seulement sans rien attenter contre son roi ni contre son pays, mais encore sans jamais cesser de les servir au milieu d'une si cruelle oppression. Voilà ce qui est constant dans le fait. Aussi M. Jurieu, qui n'a pu trouver aucun attentat dans les actions de David, n'a de refuge qu'à des questions en l'air ; et il est réduit à rechercher, non ce qu'il a fait, car il est déjà bien constant qu'il n'a rien fait de mal contre son prince, mais ce qu'il auroit fait en tels et tels cas qui ne sont point arrivés. Que s'il faut enfin lui répondre sur ses imaginations, nous lui dirons en un mot, que ces grands hommes abandonnés aux mouvemens de leur foi et à la divine Providence, apprenoient d'elle à chaque moment ce qu'ils avoient à faire, et y trouvoient des ressources pour se dégager des inconvéniens où ils paroissoient inévitablement enveloppés, comme on le voit en particulier dans toute l'histoire de David : de sorte que s'inquiéter de ce qu'auroient fait ces grands personnages dans les cas que Dieu détournoit par sa providence, c'est oser demander à Dieu ce qu'il leur auroit inspiré, et craindre que sa sagesse ne fût épuisée.

Enfin donc nous avons ôté toute espérance au ministre, et il ne lui reste pour soutenir la prise d'armes de ses pères, ni autorité

---

[1] Lett. XVIII, p. 139, col. 2.

ni exemple. Au contraire tous les exemples le condamnent, et tous les martyrs combattent contre lui.

Raisonnemens de M. Jurieu en faveur des guerres civiles de religion.

XXXI. Étranges excès du ministre contre la puissance publique.

Nous n'aurions pas un moindre avantage, si nous voulions attaquer les vaines maximes que le ministre appelle à son secours, et les frivoles raisonnemens dont il les appuie. « Le droit, dit-il, de la propre conservation est un droit inaliénable[1]. » S'il est ainsi, tout particulier injustement attaqué dans sa vie par la puissance publique, a droit de prendre les armes, et personne ne lui peut ravir ce droit. Il ne sert de rien de répondre qu'il parle d'un peuple : car sans ici raisonner sur cette chimère qu'il propose, savoir ce qu'on pourroit faire contre un tyran qui voudroit tuer tout son peuple et demeurer roi des arbres et des maisons sans habitans, il met expressément dans le même droit une « grande partie du peuple » qui verroit sa vie injustement attaquée : et c'est pourquoi il soutient que les chrétiens eussent pu armer contre leurs princes, s'ils en eussent eu les moyens, et par la même raison, que les protestans ont pu le faire, quoique les uns et les autres, loin d'être tout le peuple, n'en fussent que la plus petite partie. Que deviendront les Etats si on établit de telles maximes? Que deviendront-ils encore un coup, si ce n'est une boucherie et un théâtre perpétuel et toujours sanglant de guerres civiles? Car comme l'opinion fait le même effet dans l'esprit des hommes que la vérité, toutes les fois qu'une partie du peuple s'imaginera qu'elle a raison contre la puissance publique, et que la punir de sa rébellion c'est s'attaquer injustement à sa vie, elle se croira en droit de prendre les armes, et soutiendra que le droit de se conserver ne lui peut être ravi. Qu'on nous montre que les chrétiens persécutés aient jamais songé à ce prétendu droit. Et pour ne pas seulement parler du temps des persécutions et de la cause de la religion, Antioche, la troisième ville du monde, qu'on appeloit *l'Œil de l'Orient*, et par excellence *Antioche la peuplée*, se vit en péril d'être ruinée par Théodose le Grand dont on avoit renversé les statues. On pouvoit dire qu'il n'étoit pas juste de

[1] Lett. IX, p. 167.

punir toute une ville de l'attentat de quelques particuliers qui même étoient étrangers, ni de mêler l'innocent avec le coupable; et en effet saint Chrysostome [1] met cette raison dans la bouche de Flavien patriarche d'Antioche, qui alloit demander pardon à l'Empereur pour tout le peuple. Mais cependant on ne disoit point, que dis-je, on ne disoit point? il ne venoit pas seulement dans la pensée qu'il fût permis de défendre sa vie contre le prince : au contraire on ne parloit à ce peuple que de l'obligation de révérer le magistrat [2] : on lui disoit qu'il avoit à craindre la plus grande puissance qui fût sur la terre, et qu'il n'avoit à invoquer que celle de Dieu qui seule étoit au-dessus [3]. C'est ce que saint Chrysostome inculquoit sans cesse; et ce Démosthène chrétien fit sur ce sujet des homélies dignes par leur éloquence de l'ancienne Grèce, et dignes par leur piété des temps apostoliques. Mais pourquoi alléguer les chrétiens instruits par la révélation céleste? Les païens par leur simple raison naturelle, ont bien vu qu'il falloit souffrir les violences des mauvais princes, en souhaiter de meilleurs, les supporter quels qu'ils fussent; espérer un temps plus serein pendant l'orage, et comprendre que la Providence, qui ne veut pas la ruine du genre humain ni de la nature, ne tient pas éternellement le peuple opprimé par un mauvais gouvernement, comme elle ne bat pas l'univers d'une continuelle tempête. Les beaux jours pourront donc refaire ce que les mauvais auront gâté; et c'est vouloir trop de mal aux choses humaines, que de joindre aux maux d'un mauvais gouvernement un remède plus mortel que le mal même, qui est la division intestine. Par ces raisons, les païens ne permettoient pas à tout le peuple ce que M. Jurieu ose permettre à la plus petite partie contre la plus grande : que dis-je? ce qu'il ose permettre à chaque particulier. « Un tel homme, » celuy qui diroit qu'un souverain « a droit de faire violence à la vie d'une partie de son peuple, et que des sujets n'ont pas celuy de se défendre et d'opposer la force à la violence, sera réfuté par tous les hommes : car il n'y en a point qui ne croye estre en droit de se conserver *par toute voye,* quand il est attaqué par une injuste violence [4]. » Voilà donc, non-seulement tout le

---

[1] Hom. III *ad pop. Ant.*, n. 1.— [2] Hom. VI.— [3] Hom. II, n. 4.— [4] Lett. IX, p. 67.

peuple ou une partie du peuple, mais encore tout particulier légitimement armé contre la puissance publique, et en droit de se défendre contre elle « par toute voye, » sans rien excepter ni même ce qui fait le plus d'horreur à penser. M. Jurieu nous parle ici des flatteurs des princes, et il ne songe pas aux flatteurs des peuples. Tout flatteur, quel qu'il soit, est toujours un animal traître et odieux : mais s'il falloit comparer les flatteurs des rois avec ceux qui vont flatter dans le cœur des peuples ce secret principe d'indocilité et cette liberté farouche qui est la cause des révoltes, je ne sais lequel seroit le plus honteux. M. Jurieu a pris le dernier parti, et on ne peut pas plus bassement ni plus indignement flatter la populace, que de prodiguer, je ne dis pas à tout le peuple, mais encore à une partie et jusqu'aux particuliers le droit d'armer contre le prince. Mais cela suit nécessairement du principe qu'il pose. « C'est en vain, dit-il, qu'on raisonne sur les droits des souverains; c'est une question où nous ne voulons point entrer; mais il faut sçavoir seulement que les droits de Dieu, les droits du peuple et les droits du roy sont inséparables. Le bon sens le démontre : et par conséquent un prince qui anéantit le droit de Dieu ou celuy des peuples, par cela même anéantit ses propres droits [1]. » De cette sorte il n'est donc plus roi; on ne lui doit plus de sujétion : car, poursuit le séditieux ministre [2], « on ne doit rien à celuy qui ne rend rien à personne, ni à Dieu, ni aux hommes. » On ne peut pas pousser plus loin la témérité ; et c'est à la face de tout l'univers renouveler la doctrine tant détestée de Jean Viclef et de Jean Hus, qui disent qu'on n'a plus de sujets dès qu'on cesse soi-même d'être sujet à Dieu. Voilà comme le ministre ne veut pas entrer dans cette question « du droit des rois, » pendant qu'il décide si hardiment contre ces droits sacrés. Un reste de conscience le retenoit, et il n'osoit entrer dans une matière où il se sentoit des opinions si outrées : mais à la fin il est entraîné par l'esprit qui le possède, et il décide contre les rois tout ce qu'on peut avancer de plus outrageant : car il conclut hardiment de son principe, que les chrétiens sujets de l'Empire romain pouvoient résister par les armes à Dioclétien; « puisque, dit-il, si leurs em-

---

[1] Lett. IX, p. 67. — [2] *Ibid.*

pereurs, *pour toute autre cause* que pour celle de religion, les eussent opprimez de la mesme manière, ils eussent esté en droit de se défendre. » Pesez ces mots : « Pour toute autre cause, » ce n'est pas seulement la cause de la religion et de la conscience qui arme les sujets contre les princes : c'est encore « toute autre cause : » et qu'est-ce qui n'est pas compris dans des expressions si générales ? Voilà l'esprit du ministre ; et bien que rougissant de ses excès, il ait tâché d'apporter ailleurs de foibles tempéramens à ses séditieuses maximes, son principe subsiste toujours : mais par malheur pour sa cause, ces chrétiens si opprimés sous Dioclétien, loin de songer à cette défense qu'on veut leur rendre légitime, ont démenti toutes les raisons dont on l'autorise, non-seulement par leurs discours, mais encore par leur patience ; et on peut dire qu'ils n'ont pas moins scellé de leur sang les droits sacrés de l'autorité légitime sur lesquels Dieu a établi le repos du genre humain, que la foi et l'Evangile.

Et il ne faut pas s'imaginer que le ministre en veuille seulement aux rois. Car son principe n'attaque pas moins toute autre puissance publique, souveraine ou subordonnée, quelque nom qu'elle ait et en quelque forme qu'elle s'exerce, puisque ce qui est permis contre les rois le sera par conséquent contre un sénat, contre tout le corps des magistrats, contre des Etats, contre un parlement, lorsqu'on y fera des lois qui seront ou qu'on croira être contraires à la religion et à la sûreté des sujets. Si on ne peut réunir tout le peuple contre cette assemblée ou contre ce corps, ce sera assez de soulever une ville ou une province, qui soutiendra non plus que le roi, mais que les juges, les magistrats, les pairs, si l'on veut, et même ses députés, supposé qu'elle en ait eu dans cette assemblée, en consentant à des lois iniques, ont excédé le pouvoir que le peuple leur avoit donné ; ou en tout cas qu'ils en sont déchus, lorsqu'ils ont manqué de rendre à Dieu et au peuple ce qu'ils lui devoient. Voilà jusqu'où M. Jurieu pousse les choses par ses séditieux raisonnemens. Il renverse toutes les puissances, et autant celles qu'il défend que celles qu'il attaque. Ce principe de rébellion, qui est caché dans le cœur des peuples, ne peut être déraciné qu'en ôtant jusque dans le fond, du moins

XXXII. Toutes les formes de gouvernement et toutes les assemblées légitimes, également attaquées par le ministre.

aux particuliers en quelque nombre qu'ils soient, toute opinion qu'il puisse leur rester de la force, ni autre chose que les prières et la patience contre la puissance publique.

XXXIII.
État de la question impertinemment posé, et l'autorité de Grotius vainement alléguée.Au reste notre ministre se tourmente en vain à prouver que le prince n'a pas le droit d'opprimer les peuples ni la religion. Car qui jamais a imaginé qu'un tel droit pût se trouver parmi les hommes, ni qu'il y eût un droit de renverser le droit même, c'est-à-dire une raison pour agir contre la raison, puisque le droit n'est autre chose que la raison même, et la raison la plus certaine, puisque c'est la raison reconnue par le consentement des hommes? Ainsi quand le ministre veut prouver qu'on n'a pas le droit de mal faire, parce que le peuple, d'où vient tout le droit, n'a pas celui-là, et ne peut donner ce qu'il n'a pas, il parleroit plus juste et plus à fond, s'il disoit qu'il ne peut donner ce qui n'est pas. L'état donc de la question est de savoir, non pas si le prince a droit de faire mal, ce que personne n'a jamais rêvé ; mais en cas qu'il le fît et qu'il s'éloignât de la raison, si la raison permet aux particuliers de prendre les armes contre lui, et s'il n'est pas plus utile au genre humain qu'il ne reste aux particuliers aucun droit contre la puissance publique. Le ministre, qui soutient le contraire, a beau alléguer pour toute autorité un endroit de Grotius, où il permet dans un Etat à la partie affligée de se défendre contre le prince et contre le tout, et n'excepte, je ne sais pourquoi, de cette défense que la cause de la religion. « Je n'ose presque, » dit cet auteur (il parle en tremblant et n'est pas ferme en cet endroit comme dans les autres), « je n'ose, dit-il, presque condamner les particuliers, ou la plus petite partie du peuple qui aura usé de cette défense dans une extrême nécessité, sans perdre les égards qu'on doit avoir pour le public [1]. » M. Jurieu a pris de lui les exemples de David et des Machabées, dont nous lui avons démontré l'inutilité. Après qu'on lui a ôté les preuves que Grotius lui avoit fournies, on lui laisse à examiner à lui-même si le nom de cet auteur lui suffit pour appuyer son sentiment, pendant que l'autorité et les exemples de l'Eglise primitive ne lui suffisent pas. Pour moi, je soutiens sans hésiter que c'est une contradiction

[1] *De jure belli et pacis*, lib. I, p. 64, n. 7.

et une illusion manifeste, que d'armer avec Grotius les particuliers contre le public, et de leur imposer en même temps la condition d'y avoir égard; car c'est brouiller toutes les idées, et vouloir allier les deux contraires; le vrai égard pour le public, c'est que tout particulier doit lui sacrifier sa propre vie. Ainsi sans nous arrêter au sentiment ni à la timidité d'un auteur habile d'ailleurs et bien intentionné, mais qui n'ose en cette occasion suivre ses propres principes, nous conclurons que le seul principe qui puisse fonder la stabilité des Etats, c'est que tout particulier, au hasard de sa propre vie, doit respecter l'exercice de la puissance légitime et la forme des jugemens publics; ou pour parler plus clairement, qu'aucun particulier ou aucun sujet, ni par conséquent quelque partie du peuple que ce soit, puisque cette partie du peuple ne peut être, à l'égard du prince et de l'autorité souveraine, qu'un amas de particuliers et de sujets, n'a droit de défense contre la puissance légitime; et que poser un autre principe, c'est avec M. Jurieu ébranler le fondement des Etats et se déclarer ennemi de la tranquillité publique.

J'ai achevé ma démonstration, et la Réforme est convaincue d'avoir eu dès son origine un esprit contraire à l'esprit du christianisme et à celui du martyre : à quoi on peut ajouter les assassinats concertés visiblement dans le parti, tel qu'a été celui de François duc de Guise. M. Jurieu voudroit faire entendre que ce sont ici des choses rebattues qu'il ne faudroit plus retoucher : ce qui seroit peut-être véritable, si l'*Histoire des Variations* ne les avoit pas établies par des preuves incontestables qui n'avoient jamais été assez relevées [1]. Elles n'étoient pourtant pas fort cachées, puisqu'on les a prises dans Bèze, dans les autres auteurs du parti et dans une déclaration signée de Bèze et de l'Amiral et envoyée à la reine. Voici donc les faits avoués par la Réforme : qu'on y parloit publiquement dans les prêches mêmes du duc de Guise, comme d'un ennemi dont il étoit à souhaiter que la Réforme fût bientôt défaite; qu'aussi Poltrot ne se cacha pas du dessein qu'il avoit conçu de l'assassiner à quelque prix que ce fût, et qu'il en parloit hautement comme d'une chose certainement ap-

XXXIV. Qu'on n'a rien eu à répondre aux nouvelles preuves des assassinats autorisés dans la Réforme.

[1] *Var.*, liv. X, n. 54, 55.

prouvée ; que ce scélérat n'étoit pas le seul dans l'armée qui s'expliquât d'un tel dessein, mais que d'autres en parloient de même au vu et au su des généraux et des ministres, tant il passoit pour constant qu'on approuvoit cet attentat; qu'en effet loin de reprendre Poltrot ou les autres dont on connoissoit les mauvais desseins, les ministres les laissoient agir et continuoient leurs prêches scandaleux contre le duc; que l'Amiral demeure d'accord qu'il a su tout le complot; qu'il n'en a point détourné l'auteur ; qu'il a même approuvé ce noir dessein dans le temps et les circonstances où il fut exécuté; qu'il a donné de l'argent à l'assassin pour l'aider dans son entreprise et faciliter sa fuite ; que lui et les autres chefs du parti l'encourageoient par des réponses adroites, qui sous prétexte de refus portoient dans son cœur une secrète et puissante instigation à consommer l'entreprise, comme d'Aubigné, témoin oculaire et irréprochable d'ailleurs, le raconte dans son *Histoire* [1]; qu'on lui parloit en effet de vocations extraordinaires, pour lui laisser croire que l'instinct qui le poussoit à ce noir assassinat étoit de ce rang; que Bèze nous le représente comme un homme poussé de Dieu par un secret mouvement dans le moment qu'il fit le coup; et que lorsqu'il fut accompli, la joie en éclata jusque dans les temples avec des actions de graces et un ravissement si universel, qu'on voyoit bien que chacun loin de détester l'action, à quoi personne ne pensa, s'en fût plutôt fait honneur. Voilà les faits établis dans l'*Histoire des Variations* par des preuves si concluantes, que le ministre n'a pas seulement osé les combattre. Qui ne voit donc quel esprit c'étoit que l'esprit du christianisme réformé ? Et que voit-on de semblable dans toute l'histoire du vrai et ancien christianisme? On n'y voit pas aussi des prédictions comme celles d'Anne du Bourg, ce martyr tant vanté dans la Réforme [2], ni cette nouvelle manière d'accomplir les prophéties par des meurtres bien concertés? Tous ces faits soutenus par des preuves invincibles dans l'*Histoire des Variations* sont demeurés, et quoi qu'on en dise, demeureront sans réplique ; ou les répliques, je le dis sans crainte, achèveront la conviction. On en

---

[1] *Var.*, liv. X, n. 54, 55 ; d'Aub., tom. I, liv. III, chap. XVII, p. 176.— [2] *Var.*, liv. X, n. 51.

pourroit dire autant de l'assassinat commis hautement par les ministres puritains en la personne du cardinal Beton, sans même trop se soucier de le déguiser. L'histoire en est trop connue pour être ici répétée. Quelle espèce de réformateurs et de martyrs a produits ce nouvel évangile? Mais la haine, le dépit, le désespoir et tout ce qu'il y a de plus outré dans les passions humaines, jusqu'à la rage que les auteurs du parti et M. Jurieu lui-même nous font voir dans le cœur des réformés, ne pouvoient pas produire d'autres fruits.

Ceux de nos frères errans qui sont de meilleure foi dans le parti, et se sentent le cœur éloigné de ces noirceurs, ne doivent pas croire que j'aie dessein de les leur imputer. A Dieu ne plaise : le poison même ne nuit pas toujours également à ceux qui l'avalent. Il en est de même de l'esprit d'un parti; et je connois beaucoup de nos prétendus réformés très-éloignés des sentimens que je viens de représenter. S'ils veulent conclure de là que ce ne soit pas là l'esprit de la secte, c'est à eux à examiner ce qu'ils auront à répondre aux preuves que je produis. Que s'ils n'ont rien à y répondre, non plus que M. Jurieu, qu'ils rendent graces à Dieu de les avoir préservés de toutes les suites des maximes du parti; et poussant encore plus loin leur reconnoissance, qu'ils se désabusent enfin d'une religion où sous le nom de *Réforme* on a établi de tels principes et nourri de tels monstres.

On demandera peut-être comment il peut arriver qu'on accorde ces noirs sentimens avec l'opinion qu'on a d'être réformé, et même d'être martyr. Mais il faut montrer une fois à ceux qui n'entendent pas ce mystère d'iniquité et ces profondeurs de Satan; il faut, dis-je, leur montrer par un exemple terrible ce que peut sur des esprits entêtés la réformation prise de travers. Les donatistes s'étoient imaginé qu'ils venoient rendre à l'Eglise sa première pureté; et cette prévention aveugle leur inspira tant d'orgueil, tant de haine contre l'Eglise, tant de fureur contre ses ministres, qu'on n'en peut lire les effets sans étonnement. Mais ce que je veux remarquer, c'est l'excès où ils s'emportèrent, lorsque réprimés par les lois des empereurs orthodoxes, ils mirent tout l'avantage de leur religion en ce qu'elle étoit persécutée, et entreprirent de donner aux catholiques le caractère de persécuteurs. Car ils n'oublièrent rien pour

xxxv. Comment on peut accorder ces excès avec des sentimens de religion : exemples des donatistes.

forcer les empereurs à ajouter la peine de mort à la privation des assemblées et du culte, et aux châtimens modérés dont on se servoit pour tâcher de les ramener. Leur fureur, dit saint Augustin [1], longtemps déchargée contre les catholiques, se tourna enfin contre eux-mêmes : ils se donnoient la mort qu'on leur refusoit, tantôt en se précipitant du haut des rochers, tantôt en mettant le feu dans les lieux où ils s'étoient renfermés. C'est ce que fit un évêque nommé Gaudence; et après que la charité des catholiques l'eut empêché de périr avec une partie de son peuple dans une entreprise si pleine de fureur, il fit un livre pour la soutenir. Ce que ce livre nous découvre, c'est dans l'esprit de la secte un aveugle désir de se donner de la gloire par une constance outrée, et à la fois de charger l'Eglise de la haine de tant de morts désespérées, comme si on y eût été forcé par ses mauvais traitemens. Voilà qui est incroyable, mais certain. On peut voir dans cet exemple les funestes et secrets ressorts que remuent dans le cœur humain une fausse gloire, un faux esprit de réforme, une fausse religion, un entêtement de parti et les aveugles passions qui l'accompagnent : et Dieu en lâchant la bride aux fureurs des hommes, permet quelquefois de tels excès, pour faire sentir à ceux qui s'y abandonnent le triste état où ils sont, et ensemble faire éclater combien immense est la différence du courage forcené que la rage inspire, d'avec la constance véritable, toujours réglée, toujours douce, toujours paisible et soumise aux ordres publics, telle qu'a été celle des martyrs.

De la souveraineté du peuple : principe de la politique de M. Jurieu : profanation de l'Ecriture pour l'établir.

XXXVI. Dessein du ministre de prouver par l'Ecriture la souveraineté de tous les peuples du monde.

La politique de M. Jurieu, à la traiter par raisonnement, nous engageroit à de trop longs et de trop vagues discours; ainsi sans vouloir entrer dans cette matière, et encore moins dans la discussion de tous les gouvernemens qui sont infinis, j'entreprends seulement d'examiner le prodigieux abus que ce ministre fait de

[1] Aug., epist. CLXXIII, n. 5; CLXXXV, n. 12; CCIV, n. 8; tom. II, col. 614, 647, 767; *Retract.*, lib. II, cap. LIX; tom. I, col. 64; *Contra Gaudent.*, lib. I, n. 32 et seq., tom. IX, col. 651 et seq.

l'Ecriture, quand il s'en sert pour faire dominer partout une espèce d'état populaire qu'il règle à sa mode.

Il traite cette matière dans ses *Lettres* xvi, xvii et xviii ; et après avoir consumé le temps à plusieurs raisonnemens et distinctions inutiles, il vient enfin à s'en rapporter à l'Histoire sainte, non-seulement comme « à la régle la plus certaine, » mais encore comme à la seule qu'on puisse suivre; puis qu'il n'y a, dit-il, que les autoritez divines qui doivent faire quelque impression sur les esprits [1]. » C'est aussi par là qu'il se vante de pouvoir montrer qu'en toutes sortes de gouvernemens le peuple est le principal souverain, ou plutôt le seul souverain en dernier ressort, puisque la souveraineté y demeure toujours, non-seulement comme dans sa source, mais encore comme dans le premier et principal sujet où elle réside. Voici par où le ministre commence sa preuve.

XXXVII. Erreur de M. Jurieu sur les premiers temps du peuple hébreu.

« Dieu, dit-il, s'estoit fait roy comme immédiat du peuple hébreu : et cette nation durant environ trois cents ans n'a eû aucun souverain sur terre, ni roy, ni juge souverain, ni gouverneur [2]. » Il n'y a rien de tel que de trancher net, et cela donne un air de savant qui éblouit un lecteur. Mais je demande à M. Jurieu : Que veulent donc dire ces paroles de tout le peuple à Josué : « Nous vous obéirons en toutes choses comme nous avons obéi à Moïse : qui ne vous obéira pas mourra [3] ? » Ce qui prouve la suprême autorité, non-seulement en la personne de Moïse, mais encore en celle de Josué. Est-ce là ce qu'on appelle n'avoir aucun juge ni magistrat souverain? Les autres juges, que Dieu suscitoit de temps en temps, n'eurent pas une moindre autorité, et il n'y avoit point d'appel de leurs jugemens. Ceux qui ne déférèrent pas à Gédéon furent punis d'une mort cruelle [4]. Samuel ne jugea pas seulement le peuple avec une autorité que personne ne contredisoit; mais il donna encore la même autorité à ses enfans [5] : et la loi même défendoit sous peine de mort de désobéir au juge qui seroit établi [6]. C'est donc une erreur grossière de vouloir nous dire que le peuple de Dieu n'eut ni juge souverain ni gouverneur durant trois cents ans. Il est vrai qu'il n'y avoit point de succes-

[1] Lett. xvii, p. 131, 133. — [2] *Ibid.*, p. 131. — [3] *Jos.*, I, 17, 18. — [4] *Jud.*, viii, 16. — [5] I *Reg.*, vii, 15; viii, 1. — [6] *Deut.*, xvii, 12.

sion réglée : Dieu pourvoyoit au gouvernement selon les besoins; et encore qu'il soit écrit « qu'en un certain temps » et avant qu'il y eût des rois « chacun faisoit comme il vouloit [1], » il en est bien dit autant du temps de Moïse [2]; et cela doit être entendu avec les restrictions qu'il n'est pas ici question d'examiner.

XXXVIII. Autre erreur du ministre, qui prétend que le peuple fît Saül son premier roi et étoit en droit de le faire.

Cet état du peuple de Dieu sous les juges est plus important qu'on ne pense; et si M. Jurieu y avoit pris garde, il n'auroit pas attribué au peuple l'établissement de la royauté au temps de Samuel et de Saül. « Quand, dit-il, le peuple voulut avoir un roy, Dieu luy en donna un. Il fit ce qu'il put pour l'en détourner; le peuple persevera et Dieu ceda. Qu'est-ce que cela signifie, sinon que l'autorité des rois dépend des peuples, et que les peuples sont naturellement maistres de leur gouvernement pour luy donner telle forme que bon leur semble [3]? » Je le veux bien, lorsqu'on imaginera un peuple dans l'anarchie; mais le peuple hébreu en étoit bien loin, puisqu'il avoit en Samuel un magistrat souverain; et c'est à M. Jurieu une erreur extrême et d'une extrême conséquence, que de vouloir rendre le peuple maître de son sort en cet état. Aussi loin d'entreprendre de se faire un roi, ou de changer par eux-mêmes la forme du gouvernement, ils s'adressent à Samuel, en lui disant : « Vous êtes âgé, et vos enfans ne marchent pas dans vos voies : établissez-nous un roi qui nous juge comme en ont les autres nations [4]. » Ils en usèrent d'une autre manière envers Jephté : « Venez, lui dirent-ils, et soyez notre prince [5], » parce qu'alors la judicature, pour ainsi parler, étoit vacante et le peuple pouvoit disposer de sa liberté : mais ils ne se sentoient pas en cet état sous Samuel; et c'est aussi à lui qu'ils s'adressent pour changer le gouvernement. Le même peuple avoit dit autrefois à Gédéon : « Dominez sur nous, vous et votre fils [6] : » où s'ils semblent vouloir disposer du gouvernement sous un prince déjà établi, il faut remarquer que c'étoit en sa faveur, puisque, loin de lui ôter son autorité, ils ne vouloient que l'augmenter et la rendre héréditaire dans sa famille. Et néanmoins ce n'étoit ici qu'une simple proposition de la part du peuple à Gédéon même; et pour

---

[1] *Jud.*, XVII, 6; XVIII, 1, etc. — [2] *Deut.*, XII, 8. — [3] Lett. XVII. — [4] I *Reg.*, VIII, 4, 5. — [5] *Jud.*, XI, 6. — [6] *Jud.*, VIII, 22.

avoir son effet, on peut dire qu'il y falloit non-seulement l'acceptation, mais encore l'autorisation de ce prince : à plus forte raison la falloit-il pour ôter au prince même son autorité; c'est pourquoi le peuple eut raison de s'adresser à Samuel en lui disant : « Etablissez-nous un roi ¹; » et Dieu même reconnut le droit de Samuel, lorsqu'il lui dit : « Ecoute la voix de ce peuple et établis un roi sur eux ²; » et un peu après : « Samuel parla en cette sorte au peuple qui lui demandoit un roi ³; » c'étoit donc toujours à lui qu'on le demandoit? Que si Samuel consulte Dieu sur ce qu'il avoit à faire, il le fait comme chargé du gouvernement, et à la même manière que les rois l'ont fait en cent rencontres. Ce fut lui qui sacra le nouveau roi ⁴ : ce fut lui qui fit faire au peuple tout ce qu'il falloit, qui fit venir les tribus et les familles les unes après les autres, qui leur appliqua le sort que Dieu avoit choisi comme le moyen de déclarer sa volonté sur celui qu'il destinoit à la royauté : et tout cela, comme il le déclare, en exécution de la demande qu'ils lui avoient faite : « Donnez-nous un roi. » M. Jurieu brouille encore ici à son ordinaire : « Le sort, dit-il, est une espece d'élection libre; car encore que la volonté ne concourre pas librement au choix du sujet sur lequel le choix tombe, elle concourt librement à laisser faire le choix au sort, et à confirmer ce que le sort a fait ⁵ : » fausse subtilité, que le texte sacré dément, puisque le sort n'est pas ici choisi par le peuple, mais commandé par Samuel. Aussi lorsque le sort se fut déclaré et que Saül eut paru, Samuel ne dit pas au peuple : Voyez celui que vous avez choisi; mais il leur dit : « Voyez celui que le Seigneur a choisi ⁶; » par où aussi s'en va en fumée l'imagination du ministre qui nous voudroit faire accroire que Dieu avoit laissé au peuple la liberté ou l'autorité « de confirmer ce que le sort avoit fait : » au lieu que sans demander sa confirmation ni son suffrage, Samuel leur dit décisivement, comme on vient d'entendre : « Voilà le roi que le Seigneur vous a donné. » Ce fut encore Samuel « qui déclara à tout le peuple la loi de la royauté, et la fit rédiger par écrit, et la mit devant le Seigneur ⁷. » Le peuple en tout cela ne fait qu'obéir

---

¹ I *Reg.*, VIII, 5. — ² *Ibid.*, 22. — ³ *Ibid.*, 10, 22. — ⁴ I *Reg.*, X, 1, etc. — ⁵ Jur., *ibid.* — ⁶ I *Reg.*, X, 24. — ⁷ *Ibid.*, 25.

aux ordres qui lui sont portés en cette occasion, comme dans toutes les autres, par son magistrat légitime; et l'obéissance est si peu remise à la discrétion du peuple, qu'au contraire il est écrit en termes formels, « qu'il n'y eut que les enfans de Bélial qui méprisèrent Saül [1], » c'est-à-dire qu'on ne pouvoit résister que par un esprit de révolte.

xxxix.
Suite des erreurs du ministre.
Second exemple, qui est celui de David et d'Isboseth.

Il faut donc déjà rayer ce grand exemple par lequel M. Jurieu a voulu montrer indéfiniment que le peuple fait les rois, et qu'il est en son pouvoir de changer la forme du gouvernement. Tout le contraire paroît : mais le ministre, qui, comme on voit, réussit si mal dans l'exemple du premier roi qui étoit Saül, ne raisonne pas mieux sur le second qui fut David. « Dieu, dit-il, avoit fait oindre David pour roy par Samuel; cependant il ne voulut point violer le droit du peuple pour l'élection d'un roy; et nonobstant ce choix que Dieu avoit fait, David eut besoin d'estre choisi par le peuple [2]. » Voici un étrange théologien, qui veut toujours qu'un homme que Dieu fait roi, ait encore besoin du peuple pour avoir ce titre; la preuve en est pitoyable : « C'est pourquoi, dit-il, David monta en Hébron, et ceux de Juda vinrent et oignirent là David pour roy sur la maison de Juda [3]. » Mais qui lui a dit que ce n'est pas là une installation et une reconnoissance d'un roi déjà établi, ou tout au moins déjà désigné de Dieu avec un droit certain à la succession, puisque, comme nous l'avons vu, tout le peuple et Saül lui-même, aussi bien que Jonathas son fils aîné, l'avoient reconnu : et David se porta tellement pour roi, incontinent après la mort de Saül, que comme roi il vengea son prédécesseur [4], et récompensa ceux de Jabès-Galaad [5] ? Il paroît même que tout Israël l'auroit reconnu sans Abner, général des armées sous Saül, « qui fit régner Isboseth fils de ce prince sur les dix tribus [6]. »

Le ministre veut qu'on croie qu'Isboseth fut roi légitime, parce que les dix tribus lui avoient donné la puissance souveraine, « et que les peuples sont les maîtres de leur souveraineté, et la donnent à qui bon leur semble [7]. » Quoi ! contre l'ordre exprès de Dieu,

---

[1] I *Reg.*, x, 27. — [2] *Lett.* xvii, p. 132. — [3] II *Reg.*, ii, 2, 4. — [4] II *Reg.*, i, 15, 16, 18. — [5] II *Reg.*, ii, 6, 7. — [6] *Ibid.*, 8, 9. — [7] Jur., *ibid.*

qui avoit donné à David tout le royaume de Saül? C'en est trop, et le ministre s'oublie tout à fait: mais voyons encore quelle fut la suite de ce choix de Dieu. Lorsqu'Abner voulut établir le règne de David sur les dix tribus, il lui fait parler en cette sorte : « A qui est la terre, » si ce n'est à vous? « Entendez-vous avec moi, et je vous ramènerai tout Israël [1], » comme on ramène le troupeau à son pasteur et des sujets à leur roi. Mais que dit-il encore aux principaux d'Israël qui reconnoissoient Isboseth? « Hier et avant-hier vous cherchiez David afin qu'il régnât sur vous [2]. » Il y avoit sept ans qu'Isboseth régnoit; et on voit jusqu'aux derniers jours dans les dix tribus qui le reconnoissent un perpétuel esprit de retour à David comme à leur roi, et à un roi que Dieu leur avoit donné, ainsi qu'Abner venoit de le répéter [3]; ce qui fait voir qu'ils ne demeuroient sous Isboseth que par force, à cause d'Abner et des troupes qu'il commandoit. Aussi dès la première proposition, tout Israël et Benjamin même, qui étoit la tribu d'Isboseth, consentirent à se soumettre à David comme à leur roi légitime; et Abner lui dit : « J'amènerai tout Israël au roi mon Seigneur [4]. » On sait la suite de l'histoire, et comme les deux capitaines qui commandoient la garde d'Isboseth, en apportèrent la tête à David : on sait aussi que David leur rendit le salaire qu'ils méritoient, comme il avoit fait à l'Amalécite qui s'étoit vanté d'avoir tué Saül; car il les fit mourir sans miséricorde, comme il avoit fait celui-ci [5] : mais le discours qu'il tint à l'un et aux autres fut bien différent, puisqu'il dit à l'Amalécite qui se vantoit d'avoir tué Saül : « Comment n'as-tu pas craint de mettre la main sur l'Oint du Seigneur pour le tuer? Ton sang sera sur ta tête, parce que tu as osé dire : J'ai tué l'Oint du Seigneur [6]. » Parla-t-il de la même manière aux deux capitaines qui se vantoient d'avoir fait un semblable traitement à Isboseth? Point du tout. « Vive le Seigneur, leur dit-il, j'ai fait tuer celui qui pensoit m'apporter une agréable nouvelle en me disant : Saül est mort de ma main : combien plutôt punirai-je deux scélérats qui ont tué sur son lit un homme innocent [7]. » Il n'oublie rien, comme

---

[1] II *Reg.*, III, 12. — [2] *Ibid.*, 17. — [3] *Ibid.*, 18. — [4] *Ibid.*, 19-21. — [5] II *Reg.*, IV, 2, 8. — [6] II *Reg.*, I, 14, 16. — [7] II *Reg.*, IV, 9-11.

on voit, pour exagérer leur crime. Mais reproche-t-il à ces traîtres, comme il fait à l'Amalécite, qu'ils avoient attenté sur l'Oint du Seigneur? Leur dit-il du moins qu'ils ont fait mourir leur légitime seigneur? Rien moins que cela. Il reproche à l'Amalécite d'avoir versé le sang d'un roi ; et à ceux-ci d'avoir répandu celui « d'un homme innocent » à leur égard, qu'ils avoient tué dans son lit sans qu'il fît de mal à personne, et qui même, à le prendre de plus haut, ne s'étoit mis sur le trône qu'à la persuasion d'Abner avec une prétention vraisemblable, et comme nous parlons, avec un titre coloré, puisqu'il étoit fils de Saül. M. Jurieu ne voit rien de tout cela ; et au lieu qu'il faut tout peser dans un Livre aussi précis et aussi profond, pour ne pas dire aussi divin que l'Ecriture, il marche toujours devant lui, entêté de sa puissance du peuple, dont à quelque prix que ce soit il veut trouver des exemples; et croit encore avoir tout gagné quand il nous demande « si l'Ecriture traite le fils de Saül de roy illegitime, ou les dix tribus de rebelles [1], » pour s'être soumises à son empire : comme si nous ne pouvions pas lui demander à notre tour si l'Ecriture traite de rebelles les mêmes tribus, lorsqu'elles se soumirent à David. Pouvoient-elles abandonner Isboseth, si c'étoit « un roy, fils de roy et heritier legitime de son père, éleû selon le droit de toutes les couronnes successives? » comme parle M. Jurieu. Mais David est-il traité d'usurpateur pour avoir *dépossédé* un roi si légitimement établi? Car assurément un roi légitime ne peut être abandonné sans félonie, et David n'auroit pu le dépouiller sans être usurpateur. Il le seroit donc, selon le ministre, en recevant Abner et les dix tribus sous son obéissance, pendant qu'Isboseth leur roi légitime vivoit encore. Or bien certainement ni les dix tribus ne furent infidèles en se soumettant à David, ni David sacré roi par ordre de Dieu n'a été usurpateur ni tyran. Qui ne voit donc qu'il faut dire nécessairement que David étoit le roi légitime de tout Israël, et qu'on n'avoit pu reconnoître Isboseth que par attentat ou par erreur?

<small>XL. Troisième exemple</small>   Je ne sais plus ce qu'on peut penser de ce ministre après de tels égaremens : mais voici un troisième exemple qui met le comble

[1] Jur., Lett. XVII, p. 132.

à ses erreurs. Le rebelle Absalom étoit défait et tué : mais David n'osoit se fier à un peuple ingrat, où la crainte d'être puni de son infidélité pouvoit encore entretenir l'esprit de révolte. En effet les rebelles effrayés, au lieu de venir demander pardon au roi, et se ranger comme ils devoient sous ses étendards, s'étoient retirés dans leurs maisons avec un air de mécontentement [1]. Quelques-uns parloient pour David, mais trop foiblement encore ; et le mouvement fut si grand, qu'un peu après Séba, fils de Bochri, souleva le peuple, de manière que si on ne se fût dépêché de l'accabler, cette dernière révolte eût été plus dangereuse que celle d'Absalom [2]. Avant donc que de retourner à Jérusalem, David voulut reconnoître la disposition du peuple, et faisoit parler aux uns et aux autres pour les rappeler à leur devoir. Il n'en faut pas davantage pour faire dire au ministre que « David ne voulut remonter sur le thrône, que par la mesme autorité par laquelle il y estoit premierement monté [3], » c'est-à-dire par celle du peuple. Mais quoi ! David n'étoit-il pas demeuré roi malgré la rébellion, et Absalom n'étoit-il pas un usurpateur ? « Ouy, dit M. Jurieu, c'estoit un infâme usurpateur, et le peuple estoit rebelle. » Qu'attendoit donc David, selon ce ministre ? Avoit-il besoin de *l'autorité* d'un peuple rebelle pour se remettre sur son trône et rentrer dans son palais ? Non sans doute : et il est visible que s'il différoit, c'étoit pour mieux assurer les choses avant que de se remettre entièrement entre les mains des rebelles. Mais cette raison est trop naturelle pour notre ministre. « David, dit-il, aimoit mieux avoüer par cette conduite que les peuples sont maistres de leurs couronnes, et qu'ils les ostent et qu'ils les donnent à qui ils veulent [4]. » Quoi ! même des peuples rebelles ont tant de pouvoir, et sous un roi légitime ? Et dans un attentat aussi étrange que celui d'un fils contre un père, il falloit encore adorer le droit du peuple ? N'eût-ce pas été flatter la rébellion au lieu de l'éteindre, et soulever un peuple qu'il falloit abattre ? Le ministre ne rougit pas d'un tel excès. Il en est averti par ses confrères : mais au lieu de s'en corriger il y persiste : c'est que « le peuple a le droit, dit-

---

[1] II *Reg.*, XIX, 9. — [2] II *Reg.*, XX, 6. — [3] Jur., Lett. XVII, p. 132. — [4] *Ibid.*

il, et quoiqu'il en ait abusé ¹, » en sorte que ce qu'il a fait soit un attentat manifeste, qui par conséquent le rend punissable, et rend du moins ce qu'il a entrepris de nul effet, il faut respecter cet attentat : un prince chassé, mais à la fin victorieux, n'osera user de son droit qu'avec le consentement et l'autorité des rebelles; et au lieu de les punir, il faudra encore qu'il leur demande pardon de sa victoire. Voilà, mes Frères, les maximes qu'on vous prêche; voilà comme on traite l'Ecriture sainte. Où en sommes-nous, si on écoute de tels songes?

XLI. Quatrième exemple, celui d'Adonias.

Je trouve un quatrième exemple dans la *Lettre* XVIII : « La couronne, dit le ministre, appartenoit à Adonias plustost qu'à Salomon, car il estoit l'aisné : cependant le peuple la transporta d'Adonias à Salomon ². » S'il vouloit bien une seule fois considérer les endroits qu'il cite, il nous sauveroit la peine de le réfuter. Encore lui pardonnerois-je, s'il y avoit un seul mot du peuple dans tout le récit de cette affaire; mais quoique l'Histoire sainte la raconte dans tout le détail, on y voit au contraire que Bethsabée dit à David ³ : « O mon seigneur et mon roi, toute la maison d'Israël attend que vous déclariez qui doit être assis après vous dans votre trône; » on voit donc, loin de décider, que le peuple étoit en l'attente de la volonté du roi. Le roi en même temps donne ses ordres et fait sacrer Salomon : « Qu'on le mette, dit-il, dans mon trône, et qu'on me l'amène; et je lui commanderai de régner ⁴. » A l'instant tout le parti d'Adonias fut dissipé : et Abiathar lui vint dire : « Le roi David notre souverain seigneur a établi Salomon roi ⁵. » Dès qu'on vit qu'Adonias vouloit régner, le prophète Nathan vint dire à David : « Le roi mon seigneur a-t-il ordonné qu'Adonias régnât après lui? » Et encore : « Cet ordre est-il venu du roi mon seigneur? et que n'a-t-il déclaré sa volonté à son serviteur ⁶? » On ne songeoit pas seulement que le peuple eût à se mêler dans cette affaire, et l'on n'en fait nulle mention.

XLII. Cinquième et dernier exemple ; celui des

Le cinquième et dernier exemple est celui des Machabées : « Qui, dit-on, a trouvé à redire à ce que firent les Juifs après avoir secoüé le joug des roys de Syrie? Pourquoy, au lieu de

¹ Lett. XXI, p. 167. — ² Lett. XVIII, p. 140. — ³ III *Reg.*, I, 20. — ⁴ *Ibid.*, 33 et seq. — ⁵ *Ibid.*, 44. — ⁶ *Ibid.*, 27.

donner la couronne aux Machabées, ne la rendirent-ils pas à la famille de David [1]? » La réponse n'est pas difficile. Il y avoit quatre cents ans et plus, non-seulement que le sceptre étoit sorti de la famille de David, mais encore que son trône étoit renversé, et le royaume assujetti à un autre peuple. Les rois d'Assyrie, les rois de Perse, les rois de Syrie en avoient prescrit la possession contre la famille de David, qui avoit cessé de prétendre à la royauté depuis le temps de Sédécias; et on n'espéroit plus le rétablissement du royaume dans la maison de David qu'au temps du Messie. Ainsi le peuple affranchi avec le consentement des rois de Syrie, ses derniers maîtres, pouvoit sans avoir égard au droit prescrit et abandonné de la maison de David, donner l'empire à celle des Asmonéens, qui avoit déjà le souverain sacerdoce. Que si on venoit à dire, quoique sans aucune apparence, qu'il n'y a point de prescription contre les familles royales, ni en particulier contre celle de David à cause des promesses de Dieu, il s'ensuivroit de là que les Romains auroient été des usurpateurs, et que lorsque Jésus-Christ a dit : « Rendez à César ce qui est à César, » il auroit jugé pour l'usurpateur contre sa propre famille et contre lui-même, puisqu'il étoit constamment le fils de David. Concluons donc qu'à ne regarder que l'empire temporel de la famille de David, la prescription avoit lieu contre elle; que le trône n'en devoit être éternel que d'une manière spirituelle en la personne du Christ; et qu'en attendant sa venue, le peuple se pouvoit soumettre aux Asmonéens.

Asmonéens ou Machabées

Voyons si votre ministre sera plus heureux à résoudre les objections qu'à nous proposer ses maximes et ses exemples. On lui objecte ce fameux passage où, pour détourner le peuple du dessein d'avoir un roi, Dieu parle ainsi à Samuel : « Raconte-lui le droit du roi qui régnera sur eux : et Samuel leur dit : Tel sera le droit du roi [2]. » Tout le monde sait le reste : c'est en abrégé : « Il enlèvera vos enfans et vos esclaves; il établira des tributs sur vos terres et sur vos troupeaux, sur vos moissons et sur vos vendanges, et vous lui serez sujets. » Voilà ce que Dieu fit dire à son peuple avant que de consentir à sa volonté : et quand le roi fut

XLIII. Falsification du texte sacré; bévues sur les chap. VIII et X du premier des *Rois*.

---

[1] Lett. XVII, p. 132. — [2] 1 *Reg.*, VIII, 9, 11.

établi : « Samuel prononça au peuple le droit du royaume, et l'écrivit dans un livre qu'il posa devant le Seigneur [1]; » c'est-à-dire qu'il le posa devant l'arche, comme une chose sacrée.

M. Jurieu prétend que ces deux endroits n'ont rien de commun l'un avec l'autre. « Ceux qui outrent tout, dit-il, et qui ne comprennent rien, veulent que cette description de la tyrannie des rois (au chapitre VIII, vers. 9 et 11) soit la mesme chose que le droit des rois dont il est dit dans le chapitre X, vers. 25 : Lors Samuel prononça au peuple le droit du royaume, et l'écrivit dans un livre, qu'il posa devant le Seigneur [2]. » Voilà donc, selon ce ministre, ce que disent « ceux qui outrent tout et ne comprennent rien. » Mais lui, qui n'outre rien et qui comprend tout, prend un autre parti ; et voici pourquoi : « C'est, dit-il, qu'il n'y a qu'à voir la différence des termes dont Samuel se sert dans ces deux endroits pour connoistre la différence des choses. Dans ce dernier passage (chapitre X, vers. 25), ce que Samuel proposa au peuple est appellé le droit du royaume, et dans le huitième chapitre les menaces qu'il énonce sont appellées le traitement : « Déclare-leur comment le roy qui régnera sur eux les traitera, » et non pas comment il aura droit de les traiter. Et Samuel dit aussi : « C'est icy le traitement que vous fera le roy qui doit regner sur vous ; » il ne dit pas : C'est icy le traitement qu'il aura droit de vous faire. »

A entendre parler ce ministre avec une distinction et une résolution si précise, vous diriez qu'il ait lu dans l'original les passages qu'il entreprend d'expliquer : mais non ; car au lieu qu'il dit décisivement que le Saint-Esprit se sert de mots différens au huitième et au dixième chapitre pour expliquer ce qu'il a traduit, *traitement* et *droit*, il ne falloit que des yeux ouverts et seulement savoir lire pour voir que le Saint-Esprit emploie partout le même terme : « Raconte-leur le droit du roi » (ch. VIII, 9, *Mischpath*) : « Tel sera le droit du roi (Ibidem, 11). Encore *Mischpath* : « Samuel prononça au peuple le droit du royaume » (chap. X, 25) pour la troisième fois, *Mischpath*, et les Septante ont aussi dans les trois endroits le même mot, et partout δικαίωμα, qui veut dire

---
[1] I *Reg.*, X, 25. — [2] Jur., Lett. XVII, p. 174.

droit, jugement, ou comme on voudra le traduire, toujours en signifiant quelque chose qui tient lieu de loi, qui est aussi ce que signifie naturellement le mot hébreu, comme on le pourroit prouver par cent passages.

Il faut donc par les principes du ministre prendre le contre-pied de ses sentimens. Le rapport du chapitre VIII et du chapitre X est manifeste. Le droit du chapitre X n'est pas la conduite particulière des rois : ce n'est pas le traitement qu'ils feront au peuple à tort ou à droit, que Dieu fait enregistrer dans un livre public et consacrer devant ses autels; c'est un droit royal : donc le droit dont il est parlé au chapitre VIII est un droit royal aussi. Et il ne faut pas objecter qu'il s'ensuivroit que le droit royal seroit une tyrannie. Car il ne faut pas entendre que Dieu permette aux rois ce qui est porté au chapitre VIII, si ce n'est dans le cas de certaines nécessités extrêmes, où le bien particulier doit être sacrifié au bien de l'Etat et à la conservation de ceux qui le servent. Dieu veut donc que le peuple entende que c'est au roi à juger ces cas, et que s'il excède son pouvoir, il n'en doit compte qu'à lui : de sorte que le droit qu'il a n'est pas le droit de faire licitement ce qui est mauvais; mais le droit de le faire impunément à l'égard de la justice humaine, à condition d'en répondre à la justice de Dieu, à laquelle il demeure d'autant plus sujet, qu'il est plus indépendant de celle des hommes. Voilà ce qui s'appelle avec raison le droit royal, également reconnu par les protestans et par les catholiques, et c'est ainsi du moins qu'on régnoit parmi les Hébreux. Mais quand il faudroit prendre ce droit, comme fait M. Jurien, pour le traitement que les rois feroient aux peuples, le ministre n'en seroit pas plus avancé, puisque toujours il demeureroit pour assuré que Dieu ne donne aucun remède au peuple contre ce traitement de ses rois. Car loin de leur dire : Vous y pourvoirez; ou : Vous aurez droit d'y pourvoir, au contraire il ne leur dit autre chose, sinon : « Vous crierez à moi à cause de votre roi que vous aurez voulu avoir, et je ne vous écouterai pas [1]; » leur montrant qu'il ne leur laissoit aucune ressource contre l'abus de la puissance royale, que celle de réclamer son se-

XLIV. Quel étoit le droit de régner parmi les Hébreux, et de l'indépendance de leurs rois dans leur première monarchie.

[1] *Reg.*, VIII, 18.

cours, qu'ils ne méritoient pas après avoir méprisé ses avis.

D'autres veulent que cette loi du royaume, dont il est parlé au I*er* des *Rois*, x, 25, soit celle du *Deutéronome* [1], où Dieu modère l'ambition des rois et règle leurs devoirs. Mais pourquoi écrire de nouveau cette loi, qui étoit déjà si bien écrite dans ce divin Livre, et déjà entre les mains de tout le peuple? et d'ailleurs les objets de ces deux lois sont bien différens. Celle du *Deutéronome* marquoit au roi ce qu'il devoit faire, et celle du Livre des *Rois* marquoit au peuple à quoi il s'étoit soumis en demandant un roi. Mais qu'on le prenne comme on voudra, on n'y gagne pas davantage, puisqu'enfin cette loi des rois dans le livre du *Deutéronome* ne prescrit aucune peine qu'on puisse leur imposer, s'ils manquent à leur devoir : tout au contraire de ce qu'on voit partout ailleurs, où la peine de la transgression suit toujours l'établissement du précepte. Mais lorsque Dieu commande aux rois, il n'ordonne aucune peine contre eux : et encore qu'il n'ait rien omis dans la loi pour bien instruire son peuple, on n'y trouve aucun vestige de ce pouvoir sur les rois, que notre ministre lui donne comme le seul fondement de sa liberté : au contraire tout y tend visiblement à l'indépendance des rois; et la preuve démonstrative que tel est l'esprit de la loi et la condition de régner parmi les Hébreux, c'est la pratique constante et perpétuelle de ce peuple, qui jamais ne se permet rien contre ses rois. Il y avoit une loi expresse qui condamnoit les adultères à la mort [2] : mais nul autre que Dieu n'entreprit de punir David qui étoit tombé dans ce crime. La loi condamnoit encore à mort celui qui portoit le peuple à l'idolâtrie; et si une ville entière en étoit coupable, elle étoit sujette à la même peine [3]. Mais nul n'attenta rien sur Jéroboam, « qui pécha et fit pécher Israël, » comme le répète vingt et trente fois le texte sacré [4], qui érigea les veaux d'or, le scandale de Samarie et l'erreur des dix tribus. Dieu le punit, mais il demeura à l'égard des hommes paisible et inviolable possesseur du royaume que Dieu lui avoit donné [5]. Ainsi en fut-il d'Achab et de Jézabel; ainsi en fut-il d'Achaz et de Manassès, et de tant d'autres rois qui

---

[1] *Deut.*, XVII, 16. — [2] *Deut.*, XXII, 22. — [3] *Deut.*, XIII, 9, 12. — [4] III *Reg.*, XII, 26; XIII, 34; XIV, 16, etc. — [5] III *Reg.*, XI, 35 et seq.

idolâtroient et invitoient ou forçoient le peuple à l'idolâtrie : ils étoient tous condamnés à mort selon les termes précis de la loi ; et ceux qui joignoient le meurtre à l'idolâtrie, comme un Achab et un Manassès, devoient encore être punis de mort par un autre titre et par la loi spéciale qui condamnoit l'homicide [1]. Et néanmoins ni les grands, ni les petits, ni tout le peuple, ni les prophètes, qui envoyés de la part de Dieu devoient parler plus haut que tous les autres, et qui parloient en effet si puissamment aux rois les plus redoutables, ne leur reprochoient jamais la peine de mort qu'ils avoient encourue selon la loi. Pourquoi, si ce n'est qu'on entendoit qu'il y avoit dans toutes les lois, selon ce qu'elles avoient de pénal, une tacite exception en faveur des rois? en sorte qu'il demeuroit pour constant qu'ils ne répondoient qu'à Dieu seul : c'est pourquoi lorsqu'il vouloit les punir par les voies communes, il créoit un roi à leur place, ainsi qu'il créa Jéhu pour punir Joram roi de Samarie, l'impie Jézabel sa mère, et toute leur postérité [2]. Mais de ce pouvoir prétendu du peuple et de cette souveraineté qu'on veut lui attribuer naturellement, il n'y en a ni aucun acte, ni aucun vestige, et pas même le moindre soupçon dans toute l'Histoire sainte, dans tous les écrits des prophètes, ni dans tous les Livres sacrés. On a donc très-bien entendu dans le peuple hébreu ce droit royal, qui réservoit le roi au jugement de Dieu seul, et non-seulement dans les cas marqués au premier livre des *Rois*, qui étoient les cas les plus ordinaires, mais encore dans les plus extraordinaires et à la fois les plus importans, comme l'adultère, le meurtre et l'idolâtrie. Ainsi on ne peut douter qu'on ne régnât avec ce droit, puisque l'interprète le plus assuré du droit public et en général de toutes les lois, c'est la pratique.

Mais voici un autre interprète du droit royal. C'est le plus sage de tous les rois qui met ces paroles dans la bouche de tout le peuple : « J'observe la bouche du roi : il fait tout ce qui lui plaît, et sa parole est puissante ; et personne ne lui peut dire : Pourquoi faites-vous ainsi [3] ? » Façon de parler si propre à signifier l'indépendance, qu'on n'en a point de meilleure pour exprimer celle de Dieu. « Personne, dit Daniel, ne résiste à son pouvoir, ni

---

[1] *Exod.*, XXI, 12 ; *Deut.*, XIX, 11. — [2] IV *Reg.*, IX, 10. — [3] *Eccle.*, VIII, 2-4.

ne lui dit : Pourquoi le faites-vous ¹? » Dieu donc est indépendant par lui-même et par sa nature; et le roi est indépendant à l'égard des hommes et sous les ordres de Dieu, qui seul aussi peut lui demander compte de ce qu'il fait, et c'est pourquoi il est appelé le *Roi des rois* et le *Seigneur des seigneurs*. M. Jurieu se mêle ici de nous expliquer Salomon, en lui faisant dire seulement « qu'il n'est pas permis de controller les rois dans ce qu'ils font, quand leurs ordres ne vont pas à la ruine de la société, encore que souvent ils incommodent ². » Ce ministre prête ses pensées à Salomon : mais de quelle autorité, de quel exemple, de quel texte de l'Ecriture a-t-il soutenu la glose qu'il lui donne? Auquel de ces rois cruels et impies, dont le nombre a été si grand, a-t-on demandé raison de sa conduite, quoiqu'elle allât visiblement à la subversion de la religion et de l'Etat? On n'en trouve aucune apparence dans un royaume qui a duré cinq cents ans; cependant l'Etat subsistoit, la religion s'est soutenue, sans qu'on parlât seulement de ce prétendu recours au peuple, où l'on veut mettre la ressource des Etats.

XLV.
Le droit de régner parmi les Hébreux n'étoit pas particulier à ce peuple ni moins indépendant parmi les autres nations.

Il ne faut pas s'imaginer que les autres royaumes d'Orient eussent une autre constitution que celui des Israélites. Lorsque ceux-ci demandèrent un roi, ils ne vouloient pas établir une monarchie d'une forme particulière. « Donnez-nous un roi, disoient-ils, comme en ont les autres nations ³; et nous serons, ajoutent-ils, comme tous les autres peuples ⁴; » et dès le temps de Moïse : « Vous voudrez avoir un roi comme en ont tous les autres peuples aux environs ⁵. » Ainsi les royaumes d'Orient, où fleurissoient les plus anciennes et les plus célèbres monarchies de l'univers, avoient la même constitution. On n'y connoissoit non plus qu'en Israël cette suprême autorité du peuple; et quand Salomon disoit : « Le roi parle avec empire, et nul ne peut lui dire : Pourquoi le faites-vous? » il n'exprimoit pas seulement la forme du gouvernement parmi les Hébreux, mais encore la constitution des royaumes connus alors et, pour parler ainsi, le droit commun des monarchies.

¹ *Dan.*, IV, 32. — ² Jur., Lettr. XVII. — ³ I *Reg.*, VIII, 5. — ⁴ *Ibid.*, 20. — ⁵ *Deut.*, XVII, 14.

Au reste cette indépendance étoit tellement de l'esprit de la monarchie des Hébreux, qu'elle se remit dans la même forme, lorsqu'elle fut renouvelée sous les Machabées. Car encore qu'on ne donnât pas à Simon le titre de roi, que ses enfans prirent dans la suite, il en avoit toute la puissance sous le titre de souverain Pontife et de capitaine, puisqu'il est porté dans l'Acte où les sacrificateurs et tout le peuple lui transportent pour lui et pour sa famille le pouvoir suprême sous ces titres, qu'on lui remet entre les mains les armes, les garnisons, les forteresses, les impôts, les gouverneurs et les magistrats [1], les assemblées même, sans qu'on en pût tenir aucune que par son ordre [2], et en un mot la puissance « de pourvoir au besoin du peuple saint [3]; » ce qui comprend généralement tous les besoins d'un Etat, tant dans la paix que dans la guerre, « sans pouvoir être contredit par qui que ce soit, sacrificateur ou autre, à peine d'être déclaré criminel. » Enfin on n'oublie rien dans cet Acte; et loin de se réserver la puissance souveraine, le peuple ne se laisse rien par où il puisse jamais s'opposer au prince, ni armes, ni assemblées, ni autorité quelconque, ni enfin autre chose que l'obéissance.

XLVI. Que l'indépendance des souverains est également établie dans la monarchie renaissante des Hébreux sous les Machabées : acte du peuple en faveur de Simon Machabée.

Je voudrois bien demander à M. Jurieu, qui est si habile à trouver ce qui lui plaît dans l'Ecriture, ce que le peuple juif s'est réservé par cet Acte? Quoi? peut-être la législation, à cause qu'il n'y en est point parlé? Mais il sait bien que dans le peuple de Dieu la législation étoit épuisée par la seule loi de Moïse, à quoi nous ajouterons, s'il lui plaît, les traditions constantes et immémoriales qui venoient de la même source. Que s'il falloit dans l'application des interprétations juridiques, la loi même y avoit pourvu par le ministère sacerdotal, comme Malachie l'avoit si bien expliqué [4] sur le fondement de la doctrine de Moïse; et on n'avoit garde d'en parler dans l'Acte qu'on fit en faveur de Simon, puisque ce droit étoit renfermé dans sa qualité de Pontife. Tout le reste est spécifié; et si le peuple s'étoit réservé quelque partie du gouvernement pour petite qu'elle fût, il n'auroit pas renoncé à toute assemblée, puisque s'assembler, pour un peuple, est le seul moyen d'exercer une autorité légitime : de sorte que qui y

XLVII. Réflexions sur cet acte et parfaite indépendance des souverains successeurs de Simon.

[1] I Mach., XIV, 41 et seq., 49. — [2] Ibid., 44. — [3] Ibid., 42, 43. — [4] Malach., II.

renonce, comme fait ici le peuple juif, renonce en même temps à tout légitime pouvoir.

La seule restriction que je trouve dans l'Acte dont nous parlons, c'est que la puissance n'étoit donnée à Simon et à ses enfans, que jusqu'à ce « qu'il s'élevât un fidèle prophète [1], » soit qu'il faille entendre le Christ, ou quelque autre fidèle interprète de la volonté de Dieu. Mais cette restriction si bien exprimée ne marque pas seulement qu'il n'y en avoit aucune autre, puisque cette autre seroit marquée comme celle-là, mais exclut encore positivement celle que M. Jurieu voudroit établir. Car ce qu'il voudroit établir, c'est dans toutes les monarchies et même dans les plus absolues, la réserve du pouvoir du peuple pour changer le gouvernement dans le besoin : or bien loin d'avoir réservé ce pouvoir au peuple, on le lui ôte en termes formels, puisque tout changement de gouvernement est réservé à Dieu et à un prophète venu de sa part; et voilà dans la nouvelle souveraineté de Simon et de sa famille l'indépendance la mieux exprimée, et tout ensemble la plus absolue qu'on puisse voir.

XLVIII. *Réflexions générales sur toute la doctrine précédente, et renversement manifeste du grand principe du ministre.* Ce que les nouveaux rabbins ont imaginé de la puissance du grand Sanhédrin, ou du conseil perpétuel de la nation, où ils prétendent qu'on jugeoit les crimes des rois, ni ne paroît dans cet Acte, ni ne se trouve en la loi, ni n'est fondé sur aucun exemple ni dans l'ancienne ni dans la nouvelle monarchie, ni on n'en voit rien dans l'Histoire sainte, ou dans Josèphe, ou dans Philon, ou dans aucun ancien auteur : au contraire tout y répugne; et on n'a jamais vu en Israël de jugement humain contre les rois, si ce n'est peut-être après leur mort pour leur décerner l'honneur de la sépulture royale, ou les en priver : coutume qui venoit des Egyptiens, et dont on voit quelque vestige dans le peuple saint, lorsque les rois impies étoient inhumés dans les lieux particuliers, et non pas dans les tombeaux des rois. Voilà tout le jugement qu'on exerçoit sur les rois; mais après leur mort et sous l'autorité de leur successeur; et cela même étoit une marque que leur majesté étoit jugée inviolable pendant leur vie. Voilà donc comme on a régné parmi les Juifs, toujours dans le même esprit

[1] I *Mac.*, XIV, 41

d'indépendance absolue, tant sous les rois de la première institution que dans la monarchie renaissante sous les Machabées. Qu'ai-je besoin d'écouter ici les frivoles raisonnemens de votre ministre? Voilà un fait constant qui les détruit tous. Car que sert d'alléguer en l'air qu'il n'y a ni possibilité ni vraisemblance qu'un peuple ait pu donner un pouvoir qui lui seroit si nuisible [1]? Voilà un peuple qui l'a donné, et ce peuple étoit le peuple de Dieu, le seul qui le connût et le servît : le seul par conséquent qui eût la véritable sagesse, mais le seul que Dieu gouvernât et à qui il eût donné des lois : c'est ce peuple qui ne se réserve aucun pouvoir contre ses souverains. Lorsqu'on allègue cette loi fameuse, que la loi suprême est le salut du peuple [2], je l'avoue : mais ce peuple a mis son salut à réunir toute sa puissance dans un seul, par conséquent à ne rien pouvoir contre ce seul à qui il transportoit tout. Ce n'étoit pas qu'on n'eût vu les inconvéniens de l'indépendance du prince, puisqu'on avoit vu tant de mauvais rois, tant d'insupportables tyrans; mais c'est qu'on voyoit encore moins d'inconvénient à les souffrir quels qu'ils fussent, qu'à laisser à la multitude le moindre pouvoir. Que si l'Etat à la fin étoit péri sous ces rois qui avoient abandonné Dieu, on n'alloit pas imaginer que ce fût faute d'avoir laissé quelque pouvoir au peuple, puisque toute l'Ecriture atteste que le peuple n'étoit pas moins insensé que ses rois. « Nous avons péché, disoit Daniel, nous et nos pères, et nos rois, et nos princes, et nos sacrificateurs et tout le peuple de la terre [3]. » Esdras et Néhémias en disent autant. Ce n'étoit donc pas dans le peuple qu'on imaginoit le remède aux déréglemens, ou la ressource aux calamités publiques; au contraire c'étoit au peuple même qu'il falloit opposer une puissance indépendante de lui pour l'arrêter; et si ce remède ne réussissoit, il n'y avoit rien à attendre que de la puissance divine. C'est donc pour cette raison que malgré les expériences de l'ancienne monarchie, on ne laissa pas de fonder sur les mêmes principes la monarchie renaissante. Elle périt par les dissensions qui arrivèrent dans la maison royale. Le peuple qui voyoit le mal ne songea pas seulement qu'il y pût remédier. Les Romains se rendirent les maîtres et donnèrent le

---

[1] Jur., Lett. XVI, XVII. — [2] Jur., *ibid.* — [3] *Dan.*, IX, 5, 6.

royaume à Hérode, sous qui sans doute on ne songeoit pas que la souveraine puissance résidât dans le peuple. Quand les Romains la reprirent sous les Césars, le peuple ne songeoit non plus qu'il lui restât le moindre pouvoir pour se gouverner, loin de l'avoir sur ses maîtres; et c'est cet état de souveraineté si indépendante sous les Césars que Jésus-Christ autorise, lorsqu'il dit : « Rendez à César ce qui est à César. »

Il n'y a donc rien de plus constant que ces monarchies où l'on ne peut imaginer que le peuple ait aucun pouvoir, loin d'avoir le pouvoir suprême sur ses rois. Je ne prétends pas disputer qu'il n'y en puisse avoir d'une autre forme, ni examiner si celle-ci est la meilleure en elle-même; au contraire sans me perdre ici dans de vaines spéculations, je respecte dans chaque peuple le gouvernement que l'usage y a consacré, et que l'expérience a fait trouver le meilleur. Ainsi je n'empêche pas que plusieurs peuples n'aient excepté, ou pu excepter contre le droit commun de la royauté, ou si l'on veut imaginer la royauté d'une autre sorte, et la tempérer plus ou moins, suivant le génie des nations et les diverses constitutions des Etats. Quoi qu'il en soit, il est démontré que ces exceptions ou limitations du pouvoir des rois, loin d'être le droit commun des monarchies, ne sont pas seulement connues dans celle du peuple de Dieu. Mais celle-ci n'ayant rien eu de particulier, puisqu'au contraire on la voit établie sur la forme de toutes les autres ou de la plupart, la démonstration passe plus loin, et remonte jusqu'aux monarchies les plus anciennes et les plus célèbres de l'univers : de sorte qu'on peut conclure que toutes ces monarchies n'ont pas seulement connu ce prétendu pouvoir du peuple, et qu'on ne le connoissoit pas dans les empires que Dieu même et Jésus-Christ ont autorisés.

Principes de la politique de M. Jurieu, et leur absurdité.

XLIX.
Définition du peuple que le ministre fait souverain : qu'il met la souveraineté

J'ai vengé le droit des rois et de toutes les puissances souveraines; car elles sont toutes également attaquées, s'il est vrai, comme on le prétend, que le peuple domine partout, et que l'état populaire, qui est le pire de tous, soit le fond de tous les Etats. J'ai répondu aux autorités de l'Ecriture qu'on leur oppose : celles-

là sont considérables; et toutes les fois que Dieu parle, ou qu'on *dans l'a-*
objecte ses décrets, il faut répondre. Pour les frivoles raisonne- *narchie.*
mens dont se servent les spéculatifs pour régler le droit des puissances qui gouvernent l'univers, leur propre majesté les en défend; et il n'y auroit qu'à mépriser ces vains politiques, qui sans connoissance du monde ou des affaires publiques, pensent pouvoir assujettir les trônes des rois aux lois qu'ils dressent parmi leurs livres, ou qu'ils dictent dans leurs écoles. Je laisserois donc volontiers discourir M. Jurieu sur les droits du peuple, et je n'empêcherois pas qu'il ne se rendît l'arbitre des rois à même titre qu'il est prophète : mais afin que le monde, qui est étonné de son audace, soit convaincu de son ignorance, je veux bien en finissant cet *Avertissement*, parmi les absurdités infinies de ses vains discours, en relever quatre ou cinq des plus grossières.

Dans le dessein qu'avoit M. Jurieu de faire l'apologie de ce qui se passe en Angleterre, il paroissoit naturel d'examiner la constitution particulière de ce royaume; et s'il s'étoit tourné de ce côté-là, j'aurois laissé à d'autres le soin de le réfuter. Car je déclare encore une fois que les lois particulières des Etats, non plus que les faits personnels, ne sont pas l'objet que je me propose. Mais ce ministre a pris un autre tour; et soit que l'Angleterre seule lui ait paru un sujet peu digne de ses soins, ou qu'il ait trouvé plus aisé de parler en l'air du droit des peuples, que de rechercher les histoires qui feroient connoître la constitution de celui dont il entreprend la défense, il a bâti une politique également propre à soulever tous les Etats. En voici l'abrégé : « Le peuple fait les souverains et donne la souveraineté; donc le peuple possede la souveraineté, et la possede dans un degré plus éminent. Car celuy qui communique, doit posseder ce qu'il communique d'une manière plus parfaite : et quoy qu'un peuple qui a fait un souverain ne puisse plus éxercer la souveraineté par luy-mesme, c'est pourtant la souveraineté du peuple qui est éxercée par le souverain; et l'éxercice de la souveraineté qui se fait par un seul, n'empesche pas que la souveraineté ne soit dans le peuple comme dans sa source et mesme comme dans son premier sujet[1]. » Voilà

---

[1] Lett. XVI, n. 4, p. 123.

les principes qu'il pose dans la xvi⁰ *Lettre ;* et il en conclut dans les deux suivantes que le peuple peut exercer sa souveraineté en certains cas, même sur les souverains, les juger, leur faire la guerre, les priver de leurs couronnes, changer l'ordre de la succession, et même la forme du gouvernement.

Ce qui d'abord se fait sentir dans ce discours, ce sont les contradictions dont il est plein. « Le peuple, dit-on, donne la souveraineté; donc il la possede. » Ce seroit plutôt le contraire qu'il faudroit conclure, puisque si le peuple l'a cédée, il ne l'a plus; ou en tout cas, pour parler avec M. Jurieu, il ne l'a que dans le souverain qu'il a créé. C'est ce que le ministre vient d'avouer en disant « qu'un peuple qui a fait un souverain ne peut plus exercer la souveraineté par luy-mesme, » et que sa souveraineté est « exercée » par le souverain qu'il a fait.

Il n'en faut pas davantage pour renverser tout le système du ministre. Car tout ce où il veut venir par ses principes, c'est que le peuple peut faire la loi à son souverain en certains cas, jusqu'à lui déclarer la guerre, le priver, comme on l'a dit, de sa couronne, changer la succession et même le gouvernement. Or tout cela est contre la supposition que le ministre vient de faire. Car sans doute ce ne sera pas par le souverain que le peuple fera la guerre au souverain même et lui ôtera sa couronne : ce sera donc par lui-même que le peuple exercera ces actes de souveraineté, encore qu'on ait supposé qu'il n'en peut exercer aucun.

Mais sans encore examiner les conséquences du système, allons à la source, et prenons la politique du ministre par l'endroit le plus spécieux. Il s'est imaginé que le peuple est naturellement souverain; ou, pour parler comme lui, qu'il possède naturellement la souveraineté, puisqu'il la donne à qui il lui plaît : or cela c'est errer dans le principe, et ne pas entendre les termes. Car à regarder les hommes comme ils sont naturellement et avant tout gouvernement établi, on ne trouve que l'anarchie, c'est-à-dire dans tous les hommes une liberté farouche et sauvage, où chacun peut tout prétendre et en même temps tout contester; où tous sont en garde, et par conséquent en guerre continuelle contre tous; où la raison ne peut rien, parce que chacun appelle *raison* la passion qui le transporte; où le droit même de la nature demeure sans force, puisque la raison n'en a point; où par conséquent il n'y a ni propriété, ni domaine, ni bien, ni repos assuré, ni à dire vrai aucun droit, si ce n'est celui du plus fort : encore ne sait-on jamais qui l'est, puisque chacun tour à tour le peut devenir, selon que les passions feront conjurer ensemble plus ou moins de gens. Savoir si le genre humain a jamais été tout entier dans cet état, ou quels peuples y ont été et en quels endroits; ou comment et par quels degrés on en est sorti : il faudroit pour le décider compter l'infini, et comprendre toutes les pensées qui peuvent monter dans le cœur de l'homme. Quoi qu'il en soit, voilà l'état où l'on imagine les hommes avant tout gouvernement. S'imaginer maintenant avec M. Jurieu, dans le peuple considéré en cet état, une souveraineté qui est déjà une espèce de gouvernement, c'est mettre un gouvernement avant tout gouvernement, et se contredire soi-même. Loin que le peuple en cet état soit souverain, il n'y a pas même de peuple en cet état. Il peut bien y avoir des familles, et encore mal gouvernées et mal assurées : il peut bien y avoir une troupe, un amas de monde, une multitude confuse; mais il ne peut y avoir de peuple, parce qu'un peuple suppose déjà quelque chose qui réunisse quelque conduite réglée et quelque droit établi ; ce qui n'arrive qu'à ceux qui ont déjà commencé à sortir de cet état malheureux, c'est-à-dire de l'anarchie.

C'est néanmoins du fond de cette anarchie que sont sorties toutes les formes de gouvernemens, la monarchie, l'aristocratie, l'état populaire et les autres; et c'est ce qu'ont voulu dire ceux qui ont dit que toutes sortes de magistratures ou de puissances légitimes venoient originairement de la multitude ou du peuple. Mais il ne faut pas conclure de là, avec M. Jurieu, que le peuple comme un souverain ait distribué les pouvoirs à un chacun : car pour cela il faudroit déjà qu'il y eût ou un souverain, ou un peuple réglé; ce que nous voyons qui n'étoit pas. Il ne faut non plus s'imaginer que la souveraineté ou la puissance publique soit une chose comme subsistante, qu'il faille avoir pour la donner; elle se forme et résulte de la cession des particuliers, lorsque fatigués de l'état où tout le monde est le maître et où personne ne l'est, ils se sont laissés persuader de renoncer à ce droit qui met tout en confusion, et à cette liberté qui fait tout craindre à tout le monde, en faveur d'un gouvernement dont on convient.

S'il plaît à M. Jurieu d'appeler souveraineté cette liberté indocile qu'on fait céder à la loi et au magistrat, il le peut; mais c'est tout confondre : c'est confondre l'indépendance de chaque homme dans l'anarchie avec la souveraineté. Mais c'est là tout au contraire ce qui la détruit. Où tout est indépendant, il n'y a rien de souverain : car le souverain domine de droit; et ici le droit de dominer n'est pas encore : on ne domine que sur celui qui est dépendant; or nul homme n'est supposé tel en cet état, et chacun y est indépendant, non-seulement de tout autre, mais encore de la multitude, puisque la multitude elle-même, jusqu'à ce qu'elle se réduise à faire un peuple réglé, n'a d'autre droit que celui de la force.

Voilà donc le souverain de M. Jurieu : c'est dans l'anarchie le plus fort, c'est-à-dire la multitude et le grand nombre contre le petit : voilà le peuple qui fait le maître et le souverain au-dessus de tous les rois et de toute puissance légitime; voilà celui qu'il appelle *le Tuteur*[1] et le *Défenseur naturel de la véritable religion;* voilà celui en un mot qui selon lui « n'a pas besoin d'avoir raison pour valider ses actes : » car, dit M. Jurieu, « cette autorité n'est que dans le peuple[2], » et on voit ce qu'il appelle le peuple. Que le lecteur se souvienne de cette rare politique : la suite en découvrira les absurdités; mais maintenant je n'en veux montrer que le bel endroit.

L.
Doctrine des pactes et des relations de M. Jurieu : combien pleine d'absurdités : et premièrement sur la servitude.

C'est la doctrine des pactes, que le ministre explique en ces termes : « Qu'il est contre la raison qu'un peuple se livre à un souverain sans quelque pacte, et qu'un tel traité seroit nul et contre la nature[3]. » Il ne s'agit pas, comme on voit, de la constitution particulière de quelque Etat : il s'agit du droit naturel et universel, que le ministre veut trouver dans tous les Etats. *Il est, dit-il, contre la nature de se livrer sans quelque pacte*,.c'est-à-dire de se livrer sans se réserver le droit souverain; car c'est le pacte

[1] Lett. XVI, n. 4. — [2] Lett. XVIII, p. 140. — [3] Lett. XVI, p. 124.

qu'il veut établir ; comme s'il disoit : Il est contre la nature de hasarder quelque chose pour se tirer du plus affreux de tous les états qui est l'anarchie : il est contre la nature de faire ce que tant de peuples ont fait, comme on a vu. Mais laissons toutes ces raisons. Comme ces pactes de M. Jurieu ne se trouvent plus, et qu'il y a longtemps que l'original en est perdu, le moins qu'on puisse demander à ce ministre, c'est qu'il prouve ce qu'il avance. Et il le fait en cette sorte : « Il n'y a point de relation au monde qui ne soit fondée sur un pacte mutuel ou exprès ou tacite, excepté l'esclavage, tel qu'il estoit entre les païens, qui donnoit à un maistre pouvoir de vie et de mort sur son esclave sans aucune connoissance de cause. Ce droit estoit faux, tyrannique, purement usurpé et contraire à tous les droits de la nature. » Et un peu après : « Il est donc certain qu'il n'y a aucune relation de maistre, de serviteur, de pére, d'enfant, de mari, de femme, qui ne soit établie sur un pacte mutuel et sur des obligations mutuelles ; en sorte que, quand une partie aneantit ces obligations, elles sont aneanties de l'autre[1]. » Quelque spécieux que soit ce discours en général, si on y prend garde de près, on y trouve autant d'ignorances que de mots. Commençons par la relation de maître et de serviteur. Si le ministre y avoit fait quelque réflexion, il auroit songé que l'origine de la servitude vient des lois d'une juste guerre, où le vainqueur ayant tout droit sur le vaincu jusqu'à pouvoir lui ôter la vie, il la lui conserve : ce qui même, comme on sait, a donné naissance au mot de *Servi,* qui devenu odieux dans la suite, a été dans son origine un terme de bienfait et de clémence, descendu du mot *servare,* conserver. Vouloir que l'esclave en cet état fasse un pacte avec son vainqueur, qui est son maître, c'est aller directement contre la notion de la servitude. Car l'un, qui est le maître, fait la loi telle qu'il veut ; et l'autre, qui est l'esclave, la reçoit telle qu'on veut la lui donner : ce qui est la chose du monde la plus opposée à la nature d'un pacte, où l'on est libre de part et d'autre, et où l'on se fait la loi mutuellement.

Toutes les autres servitudes ou par vente ou par naissance ou autrement, sont formées et définies sur celle-là. En général et à

[1] Lett. XVI, p. 124, col. 2.

prendre la servitude dans son origine, l'esclave ne peut rien contre personne qu'autant qu'il plaît à son maître : les lois disent qu'il n'a point d'état, point de tête, *caput non habet*, c'est-à-dire que ce n'est pas une personne dans l'Etat; aucun bien, aucun droit ne peut s'attacher à lui. Il n'a ni voix en jugement, ni action, ni force, qu'autant que son maître le permet; à plus forte raison n'en a-t-il point contre son maître. De condamner cet état, ce seroit entrer dans les sentimens que M. Jurieu lui-même appelle outrés, c'est-à-dire dans les sentimens de ceux qui trouvent toute guerre injuste; ce seroit non-seulement condamner le droit des gens, où la servitude est admise, comme il paroît par toutes les lois : mais ce seroit condamner le Saint-Esprit, qui ordonne aux esclaves par la bouche de saint Paul[1] de demeurer en leur état, et n'oblige point leurs maîtres à les affranchir.

<small>LI. Que le ministre se contredit lui-même, lorsqu'il parle du droit de conquête comme d'une pure violence.</small>

Cela va plus loin que ne pense M. Jurieu. Car il méprise le droit de conquête, jusqu'à dire que « la conqueste est une pure violence[2] : » ce qui est dire manifestement que toute guerre en est une ; et par conséquent contre les propres principes du ministre, qu'il ne peut jamais y avoir de justice dans la guerre, puisqu'il n'y a rien qui s'accorde moins que la justice et la violence. Mais si le droit de servitude est véritable, parce que c'est le droit du vainqueur sur le vaincu, comme tout un peuple peut être vaincu jusqu'à être obligé de se rendre à discrétion, tout un peuple peut être serf; en sorte que son seigneur en puisse disposer comme de son bien jusqu'à le donner à un autre, sans demander son consentement ; ainsi que Salomon donna à Hiram, roi de Tyr, vingt villes de Galilée[3]. Je ne disputerai pas davantage ici sur ce droit de conquête, parce que je sais que M. Jurieu dans le fond ne le peut nier. Il faudroit condamner Jephté, qui le soutient avec tant de force contre le roi de Moab[4]. Il faudroit condamner Jacob, qui donne à Joseph ce qu'il a conquis avec son arc et son épée[5]. Je sais que M. Jurieu ne soutiendra pas ces extravagances; et je ne relève ces choses qu'afin qu'on remarque qu'ébloui par de vaines apparences, il jette en l'air de grands mots dont il ne pèse

---

[1] I *Cor.*, VII, 24; *Ephes.*, VI, 7, etc. — [2] Lett. XVI, p. 25, col. 2. — [3] III *Reg.*, IX, 11. — [4] *Jud.*, XI, 21. — [5] *Gen.*, XLVIII, 22.

pas le sens, comme il lui est arrivé lorsqu'il a confondu les conquêtes avec les « pures violences. »

LII. Autres absurdités sur la relation de père à enfant et de mari à femme : erreur grossière du ministre, qui confond les devoirs avec les pactes.

La seconde relation que notre ministre établit sur un pacte exprès ou tacite, est celle de père à enfant[1] ; ce qui est la chose du monde la plus insensée. Car qui est-ce qui a stipulé pour tous les enfans avec tous les pères ? Les enfans qui sont au berceau ont-ils aussi fait un pacte avec leurs parens pour les obliger à les nourrir et à les aimer plus que leur vie ? Mais les parens ont-ils eu besoin de faire un pacte avec leurs enfans, afin de les obliger à leur obéir ? C'est bien écrire sans réflexion que d'alléguer ces prétendus pactes.

Il y a plus de vraisemblance à établir sur un pacte la relation de mari à femme, parce qu'en effet il y a une convention. Mais si l'on vouloit considérer que le fond du droit et de la société conjugale, et celui de l'obéissance que la femme doit à son mari, est établi sur la nature et sur un exprès commandement de Dieu, on n'auroit pas vainement tâché à l'établir sur un pacte. Qui ne voit en tout ce discours un homme emporté par une apparence trompeuse, qui a confondu le terme de *pacte* avec celui d'*obligation* et *de devoir ?* Et en effet il confond trop grossièrement ces deux mots, lorsqu'il dit que les relations dont nous venons de parler, de serviteur à maître, d'enfant à père et de femme à mari, sont établies « sur des pactes mutuels et sur des obligations mutuelles[2], » sans vouloir seulement considérer qu'il y a des obligations mutuelles, qui viennent à la vérité d'une convention entre les parties, et c'est ce qu'on appelle pacte ; mais aussi qu'il y en a qui sont établies par la volonté du supérieur, c'est-à-dire de Dieu, qui ne sont point des pactes ni des conventions, mais des lois suprêmes et inviolables qui ont précédé toutes les conventions et tous les pactes. Car qui jamais a ouï dire qu'il soit besoin d'une convention, ou même qu'on en fasse aucune, pour se soumettre à la loi, et encore à la loi de Dieu ? comme si la loi de Dieu empruntoit sa force du consentement des parties à qui elle prescrit leurs devoirs. C'est faute d'avoir entendu une chose si manifeste, que le ministre fait ce pitoyable raisonnement : « Il n'y a

[1] Lett. XVI, p. 124. — [2] *Ibid.*

rien de plus inviolable et de plus sacré que les droits des peres sur les enfans : neanmoins les peres peuvent aller si loin dans l'abus de ces droits, qu'ils les perdent. » Qui jamais a ouï parler d'un tel prodige, que par l'abus du droit paternel un père le perde? Cela seroit vrai, si le père n'avoit de droit sur son enfant que par un pacte mutuel, comme le ministre a voulu se l'imaginer. Mais comme le devoir d'un fils est fondé sur quelque chose de plus haut, sur la loi du supérieur qui est Dieu, loi qu'il a mise dans les cœurs avant que de l'écrire sur la pierre ou sur le papier : si un père peut perdre *son droit*, comme dit M. Jurieu, c'est Dieu même qui perd le sien. Il n'est pas moins ridicule de dire avec ce ministre « qu'un mari qui abuse de son pouvoir sur sa femme, par cela mesme la met en droit de demander la protection des loix, de rompre tout lien et toute communion, de résister en un mot à toutes ses volontez. » Ne diroit-on pas que le mariage est rompu, et que ce n'est plus seulement l'adultère qui l'anéantit, selon la Réforme, mais encore toute violence d'un mari? Que si malgré tout cela le mariage subsiste, qui peut dire sans être insensé « que tout lien et toute communion » soit rompue, « et qu'une femme » acquiert le beau droit de résister « à toutes les volontez » d'un mari? Mais n'est-il pas vrai, dit-il, que les enfans et les femmes sont autorisés par les lois divines et humaines, à résister aux injustes volontés d'un mari et d'un père? N'est-il pas vrai que le pouvoir des maîtres sur les esclaves les plus vils a des bornes? Qui ne le sait? Mais qui ne sait en même temps que ce n'est point en vertu d'une convention volontaire, qui ne fut jamais ni n'a pu être, mais d'un ordre supérieur? C'est que Dieu, qui a prescrit certains devoirs aux femmes, aux enfans, aux esclaves, en a prescrit d'autres aux maîtres, aux pères, aux maris : c'est que la puissance publique, qui renferme toute autre puissance sous la sienne, a réglé les actions et les droits des uns et des autres : c'est qu'où il n'y a point de loi, la raison, qui est la source des lois, en est une que Dieu impose à tous les hommes : c'est que les devoirs les plus légitimes, comme par exemple ceux d'une femme ou d'un fils, peuvent bien être suspendus envers un mari et envers un père que son injustice et sa violence empêche de les recevoir ; mais que le fond d'obligation puisse être altéré, ou que la disposition du cœur puisse être changée, on ne le peut dire sans extravagance.

J'avoue donc selon ces principes, à M. Jurieu, qu'il y a des obligations mutuelles entre le prince et le sujet ; de sorte qu'à cet égard il n'y a point de pouvoir sans bornes, puisque tout pouvoir est borné par la loi de Dieu et par l'équité naturelle : mais que de telles obligations soient fondées sur un pacte mutuel, loin que M. Jurieu nous l'ait prouvé, il n'allègue pour le prouver que de faux principes, que lui-même ne peut soutenir de bonne foi dans son cœur, et que par conséquent il n'entend point quand il les avance.

LIII. Application aux droits des rois et des peuples: téméraire proposition de M. Jurieu.

Depuis qu'on se mêle d'écrire, je ne crois pas qu'on ait rien écrit de plus téméraire que ce qu'a écrit M. Jurieu : « Qu'on ne voit point d'érections de monarchies qui ne se soient faites par des traitez, où les devoirs des souverains soient exprimez aussi bien que ceux des sujets[1]. » Qui ne croiroit à l'entendre qu'il lui a passé sous les yeux beaucoup de semblables traités ? Il en devroit donc rapporter quelqu'un ; et surtout s'il avoit trouvé ce contrat primordial du roi et du peuple qu'on prétend que le roi d'Angleterre a violé, il n'auroit pas dû le dissimuler; car il auroit relevé la convention dont il entreprend la défense d'un grand embarras ; surtout si l'on trouvoit dans ce traité qu'il seroit nul en cas de contravention de part ou d'autre, et que le peuple reviendroit en même état que s'il n'avoit jamais eu de roi. Mais par malheur M. Jurieu, qui avance qu'on ne voit point « d'érection de monarchie » où l'on ne trouve de tels traités, non-seulement n'a pas trouvé celui-ci, mais encore n'en a trouvé aucun, et n'entreprend même pas de prouver par aucun fait positif qu'il y en ait jamais eu. Il raille quelque part le docte Grotius, de ce qu'avec de beau grec et de beau latin il croit nous persuader tout ce qu'il veut, et il a peut-être raison de reprendre ce savant auteur de l'excès de ses citations. Mais qu'aussi, je ne dirai pas sans latin ni grec, mais sans exemple, sans autorité, sans témoignage ni de poëte, ni d'orateur, ni d'historien, ni d'aucun auteur quel qu'il

[1] Lett. XVI, p. 125.

soit, notre ministre ait osé poser en fait « qu'on ne voit aucune érection de monarchie » qui ne soit faite sous des traités tels que ceux qu'il imagine, et que tous les peuples du monde, anciens et modernes, même ceux qui regardent leurs rois comme des dieux, ou plutôt qui n'osent les regarder et ne connoissent d'autres lois que leurs volontés, se soient réservé sur eux un droit souverain, et encore sans le connoître et sans en avoir le moindre soupçon : en vérité c'est un autre excès qui n'a point de nom, et on ne peut pas abuser davantage de la foi publique.

LIV. Erections des deux monarchies du peuple de Dieu, contraires aux prétentions du ministre: nouvelles réflexions sur le chapitre VIII du premier livre des *Rois*: érection de la monarchie des Mèdes.

Pour moi, sans vouloir me perdre dans des propositions générales, je vois dans l'Histoire sainte l'érection de deux monarchies du peuple de Dieu, où loin de remarquer ces prétendus traités mutuels entre les rois et les peuples, avec la clause de nullité en cas de contravention de la part des rois, je vois manifestement la clause contraire, et M. Jurieu ne le peut nier. Car, selon la doctrine de ce ministre, « le traitement » que Samuel déclara au peuple qu'il recevroit de son roi, étoit tyrannique et un abus manifeste de la puissance. C'est le principe de M. Jurieu ; par conséquent il doit avouer que la royauté fut d'abord proposée au peuple hébreu avec son abus : néanmoins le peuple passe outre ; et loin de se réserver la moindre espèce de droit contre le roi qu'il vouloit avoir, nous avons vu clairement qu'il n'y a pas seulement songé[1]. Ce peuple, encore un coup, n'a jamais songé qu'il se fût réservé un droit sur son souverain, je ne dis pas dans les abus médiocres de la puissance royale que Samuel lui proposoit; mais au milieu des plus grands excès de la tyrannie, tels que sont ceux que nous avons vus dans l'Histoire sainte sous les rois les plus impies et les plus cruels, sans que le peuple ait songé à se relever de ces maux par la force[2]. Bien plus, après les avoir éprouvés et toutes les suites les plus funestes qu'ils pouvoient avoir, le même peuple revient encore sous les Machabées dans la liberté de former son gouvernement ; et il ne le forme pas sous d'autres lois, ni avec moins d'indépendance du côté des princes, qu'il avoit fait la première fois. Nous en avons rapporté l'acte[3]. Voilà des

[1] Ci-dessus, n. 43 et suiv. — [2] Ci-dessus, n. 44 et suiv. — [3] Ci-dessus, n. 46.

faits positifs, et non pas des discours en l'air ou de vaines spéculations.

Je trouve dans Hérodote l'établissement de la monarchie des Mèdes sous Déjocès : et je n'y vois aucun traité de part ni d'autre : encore moins la résolution du traité en cas de contravention ; mais, ce qui est bien constant par toute la suite, c'est que l'empire des rois Mèdes a dû être par son origine le plus indépendant de tout l'Orient, puisqu'on y voit d'abord cette indépendance d'une manière si éclatante, qu'elle n'a été ignorée de personne. Ainsi ces titres primordiaux ne sont pas tous favorables à la prétention du ministre ; et il tombe dans l'inconvénient de donner aux peuples un droit souverain sur eux-mêmes et sur leurs rois, sans que les peuples à qui il le donne en aient jamais eu le moindre soupçon.

M. Jurieu nous demande quelle raison pourroit avoir eue un peuple de se donner un maître si puissant à lui faire du mal. Il m'est aisé de lui répondre. C'est la raison qui a obligé les peuples les plus libres, lorsqu'il les faut mener à la guerre, de renoncer à leur liberté pour donner à leurs généraux un pouvoir absolu sur eux : on aime mieux hasarder de périr même injustement par les ordres de son général, que de s'exposer par la division à une perte assurée de la main des ennemis plus unis. C'est par le même principe qu'on a vu un peuple très-libre, tel qu'étoit le peuple romain, se créer même dans la paix un magistrat absolu, pour se procurer certains biens et éviter certains maux, qu'on ne peut ni éviter ni se procurer qu'à ce prix. C'est encore ce qui obligeoit le même peuple à se lier par des lois que lui-même ne pût abroger ; car un peuple libre a souvent besoin d'un tel frein contre lui-même et il peut arriver des cas où le rempart dont il se couvre ne sera pas assez puissant pour le défendre, si lui-même le peut forcer : C'est ce qui fait admirer à Tite-Live la sagesse du peuple romain, si capable de porter le joug d'un commandement légitime, qu'il opposoit volontairement à sa liberté quelque chose d'invincible à elle-même, de peur qu'elle ne devînt trop licencieuse : *Adeò sibi invicta quædam patientissima justi imperii civitas fecerat.* C'est par de semblables raisons qu'un peuple qui a éprouvé les maux, les confusions, les horreurs de l'anarchie,

<small>LV. Réponse à une demande de M. Jurieu : pourquoi les peuples auroient fait les rois si puissans</small>

donne tout pour les éviter ; et comme il ne peut donner de pouvoir sur lui qui ne puisse tourner contre lui-même, il aime mieux hasarder d'être maltraité quelquefois par un souverain, que de se mettre en état d'avoir à souffrir ses propres fureurs s'il se réservoit quelque pouvoir. Il ne croit pas pour cela donner à ses souverains un pouvoir sans bornes. Car sans parler des bornes de la raison et de l'équité, si les hommes n'y sont pas assez sensibles, il y a les bornes du propre intérêt, qu'on ne manque guère de voir, et qu'on ne méprise jamais quand on les voit. C'est ce qui a fait tous les droits des souverains, qui ne sont pas moins les droits de leurs peuples que les leurs.

LVI. L'intérêt mutuel des souverains et des peuples fait la borne la plus naturelle de la souveraineté.

Le peuple forcé par son besoin propre à se donner un maître, ne peut rien faire de mieux que d'intéresser à sa conservation celui qu'il établit sur sa tête. Lui mettre l'Etat entre les mains afin qu'il le conserve comme son bien propre, c'est un moyen très-pressant de l'intéresser. Mais c'est encore l'engager au bien public par des liens plus étroits, que de donner l'empire à sa famille, afin qu'il aime l'Etat comme son propre héritage et autant qu'il aime ses enfans. C'est même un bien pour le peuple que le gouvernement devienne aisé ; qu'il se perpétue par les mêmes lois qui perpétuent le genre humain, et qu'il aille pour ainsi dire avec la nature. Ainsi les peuples où la royauté est héréditaire, en apparence se sont privés d'une faculté qui est celle d'élire leurs princes ; dans le fond c'est un bien de plus qu'ils se procurent : le peuple doit regarder comme un avantage de trouver son souverain tout fait, et de n'avoir pas pour ainsi parler à remonter un si grand ressort. De cette sorte ce n'est pas toujours abandonnement ou foiblesse de se donner des maîtres puissans : c'est souvent, selon le génie des peuples et la constitution des Etats, plus de sagesse et plus de profondeur dans ses vues.

C'est donc une grande erreur de croire avec M. Jurieu qu'on ne puisse donner des bornes à la puissance souveraine, qu'en se réservant sur elle un droit souverain. Ce que vous voulez faire foible à vous faire du mal, par la condition des choses humaines le devient autant à proportion à vous faire du bien : et sans borner la puissance par la force que vous vous pouviez réserver contre elle, le moyen le plus naturel pour l'empêcher de vous opprimer, c'est de l'intéresser à votre salut.

Je ne sais s'il y eut jamais dans un grand empire un gouvernement plus sage et plus modéré qu'a été celui des Romains dans les provinces. Le peuple romain n'avoit garde d'imaginer aucun reste de souveraineté dans les peuples soumis, puisqu'il les avoit réduits par la force, et qu'une de ses maximes pour établir son autorité, étoit de pousser la victoire jusqu'à convaincre les peuples vaincus de leur impuissance absolue à résister au vainqueur. Mais encore qu'ils eussent poussé la puissance jusque-là, sans s'imaginer dans ces peuples aucun pouvoir légitime qu'ils pussent opposer au leur, l'intérêt de l'Etat les retenoit dans de justes bornes. On sentoit bien qu'il ne falloit point tarir les sources publiques, ni accabler ceux dont on tiroit du secours. Si quelquefois on oublioit ces belles maximes; si le sénat, si le peuple, si les princes, lorsqu'il y en eut, quittoient les règles d'un bon gouvernement, leurs successeurs revenoient à l'intérêt de l'Etat, qui dans le fond étoit le leur : les peuples se rétablissoient; et sans en faire des souverains, Marc-Aurèle se proposoit d'établir dans la monarchie la plus absolue la plus parfaite liberté du peuple soumis ; ce qui est d'autant plus aisé que les monarchies les plus absolues ne laissent pas d'avoir des bornes inébranlables dans certaines lois fondamentales, contre lesquelles on ne peut rien faire qui ne soit nul de soi. Ravir le bien d'un sujet pour le donner à un autre, est un acte de cette nature : on n'a pas besoin d'armer l'oppressé contre l'oppresseur : le temps combat pour lui; la violence réclame contre elle-même; et il n'y a point d'homme assez insensé pour croire assurer la fortune de sa famille par de tels actes. Le prince même a intérêt de les empêcher : il sent qu'il faut faire aimer le gouvernement, pour le rendre stable et perpétuel. Comme on a vu que le vrai intérêt du peuple est d'intéresser à son salut ceux qui gouvernent; le vrai intérêt de ceux qui gouvernent est d'intéresser aussi à leur conservation les peuples soumis. Ainsi l'étranger est repoussé avec zèle; le mutin et le séditieux n'est pas écouté; le gouvernement va tout seul et se soutient pour ainsi dire de son propre poids. Sans craindre qu'on les contraigne, les rois habiles se donnent eux-mêmes des bornes pour s'empêcher d'être surpris ou prévenus ; ils s'astreignent à certaines lois, parce que la puissance outrée se détruit enfin elle-même : pousser plus loin la précaution, c'est, pour ne rien dire de plus, autant inquiétude que prévoyance, autant indocilité que liberté et sagesse, autant esprit de révolte et d'indépendance que zèle du bien public : et enfin, car je ne veux pas étendre plus loin ces réflexions, on voit assez clairement que les maximes outrées de M. Jurieu répugnent à la raison, et même à l'expérience de la plus grande partie des peuples de l'univers.

LVII. Le ministre met le fondement de sa politique dans des suppositions chimériques.

Il faut néanmoins encore exposer ce que ce ministre croit avoir de plus convaincant. Il croit nous fermer la bouche, en nous demandant « ce qu'il faudroit faire à un prince qui commanderoit à la moitié d'une ville de massacrer l'autre, sous prétexte de refus d'obéissance sur un commandement injuste [1]. » Qu'un homme se mette dans l'esprit de fonder des règles de droit et des maximes de gouvernement sur des cas bizarres et inouïs parmi les hommes ! Mais écoutons néanmoins, et voyons où l'on veut aller. « Cette moitié de la ville, poursuit-il, n'est pas obligée de massacrer l'autre : on en demeure d'accord, car on donne des bornes à l'obéissance active. Mais si ce souverain après cela a le droit de massacrer toute cette ville sans qu'elle ait le droit de se défendre, il est clair que le prince aura le droit de ruiner la société entière. » Puisqu'il vouloit conclure à la ruine de toute la société en ce cas, que n'ajoutoit-il encore que cette ville fût la seule où ce prince fût souverain, ou qu'il en voulût faire autant à toutes les autres qui composeroient son Etat ; en sorte qu'il y restât seul pour n'avoir plus de contradicteurs, et pour pouvoir tout sur des corps morts qui feroient dorénavant tous ses sujets ? Le ministre n'a osé ainsi construire son hypothèse, parce qu'il a bien senti qu'on lui diroit qu'elle est insensée ; et que c'est encore quelque chose de plus insensé de fonder des lois, ou de donner un empire au peuple, sous prétexte de remédier à des maux qui ne sont que dans la tête d'un spéculatif, et que le genre humain ne vit jamais.

Comme donc, à parler de bonne foi, ce prince de M. Jurieu, qui

[1] Lett. XVI, p. 124.

voudroit tuer tout l'univers, ne fut jamais, et que la fureur et la frénésie n'ont pas même encore été jusque-là, demander ce qu'il faudroit faire à un prince qui auroit conçu un semblable dessein, c'est en autres termes demander ce qu'il faudroit faire à un prince qui deviendroit furieux ou frénétique au delà de tous les exemples que le genre humain connoît. En ce cas la réponse seroit trop aisée. Tout le monde diroit au ministre qu'on a donné des tuteurs à des princes moins insensés que celui qu'il nous propose. Son prétendu empire du peuple n'est ici d'aucun usage : le successeur naturel d'un prince dont le cerveau seroit si malade, ou les transports si violens, feroit naturellement la charge de régent. Lorsqu'Ozias frappé de la lèpre par un coup manifeste de la main de Dieu, prit la fuite tout hors de lui-même, on entendit bien que la volonté de Dieu étoit qu'on le séquestrât selon la loi de la société du peuple ; et Joatham son fils aîné, qui étoit en état de lui succéder s'il fût mort, prit en main le gouvernement du royaume. On conserva le nom de roi au père : le fils gouverna sous son autorité, et on n'eut pas besoin d'avoir recours à cette chimérique souveraineté dont on veut flatter tous les peuples.

Mais après tout où veut-on aller par cet empire du peuple? Ce peuple, à qui on donne un droit souverain sur ses rois, en a-t-il moins sur toutes les autres puissances? Si parce qu'il a fait toutes les formes de gouvernement il en est le maître, il est le maître de toutes, puisqu'il les a toutes faites également. M. Jurieu prétend, par exemple, que la puissance souveraine est partagée en Angleterre entre les rois et les parlemens, à cause que le peuple l'a voulu ainsi. Mais si le peuple croit être mieux gouverné dans une autre forme de gouvernement, il ne tiendra qu'à lui de l'établir ; et il n'aura pas moins de pouvoir sur le parlement, qu'on lui veut en attribuer sur le roi. Il ne sert de rien de répondre que le parlement, c'est le peuple lui-même. Car les évêques ne sont pas le peuple : les pairs ne sont pas le peuple : une chambre-haute n'est pas le peuple : si le peuple est persuadé que tout cela n'est qu'un soutien de la tyrannie et que les pairs en sont les fauteurs, on abolira tout cela. Cromwel aura eu raison de réduire tout aux communes, et de réduire les communes mêmes à une nouvelle

LVIII. Selon M. Jurieu, on ne sait ce que c'est que le peuple : confusion de sa politique, qui retombe dans ce qu'elle a voulu éviter.

forme. On établira si l'on veut une république, si l'on veut l'état populaire, comme on en a eu le dessein et que tant de gens l'ont peut-être encore. Si les provinces ne conviennent pas de la forme du gouvernement, chaque province s'en fera un comme elle voudra. Il n'est pas de droit naturel que toute l'Angleterre fasse un même corps. L'Ecosse dans la même île fait bien encore un royaume à part. L'Angleterre a été autrefois partagée entre cinq ou six rois : si on en a pu faire plusieurs monarchies, on en pourroit faire aussi bien plusieurs républiques, si le parti qui l'entreprendroit étoit le plus fort : le peuple, qui est le vrai souverain, l'auroit voulu. Mais le sage Jurieu, qui a établi l'empire du peuple, a prévu cet inconvénient, et a bien voulu remarquer que le peuple peut abuser de son pouvoir. Je l'avoue : il l'a dit ainsi. Il semble même donner des bornes à la puissance du peuple, « qui, dit-il, ne doit jamais résister à la volonté du souverain, que quand elle va directement et pleinement à la ruine de la société [1]. » Mais qui ne voit que de tout cela c'est encore le peuple qui en est le juge? C'est, dis-je, au peuple à juger quand le peuple abuse de son pouvoir. Le peuple, dit ce nouveau politique, est cette puissance « qui seule n'a pas besoin d'avoir raison pour valider ses actes [2]. » Qui donc dira au peuple qu'il n'a pas raison? Personne n'a rien à lui dire; ou bien il en faut venir, pour le bien du peuple, à établir des puissances contre lesquelles le peuple lui-même ne puisse rien, et voilà en un moment toute la souveraineté du peuple à bas avec le système du ministre.

LIX. Suite de confusions : maxime du ministre Jurieu, que le peuple n'a pas besoin d'avoir raison pour valider ses actes ; le peuple sous Cromwel.

Quelle erreur de se tourmenter à former une politique opposée aux règles vulgaires, pour enfin être obligé d'y revenir? C'est comme dans une forêt, après avoir longtemps tournoyé parmi des sentiers embarrassés, se retrouver au point d'où on étoit parti. Mais examinons encore ce rare principe de M. Jurieu : « Il faut qu'il y ait dans les sociétez une certaine autorité qui n'ait pas besoin d'avoir raison pour valider ses actes. Or cette autorité n'est que dans le peuple [3]. » C'est par où il tranche : c'est la finale résolution de toutes les difficultés. Un de ses confrères lui a objecté cette téméraire maxime : et notre ministre lui répond comme on

[1] Lett. XVI, p. 125. — [2] Ci-dessus, n. 49. — [3] Lett. XVII, p. 140.

va voir : « Cette maxime ne peut avoir de mauvaise conséquence, qu'en supposant qu'on veut dire que tout ce qu'un peuple fait par voye de sédition doit valoir; mais c'est bien peu entendre les termes. Qui dit un acte, dit un acte juridique, une resolution prise dans une assemblée de tout un peuple, comme peuvent estre les parlemens et les Etats. Or il est certain que si les peuples sont le premier siege de la souveraineté, ils n'ont pas besoin d'avoir raison pour valider leurs actes, c'est-à-dire pour les rendre éxecutoires. Car encore une fois les arrests, soit des cours souveraines, soit des souverains, soit des assemblées souveraines, sont éxecutoires, quelque injustes qu'ils soient [1]. » Je le prie, si ses pensées ont quelque ordre, s'il veut nous donner des idées nettes, qu'il nous dise ce qu'il entend par exécutoire. Veut-il dire que tous les arrêts justes ou injustes des souverains et des assemblées souveraines sont exécutés en effet? Bien certainement cela n'est pas. Veut-il dire qu'ils le doivent être, et enfin qu'ils le sont de droit? Voilà donc selon lui-même un droit de mal faire; un droit contre la justice, qui est précisément, comme on a vu, ce qu'il a voulu éviter; et néanmoins par nécessité il y retombe.

Qu'il cesse donc de nous demander quel droit a un prince d'opprimer la religion ou la justice : car il avoue à la fin que sans avoir droit de mal ordonner ou de mal faire (car personne n'a un tel droit, et ce droit même n'est pas), il y a dans la puissance publique un droit d'agir, de manière qu'on n'ait pas droit de lui résister par la force, et qu'on ne puisse le faire sans attentat.

Que s'il dit que selon ses maximes ce droit n'est que dans le peuple, et que le peuple a seul cette autorité de valider ses actes sans raison : il est vrai qu'il l'a dit ainsi dans la lettre XVIII; mais il n'est pas moins vrai qu'il s'en est dédit dans la lettre XXI, où nous avons lu ces paroles : que, non-seulement les arrêts du peuple, mais encore « ceux des cours souveraines, ou des souverains, ou des assemblées souveraines sont éxecutoires » de droit : et ainsi cette autorité n'est pas seulement dans le peuple, comme il l'avoit posé d'abord.

S'il répond qu'à la vérité elle peut être dans les souverains ou

[1] Lett. XXI, p. 167.

dans les cours de justice, mais qu'elle n'est en sa perfection que dans le peuple; et encore, non pas dans un peuple séditieux, mais, comme il l'a défini, dans une « assemblée » où il en fait un acte « juridique et légitime : » ne voit-il pas que la question revient toujours? Car qu'est-ce qu'une assemblée, et qu'est-ce qu'un acte juridique? L'acte qu'on passa sous Cromwel pour supprimer l'épiscopat et la chambre-haute, et attribuer aux communes la suprême autorité de la nation, jusqu'à celle de juger le roi, n'étoit-ce pas l'acte d'une assemblée qui prétendoit représenter tout le peuple et en exercer le droit? Car qu'est-ce enfin que le peuple selon M. Jurieu, si ce n'est le plus grand nombre? Et si c'est le petit nombre, qui peut lui donner son droit si ce n'est le grand? L'a-t-il par la loi de Dieu ou par la nature? Et s'il l'a par l'institution et la volonté du peuple, le même peuple qui l'a donnée ne peut-il pas l'ôter ou le diminuer comme il lui plaît? Et quelles bornes M. Jurieu pourra-t-il donner à sa souveraine puissance? Sera-ce les lois du pays et les coutumes déjà établies, comme si M. Jurieu ne les fondoit pas sur l'autorité du peuple, ou que le peuple n'en fût pas autant le maître sous Cromwel qu'il l'est à présent, et autant cette puissance suprême qui n'a pas besoin d'avoir raison pour rendre ses actes valides et exécutoires de droit? Dira-t-il enfin que Cromwel agissoit par la force, et avoit les armées en sa main? Quand donc on a une armée, l'acte n'est pas légitime; ou bien est-ce peut-être qu'une armée de citoyens, telle qu'étoit celle de Cromwel, annulle les actes, et qu'une armée d'étrangers rend tout légitime? Avouons que M. Jurieu nous parle d'un peuple qu'il ne sauroit définir : et cela, qu'est-ce autre chose que ce peuple sans loi et sans règle, dont il a été parlé au commencement de ce discours?

LX. Les flatteurs des peuples sont les flatteurs des tyrans et établissent la tyrannie : exemple de nos jours.

M. Jurieu ne rougit pas de flatter un tel peuple, et il appelle ses adversaires les flatteurs des rois. Mais puisqu'il trouve plus beau d'être le flatteur du peuple, il doit songer que les gens d'un caractère si bas, sous prétexte de flatter les peuples, sont en effet des flatteurs des usurpateurs et des tyrans. Car en parcourant toutes les histoires des usurpateurs, on les verra presque toujours flatteurs des peuples. C'est toujours ou leur liberté qu'on leur veut rendre, ou leurs biens qu'on leur veut assurer, ou leur religion qu'on veut rétablir. Le peuple se laisse flatter et reçoit le joug. C'est à quoi aboutit la souveraine puissance dont on le flatte; et il se trouve que ceux qui flattoient le peuple, sont en effet les suppôts de la tyrannie. C'est ainsi que les Etats libres se font des monarques absolus, et deviennent insensiblement, mais que dis-je? ils deviennent manifestement l'annexe d'une monarchie étrangère. C'est ainsi que les Etats monarchiques se font des maîtres plus absolus que ceux qu'on leur fait quitter, sous prétexte de les affranchir. Les lois qui servoient de rempart à la liberté publique s'abolissent, et le prétexte d'affermir une domination naissante rend tout plausible. Deux peuples se lient l'un l'autre, et concourent ensemble à rendre invincible la puissance qui les tient tous également sous sa main : on a fait cet ouvrage en les flattant.

On a fait beaucoup davantage, et on a changé les maximes de la religion. M. Jurieu en convient; et pour défendre la convention, il attaque directement l'église anglicane. « C'est, dit-il, icy un endroit à faire sentir à l'église anglicane combien les principes qu'elle a voulu établir depuis le retour du roy Charles II, sont incompatibles avec la droite raison et avec la liberté d'Angleterre[1]. » C'est donc l'église anglicane qu'il prend à partie directement, et il va lui découvrir ses variations. Il commence par la flatterie, car c'est en la caressant qu'on veut lui faire avaler le poison d'une nouvelle doctrine. « La mort de Charles I, continue notre ministre, leur a fait horreur; et ils ont eû raison en cela. Il ont cherché une théologie et une jurisprudence qui pust prévenir de semblables attentats : en quoy ils n'ont pas eû tort. Ils ont reconnu que les ennemis des rois d'Angleterre estoient aussi les leurs; car les fanatiques et les indépendans n'en veulent pas moins à l'église anglicane qu'à la royauté. Ils ont cherché les moyens de mettre à couvert l'église anglicane : on ne sçauroit les blasmer là dedans. Ils ont voulu mettre la souveraine autorité des rois et leur propre conservation sous un mesme asyle : c'est la souveraine indépendance des rois, enseignant que sous quelque prétexte que ce soit, soit de religion, soit de conservation de loix

LXI. L'église anglicane convaincue par le ministre Jurieu d'avoir changé les maximes de sa religion.

[1] Lett. XVIII, p. 141.

ou de privileges, il n'est jamais permis de resister aux princes et d'opposer la force à la violence. » Voilà donc les maximes qu'avoit établies l'église anglicane, de l'aveu de M. Jurieu ; des maximes directement opposées à celles qu'on a suivies dans la convention, directement opposées à celles que M. Jurieu a établies pour la défendre. Voici maintenant la décision de ce ministre : « Ils ne se sont pas aperceûs » (les évêques et les universités qui ont établi par tant d'Actes la maxime de la souveraine indépendance des rois, si contraire aux maximes de la convention et de M. Jurieu qui la défend) : « Ils ne se sont pas aperceûs premièrement, que cela ne leur pouvoit de rien servir; secondement, qu'ils se mettoient dans un état de contradiction, et renversoient toutes les loix d'Angleterre. » C'est à quoi en vouloit venir ce ministre avec tout ce beau semblant et cet air flatteur : « Ils ont eû raison, ils n'ont pas eû tort : on ne sçauroit pas les blasmer. » Que veut-il conclure par là? Que ces docteurs, qu'il faisoit semblant de vouloir louer, « se sont mis dans un état de contradiction, et ont renversé toutes les loix de leur païs. »

Mais après tout, que veulent dire ces fades louanges qu'il donne à l'église anglicane : « Elle n'a pas eu tort, elle a eu raison : on ne sauroit la blâmer d'avoir cherché les moyens de se mettre à couvert des fanatiques, qui n'étoient pas moins ses ennemis que ceux de la royauté, et mettre sous un même asile la souveraine autorité des rois et sa propre conservation ? » Que veulent dire, encore un coup, tous ces beaux discours, si ce n'est que les décisions de l'église anglicane n'étoient qu'une politique du temps, qu'il falloit maintenant changer comme contraires aux vrais intérêts de la nation? Il ne m'en faut pas davantage pour enrichir l'*Histoire des Variations* d'un grand exemple, de l'aveu même de M. Jurieu. L'église anglicane avoit posé comme une maxime de religion « la souveraine indépendance des rois [1]; » en sorte qu'il ne fût permis de leur résister *par la force*, sous quelque prétexte que ce fût, pas même sous celui « de la religion, ou de la conservation des loix et des privileges : » l'Angleterre agit maintenant par des maximes contraires; l'Angleterre a donc changé

---

[1] Jur., *ibid.*

les maximes de religion qu'elle avoit établies. M. Jurieu l'avoue, et l'*Histoire des Variations* est augmentée d'un si grand article.

Mais venons encore un peu au fond de ce changement. Selon M. Jurieu, ce qui donna lieu dans l'église anglicane aux maximes de la souveraine indépendance des rois, fut le parricide abominable de Charles I, c'est-à-dire que ce fut le désir d'extirper le cromwélisme et la doctrine qui donnoit au peuple le pouvoir de juger ses rois à mort, sous prétexte d'avoir attaqué la religion ou les lois; car c'étoit l'erreur qu'il falloit combattre et le grand principe de Cromwel. Mais voyons si M. Jurieu l'a bien détruit.

LXII. Le cromwélisme rétabli par les maximes du ministre Jurieu, et par les nouvelles maximes de l'église anglicane.

« Il n'est rien, dit-il, de plus injuste que d'attribuer à nostre théologie le triste supplice de Charles I. C'est la fureur des fanatiques et les intrigues des papistes qui ont fait cette action épouvantable.... Ne sçait-on pas que c'est le fait de Cromwel, qui se servit des fanatiques pour rendre vacante une place qu'il vouloit occuper [1]? » Laissons croire à qui le voudra ces curieuses intrigues des papistes, et leur secrète intelligence avec Cromwel. Venons aux vrais auteurs du crime. C'est Cromwel et les fanatiques. Je l'avoue. Mais de quelles maximes se servirent-ils pour faire entrer les peuples dans leurs sentimens? Quelles maximes voit-on encore dans leurs apologies? dans celle d'un Milton et dans cent autres libelles, dont les cromwélistes inondoient toute l'Europe? De quoi sont pleins tous ces livres et tous les actes publics et particuliers qu'on faisoit alors, que de la souveraineté absolue des peuples sur les rois, de ces contrats primordiaux entre les peuples et les rois, et de toutes les autres maximes que M. Jurieu soutient encore après Buchanan, que la convention a suivies, et où l'église anglicane se laisse entraîner malgré ses anciens décrets? Il n'est pas question de détester Cromwel et de le comparer à Catilina, quand après cela on suit toute sa doctrine. Car écoutons comme s'en défend M. Jurieu. « Nous ne disons pas, dit-il, qu'il soit permis de resister aux rois jusqu'à leur couper la teste. Il y a bien de la différence entre attaquer et se deffendre. La deffense est legitime contre tous ceux qui violent le droit des gens et les loix des nations; mais il n'est pas permis d'attaquer des rois, et des

[1] Lett. XVIII, p. 137.

rois innocens, pour leur faire souffrir un honteux supplice [1]. » Il sembloit dire quelque chose en faveur des rois, en leur accordant du moins qu'ils n'est pas permis de les attaquer, ni même de « leur resister jusqu'à leur » faire souffrir le dernier supplice ; mais il n'ose soutenir ce peu qu'il leur donne. Il craint de s'engager trop, en disant qu'il n'est pas permis de pousser les rois jusque-là, et il en vient aussitôt à la restriction *des rois innocens*. En effet si les peuples sont toujours et en toute forme d'Etat les principaux souverains ; si les rois sont leurs justiciables et relèvent de ce tribunal ; si on peut leur faire la guerre, appeler contre eux l'étranger, les priver de la royauté, les réduire par conséquent à un état particulier : qui empêche qu'on n'aille plus loin, et qui pourra les garantir des extrémités que je n'ose nommer ? Leur innocence, dira M. Jurieu, comme les derniers du peuple. Mais encore qui sera le juge de leur innocence, si ce n'est encore le peuple : ce peuple qui n'a pas même besoin d'avoir raison pour rendre ses actes valides, juridiques et exécutoires, comme parle M. Jurieu ? Qui ne voit donc que par les maximes de ce ministre et par celles que l'Angleterre vient de suivre, le cromwélisme prévaut, et qu'il n'y a rien à lui opposer que les maximes qu'on reconnoît être celles de l'église anglicane, mais qu'elle voit maintenant ensevelies avec la succession de ses rois.

LXIII. Illusion du ministre sur la qualité de chef de l'église anglicane.
Après la condamnation de ses anciennes maximes, il faut encore qu'elle souffre les insultes d'un M. Jurieu, qui se moque d'elle en la louant, et qui ose lui reprocher que ce qu'elle a fait sous Charles II, étoit l'effet d'une mauvaise politique et un entier renversement des lois du pays.

Mais après l'avoir ainsi déshonorée, il espère de l'accabler par ces paroles : « Je voudrois bien qu'on me répondist à ce raisonnement : Estre chef de l'église anglicane et membre de l'église protestante, c'est aujourd'huy la même chose. Les lois d'Angleterre, depuis Henri VIII, ordonnent que le roy sera chef de l'église anglicane ; donc elles ordonnent qu'il sera membre de l'église protestante [2]. » Le ministre se persuade que l'Angleterre, en oubliant ses dogmes, oubliera jusqu'à son histoire. Elle oubliera que

[1] Jur., Lett. XVIII, p. 137. — [2] *ibid.* p. 142.

Henri VIII, à qui le ministre même attribue la loi par laquelle les rois d'Angleterre sont chefs de l'Eglise, ne laissa pas d'appeler à sa succession sa fille Marie très-catholique, avant même Elisabeth protestante. Elle oubliera qu'on avoit reçu le testament de ce prince comme un acte conforme aux lois fondamentales du royaume, qu'on se soumit à la reine Marie, qu'on punit de mort les rebelles qui avoient osé soutenir qu'elle étoit incapable de régner, et que depuis on lui demeura toujours fidèle. Elle oubliera, pour ne point parler de tout ce qui s'est passé sous Charles II, en faveur de la succession à laquelle les factieux ne purent jamais donner d'atteinte ; elle oubliera, dis-je, que Jacques II son magnanime frère, a été reconnu dans toutes les formes et avec tous les sermens accoutumés sans aucune contradiction, et a régné paisiblement plusieurs années. L'Angleterre oubliera tout cela ; et M. Jurieu, un ministre presbytérien, un étranger qui a oublié son pays, apprendra aux Anglois le droit du leur, et réformera les maximes de leur église.

LXIV. Conclusion de ce discours : opposition des sentimens des prétendus réformés d'aujourd'hui, avec ceux qu'ils témoignoient au commencement.

Quoi qu'il en soit, le ministre a montré assez clairement à l'église anglicane sa prodigieuse et soudaine variation sur le sujet de l'obéissance due aux rois. Cet *Avertissement* a fait paroître dans toutes les églises protestantes, et en particulier aux prétendus réformés de ce royaume, un semblable changement, et tout ensemble une manifeste opposition de leur conduite et de leurs maximes avec celles de l'ancien christianisme. Il n'y a qu'à entendre encore une fois Calvin, lorsqu'il présente à François I l'apologie de tout le parti, dans la lettre où il lui dédie son institution, comme la commune confession de foi de lui et des siens [1]. On ne peut rien alléguer de plus authentique qu'une apologie présentée à un si grand roi par le chef des prétendues églises de France au nom de tous ses disciples. Calvin l'a composée, autant qu'il a pu, sur le modèle des anciennes apologies de la religion chrétienne, présentées aux empereurs qui la persécutoient : il proteste sur ce fondement, qu'on accuse en vain ses sectateurs « de vouloir oster le sceptre aux rois, et troubler la police, le repos et l'ordre des Etats [2]. » C'étoit donc un crime qu'il détestoit,

[1] *Præf. ad Reg. Gal.* — [2] *Init. Epist. ad Franc. I.*

ou qu'il faisoit semblant de détester. Mais les nouvelles églises n'ont maintenant qu'à examiner si elles n'ont point troublé les royaumes, attaqué la puissance souveraine par leurs actions et par leurs maximes, et ôté le sceptre aux rois. Calvin témoigne « qu'il a toûjours pour sa patrie, encore qu'il en soit chassé, toute l'affection convenable, » et que les autres « bannis et fugitifs » comme lui [1] conservent toujours les mêmes sentimens pour elle. Nos prétendus réformés n'ont qu'à songer s'ils conservent ces sentimens que Calvin attribuoit à leurs ancêtres, et s'ils ne machinent rien contre leur patrie et contre leur prince : contre un prince, pour ne point parler des qualités héroïques qui lui ont attiré l'admiration et ensuite la jalousie de toute l'Europe, que ses inclinations bienfaisantes rendent aimable à tous les François, dont une fausse religion n'a pas encore entièrement corrompu le cœur. Calvin se plaint à la vérité pour lui et pour les siens, « qu'on émeut de tous costez des troubles contre eux; mais pour eux, qu'ils n'en ont jamais émeû aucuns [2]. » Mais il n'y a qu'à lire l'*Histoire* de Bèze, pour voir s'il y eut jamais rien de plus inquiet, de plus tumultueux, de plus hardi, de plus prêt à forcer les prisons, à envahir les églises, à se rendre maître des villes [3], en un mot, à prendre les armes et à donner des batailles contre ses rois, que ce peuple réformé. Calvin, qui faisoit à François I ces belles protestations, les a vues oubliées vingt ans après, et cette feinte douceur changée en fureurs civiles. Il ne s'en est point ému; il ne s'est pas plaint de se voir dédit de ce qu'il avoit autrefois protesté aux rois au nom de tout le parti. Bien plus, il a approuvé ces guerres sanglantes [4], lui qui se vantoit que son parti n'étoit « pas seulement soupçonné » d'avoir causé la moindre émotion. « Nous sommes, dit-il, en parlant des émotions populaires, injustement accusez de telles entreprises, desquelles nous ne donnasmes jamais le moindre soupçon : et il est bien vraysemblable, poursuit-il, en insultant ses accusateurs, il est bien vraysemblable que nous, desquels n'a jamais esté oüie une seule parole séditieuse, et desquels la vie a toûjours esté connuë simple et paisible, quand

---

[1] *Init. Epist. ad Franc. I*, sub fin. — [2] *Init. Epist. ad Franc. I*. — [3] *Var.*, liv. X, n. 52. — [4] *Ibid.*, n. 35.

nous vivions sous vous, Sire, machinions de renverser les royaumes. » Cependant on sait ce que firent « ces gens si simples et si paisibles, » à qui il n'étoit jamais échappé « de paroles séditieuses, » loin qu'ils fussent capables de songer « à renverser les royaumes. » Calvin les a vus changer lui-même. Il leur a vu commencer les guerres dont le royaume ne s'est sauvé que par miracle. Bèze, son fidèle disciple et le compagnon de ses travaux, se glorifie « devant toute la chrétienté, » d'en avoir été l'instigateur, « en induisant tant M. le prince de Condé que M. l'amiral et tous autres seigneurs et gens de toute qualité, à maintenir par tous moyens à eux possibles, l'autorité des édits et l'innocence des pauvres oppressez [1]. » Il comprend nommément entre ces moyens possibles la prise des armes. Il impose aux princes du sang, aux officiers de la couronne, aux grands seigneurs du royaume, et afin que rien n'échappe à sa vigilance, « aux gens de toute qualité, » ce nouveau devoir d'entreprendre la guerre civile : elle devient juste et nécessaire selon lui : il en a écrit l'histoire pour servir d'exemple aux siècles futurs, et il n'a point rougi de nous rapporter la protestation des ministres contre la paix conclue à Orléans, afin que « la postérité fust avertie comme ils se sont portez dans cette affaire [2]. » Il est constant qu'il ne s'agissoit ni de la sûreté des personnes, ni même de celle des biens et des honneurs, puisque le prince de Condé y avoit pourvu; mais seulement de quelques légères modifications qu'on apporta aux édits. Cependant les ministres réclamèrent, et ils ne voulurent pas, non plus que Bèze leur historien, « que la postérité » ignorât qu'ils étoient prêts à continuer la guerre civile; à rompre une négociation, tout commerce, tout traité de paix, et à mettre en feu tout le royaume pour des causes si peu importantes. Voilà ces gens « si paisibles, » dont Calvin vantoit la douceur. Mais il ajoutoit encore : « Comment pourrions-nous songer à renverser le royaume, puis que maintenant estant chassez de nos maisons, nous ne laissons point de prier Dieu pour vostre propérité et celle de vostre regne? » M. Jurieu et les réfugiés savent bien les vœux qu'ils font pour la prospérité de leur roi et du royaume, contre lequel ils ne cessent

---

[1] *Var.*, liv. X, n. 47; *Hist. de Bèze*, lib. VI, p. 298. — [2] *Ibid.*

de soulever de tout leur pouvoir toutes les puissances de l'Europe, et ne méditent rien moins que sa ruine totale. Ils savent bien quels sentimens ont succédé à cette feinte douceur que Calvin vantoit, et leur ministre nous a avoué que ce n'est rien moins que la fureur et que la rage. Enfin Calvin finissoit l'apologie de nos réformés, en adressant ces paroles à François I : « Si les détractions des malveillans empeschent tellement vos oreilles, que les accusez n'aient aucun lieu de se défendre; si ces impétueuses furies, sans que vous y mettiez ordre, éxercent toûjours leur cruauté par prisons, fouëts, gesnes, coupures, bruslures : » voilà toutes les extrémités prévues et rapportées par nos réformés; et Calvin, bien assuré dans Genève, les y envoyoit sans crainte à l'exemple des autres réformateurs aussi tranquilles que lui. Mais que promettent-ils au roi en cet état? « Nous certes, comme brebis dévouées à la boucherie, serons jettez en toute extrémité : tellement neanmoins, que nous possederons nos ames en patience, et attendrons la main forte du Seigneur. » Ainsi il reconnoissoit qu'il n'y avoit que ce seul refuge contre son prince et sa patrie, ni d'autres armes à employer que la patience. Les protestans d'alors y souscrivoient, et se croyoient du moins obligés à tenir le langage des premiers chrétiens, dont ils se vantoient de ramener l'esprit. Mais ou c'étoit fiction et hypocrisie, ou en tout cas cette patience sitôt oubliée n'avoit pas le caractère des choses divines, qui de leur nature sont durables : si ce n'est que nous voulions dire avec M. Jurieu que des paroles si douces sont bonnes lorsqu'on est foible, et qu'on veut se faire honneur de sa patience en couvrant son impuissance de ce beau nom. Mais ce n'est pas ce qu'on disoit au commencement, et ce que disoit d'abord Calvin lui-même. Ainsi tout ce que lui et tous ses disciples d'un commun accord ont dit depuis, tout ce que les synodes ont décidé en faveur des guerres civiles, tout ce que M. Jurieu tâche d'établir pour donner des bornes à la puissance des souverains et à l'obéissance des peuples, n'est qu'une nouvelle preuve que la Réforme foible et variable n'a pu soutenir ce qu'elle avoit d'abord montré de chrétien, et ce qu'elle avoit vainement tâché d'imiter des exemples et des maximes de l'ancienne Eglise.

DÉFENSE

DE

L'HISTOIRE DES VARIATIONS

CONTRE

LA RÉPONSE DE M. BASNAGE.

PREMIER DISCOURS.

Les révoltes de la Réforme mal excusées : vaines récriminations sur le mariage du landgrave. M. Burnet réfuté.

AUX PRÉTENDUS RÉFORMÉS.

MES CHERS FRÈRES,

Un nouveau personnage va paroître : on est las de M. Jurieu et de ses discours emportés; la réponse que M. Burnet avoit annoncée en ces termes : *Dure reponse qu'on prepare à M. de Meaux* [1], est venue avec toutes les duretés qu'il nous a promises; et s'il ne faut que des malhonnêtetés pour le satisfaire, il a sujet d'être content : M. Basnage a bien répondu à son attente. Mais savoir si sa réponse est solide et ses raisons soutenables, cet essai le fera connoître. Nous reviendrons, s'il le faut, à M. Jurieu : les écrits où l'on m'avertit qu'il répand sur moi tout ce qu'il a de venin, ne sont pas encore venus à ma connoissance; je les attends avec joie, non-seulement parce que les injures et les calomnies sont des couronnes à un chrétien et à un évêque, mais encore comme un témoignage de la foiblesse de sa cause. Quand j'aurai vu ces discours, je dirai ce qu'il conviendra, non pour ma défense,

I. Dessein de ce discours : pourquoi on y parle encore des révoltes de la Réforme.

[1] Burn., *Crit. des Var.*, p. 32, n. 11.

car ce n'est pas de quoi il s'agit, mais pour celle de la vérité, si on lui oppose quelque objection qui soit digne d'une réplique : en attendant commençons à parler à M. Basnage, qui vient avec un air plus sérieux ; nous pourrons le suivre pas à pas dans la suite, avec toute la promptitude que nous permettront nos autres devoirs ; mais la matière où nous a conduit le cinquième *Avertissement*, je veux dire celle des révoltes de la Réforme si souvent armée contre ses rois et sa patrie, mérite bien d'être épuisée pendant qu'on est en train de la traiter. Vous avez vu, mes chers Frères, dans cet *Avertissement*, sur un sujet si essentiel, les excès du ministre Jurieu : ceux du ministre Basnage ne vous paroîtront ni moins visibles, ni moins odieux ; et puisque sa réponse paroît justement dans le temps qu'une si grande matière nous occupe, nous la traiterons la première.

II. Que cette matière appartenoit à la foi et à l'*Histoire des Variations*: illusion de M. Basnage : sa vaine récrimination.

Voici comme ce ministre commence : « La guerre n'a rien de commun avec l'*Histoire des Variations* : mais il plaît à M. de Meaux de trouver qu'elle est visiblement de son sujet [1]. » M. Jurieu en a dit autant : ces Messieurs voudroient bien qu'on crût que ce prélat embarrassé à trouver des variations dans leur doctrine, se jette sans cesse à l'écart, et ne songe qu'à grossir son livre de matières qui ne sont pas de son sujet ; mais ils ne font qu'amuser le monde. La soumission due au prince ou au magistrat est constamment une matière de religion, que les protestans ont traitée dans leurs confessions de foi, et qu'ils se vantent d'avoir éclaircie. Si au lieu de l'éclaircir, ils l'ont obscurcie ; si contre l'autorité des Ecritures, ils ont entrepris la guerre contre leur prince et leur patrie, et qu'ils l'aient fait par maxime, par principe de religion, par décision expresse de leurs synodes, comme l'*Histoire des Variations* l'a fait voir plus clair que le jour, qui peut dire que cette matière n'appartienne pas à la religion, et que varier sur ce sujet, comme on leur démontre qu'ils ont fait, non pas en particulier, mais en corps d'église, ce ne soit pas varier dans la doctrine ? Voilà donc, dès le premier mot, M. Basnage convaincu de vouloir faire illusion à son lecteur. Poursuivons. Ce ministre se jette d'abord sur la récrimination, et il objecte à l'E-

[1] T. I, II part., chap. VI, p. 491.

glise qu'elle persécute les hérétiques. Il suffiroit de dire que ce reproche est hors de propos ; c'est autre chose que les souverains puissent punir leurs sujets hérétiques, selon l'exigence du cas ; autre chose que les sujets aient droit de prendre les armes contre leurs souverains sous prétexte de religion : cette dernière question est celle que nous traitons, et l'autre n'appartient pas à notre sujet. Voilà comme M. Basnage, qui m'accuse de me jeter sur des questions écartées, fait lui-même ce qu'il me reproche. Mais enfin, puisqu'il veut parler contre le droit qu'ont les princes de punir leurs sujets hérétiques : écoutons.

Il y a ici un endroit fâcheux à la Réforme qui se présente toujours à la mémoire, lorsque ces Messieurs nous reprochent la persécution des hérétiques : c'est l'exemple de Servet et des autres, que Calvin fit bannir et brûler par la république de Genève, avec l'approbation expresse de tout le parti, comme on le peut voir sans aller loin dans l'*Histoire des Variations*[1]. La réponse de M. Basnage est surprenante : « On ne peut, dit-il, reprocher à Calvin que la mort d'un seul homme, qui estoit un impie blasphémateur ; et au lieu de le justifier, on avoüe que c'estoit là un reste du papisme[2]. » Il est vrai : c'est là un bon mot de M. Jurieu, et une invention admirable d'attribuer au papisme tout ce qu'on voudra blâmer dans Calvin. Car cet hérésiarque étoit si plein de complaisance pour la Papauté, qu'à quelque prix que ce fût, il en vouloit tenir quelque chose : quoi qu'il en soit, M. Basnage, qui peut-être n'a pas toujours pour M. Jurieu toute la complaisance possible, a pris de lui ce bon mot ; mais vous n'y pensez pas, M. Basnage : permettez-moi de vous adresser la parole : « Servet est un impie blasphémateur : » ce sont vos propres paroles : et néanmoins, selon vous, « c'est un reste de papisme de le punir : » c'est donc un des fruits de la Réforme, de laisser l'impiété et le blasphème impunis ; de désarmer le magistrat contre les blasphémateurs et les impies : on peut blasphémer sans craindre, à l'exemple de Servet ; nier la divinité de Jésus-Christ avec la simplicité et la pureté infinie de l'Être divin, et préférer la doctrine des mahométans à celle des chrétiens. Mais écoutons tout de suite

III. L'exemple de Calvin et de Servet : réponse de M. Basnage pour soutenir sa récrimination.

---

[1] *Var.*, liv. X, n. 56. — [2] *Ibid.*, p. 492.

le discours de notre ministre, et la belle idée qu'il nous donne de la Réforme : « On ne peut accuser Calvin que de la mort de Servet, qui estoit un impie blasphémateur, et au lieu de justifier cette action de Calvin, on avoüe que c'estoit là un reste du papisme : l'hérétique n'a pas besoin d'édits pour vivre en repos dans les Etats réformez ; et si on luy en a donné quelques-uns, il n'est point troublé par la crainte de les voir abolis : on est tranquille quand on vit sous la domination des protestans [1]. » Après cette pompeuse description où M. Basnage prend le ton dont on célèbre l'âge d'or, il ne reste plus qu'à s'écrier : Heureuse contrée, où l'hérétique est en repos aussi bien que l'orthodoxe : où l'on conserve les vipères comme les colombes et les animaux innocens : où ceux qui composent les poisons, jouissent de la même tranquillité que ceux qui préparent les remèdes ; qui n'admireroit la clémence de ces Etats réformés? On disoit dans l'ancienne loi : « Chasse le blasphémateur du camp, et que tout Israël l'accable à coups de pierre [2]. » Nabuchodonosor est loué pour avoir prononcé dans un édit solennel : *Que toute langue qui blasphémera contre le dieu de Sidrac, Misac et Abdenago, périsse, et que la maison des blasphémateurs soit renversée* [3]. Mais c'étoit là des ordonnances de l'ancienne loi ; et l'Eglise romaine les a trop grossièrement transportées à la nouvelle : où la Réforme domine, l'hérétique n'a rien à craindre, fût-il aussi « impie » qu'un Servet, et aussi grand « blasphémateur. » Jésus-Christ a retranché de la puissance publique la partie de cette puissance qui faisoit craindre aux blasphémateurs la peine de leur impiété ; ou si on perce la langue à ceux qui blasphémeront par emportement, on se gardera bien de toucher à ceux qui le feront par maximes et par dogme : ils n'ont besoin d'aucuns édits pour être en sûreté ; et si par force, ou par politique, ou par quelque autre considération, on leur en accorde quelques-uns, ce seront les seuls qu'on tiendra pour irrévocables, et sur lesquels la puissance des princes qui les auront faits ne pourra rien ! que le blasphème est privilégié ! Que l'impiété est heureuse !

IV.
Mauvaise

Voilà sérieusement où en viennent les fins réformés : ils pro-

[1] Basn., *ibid.* — [2] *Levit.*, XXIV, 14. — [3] *Dan.*, IV, 96.

noncent sans restriction que le prince n'a aucun droit sur les consciences, et ne peut faire des lois pénales sur la religion : ce n'est rien de l'exhorter à la clémence : on le flatte, si on ne lui dit que Dieu lui a entièrement lié les mains contre toutes sortes d'hérésies; et que loin de le servir, il entreprend sur ses droits, dès qu'il ordonne les moindres peines pour les réprimer. La Réforme inonde toute la terre d'écrits où l'on établit cette maxime, comme un des articles les plus essentiels de la piété; c'est où alloit naturellement M. Jurieu, après avoir souvent varié sur cette matière. Pour M. Basnage, il se déclare ouvertement, non-seulement en cet endroit, mais par tout son livre : telle est la règle qu'il prétend donner à tous les « Etats protestans : l'hérétique, dit-il, y est en repos : » il parle en termes formels, et de l'hérétique indistinctement, et des Etats protestans en général : il n'y a qu'à être brouniste, anabaptiste, socinien, indépendant, tout ce qu'on voudra; mahométan si l'on veut; idolâtre, déiste même ou athée : car il n'y a point d'exception à faire, et tous répondront également que le magistrat ne peut rien sur la conscience, ni obliger personne à croire en Dieu, ou empêcher ses sujets de dire sincèrement ce qu'ils pensent : aveugles, conducteurs d'aveugles, en quel abîme tombez-vous? Mais du moins parlez de bonne foi : n'attribuez pas ce nouvel article de réforme à tous les Etats qui se prétendent réformés. Quoi! la Suède s'est-elle relâchée de la peine de mort qu'elle a décernée contre les catholiques? Le bannissement, la confiscation et les autres peines ont-elles cessé en Suisse, ou en Allemagne et dans les autres pays protestans? Les luthériens du moins ou les calvinistes ont-ils résolu de s'accorder mutuellement le libre exercice de leur religion partout où ils sont les maîtres? L'Angleterre est-elle bien résolue de renoncer à ses lois pénales envers tous les non-conformistes? Mais la Hollande elle-même, d'où nous viennent tous ces écrits, s'est-elle bien déclarée en faveur de la liberté de toutes les sectes, et même de la socinienne? Avouez de bonne foi qu'il n'étoit pas encore temps de nous dire indéfiniment : « L'hérétique n'a rien à craindre dans les Etats protestans, » ni de nous donner vos désirs pour le dogme de vos églises. Mais quoi! il falloit conserver aux réfugiés de France ce beau titre d'orthodoxie, qu'on fait consister à souffrir pour la religion : il vaut mieux laisser en repos les sectes les plus impies, que de leur donner la moindre part à la persécution qu'on veut nous faire passer pour le caractère le plus sensible de la vérité ; et afin que Rome soit la seule persécutrice, il faut que tous les Etats ennemis de Rome ouvrent leur sein à tous les impies et les mettent à l'abri des lois.

<small>V. Le ministre entre en matière : exemple de l'ancienne Eglise qu'il produit en faveur de la révolte, combien ils sont absurdes et hors de propos.</small>

Après quelques autres récriminations qui ne sont pas plus du sujet et dont nous parlerons ailleurs, M. Basnage vient au fond, et il rapporte les paroles des *Variations*, « où M. de Meaux, dit-il, oppose nostre conduite à celle de l'ancienne Eglise [1]. Pour détruire une opposition si odieuse, » il entreprend d'apporter des exemples de « l'ancienne Eglise, » et il allègue celui de Julien l'Apostat tué, à ce qu'il prétend, par un chrétien en haine des maux qu'il faisoit souffrir à l'Eglise : celui de l'empereur Anastase contraint de se renfermer dans son palais contre les fureurs d'un peuple soulevé : et celui des Arméniens, qui tourmentés par Chosroès se donnèrent aux Romains. Mais d'abord ces exemples lui sont inutiles pour deux raisons. La première, qu'ils ne prouvent rien ; la seconde, qu'ils prouvent trop. Ils ne prouvent rien, car en faisant l'Eglise infaillible, nous ne faisons pas pour cela les peuples et les chrétiens particuliers impeccables. Pour nous produire des exemples de l'ancienne Eglise, qui est notre question, il ne suffit pas de montrer des faits anciens, il faudroit encore montrer que l'Eglise les ait approuvés, comme nous montrons à nos réformés que leurs églises en corps ont approuvé leurs révoltes par décrets exprès. Mais le ministre ne songe pas seulement à nous donner cette preuve, parce qu'il sait bien en sa conscience qu'elle est impossible.

Secondement, ces faits qu'il allègue prouveroient trop, puisqu'ils prouveroient, non qu'il soit permis à l'église persécutée de prendre les armes pour se défendre, qui est le point dont il s'agit ; mais qu'il est permis, non-seulement de changer de maître et se donner à un autre roi à l'exemple des Arméniens, ce que nos réformés protestoient dans toutes leurs guerres civiles qu'ils ne vou-

---

[1] P. 495.

loient jamais faire; mais encore, à l'exemple de ce prétendu soldat chrétien et du peuple de Constantinople, d'attenter sur la personne du prince et de tremper ses mains dans son sang : ce qui est si abominable, que nos adversaires n'ont encore osé l'approuver, puisqu'ils font encore semblant de détester Cromwel et le cromwélisme[1]. Que prétend donc aujourd'hui M. Basnage de nous alléguer des exemples manifestement exécrables, qu'il auroit honte de suivre, et qu'on voit bien aussi que l'ancienne Eglise ne peut jamais avoir approuvés, à moins d'avoir approuvé qu'on attentât sur la vie des princes; ce que je ne crois pas que ce ministre lui-même, quelque mépris qu'il ait pour elle, ose lui imputer?

Vous voyez, mes chers Frères, qu'il n'en faudroit pas davantage pour lui fermer la bouche. Mais afin que vous connoissiez comment on vous mène, et avec quelle mauvaise foi on traite avec vous, il faut en descendant au particulier de son discours, vous y montrer sans exagérer plus de faussetés que de paroles. Je commence par l'exemple de l'empereur Anastase, qui est le plus apparent des trois qu'il produit. Car voici comme il le raconte : « M. de Meaux ignore ou dissimule ce qui s'est fait sous Anastase, où Macédonius, patriarche de Constantinople, homme celebre par ses jeûnes et par sa pieté, voyant que les eutyqiens vouloient inserer dans le Trisagion quelques termes qui sembloient favoriser leur opinion, se servit de son clergé pour soulever le peuple : on tua, on brusla; et l'empereur, qui n'estoit plus en seûreté dans son palais, fut obligé de paroistre en public sans couronne, et d'envoyer un heraut pour publier qu'il se démettoit de l'empire[2]. » Voilà le peuple, le clergé, les moines émus, et le patriarche à la tête, et encore un saint patriarche, qui autorise la sédition, ou plutôt qui l'excite lui-même : cela paroît convaincant. Mais pour ne point répéter que cet exemple prouve trop, puisqu'il prouve qu'on peut attenter sur la personne du prince, et encore sans qu'il y paroisse de persécution, il y a bien à rabattre de ce que le ministre avance : et d'abord il en faut ôter ce qu'il y a de plus essentiel, c'est-à-dire tout ce qu'il raconte du clergé et

VI. Examen des exemples du ministre, et premièrement de celui de l'empereur Anastase.

[1] Voyez V⁰ Avert., n. 62. — [2] P. 496.

du patriarche Macédonius. Car voici ce qu'en dit Evagre : « Sévère écrit dans la lettre à Soteric que l'auteur et le chef de cette sédition fut le patriarche Macédonius et le clergé de Constantinople[1]. » Telles sont les paroles de cet historien, le plus entier des anciens auteurs qui nous restent sur cette matière. Il ne dit pas que cela soit, mais que Sévère l'écrit ainsi dans la lettre à Soteric. Mais qui étoit ce Sévère ? Le chef des eutyqiens, qu'on appelle *Sévériens* de son nom, c'est-à-dire le chef du parti qu'Anastase soutenoit : par conséquent l'ennemi déclaré du patriarche Macédonius, du concile de Chalcédoine et des orthodoxes. Et à qui est-ce qu'il l'écrit ? A Soteric, du même parti, à qui il ne faut point s'étonner qu'il fasse un récit qui ne pouvoit que lui plaire, puisqu'il tendoit à rendre odieuse la conduite de leur ennemi commun et celle de l'Eglise catholique dont ils s'étoient séparés. Aussi n'ajouta-t-on aucune foi à un témoignage si suspect ; et après l'avoir rapporté, Evagre ajoute ces mots : « Ce fut, à mon avis, par ces calomnies, outre les raisons que nous avons rapportées, que Macédonius fut chassé de son siége. » De cette sorte Sévère, auteur de ce récit, étoit un calomniateur qui vouloit rendre le patriarche odieux à l'empereur, afin qu'il le chassât ; et le ministre a fondé tout son discours sur une calomnie. Après cela que lui reste-t-il d'une histoire qu'il fait tant valoir, si ce n'est une émotion populaire, où l'Eglise n'a aucune part ? Voilà l'exemple de l'ancienne Eglise que M. Basnage nous a promis ; voilà comme il lit les livres d'où il emprunte ce qu'il nous oppose.

VII. Examen du fait de Julien l'Apostat : témoignage des historiens du temps, et premièrement des païens, et de l'arien Philostorge.

Il n'a pas mieux examiné le fait de Julien l'Apostat : « M. de Meaux, dit-il, est trop credule, s'il est persuadé que le trait qui le perça fut lancé de la main d'un ange ; les historiens ecclésiastiques, mieux instruits de ce fait que lui, ne nient pas que ce fût un chrestien irrité des desseins que cet empereur avoit formez contre la religion chrestienne, qui le tua : » quel raisonnement ! Ce n'est pas un ange : s'ensuit-il que ce soit un chrétien ? Les historiens ecclésiastiques ne le nient pas : donc cela est. Pour tirer cette conséquence, il faudroit auparavant nous faire voir que les historiens païens l'ont assuré ; et ce seroit quelque chose alors,

[1] *Evag.*, lib. III, cap. 44.

qu'un fait avancé par les historiens païens ne fût pas nié par les historiens ecclésiastiques. Mais nous allons voir qu'il est bien certain que ni les historiens païens, ni les historiens ecclésiastiques ne le rapportent, et même qu'ils rapportent le contraire. Ne voilà-t-il pas une belle preuve, et n'y a-t-il pas bien de quoi me reprocher ici ma crédulité, en supposant que je pourrois croire qu'un ange auroit fait ce coup?

J'avouerai pourtant franchement que si j'en avois de bons témoignages, sans faire ici l'esprit fort, ni me soucier des railleries de M. Basnage, je le croirois de bonne foi. Car je sais non-seulement que Dieu a des anges, mais encore qu'il les emploie à punir les rois impies; et je ne vois pas que depuis Hérode, qui fut frappé d'une telle main [1], Dieu se soit exclus de s'en servir. Ce qui m'empêche de croire déterminément que Julien ait péri de la main d'un ange, c'est que je n'en ai pas de témoignage suffisant. Mais par la même raison, je crois encore moins qu'il ait péri de la main d'un chrétien, parce qu'encore y eût-il des gens, et même quelques païens domestiques de cet empereur, par exemple, un nommé Calliste, qui crurent que ce fut un ange ou, comme parloient les païens, un démon ou quelque autre puissance céleste qui frappa cet apostat [2]; et qu'il ne s'est trouvé personne qui assurât de bonne foi et comme un fait positif, que ce fût un chrétien. « Mais, continue le ministre, il y en a quelques-uns (des historiens ecclésiastiques), qui louënt celuy qui fit le coup. On ne doit pas, dit Sozomène, condamner un homme qui pour l'amour de Dieu et de la religion a fait une si belle action [3]. » D'où M. Basnage conclut aussitôt après : « Voilà des mouvemens fort violens de l'Eglise sous Julien. » Ainsi ce particulier qu'on fait auteur sans raison de cet attentat, c'est l'Eglise: Sozomène, un historien qui n'est qu'un laïque et qui n'est suivi de personne, c'est l'Eglise; et on ne craint point d'assurer sur de si foibles témoignages que l'Eglise, non contente de se révolter contre l'empereur (ce qui n'avoit jamais été), a même trempé ses mains dans son sang : ce qu'on ne peut penser sans horreur. Tel est le raisonnement de notre ministre; mais pour enfin venir au détail que j'ai promis, tout est faux dans

[1] *Act.*, XII, 23. — [2] Soc., III, 18; Soz., VI, 2; Theodor., III, 25. — [3] Basn., *ibid.*

son discours : il est faux d'abord qu'un soldat chrétien soit coupable de la mort de Julien. Aucun historien, ni païen ni chrétien, ne le dit. Zozime, l'ennemi le plus déclaré du christianisme et des chrétiens, ne le dit ni à l'endroit où il raconte la mort de Julien, ni en aucun autre [1]. Il eût eu honte de reprocher aux chrétiens un crime que personne ne leur imputoit. Ammian Marcellin, auteur du temps et païen aussi bien que Zozime, en rapportant avec soin tout ce qu'on a su de la mort de Julien [2], ne marque en aucune sorte cette circonstance, qu'il n'auroit pas oubliée ; au contraire on doit juger par son récit que le coup partit d'un escadron qui fuyoit devant l'empereur, et ne cessoit de tirer en fuyant : ce qui faisoit qu'on crioit de tous côtés à ce prince qu'il prît garde à lui. Et quand on le vit tomber, toute l'armée ne douta pas d'où venoit le coup, et ne songea plus qu'à venger sa mort sur les ennemis. Eutrope, qui l'avoit suivi dans cette guerre, dit expressément que « cet empereur en s'exposant inconsidérément, fut tué de la main d'un ennemi : *hostili manu* [3]. » Aurélius Victor ajoute que ce fut « par un ennemi qui fuyoit devant lui avec les autres [4]. » C'étoit pourtant un païen aussi bien qu'Eutrope. Voilà trois païens, auteurs du temps ou des temps voisins, qui justifient les chrétiens contre la calomnie de M. Basnage ; et Rufus Festus, pareillement auteur du temps et apparemment païen comme les autres, confirme leurs témoignages : « Comme il s'étoit, dit-il, éloigné des siens, il fut percé d'un dard par un cavalier ennemi qui vint à sa rencontre [5]. » Loin qu'on pût soupçonner les siens d'avoir fait le coup, on voit par cet historien qu'il en étoit éloigné lorsqu'il le reçut. Philostorge raconte aussi « qu'il fut tué par un Sarrazin qui servoit dans l'armée de Perse, et qu'après que ce Sarrazin eut fait son coup, un des gardes de l'empereur lui coupa la tête [6]. » Quoique cet historien soit arien, il est aussi bon qu'un autre, hors les intérêts de sa secte, surtout étant soutenu par tant d'autres historiens aussi peu suspects. Toute l'armée, comme on vient de voir, n'en eut pas une autre opinion : Julien même, qui n'auroit pas ménagé les Galiléens, ne les accusa de rien [7], encore

---

[1] Zoz., III.— [2] Lib. XXV.— [3] Lib. X, n. 16.— [4] Aur., *in Juliano*.— [5] Ruf. Fest., *Brev. ad Val. Aug.* — [6] Philost., lib. VII, cap. XV. — [7] Amm. Marc., *ibid.*

qu'après sa blessure il ait eu de longs entretiens avec ses amis, et même avec le philosophe Maxime, qui l'aigrissoit le plus qu'il pouvoit contre les.chrétiens; mais il ne fut rien dit contre eux en cette occasion. Le seul qui attribue le coup à un chrétien, c'est Libanius, que M. Basnage n'a osé citer, parce qu'il sait bien que ce n'est pas un historien, mais un déclamateur et un sophiste, et qui pis est, un sophiste calomniateur manifeste des chrétiens, qui porte par conséquent son reproche dans son nom; qu'aucun historien ne suit; que les historiens démentent; qui ne fait pas une histoire, mais une déclamation où encore il ne dit rien de positif, et nous allègue pour toutes preuves ses conjectures et sa haine. Mais encore quelles conjectures? « Personne, dit-il, ne s'est vanté parmi les Perses d'un coup qui lui auroit attiré tant de récompenses [1]. » Comme si celui qui le fit en fuyant, comme on vient de voir, n'avoit pas pu le faire au hasard et sans le savoir lui-même, ou qu'il n'eût pas pu périr aussitôt après, à la manière que dit Philostorge, ou par cent autres accidens. Mais quand Libanius auroit bien prouvé que Julien fut tué par un des siens, pour en venir à un chrétien, il n'avoit plus pour guide que sa haine : « On ne peut, dit-il, accuser de cette mort que ceux à qui sa vie n'étoit pas utile, et qui ne vivoient pas selon les lois. » C'est ainsi qu'il désignoit les chrétiens, « qui, dit-il, ayant déjà attenté sur sa personne, ne le manquèrent pas dans l'occasion. » Il ose dire que les chrétiens avoient déjà souvent attenté sur la vie de l'empereur; chose dont aucun autre auteur ne fait mention, et dont personne, ni Julien même, ne s'est jamais plaint; au contraire nous avons vu qu'encore qu'il haït l'Eglise au point que tout le monde sait [2], jamais il n'en a tenu la fidélité pour suspecte. Il est donc aussi vrai qu'il a été tué par un chrétien, qu'il est vrai que les chrétiens avoient déjà attenté sur sa vie. Libanius a dit l'un et l'autre, et n'est pas moins calomniateur dans l'un que dans l'autre.

Pour ce qui est des historiens ecclésiastiques, dont il semble que le ministre veuille s'appuyer, à cause seulement qu'ils n'ont pas nié le fait, il se trompe encore, car il cite en marge Socrate et So-

VIII. Témoignages des historiens ecclésiastiques.

[1] Liban. Jul., *Epitaph.* — [2] V° *Avert.*, n. 17.

zomène; mais voici ce que dit Socrate : « Pendant qu'il combat sans armes, se fiant à sa bonne fortune, le coup dont il mourut vint on ne sait d'où. Car quelques-uns disent qu'un transfuge perse le donna; et d'autres, que ce fut un soldat romain : et c'est le bruit le plus répandu [1], » ajoute cet historien : ce qui pourtant ne paroît pas véritable, puisqu'on voit tout le contraire dans plus d'historiens et dans ceux mêmes qui étoient présens. « Mais Calliste, poursuit Socrate, un des gardes de l'empereur, et qui a écrit sa vie en vers héroïques, dit qu'il fut tué par un démon : ce qu'il a peut-être inventé par une fiction poétique, et peut-être la chose est-elle ainsi. » Voilà tout ce que dit Socrate, et il rejette assez clairement ce qu'on dit de ce prétendu chrétien, puisqu'il ne donne aucun lieu à cette opinion parmi les bruits incertains qu'ils racontent tous, sans même faire mention du sentiment de Libanius, que personne ne suivoit. Théodoret en use de même [2], sans rien décider sur le fait, et sans même daigner répéter ce qu'avoit imaginé Libanius, comme chose qui ne méritoit, et en effet n'avoit trouvé aucune créance.

Il ne reste à examiner que Sozomène, dont le ministre fait son fort, mais sans raison. Car il raconte seulement « qu'un cavalier en courant fort vite avoit frappé l'empereur dans l'obscurité, sans que personne le connût : qu'on ne sait point qui le frappa : que les uns disent que ce fut un Persan, et d'autres un Sarrazin : d'autres un soldat romain indigné contre l'empereur, qui jetoit l'armée romaine en tant de périls [3]. » Si cela est, ce ne fut donc pas le christianisme qui le poussa à faire ce coup; et tels étoient, selon Sozomène, les bruits populaires : après quoi il rapporte encore, pour ne rien omettre, le discours du sophiste Libanius : puis en disant son avis, il se déclare pour l'opinion qui attribue cette mort à un coup du Ciel, dont il donne pour garant « une vision, où dans une grande assemblée des apôtres et des prophètes, après les plaintes qu'on y fit contre Julien, on vit deux de l'assemblée partir soudain, et peu après revenir comme d'une grande expédition, en disant que c'en étoit fait et que Julien n'étoit plus. » Il

---

[1] Soc., III, lib. II. — [2] Theodor., *Hist.*, lib. III, 20ᵉ édit. 1642, p. 657. — [3] Soz., VI, 1, 2.

raconte à ce propos beaucoup d'autres choses, qui tendent à confirmer que Julien étoit mort par un coup miraculeux ; et ainsi le parti qu'il prend est directement opposé à celui de M. Basnage, qui ne craint rien tant que de voir les esprits célestes mêlés dans cette mort. Il est vrai qu'en récitant le discours de Libanius qui accusoit un chrétien, quoique ce ne soit pas là à quoi il s'en tient, il reconnoît que cela peut être : car en effet on ne prétend pas que tous les chrétiens soient incapables de faillir : et Sozomène excuse l'action par l'exemple de ceux qui ont été tant loués, principalement « parmi les Grecs, » pour avoir tué les tyrans : discours qui peut avoir lieu contre Libanius et les païens qui élevoient jusqu'au ciel de tels attentats, mais que le christianisme ne reçut jamais.

Voilà ces exemples de l'ancienne Eglise qu'on nous avoit tant vantés. Tout se réduit dans le fait à la conjecture du seul Libanius, manifeste calomniateur et ennemi juré des chrétiens ; et dans le dogme, au sentiment du seul Sozomène, à qui sans lui dénier dans les faits l'autorité qu'il peut avoir comme historien, nous refuserons hardiment celle qui peut convenir à un docteur. Car enfin s'il est permis de mettre la main sur un empereur, sous prétexte qu'il persécute l'Eglise, que deviennent ces déclarations qu'elle faisoit durant la persécution dans toutes ses apologies, lorsqu'elle y protestoit solennellement qu'elle regardoit dans les princes une seconde majesté, que la première majesté, c'est-à-dire celle de Dieu, avoit établie ; en sorte qu'honorer le prince c'étoit un acte de religion, comme en violer la majesté c'étoit un sacrilége [1] ? Que si M. Basnage a voulu penser que l'Eglise du quatrième siècle, et sous Julien l'Apostat, eût dégénéré de cette sainte doctrine, il eût fallu nous alléguer un saint Basile, un saint Grégoire de Nazianze, un saint Ambroise, un saint Chrysostome, un saint Augustin et les autres saints évêques qu'elle reconnoissoit pour ses docteurs, dont aussi le sentiment unanime régloit celui de tous les fidèles. Mais le ministre n'a pas osé seulement les nommer ; car il savoit bien qu'en parlant souvent contre Julien l'Apostat et contre les autres princes persécuteurs, ils n'ont eu et n'ont inspiré à tous les peuples

IX. Réflexion sur Sozomène : témoignage des Pères de ce siècle, et en particulier celui de S. Augustin.

[1] Voyez V° *Avert.*, n. 13 et suiv.

qu'un inviolable respect pour leur autorité. Je ne répéterai pas tout ce que j'ai dit sur cette matière dans le cinquième *Avertissement* [1], où il paroît plus clair que le jour que loin de rien attenter contre la personne des princes, l'Eglise, quoique constamment la plus forte dans ce siècle, a persisté dans l'obéissance par maxime, par piété, par devoir, autant que dans les siècles où elle étoit plus foible. Seulement pour fermer la bouche à notre ministre, je le ferai souvenir de ce témoignage de saint Augustin : « Quand Julien disoit à ses soldats chrétiens : Offrez de l'encens aux idoles, ils le refusoient ; quand il leur disoit : Marchez, combattez, ils obéissoient sans hésiter [2]. » Mais c'étoit peut-être pour trouver plus commodément dans la mêlée l'occasion de l'assassiner ? Laissons-le croire à M. Basnage, à Libanius et aux autres ennemis de la piété. Saint Augustin dit toute autre chose de ces religieux soldats : « Ils distinguoient, dit-il, le Roi éternel du roi temporel, et demeuroient assujettis au roi temporel pour l'amour du Roi éternel : parce que, poursuit le même Père, lorsque les impies deviennent rois, c'est Dieu qui le fait pour exercer son peuple. » Comment l'exercer, si ce n'est par la persécution ? D'où ce grand homme conclut que, loin de rien entreprendre contre l'autorité et encore moins contre la personne du prince, « on ne peut pas refuser à cette puissance » établie de Dieu, comme il vient de le prouver, « l'obéissance qui lui est due. » Saint Augustin fait deux choses en cette occasion, toutes deux entièrement décisives : la première, il pose le fait constant et public, c'est-à-dire l'obéissance que les soldats chrétiens rendirent toujours à Julien, sans s'être jamais démentis : secondement, il va au principe selon sa coutume, et il montre que cette pratique constante et universelle des soldats chrétiens étoit fondée sur les maximes inébranlables de l'Eglise, en sorte « qu'on ne pouvoit pas refuser à cette puissance l'honneur qui lui étoit dû : *Non poterat non reddi honos ei debitus potestati.* » C'est d'un si grand évêque qu'il falloit apprendre la pratique inviolable aussi bien que la doctrine constante de l'Eglise sous Julien, et non pas de Libanius, ou même de Sozomène. Car outre la différence qu'il y a entre un docteur si autorisé et un

[1] V° *Avert.*, n. 17 et suiv. — [2] V° *Avert.*, n. 17 et suiv.; Aug., *in Psal.* CXXIV.

simple historien, Sozomène raisonne sur un récit en l'air, que lui-même croyoit faux; et saint Augustin rapporte un fait constant, dont il avoit pour témoin tout l'univers : Sozomène répond à un païen selon les principes du paganisme; et saint Augustin propose les plus sûres et plus saintes maximes du christianisme : et ce qui seul emporte la décision, Sozomène parle seul sans qu'on puisse alléguer un seul chrétien qui ait parlé comme lui; et saint Augustin est soutenu, comme on l'a fait voir [1], par la tradition constante de tous les siècles passés, et par le consentement unanime de tous les évêques de son temps.

Et puisque nous sommes tombés sur saint Augustin, pour ne m'en tenir pas ici seulement à ce que j'en avois rapporté ailleurs, vous serez bien aises, mes Frères, de remonter avec lui jusqu'au principe qui peut rendre les guerres légitimes, afin d'entendre à fond combien sont injustes celles que les ministres ont fait entreprendre à vos pères, et qu'ils voudroient encore aujourd'hui vous faire imiter.

X. Doctrine de S. Augustin sur l'obéissance des sujets, et sur le principe qui rend les guerres légitimes.

Saint Augustin attaqué par diverses objections des manichéens, qui condamnoient beaucoup de pratiques et de lois de l'Ancien Testament comme contraires aux bonnes mœurs, pour connoître la règle des mœurs consulte avant toutes choses, « la loi éternelle, » c'est-à-dire, comme il la définit, « la raison divine et l'immuable volonté de Dieu, qui ordonne de conserver l'ordre naturel et défend de le troubler [2]. » Puis venant à parler des guerres entreprises par l'ordre de Dieu sous Moïse et les autres princes du peuple saint, il montre aux manichéens qui les blâmoient, que si l'on peut entreprendre justement la guerre par l'ordre des princes, à plus forte raison le peut-on par l'ordre de Dieu, pour punir ou corriger ceux qui se rebellent contre lui [3]. Par ce moyen il entre nécessairement dans le principe qui rend les guerres légitimes parmi les hommes; et là en considérant la loi éternelle qui ordonne de conserver l'ordre naturel, il donne cette belle règle : « L'ordre naturel, dit-il, sur lequel est établie la tranquillité publique, demande que l'autorité et le conseil d'entreprendre la

---

[1] V⁰ *Avert.*, n. 3, 12, 13, etc. jusqu'à 21. — [2] *Cont. Faust.*, lib. XXII, cap. XXVII. — [3] *Ibid.*, cap. LXXIV.

guerre soit dans le prince, et en même temps que l'exécution des ordres de la guerre soit dans les soldats qui doivent ce ministère au salut et à la tranquillité publique[1]. » Ainsi selon l'ordre de la nature, que la loi éternelle veut conserver, saint Augustin établit dans le prince, comme dans le chef, la raison et l'autorité, et dans les soldats, comme dans les membres, un ministère qui lui est soumis : d'où il s'ensuit que quiconque n'est pas le prince ne peut commencer ni entreprendre la guerre : autrement contre la nature il ôte à la tête l'autorité et le conseil, pour les transporter aux membres qui n'ont que le ministère et l'exécution : il partage le corps de l'Etat : il y met deux princes et deux chefs : il fait deux Etats dans un Etat ; et rompant le lien commun des citoyens, il introduit dans un empire la plus grande confusion qu'on y puisse voir et la plus prochaine disposition à sa totale ruine, conformément à cette parole de notre Sauveur : « Tout royaume divisé en lui-même sera désolé, et les maisons en tomberont l'une sur l'autre[2]. »

Il ne faut donc pas s'étonner, si saint Augustin n'a laissé aux soldats de Julien autre parti à prendre dans la guerre que celui d'obéir à leur empereur, lorsqu'il leur disoit : « Marchez : » s'ils marchent sans son ordre, et encore plus s'ils marchent contre son ordre, de membres ils se font les chefs et renversent l'ordre public : ce qui va si loin, que qui combat même l'ennemi sans l'ordre du prince, se rend digne de châtiment : combien plus s'il tourne ses armes contre le prince lui-même et contre sa patrie, comme on fait dans les guerres civiles ?

Et de peur qu'on ne s'imagine qu'en combattant sous un prince injuste on ait part à l'injustice de ses entreprises, saint Augustin établit un autre principe, ou plutôt du premier principe qu'il a établi il tire cette conséquence, « qu'un homme de bien qui en combattant suit les ordres d'un prince impie, et ne voit pas manifestement l'injustice de ses desseins, ni une expresse défense de Dieu dans ses entreprises, peut innocemment faire la guerre en gardant l'ordre public et la subordination nécessaire au corps de l'Etat[3] ; » c'est-à-dire en se soumettant à l'ordre du prince, qui

[1] *Cont. Faust.*, lib. XXII, cap. LXXV. — [2] *Matth.*, XII, 25 ; *Luc.*, XI, 17. — [3] *Ibid.*

seul en fait le lien : « en sorte, continue-t-il, que l'ordre de la sujétion rend le sujet innocent, lors même que l'injustice de l'entreprise rend le prince criminel : » tant il importe à l'ordre, dit le même Père, « de savoir ce qui convient à chacun[1] : » et tant il est véritable que l'obéissance peut être louée, encore même que le commandement soit injuste et condamnable.

Par là donc on voit clairement que dans la guerre on n'est assuré de son innocence, que lorsque l'on combat sous les ordres de son prince ; et qu'au contraire lorsque l'on combat, ou sans son ordre ou, ce qui est encore pis, contre son ordre et contre lui, comme dans les guerres civiles, la guerre n'est qu'un brigandage, et on commet autant de meurtres qu'on tire de fois l'épée.

XI. Suite de la doctrine de S. Augustin, et qu'elle n'est autre chose qu'une fidèle interprétation de celle de S. Paul.

Mais parce qu'on pourroit imaginer d'autres règles à suivre lorsqu'on est injustement opprimé par son prince légitime, saint Augustin fait voir dans la suite par l'exemple de Jésus-Christ[2], qu'encore qu'il fût l'innocence même et tout ensemble le plus parfait et le plus indignement opprimé de tous les justes, « Il ne permet pas à saint Pierre de tirer l'épée pour le défendre, et répare par un miracle la blessure qu'il avoit faite à un des exécuteurs des ordres injustes qu'on avoit donnés contre lui : » montrant en toutes manières à ses disciples, et par ses exemples aussi bien qu'il avoit fait par ses paroles, qu'il ne leur laissoit aucun pouvoir ni aucune force contre la puissance publique, quand ils en seroient opprimés avec autant d'injustice et de violence qu'il l'avoit été lui-même.

Ainsi loin de conclure, comme a fait M. Jurieu, que Jésus-Christ en commandant à ses disciples d'avoir des épées, avoit intention de leur commander en même temps de s'en servir pour le défendre contre ses injustes persécuteurs[3], saint Augustin remarque au contraire, « qu'il avoit bien ordonné d'acheter une épée, mais qu'il n'avoit pas ordonné qu'on en frappât, et même qu'il reprit saint Pierre d'avoir frappé de lui-même et sans ordre[4], » afin de lui faire entendre qu'il n'est permis aux particuliers d'employer l'épée qu'avec l'ordre ou la permission de la puissance publique,

---

[1] *Cont. Faust.*, lib. XXII, cap. LXXIII. — [2] *Ibid.*, LXXVI, LXXVII. — [3] V° *Avert.*, p. 23. — [4] *Ibid.*, cap. LXXII.

et qu'il est encore bien moins permis de l'employer contre elle-même dans quelque abus qu'elle tombe. C'est aussi manifestement ce que Jésus-Christ nous fait voir, lorsqu'à l'occasion de ces épées et des coups que ses disciples en donnèrent : « Il faut, dit-il, que cette prophétie soit encore accomplie de moi : Il a été mis au nombre des scélérats [1] : » mettant manifestement au rang des crimes la résistance que voulurent faire ses disciples à la puissance publique, encore que ce fût dans une occasion où l'injustice et la violence furent poussées au dernier excès, ainsi que nous l'avons plus amplement expliqué ailleurs [2].

Selon ces paroles de Jésus-Christ, il ne reste plus aux fidèles opprimés par la puissance publique, que de souffrir à l'exemple du Fils de Dieu, sans résistance et sans murmure, et de répondre comme lui à ceux qui voudroient combattre pour les en empêcher : « Ne voulez-vous pas que je boive le calice que mon Père m'a préparé [3] ? » C'est ce qu'a fait Jésus-Christ, et c'est ce qu'il prescrit aux siens : « Il leur présente, » dit saint Augustin, le calice qu'il a pris ; et sans leur permettre autre chose, « il les oblige à la patience par ses préceptes et par ses exemples [4]. » C'est pourquoi, dit le même Père, « quoique le nombre de ses martyrs fût si grand, que s'il avoit voulu en faire des armées et les protéger dans les combats, nulle nation et nul royaume n'eût été capable de leur résister [5] : » il a voulu qu'ils souffrissent, parce qu'il ne convenoit pas à ses enfans humbles et pacifiques de troubler l'ordre naturel des choses humaines, ni de renverser, avec l'autorité des princes, le fondement des empires et de la tranquillité publique.

Telle est la doctrine de saint Augustin, qui se trouve renfermée toute entière dans ce seul mot de saint Paul : « Ce n'est pas en vain que le prince porte l'épée comme ministre de Dieu et comme vengeur des crimes [6] ; » par où il montre que le prince est seul armé dans un Etat : qu'on n'a nulle force que sous ses ordres : que c'est à lui seul à tirer l'épée que Dieu lui a mise en main pour la vengeance publique, et que l'épée tirée contre lui est celle que

---

[1] *Luc.*, XXII, 37. — [2] V° *Avert.*, n. 23. — [3] *Joan.*, XVIII, 11. — [4] Aug., *ibid.*, cap. LXXVI. — [5] *Ibid.* — [6] *Rom.*, XIII, 4.

Jésus-Christ ordonne de remettre dans le fourreau. Ainsi les guerres civiles sous prétexte de se défendre de l'oppression sont des attentats ; et saint Augustin qui a établi cette vérité par de si beaux principes, n'a été que l'interprète de saint Paul.

Selon ces lois éternelles, qui ont réglé durant les persécutions la conduite de l'Eglise et qu'elle n'a constamment jamais démentie, elle n'avoit garde d'approuver le soulèvement du peuple de Constantinople contre l'empereur Anastase, où ce bel ordre et si naturel des choses humaines étoit si étrangement renversé, que les membres mettoient en péril, non-seulement l'autorité, mais encore la vie de leur chef : encore moins eût-elle approuvé ce prétendu attentat d'un soldat chrétien contre Julien, qui selon les règles de l'Eglise, quoi que Sozomène en eût pu dire, eût passé pour une entreprise contre la loi éternelle, et même pour un sacrilège contre la sèconde majesté.

XII. Les exemples de M. Basnage, réprouvés par cette doctrine de S. Paul et de S. Augustin.

Pour ce qui regarde les Arméniens sujets à la Perse, ou comme on les appeloit les *Pers-Arméniens,* qui maltraités pour leur religion par le roi de Perse, se donnèrent à l'empereur Justin, il faudroit savoir, pour en juger, à quelles conditions le royaume d'Arménie étoit sujet à celui de Perse. Car tous les peuples ne sont pas sujets à même titre, et il y en a dont la sujétion tient autant de l'alliance et de la confédération que de la parfaite et véritable dépendance : ce qui se remarque principalement dans les grands empires, et surtout dans leurs provinces les plus éloignées, au nombre desquelles étoit la Pers-Arménie dans le vaste royaume de Perse. Elle avoit été détachée du reste de l'Arménie ; et tout ce royaume avoit autrefois appartenu aux Romains, mais à des conditions bien différentes du reste des peuples sujets, puisque l'empire romain n'exerçoit aucun droit sur ceux-ci, que celui de leur donner un roi de leur nation et du sang des Arsacides, sans au surplus en rien exiger, ni se mêler de leur gouvernement.

XIII. Examen particulier de l'exemple des Pers-Arméniens. Ancienne doctrine des chrétiens de Perse sur la fidélité qu'on doit au prince.

Après même qu'ils eurent cessé d'avoir des rois, ils conservoient de grands priviléges, et prétendirent en général devoir vivre selon leurs lois, et en particulier d'être exempts de tous impôts [1] : en

[1] Proc., *Pers.*, lib. I, cap. III.

sorte qu'en étant chargés, ils se donnèrent au roi de Perse. Si la partie de ce royaume, qui fut depuis sujette à la Perse, en s'unissant à ce grand empire s'étoit réservé ou non quelque droit semblable, et avoit fait ses conditions sur la religion chrétienne qu'elle avoit presque reçue dès son origine, c'est ce que les historiens de M. Basnage ne nous disent pas [1], ni aucune des circonstances qui pourroient nous faire juger jusqu'à quel degré on pourroit condamner ou excuser la défection de ces peuples. Mais comme ces historiens nous racontent dans le même temps et pour la même cause, une semblable action des Ibériens, nous pouvons juger de l'une par l'autre. Or constamment les Ibériens, quoique sujets de la Perse, ne l'étoient pas si absolument qu'ils n'eussent leur roi et n'usassent de leurs lois. C'est Procope qui nous l'apprend [2], et que le roi des Ibériens qui se retira d'avec les Perses pour s'attacher aux Romains, s'appeloit Gurgène; ces peuples, qui avoient leurs rois, ordinairement étoient bien sujets du grand roi de Perse pour certaines choses, et devoient le suivre à la guerre : mais dans le reste le roi de Perse n'exerçoit sur eux aucune souveraineté [3]. Ainsi on peut croire que les Ibériens et leur roi étoient soumis à l'empire persien à peu près aux mêmes conditions que les Laziens leurs voisins (c'étoit l'ancienne Colchos) l'étoient aux Romains; et tout le droit des Romains consistoit à envoyer au roi de Colchos les marques royales, sans en pouvoir exiger d'autres services.

Telle étoit la condition de ces peuples; mais après tout que nous importe, puisque dans le fond, et quoi qu'il en soit, si les Pers-Arméniens étoient sujets aux mêmes conditions que les Perses, leur sentence est prononcée dès le temps de la persécution de Sapor, où nous avons vu les évèques et les chrétiens accusés d'intelligence avec les Romains s'en défendre comme d'un crime et repousser cette accusation comme une manifeste calomnie [4]. On sait aussi que Constantin ne fit autre chose que d'écrire en leur faveur, comme nous l'avons fait voir par Sozomène [5]; et nous y

---

[1] Evag., lib. V; Theoph. Byzanc., *apud Phot.*; Joan. Biclar., *in Chron.* — [2] Proc. *Pers.*, I, 12; II, 8, 15. — [3] *Ibid.*, II, 15. — [4] V* Avert.*, n. 20. — [5] Soz., II, 8.

ajoutons maintenant le témoignage conforme de Théophane, qui assure en termes formels qu'ils « furent calomniés par les Juifs et par les Perses[1]. » Ainsi les Pers-Arméniens, s'ils étoient sujets comme les autres et à même condition, ne peuvent qu'augmenter le nombre des rebelles que la loi éternelle condamne.

On voit clairement par là que les exemples de M. Basnage, à la manière qu'il nous les propose, sont des exemples réprouvés. Ce ne sont donc pas des exemples de l'ancienne Eglise, dont aussi on ne nous fait voir aucune approbation.

Ainsi ceux qui nous les proposent, au lieu d'autoriser leurs attentats, en prononcent la condamnation, et montrent qu'il ne leur reste plus aucune ressource.

On s'imaginera peut-être que la Réforme si souvent livrée au mauvais esprit qui la poussoit à la révolte, n'aura qu'à la désavouer et tous ceux qui l'ont excitée. Mais non : car on a vu par des pièces qui ne souffrent aucune réplique, que ceux qui ont excité la révolte et qui l'ont autorisée par leurs décrets, sont les ministres eux-mêmes, sans en excepter les réformateurs, et que le peuple réformé a été porté à prendre les armes contre son roi et sa patrie par les décrets des synodes les plus authentiques.

XIV. Variations de la Réforme et de ses écrivains sur les révoltes

Telle a été l'accusation que j'ai intentée à la Réforme, et il ne faut pas s'étonner si elle est tombée, en se défendant, dans de manifestes contradictions. Car voici la juste sentence du souverain Juge : ceux qui combattent la loi éternelle de la vérité sur laquelle est établi l'ordre du monde, par une suite inévitable de leur erreur sont forcés à se contredire eux-mêmes, et c'est ce qui a causé dans la Réforme les variations infinies qu'on a vues dans cette matière. La loi de la vérité gravée dans les cœurs l'avoit forcé à ne montrer au commencement que douceur et que soumission envers les puissances. Aussitôt qu'elle s'est senti de la force, elle a mis en évidence ce qu'elle portoit dans le sein ; elle a changé de langage comme de conduite; et le même esprit de vertige et de variation, qui a paru dans tout le parti, s'est fait sentir en particulier dans les auteurs qui ont écrit pour sa défense.

Nous avons vu dans l'*Histoire des Variations*[2] que la Réforme

[1] Theoph., *Chronogr.*, an 5817, p. 19. — [2] *Var.*, liv. X, n. 26 et suiv.

si souvent vaincue et tellement désarmée, que la révolte étoit impossible, s'est tournée à faire voir, si elle pouvoit, que ces guerres qu'on lui reprochoit étoient guerres de politique, où la religion n'avoit aucune part; et c'est à quoi les meilleures plumes du parti, les Bayles, les Burnets, les Jurieux même ont consumé leur esprit : mais on ne veut plus maintenant s'en tenir là : on veut que la Réforme arme de nouveau, si elle peut; et le même Jurieu qui a condamné les guerres civiles comme contraires à l'esprit du christianisme, sonne maintenant le tocsin, et n'oublie rien pour montrer que ces guerres sont légitimes; il méprise l'ancienne Eglise, il profane l'Ecriture en cent endroits, il dogmatise, il prophétise : tout lui est bon, pourvu qu'il vienne à son but de porter le flambeau de la rébellion dans sa patrie qu'il a renoncée.

XV. M. Basnage entraîné par le même esprit : on le prouve par les deux moyens de sa réponse qui se contredisent l'un l'autre.

Qu'on ne s'imagine pas que le ministre Basnage soit moins agité de cet esprit de la secte, sous prétexte qu'il paroît plus modéré. Il a fait plus que le ministre Jurieu, puisqu'il n'a pas craint d'attribuer, non-seulement des révoltes, mais encore des parricides à l'ancienne Eglise, ce que l'autre n'avoit osé. Il ne faut pas s'étonner après cela s'il excuse toutes les guerres civiles, et jusqu'à la conjuration d'Amboise [1]; mais il ne peut pas demeurer ferme dans un sentiment si insoutenable : en même temps qu'il trouve justes tous ces attentats, il fait les derniers efforts pour en défendre la Réforme et ses synodes, c'est-à-dire que toutes ces bonnes actions au fond lui paroissent dignes d'être désavouées; et pendant que sa plume les justifie, sa conscience lui dicte au dedans que ce sont des crimes. C'est ce qui jette l'esprit de vertige et de contradiction dans sa défense, puisque les deux moyens qu'il y emploie se combattent l'un l'autre : il soutient que toutes les guerres des prétendus réformés sont justes, et en même temps il fait violence à toutes les histoires pour nous faire accroire que la religion n'y a point de part. Mais quelle difficulté de lui donner part à ce qui est juste? C'est ce qu'on ne comprend pas; et cependant sans nous contenter de cet avantage, nous montrerons dans le reste de ce discours, non-seulement que ces deux moyens sont incompatibles, mais encore que chacun des deux est mauvais en soi.

[1] Tom. I, liv. II, chap. VI, p. 512, 513.

« Il est aisé, dit M. Basnage, de justifier nostre premier attentat, malgré les démonstrations que M. de Meaux a produites : car un prince du sang estoit l'auteur de l'entreprise d'Amboise, qui fut formée par tous les ennemis de la maison de Guise, sans aucune distinction de religion. Je ne sçai, conclut-il ensuite, si cela se doit appeler rebellion [1]. » Mais d'abord et sans encore entrer plus avant dans le fond, où trouve-t-il qu'un prince du sang, qui après tout est un sujet, puisse autoriser les ennemis du duc de Guise et du cardinal son frère à attenter sur leurs personnes, et à les enlever dans le palais du roi et entre ses bras ? « Le roy foible et jeune, dit-il, ne gouvernoit pas luy-mesme. » S'il est permis sous ce prétexte de faire des coups de main, quels Etats sont en sûreté dans la jeunesse des rois ? Le ministre, qui est né François et qui doit savoir les lois du royaume, n'ose nier que François II n'y fût reconnu majeur selon ces lois. Etoit-il donc permis d'usurper sur lui l'autorité souveraine, et de lui arracher l'épée que Dieu lui avoit mise en main, pour la mettre entre les mains d'un prince du sang, qui n'étoit que plus obligé par sa naissance à respecter l'autorité royale ? M. Basnage cite par deux fois Castelnau, « qui fut employé, dit-il, pour sçavoir le secret de la conjuration, » et qui assure qu'on avoit dessein de procéder contre ceux de Guise « par toutes les formes de la justice [2]. » Mais il supprime ce que dit le même auteur, « que les protestans conclurent qu'il falloit se défaire du cardinal de Lorraine et du duc de Guise par forme de justice, s'il estoit possible pour n'estre estimez meurtriers [3]. » C'est dire assez clairement que le nom de la justice étoit le prétexte, et qu'à quelque prix que ce fût, on les vouloit faire périr ; mais puisqu'on allègue cet auteur, digne en effet de toute croyance par son désintéressement et son grand sens, écoutez, mes Frères, comme il parle de vos ancêtres : écoutez vous-même, M. Basnage qui en faites un de vos témoins, comme il explique les causes de la conjuration d'Amboise : « Les protestans de France se mettant devant les yeux l'exemple de leurs voisins, c'est à sçavoir des royaumes d'Angleterre, de Danemarc, d'Ecosse, de Suede, de Bo-

XVI.
Vaines défenses de ce ministre sur la conjuration d'Amboise Castelnau qu'il cite le condamne.

---

[1] Basn., *ibid.*, p. 512. — [2] Basn., *ibid.*, p. 513, 514. — [3] Cast., lib. I, cap. VII, édit. de Lab., p. 15.

heme, etc., où les protestans tiennent la souveraineté et ont osté la messe; à l'imitation des protestans de l'Empire se vouloient rendre les plus forts, pour avoir pleine liberté de leur religion : comme aussi espéroient-ils, et pratiquoient leur secours et appui de ce côté-là, disant que la cause estoit commune et inséparable[1]. » Ainsi les protestans de France pratiquoient dès lors le secours de ceux d'Allemagne[2], sous prétexte que la cause étoit commune. C'est ce qui avoit déjà éclaté en diverses occasions et depuis peu très-clairement, lorsque les princes de la Confession d'Augsbourg sollicités par les huguenots à se mêler du gouvernement de ce royaume, « les obligèrent à demander qu'on donnât » au roi François II « un légitime conseil. » Etrange hardiesse pour des sujets, de vouloir qu'on gouvernât le royaume au gré des étrangers! Mais ce n'étoit là qu'un commencement; et ce qui parut dans la suite, où les armes des étrangers furent ouvertement appelées, fit bien voir ce que la Réforme méditoit dès lors. Voilà donc, selon Castelnau, quel fut le dessein « des protestans, » lorsqu'ils ourdirent ce noir attentat de la conspiration d'Amboise. Ils vouloient se rendre les maîtres, et « pratiquoient » déjà secrètement pour cela « le secours des étrangers. » Par quelle autorité, et de quel droit? Mais continuons la lecture de Castelnau : « Les chefs du party du roy, poursuit cet auteur, n'estoient pas ignorans des guerres avenuës pour le fait de la religion ès lieux susdits; mais les peuples ignorans pour la pluspart n'en sçavoient rien, et beaucoup ne pouvoient croire qu'il y en eût une telle multitude en France, comme depuis elle se découvrit, ni que les protestans ozassent ou pussent faire teste au roy, et mettre sus une armée, et avoir secours d'Allemagne comme ils eurent. » Remarquez tous ces desseins, M. Basnage, et osez dire qu'il n'y a pas là de « rebellion. » Vous voyez en termes précis le contraire dans votre auteur : il prend soin de vous expliquer la disposition du peuple ignorant qui ne connoissoit ni le pouvoir, ni les desseins des protestans : ce qui leur donnoit espérance de pouvoir engager le peuple dans leurs attentats sous d'autres prétextes; mais au fond le dessein étoit de rendre leur religion maîtresse en France en op-

[1] Cast., lib. I, cap. VII, *édit. de Lab.*, p. 15. — [2] Thu., XXIII, tom. I, p. 637.

primant, comme vous voyez, « le party du roy : » car c'est ainsi « que le nomme » cet historien. Il poursuit : « Aussi ne s'assembloient-ils pas seulement (les protestans) pour l'exercice de leur religion, ains aussi pour les affaires d'Etat, et pour essayer tous les moyens de se défendre et assaillir, de fournir argent à leurs gens de guerre, et faire des entreprises sur les villes et forteresses pour avoir quelques retraites. » Après cela vous ne voulez pas qu'on ait tenu, ni qu'on tienne encore leurs assemblées pour suspectes, pendant que sous prétexte de religion ils font des menées secrètes contre l'Etat. Osez dire que tout cela n'est pas véritable, et qu'il ne fut pas résolu dans l'assemblée de Nantes de lever de l'argent et des troupes, et d'allumer la guerre civile par tout le royaume : dites que tout cela ne se fit pas à l'instigation de la Renaudie ensuite des résolutions de cette assemblée : dites encore que la Renaudie, huguenot lui-même, ne fut pas établi par les huguenots et par leur chef pour être le conducteur de la conjuration d'Amboise qui éclata quelques mois après : par quelle autorité et par quel droit faisoit-on toutes ces menées ? La loi éternelle et l'ordre public les souffrent-ils dans les Etats ? Mais écoutez comme conclut Castelnau : « Apres donc avoir levé le nombre de leurs adhérans par toute la France (c'est toujours les protestans dont il parle), et connu leurs forces et leurs enrôlemens : » voilà, ce me semble, assez clairement prendre l'épée contre le précepte de saint Paul, qui la met uniquement en la main du prince, ou qui assure plutôt que c'est Dieu qui l'y a mise; mais continuons : « Ils conclurent qu'il falloit se défaire du cardinal de Lorraine et du duc de Guise, et par forme de justice, s'il étoit possible, pour n'estre pas estimez meurtriers. » Voilà la belle justice des protestans, selon cet auteur tant cité par M. Basnage; mais voilà, ce qui est pis, le fond du dessein; et sous le prétexte de punir les princes de Guise, c'étoit *au party du roy* et à sa souveraineté qu'on en vouloit, puisqu'on levoit malgré lui des troupes et de l'argent dans tout son royaume, pour occuper ses places et ses provinces.

M. Basnage croit tout sauver en dissimulant le fond du dessein, et en disant « qu'il s'y agissoit seulement de sçavoir si les loix divines et humaines permettoient d'arrester un ministre d'Etat,

XVII. Suite de la même matière : vaines défaites de M. Basnage et de la Réforme

avant que d'avoir fait son procez : deffaut de formalité, continue-t-il, qui se trouvoit dans l'entreprise d'Amboise, auquel on tâcha de suppléer par des informations secrettes ¹. » Mais s'il ne veut pas écouter la loi éternelle, qui lui dira dans le fond du cœur que « ces informations secrettes » faites sans autorité, par les ennemis de ces princes, étoient de manifestes attentats, qu'il écoute du moins son auteur, qui lui déclare que « telles informations et procédures, si aucunes y en avoit, estoient folies de gens passionnez contre tout droit et raison ². »

Telles sont les défenses de M. Basnage et celles de tout le parti, car il n'y en a point d'autres ; et ce ministre en explique le mieux qu'il peut les raisons. Mais si ces raisons sont bonnes, il ne faut point parler de gouvernement, ni de puissance publique ; et il n'y aura, pour tout oser, qu'à donner un prétexte au crime.

Mais en tout cas, nous dit-il, ce n'est pas un crime de la Réforme, puisque « l'entreprise fut formée par tous les ennemis de la maison de Guise, sans aucune distinction de religion ³. » Son auteur le dément encore ; et si ce n'est pas assez de ce qu'on en a rapporté, pour montrer que les protestans étoient les auteurs de l'entreprise, le même historien raconte encore « qu'il fut envoyé par Sa Majesté pour apprendre quelle étoit la délibération des conjurez; et qu'il fut vérifié qu'une assemblée de plusieurs ministres, surveillans, gentilshommes et autres protestans de toute qualité, s'estoit faite en la ville de Nantes ⁴. » On voit donc plus clair que le jour que c'est l'entreprise et l'assemblée des protestans. Il continue : « La Renaudie, » protestant lui-même par dépit et par vengeance, comme on a vu ⁵, « communiqua le secret à des Avenelles, qui trouva cet expédient fort bon; aussi étoit-il protestant. » C'est donc, encore une fois, l'affaire de la secte. Dans la suite de l'entreprise, Castelnau parle toujours « du rendez-vous des protestans, » et de la requête que les conjurés doivent présenter au roi, « pour estre asseurez par le moyen de cette requeste, qui se devoit presenter pour la liberté de leurs consciences, de quelque soulagement au reste de la France ⁶. » C'étoit donc

---

¹ Basn., *ibid.*, p. 514. — ² Casteln., *ibid.*, chap. VII, p. 16. — ³ Basn., *ibid.*, p. 512. — ⁴ *Ibid.*, p. 8. — ⁵ *Var.*, liv. X, n. 30. — ⁶ Chap. VIII, IX.

pour la dernière fois une requête des protestans ; mais il ne faut pas oublier que cette requête se devoit présenter à main armée, et par des gens soutenus d'un secours de cavalerie dispersée aux environs [1] : ce que le même Castelnau trouve avec raison « fort étrange et du tout contre le devoir d'un bon sujet, principalement d'un François obeïssant et fidele à son prince, de lui presenter une requeste à main armée [2]. » Mais enfin le fait est constant, non-seulement par Castelnau, mais encore unanimement parmi les auteurs, sans en excepter les protestans ; et cependant ce n'est pas là une rébellion, ni une entreprise de la Réforme, si nous en croyons M. Basnage.

Mais, dira-t-il, dans cette requête, on demandoit aussi le soulagement du peuple. Il n'y a donc qu'à le demander « à main armée » pour être innocent ; et la Réforme sera lavée d'une rébellion si ouverte, à cause qu'à la manière des autres rebelles ceux-ci l'auront revêtue d'un prétexte du bien public? Mais qui ne voit au contraire que les plus noirs attentats deviendroient légitimes par ce moyen, et que le comble de l'iniquité c'est de donner un beau nom au crime?

Mais, dit-on, il y entra quelques catholiques. Quoi donc! quelques mauvais catholiques entraînés dans un parti de protestans le feront changer d'esprit, de dessein et de nom même! On oubliera que le chef du parti étoit un prince huguenot ; que la Renaudie huguenot en étoit l'ame ; que le ministre Chandieu étoit son associé ; que ceux à qui on se fioit étoient de même secte ; que les huguenots composoient le gros du parti ; que l'action devoit commencer par une requête pour la liberté de conscience [3] ; qu'après la conjuration découverte, l'amiral interrogé par la reine sur ce qu'il y avoit à faire pour en prévenir les suites, ne lui proposa que la liberté de conscience [4]? On oubliera tout cela, et on aura tant de complaisance pour les protestans, qu'on croira la conjuration entreprise pour toute autre fin.

Mais l'affaire fut découverte par deux protestans, qui se repentirent d'y être entrés [5]? Il y eut deux hommes fidèles dans tout

---

[1] Thu., XXIII, tom. I, 675.— [2] Liv. II, chap. I, p. 25.— [3] *Ibid.*, Thu., XXV, 675. — [4] Thuan., *ibid.*, 676 ; Cast., liv. II, p. 24 ; Bez., III, 264. — [5] Basn., *ibid.*

un parti. Donc il est absous : qui fit jamais un raisonnement si pitoyable?

Il ne sert de rien de nous dire encore que les conjurés avoient protesté de ne point attenter sur la vie du roi, ni des personnes royales [1]. Car aussi auroit-on pu espérer de trouver autant qu'il falloit de conjurés, en leur déclarant un dessein si exécrable? Mais enfin sans attenter sur la vie du roi, n'étoit-ce pas un crime assez noir que d'entrer dans son palais à main armée : soulever toutes ses provinces; le mettre en tutelle; se rendre maître de sa personne sacrée et de celle des deux reines sa mère et sa femme, jusqu'à ce qu'on eût fait tout ce qu'on vouloit? M. Basnage dissimule toutes ces choses, parce qu'elles ne souffrent point de repartie, et croit la Réforme assez innocente, pourvu qu'elle soit exempte d'avoir attenté sur la vie du roi? Mais qui répondoit aux complices de ce qui pouvoit arriver dans un si grand tumulte, et de toutes les noires pensées qui auroient pu entrer dans l'esprit d'un prince devenu maître de son roi et de tout l'Etat? Comment peut-on justifier de tels attentats? Et n'est-ce pas se rendre sourd à la vérité éternelle, qui établit l'ordre des empires et consacre la majesté des souverains?

C'est se moquer ouvertement après cela que de dire qu'on vouloit tout faire contre les princes de Guise et dans tout le reste « par l'ordre de la justice et par les Etats généraux [2]. » Mais si le roi ne vouloit pas les convoquer; si les Etats, plus religieux que les protestans, refusoient de s'assembler au nom du prince de Condé, qui ne pouvoit les convoquer qu'en se faisant roi; qu'auroit-on fait? Les conjurés auroient-ils posé les armes et remis, non-seulement le roi et les reines, mais encore les princes de Guise en liberté? On insulte à la foi publique, lorsqu'on s'imagine pouvoir persuader au monde de tels contes. Aussi l'histoire dit-elle nettement que sans hésiter on auroit massacré le duc de Guise et son frère le cardinal, s'ils ne promettoient de se retirer de la cour et des affaires [3]. On sait le nom de celui qui s'étoit chargé de tuer le duc [4] : et après un si beau commencement, qui peut répondre de

[1] Basn., *ibid.* — [2] Basn., 514, 515. — [3] Thuan., 675. — [4] Brant., *Vie de Guise;* Le Labour., *Addit.* à *Castein.*, tom. I, liv. I, p. 398.

tous les excès où se seroit emporté un peuple appâté de sang? Telle fut la résolution que fit prendre la Renaudie dans l'assemblée de Nantes, après avoir invoqué le nom de Dieu. Car Bèze sait bien remarquer que c'est par là qu'il commença [1] : après cela tout est permis; et pourvu qu'on donne à l'assemblée un air de réforme, on peut destiner des assassins à qui l'on veut : fouler aux pieds toutes les lois : forcer le roi dans son palais et mettre en feu tout le royaume.

Que si à la fin on est forcé d'avouer que cette conjuration est un crime abominable, il faut avouer encore avec la même sincérité que c'est un crime de la Réforme : un crime entrepris par dogme : par expresse délibération « de jurisconsultes et de théologiens protestans, » comme l'assure M. de Thou en termes formels [2] : un crime approuvé des ministres et en particulier de Bèze, qui en fait l'éloge dans son *Histoire Ecclésiastique* [3]. Les passages en sont rapportés dans le livre des *Variations* [4] : le prince de Condé, selon Bèze, est un héros chrétien pour avoir en cette occasion « postposé toutes choses *au devoir* qu'il avoit à sa patrie, à sa majesté et à son sang : la province de Saintonge est louée d'avoir fait *son devoir* comme les autres : combien *qu'une si juste* entreprise par la *déloyauté* de quelques hommes ne succédast comme on le desiroit [5]. » Ainsi ces réformateurs renversent tout : ils appellent « justice » une affreuse conspiration; et « déloyauté » le remords de ceux qui se repentent d'un crime; ils sanctifient les attentats les plus noirs, et ils en font un « devoir, » tant pour les princes du sang que pour les autres sujets.

XVIII. La conjuration expressément approuvée par la Réforme. Témoignage de Bèze, dissimulé par M. Basnage, comme toutes les autres choses où il n'a rien à répondre.

M. Basnage a vu cet endroit de Bèze dans l'*Histoire des Variations*, et il fait semblant de ne le pas voir. C'est sa perpétuelle coutume : ce ministre croit tout sauver en dissimulant ce qui ne souffre point de repartie; en récompense il soutient que parmi les consultans qui autorisèrent la conjuration, il y avoit « des jurisconsultes papistes : » du moins il n'ose avancer qu'il y eût des théologiens de notre religion, ni démentir M. de Thou qui n'y admet que des protestans. Mais si le ministre veut mettre des

[1] Liv. III, 252. — [2] Thuan., 670.— [3] *Hist. Eccles.*, liv. III, p. 251.— [4] *Var.*, liv. X, n. 26. — [5] *Ibid.*, 313.

nôtres parmi les jurisconsultes, qu'il les nomme : qu'il nomme un seul auteur catholique qui ait approuvé cette entreprise, comme nous lui nommons Bèze qui en fait l'éloge. Mais pourquoi lui nommer ce réformateur et les autres de même temps ? Je nomme à M. Basnage M. Basnage lui-même, et je lui demande devant Dieu quel intérêt il peut prendre à excuser, comme il fait, une si noire entreprise, si la Réforme, comme il le prétend, n'y a point de part ?

XIX.'
Dernière défaite de la Réforme : Calvin mal justifié par M. Basnage.

Enfin pour dernière excuse, on nous dit que plusieurs des chefs du parti improuvèrent ce dessein. M. Bayle nomme l'amiral, à qui on n'osa jamais le confier, et s'il l'eût su, dit Brantôme, « il auroit bien rabravé les conjurateurs et revelé le tout [1]. » Calvin même, qui sut l'entreprise, dit M. Basnage [2], déclara une et deux fois « qu'il en avoit de l'horreur, » et il le prouve par ses lettres que j'ai aussi alléguées dans l'*Histoire des Variations* [3] : mais si Calvin et l'amiral ont en effet et de bonne foi détesté un crime si noir, comment ose-t-on aujourd'hui le justifier ? Qui ne voit ici qu'on se moque, et qu'il n'y a dans les réponses des ministres ni sincérité ni bonne foi ? Calvin, je l'avoue, improuva beaucoup l'entreprise après qu'elle eut manqué, et s'en disculpe autant qu'il peut : mais si Bèze avoit remarqué dans le fond et dès l'origine qu'elle lui eût paru criminelle plutôt que mal concertée, en auroit-il entrepris si hautement la défense ? Y avoit-il si peu de concert entre ces deux chefs de la Réforme sur la règle des mœurs et sur le devoir des sujets ? Bèze auroit-il proposé comme une chose approuvée par « les plus doctes théologiens, » ce que Calvin auroit détesté jusqu'à en avoir de l'horreur ? Calvin tenoit-il un si petit rang parmi les théologiens de la Réforme ? M. Basnage selon sa coutume dissimule tout cela ; et se contente de dire que *M. de Meaux fait éclater son injustice contre Calvin d'une manière trop sensible* [4]. Pourquoi ? Parce que je dis que ce prétendu réformateur, à prendre droit par lui-même, agit trop mollement en cette occasion, et qu'il devoit dénoncer le crime [5] ? Mais l'amiral lui en donnoit l'exemple, puisqu'on vient de voir qu'il étoit en

[1] *Var.*, liv. X, n. 33. — [2] P. 516. — [3] *Var.*, liv. X, n. 33. — [4] Basn., *ibid.*— [5] *Var.*, *ibid.*

disposition de tout révéler, s'il l'eût su : il ne falloit pas qu'un reformateur sût moins son devoir qu'un courtisan. M. Basnage devoit répondre à cette raison, avant que de m'accuser d'une injustice « si sensible » envers Calvin. Mais il ne pénètre rien, et ne fait que supprimer les difficultés. Cependant comme s'il avoit satisfait à celle-ci, qui est si pressante et si clairement exposée dans l'*Histoire des Variations*, il demande avec un ton de confiance : « Que pouvoit faire Calvin qu'il n'ait fait ? » Ce qu'il pouvoit ! Rompre absolument l'entreprise, en la faisant déclarer au roi ou à la justice. L'ordre des empires le veut : la loi éternelle l'ordonne : si Calvin en ignoroit les règles sévères, pourquoi prenoit-il le titre de *Réformateur ?* Il étoit François, et faisoit semblant de conserver dans Genève les sentimens d'un bon citoyen et d'un bon sujet [1]. Quand donc il l'en faudroit croire, et se persuader sur sa parole qu'il a fait véritablement tout ce qu'il raconte après que le coup a failli, toujours de son aveu propre il demeurera impliqué dans le crime, puisqu'il l'a su sans le révéler. Lorsqu'on sait un complot d'assassinat, on n'en est pas quitte pour l'improuver : il faut avertir celui qui est en péril; et en matière d'Etat il faut du moins faire entendre au coupable que s'il ne se désiste d'un si noir dessein contre son roi et sa patrie, on en avertira le magistrat; autrement on y participe : et voilà le chef de la Réforme, quoi qu'en dise M. Basnage, complice manifestement selon la loi éternelle du crime des conjurés.

XX. Que Calvin a autorisé les guerres civiles et la rébellion, et que M. Basnage l'en défend mal

Il l'a été beaucoup davantage des guerres civiles. Que diriez-vous d'un docteur, si écrivant à un chef de rebelles ou de voleurs, qui se glorifieroit d'être son disciple, au lieu de lui faire sentir l'horreur de son crime, il lui prescrivoit seulement comme à un homme autorisé par le public les lois d'une milice légitime ? C'est précisément ce qu'a fait Calvin. J'ai rapporté une lettre qu'il écrit au baron des Adrets [2], le plus ardent et le plus cruel de tous les chefs de la Réforme. Dans cette lettre il ne blâme que les violences, la déprédation des reliquaires et les autres choses de cette nature faites « sans l'autorité publique. » Mais il se garde bien de lui dire que le titre même du commandement qu'il usurpoit, étoit

[1] *Ve Avert.*, n. 64. — [2] *Var.*, liv. X, n. 35.

destitué de cette autorité : par conséquent que la guerre entreprise de cette sorte étoit, non-seulement dans ses excès, mais encore dans son fond une révolte, un attentat et en un mot un brigandage plutôt qu'une guerre légitime. Au lieu de lui reprocher son impiété à tourner ses armes infidèles contre sa patrie et contre son prince, il se contente de lui dire, comme saint Jean faisoit aux soldats légitimement enrôlés sous les étendards publics : « Ne faites point de violence, et contentez-vous de vostre paye [1]. » Les catholiques et les protestans concluent d'un commun accord de cette décision de saint Jean, avec saint Augustin et les autres Pères, que la guerre sous un légitime souverain est permise, puisque saint Jean n'en reprenant que les excès, il s'ensuit qu'il en approuve le fond. Mais par la même raison on démontre manifestement à Calvin qu'il autorisoit la guerre civile. M. Basnage répond premièrement, « qu'on ne dit pas toujours tout dans une lettre [2], » et que Calvin avoit assez expliqué ailleurs [3] « qu'il falloit obéir aux rois lors mesme qu'ils estoient méchans et indignes de porter le sceptre. » Le ministre voudroit nous donner le change. La question n'étoit pas s'il falloit obéir aux mauvais rois. La Réforme ne prenoit pas pour prétexte de sa révolte leur injustice en général, mais en particulier la seule persécution : c'étoit donc contre cette erreur que Calvin la devoit munir pour lui ôter les armes des mains, et il falloit lui montrer qu'à l'exemple de l'ancienne Eglise, on doit obéir même aux princes persécuteurs. C'est ce que devoit faire un réformateur : mais c'est de quoi Calvin ne dit pas un mot dans le passage allégué par notre ministre; et s'il eût eu ce sentiment dans le cœur, il le falloit expliquer en écrivant à un chef de la révolte; car c'est le cas d'appliquer les grandes maximes au fait particulier, et d'instruire à fond de ses devoirs celui qu'on entreprend d'enseigner.

Mais M. Basnage répond en second lieu « que c'estoit assez entreprendre contre le baron des Adrets, que de vouloir d'abord réprimer sa fureur : on n'obtient rien, poursuit-il, quand on demande beaucoup [4]. » Je vous entends, M. Basnage : en effet c'est

---

[1] *Luc.*, III, 14. — [2] *Ibid.*, 516. — [3] Calv., *Inst.*, lib. IV, cap. xx, art. 25. — [4] *Ibid.*

trop demander à la Réforme que de lui prescrire « de poser les armes » qu'elle a prises contre sa patrie. Mais si Calvin n'eût rien obtenu, si ses disciples avoient persisté contre son avis dans une guerre criminelle, la protestation qu'il eût faite contre leur infidélité eût servi de témoignage à son innocence. Je crois ici que M. Basnage se moque en son cœur de notre simplicité, de demander à Calvin de semblables déclarations. Ce n'est pas le style des ministres; nous trouvons bien dans Bèze les protestations qu'ils firent contre la paix d'Orléans, « afin que la postérité fust avertie comme ils s'estoient portez dans cette affaire [1]. » Mais des protestations contre la guerre civile, on n'en trouve point dans leur histoire : ce n'étoit pas là leur esprit, ni celui de la Réforme.

M. Basnage ose soutenir cette protestation des ministres; mais la raison qu'il en rend est admirable. « Les ministres, dit-il, avoient raison de s'opposer à ce traité, puisque le prince vouloit les sacrifier à sa grandeur [2]. » Sans doute, il valoit bien mieux que les ministres le sacrifiassent à leurs intérêts avec toute la noblesse et le peuple qui le suivoit et que toute la France fût en sang, plutôt que de blesser la délicatesse de ces docteurs qui vouloient être les maîtres de tout. L'aveu au moins est sincère. « Mais, poursuit M. Basnage, leurs demandes estoient justes dans le fond, puisqu'ils souhaitoient seulement qu'on observast un edit qu'on leur avoit donné : il ne s'agissoit pas de decider si la guerre estoit juste ou non. » Quelle erreur de prêcher la guerre, sans avoir auparavant décidé qu'elle étoit juste! M. Basnage se moque-t-il d'alléguer de telles raisons? Mais les ministres « ne songeoient, continue-t-il, qu'à pourvoir à la seureté de leurs troupeaux. » Nous avons fait voir ailleurs [3] que le prince y avoit pourvu, et que toute la question n'étoit que du plus au moins; mais en quelque façon qu'on le prenne, c'étoit donc un point résolu par le sentiment des ministres que la guerre étoit légitime, puisqu'à quelque prix que ce fût et aux dépens du sang de tous les François, ils vouloient qu'on la continuât.

XXI. Protestation des ministres contre la paix d'Orléans : raison de M. Basnage pour la soutenir

---

[1] *Hist.*, tom. II, liv. VI, 282; *Var.*, liv. X, n. 47. — [2] *Ibid.*, p. 520. — [3] *Var.*, liv. X, n. 47.

XXII. Trois raisons du ministre pour justifier les guerres de la Réforme la première, qui est tirée du prétendu massacre de Vassi, est insoutenable.

Voyons maintenant les raisons par lesquelles notre auteur ose soutenir que cette guerre étoit juste : il se réduit à trois principales : la première, « qu'il s'agissoit de la punition du massacre de Vassi commis par le duc de Guise, laquelle la reine avec son conseil avoit solennellement promise, malgré les oppositions du roi de Navarre et du cardinal de Ferrare ; et qu'ainsi les protestans avoient droit de la demander, et de se plaindre si on ne la faisoit pas [1]. » La seconde raison de M. Basnage, « c'est qu'on ne s'unissoit que pour un edit que les parlemens de France et les Etats avoient vérifié [2]. » La troisième, qui paroît la plus vraisemblable, c'est que le prince, sous la conduite duquel la Réforme se réunit, agissoit par les ordres de la reine régente : c'étoit donc lui qui étoit muni de l'autorité publique, et il ne regardoit le duc de Guise, qui étoit le chef du parti contraire, que comme un *particulier* contre lequel on avoit droit de s'élever comme contre un ennemi de l'Etat [3]. Au reste M. Basnage déclare d'abord « qu'il ne prétend pas traiter cette matiere épuisée par d'autres auteurs, et qu'il touchera seulement les reflexions que M. de Meaux a faites. » Mais c'est justement ce qu'il oublie. Sur le prétendu « massacre de Vassi, » ma principale remarque a été que « ce n'étoit pas une entreprise préméditée, » ce que j'établis en un mot [4], mais d'une manière invincible, par le consentement unanime des historiens non suspects. Ma preuve est si convaincante, que M. Burnet s'y est rendu. Je lui avois fait le reproche « d'avoir pris le désordre de Vassi pour une entreprise préméditée [5], » et voici comme il y répond : « Il m'accuse (M. de Meaux) de m'estre mépris sur le but du massacre de Vassi. Mais il n'y a rien dans l'anglois qui marque que j'aye cru que ce fust un dessein formé, et je ne suis responsable que de l'anglois [6]. » Je n'en sais rien, puisqu'il a donné à la version françoise une approbation si authentique. Quoi qu'il en soit, je le prends au mot, et je le loue de désavouer de bonne foi ce qu'il dit que son traducteur avoit ajouté du sien. M. Basnage n'a qu'à l'imiter ; puisqu'il le comble de tant de louanges, en lui dédiant sa réponse, il ne doit pas avoir honte de suivre son exem-

---

[1] P. 519. — [2] Ibid. — [3] Ibid., 517, 518. — [4] Var., liv. X, n. 42. — [5] Var., ibid. — [6] Crit. de l'Hist. des Variat., n. 11, p. 33.

ple. Qu'il avoue donc de bonne foi que ce qu'on appelle *le massacre de Vassi*, ne fut qu'une rencontre fortuite, et que c'est un fait avéré par l'histoire de M. de Thou et par celle de la Popelinière, auteurs non suspects : qu'il ajoute sur la foi des mêmes auteurs que le duc de Guise fit ce qu'il put pour empêcher le désordre, et qu'ainsi c'étoit à la Réforme une manifeste injustice d'exiger par tant de clameurs et ensuite par une guerre déclarée, que sans connoissance de cause et sur la seule accusation de ses ennemis on le punît d'un crime dont il étoit innocent. Mais après tout, quand le duc de Guise seroit aussi criminel que les protestans le publioient, le foible du raisonnement de M. Basnage n'en est pas moins clair, puisque même en lui accordant tout ce qu'il demande on voit qu'il ne conclut rien, et qu'enfin tout ce qu'il conclut, c'est « que la reine avec son conseil ayant promis la punition » de ce prétendu massacre, « les protestans avoient droit de la demander, et de se plaindre si on ne la faisoit. » Mais « qu'ils eussent droit de la demander » par la force ouverte et par une guerre déclarée, « ou de se plaindre » les armes à la main : c'est précisément de quoi il s'agit : c'est ce qu'il falloit établir pour justifier la Réforme ; mais M. Basnage lui-même ne l'a osé dire : il a senti la loi éternelle qui lui crioit dans sa conscience qu'on renverse l'ordre du monde, lorsque des sujets entreprennent de se faire justice à eux-mêmes contre les plus criminels, et à plus forte raison contre un innocent.

La même raison détruit encore le vain prétexte tiré des édits. Car sans se tourmenter vainement l'esprit par la discussion des faits, dans une occasion où l'on s'accusoit mutuellement d'avoir manqué à la foi donnée : la règle invariable de la vérité décide que les sujets doivent conserver les édits qu'on leur accorde par les mêmes voies dont ils ont dû se servir pour les mériter, c'est-à-dire par d'humbles supplications et de fidèles services. Ainsi de quelque contravention qu'on ait à se plaindre, cette règle de la vérité et de l'ordre public revient toujours : Qu'on ne se doit pas faire justice à soi-même : Que les sujets n'ont point de force contre la puissance publique, et que le glaive n'est donné qu'aux souverains. Nos ancêtres les martyrs n'ont pas fait la guerre à

XXIII. La seconde raison, tirée des édits de pacification, n'est pas moins mauvaise.

Sévère et à Valérien, pour rappeler en usage les favorables édits d'Adrien et de Marc-Aurèle; ni à Julien l'Apostat, en faveur de ceux de Galère et de Maximin, de Constantin et de Constance. Le bel ordre dans un Etat, si toutes les plaintes de contravention aux libertés et aux droits de chaque corps se tournoient en guerre civile! Mais quel prodige d'égarement de s'imaginer qu'en donnant des priviléges, le prince donne le droit d'armer contre lui, partage son autorité et se dégrade lui-même : ou que les graces qu'il accordera en faveur d'une religion contraire à la sienne, soient plus inviolables et plus sacrées que les autres! Que si l'on nie que ces édits fussent des graces, c'étoit donc de deux choses l'une : ou un effet de la violence faite au souverain, ce qui est un attentat manifeste; ou un droit également acquis et une justice due à toutes les sectes, ce qui est une prétention trop nouvelle, encore même parmi les protestans, pour faire une loi.

XXIV. Troisième raison tirée des lettres secrètes de Catherine de Médicis à Louis prince de Condé : première réponse à ces lettres : silence de M. Basnage.

Il n'y a donc plus aucune ressource pour la Réforme si souvent rebelle que de dire qu'elle a armé par l'autorité publique, et d'en revenir à ces ordres secrets donnés par la reine au chef du parti. Mais d'abord il est manifeste que cette excuse n'est bonne en tout cas que pour les premières guerres commencées durant la régence de Catherine de Médicis. Car ce n'est qu'en cette occasion qu'on peut alléguer de tels ordres, et il n'y en a pas même le moindre vestige dans les guerres qui ont suivi depuis Charles IX jusqu'à Louis XIII de triomphante mémoire. Quelle misérable défaite, qui dans la vaste étendue qu'ont occupée ces guerres civiles, ne trouve à justifier qu'une seule année, puisque la première guerre ne dura pas davantage? Mais après tout, que peut-on conclure de ces lettres de la reine? J'y ai donné deux réponses[1] : la première entièrement décisive, « que la reine qui appeloit en secret le prince de Condé au secours du roi son fils, n'en avoit pas le pouvoir, puisqu'on est d'accord que la régence lui avoit été déférée à condition de ne rien faire de conséquence que dans le conseil, avec la participation et de l'avis d'Antoine de Bourbon roi de Navarre, comme premier prince du sang et lieutenant général du roi dans toutes ses provinces et dans toutes ses armées durant sa minorité. » C'est

[1] *Var.*, liv. X, n. 45.

ce que portoit l'acte de tutelle arrêté dans les Etats généraux : le fait est constant par l'histoire [1]. Cette réponse ferme la bouche aux protestans : aussi M. Basnage, qui avoit promis « de répondre à mes réflexions, » demeure muet à celle-ci, comme il fait dans tout son ouvrage à celles qui sont les plus décisives : on appelle cela répondre à l'*Histoire des Variations*, comme si répondre étoit faire un livre et lui donner un vain titre.

Le ministre, qui passe sous silence un endroit si essentiel de ma réponse, en touche un autre, mais pour le corrompre : « M. de Meaux soûtient que le duc de Guise ne faisoit rien que par l'ordre du roy [2]. » Il m'impose : il n'étoit pas même question des ordres du roi, qui étoit mineur et qui avoit à peine douze ans : je parle du roi de Navarre, et je dis, ce qui est certain, que le duc de Guise « ne fit rien que par les ordres du roi [3], » comme il devoit : le ministre, qui n'a rien à dire à une réponse si précise, change mes paroles : est-ce là répondre ou se moquer et insulter à la foi publique? Il poursuit : « Maimbourg ne chicane point, et il avouë que la reine écrivit coup sur coup quatre lettres extrêmement fortes, où elle conjure le prince de Condé de conserver la mere, les enfans et le royaume en dépit de ceux qui vouloient tout perdre [4]. » On diroit, à entendre le ministre, que je dissimule ces lettres ; mais j'en rapporte tous les termes qu'il a relevés, et je reconnois que la reine les écrivit pour prier ce prince « de vouloir bien conserver la mere et les enfans et tout le royaume contre ceux qui vouloient tout perdre [5]. » Est-ce chicaner sur ces lettres que de les rapporter de si bonne foi? Mais j'ajoute ce que vous taisez, M. Basnage : que la reine, qui écrivoit en ces termes, et qui sembloit vouloir se livrer avec le roi et ses enfans au chef d'un parti rebelle et aux huguenots, n'en avoit pas le pouvoir : répondez, si vous pouvez; et si vous ne pouvez pas, comme vous l'avouez assez par votre silence, cessez de tromper le monde par une vaine apparence de réponse.

XXV. Le ministre impose à l'auteur des *Variations*, et ne répond rien à ses preuves.

J'avois fait une autre remarque qui n'étoit pas moins décisive : que « ces sentimens de la reine ne durèrent qu'un moment : qu'a-

XXVI. Autre remarque

---

[1] Thuan., tom. I, lib. XXVI, 719, edit. 1606. — [2] Basn., *ibid.*, 517. — [3] *Var.*, liv. X, n. 45. — [4] Basn., p. 518. — [5] *Var., ibid.*

près qu'elle se fut rassurée, elle rentra de bonne foi dans les sentimens du roi de Navarre, et qu'elle fit ce qu'elle put par de continuelles négociations avec le prince de Condé, pour le ramener à son devoir. » Tous ces faits, que j'avois rapportés dans l'*Histoire des Variations*[1], sont incontestables, et en effet ne sont pas contestés par M. Basnage. J'ajoute encore dans le même endroit que la reine écrivit ces lettres « en secret par ses émissaires, de peur qu'en favorisant la nouvelle religion, elle ne perdît l'amitié des grands et du peuple, et qu'on ne lui ôtât enfin la régence. » Ce sont les propres termes de M. de Thou : et voilà ce qui fit prendre de meilleurs conseils à cette princesse, que son ambition avoit jetée d'abord dans des conseils désespérés. M. Basnage n'a rien à répondre, sinon « que la reine changea, parce qu'elle se vit opprimée par les Guises qu'il fallut flatter[2]. » Il dissimule que tout se faisoit par les ordres du roi de Navarre, selon l'acte de tutelle autorisé par les Etats ; et qu'à la réserve du prince de Condé et de l'amiral, ce roi avoit avec lui les autres princes du sang, les grands du royaume, le connétable et les principaux officiers de la couronne, la ville et le parlement de Paris, les parlemens, les provinces et en un mot toutes les forces de l'Etat : M. Basnage oublie tout cela, et il appelle oppression les ordres publics : tout cela étoient les rebelles « et les ennemis de l'Etat : » et le prince de Condé fut le seul fidèle, à cause qu'il avoit pour lui les huguenots seuls, et qu'il étoit à leur tête. Peut-on s'aveugler soi-même jusqu'à cet excès, sans être frappé de l'esprit d'étourdissement ?

XXVII. Suite des attentats de la Réforme, où M. Basnage se fait.

Si l'on se souvient maintenant de ce qu'entreprit peu de temps après et dans les secondes guerres « ce parti fidèle » et si obéissant à la reine, on sera bien plus étonné. Il appela l'étranger au sein du royaume : il livra le Havre-de-Grâce, c'est-à-dire la clef du royaume aux Anglois anciens ennemis de l'Etat, et les consola de la perte de Calais et de Boulogne. Il n'y avoit point là de lettres de la régente : elle fut contrainte de prendre la fuite avec le roi devant « ce parti fidèle : » on les attaqua dans le chemin au milieu de ce redoutable bataillon de Suisses : il fallut fuir pendant la nuit,

[1] *Var., ibid.*, Thuan., tom. II, lib. XXIX. — [2] *Ibid.*, 518.

et achever le voyage avec les terreurs qu'on sait : cependant ceux qui poursuivoient le roi et la reine sans garder aucune mesure, étoient les fidèles sujets ; et ceux qui les gardoient étoient les rebelles.

M. Basnage, qui se tait à tous ces excès, croit excuser la Réforme en nous alléguant en tout cas d'autres rébellions : il n'a que de tels exemples pour se soutenir ; mais toutes les rébellions sont foibles à comparaison de celles de la Réforme : les rois, pour ne pas ici répéter le reste, s'y sont vus assiégés dans leurs palais, comme François II à Amboise, et au milieu de leurs gardes, comme Charles IX dans la fuite de Meaux à Paris : quelle rébellion poussa jamais plus loin son audace ? Oubliera-t-on cette réponse de Montbrun à une lettre où Henri III lui parloit naturellement avec l'autorité convenable à un roi envers son sujet ? Que lui répondit ce fier réformé : « Quoy, dit-il, le roy m'écrit comme roy, et comme si je le devois reconnoistre ? Je veux bien qu'il sçache que cela seroit bon en temps de paix, et que lors je le reconnoistrois pour tel ; mais en temps de guerre, qu'on a le bras armé et le cul sur la selle, tout le monde est compagnon [1]. » C'est l'esprit qui régnoit dans le parti ; et je ne finirois jamais, si je commençois à raconter les paroles et, ce qui est pis, les actions insolentes des héros de la Réforme.

Si ce ne sont là des rébellions et des félonies manifestes, je n'en connois plus dans les histoires. Encore pour les autres révoltes on en rougit ; mais pour celles-ci on les soutient, on les loue, on les imite : il le faut bien, puisqu'elles ont été faites par religion et autorisées par les synodes.

M. Basnage ose le nier, et nous avons déjà dit que par là il se réfute lui-même. Car si ces conjurations et ces guerres sont légitimes, pourquoi en rougir, et n'oser y faire entrer les synodes ? Mais c'est que l'iniquité se dément toujours elle-même : ces révoltes couvrent de honte ceux qui les soutiennent : ce sont de bonnes actions, disent les ministres, mais que chacun seroit plus aise de n'avoir point faites, et dont on voudroit du moins pouvoir laver les synodes.

XXVIII. Le ministre lâche d'excuser le synode national de Lyon : deux articles de ce synode : le dernier, qui ne souffre pas

[1] Brant., L. Lab., *Addit. aux Mém. de Castelu.*, tom. II, p. 643.

la moindre réplique, est dissimulé par M. Basnage.

Le ministre le tente vainement, et il est encore plus foible et plus faux dans cet endroit de sa Réponse que dans tous les autres : on le va voir. La pièce la plus décisive contre la Réforme est un décret du synode national de Lyon en 1563 dès l'origine des guerres. Nous en avons produit deux articles, que malgré leur ennuyeuse longueur je ne craindrai pas de remettre encore devant les yeux du lecteur. Car il faut une fois confondre ces infidèles écrivains, qui osent nier les faits les plus constans. J'ai donc produit deux articles de ce synode : le xxxviiie, où il est écrit « qu'un ministre de Limosin, qui *autrement s'étoit bien porté*, a écrit à la reine-mere qu'il n'avoit jamais consenti au port des armes, jaçoit qu'il y ait consenti et contribué : item, qu'il promettoit de ne plus prescher, jusqu'à ce que le roy le luy permettroit. Depuis connoissant sa faute, il en a fait confession publique devant tout le peuple ; et un jour de Cene en la présence de tous les ministres du païs et de tous les fideles : on demande s'il peut rentrer dans sa charge ? On est d'avis que cela suffit : toutefois il écrira à celui qui l'a fait tenter, pour luy faire connoistre sa pénitence : et le priera-t-on qu'on le fasse entendre *à la reine*, et là où il adviendroit que le scandale en arrivast à son eglise : et sera en la prudence du synode de Limosin de le changer de lieu [1]. »

L'autre article du même synode, qui est le xlviiie, n'est pas moins exprès : « Un abbé venu, dit-on, à la connoissance de l'Evangile, a bruslé ses titres, et n'a pas permis depuis six ans qu'on ait chanté messe en l'abbaye : ains s'est toûjours *porté fidelement*, et a porté *les armes* pour maintenir l'*Evangile* : il doit estre receu à la Cène : » conclut tout le synode national.

Voilà qui est clair : il n'y faut point de notes, ni de commentaire : c'est le décret d'un synode national, qu'on a en forme authentique avec tous les autres ; c'est l'acte d'un de ces synodes où, selon la discipline de nos réformés, se fait la suprême et finale résolution tant au dogme qu'en la discipline ; et il n'y a rien au-dessus dans la Réforme : tout y enseigne, tout y autorise, tout y respire la guerre et la désobéissance : que fera ici M. Basnage ? Ce que font les avocats des causes déplorées : ce que lui-même il

[1] *Var.*, liv. X, n. 36 ; Ve *Avert.*, n. 10.

fait partout dans sa *Réponse*, comme on a vu et comme on verra dans toute la suite. C'est de passer sous silence ce qui ne souffre aucune réplique, et si on trouve un petit mot par où l'on puisse embrouiller la matière, de s'y accrocher par une basse chicane. L'article de l'abbé est d'une nature à ne point souffrir de repartie : les circonstances du fait sont trop bien marquées : c'est un abbé huguenot, qui garde six ans son abbaye sans en acquitter aucune charge, ni faire dire aucune partie de l'office; les revenus l'accommodoient, et c'est assez pour garder le bénéfice : ce qui l'excuse envers la Réforme, c'est qu'il a brûlé tous les titres pour abolir la mémoire de l'intention des fondateurs, et toutes les marques de la Papauté dans son abbaye. Car au reste un homme de main comme lui n'avoit besoin que de la force pour se maintenir dans la possession : et un abbé de cette trempe, « qui sçait se porter fidelement et prendre les armes pour l'evangile, » n'a que faire de titre. Voilà au moins le cas bien posé : la cause de la guerre bien expliquée : l'abbaye en très-bonnes mains : on reçoit l'abbé à la Cène, et la guerre qu'il fait à son roi et à sa patrie lui en ouvre les entrées. Il n'y a ici qu'à se taire, comme fait M. Basnage.

XXIX. Chicane de M. Basnage sur le premier article rapporté du synode national de Lyon : il est démenti par M. Jurieu.

Personne ne peut douter que l'article du même synode sur le ministre de Limosin ne soit de même esprit et de même sens : mais parce qu'il y est parlé du déni que fait le ministre d'avoir consenti au port des armes « jaçoit qu'il y eust consenti et contribué, » et de la promesse qu'il fait de ne prêcher plus *sans la permission du roy*, M. Basnage s'attache à ces derniers points : « Il suffit, dit-il, de sçavoir lire pour voir que la censure tombe sur deux choses : la premiere, que le ministre avoit proféré un mensonge public en écrivant à la reine qu'il n'avoit jamais consenti au port des armes, quoiqu'il y eust consenti et contribué; et la seconde, parce qu'il abandonnoit son ministère. Il ne s'agissoit donc pas de la repentance de ce ministre, et encore moins d'une décision en faveur de la guerre[1]. » Quoi! le ministre n'est pas loué « de s'estre bien porté d'ailleurs, et d'avoir contribué » comme les autres au port des armes? Ce n'est pas là tout l'air du décret,

[1] Basn., liv. 11, art. 6, p. 518; et Jurieu.

et cet homme n'est pas continué dans le ministère, encore qu'il ait « consenti et contribué » à la guerre, en sorte que « tout le scandale » qu'il a donné à l'Eglise, c'est d'avoir eu honte de sa révolte et d'avoir promis sur ce fondement de ne prêcher plus? J'en appelle à la conscience des sages lecteurs. Car aussi pourquoi le synode auroit-il refusé à ce ministre la louange de consentir à la guerre, puisqu'on a bien loué l'abbé de l'avoir faite lui-même? Et quand nous voudrions nous attacher à ce que M. Basnage reconnoît pour la seule cause de la censure : si la guerre contre sa patrie et contre son roi étoit réputée dans le synode un fait honteux et reniable, comme on parle, seroit-ce un si grand scandale de le désavouer? Si contribuer à la révolte en y animant les peuples eût été réputé un attentat contre son roi et sa patrie, quelle honte y auroit-il eu d'abandonner le ministère dont on auroit abusé? N'eût-il pas fallu se souvenir de cette parole du Saint-Esprit : « Dieu a dit au pécheur : Pourquoi annonces-tu ma justice, et portes-tu mon alliance dans ta bouche? Tu as haï la discipline, et tu as rejeté ma parole loin de toi : tu t'es joint avec les voleurs [1] : » ou ce qui n'est pas moins impie, tu as augmenté le nombre des rebelles, et tu as allumé dans ta patrie le flambeau de la guerre civile : « Ta bouche a abondé en malice, et ta langue a été adroite à forger des fraudes, » pour engager dans la révolte ceux qui écoutoient tes discours. Quoi de plus juste en cet état que d'abdiquer le ministère dont on auroit abusé contre son prince, et du moins de ne le reprendre qu'avec sa permission? Mais ce qui feroit l'édification d'une vraie Eglise, fait un scandale dans la Réforme : il faut que toutes les églises du parti, il faut que la reine même sache qu'on se repent d'avoir eu la guerre civile en horreur, et il ne reste que ce moyen-là d'être maintenu dans le ministère. Voilà comme M. Basnage sauve son église et le synode national de Lyon. M. Jurieu est plus sincère : il a tâché comme les autres de déguiser autant qu'il a pu le fait des guerres civiles : lorsqu'il a vu qu'on savoit le décret du synode national, il a reconnu la vérité; mais aussi en même temps il a repris son audace, qu'il n'avoit quittée que pour un moment : « Et, dit-il, M. de

[1] *Psal.* XLIX, 16-18.

Meaux doit sçavoir que nous ne nous faisons pas une honte de ces décisions de nos synodes[1]. » Voilà deux ministres bien opposés : l'un accorde ce que l'autre nie : l'un est contraint d'avouer que le synode approuve la prise des armes, et soutient qu'il a eu raison de le faire : l'autre, qui ne s'est pas encore durci le front jusqu'à croire que les synodes doivent autoriser de tels excès, ne se sauve qu'en niant un fait constant : mais la Réforme demeure toujours également confondue, soit qu'elle craigne d'avouer ce fait honteux, ou qu'elle ait l'audace de le soutenir.

La question est terminée par ces seuls décrets d'un synode si solennel, et si suivi dans tout le parti. Mais j'ai encore d'autres synodes à produire, et ce sont ceux des vaudois calvinisés, en l'an 1560.

XXX. Synodes des vaudois : vain triomphe de M. Basnage qui m'accuse d'avoir falsifié M. de Thou et la Popelinière, pendant que c'est lui-même qui les tronque.

C'est ici que M. Basnage semble triompher, puisqu'il se vante d'avoir prouvé que je cite faux, et voici comment : « On tasche, dit-il, en passant d'Allemagne dans les valées de Piémont, d'y trouver quelque ombre de rebellion [2]. » Que le lecteur attentif prenne garde à ces paroles : « On tasche, » c'est de moi qu'il parle, « de trouver dans les valées quelque ombre de rebellion; » il n'y a donc eu dans ces vallées selon le ministre, ni aucun attentat contre le prince, ni pas même une ombre de rébellion. D'où viennent donc tant de siéges, tant de combats, et tant de sang repandu? Mais sans encore entrer dans ce détail, que M. de Thou et la Popelinière racontent si amplement, que répondra-t-on au traité transcrit de mot à mot par ces historiens, dont voici le commencement : « Capitulation et articles derniérement accordez entre M. de Raconis de la part de Son Altesse, et ceux des valées de Piémont, appelez *vaudois*. » Il en rapporte les paroles et conclut ainsi : « Que l'on expediera lettres-patentes de Son Altesse, par lesquelles il constera qu'il fait remission et pardon à ceux des valées d'Angrogne, » et des autres qu'il nomme toutes, « tant pour avoir pris les armes contre Son Altesse, que contre les seigneurs et gentilshommes particuliers (à qui ces lieux appartenoient), lesquels il reçoit et tient en sa sauvegarde particuliere [3]. » Voilà, ce me

[1] Jur., lett. IX. — [2] Basn., II part., chap. VI, p. 410. — [3] La Pop., tom. I, liv. VII, fol. 253.

semble, toutes les vallées spécifiées avec assez de soin, qui toutes ensemble demandent pardon d'avoir pris les armes contre leurs seigneurs et contre leur prince souverain. Cependant à entendre notre ministre, il n'y a pas même eu parmi les vaudois « une ombre de rebellion; » et c'est en vain que M. de Meaux *tasche* d'y en trouver le moindre vestige. Ce traité, que j'ai tiré de la Popelinière est raconté en un mot, mais toujours dans le même sens par M. de Thou, puisqu'il dit « qu'on fit un traité d'amnistie par lequel le prince pardonnoit à ses sujets des valées tout ce qui s'estoit passé dans les guerres [1]. » Cependant M. Basnage m'insulte comme si j'avois faussement cité ces deux auteurs.

Je rapporterai ses paroles, afin qu'on voie une fois ce qu'il faut croire de son jugement et de sa sincérité : « Les vaudois, dit M. de Meaux, avoient enseigné tout nouvellement cette doctrine (qu'on pouvoit armer contre son prince); et la guerre fut entreprise dans les valées contre les ducs de Savoye, qui en estoient les souverains [2]. » Je reconnois mes paroles, et il est vrai que je donne pour garans M. de Thou et la Popelinière, deux historiens non suspects. Ecoutons sur cela M. Basnage : « On cite M. de Thou pour le prouver, mais il dit précisément le contraire de ce que M. de Meaux lui fait dire. Il est vrai, poursuit M. Basnage [3], que les ministres permirent aux vaudois de repousser la violence de quelques soldats qui s'attroupoient pour les piller. Car il est permis de s'armer contre des voleurs. Mais quand les armées du duc de Savoye commandées par un chef s'approcherent, M. de Thou dit qu'on delibera s'il estoit permis de prendre les armes contre son prince pour la défense de la religion, et que les syndics et les pasteurs des valées deciderent que cette défense n'estoit point permise : qu'il falloit se retirer sur les montagnes, et se reposer sur la bonté de Dieu qui n'abandonneroit pas ses enfans : » et il remarque comme une espèce de prodige » qu'après cette decision il n'y en eut pas un seul qui ne quittast ses maisons et ses biens au lieu de les défendre. » Ainsi conclut le ministre, « On ne peut parler d'une maniere plus contraire à M. de Meaux. » Il est vrai, si ces belles résolutions avoient duré. Mais le ministre déguise d'une étrange

[1] Thuan., tom. II, lib. XXVII, p. 18. — [2] Basn., *ibid.* — [3] *Ibid.*

sorte ce qu'ajoute M. de Thou. « Il ajouste, dit M. Basnage, que dans la suite quelques ministres varierent, s'imaginant qu'on pouvoit se défendre, parce qu'il ne s'agissoit point de la religion, mais de la conservation de ses femmes et de ses enfans, qui alloient estre immolez à la violence des persecuteurs : et que d'ailleurs on ne faisoit pas la guerre à son souverain, mais au Pape qui estoit l'auteur de cette violence. Mais, continue M. Basnage, ces raisons, qui estoient soutenuës par les mouvemens de la nature, ne furent point suivies, et on demeura ferme dans la premiere decision. La Popeliniere rapporte précisément la mesme chose que M. de Thou : et ces deux historiens font voir que M. de Meaux est souverainement injuste dans ses accusations. »

Où me cacherai-je, si j'ai falsifié si honteusement les deux historiens que je produis? Mais aussi que répondra M. Basnage, si c'est lui qui les a tronqués? La chose n'est pas douteuse, puisqu'il ne falloit que continuer un moment la lecture de M. de Thou, pour y trouver, trois pages après, « que les pasteurs d'Angrogne *changerent d'avis*, et resolurent d'un commun consentement qu'on défendroit doresnavant la religion par les armes [1]. »

Après une si honteuse dissimulation de M. Basnage, où un passage si clair est entièrement retranché de l'histoire de M. de Thou, il n'y aura plus que les aveugles qui ne verront pas que les ministres, lorsqu'ils nous répondent, ne songent qu'à faire dire qu'ils ont répondu et entretenir la réputation du parti, sans au reste se mettre en peine de répliquer rien de sincère ni de sérieux. Ne laissons pas de faire voir à M. Basnage la conduite des nouveaux martyrs dont il nous vante la constance. M. de Thou lui apprendra que cette courageuse résolution « de tout perdre jusqu'à sa vie [2], » plutôt que de résister à son souverain, ne dura que peu de jours, puisqu'un peu après l'armée du duc de Savoye s'étant avancée sous la conduite du comte de la Trinité, les habitans prirent les armes qu'ils avoient auparavant rejetées : qu'ils combattirent jusqu'à la nuit, résolus de maintenir leur religion jusqu'au dernier soupir : qu'ils envoyèrent demander secours à ceux de Pérouse, et même à ceux de Pragelas dans le royaume

---

[1] Thuan., tom. II, lib. XXVII, p. 15. — [2] *Ibid.*, p. 12.

de France : que le comte de la Trinité craignant de les pousser au désespoir, les porta à entrer en quelque accommodement : qu'ils présentèrent une requête au prince, où ils lui promettoient une prompte et inviolable fidélité, et lui demandoient pardon pour ceux qui avoient pris les armes par une extrême nécessité et comme par désespoir, le suppliant de leur laisser la liberté de leurs consciences [1] : que les députés n'ayant rapporté de la part du duc que des ordres qui parurent trop rigoureux à ceux de Luserne et de Bobio, ils écrivirent à Pragelas et aux autres valées du royaume de France, pour leur demander conseil et secours [2] : qu'il se fit un traité entre eux de s'entre-secourir mutuellement, sans jamais pouvoir traiter d'accommodement les uns sans les autres : que les habitans enflés du succès de ce traité, résolurent de refuser les conditions imposées par le duc, et désavouèrent leurs députés qui les avoient accordées : que pour confirmer l'alliance par quelque entreprise mémorable, « ils pillerent les valées voisines, » et sous prétexte d'aller entendre le sermon dans une église, « en renverserent les autels et les images; » qu'un corps de troupes du duc, qui venoient exécuter le traité que les députés des vallées avoient conclu, trouvèrent au lieu de la paix qu'ils attendoient, « tous les habitans armez, » qui les poussèrent jusque dans la citadelle, où ils les contraignirent de se rendre à discrétion; et qu'enfin le comte de la Trinité étant venu à Luserne avec son armée et ayant mis garnison dans Saint-Jean, ce fut alors « qu'on changea d'avis, » comme on a vu, « et qu'après avoir conclu qu'on prendroit les armes contre le duc, on confirma l'accord arresté avec ceux de Pragelas. »

M. Basnage a raison de dire que la Popelinière a raconté précisément la même chose [3]. Voilà comme ces deux auteurs « disent positivement le contraire de ce que M. de Meaux en a rapporté. » Les vaudois de l'obéissance de Savoye par le commun avis de leurs pasteurs ont renoncé à la patience et au martyre, dont d'abord ils avoient eu quelque idée : ceux de Pragelas sujets du roi, qui font de telles confédérations avec des étrangers sans la permission de leur prince, ne sont pas moins criminels; et voilà tout

---

[1] Thuan., tom. II, lib. XXVII, p. 13. — [2] *Ibid.*, 14. — [3] Pop., liv. VII.

ce qui restoit de vaudois coupables manifestement de la rébellion, dont le ministre avoit entrepris de les excuser jusqu'à dire qu'on n'en trouva pas même l'ombre parmi eux.

Cependant c'étoit ici cette réponse dont on me menaçoit il y a deux ans, et qui devoit me convaincre d'énormes infidélités. Les ministres ne manquent pas de se vanter les uns les autres, et ils éblouissent les simples par cet artifice. M. Jurieu a publié qu'on sauroit bien me montrer que j'avois falsifié beaucoup de passages dans l'*Histoire des Variations,* sans néanmoins en marquer un seul. Dans sa petite critique de trente-six pages, M. Burnet, qui se vante d'avoir détruit toute mon histoire, ajoute « qu'une belle plume, et trop belle à son gré pour la matiere où elle s'employe, » me fera voir mon peu de sincérité ; à la vérité ces Messieurs n'ont pas voulu se charger de cette recherche, et M. Burnet me passe tous les faits que j'ai rapportés sur sa Réforme anglicane et sur son Cranmer, aussi bien que sur ses autres héros [1], sans en contredire aucun : aussi ne le peut-il pas, puisque je les ai pris de lui-même. La gloire de découvrir mes prétendues faussetés dans la conduite variable, dont j'ai convaincu la Réforme, étoit laissée à M. Basnage, qui répète aussi à toutes les pages que je n'ai rien vu par moi-même : que j'ai suivi en aveugle mes compilateurs, en relisant tout au plus les endroits qu'ils m'avoient marqués, sans considérer tout le reste, et qu'aussi je suis convaincu de faux par tous les auteurs que je produis : mais c'est principalement dans le fait des guerres civiles qu'il prétend m'avoir convaincu de ces honteuses falsifications ; et son frère, qui fait ce qu'il peut dans son *Histoire des ouvrages des savants* pour lui préparer un théâtre favorable, a remarqué en particulier que c'est sur les guerres de France et d'Allemagne « qu'on accuse M. de Meaux de bien des infidélitez [2]. » On a vu les principales dont on m'accusoit, et on peut juger maintenant de la sincérité de M. Basnage.

Ce ministre trop aisément ébloui par la belle résolution que les vaudois avoient fait paroître, n'a pas voulu passer outre, ni pous-

XXXI. Réflexion importante sur ces falsifications du ministre.

---

[1] Burn., *Crit. des Var.*, n. 11, p. 32. — [2] *Hist. des ouv. des Sav.*, mois de déc. 89, janvier et fév. 90, p. 250.

ser plus loin son récit. La décision des vaudois étoit en effet plus forte encore que M. Basnage ne nous l'a représentée, puisqu'au lieu de dire simplement que la défense n'étoit pas permise contre son prince, M. de Thou leur fait dire : Loin qu'on pût défendre sa maison et ses biens, « qu'il n'estoit pas mesme permis de défendre sa vie contre son souverain; » mais ces courageuses maximes si promptement démenties par des maximes contraires, ne servent qu'à justifier ce que j'ai dit des variations de la Réforme, qui d'une part a été forcée par la vérité à reconnoître ce qu'on doit au prince et à la patrie, et de l'autre y a renoncé par d'expresses décisions.

On peut voir encore en cette occasion ce qu'on doit attendre de notre ministre sur l'Histoire des albigeois et des vaudois, où il prend le ton de vainqueur d'une manière qui, à ce qu'on dit, a ébloui tout le parti : mais j'espère qu'il faudra bientôt déposer cet air superbe; et dès à présent on peut voir combien l'Histoire vaudoise est inconnue à cet auteur, en la reprenant dès son origine, puisqu'il en ignore même ce qui s'est passé du temps de nos pères, jusqu'à nous donner les vaudois de ce dernier temps comme des gens où l'on cherche en vain une ombre de rébellion, et leurs Barbes comme des docteurs qui n'ont jamais varié dans une partie si essentielle de la doctrine chrétienne.

XXXII. Autres synodes et assemblées ecclésiastiques dans la Réforme pour autoriser la révolte.

Après leur décision qui fut prononcée en 1561, toute la Réforme retentit de décrets semblables, où la domination fut ravilie et la majesté blasphémée. En 1562 « une assemblée » tenue à Paris, où « estoient les principaux de l'eglise, resolut qu'on prendroit les armes, si la nécessité amenoit les eglises à ce point [1]. » C'est Bèze qui le raconte dans son *Histoire ecclésiastique* [2]. Pour excuser l'église de cet attentat, M. Basnage fait semblant de vouloir douter « si ces principaux de l'eglise estoient ecclésiastiques, ou plustost laïques [3]. » Sans doute, il y avoit beaucoup de laïques, puisque les assemblées de la Réforme les plus ecclésiastiques sont composées d'anciens, c'est-à-dire de purs laïques, plus que de ministres. Mais enfin s'il y eut de l'ordre dans cette assemblée, où

[1] *Var.*, liv. X, n. 47. — [2] Liv. VI, p. 6. — [3] Tom. I, IIe part., chap. VI, p. 519.

la question proposée regardoit la religion et la conscience, les ministres y devoient tenir le premier rang : et sans s'arrêter à ces chicanes de M. Basnage, Castelnau, dont il loue l'histoire, nous apprend qu'au commencement de la guerre civile, « les huguenots firent assembler le synode general en la ville d'Orleans, où il fut deliberé des moyens de faire une armée, d'amasser de l'argent, lever des gens de tous costez, et enroller tous ceux qui pourroient porter les armes. Puis ils firent publier jeusnes et prieres solennelles par toutes leurs eglises, pour éviter les dangers et persecutions qui se presentoient contre eux [1]. »

Qu'on dise encore que ce « synode general » n'étoit pas une assemblée ecclésiastique, ou qu'on n'y approuva pas la prise des armes contre le roi et la patrie. On n'en demeura pas là : il se tint encore un synode à Saint-Jean-d'Angely, où la question étant proposée « s'il estoit permis par la parole de Dieu de prendre les armes pour la liberté de conscience et pour délivrer le roy et la reine contre ceux qui violoient les edits, et contre les perturbateurs du repos public, il fut decidé qu'on le pouvoit [2]. » Laissons à part les prétextes qui ne manquent jamais à la révolte, et dont aussi nous avons vu la vanité. Enfin le fait est constant, et un synode résout, « par la parole de Dieu, » que des sujets peuvent armer sans ordre du prince, et se soulever contre lui sous prétexte de le délivrer. Car on vouloit le tenir pour captif entre les bras des princes du sang, à qui les Etats généraux l'avoient confié, et dans le sein, pour ainsi parler, de son parlement et de sa ville capitale. C'étoit là qu'il étoit captif selon la Réforme, et il eût été entièrement libre entre les mains du prince de Condé et des huguenots. Le synode le décide ainsi, et afin que rien ne manque à l'iniquité, la parole de Dieu y est employée. La même chose fut résolue dans un synode de Saintes, pour raffermir ceux qui doutoient « si cette guerre estoit licite, attendu que le roy et la reine sa mere ayant l'administration du royaume par les Etats, et le roy de Navarre lieutenant general representant la personne du roy, tenoient le parti contraire [3]. » Voilà du moins le fait bien

---

[1] *Mém. de Castelnau*, liv. III. — [2] Thu., tom. II, lib. XXX, p. 101, an. 1562. — [3] Thu., *ibid.*; La Pop., liv. VIII, fol. 332.

posé, et on supposoit la régente bien revenue de l'erreur où son ambition inquiète l'avoit plongée. « Elle tenoit le parti contraire, » et demeuroit bien unie avec le roi de Navarre, « representant la personne du roy » par l'autorité des Etats. Mais le prince de Condé son cadet avoit lui seul plus d'autorité que tout cela, parce qu'il se disoit réformé, et qu'il étoit le chef du parti : en sorte que ce synode, où il y avoit soixante ministres, « résolut par la parole de Dieu (sans laquelle on ne résout rien dans la Réforme) que la guerre n'estoit pas seulement *permise et legitime,* mais encore *absolument necessaire* : » ce qui fut ainsi décidé, pour user de leurs propres termes, « toutes objections et doutes bien débattuës par tout droit divin et humain. » Voilà, ce me semble, assez de synodes, assez d'assemblées, assez de décrets pour autoriser la guerre civile ; et néanmoins on en vint encore à la résolution du synode national de Lyon, que nous avons rapportée, qui confirma et exécuta toutes les résolutions précédentes, en leur donnant la dernière force qu'elles pouvoient recevoir dans le parti : et après cela je suis un faussaire d'accuser toute la Réforme d'avoir entrepris la guerre civile par principe de religion, et en corps d'église.

XXXIII. Bèze et les autres ministres inspirent la guerre et la révolte au parti.

Il n'y a encore qu'à se souvenir des décisions de Calvin : il n'y a qu'à rappeler celles de Bèze, qui se glorifie « d'avoir averti de *leur devoir,* tant en public par ses prédications que par lettres et de parole, tant M. le prince de Condé que M. l'amiral et tous autres seigneurs et gens de toutes qualitez, faisant profession de l'Evangile, pour les induire à maintenir par tous moyens à eux possibles l'autorité des édits du roy et l'innocence des pauvres oppressez : et depuis, poursuit ce réformateur, il a toûjours continué dans la mesme volonté, exhortant toutefois un chacun *d'user des armes* en la plus grande modestie qu'il est possible, et de chercher aprés l'honneur de Dieu la paix sur toutes choses, *pourveu qu'on ne se laisse décevoir* [1]. » C'est assez en autorisant la révolte que d'y recommander la modestie, comme si on pouvoit être à la fois et modeste et rebelle contre son roi.

Les ministres étoient si ardens à prêcher la guerre, que les

[1] Ci-dessus, n. 20; *Var.,* liv. X, n. 47; Bèze, *Hist.,* liv. VI.

Rochelois résolus au commencement à demeurer dans l'obéissance, furent contraints de chasser Ambroise Faget, dont les prêches séditieux les animoient à prendre les armes. Le fait est constant par Aubigné [1] et par d'autres historiens. Il falloit bannir les ministres, lorsqu'on vouloit demeurer dans son devoir; et nous avons vu qu'on ne put conclure la paix après le siége d'Orléans, qu'en excluant les ministres de toutes les délibérations [2]. Il ne faut donc plus demander si l'assemblée de Paris, où l'on résolut de prendre les armes, étoit gouvernée par les ministres; et la protestation qu'ils publièrent contre cette paix fit bien voir de qui venoient les conseils de la guerre.

Je ne dois pas omettre ici la lettre que la prétendue église de Paris écrivit à la reine Catherine [3], parce qu'elle est d'un style extraordinaire envers une reine, et confirme admirablement tout ce qu'on a vu de l'esprit de la Réforme. Elle fut écrite en 1560, un peu devant la condamnation d'Anne du Bourg : et la lettre porte « que si on attentoit plus outre contre lui et les autres chrétiens, il y auroit grand danger de troubles et émotions, et que les hommes pressez par trop grande violence, ne ressemblassent aux eaux d'un étang la chaussée duquel rompuë, les eaux n'apportoient par leur impetuosité que ruïne et dommage aux terres voisines : non, poursuivoient-ils, que cela avinst par ceux qui dessous leur ministere avoient embrassé la réformation de l'evangile; car elle devoit attendre d'eux toute obeïssance, mais pource qu'il y en avoit d'autres en plus grand nombre *cent fois*, qui connoissans les abus du Pape et ne s'estant encore rangez à la discipline ecclesiastique, *ne pourroient souffrir* la persecution : de quoi ils avoient bien voulu l'avertir, afin qu'avenant quelque méchef, elle ne pensást icelui proceder d'eux. »

Bèze nous a conservé cette lettre, et on y remarque d'abord deux choses contraires. En apparence on y promettoit une obéissance inviolable. Le royaume n'a rien à craindre, disent les ministres, de ceux qui se sont soumis « à leur ministère : » il n'y a que ceux des réformés qui ne se sont pas encore rangés à la discipline, « qui ne pourront souffrir la persécution : » les autres, à

XXXIV.
Lettre de la prétendue église de Paris à la reine Catherine.

---

[1] Liv. III, chap. VI. — [2] Ci-dessus, n. 20, 21. — [3] Bèze, liv. III, p. 227.

les ouïr, sont à toute épreuve : voilà parler en sujets, à qui la loi éternelle fait sentir leur devoir. Mais ils ne demeurent pas longtemps sur ce ton soumis : on les auroit crus trop endurans ; et ils ajoutent aussitôt après qu'il y en a beaucoup d'autres parmi eux de qui tout est à craindre, jusqu'aux plus grands excès et jusqu'aux débordemens les plus furieux : ainsi ils diront si vous voulez avec saint Paul, pour exagérer leur patience : « Nous sommes comme des brebis destinées à la boucherie [1] : » mais si vous les pressez, ils tiendront bientôt un autre langage, et vous diront hardiment : Ne vous y trompez pas : nous ne sommes pas si brebis ni si patiens que vous pourriez croire : il est vrai qu'il y en a parmi nous dont vous n'avez rien à craindre : mais le nombre en est petit : le nombre des emportés est « cent fois plus grand. » Que ne devoit-on craindre de cette Réforme ? Au lieu que les premiers chrétiens disoient aux empereurs et à tout l'empire, comme on a vu dans le précédent *Avertissement* [2] *:* Vous n'avez rien à craindre de nous : ceux-ci écrivent à la reine : Tout est à craindre. Leurs menaces ne furent pas vaines : tôt après on les vit suivies de la conjuration d'Amboise, de la prise universelle des armes, des décrets de trente synodes qui les autorisoient : tout, et peuples et ministres mêmes, et synodes et consistoires, passa aux rangs de ces « ames indisciplinées » dont on avoit menacé la reine : on vit cette prétendue église de Paris, qui promettoit selon l'Evangile une soumission à toute épreuve, sonner le tocsin pour animer toutes les autres à la guerre ; et les ministres, qui avertissoient que les peuples comme les eaux d'un étang pourroient enfin rompre leurs digues, furent les premiers à les lever.

Cette seule lettre est capable de pousser à bout les Jurieux, les Burnets, les Basnages, et en un mot tous les écrivains de la Réforme. Car d'un côté la prétendue église de Paris promet une obéissance à toute épreuve et malgré la persécution, ce qu'elle n'auroit pas fait si elle ne s'y fût sentie obligée par la règle de la vérité ; de l'autre elle menace le roi en la personne de la reine sa mère, et lui fait en effet la guerre un an ou deux ans après. Que diront donc les ministres ? qu'il est permis de prendre les armes

[1] *Rom.*, VIII, 36. — [2] *V° Avert.*, n. 13.

contre son roi? La prétendue église de Paris les confond par ses promesses. Que leur parti est demeuré dans la soumission? La même prétendue église les dément par ses menaces. Que la Réforme n'a point varié dans ce dogme si essentiel à la tranquillité publique? On voit toutes les variations dont nous l'avons convaincue ramassées dans une seule lettre, où en même temps qu'elle établit la loi de l'obéissance, elle y déroge d'abord par ses discours menaçans, toute prête à l'anéantir par les actions les plus sanguinaires.

M. Basnage entreprend de justifier la Réforme de l'assassinat du duc de Guise, et d'abord il réussit mal pour l'amiral. « On lui fait un crime, dit-il, d'avoir ouï quelquefois parler du dessein d'assassiner le duc de Guise, sans s'y estre opposé fortement [1]. » Il supprime le principal chef de l'accusation. L'amiral n'est pas seulement convaincu d'avoir « ouï quelquefois parler » de cet assassinat : il avoue lui-même que l'assassin lui a découvert son dessein en partant d'auprès de lui pour l'exécuter : et que loin de l'en détourner, il lui donna de l'argent pour se monter et pour vivre dans l'armée du roi, où il alloit le commettre. C'est une complicité manifeste : c'est non-seulement nourrir l'assassin, mais lui fournir des moyens pour exécuter son traître attentat. Bèze nous a conservé la déclaration où se trouve cet aveu formel de l'amiral [2]. M. Basnage le tait, parce qu'il n'a rien à y répondre; mais avec tous ses artifices il n'a pu dissimuler deux faits décisifs : l'un que l'amiral a su le crime : l'autre qu'il n'a voulu ni détourner ni découvrir le criminel. C'en est assez pour le condamner selon la loi éternelle, qui met au rang des coupables ceux qui consentent au crime, et ne prennent aucun soin de l'empêcher. L'amiral, dit M. Basnage [3], l'avoit fait autrefois : je le veux, quoique je ne le sache que de la bouche de l'amiral même qui s'en vante; mais en tout cas il devoit donc continuer à bien faire, et à satisfaire à une loi dont il avoit reconnu la force. Mais, ajoute M. Basnage, ce qui l'empêcha de découvrir cet assassinat, c'est que le duc de Guise « avoit attenté à sa personne. » C'est l'amiral qui le dit, et le dit seul et le dit sans preuve : je l'ai fait voir dans

XXXV. Pratique des assassinats dans la Réforme autorisée par les ministres.

---

[1] Basn., n. 522. — [2] Bèze, liv. VI; *Var.*, liv. X, n. 54, 55. — [3] Basn., n. 522.

l'*Histoire des Variations*[1] : M. Basnage le dissimule, et il croit le crime du duc de Guise sur la seule déposition de son ennemi[2]. Ce n'est pas ainsi que je procède, et j'ai convaincu l'amiral par l'aveu de l'amiral même. Mais après tout, et quoi qu'il en soit, la justice chrétienne souffre-t-elle qu'on permette d'attenter sur son ennemi, ni qu'on laisse périr son frère pour qui Jésus-Christ est mort, en lui permettant de courir à la trahison et au meurtre sans seulement se mettre en peine de l'en détourner, pour ne pas dire en lui fournissant de l'argent et du secours? Mais je fais nos prétendus réformés d'une conscience trop délicate sur l'assassinat. On sait assez que d'Andelot ne s'excusa que foiblement du meurtre commis en la personne de Charri : l'amiral son frère n'en fut non plus ému que lui[3] : ces Messieurs vouloient bien qu'on sût qu'il ne faisoit pas bon s'attaquer à eux, et que leurs amis ne leur manquoient pas dans le besoin; et le meurtre ne leur étoit rien, pourvu qu'on ne pût pas les en convaincre dans les formes. Ce ne sont pas là des soupçons, ce sont des assassinats bien avérés dans l'histoire. La prédiction d'Anne du Bourg coûta la vie au président Minard[4] : M. Basnage m'a demandé si j'étois assez crédule pour m'imaginer que Julien l'Apostat ait été tué par un ange. Je pourrois bien à mon tour lui demander s'il « est si crédule » que de croire que du Bourg ait été prophète, ou que quelqu'un des esprits célestes ait tué Minard. La Réforme étoit toute pleine d'anges semblables. Les deux compagnons du président n'échappèrent à leurs mains que par hasard : mais Julien Freme ne s'en sauva pas : « Il portoit, dit Castelnau, des mémoires et papiers pour faire le procès à plusieurs grands protestans et partisans de cette cause[5]. » Il en mourut : les anges de la Réforme ne manquèrent pas leur coup à cette fois, et l'envoyèrent avec le président Minard.

Je me suis senti obligé à remarquer ces assassinats dans l'*Histoire des Variations,* et je suis encore contraint de les répéter : si la Réforme s'en fâche, je veux bien m'en taire à jamais, pourvu enfin qu'elle cesse de nous tant vanter ses héros et sa feinte douceur. M. Basnage nous veut faire accroire que tous ces meurtres

---

[1] *Var., ibid.* — [2] Basn., *ibid.* — [3] Brant., Le Lab., *addit.*, lib. I, tom. I, p. 388. — [4] *Var.*, liv. X, n. 51. — [5] Cast., liv. I, chap. v, p. 9.

infâmes, et même celui de Poltrot, fut *hautement désavoué par les chefs du parti*¹ *:* il ne fut que foiblement désavoué, comme on a vu ², puisque l'amiral en avoue assez pour se déclarer complice. Il n'y a qu'à revoir l'*Histoire des Variations*, pour en demeurer convaincu. Pour Bèze, je lui fais justice, et je reconnois « que Poltrot, aprés l'avoir accusé d'abord, persista jusqu'à la mort à le décharger ³. » M. Basnage le répète, et il prouve parfaitement bien ce que personne ne lui conteste; mais en récompense il ne dit mot sur ce qui charge la Réforme de tous ces crimes : c'est que Poltrot et les autres s'en expliquoient hautement, sans que personne les en reprît : ce qui montre combien la Réforme étoit indulgente à ces pieux assassinats. J'ai aussi reproché à Bèze « l'approbation qu'il avoit donnée à l'entreprise d'Amboise, sans comparaison plus criminelle » que le meurtre de Poltrot⁴. Ce traître pouvoit-il croire que ce fût un crime de massacrer le duc de Guise, après avoir vu tout le parti entrer par conjuration dans un semblable dessein contre ce prince, avec l'approbation « des plus doctes théologiens » de la Réforme et de Bèze lui-même, qui en trouve, comme on a vu⁵, le dessein très-juste? C'est à quoi il falloit répondre; mais le ministre ne l'entreprend pas. J'avois encore ajouté, ce qui est hors de tout doute, « que Bèze devant l'action ne fît rien pour l'empêcher, encore qu'il ne pût pas l'ignorer, » puisque la déclaration en étoit publique; et « qu'après qu'elle eut été faite, il n'oublia rien pour lui donner toute la couleur d'une action inspirée. » Pour en être entièrement convaincu, il ne faut que lire l'*Histoire des Variations,* et voir en même temps le profond silence de M. Basnage.

J'ai satisfait ce ministre sur ce qui regarde la France; et le lecteur peut juger si son livre, où il laisse sans réplique ce qu'il y a de plus convaincant, et où il déguise le reste avec des faussetés si évidentes, mérite le nom de *Réponse*. Il ne faut pas laisser croire à M. Burnet que sa petite critique sur l'*Histoire des Variations* soit meilleure. Il s'offense du juste reproche que je lui ai fait, de parler des affaires de France comme un protestant entêté

XXXVI. M. Burnet critique en vain les *Variations* : son ignorance sur le droit françois est de nouveau démontrée

---

¹ Basn., *ibid.*, 521. — ² *Var.*, liv, X, n. 54, 55. — ³ *Ibid.*, n. 55. — ⁴ *Ibid.* —
⁵ Ci-dessus, n. 18.

et un étranger mal instruit. Je fais plus, car je lui fais voir qu'il a pris pour le droit françois les murmures et les libelles des mécontens. Comment s'en peut-il laver, puisqu'après avoir été si bien averti, il tombe encore dans la même faute? Il ne faut qu'entendre sa critique, où il parle ainsi : « Si, dit-il, M. de Meaux s'estoit donné la peine de parcourir le XXIII° livre de M. de Thou, qui traite de l'administration des affaires sous François II, il y auroit trouvé tout ce que j'ay allégué concernant les opinions des jurisconsultes françois[1]. » Sans doute, je l'aurois trouvé, mais dans des libelles sans nom. Car, continue notre docteur, « M. de Thou fait un long extrait d'un livre écrit sur la fin du mois d'octobre de l'an 1559 contre la part qu'une femme et des étrangers prenoient au gouvernement du royaume. » Il est vrai que tout cela se trouve dans cet extrait, et on y trouve encore « que les rois de France ne sont en âge de régner par eux-mesmes qu'à vingt-cinq ans[2]. » Mais on y trouve en même temps, que ce livre qu'on fait tant valoir, est « un libelle » sans nom d'auteur, qu'on sema parmi le peuple pour l'émouvoir, et que M. de Thou a rapporté comme un fidèle historien, de même qu'il a rapporté dans le même endroit « les discours licencieux qu'on répandoit artificieusement parmi le peuple, sous prétexte de défendre la liberté publique. » Voilà les jurisconsultes de M. Burnet, et les sources où il a puisé les maximes du droit public des François.

XXXVII. Suite de la conviction de M. Burnet, qui vient au secours de la Réforme.

Mais puisque cent ans après que tous ces petits écrits sont dissipés et que l'histoire en a reconnu la malignité, M. Burnet se met encore à la tête de ses réformés pour les défendre : venons au fond. C'est un fait constant que François II étoit reconnu pour majeur dans tout le royaume : la reine sa mère présidoit à ses conseils : Antoine, roi de Navarre, premier prince du sang, qui fut sollicité de troubler le gouvernement, ne se laissa pas ébranler, non plus que les autres princes du sang[3] : le seul prince de Condé, que ses liaisons avec l'amiral et les huguenots rendoient suspect dès lors, fit quelques démarches qui n'eurent aucun effet, et qu'on traita de séditieuses : tout étoit tranquille : on murmuroit contre les princes de Guise, comme on fait contre les autres

[1] *Crit.*, p. 35. — [2] *Ibid.*, 634. — [3] Thuan., lib. XXIII, p. 626.

favoris bons ou mauvais : que sert ici de parler des prétextes dont on se servit? Le fond étoit que les mécontens vouloient obliger le roi à former son conseil à leur gré. Cependant on ne nioit pas que le duc de Guise n'eût sauvé l'Etat en plusieurs rencontres, et qu'au grand bonheur de la France il n'eût été bien avant dans les affaires sous le règne précédent. Metz et Calais sont des témoins immortels de son zèle pour le bien de l'Etat : on s'obstinoit néanmoins à lui trouver le cœur étranger malgré ses services, et encore que la branche d'où il étoit issu eût fait tige en France. Quoi qu'il en fût, ce qui décidoit contre les auteurs du libelle, c'est que le gouvernement étoit reconnu par les armées et par les provinces, dans toutes les compagnies et dans tous les ordres du royaume : en sorte que les affaires alloient leur train sans contradiction jusqu'au tumulte d'Amboise, auquel tous ces libelles préparoient la voie.

Tous ces faits sont bien constans dans notre histoire et en particulier dans celle de M. de Thou. Disons plus : M. Burnet ne nie pas lui-même que dès l'an 1374 il n'y eût une ordonnance de Charles V, surnommé le *Sage* et en effet le plus avisé et le plus prévoyant de tous nos rois, qui régloit les majorités à quatorze ans, ou pour mieux dire à la quatorzième année. Notre auteur fait semblant de croire que cette ordonnance ne fut pas suivie; mais c'est nier, non quelques faits particuliers, mais une suite de faits si constans, qu'il n'y a pas moyen de les désavouer, puisqu'on sait non-seulement que cette ordonnance de Charles V a été souvent confirmée par ses successeurs, mais encore dans le fait que toutes les minorités arrivées depuis ont été réglées sur ce pied-là. Et d'abord Charles VI, fils de Charles V, fut déclaré majeur à l'âge qui y étoit porté. Les autres rois jusqu'à Charles VIII étoient venus à la couronne en âge viril : mais Charles VIII avoit seulement treize ans et demi à la mort de Louis XI son père. Cependant « il fut ordonné dans les états de Tours qu'il n'y auroit aucun régent en France[1] : » sa personne fut confiée à madame de Beaujeu sa sœur aînée, « de quoi Louis duc d'Orléans ne fut pas content; » mais la majorité du jeune roi n'en fut pas moins reconnue. Après

[1] Du Tillet, *Chron. abrég. des rois de France.*

les règnes de Louis XII, de François I et de Henri II, François II fut le premier qui tomba dans le cas de l'ordonnance de Charles V; et encore qu'il n'eût que quinze ans, il fut naturellement et sans aucune contradiction reconnu majeur, conformément aux derniers exemples de Charles VI et de Charles VIII, où l'autorité des Etats généraux avoit passé. La maxime étoit si constante, qu'elle fut suivie sans difficulté sous Charles IX, frère et successeur de François II, qui fut aussi sans contradiction déclaré majeur dans sa quatorzième année, et gouverna son royaume par les conseils de la reine sa mère, qui avoit été régente. Car pour les reines, que l'auteur sans nom du libelle séditieux vouloit exclure absolument du gouvernement, il en étoit démenti par les exemples des siècles passés. Les régences, quoique malheureuses, de Frédegonde et de Brunehaud, ne laissent pas de faire connoître l'ancien esprit de nos ancêtres dès l'origine de la monarchie ; et sans ici alléguer les autres régences, celle de la reine Blanche étoit en vénération à tous les peuples. Il y avoit tant d'autres exemples anciens et modernes d'une semblable conduite, qu'on ne pouvoit les nier sans impudence. Ainsi le gouvernement n'eut rien d'extraordinaire ni d'irrégulier sous François II, et M. Burnet n'a pu l'improuver qu'en préférant les libelles aux ordonnances et les cabales aux conseils publics.

XXXVIII. M. Burnet falsifie le passage de M. de Thou dont il se prévaut contre Du Tillet.

C'est ainsi que Du Tillet, reconnu par tous les François pour le plus savant et le plus fidèle interprète du gouvernement de France, est devenu odieux à cet auteur, à cause qu'il étoit du parti royal : il voudroit même nous faire accroire que « M. de Thou censure Du Tillet, et favorise son adversaire [1] ; » mais il ne faut que ce seul endroit pour découvrir la mauvaise foi de M. Burnet, puisque, loin d'avoir censuré le livre de Du Tillet, M. de Thou lui donne au contraire ce grand éloge : « Que ce livre qu'on avoit blâmé dans le temps qu'il fut publié, en haine de ceux de Guise pour qui il fut fait, fut rappelé en usage par le chancelier de l'Hospital durant la minorité de Charles IX, et élevé à un si haut point d'autorité, qu'on lui donna rang parmi les ordonnances de nos rois [2]. » Ce qu'il dit, que ce livre de Du Tillet fut rappelé en usage,

[1] *Crit.*, p. 37. — [2] Thuan., lib. XXIII, p. 638.

c'est qu'ayant été imprimé d'abord par ordre du roi, les cabales le décrièrent ; mais « la face des choses étant changée, » comme parle M. de Thou [1], « et l'expérience ayant fait voir que ceux qui vouloient s'attirer l'autorité (durant la minorité des rois) avoient mis par leur ambition dans un extrême péril l'Etat divisé de factions : » tout le monde connut clairement qu'il en falloit revenir aux maximes que Du Tillet avoit établies par tant d'ordonnances et tant d'exemples : et en effet, après la décision d'un aussi grave chancelier que Michel de l'Hospital, ce qu'avoit écrit cet auteur passa pour inviolable parmi nous, comme tiré des archives et des registres publics, qu'il avoit maniés longtemps avec autant de fidélité que d'intelligence. Voilà comme M. de Thou a censuré Du Tillet, et voilà comme M. Burnet lit ses auteurs.

Il n'a point trouvé d'autre remède à ce passage de M. de Thou que de le corrompre. Au lieu que M. de Thou dit précisément « que le livre de Du Tillet fut rappelé en usage par le chancelier de l'Hospital : *Is liber in usum revocatus fuit à Michaële Hospitalio,* » il lui fait dire « que c'est l'ordonnance de Charles V » qui fut rappelée en usage par ce savant chancelier : au lieu que M. de Thou continue à dire que ce livre « mérita tant d'autorité qu'il fut mis au rang des ordonnances, » M. Burnet lui fait dire « que l'ordonnance de Charles V (dont il n'est fait nulle mention en cet endroit de M. de Thou) fut insérée entre les édits royaux : » comme si une ordonnance reçue tant de fois par les Etats généraux et si constamment pratiquée, eût eu besoin de recevoir une nouvelle autorité du chancelier de l'Hospital, ou que ce fût une chose bien rare de mettre un édit royal si authentique parmi les édits royaux. Ce qu'il y avoit de rare et de remarquable, c'est de donner cette autorité au livre d'un particulier ; et c'est ce qui arriva, dit M. de Thou, à celui de Du Tillet : tant on le jugea rempli des sentimens et de la doctrine de toute la France.

Que M. Burnet cesse donc de parler de nos affaires, puisque toutes les fois qu'il y met la main, il augmente sa confusion ; et qu'il cesse d'attribuer à M. de Thou ses erreurs et ses ignorances, en falsifiant comme il le fait un si grand auteur. Il triomphe ce-

[1] Thuan., lib. XXIII, p. 638.

pendant; et comme s'il avoit fermé la bouche à tous les François, il insulte au gouvernement de France [1]. Je ne daignerai lui répondre : ce n'est pas à un homme de cette trempe de censurer le gouvernement de la plus noble et de la plus ancienne de toutes les monarchies : et en tout cas, s'il nous veut donner pour modèle celui d'Angleterre, il devroit attendre qu'il eût pris une forme arrêtée, et qu'on y fût du moins convenu d'une règle stable et fixe pour la succession, qui est le fondement des Etats.

XXXIX. On marque à M. Burnet, qui se rétracte sur la régence du roi de Navarre, jusqu'où il devoit pousser ses rétractations.

Je louerois la rétractation que fait cet auteur de l'erreur où il est tombé sur la régence prétendue du roi de Navarre [2]; mais on ne doit pas se faire honneur de si peu de chose, pendant qu'on persiste à soutenir des erreurs bien plus essentielles. Si M. Burnet avoit à se repentir, c'étoit d'avoir donné son approbation aux révoltes des protestans : c'étoit d'avoir autorisé la plus noire des conjurations, c'est-à-dire celle d'Amboise; et pour passer à d'autres matières, c'étoit d'avoir mis au rang des plus grands saints un Cranmer qui n'a jamais refusé sa main, sa bouche, son consentement aux iniquités et aux violences d'un roi injuste; qui lui a sacrifié durant treize ans sa religion et sa conscience; qui en mourant a renié deux fois sa croyance, et dont on ose encore comparer la perpétuelle et infâme corruption à la foiblesse de saint Pierre, qui n'a duré qu'un moment, et qui fut sitôt expiée par des larmes intarissables.

XL. La Réforme a introduit dans l'Ecosse des assassinats et des rébellions que M. Burnet colore aussi mal que celles de France: addition notable à l'*Histoire des Variations*.

Il ne peut rester aucun doute sur les révoltes de la Réforme en France, et les palliations de M. Burnet sont aussi foibles pour les excuser que celles de M. Basnage; mais peut-être qu'il aura mieux réussi à colorer les rébellions de son pays. C'est ce qu'il est bon d'examiner pendant que nous sommes sur cette matière. Il est constant dans le fait que l'esprit de sédition et de révolte parut en Ecosse comme en France et partout ailleurs, dès que la nouvelle Réforme y fut portée. Elle se contint comme en France sous les règnes forts, tel que fut celui de Jacques V. Comme en France, elle s'emporta aux derniers excès sous les foibles règnes et dans les minorités, telle que fut celle de Marie Stuart, qui avoit à peine six jours lorsqu'elle vint à la couronne. Une si longue minorité

[1] *Crit.*, p. 37. — [2] *Ibid.*, p. 34, 35.

et l'absence de la jeune reine qui étoit en France, où elle épousa le dauphin François, donnèrent lieu aux réformés de son royaume de tout entreprendre contre elle. Ils commencèrent à s'autoriser par l'assassinat du cardinal David Beton, archevêque de Saint-André et primat du royaume. Il est constant, de l'aveu de tous les auteurs et entre autres de M. Burnet [1], que le prétendu martyre de Georges Vischard, un des prédicans de la Réforme, donna lieu à la conjuration par laquelle ce cardinal perdit la vie. On répandit une opinion qu'il étoit digne de mort pour avoir fait mourir Vischard contre les lois [2]; que si le gouvernement n'avoit pas assez de force alors pour le punir, c'étoit aux particuliers à prendre ce soin, et que les assassins d'un usurpateur avoient de tout temps été estimés dignes de louanges. C'est ce que raconte M. Burnet. On reconnoît le génie de la Réforme, qui a toujours de bonnes raisons pour se venger de ses ennemis et usurper la puissance publique. Les conjurés prévenus de ces sentimens, entrèrent dans le château du cardinal, et l'ayant engagé à leur ouvrir la porte de sa chambre où il s'étoit barricadé, ils le massacrèrent sans pitié. Ainsi ils joignirent la perfidie à la cruauté. « La mort de Beton, dit M. Burnet, fit porter des jugemens assez opposez. Il se trouva des personnes qui voulurent justifier les conjurez, en disant qu'ils n'avoient rien fait que tuer un voleur insigne. D'autres bien aises que le cardinal fust mort, condamnoient pourtant la maniere dont on l'avoit assassiné, et y trouvoient *trop de perfidie* et de cruauté. » S'il y en eût eu un peu moins, l'affaire auroit pu passer. C'est sur cet acte sanguinaire que la réformation a été fondée en Ecosse; et il est bon de remarquer comment il est raconté dans un livre imprimé à Londres, qui a pour titre : *Histoire de la Réformation d'Ecosse* [3]. Après s'être saisis du château et de la chambre du cardinal par la perfidie qu'on vient de voir, les conjurés « le trouvèrent assis dans une chaire qui leur crioit : Je suis prestre, je suis prestre, ne me tuez pas. Jean Leslé suivant ses anciens vœux frappa le premier, et lui donna un ou deux coups, comme fit aussi Pierre Carmichaelle. Mais Jacques Malvin, *homme d'un na-*

---

[1] *Hist. de la Réf.*, tom. I, liv. III, p. 461 et suiv. — [2] Burn., *ibid.* — [3] *Hist. de la Réf. d'Ecosse*, à Londres, 1644, p. 72.

turel doux et tres-modeste, croyant qu'ils estoient tous deux en colere, les arresta en disant : Cet œuvre et jugement de Dieu doit estre fait avec une plus grande gravité. Alors présentant la pointe de l'épée au cardinal, il lui dit : Repens-toi de ta mauvaise vie passée, et en particulier d'avoir répandu le sang de ce notable instrument de Dieu, Georges Vischard, qui consumé par le feu devant les hommes crie neanmoins vengeance contre toi ; et nous sommes envoyez de Dieu pour en faire le châtiment. Car je proteste icy en présence de mon Dieu que ni la haine de ta personne, ni l'amour de tes richesses, ni la crainte d'aucun mal que tu m'aurois pû faire en particulier, ne m'ont porté ou ne me portent à te frapper ; mais seulement parce que tu as esté et que tu es encore un ennemi obstiné de Jésus-Christ et de son Evangile. Ensuite il lui donna deux ou trois coups d'épée au travers du corps. » On n'avoit jamais vu encore de douceur ni de modestie de cette nature, ni la pénitence prêchée à un homme en cette forme, ni un assassinat si religieusement commis. On voit combien sérieusement tout cela est raconté dans l'*Histoire de la Réformation d'Ecosse*. C'est en effet par cette action que les réformés commencèrent à prendre les armes, et on lui donne partout dans cette histoire l'air d'une action inspirée pour l'honneur de l'Evangile. Tout le monde fut persuadé que les ministres étoient du complot : mais pour ici ne raconter que les choses dont M. Burnet demeure d'accord, il est certain que les conjurés s'étant emparés du château où ils avoient fait le meurtre, et y ayant soutenu le siége pour éviter la juste vengeance de leur sacrilége, « quelques nouveaux prédicateurs allerent s'y refugier avec eux [1]. » Cette marque d'intelligence et de complicité est manifeste. Les coupables du même crime cherchent naturellement un même refuge. Mais il faut voir de quelle couleur M. Burnet a voulu couvrir cette honteuse action de ces prédicans : « Ces nouveaux prédicateurs, dit-il, lorsque le coup eut esté fait, allerent véritablement se refugier dans le chasteau où les assassins s'estoient mis à couvert ; mais aucun d'eux n'estoit entré dans cette conjuration, pas mesme par un simple consentement ; et si plusieurs tascherent ensuite de pallier l'énor-

[1] Burn., *ibid.*

mité de ce crime, je ne trouve point qu'aucun entreprist de le justifier[1]. » On voit déjà deux faits constans : l'un, que « ces nouveaux prédicateurs » eurent le même asile que les meurtriers; et l'autre, qu'ils pallièrent l'énormité du meurtre. Voilà de l'aveu de M. Burnet les premiers fruits de la Réforme : on y pallie selon lui les crimes les plus énormes. Hé! que vouloient-ils qu'ils fissent? Qu'ils donnassent ouvertement leur approbation, pour se rendre exécrables à tout le genre humain? C'est ainsi que la Réforme commence. Tout ce qu'on peut dire en faveur de ses auteurs, c'est qu'en palliant les assassinats les plus barbares, ils n'en étoient pas venus jusqu'à l'excès de les approuver ouvertement. M. Burnet ajoute que « comme ces nouveaux prédicateurs appréhendèrent que le clergé ne vengeât sur eux la mort de Beton, ils se retirèrent dans le château, » où ils s'étoient réfugiés. C'est, en voulant les excuser, achever de les convaincre. Car je demande quand a-t-on vu des innocens se ranger volontairement avec les coupables? Et si, au lieu de se disculper ou de se mettre à couvert de la vengeance publique, ce n'est pas là au contraire en se déclarant complice l'irriter davantage? Quel exil ne devoit-on pas plutôt choisir qu'un asile si infâme, et pouvoit-on s'éloigner trop de gens si indignes de vivre? Cependant M. Burnet raconte lui-même qu'un nommé *Jean Rough*, un de ces nouveaux prédicateurs de l'évangile, « prit sa route en Angleterre; » mais ce fut « à cause qu'il ne put souffrir la licence des soldats de la garnison, de qui la vie faisoit honte à la cause dont ils se couvroient[2], » c'est-à-dire à la Réforme. Ce ne fut ni l'assassinat commis avec perfidie sur la personne d'un cardinal et d'un archevêque, ni l'audace de le défendre par les armes contre la puissance publique, qui firent horreur à ce prédicant; mais seulement la licence des soldats : il auroit toléré en eux l'assassinat et la rébellion, si le reste de leur vie eût un peu mieux soutenu le titre de *Réformés* qu'ils se donnoient. Au surplus, et lui et les autres docteurs de la Réforme se joignirent aux meurtriers, et ils cherchèrent des excuses à leur crime.

Je trouve au nombre de ceux qui se joignirent à ces assassins, Jean Knox, ce fameux disciple de Jean Calvin et le chef des réfor-

---

[1] Burn., *ibid.* — [2] Burn., p. 463.

mateurs de l'Ecosse [1]. On le croit auteur de *l'Histoire de la Réformation de l'Ecosse,* où l'on vient de voir l'assassinat étalé avec autant d'appareil et d'aussi belles couleurs qu'on auroit pu faire les actions les plus approuvées. Il est bien constant d'ailleurs que Jean Knox se retira comme les autres prédicans dans le château avec les meurtriers ; et tout ce qu'on dit pour l'excuser, c'est qu'il ne s'y mit avec eux qu'après la levée du siége : comme si en quelque temps que ce fût, je ne dis pas un réformateur, mais un homme de bien, n'eût pas dû avoir en horreur les auteurs d'un crime si énorme, et les éviter comme des monstres. Les plus zélés défenseurs de ce chef de la Réforme d'Ecosse demeurent d'accord que cette action est insoutenable. M. Burnet n'a osé la remarquer, et il dissimule encore ce que raconte Buchanan, et après lui M. de Thou [2], que Jean Knox reprenoit « ceux du château des viols et des pilleries qu'ils faisoient dans le voisinage : » mais sans qu'on ait remarqué que jamais non plus que Jean Rough, il leur ait dit le moindre mot de leur assassinat.

Il auroit trop démenti sa propre doctrine. Car c'est lui qui dans ce fameux *Avertissement à la noblesse et au peuple d'Ecosse,* ne craint point d'écrire ces mots [3] : « J'assurerai hardiment que les gentilshommes, les gouverneurs, les juges et le peuple d'Angleterre, devoient non-seulement résister à Marie leur reine, cette nouvelle Jézabel, dès lors qu'elle commença à éteindre l'évangile, mais encore la faire mourir avec tous ses prêtres et tous ceux qui entroient dans ses desseins. » Qui doute donc qu'avec ces principes un tel homme ne dût approuver le meurtre du cardinal Beton, puisqu'il auroit même approuvé celui de la reine d'Angleterre et de tous ses prêtres, non-seulement depuis qu'elle eut puni du dernier supplice les auteurs de la Réforme, mais encore dès le moment qu'elle commença à la vouloir supprimer?

Tels ont été les sentimens des auteurs et, comme on les appelle dans le parti, des apôtres de la Réforme, bien éloignés en cela comme en tout le reste des apôtres de Jésus-Christ. Ce Jean Knox est encore celui dont le violent discours anima tellement le peuple

---

[1] Buchan., lib. XV; Thuan., lib. III. — [2] *Ibid.* — [3] Jo. Knox, *Admon. ad nob. et pop. Scot.*

réformé de Perth à la sédition, qu'il en arriva des meurtres et des pilleries par toute la ville, que l'autorité de la régente ne put jamais apaiser. Depuis ce temps la révolte ne cessa de s'augmenter : la reine n'eut plus d'autorité, qu'autant, dit M. Burnet, « qu'il plust à ses peuples de dépendre de ses volontez : » ils secondèrent les desseins de la reine Elisabeth, et on sait jusqu'où ils poussèrent leur reine Marie Stuart.

On trouve dans l'*Histoire d'Ecosse* qu'après qu'elle eut été condamnée à mort, le roi son fils ordonna des prières publiques pour elle ; mais tous les ministres refusèrent de les faire. Il crut que la religion dont la reine faisoit profession pouvoit les empêcher d'obéir à ses ordres, et dressa lui-même cette formule de prière : « Qu'il plût à Dieu l'éclaircir par la lumière de la vérité, et la délivrer du péril où elle étoit. » Il n'y eut qu'un seul ministre qui obéit, à la réserve de ceux qui étoient domestiques du roi : les autres aimèrent mieux ne prier pas pour la conversion de leur reine, que de demander à Dieu qu'il la délivrât du dernier supplice auquel ils la voyoient condamnée.

Ils ne furent pas plus tranquilles sous le roi Jacques son fils, qui crut être échappé des mains de ses ennemis plutôt que de ses sujets, lorsque l'ordre de la succession l'appela de la couronne d'Ecosse à celle d'Angleterre. Tout le monde sait ce qu'il dit des puritains ou presbytériens, et de leurs maximes toujours ennemies de la royauté. Enfin il eût cru trouver la paix dans son nouveau royaume d'Angleterre, s'il n'y eût pas trouvé cette secte, et le même esprit que Jean Knox et Buchanan avoient inspiré aux Ecossois. Mais enfin les puritains qui en étoient pleins ont dominé en Angleterre comme en Ecosse, et ils ont fait souffrir au fils et au petit-fils de ce roi ce qu'on sait et ce qu'on voit. L'Angleterre a oublié ce qu'elle avoit conservé de meilleur de l'ancienne religion ; et il a fallu, comme nous l'avons montré ailleurs [1], que la doctrine de l'inviolable majesté des rois cédât au puritanisme. Toutes les conjurations que nous avons vues s'élever en Angleterre contre les rois et la royauté, ont été notoirement entreprises par des gens de ce parti. Le même parti a renouvelé de nos jours l'as-

[1] *V° Avert.*, n. 60 et suiv.

sassinat du cardinal Beton, en la personne d'un de ses successeurs, archevêque de Saint-André et primat d'Ecosse, comme lui. Les proclamations du meurtrier [1] et celles des autres fanatiques contre les rois et l'Etat, n'ont point eu d'autres fondemens que ceux que Jean Knox et Buchanan ont établis en Ecosse contre les rois et contre ceux qui en soutenoient l'autorité ; et tout ce qu'ont fait ces fanatiques plus que les autres, a été de prêcher sur les toits ce que les autres se disoient mutuellement à l'oreille. Tels ont été, encore un coup, les fruits de la Réforme et de la prédication de Jean Knox et des calvinistes : et M. Burnet, qui les imite, a donné lieu à cette addition de l'*Histoire des Variations* de la Réforme.

XLI. On revient à M. Basnage, et on convainc Luther et les protestans d'Allemagne d'avoir prêché la révolte : thèses affreuses de Luther.

Afin de remonter à la source, il faut aller jusqu'à Luther, et malgré les vaines défaites de M. Basnage faire voir l'esprit de révolte dans l'Allemagne protestante. Cette dispute ira plus vite, parce qu'il y a moins de faits : mais d'abord il y en a un absolument décisif contre Luther dans ses thèses de 1540, toutes pleines de sédition et de fureur, comme on le peut voir par la simple lecture [2]. M. Basnage excuse Luther en disant qu'il y établit « l'obéissance deuë au magistrat lors mesme qu'il persecute, et qu'il y a decidé qu'on devoit abandonner toutes choses plustost que de lui resister [3]. » Je l'avoue : mais ce ministre ne connoît guère l'humeur de Luther, qui après avoir dit quelques vérités pendant qu'il est un peu de sens rassis, entre tout à coup en ses furies aussitôt qu'il nomme le Pape, et ne se possède plus. C'est pourquoi à ces belles thèses où il avoit si bien établi l'autorité du magistrat, il ajoute celles-ci, dont la fureur est sans exemple [4] : « Que le Pape est un loup-garou possédé du malin esprit : que tous les villages et toutes les villes doivent s'attrouper contre lui : qu'il ne faut attendre l'autorité, ni de juge, ni de concile, ni se soucier du juge qui défendroit de le tuer : que si ce juge ou les paysans sont tués eux-mêmes dans le tumulte par ceux qui poursuivent ce monstre, ils n'ont que ce qu'ils méritent : on ne leur a fait aucun tort : *Nihil injuriæ illis illatum est.* » Ne voilà-t-il pas le juge ou le magistrat bien en sûreté sous l'autorité de Luther ? Il pour-

[1] *Proclam. de Jean Russel.* — [2] Luth., t. I, p. 407 ; Sleid., XVI ; *Var.*, liv. VIII, n. 1. — [3] Basn., tom. I, II⁰ part., chap. VI, p. 16. — [4] *Ibid.*, th. 58 et seq.

suit : « Qu'il ne faut point se mettre en peine, si le Pape est soutenu par les princes, par les rois, par les Césars mêmes : que qui combat sous un voleur est déchu de la milice aussi bien que du salut éternel : et que ni les princes, ni les rois, ni les Césars ne se sauvent pas de cette loi sous prétexte qu'ils sont défenseurs de l'Eglise, parce qu'ils sont tenus de savoir ce que c'est que l'Eglise. » M. Basnage passe tout cela, et ne craint pas d'assurer que Luther n'attaque que « l'autorité usurpée et tyrannique des Papes [1], » sans seulement daigner remarquer qu'il n'attaque pas moins violemment, non-seulement les juges et les magistrats, mais encore et nommément les rois et les princes, et même les empereurs qui le soutiennent : qu'il les dégrade de la milice : qu'il les met au rang des bandits qui combattent sous un chef de voleurs, et qu'il abandonne leur vie au premier venu. Ce n'est pas là seulement permettre de prendre les armes pour se défendre des persécuteurs : c'est ouvertement se rendre agresseurs, et contre le Pape et contre les rois qui défendront de le tuer, et on ne peut pas pousser la révolte à un plus grand excès. Le chef des réformateurs a introduit ces maximes.

XLII. Les guerres de la ligue de Smalcalde l'électeur de Saxe, et le landgrave mal justifiés par M. Basnage, et condamnés par eux-mêmes comme par toute l'Allemagne.

Ces thèses soutenues d'abord en 1540, furent jugées dignes par Luther d'être renouvelées en 1545, quelques mois avant sa mort : et ce cygne mélodieux (car c'est ainsi qu'on prétend que le prophète Jean Hus a nommé Luther) répéta cette chanson en mourant. Elle fut suivie des guerres civiles de Jean Fridéric électeur de Saxe, et de Philippe landgrave de Hesse, contre l'Empereur pour soutenir la ligue de Smalcalde [2]. M. Basnage fait semblant de me vouloir prendre par mes propres paroles, à cause de ce que j'ai dit [3], que l'Empereur témoignoit que ce n'étoit pas pour la religion qu'il prenoit les armes. C'étoit donc, dit M. Basnage, une guerre politique [4]. Il raisonne mal : pour savoir le sentiment des protestans, il ne s'agit pas de remarquer ce que disoit Charles V, mais ce que disoient les protestans eux-mêmes. Or j'ai fait voir [5] et il est constant par leur manifeste, et par Sleidan qui le rapporte [6], qu'ils s'autorisoient du prétexte de la religion et de l'Evan-

---

[1] Basn., *ibid.*, p. 506. — [2] Sleid., lib. XVI. — [3] *Var.*, liv. VIII, n. 3. — [4] Basn., *ibid.*, p. 504. — [5] *Var.*, liv. VIII, n. 3. — [6] Sleid., lib. XVII.

gile, que l'Empereur, disoient-ils, attaquoit en leurs personnes, mêlant partout l'Antechrist romain, comme les thèses de Luther et tous ses autres discours le leur apprenoient : c'étoit donc dans l'esprit des protestans, une guerre de religion, et on pouvoit se révolter par ce principe.

M. Basnage en convient [1] ; mais il croit sauver la Réforme, en disant qu'outre le motif de la religion les princes alléguoient encore les raisons d'Etat. Il raisonne mal, encore un coup. Car il suffit pour ce que je veux, sans nier les autres prétextes, que la religion en ait été l'un, et même le principal, puisque c'étoit celui-là qui faisoit le fondement de la ligue et dont les armées rebelles étoient le plus émues.

Le raisonnement du ministre a un peu plus d'apparence, lorsqu'il dit que les princes d'Allemagne sont des souverains [2] ; d'où il conclut qu'ils peuvent légitimement faire la guerre à l'Empereur. Néanmoins il se trompe encore ; et sans entrer dans la discussion des droits de l'empire, dont il parle très-ignoramment, aussi bien que du droit des vassaux, Sleidan dit expressément en cette occasion, comme il a été remarqué dans l'*Histoire des Variations* [3], que le duc de Saxe, le plus consciencieux des protestans, ne vouloit pas « que Charles V fût traité d'empereur dans le manifeste, parce qu'autrement on ne pourroit pas lui faire la guerre légitimement : *alioqui cum eo belligerari non licere.* » M. Basnage passe cet endroit selon sa coutume, parce qu'il est décisif et sans réplique. Il est vrai que le landgrave n'eut point ce scrupule : mais c'est qu'il n'avoit pas la conscience si délicate, témoin son intempérance et, ce qui est pis, sa polygamie, qui fait la honte de la Réforme. Il est vrai encore que le duc de Saxe entreprit la guerre, ensuite du bel expédient dont on convint, de ne traiter pas Charles V comme empereur, mais « comme se portant pour empereur [4] : » Mais tout cela sert à confirmer ce que j'ai établi partout, que la Réforme est toujours forcée par la vérité à reconnoître ce qui est dû aux puissances souveraines, et en même temps toujours prête à éluder cette obligation par de vains pré-

---

[1] Basn., tom. I, p. 505. — [2] *Ibid.*, 501 et suiv. — [3] Sleid., XVII ; *Var.*, liv. VIII, n, 3. — [4] Sleid, *ibid.* ; *Var.*, *ibid.*

textes. M. Basnage n'a donc qu'à se taire, et il le fait : mais il faudroit donc renoncer à la défense d'une cause qui ne se peut soutenir que par de telles dissimulations.

Il dissimule encore ce qui est constant, que ces princes proscrits par l'Empereur comme de rebelles vassaux, furent contraints d'acquiescer à la sentence ; que le duc en perdit son électorat et la plus grande partie de son domaine ; que l'Empereur donna l'un et l'autre ; que cette sentence tint et tient encore ; en un mot, qu'il punit ces princes comme des rebelles, et les tint comme prisonniers non-seulement de guerre, mais encore d'Etat : sans que l'Allemagne réclamât, ni que les autres princes fissent autre chose que de très-humbles supplications et des offices respectueux envers l'Empereur. M. Basnage soutient indéfiniment que les princes d'Allemagne, lorsqu'ils font la guerre à l'Empereur, ne demandent ni grace ni pardon [1]. Ceux-ci le demandèrent souvent et avec autant de soumission que le font des sujets rebelles, et jurèrent à l'Empereur une fidèle obéissance comme une chose qui lui étoit due. Tout cela, dis-je, est constant par l'autorité de Sleidan et de toutes les histoires [2] : ce qui montre dans cette occasion, quoi qu'en dise M. Basnage, une rébellion manifeste, pendant qu'il est certain d'ailleurs que la religion en fut le motif : qui est tout ce que j'avois à prouver.

XLIII. Le livre des protestans de Magdebourg.

Dans ce temps, après la défaite de l'électeur et du landgrave, arriva la fameuse guerre de ceux de Magdebourg, et le long siége que cette ville soutint contre Charles V. Les protestans se défendirent par maximes autant que par armes, et publièrent en 1550 le livre qui avoit pour titre : *Du droit des magistrats sur leurs sujets,* où ils soutiennent à peu près la même doctrine que le ministre Languet sous le nom de Junius Brutus, que Buchanan, que David Paré, que les autres protestans, et depuis peu M. Jurieu ont établie, c'est-à-dire celle qui donne aux peuples sujets un empire souverain sur leurs princes légitimes, aussitôt qu'ils croiront avoir raison de les appeler *tyrans.*

XLIV. La guerre commen-

Il ne plaît pas à M. Basnage que Luther ait mis en feu toute l'Allemagne. Qu'on lise le IIe livre des *Variations,* on y trouvera

---

[1] Basn., tom. I, p. 501. — [2] Sleid., XVII-XX, XXIV.

cée par les protestans et le landgrave avec l'approbation de Luther : silence de M. Basnage sur tout cet endroit.

que les luthériens furent les premiers qui armèrent pour leur religion, sans que personne songeât encore à les attaquer [1]. Un traité imaginaire entre George duc de Saxe et les catholiques en fut le prétexte ; il demeura pour constant que ce traité n'avoit jamais été ; cependant tout le parti prit les armes. Mélanchthon est troublé « du scandale dont la bonne cause alloit être chargée [2], » et ne sait comment excuser les exactions énormes que fit le landgrave, toujours peu scrupuleux, pour se faire dédommager d'un armement, constamment et de son aveu fait mal à propos et sur de faux rapports. Mais Luther approuva tout ; et sans aucun respect ni ménagement pour la maison de Saxe, dont il étoit sujet, il ne menaça de rien moins le duc George, qui étoit un prince de cette maison, que de le faire « exterminer » par les autres princes. N'est-ce pas là allumer la guerre civile ? Mais M. Basnage ne le veut pas voir, et il passe tout cet endroit des *Variations* sous silence.

XLV. Les ligues contre l'Empereur que Mélanchthon avoit détestées comme contraires à l'Évangile, sont autorisées par Luther et par Mélanchthon même.

En voici un où il croit avoir plus d'avantage. On a rapporté dans cette histoire un célèbre écrit de Luther, où « encore que jusqu'alors il eût enseigné qu'il n'étoit pas permis de résister aux puissances légitimes, » il déclaroit maintenant contre ses anciennes maximes « qu'il étoit permis de faire des ligues pour se défendre contre l'*Empereur* et contre tout autre qui feroit la guerre *en son nom*, et que non-seulement le droit, mais encore la nécessité *et la conscience* mettoit les armes en main aux protestans [3]. » J'avois à prouver deux choses : l'une, que Luther fit cette déclaration après avoir été expressément consulté sur la matière : je le prouve par Sleidan qui rapporte la consultation des théologiens et jurisconsultes où il assista, et où il donna son avis tel qu'on le vient de rapporter [4] : l'autre, que le même Luther mit son sentiment par écrit, et « que cet écrit de Luther répandu dans toute l'Allemagne fut comme le son de tocsin pour exciter toutes les villes à faire des ligues : » ce sont les propres termes de Mélanchthon dans une lettre de confiance qu'il écrit à son ami Camérarius : et le fait que je rapporte est incontestable par le témoignage constant de ces deux auteurs.

[1] *Var.*, liv. II, n. 44 ; Sleid., lib. VI. — [2] *Var.*, *ibid.*, Mel., lib. IV, 70, 72. — [3] *Var.*, liv. IV, n. 1, 2 ; Sleid., lib. VIII, init. — [4] Sleid., *ibid.*

Ajoutons que Mélanchthon même, quelque horreur qu'il eût toujours eue des guerres civiles, consentit à cet écrit. Car après avoir enseigné « que tous les gens de bien devoient s'opposer à ces ligues; » après s'être glorifié « de les avoir dissipées l'année d'auparavant[1], » comme il a été démontré dans l'*Histoire des Variations* par ses propres termes[2] : à la fin il s'y laisse aller, quoiqu'en tremblant et comme malgré lui : « Je ne crois pas, dit-il, qu'il faille blâmer les précautions de nos gens : il peut y avoir de justes raisons de faire la guerre : Luther a écrit très-modérément, et on a bien eu de la peine à lui arracher son écrit : je crois que vous voyez bien, mon cher Camérarius, que nous n'avons point de tort[3]. » Tout le reste qu'on peut voir dans l'*Histoire des Variations* est de même style. Ainsi quoiqu'ils eussent peine à apaiser leur conscience, Luther et Mélanchthon même franchirent le pas : toutes les villes suivirent, et la Réforme se souleva contre l'Empereur par maxime.

M. Basnage m'objecte que « le passage de Mélanchthon que je cite est falsifié : Mélanchthon se plaint, poursuit-il, qu'on a publié cet écrit dans toute l'Allemagne après l'avoir tronqué : M. de Meaux efface ce mot qui détruit sa preuve : car on sçait bien que l'écrit le plus pacifique et le plus judicieux peut produire de mauvais effets quand il est tronqué[4]. » Voyons si ce mot ôté affoiblit ma preuve, ou même s'il sert quelque chose à la matière. Je ne cherchois pas dans Mélanchthon le sentiment de Luther : il n'en parle qu'obscurément à un ami qui savoit le fait d'ailleurs. C'est de Sleidan que nous l'apprenons, et ce sentiment de Luther étoit en termes formels, « de permettre de se liguer pour prendre les armes même contre l'Empereur. » On en a vu le passage, qui ne souffre aucune réplique : aussi M. Basnage n'y en fait-il pas. De cette sorte ma preuve est complète : la doctrine de Luther est claire, et nous n'avons besoin de Mélanchthon que pour en apprendre les mauvais effets. Il nous les découvre en trois mots, lorsqu'il se plaint que « l'écrit donna le signal à toutes les villes pour former des ligues : » ces ligues qu'il se glorifioit « d'avoir

XLVI. Falsification d'un passage de Mélanchthon, objectée témérairement par M. Basnage.

[1] Mel., lib. IV, epist. LXXXV, CX, CXI. — [2] *Var.*, liv. IV, n. 2; liv. V, n. 32, 33. — [3] Epist. CX, CXI. — [4] Basn. tom. I, p. 506.

dissipées : » ces ligues que « les gens de bien devoient tant haïr. » Les ligues étoient donc comprises dans cet écrit de Luther, et les ligues contre l'Empereur, puisque c'étoit celles dont il s'agissoit, et pour lesquelles on étoit assemblé ; l'écrit n'étoit pas « tronqué » à cet égard, et c'est assez. Qu'on en ait, si vous voulez, retranché les preuves dont Luther soutenoit sa décision, ou que Mélanchthon se plaigne qu'on la laisse trop sèche et trop crue en lui ôtant les belles couleurs dont sa douce et artificieuse éloquence l'avoit peut-être parée : quoi qu'il en soit, le fait est constant, et le mot que j'ai omis ou par oubli ou comme inutile, l'étoit en effet. Mais enfin rétablissons ce mot oublié, si M. Basnage le souhaite : quel avantage en espère-t-il? Si cet écrit *tronqué*, qui soulevoit toutes les villes contre l'Empereur, déplaisoit à Luther, que ne le désavouoit-il? Si la fierté de Luther ne lui permettoit pas un tel désaveu, où étoit la modération dont Mélanchthon se faisoit honneur? Etoit-ce assez de se plaindre à l'oreille d'un ami d'un écrit tronqué, pendant qu'il couroit toute l'Allemagne, et y soulevoit toutes les villes? Mais ni Luther, ni Mélanchthon même ne le désavouent ; et malgré toutes les chicanes de M. Basnage, ma preuve subsiste dans toute sa force, et la Réforme est convaincue par ce seul écrit d'avoir passé la rébellion en dogme.

XLVII. C'est M. Basnage lui-même qui falsifie Mélanchthon dans cette même matière.

Le ministre revient à la charge ; et il fait dire à Mélanchthon « que Luther ne fut point consulté sur la ligue [1]. » Mais à ce coup c'est lui qui tronque, et d'une manière qui change le sens. Mélanchthon ne dit pas au lieu qu'il cite, c'est-à-dire dans la lettre CXI, que Luther ne fut pas consulté sur la ligue ; voici ses mots : « Personne, dit-il, ne nous consulte maintenant ni Luther ni moi sur les ligues [2]. » Il ne nie pas qu'ils n'aient été consultés : il dit qu'on ne les consulte plus « maintenant ; » il avoit dit dans la lettre précédente : « On ne nous consulte plus tant sur la question, s'il est permis de se défendre par les armes [3]. » On les avoit donc consultés ; on les consultoit encore ; mais plus rarement, et peut-être avec un peu de détour : mais toujours la conclusion étoit qu'on pouvoit faire des ligues, c'est-à-dire prendre les armes contre l'Empereur.

[1] Basn., tom. I, 506. — [2] Mel., lib. IV, epist. CXI. — [3] *Ibid.*, epist. CX.

Ce n'étoit plus là le premier projet, ni ces beaux desseins de la Réforme naissante, lorsque Mélanchthon écrivoit au landgrave, c'est-à-dire à l'architecte de toutes les ligues : « Il vaut mieux périr » que d'émouvoir des guerres civiles, « ou d'établir l'évangile ; » c'est-à-dire la Réforme « par les armes [1]. » Et encore : « Tous les gens de bien doivent s'opposer à ces ligues [2]. » On dit que Mélanchthon étoit foible et timide ; mais que répondre à Luther, qui ne vouloit que souffler pour détruire l'Antechrist romain sans guerre, sans violence, « en dormant à son aise dans son lit et en discourant doucement au coin de son feu ? » Tout cela étoit bien changé, quand il sonnoit le tocsin contre l'Empereur, et qu'il donnoit le signal pour former les ligues qui firent nager toute l'Allemagne dans le sang.

XLVIII. La Réforme a renoncé aux belles maximes qu'elle avoit d'abord établies : M. Basnage se confond lui-même.

Mais après tout, à quoi aboutit tout ce discours du ministre ? Si on a eu raison de faire ces ligues comme il le soutient [3], pourquoi tant excuser Luther de les avoir approuvées ? N'oseroit-on approuver une bonne action ? Ou bien est-ce, malgré qu'on en ait, qu'on sent en sa conscience que l'action n'est pas bonne, et que la Réforme, qui la défend le mieux qu'elle peut, ne laisse pas dans le fond d'en avoir honte ?

Il ne me reste qu'à dire un mot sur les guerres des paysans révoltés, et sur celles des anabaptistes qui se mêlèrent dans ces troubles. Le ministre s'échauffe beaucoup sur cette matière, et se donne une peine extrême pour prouver que Luther n'a point soulevé ces paysans ; qu'au contraire il a improuvé leur rébellion ; qu'il a défendu l'autorité du magistrat légitime, même dans son livre de la *Liberté chrétienne,* et ailleurs jusqu'à soutenir qu'il n'est pas permis de lui résister, lors même qu'il est injuste et persécuteur ; qu'il a toujours détesté les anabaptistes et leurs fausses prophéties qu'il a traitées de folles visions ; qu'il a combattu de tout son pouvoir Muncer, Pfifer, et les autres séducteurs de cette secte : il emploie un long discours à cette preuve : en un mot, il est heureux à prouver ce que personne ne lui conteste. Il a voulu avoir le plaisir de me reprocher deux ou trois fois hardiment « mes calomnies ; » mais ç'a été en me faisant dire ce

XLIX. Si l'auteur des *Variations* a eu tort d'attribuer à Luther les excès des anabaptistes : M. Basnage prouve très-bien ce qu'on ne lui conteste pas, et dissimule le reste.

---

[1] Lib. III, epist. XVI. — [2] Lib. IV, epist. LXXXV. — [3] Basn., *ibid.*

que je ne dis pas, et en laissant sans réplique ce que je dis.

Et d'abord pour ce qui regarde les anabaptistes, pourquoi s'étendre à prouver que Luther les a détestés, et s'opposa avec chaleur à leurs visions [1] ? Je le savois bien, et je l'ai marqué en plus d'un endroit de l'*Histoire des Variations* [2]. Comment Luther n'auroit-il pas rejeté Muncer et les siens, qui le traitoient de second Pape et de second Antechrist, autant à craindre que le premier contre lequel il se soulevoit ? J'ai reconnu toutes ces choses, et je n'ai pas laissé pour cela d'appeler « les anabaptistes un rejeton de la doctrine de Luther [3]; » non en disant qu'il ait approuvé leurs sentimens, à quoi je n'ai pas seulement songé, mais parce qu'encore qu'il les improuvât, il étoit vrai néanmoins que les « anabaptistes ne s'étoient formés qu'en poussant à bout ses maximes. »

C'est ce qu'il falloit attaquer; mais on n'ose. Car qui ne sait que les anabaptistes n'ont condamné le baptême des petits enfans et le baptême sans immersion, qu'en poussant à bout cette maxime de Luther, que toute vérité révélée de Dieu est écrite, et qu'en matière de dogmes les traditions les plus anciennes ne sont rien sans l'Ecriture ? Disons plus : Luther a reproché aux anabaptistes de s'être faits pasteurs sans mission : il s'est bien déclaré évangéliste par lui-même [4]; et il n'a fait non plus de miracles pour autoriser sa mission extraordinaire que les anabaptistes à qui il en demandoit [5]. Si Muncer et ses disciples se sont faits prophètes sans inspiration, c'est en imitant Luther, qui a pris le même ton sans ordre; et on n'a qu'à lire les *Variations* pour voir qu'il est le premier des fanatiques [6].

<small>L.
Si M. Basnage a raison de reprocher à l'auteur des *Variations* d'avoir dit qu'on ne croyoit pas Luther innocent des troubles de l'Allema-</small>

M. Basnage me fait dire que Luther « n'estoit pas innocent des troubles de l'Allemagne [7]. » Déjà ce n'étoit pas dire qu'il les eût directement excités; mais j'ai dit encore quelque chose de moins ; voici mes paroles : « On ne croyoit pas Luther innocent des troubles de l'Allemagne [8]; » il falloit me faire justice en reconnoissant que je ménageois les termes envers Luther comme envers les autres, et que je prenois garde à ne rien outrer. Car au reste on croyoit si peu Luther innocent de ces troubles, je veux dire de

---

[1] Basn., 499. — [2] *Var.*, liv. II, n. 28, etc. — [3] *ibid.*, n. 11. — [4] *Var.*, liv. I, n. 27, 29. — [5] *Ibid.*, 28. — [6] *Ibid.*, 31. — [7] Basn., 497. — [8] *Var.*, liv. II, n. 13.

ceux des paysans révoltés comme de ceux des anabaptistes, que
l'Empereur en fit le reproche aux protestans en pleine diète, leur
disant « que si on avoit obéi au décret de Vorms, où le luthéranisme étoit proscrit du commun consentement de tous les Etats
de l'Empire, on n'auroit pas vu les malheurs dont l'Allemagne
avoit été affligée, parmi lesquels il mettoit au premier rang la
révolte des paysans et la secte des anabaptistes. » C'est ce que
raconte Sleidan que j'ai pris à garant de cette plainte [1]. M. Basnage est si subtil, qu'il ne veut pas que Charles V ait chargé
Luther des désordres qu'il imputoit au luthéranisme. « M. de
Meaux, dit-il, ajouste du sien que Luther fut chargé particulierement de ce crime dans l'accusation de l'Empereur; ce qui n'est
pas [2]; » et sur cela il s'écrie : « Est-il permis d'ajouster et de
retrancher ainsi à l'histoire? » Sans doute, lorsqu'on trouve dans
l'histoire les malheurs attribués au luthéranisme, il sera toujours
permis d'ajouter que c'est à Luther qu'il s'en faut prendre. Quoi
qu'en dise M. Basnage, les protestans répondirent mal à ce
reproche de l'Empereur, lorsqu'ils se vantèrent « d'avoir condamné et puni les anabaptistes, » comme ils firent les paysans
révoltés; car l'Empereur ne les accusoit pas « d'avoir trempé dans
leur révolte, » comme le veut notre ministre [3], mais d'y avoir
donné lieu en rejetant le décret de Vorms, et en soutenant Luther et sa doctrine que l'Empire avoit proscrite. Les effets parloient plus que les paroles : l'Empire étoit tranquille avant Luther :
depuis lui on ne vit que troubles sanglans, que divisions irrémédiables. Les paysans, qui menaçoient toute l'Allemagne, étoient
ses disciples; « et ne cessoient de le réclamer. » Le fait est constant par Sleidan [4]. Les anabaptistes étoient sortis de son sein,
puisqu'ils s'étoient élevés en soutenant ses maximes et en suivant
ses exemples : qu'y avoit-il à répondre, et que répondront encore
aujourd'hui les protestans?

Diront-ils que Luther réprimoit les rebelles par ses écrits, en
leur disant « que Dieu défendoit la sédition? » On ne peut pas me
reprocher de l'avoir dissimulé dans l'*Histoire des Variations*,

---

[1] Sleid., lib. VII; *Var., ibid.* — [2] Basn., *ibid.* — [3] *Ibid.* — [4] Sleid., lib. V; *Var.*, liv. II, n. 12, 15.

Luther dans le trouble des paysans révoltés. puisque j'ai expressément rapporté ces paroles de Luther [1]. Mais j'ai eu raison d'ajouter en même temps, « qu'au commencement de la sédition il avoit autant flatté que réprimé les paysans soulevés [2] : » c'est-à-dire, en les réprimant d'un côté, qu'il les incitoit de l'autre, tant il écrivoit sans mesure. Est-ce bien réprimer une populace armée et furieuse, que d'écrire publiquement qu'on « exerçoit sur elle une tyrannie qu'elle ne pouvoit, ni ne vouloit, ni ne devoit plus souffrir [3] ? » Après cela prêchez la soumission à des gens que vous voyez en cet état, ils n'écoutent que leur passion et l'aveu que vous leur faites, « qu'ils ne peuvent ni ne doivent pas souffrir davantage » les maux qu'ils endurent. Mais Luther passe plus avant, puisqu'après avoir écrit séparément aux seigneurs et à leurs sujets rebelles; dans un écrit qu'il adressoit aux uns et aux autres, il leur crioit qu'ils avoient « tort tous deux, et que s'ils ne posoient les armes, ils seroient tous damnés [4]. » Parler en cette sorte, non pas aux sujets rebelles seulement comme il falloit, mais aux sujets et aux seigneurs indifféremment; à ceux dont les armes étoient légitimes, et à ceux dont elles étoient séditieuses : c'est visiblement enfler le cœur des derniers, et affoiblir le droit des autres. Bien plus, c'est donner lieu aux rebelles de dire : Nous désarmerons quand nous verrons nos maîtres désarmés : c'est-à-dire qu'ils ne désarmeront jamais : à plus forte raison les princes et les seigneurs ne désarmeront pas les premiers. Ainsi cet avis bizarre de Luther étoit propre à faire qu'on se regardât l'un l'autre, et que loin de désarmer on en vînt aux mains; ce qui en effet arriva bientôt après. Qui ne voit donc qu'il falloit tenir un autre langage; et en ordonnant aux uns de poser les armes, avertir les autres d'en user avec clémence, même après la victoire? Mais Luther ne savoit parler que d'une manière outrée : après avoir flatté ces malheureux jusqu'à dire les choses que nous venons d'entendre, il conclut à les passer tous dans le combat au fil de l'épée, même ceux « qui auront été entraînés par force dans des actions séditieuses [5], » encore qu'ils tendent les mains ou le col aux victorieux. On en pourra voir davantage dans

---

[1] *Var.*, liv. II, n. 12. — [2] *Ibid.*, 15; Sleid., *ibid.* — [3] *Var.*, *ibid.*, n. 12. — [4] Sleid., *ibid.*; *Var.*, *ibid.* — [5] *Ibid.*

l'*Histoire des Variations* : il y falloit répondre ou se taire, et ne se persuader pas que Luther eût satisfait à tous ses devoirs en parlant en général contre la révolte. Mais encore d'où lui venoient des mouvemens si irréguliers, si ce n'est qu'un homme enivré du pouvoir qu'il croit avoir sur la multitude fait paroître partout ses excès; ou pour mieux dire qu'un homme qui se croit prophète, sans que le bon esprit du Seigneur soit tombé sur lui, s'imagine qu'à sa parole les bataillons hérissés baisseront les armes, et que tous, grands et petits, seront atterrés?

Pour ce qui regarde le livre de la *Liberté chrétienne,* je reconnois avoir écrit « qu'on prétendoit que ce livre n'avoit pas peu contribué à inspirer la rébellion à la populace [1]. » M. Basnage s'en offense [2], et entreprend de prouver que Luther y a bien parlé de l'autorité des magistrats. Loin de le dissimuler, j'ai remarqué en termes exprès qu'en parlant indistinctement en plusieurs endroits de son livre « contre les législateurs et les lois, il s'en sauvoit en disant qu'il n'entendoit point parler des magistrats, ni des lois civiles. » Mais cependant dans le fait deux choses sont bien avérées, tant par les demandes des rebelles que par Sleidan qui les rapporte [3] : l'une, que ces malheureux, entêtés de « la liberté chrétienne « que Luther leur avoit tant prêchée, se plaignoient « qu'on les traitoit de serfs, quoique tous les chrétiens soient affranchis par le sang de Jésus-Christ. » Il est bien constant qu'ils appeloient *servitudes* beaucoup de droits légitimes des seigneurs; et quoi qu'il en soit, c'étoit pour soutenir cette liberté chrétienne qu'ils prenoient les armes. Il n'en faudroit pas davantage pour faire voir comment ils prenoient ces belles propositions de Luther : « Le chrétien n'est sujet à aucun homme : le chrétien est maître de tout : le chrétien est sujet à tout homme [4]. » On voit assez les idées que de tels discours mettent naturellement dans les esprits. Ce n'est rien moins que l'égalité des conditions, c'est-à-dire la confusion de tout le genre humain. Quand après on veut adoucir par des explications ces paradoxes hardis, le coup est frappé, et les esprits qu'on a poussés dans des excès n'en reviennent pas à votre gré. M. Bas-

LII.
Le ministre défend mal le livre de Luther de la *Liberté chrétienne.*

[1] *Var.,* liv. II, n 11. — [2] Basn., p. 507. — [3] Sleid., lib. V. — [4] Luth., *De Lib. Christ.*

nage excuse ces propositions en disant, que selon Luther, « le chrestien selon l'ame est libre et ne dépend de personne, mais qu'à l'égard du corps et de ses actions, il est sujet à tout le monde. » Tout cela est faux à la rigueur; car ni tout homme n'est sujet à tout homme selon le corps, puisqu'il y a des seigneurs et des souverains sur le corps desquels les sujets ne peuvent attenter sans crime en quelque cas que ce soit : ni l'indépendance de l'ame n'est si absolue, qu'il ne soit vrai en même temps que « toute ame doive être soumise aux puissances supérieures » et à leurs commandemens, jusqu'au point d'en être liée même « dans la conscience » selon saint Paul [1]. Ce n'est donc point enseigner, mais tromper les hommes, que de leur tenir en cette sorte de vagues discours; et on peut juger de ce qu'opéroient ces propositions toutes crues, comme Luther les avançoit, puisqu'elles sont encore si irrégulières avec les excuses et les adoucissemens de M. Basnage.

Mais le livre de la *Liberté chrétienne* produisit encore un autre effet pernicieux. Il inspiroit tant de haine contre tout l'ordre ecclésiastique, et même contre les prélats qui étoient en même temps souverains, qu'on croyoit rendre service à Dieu lorsqu'on en secouoit le joug, qu'on appeloit *tyrannique :* l'erreur passoit aisément de l'un à l'autre : je veux dire, comme il a été remarqué dans l'*Histoire des Variations*, « que mépriser les puissances soutenues par la majesté de la religion, étoit un moyen d'affoiblir les autres [2]. » C'est précisément ce qui arriva dans la révolte de ces paysans : ils commencèrent par les princes ecclésiastiques, comme il paroît par Sleidan [3]; et la révolte attaqua ensuite sans mesure et sans respect tous les seigneurs. C'en est trop pour faire voir qu'on avoit raison « de prétendre » que le livre de la *Liberté chrétienne* « n'avoit pas peu contribué à inspirer la rébellion [4]. »

LIII. Étrange discours de Luther, où tout ce qu'on vient de dire est confirmé : autre addition aux Varia-

Et puisque M. Basnage nous met sur cette matière, il faut encore qu'il voie un beau discours de Luther. Lorsque les séditieux sembloient n'en vouloir qu'aux seuls ecclésiastiques, et qu'ils n'avoient même pas encore pris les armes, Luther leur parloit en cette sorte : « Ne faites point de sédition; » il falloit bien commencer par ce bel endroit; car sans cela qui auroit pu le suppor-

---

[1] *Rom.*, XIII, 1, 5. — [2] Liv. II, n. 11. — [3] Sleid., *ibid.* — [4] *Var.*, *ibid.*

ter? Mais voici comme il continue : « Bien que les ecclésiastiques paroissent en évident péril, je crois ou qu'ils n'ont rien à craindre, ou qu'en tout cas leur péril ne sera pas tel, qu'il pénètre dans tous leurs Etats, ou qu'il renverse toute leur puissance. Un bien autre péril les regarde : et c'est celui que saint Paul a prédit après Daniel, qui est que leur tyrannie tombera, sans que les hommes s'en mêlent, par l'avénement de Jésus-Christ et par le souffle de Dieu : c'étoit là, poursuivoit-il, son fondement : c'est pour cela *qu'il ne s'étoit pas beaucoup opposé* à ceux qui prenoient les armes : car il savoit bien que leur entreprise seroit vaine, et que si on *massacroit* quelques ecclésiastiques, cette *boucherie* ne s'étendroit pas *jusqu'à tous* [1]. »

On voit en passant l'esprit de la Réforme dès son commencement : chaque temps a son prophète, et Luther faisoit alors ce personnage : tout étoit alors dans saint Paul et dans Daniel, comme tout est présentement dans l'*Apocalypse :* sur la foi de la prophétie, il n'y avoit qu'à laisser faire les séditieux contre les ecclésiastiques : ils n'en tueroient guère; et Luther se consoloit de les voir périr d'abord en si petit nombre, parce qu'il étoit assuré d'une vengeance plus universelle qui alloit éclater d'en haut sur eux. Si c'est dans cette vue qu'il les épargne, que deviendront-ils, hélas! pour peu que tarde la prophétie? Quoi! le saint nom des prophètes sera-t-il toujours le jouet de la Réforme et le prétexte de ses violences et de ses révoltes? Mais laissons ces plaintes, et renfermons-nous dans celles de notre sujet. On nous demande quelquefois la preuve des séditions causées par la Réforme; et poussées dès son commencement contre les catholiques et contre les prêtres jusqu'à la pillerie, les voilà poussées jusqu'au meurtre : et c'est Luther, témoin non suspect, qui le dépose lui-même. On l'accuse d'y avoir du moins connivé : on n'a pas besoin de preuve, et c'est lui-même qui nous avoue « qu'il ne s'y est opposé » que foiblement, sans se mettre « beaucoup » en peine d'arrêter le cours « de la sédition armée. » Il lui laissoit massacrer un petit nombre d'ecclésiastiques, et c'étoit assez « que la boucherie ne s'étendît pas sur tous. » Peut-on nier, sous couleur de réprimer

[1] Sleid., liv. V.

la sédition, que ce ne soit là lui lâcher la bride? Je n'avois point rapporté cet étrange discours de Luther dans l'*Histoire des Variations :* on pense me faire accroire que j'y exagère les excès de la Réforme : on voit, loin d'exagérer, que je suis contraint de supprimer beaucoup de choses; et on verra dans tous les endroits qu'on attaquera de cette histoire, qu'on a si peu de moyens d'en affoiblir les accusations, que la Réforme au contraire paroîtra toujours plus coupable que je ne l'ai dit d'abord, à cause que j'étois contraint à donner des bornes à mon discours.

LIV.
Réflexion sur ces variations de la Réforme

Cependant on ne rougit pas de m'accuser « de mauvaise foy [1], » et même de calomnie : ces reproches m'ont fait horreur, je l'avoue: j'écris sous les yeux de Dieu; et on a pu voir que je tâche de mesurer toutes mes paroles, en sorte que mes expressions soient plutôt foibles qu'outrées. S'il faut user de termes forts, la force de la vérité me les arrache. M. Basnage m'objecte « une contradiction sensible, » en ce « que je veux que Luther, dès l'an 1525, ait soulevé ou entretenu la rébellion des païsans, » pendant que « j'avoue ailleurs [2] que jusqu'à la ligue de Smalcalde, qui se fit longtemps après, il n'y avoit rien de plus inculqué dans ses écrits que cette maxime, qu'on ne doit jamais prendre les armes pour la cause de l'Evangile [3]. » Je reconnois mes paroles. Certainement je n'avois garde d'accuser Luther d'avoir au commencement rejeté l'obéissance due au magistrat et même au magistrat persécuteur, puisqu'au contraire j'avoue que, bien éloigné d'en venir d'abord à cet excès, il enseigna les bonnes maximes : et c'est par où je le convaincs d'avoir varié lorsqu'il en a pris de contraires. Il falloit que la Réforme fût confondue par elle-même dès son principe, et que la loi éternelle la forçât d'abord à établir l'obéissance qu'elle devoit rejeter dans la suite; le bien ne se soutient pas chez elle : il n'y prend point racine, pour ainsi parler, parce qu'il n'y a jamais toute sa force : de là vient aussi qu'elle se dément dans le temps même qu'elle dit la vérité : Luther fomentoit la rébellion qu'il sembloit vouloir éteindre; et en un mot, comme on vient de voir, il inspiroit plus de mal qu'il n'en conseilloit en effet dans ce temps-là. Mais dans la suite il ne garda point de mesure : il en-

---

[1] Basn., *ibid.* — [2] Basn., *ibid.*, 500. — [3] *Var.*, liv. IV, n. 1.

seigna ouvertement qu'on peut armer contre les souverains, sans épargner ni rois, ni Césars : toute l'Allemagne protestante entre dans ces sentimens : la contagion gagne l'Ecosse et l'Angleterre : la France ne s'en sauve pas : là Réforme remplit tout de sang et de carnage : dans les vains efforts qu'elle fait pour effacer de dessus son front ce caractère si visiblement antichrétien, elle succombe, et ne trouve plus de ressource qu'à chercher même parmi nous de mauvais exemples : comme si réformer le monde étoit seulement prendre un beau titre sans valoir mieux que les autres.

Mais si on ne vouloit pas éviter soi-même les abus qu'on reprenoit dans l'Eglise, il ne falloit pas du moins approuver ses propres égaremens ni s'en faire honneur : nous détestons parmi nous tout ce que nous y voyons de mauvais exemples, en quelque lieu qu'il paroisse et de quelque nom qu'il s'autorise : les rébellions des protestans sont passées en dogmes et autorisées par les synodes : ce n'est point un mal qui soit survenu à la Réforme vieillie et défaillante : c'est dès son commencement et dans sa force, c'est sous les réformateurs et par leur autorité qu'elle est tombée dans cet excès, et des abus si énormes ont les mêmes auteurs que la Réforme.

On peut voir beaucoup d'autres choses également convaincantes sur cette matière dans un livre intitulé *Avis aux Réfugiés*, qui vient de tomber entre mes mains, quoiqu'il ait été imprimé en Hollande au commencement de l'année passée. Cet ouvrage semble être bâti sur les fondemens de l'*Apologie des Catholiques*, qui n'a laissé aucune réplique aux protestans; mais pour leur ôter tout prétexte, on y ajoute en ce livre, non-seulement ce qui s'est passé depuis, mais encore tant d'autres preuves des excès de la Réforme, et une si vive réfutation de ses sentimens, qu'elle ne peut plus couvrir sa confusion. Si l'auteur de ce bel ouvrage est un protestant, comme la préface et beaucoup d'autres raisons donnent sujet de le croire, on ne peut assez louer Dieu de le voir si désabusé des préventions où il a été nourri, et de voir que sans concert nous soyons tombés lui et moi dans les mêmes sentimens sur tant de points décisifs. Je ne dois pas refuser cette preuve de la vérité; elle se fait sentir à qui il lui plaît; et lorsqu'elle veut faire

LV. On touche en passant les égaremens de la Réforme marqués par d'autres auteurs, et en particulier dans l'*Avis aux Réfugiés*, imprimé en Hollande en 1690.

concourir les pensées des hommes au même but, nulle diversité d'opinions ou de pensées ne lui fait obstacle. Les protestans peuvent voir dans cet ouvrage ¹ avec quelle témérité M. Jurieu les vantoit, il y a dix ans, comme les plus assurés et les plus fidèles sujets ². On leur montre dans cet ouvrage l'affreuse doctrine de leurs auteurs contre la majesté des rois et contre la tranquillité des Etats. Toute la ressource de la Réforme étoit autrefois de désavouer, quoiqu'avec peu de sincérité, tous ces livres que l'esprit de rébellion avoit produits, ceux d'un Buchanan, ceux d'un Paré, ceux d'un Junius Brutus et tant d'autres de cette nature; mais maintenant on leur ôte entièrement cette vaine excuse, en leur montrant qu'ils ont confirmé, et qu'ils confirment encore par leur pratique constante, cette doctrine qu'ils désavouoient; et que l'église anglicane, qui de toutes les protestantes avoit le mieux conservé la doctrine de l'inviolable majesté des rois, se voit contrainte aujourd'hui de l'abandonner ³. On n'oublie pas que M. Jurieu, le même qui nous vantoit il y a dix ans la fidélité des protestans à toute épreuve, jusqu'à dire que « tous les huguenots estoient prests de signer de leur sang que nos rois ne dépendent pour le temporel de qui que ce soit que de Dieu, et que sous quelque prétexte que ce soit les sujets ne peuvent estre absous du serment de fidélité ⁴, » à la fin a embrassé le parti de ceux qui donnent tout pouvoir aux peuples sur leurs rois; qu'il leur laisse par conséquent le pouvoir de l'absoudre eux-mêmes et sans attendre personne de tout serment de fidélité et de toute obligation d'obéir à leurs souverains; et qu'il s'est par ce moyen réfuté lui-même, plus que n'auroient jamais pu faire tous ces adversaires ensemble. Par là on découvre clairement que la Réforme n'a rien de sincère ni de sérieux dans ses réponses, qu'elle les accommode au temps et les fait au gré de ceux qu'elle veut flatter. Ce qui donnoit prétexte aux protestans de préférer leur fidélité à celle des catholiques, étoit la prétention des Papes sur la temporalité des rois. Mais outre qu'on leur a fait voir dans ce livre que toute la France, une aussi grande partie de l'Eglise catholique, fait profession ou-

---

¹ *Avis*, p. 77. — ² *Polit. du Clergé*. — ³ *Avis*, p. 219 et suiv. — ⁴ *Avis*, p. 81 et suiv.; *Polit. du Clerg.*, p. 217.

verte de la rejeter [1], on montre encore plus clair que le jour que s'il falloit comparer les deux sentimens, celui qui soumet le temporel des souverains aux Papes, et celui qui le soumet au peuple; ce dernier parti, où la fureur, où le caprice, où l'ignorance et l'emportement domine le plus, seroit aussi sans hésiter le plus à craindre. L'expérience a fait voir la vérité de ce sentiment; et notre âge seul a montré parmi ceux qui ont abandonné les souverains aux cruelles bizarreries de la multitude, plus d'exemples et plus tragiques contre la personne et la puissance des rois qu'on n'en trouve durant six à sept cents ans parmi les peuples qui en ce point ont reconnu le pouvoir de Rome. Enfin la Réforme poussée à bout pour ses révoltes, produisoit pour dernière excuse l'exemple des catholiques sous Henri le Grand; mais on l'a encore forcée dans ce dernier retranchement [2], non-seulement en lui faisant voir combien il étoit honteux, en se disant réformés, de faire pis que tous ceux qu'on étoit venu corriger; mais encore en montrant dans le bon parti, qui étoit celui du roi, des parlemens tout entiers composés de catholiques, une noblesse infinie de même croyance et presque tous les évêques, desquels nulle autorité et nul prétexte de religion n'avoit rien pu obtenir contre leur devoir : au lieu que parmi les protestans, lorsqu'on y a attaqué les souverains, la défection a été universelle et poussée jusqu'aux excès qu'on a vus. Joignez à toutes ces choses si évidemment démontrées par un protestant dans l'*Avis aux Réfugiés*, ce que j'ai dit dans ces deux derniers *Avertissemens* en me renfermant, comme je devois, dans la *Défense des Variations* contre M. Jurieu et M. Basnage qui les attaquoient; l'histoire de la Réforme paroîtra affreuse et insupportable, puisqu'on y verra toujours l'esprit de révolte en remontant depuis nos jours jusqu'à ceux des réformateurs.

Ainsi par un juste jugement, Dieu livre au sens réprouvé et à des erreurs manifestes ceux qui prennent des noms superbes contre son Eglise, et entreprennent de la réformer dans sa doctrine. Témoin encore le mariage du landgrave, l'éternelle confusion de la Réforme, et l'écueil inévitable où se briseront à jamais tous les re-

LVI. Réflexions sur le mariage du landgrave: s'il permet à M. Basnage de mettre

[1] P. 210, 211, 214. — [2] *Avis*, p. 282 et suiv.

Luther et les autres réformateurs au rang des grands hommes. proches qu'elle nous fait des abus de nos conducteurs. Car y en a-t-il un plus grand que de flatter l'intempérance, jusqu'à autoriser la polygamie, et d'introduire parmi les chrétiens des mariages judaïques et mahométans? Vous avez vu les égaremens du ministre Jurieu sur ce sujet, si étranges et si excessifs, que plusieurs bons protestans en ont eu honte. J'ai vu les écrits de M. de Beauval, que M. Jurieu tâche d'accabler par son autorité ministrale; j'ai vu la lettre imprimée d'un ministre sur ce sujet. J'ai cru que c'étoit M. Basnage, confrère de M. Jurieu dans le ministère de Roterdam : on m'assure que c'est un autre, je le veux ; et quoi qu'il en soit, ce ministre qui m'est inconnu pousse vigoureusement M. Jurieu, qui de son côté ne l'épargne pas. Le mariage du landgrave et l'erreur prodigieuse des réformateurs a excité ce tumulte parmi les ministres. M. Basnage lui-même, qui ne veut pas être l'auteur de la lettre publiée contre son confrère, prend un autre tour que le sien dans sa *Réponse aux Variations;* voyons s'il réussira mieux, et poussons encore ce ministre par cet endroit-là : ce sera autant d'avancé sur la réponse générale qu'il lui faudra faire, et elle sera déchargée de cette matière. Voici donc comme il commence : « Il faut rendre justice aux grands hommes autant que la vérité le permet; mais il ne faut pas dissimuler leurs fautes. J'avouë donc que Luther ne devoit pas accorder au landgrave de Hesse la permission d'épouser une seconde femme, lorsque la première estoit encore vivante : et M. de Meaux a raison de le condamner sur cet article [1]. » C'est quelque chose d'avouer le fait, et de condamner le crime sans chicaner; mais il en falloit davantage pour mériter la louange d'une véritable et chrétienne sincérité : il falloit encore rayer Luther, Bucer et Mélanchthon, ces chefs des réformateurs, du rang « des grands hommes. » Car encore que les grands hommes en matière de religion et de piété, qui est le genre où l'on veut placer ces trois personnages, puissent avoir des foiblesses, il y en a qu'ils n'ont jamais, comme celle de trahir la vérité et leur conscience, de flatter la corruption, d'autoriser l'erreur et le vice connu pour tel; de donner au crime le nom de la sainteté et de la vertu; d'abuser pour tout cela de l'Ecriture et du

---

[1] Basn., tom. I, II⁰ part., chap. III, p. 443.

ministère sacré ; de persévérer dans cette iniquité jusqu'à la fin, sans jamais s'en repentir ni s'en dédire, et d'en laisser un monument authentique et immortel à la postérité. Ce sont là manifestement des foiblesses incompatibles, je ne dis pas avec la perfection « des grands hommes, » mais avec les premiers commencemens de la piété. Or tels ont été Luther, Bucer et Mélanchthon : ils ont trahi la vérité et leur conscience : c'est de quoi M. Basnage demeure d'accord, et en pensant les excuser il met le comble à leur honte : « Je remarqueray, dit-il, trois choses : la premiere, qu'on arracha cette faute à Luther ; il en eut honte, et voulut qu'elle fust secrète [1]. » Bucer et Mélanchthon ont la même excuse, mais c'est ce qui les condamne. Car ils n'ont donc pas péché par ignorance : ils ont donc trahi la vérité connue : leur conscience leur reprochoit leur corruption ; ils en ont étouffé les remords, et ils tombent dans ce juste reproche de saint Paul : « Leur esprit et leur conscience sont souillés [2]. » Voilà les héros de la Réforme et les chefs des réformateurs. Si c'est une excuse de cacher les crimes qui ne peuvent pas même souffrir la lumière de ce monde, il faut effacer de l'Ecriture ces redoutables sentences : « Nous rejetons les crimes honteux qu'on est contraint de cacher [3]. » Et encore : « Ce qui se fait parmi eux, » et qui pis est, ce qu'on y approuve, ce qu'on y autorise, « est honteux même à dire [4] ; » et enfin cette parole de Jésus-Christ même : « Celui qui fait mal hait la lumière [5]. » Ainsi qui veut découvrir le faux de la Réforme et la foible idée qu'on y a du vice et de la vertu, n'a qu'à entendre les vaines excuses dont elle tâche de diminuer ou de pallier les foiblesses les plus honteuses de ses prétendus grands hommes.

LVII. Démonstration manifeste du crime des réformateurs en cette occasion.

Mais ils ne connoissoient peut-être pas toute l'horreur du crime qu'ils commettoient ? C'est ce qu'on ne peut pas dire en cette rencontre. Car ils savoient que leur crime étoit d'autoriser une erreur contre la foi : de pervertir le sens des Ecritures : d'anéantir la réforme que le Fils de Dieu avoit faite dans le mariage. Ils savoient la conséquence d'une telle erreur, puisqu'ils reconnoissoient expressément que si leur déclaration venoit aux oreilles du

---

[1] Basn., tom. I, II⁰ part., chap. III, p. 443. — [2] *Tit.*, I, 15. — [3] II *Cor.*, IV, 2. — [4] *Ephes.*, V, 12. — [5] *Joan.*, III, 20.

public, ils n'auroient rien de moins à craindre que d'être mis « au rang des mahométans et des anabaptistes qui se jouent du mariage [1]. » C'est en effet en ce rang qu'ils ne craignent pas de se mettre, pourvu que le cas soit secret. L'erreur qu'ils autorisent est quelque chose de pis qu'un adultère public, puisqu'ils aiment mieux que la femme qu'ils donnent au landgrave passe pour une impudique et lui pour un adultère, que de découvrir l'infâme secret de son second mariage. Par leur consultation ils ne justifient pas ce prince. Car un aveugle qui se laisse conduire par d'autres aveugles n'en est pas quitte pour cela, et il tombe avec eux dans l'abîme. Ils damnent donc celui qui leur confioit sa conscience, et ils se damnent avec lui. Ils le damnent, dis-je, d'autant plus inévitablement, qu'il se flatte du consentement et de l'autorité de ses pasteurs, qui n'étoient rien de moins dans le parti que les auteurs de la Réforme. Je ne vois rien de plus clair ni ensemble de plus affreux que tous ces excès.

LVIII.
Si M. Basnage a pu dire que cette faute fut arrachée aux réformateurs.

« On leur arracha cette faute, » dit M. Basnage. Quoi! leur fit-on violence, pour souscrire à cet acte infâme qui ternit la pureté du christianisme, où un adultère public est appelé du saint nom de *mariage?* Leur fit-on voir des épées tirées? Les enferma-t-on du moins? Les menaça-t-on de leur faire sentir quelque mal ou dans leurs personnes ou du moins dans leurs biens? C'est ce qu'on eût pu appeler en quelque façon « leur arracher une faute, » quoique dans le fond on n'arrache rien de semblable à un parfait chrétien, et il sait bien mourir plutôt que de céder à la violence. Mais il n'y eut rien de tout cela dans la souscription des réformateurs : on leur promit des monastères à piller [2] : que la Réforme en rougisse : le landgrave, l'homme du monde qui avoit le plus conversé avec ces réformateurs et qui les connoissoit le mieux, les gagne par ces promesses : et voilà toute la violence qu'il leur fait. Il est vrai qu'il leur fait aussi entrevoir qu'il pourroit les abandonner, et s'adresser ou à l'Empereur ou au Pape même. A ces mots la Réforme tremble : « Notre pauvre petite église, misérable et abandonnée, a besoin, dit-elle, de princes régens vertueux [3]; »

---

[1] *Consult.*, n. 10, 11; *Var.*, liv. VI, n. 8. — [2] *Var.*, liv. VI, n. 4. — [3] *Consult.*, n. 3; *Var.*, liv. VI, n. 7.

de ces vertueux qui veulent avoir ensemble deux épouses : il faut tout accorder à leur intempérance, de peur de les perdre : une église qui s'appuie sur l'homme, et sur le bras de la chair, ne peut résister à de semblables violences. C'est ainsi que Luther, Bucer et Mélanchthon, ces colonnes de la Réforme, sont violentés selon M. Basnage; et cela qu'est-ce autre chose qu'avouer en autres termes qu'ils sont violentés par la corruption de leur cœur?

Elle fut si grande et leur assoupissement si prodigieux, qu'ils ne se réveillèrent jamais : ils sentoient qu'ils laissoient un acte de célébration de mariage, la première femme vivante, où il étoit énoncé qu'on le faisoit « en présence de Mélanchthon, de Bucer et de Mélander [1] le propre pasteur et prédicateur du prince, » et de l'avis de plusieurs autres prédicateurs, dont la consultation étoit jointe au contrat de mariage, signée en effet de sept docteurs, à la tête desquels étoient *Luther, Mélanchthon et Bucer,* et à la fin le même *Denis Mélander* le propre pasteur du landgrave. Ces deux actes furent déposés dans les registres publics attestés authentiquement par des notaires, « pour éviter le scandale et conserver la réputation de la fille que le landgrave épousoit et de toute son honorable parenté. » Ces actes étoient donc publics, et on supposoit qu'ils devoient paroître un jour comme regardant tout ensemble et l'honneur d'une famille considérable, et même l'intérêt d'une maison souveraine. Cependant loin de les avoir jamais révoqués, Luther et ses compagnons y persistent. Ce secret honteux ne fut pas si bien gardé, qu'on n'en ait fait le reproche et au landgrave et à Luther de leur vivant : ils s'en sauvent par des équivoques, et Luther y ajoute fièrement à son ordinaire « que le landgrave est assez puissant, et a des gens assez savans pour le défendre [2]; » ce qui est joindre la menace au crime et insulter à la raison, à cause que le mépris en est soutenu par la puissance. Tout cela est démontré si clairement dans l'*Histoire des Variations,* qu'on n'a rien eu à y répliquer : telle a été la conduite de ces « grands hommes, » et il faut du moins avouer qu'il n'y en a de cette figure que dans la Réforme.

LIX. Étrange corruption dans ces chefs des réformateurs.

Grace à Dieu, ceux que nous reconnoissons parmi nous pour

LX. Si M. Bas-

[1] *Var.*, liv. VI, n. 9; *Instrum. copul.,* à la fin. — [2] *Var.,* liv. VI, n. 10.

nage a raison de comparer la polygamie accordée par Luther, à la dispense de Jules II sur le mariage de Henri VIII avec la veuve de son frère. de grands hommes ne sont pas tombés dans des excès où l'on voie de la perfidie, de l'impiété, une corruption manifeste, et une lâche prostitution de la conscience. Mais sans parler des grands hommes, je pose en fait, parmi tant de fautes dont les protestans ont chargé quelques Papes à tort ou à droit, qu'ils n'en nommeront jamais un seul, dans un si grand nombre et dans la suite de tant de siècles, qui soit tombé dans un abus de cette nature. Qu'ainsi ne soit M. Basnage, qui pousse en cette occasion la récrimination le plus loin qu'il peut, n'a eu à nous objecter que deux décrets des Papes : l'un de Grégoire II, et l'autre de Jules II. Or pour commencer avec lui par le dernier, il nous objecte « la dispense que ce Pape accorda à Henri VIII, » pour épouser la veuve de son frère Arthus ; et comme s'il avoit prouvé qu'il fût constant que cette dispense fût illégitime, il s'écrie en cette sorte : « Faut-il moins de sainteté pour estre vicaire de Jésus-Christ et le chef de l'Eglise, que pour réformer quelques abus? Où l'inceste est-il un crime moins énorme qu'un double mariage [1] ? » Il renouvelle ici le fameux procès du mariage de Henri VIII avec Catherine d'Arragon ; mais visiblement il n'y a nulle bonne foi à comparer ces deux exemples. Afin qu'ils fussent égaux, il faudroit qu'il fût aussi constant que le mariage contracté avec la veuve de son frère est réprouvé dans l'Evangile, qu'il est constant que le mariage contracté avec une seconde femme, la première encore vivante, y est rejeté. Mais M. Basnage sait bien le contraire : il sait bien, dis-je, qu'il est constant entre lui et nous que la polygamie est défendue dans l'Evangile, et qu'une femme surajoutée à celle qu'on a déjà ne peut être légitime. Oseroit-il dire qu'il soit de même constant entre nous que l'Evangile ait défendu d'épouser la veuve de son frère, ou que le précepte du *Lévitique,* qui défend de tels mariages, ait lieu parmi les chrétiens? Mais il sait, loin que cela soit constant parmi nous, qu'il ne l'est pas même parmi les protestans. Nous en avons rapporté dans l'*Histoire des Variations* [2], les témoignages favorables au mariage de Henri VIII et à la dispense de Jules II. Mélanchthon et Bucer ont approuvé cette dispense, et conséquemment ont improuvé le divorce de Henri VIII.

[1] Basn., *ibid.*, 443. — [2] *Var.*, liv. VII, n. 54 et suiv.

Castelnau, dont nous avons vu l'autorité alléguée par M. Basnage, dit expressément que « ce roy envoya en Allemagne et à Genève, offrant de se faire chef des protestans, mener dix mille Anglois à la guerre, et contribuer cent mille livres sterlings, qui valent un million de livres tournois; mais ils ne voulurent jamais approuver la répudiation¹. » Selon le témoignage de ce grave auteur, la répudiation fut improuvée, non-seulement en Allemagne, mais encore à Genève même : c'est-à-dire dans les deux partis de la nouvelle Réforme. Si Calvin a introduit depuis ce temps un autre sentiment parmi les siens, il ne laisse pas de demeurer pour constant que la dispense de Jules II étoit si favorable, qu'elle fut même approuvée de ceux qui cherchoient le plus à critiquer la conduite des Papes.

M. Basnage reproche à Jules II d'avoir accordé cette dispense hautement et à la face du soleil, au lieu que Luther a eu honte de celle qu'il a donnée, et tâcha de la cacher : ce qui est selon ce ministre bien moins criminel. Sans doute quand le crime est manifeste, l'audace de le publier en fait le comble. Mais ce n'est pas de quoi il s'agit. Jules II n'avoit garde de rougir de sa dispense, ou de la cacher à l'exemple des chefs de la Réforme, puisqu'au contraire il la donnoit hautement comme légitime : qu'elle fut publiquement acceptée par tout le royaume d'Angleterre, où elle demeura sans contradiction durant vingt ans, et qu'en effet les fondemens s'en trouvèrent si solides, que les plus passionnés ennemis des Papes les crurent inébranlables. Voilà ce que l'on compare à la scandaleuse consultation de Luther.

LXI. Si M. Basnage a raison de dire que l'Eglise prétend dispenser des lois de Dieu.

Le ministre nous objecte que « le concile de Trente prononce anatheme contre ceux qui lui disputeront le pouvoir de dispenser dans les degrez d'affinité défendus par la loi de Dieu². » D'où il conclut « que l'Eglise romaine se donne l'autorité de faire des choses directement contraires à la loi de Dieu. » Il dissimule qu'il s'agit ici de l'ancienne loi et de sa police, et que dans ce décret du concile la question n'étoit pas, si l'Eglise pouvoit dispenser de la loi de Dieu, ce que les Pères de Trente n'ont jamais pensé; mais

---

¹ *Mém.* de Castelnau, liv. I, chap. XI, p. 29, Le Lab. — ² Basn., *ibid.*, 443; *Conc. Trid.*, sess. XXIV, can. 3.

si Dieu lui-même avoit abrogé la loi ancienne à cet égard. Nous prétendons qu'une partie des empêchemens du mariage portés par le *Lévitique* sont de la loi positive et de la police de l'ancien peuple, dont Dieu nous a déchargés : en sorte que ces empêchemens ne subsistent plus que par des coutumes et des lois ecclésiastiques. Ce n'est qu'en cette manière et dans cette vue que l'Eglise en dispense : et c'est par conséquent une calomnie de dire qu'elle s'élève au-dessus de la loi de Dieu, ou qu'elle en prétende dispenser.

LXII. Réponse de Grégoire II, rapportée mal à propos par le ministre.

M. Basnage nous oppose un second décret de Pape, et il est bon d'entendre avec quel air de décision et de dédain il le fait. « M. de Meaux se trompe, dit-il, quand il assure si fortement (au sujet de la consultation de Luther) que ce fut la premiere fois qu'on déclara que Jésus-Christ n'a point défendu de semblables mariages (où l'on a deux femmes ensemble) : il faut le tirer d'erreur en lui apprenant ce que fit Grégoire II, lequel estant consulté si l'Eglise romaine croyoit qu'on pût prendre deux femmes, lorsque la premiere détenuë par une longue maladie ne pouvoit souffrir le commerce de son mari, décida [1] » selon la vigueur du Siége apostolique, que lorsqu'on ne pouvoit se contenir, il falloit prendre une autre femme, pourvu qu'on fournît les alimens à la première. On voit déjà en passant que ce n'est pas là prendre deux femmes, comme M. Basnage veut le faire entendre, mais en quitter une pour une autre : ce qui est bien éloigné de la bigamie dont il s'agit entre nous. Au reste ce curieux décret, que M. Basnage daigne bien m'apprendre, n'est ignoré de personne : toutes nos écoles en retentissent, et nos novices en théologie le savent par cœur. Après deux autres passages aussi vulgaires que celui-là, M. Basnage avec un ton fier et avec un air magistral nous avertit qu'il ne les rapporte que « pour apprendre à M. de Meaux qu'il ne doit pas se faire honneur de l'antiquité qu'il n'a pas examinée [2]. » Je lui laisse faire le savant tant qu'il lui plaira, et il aura bon marché de moi, tant qu'il ne me reprochera que de l'ignorance : je ne trouve rien de plus bas ni de plus vain parmi les hommes que de se piquer de science ; mais aussi ne faut-il pas en avoir beaucoup pour répondre à M. Basnage. Cette décision de Grégoire II se trouve

[1] P. 443. — [2] *Ibid.*, 444.

parmi ses lettres [1], et encore dans le *Décret* de Gratien avec cette note au bas : *Illud Gregorii sacris canonibus, imò evangelicæ et apostolicæ doctrinæ penitùs reperitur adversum* [2] : c'est-à-dire : « Cette réponse de Grégoire est contraire aux saints canons, et même à la doctrine évangélique et apostolique. » Les Papes ne sont donc pas si jaloux qu'on pense de maintenir comme inviolables toutes les réponses de leurs prédécesseurs, puisqu'on trouve celle-ci avec cette note dans le *Décret* imprimé par l'ordre de Grégoire XIII, et que les réviseurs qu'il avoit nommés n'y trouvent rien à redire. Ainsi sans nous arrêter à ce que d'autres ont dit sur ce passage, contentons-nous de demander à M. Basnage ce qu'il en prétend conclure? Quoi? que ce Pape a approuvé comme Luther qu'on eût deux femmes ensemble pour en user indifféremment? C'est tout le contraire : c'est autre chose de dire avec ce Pape, que le mariage soit dissous en ce cas, autre chose de dire avec Luther que sans le dissoudre on en puisse faire un second ; l'un a plus de difficulté, l'autre n'en eut jamais la moindre parmi les chrétiens : et Luther est le premier et le seul à qui la corruption a fait naître un doute sur un sujet si éclairci. Que si parmi les protestans, d'autres ou devant ou après lui ont soutenu en spéculation la polygamie, il est le seul qui ait osé pousser la chose jusqu'à la pratique.

Mais enfin, dira-t-on, quoi qu'il en soit, un Pape se sera trompé? Est-ce là de quoi il s'agit? M. Basnage connoît-il quelqu'un parmi nous qui entreprenne de soutenir que les Papes ne se soient jamais trompés, pas même comme docteurs particuliers? Et quand il voudroit conclure que celui-ci se seroit trompé même comme Pape, à cause qu'il parle comme il dit lui-même : *Vigore Sedis apostolicæ : avec la force et la vigueur du Siége apostolique :* sans examiner s'il est ainsi et si c'est là tout ce qu'on exige pour prononcer comme on dit *ex cathedrâ :* enfin tout cela n'est pas notre question. Ce n'est pas une ignorance ou une surprise de Luther que nous objectons à la Réforme ; il n'y auroit rien là que d'humain : c'est une séduction faite de dessein dans un dogme essen-

---

[1] Gregor. II, epist. IX, tom. I; *Conc. Gall.* — [2] *Dec.*, II part., caus. 32, quæst. VII, cap. XVIII : *Quod proposuisti.*

tiel du christianisme, par une corruption manifeste, contre la vérité et sa conscience. Il n'en est pas ainsi de Grégoire II ; ce n'est point pour flatter un prince qu'il a écrit de cette sorte : c'est dans une difficulté assez grande une résolution générale : on ne lui a fait espérer, pour le corrompre, ni le pillage d'un monastère, ni de secourir son parti : il ne se croit pas obligé de cacher sa réponse : s'il s'est trompé, aussi ne le suit-on pas, et on le reprend sans scrupule : mais enfin il a dit naturellement ce qu'il pensoit : M. Basnage n'a pu le convaincre, ni lui ni les autres Papes, d'avoir décidé contre leur conscience, comme Luther et ses compagnons sont convaincus de l'avoir fait, et par les reproches de la leur et de l'aveu de M. Basnage ; et ainsi les réformateurs de la Papauté n'y ont pu trouver aucun abus qui égalât ceux qu'ils ont commis.

LXIII. De la prétendue bigamie de Valentinien I, et de la loi faite en faveur de cet abus.

Le ministre n'a point trouvé de Pape : il a cru trouver un empereur. « Valentinien, dit-il, fit publier dans toutes les villes de l'empire une loy en faveur de la bigamie ; et en effet il eut deux femmes sans encourir l'excommunication de son clergé [1]. » Qu'appelle-t-il son clergé ? Ce sont les évêques du quatrième siècle. N'est-ce pas aussi le clergé de M. Basnage, et veut-il à l'exemple de M. Jurieu livrer à l'Antechrist ce clergé auguste, qui comprend les colonnes du christianisme ? Veut-il dire que tant de saints et un siècle si plein de lumière ait approuvé une loi si étrange et si inouïe, je ne dis pas seulement dans l'Eglise catholique, mais dans l'empire romain, ou qu'on ait pu douter un seul moment que la polygamie fût défendue ? Il n'oseroit l'avoir dit, et il sait bien qu'on l'accableroit de passages qui lui prouveroient le contraire. Mais enfin il y a eu une loi ? Je n'en crois rien, non plus que Baronius et M. Valois, et tous nos habiles critiques. Socrate, qui le dit seul [2], ne mérite pas assez de croyance pour établir un fait si étrange : M. Basnage sait bien qu'il en hasarde bien d'autres, dont il est dédit par tous les savans. Sozomène, qui le suit presque partout, se tait ici : Théodoret de même : en un mot tous les auteurs du temps ou des temps voisins gardent un pareil silence, et on ne trouve ce fait que dans ceux qui ont copié Socrate quatre à cinq

[1] Basn., p. 444. — [2] Socr., lib. IV, cap. XXVI.

cents ans après. Il ne faut pas oublier deux auteurs païens qui ont écrit vers les temps de Valentinien. C'est Ammian Marcellin et Zozime; le premier est constamment peu favorable à ce prince, qu'il semble même vouloir déprimer en haine du mépris qu'il témoignoit pour Julien l'Apostat, le héros de cet historien [1] : et néanmoins parmi toutes ses fautes qu'il marque avec un soin extrême, non-seulement il ne marque point celle-ci, mais il semble même qu'il ait dessein de l'exclure, puisqu'il rend ce témoignage à Valentinien, que ce prince « toujours attaché aux règles d'une vie pudique, a été chaste au dedans et au dehors de sa maison, sans avoir jamais souillé sa conscience par aucune action malhonnête et impure, ce qui même le rendoit sévère à réprimer la licence de la Cour [2]. » Auroit-on rendu ce témoignage à un prince qui eût entrepris de faire une loi, et de donner un exemple pour autoriser la polygamie que les Romains, même païens, ne jugeoient digne que des barbares; que Valérien, que Dioclétien et les autres princes avoient réprimée par des lois expresses qu'on trouve encore dans le Code?

Si Valentinien en avoit fait une contraire, Zozime n'aimoit pas assez cet empereur pour nous le cacher. En parlant de Valentinien et du dessein qu'il avoit de composer un corps de lois, il en remarque une qu'il fut contraint d'abolir [3]; c'étoit le cas de parler de celle-ci, si elle avoit jamais été. Aussi ne se trouve-t-elle ni dans le Code ni nulle part : ni on ne voit qu'elle ait jamais été reçue, ni on n'écrit qu'elle ait été abolie : il n'en est resté ni aucun usage dans l'Empire, bien qu'on prétende qu'elle ait été publiée dans toutes les villes : ni aucune marque parmi les jurisconsultes : ni enfin aucune mémoire parmi les hommes. Jamais les Pères ne l'ont reprochée, ni durant la vie ni après la mort, ni à Valentinien, ni à Justine cette prétendue seconde femme, quoique, devenue arienne et persécutrice des catholiques, elle n'avoit pas mérité d'être flattée. Quand nous n'aurions aucune autre preuve contre cette fable, le nom même d'un empereur si grave, si sérieux, si chrétien y résisteroit : il n'auroit pas déshonoré son empire, si glorieux d'ailleurs, par une loi non-seulement si criminelle même

[1] Amm. Marc., lib. XXXVI, sub fin.; XXVII. — [2] Ibid., XXX. — [3] Lib. IV.

dans l'opinion des païens, mais encore si impertinente. Qui en voudra voir davantage sur ce sujet peut consulter Baronius, qui même convainc de faux cette historiette de Socrate en plusieurs de ses circonstances, comme par exemple lorsqu'il nous donne cette Justine pour fille dans le temps que Valentinien l'épousa, elle qu'on sait avoir été veuve du tyran Magnence. C'est Zozime qui le rapporte au quatrième livre de son histoire : « Le jeune fils de Valentinien, que ce prince avoit eu de la veuve de Magnence, fut, dit-il, fait empereur à l'âge de cinq ans [1]. » Et encore vers la fin du même livre : « Le jeune Valentinien se retira auprès de Théodose avec sa mère Justine, qui, comme nous avons dit, avoit été femme de Magnence, et épousée après sa mort par Valentinien pour sa beauté. » Trouver deux fois dans un historien, plutôt ennemi que favorable à Valentinien, ce mariage avec Justine, sans qu'il en marque cette honteuse circonstance, ce seroit, quand nous n'aurions autre chose, une preuve plus que suffisante de sa fausseté. Etoit-il permis à M. Basnage de dissimuler toutes ces choses : de nous donner comme un fait constant ce qu'il sait avoir été rejeté par tant d'habiles gens et par des raisons si solides : et encore de me reprocher l'ignorance de l'antiquité, parce que lorsque j'en marquois les sentimens sur la pluralité des femmes, je n'avois daigné tenir compte, ni d'un fait si mal fondé, ni de cette prétendue loi de Valentinien? Et après tout, que peut-il conclure de tout ce fait, quand il seroit aussi véritable qu'il est manifestement convaincu de faux? Le public n'en verroit pas moins de quelle absurdité il étoit à trois prétendus réformateurs de remettre en usage après tant de siècles une loi entièrement oubliée d'un empereur.

LXIV. Erreur de M. Basnage, qui sur une froide équivoque objecte à toute l'Eglise et aux premiers siècles, d'avoir approuvé l'usage des

M. Basnage nous cite pour dernier passage celui des *Constitutions apostoliques*, où « il est ordonné, dit-il, de recevoir paisiblement à la communion la concubine d'un infidèle qui n'a commerce qu'avec lui [2]. » Il croit donc que les églises de Jésus-Christ ont approuvé de tels commerces hors du mariage, et ne craint point de souiller la sainteté des mœurs chrétiennes, et dans les temps les plus purs, par ces indignes soupçons. Faut-il apprendre à ce faux savant la distinction triviale des femmes épousées so-

[1] Lib. IV, circa med. — [2] Basn. *Const. Ap.*, VIII, 32.

lennellement, et d'autres femmes qu'on appeloit *concubines*, parce qu'elles étoient épousées avec moins de solennité, quoiqu'elles fussent vraies femmes sous un nom moins honorable? Toutes les lois en sont pleines, tous les jurisconsultes en conviennent, on en voit même des restes en Allemagne; on la trouve jusque dans l'Ecriture, et ce grand docteur l'ignore ou, ce qui est pis, il fait semblant de l'ignorer. C'est qu'il cherchoit une occasion de nous objecter « que le droit canon, dont les loix sont si sacrées à Rome, autorise le concubinage, puisqu'il permet de coucher avec une fille lorsqu'on n'a point de femme[1]. » S'il vouloit dire des faussetés, il devoit tâcher du moins de les expliquer en termes plus modestes. Mais où est cet endroit « du droit canon? » M. Basnage demeure court, et n'en a cité aucun endroit. C'est qu'en effet il n'y en a point : il n'a même osé citer ce fameux canon du concile de Tolède, où l'on permet une concubine au sens qu'on vient de rapporter, parce qu'il sait que cette grossière équivoque est maintenant reconnue de tout le monde : et cependant sur un fondement si léger il remue sans nécessité toutes ces ordures, et il ose calomnier la doctrine de l'Eglise catholique.

concubines.

Voilà toutes les excuses qu'il a pu trouver pour la Réforme dans ce honteux mariage du landgrave. Il se donne encore la peine d'excuser ce prince, non de son incontinence qui est avérée, mais d'avoir eu de ces maladies qu'on ne nomme pas, et qu'il avoit lui-même tâché de cacher; il est vrai : je l'avois remarqué en passant dans l'*Histoire des Variations*[2] comme une circonstance qui n'étoit pas indifférente au fait que je rapportois, et je l'avois fait avec tout le ménagement qui est dû en ces occasions aux oreilles d'un lecteur. Mais puisque M. Basnage m'entreprend ici comme « un calomniateur » qui ai « corrompu » un passage de Mélanchthon, que je produis, il me contraint à la preuve. Ce ministre veut nous faire accroire qu'on cachoit, non point la nature de la maladie du landgrave, mais sa maladie elle-même, « de peur d'alarmer le parti dans un temps où sa presence estoit absolument necessaire, et où le délai de son voyage pour se trouver avec les autres princes donnoit déjà quelque alarme[3]. » M. Bas-

LXV. Passage de Mélanchthon, que l'auteur des *Variations* est accusé par M. Basnage d'avoir falsifié

[1] Basn., *Const. Ap.*, VIII, 32. — [2] *Var.*, liv. VI, n. 1. — [3] Basn., *Const. Ap.*, VIII, 32.

nage ne s'aperçoit pas, tant ses lumières sont courtes, qu'il est pris par son aveu. Dès qu'une personne publique, principalement un souverain, et un souverain d'une si grande action, cesse tout à fait de paroître, quoiqu'il soit au milieu de ses Etats, dès qu'on n'admet dans le cabinet que le domestique où les gens plus affidés et plus familiers, et que l'antichambre est muette, on ne demande pas s'il est malade. Plus ce souverain est attendu dans une assemblée solennelle et plus sa présence y est nécessaire, plus on sent qu'il est malade lorsqu'il y manque : et loin d'en faire finesse, c'est alors qu'il le faut plutôt découvrir, de peur qu'on n'attribue son absence à une autre cause. Enfin si ce n'étoit pas la qualité du mal que l'on cachoit, que veulent dire ces paroles de Mélanchthon, puisqu'enfin on me contraint à les traduire : « On cache la maladie, et les médecins disent que l'espèce n'en est pas des plus fâcheuses [1]? » Cependant « j'ai corrompu » Mélanchthon, dit notre ministre, à cause que la bienséance m'avoit empêché de le traduire grossièrement, et de mot à mot. Mais après tout que nous importe? Quand on aura défendu un prince si réformé d'un mal honteux, l'aura-t-on défendu par là d'une intempérance encore plus honteuse? Il la confesse lui-même : il avoue, dans l'*Instruction* qu'il envoie à Luther par Bucer que « quelques semaines après son mariage, il n'a cessé de se plonger dans l'adultère, et qu'il ne vouloit ni ne pouvoit se corriger d'une telle vie, à moins qu'on lui permît d'avoir deux femmes ensemble [2] : » et remarquons que la lettre qu'on vient de voir de Mélanchthon, cette lettre où il est parlé de la maladie qu'on ne nommoit pas, est datée du commencement de 1539 : l'*Instruction* est de la fin de la même année, et il y dit que cette belle résolution de demander la permission d'avoir deux femmes, est « la suite des réflexions qu'il a faites dans sa dernière maladie [3]. » Il dit encore, et il a voulu qu'on l'écrivît en l'an 1540 dans l'acte de son second mariage, que ce mariage lui étoit nécessaire « pour la santé de son ame et de son corps [4]. » Qu'on ramasse ces circonstances, et qu'on juge si c'est moi qui fais une calomnie au landgrave, comme le dit M. Basnage [5], ou si

[1] Lib. IV, epist. CCXIV; *Var.*, liv. VI, n. 1. — [2] *Var.*, ibid., n. 3; *Inst. du Land.*, n. 1, 2. — [3] *Var.*, ibid. — [4] *Var.*, lib. VI, n. 9. — [5] Basn., p. 444.

c'est M. Basnage qui me fait une honteuse chicane. Il dit encore que M. de Thou justifie ce prince, parce qu'en disant « qu'il avoit une concubine avec sa femme par le conseil de ses pasteurs, » il ajoute « qu'à cela prés il estoit fort temperant. » Mais assurément le témoignage de M. de Thou ne prévaudra pas sur l'aveu du landgrave qu'on vient d'entendre. C'est une honte à ce prince et à la Réforme d'avouer ce commerce comme approuvé par ses pasteurs. Et néanmoins ce que l'on cachoit étoit encore plus infâme, puisque c'étoit la débauche sous le nom de la sainteté, et un adultère public sous le voile du mariage.

Pour purger les chastes oreilles des idées d'un mariage scandaleux, et tout ensemble effacer les soupçons qu'on a voulu donner de l'ancienne Eglise, comme si elle étoit capable d'en approuver de semblables ou d'aussi mauvais : disons avec saint Augustin et les autres Pères, à la gloire de la sagesse divine, que les lois éternelles qu'elle a établies pour la multiplication de la race humaine, ont été dispensées dans l'exécution avec divers changemens : que pour réparer les ruines de notre nature presque toute ensevelie dans les eaux du déluge, il a été convenable au commencement de permettre d'avoir plusieurs femmes; et que cette coutume venue de cette origine s'est conservée et se conserve encore en plusieurs contrées et dans plusieurs nations : qu'elle s'est conservée en particulier dans le peuple saint, à cause qu'il devoit se multiplier par les mêmes voies que le genre humain, c'est-à-dire par le sang : que toutes les raisons qu'on vient de dire sont la cause des mariages de nos Pères les patriarches à commencer depuis Abraham, qui devoit être le père de tant de nations : que Jacob, en qui devoit commencer la multiplication du peuple saint par la naissance des douze patriarches pères des douze tribus, usa de cette loi, et fut suivi par tous ses descendans et tout le peuple de Dieu : que le désir de revivre dans une longue et nombreuse postérité, fut fortifié par celui de voir enfin sortir de sa race ce Christ tant promis : qu'après même qu'il fut déclaré qu'il sortiroit de Juda et de David, chacun pouvoit espérer d'avoir part à sa naissance par les filles de sa race, qu'on pourroit marier dans ces familles bénites : et qu'ainsi le même désir de multiplier sa race subsistoit

LXVI. La doctrine du mariage chrétien est exposée.

toujours dans l'ancien peuple, non-seulement par l'espérance de revivre dans ses enfans, mais encore par celle d'avoir en leur nombre le Désiré des nations. Les saintes femmes étoient touchées du même désir, tant de celui de revivre dans leur postérité que de celui d'être comptées parmi les aïeules du Christ, ce qui, comme on sait, a illustré Thamar, Ruth et Bethsabée. Par ces raisons et par la constitution de l'ancien peuple, la stérilité étoit un opprobre et la virginité étoit sans gloire : c'étoit la cause du désir qu'on voit dans les saintes femmes qui avoient ensemble un seul époux, de devenir mères; et comme ce désir des femmes pieuses étoit chaste et nécessaire en ce temps, les saints patriarches leurs époux avoient raison d'y condescendre. C'est aussi par là qu'on doit conclure que la jalousie ne régnoit point en elles, non plus que la sensualité qui en est la source, mais le seul désir d'être mères, naturel dans son fond et raisonnable en ses manières selon la disposition de ces temps-là : on voit paroître ce même esprit dans les saints patriarches leurs époux; et ainsi, comme le remarquent saint Chrysostome et saint Augustin [1], et comme l'apercevront aisément ceux qui regarderont de près toute leur conduite, ce n'étoit pas le désir de satisfaire les sens, mais l'amour de la fécondité qui présidoit à ces chastes mariages, lesquels aussi étoient la figure de la sainte union de Jésus-Christ avec les ames fidèles, qui s'unissant avec lui portent des fruits éternels. Par une raison contraire, depuis que la Synagogue eut enfanté Jésus-Christ, que les anciennes figures furent accomplies, et qu'on vit paroître le peuple qui ne devoit plus se multiplier par la trace du sang, mais par l'effusion du Saint-Esprit, les choses devoient changer : rien n'empêchoit plus que le mariage ne fût rétabli, comme il l'a été en effet par Jésus-Christ en sa première forme, et tel qu'il étoit en Adam et en Eve, où deux seulement et non davantage devenoient une seule chair. Par une suite infaillible de cette institution, la stérilité n'étoit plus une honte, et la virginité étoit comblée de gloire, d'autant plus qu'en la personne de la sainte Vierge elle avoit fait une Mère et une Mère de Dieu. Il devoit aussi paroître alors d'une manière éclatante que toutes les ames que le Saint-Esprit rendroit fécondes, seroient unies en Jésus-Christ et composeroient toutes

---

[1] Chrys., hom. LVI *in Gen.*; S. Aug., *cont. Faust.*, lib. XXII, cap. XLVI.

ensemble une seule Eglise figurée dans le mariage chrétien par la seule et fidèle épouse d'un seul et fidèle époux. On a vu depuis ce temps et selon ces chastes lois du mariage réformé par Jésus-Christ, que partout où son évangile fut reçu, les anciennes mœurs furent changées : les Perses qui l'ont embrassé, dit un chrétien des premiers siècles, n'épousent plus leurs sœurs : les Parthes ont renoncé à la coutume d'avoir plusieurs femmes, « comme les Egyptiens, à celle d'adorer Apis et des animaux. » Ainsi parloit Bardesane, ce savant astronome, dans l'admirable discours qu'Eusèbe rapporte [1] : ainsi parlent les autres auteurs ecclésiastiques d'un commun consentement, et le mariage réduit à la parfaite société de deux cœurs unis, a été un des caractères du christianisme : ce qui a fait dire à saint Augustin, « que ce n'étoit pas un crime d'avoir plusieurs femmes lorsque c'étoit la coutume : » la disposition des temps y convenoit : « la loi ne le défendoit pas : » mais maintenant « c'est un crime, parce que cette coutume est abolie. » Les temps sont changés : les mœurs sont autres : « et on ne peut plus se plaire dans la multitude des femmes que par un excès de la convoitise [2]. »

On peut voir maintenant, non-seulement par l'autorité, mais encore par l'évidence de la doctrine céleste, combien est digne d'être détestée la Consultation de Luther, qui non contente de nous ramener à l'imperfection des anciens temps, nous met encore beaucoup au-dessous, puisque même dans ces temps-là, où le mariage plus libre unissoit plusieurs épouses à un seul époux par un même lien conjugal, on a vu que ce n'étoit pas la licence, mais la seule fécondité qui dominoit : au lieu que dans ce nouveau mariage autorisé par Luther et les autres réformateurs, le landgrave content de la lignée et des princes que lui avoit donnés sa première femme, ne recherchoit dans la seconde qu'on lui accordoit, qu'un moyen d'assouvir l'ardeur que l'Evangile lui ordonnoit de modérer.

La Réforme peu régulière, et on le peut dire sans hésiter, peu délicate sur cette matière, a introduit dans la chrétienté un tel abus. On l'a poussé plus loin qu'on ne pense. M. Jurieu qui a établi ces honteuses nécessités que je ne veux pas répéter, pour ap-

---

[1] Euseb., *Præp. Ev.*, lib. VI, cap. X. — [2] *Cont. Faust.*, lib. XXII, cap. XLVII.

prendre aux chrétiens à multiplier leurs femmes, les a soutenues par la discipline de tous les Etats réformés [1]. M. de Beauval et les autres s'y opposent en vain; M. Jurieu lui déclare « qu'il ne changera pas de sentiment pour ses méchantes plaisanteries; qu'au reste ce n'est pas à luy à décider avec cet air de maistre; » que lui et tous ses amis dont il vante les conseils sont « des neants; » et qu'enfin il n'appartient pas à « un jeune avocat qui ne sçait ce qu'il dit, et qui parle de ce qu'il ne sçait pas, » d'opposer son sentiment à celui « d'un théologien » aussi grave que M. Jurieu [2]. Puis lui parlant au nom de la Réforme, ou de tout l'ordre des ministres : « Qu'il ne fasse point, dit-il, si fort le maistre : nous n'en voulons point pour avocat : nous défendrons bien la pureté de nos mariages sans lui. » En cet endroit M. de Beauval a raison de se souvenir de l'incomparable chapitre de l'*Accomplissement des prophéties* [3], où dans la plus grande ferveur de ses dévotions et même au milieu de ses lumières prophétiques, « l'ame penetrée de la plus vive douleur » qu'on puisse imaginer sur les malheurs de la Réforme, M. Jurieu avoue qu'il ressent le plaisir de la vengeance, et paroît nager dans la joie en maltraitant un auteur qui l'avoit piqué dans quelque endroit délicat. Mais M. de Beauval a beau relever le ridicule de son adversaire dans ses prophéties, dans les miracles qu'il conte et dans tous les autres excès de ses sentimens outrés : l'autorité de M. Jurieu prévaut : les synodes et les consistoires se taisent sur la doctrine que ce ministre leur attribue. C'est qu'il est vrai dans le fond que les églises protestantes se donnent des libertés excessives sur les mariages; et ceux qui se vantent de réformer l'Eglise catholique ont besoin d'apprendre d'elle en cette matière, comme dans les autres également importantes, la régularité et la pureté de la morale chrétienne.

[1] *Lett. past.* — [2] *Avis de l'aut. des Lett. past. à M. de Beauval*, p. 7. — [3] *Rép. de l'auteur de l'Hist. des ouvr. des savans; Acc. des proph.*, 1re part., chap. dern.

FIN DU QUINZIÈME VOLUME.

TABLE

DES MATIÈRES CONTENUES DANS LE QUINZIÈME VOLUME.

HISTOIRE DES VARIATIONS

DES ÉGLISES PROTESTANTES.
(*Suite.*)

LIVRE QUATORZIÈME.

Depuis 1601, et dans tout le reste du siècle où nous sommes.

REMARQUES HISTORIQUES.	I
I. Excès insupportable du calvinisme. Le libre arbitre détruit, et Dieu auteur du péché. Paroles de Bèze.	1
II. Le péché d'Adam ordonné de Dieu.	2
III. Nécessité inévitable dans Adam.	2
IV. Cette doctrine de Bèze prise de Calvin.	2
V. Les dogmes que Calvin et Bèze avoient ajoutés à ceux de Luther.	3
VI. Tout fidèle assuré de sa persévérance et de son salut : et c'est le principal fondement de la religion dans le calvinisme.	4
VII. Cette certitude de son salut particulier aussi grande que si Dieu lui-même nous l'avoit donnée de sa propre bouche.	4
VIII. On commence à s'apercevoir dans le calvinisme de ces excès.	4
IX. Qu'ils étoient contraires au tremblement prescrit par saint Paul.	5
X. Vaine défaite.	5
XI. La foi justifiante ne se perdoit pas dans le crime.	6
XII. De quels passages de l'Ecriture on s'appuyoit dans le calvinisme.	6
XIII. Question qu'on faisoit aux calvinistes : Si un fidèle eût été damné en cas de mort dans son crime.	7
XIV. Embarras inexplicable du calvinisme dans cette question.	7
XV. Cette question n'est pas indifférente.	8
XVI. Ces difficultés faisoient revenir plusieurs calvinistes.	8
XVII. Dispute d'Arminius, et ses excès.	8
XVIII. Opposition de Gomar, qui soutient le calvinisme. Parti des remontrans et contre-remontrans.	9
XIX. Le prince d'Orange appuie le dernier parti, et Barneveld l'autre.	9
XX. Les remontrans ou arminiens condamnés dans les synodes provinciaux. Convocation du synode de Dordrect.	9
XXI. Ouverture du synode.	10
XXII. La dispute réduite à cinq chefs. Déclaration des remontrans en général sur les cinq chefs.	10

XXIII. Ce que portoit la déclaration des remontrans sur chaque chef particulier. Sur la prédestination. 10
XXIV. Doctrine des remontrans sur le baptême des enfans, et ce qu'ils en vouloient conclure. 11
XXV. Déclaration des remontrans sur l'universalité de la Rédemption. . . 12
XXVI. Leur doctrine sur les troisième et quatrième chefs. 13
XXVII. Déclaration des remontrans sur l'amissibilité de la justice. . . . 13
XXVIII. Deux mots essentiels sur lesquels rouloit toute la dispute : Qu'on pouvoit perdre la garce *totalement* et *finalement*. 14
XXIX. Contre la certitude du salut. 14
XXX. Fondement des remontrans : Qu'il n'y avoit nulle préférence gratuite pour les élus. 14
XXXI. En quoi les catholiques convenoient avec les remontrans. . . . 15
XXXII. En quoi étoit la différence des catholiques, des luthériens et des remontrans. 15
XXXIII. Les calvinistes contraires aux uns et aux autres. 15
XXXIV. Demande des remontrans, qu'on prononçât clairement. 15
XXXV. Décision du synode. 16
XXXVI. Décision du synode sur le premier chef ; la foi dans les seuls élus : la certitude du salut. 16
XXXVII. Décision sur le baptême des enfans. 16
XXXVIII. Condamnation de ceux qui nioient la certitude du salut. . . . 17
XXXIX. La foi justifiante encore une fois reconnue dans les élus seuls. . . 17
XL. La coopération comment admise. 17
XLI. Certitude du fidèle. 18
XLII. Suite de la même matière. 18
XLIII. Les habitudes infuses. 18
XLIV. Qu'on ne peut perdre la justice. Prodigieuse doctrine du synode. . 19
XLV. Dans quel crime le vrai fidèle ne tombe pas. 19
XLVI. Le synode parle nettement. 20
XLVII. Les grands mots *totalement* et *finalement*. 20
XLVIII. Certitude du salut, quelle ? 21
XLIX. Toute incertitude est une tentation. 21
L. Totalement et finalement. 21
LI. Comment l'homme justifié demeure coupable de mort. 21
LII. Contradiction de la doctrine calvinienne. 22
LIII. Toute erreur se contredit elle-même. 23
LIV. Faux appas de la certitude du salut. 23
LV. Si le synode a été mal entendu sur l'inamissibilité, et si la certitude qu'il pose n'est autre chose que la confiance. 24
LVI. La doctrine de Calvin expressément définie par le synode. 25
LVII. Sentiment de Pierre Dumoulin approuvé par le synode. 25
LVIII. Question : Si la certitude du salut est une certitude de foi. . . . 26
LIX. Sentimens des théologiens de la Grande-Bretagne. 26
LX. Que ces théologiens ont cru que la justice ne se pouvoit perdre. Contradiction de leur doctrine. 27
LXI. Que la foi et la charité demeurent dans les plus grands crimes. . . 27
LXII. Ce qui restoit dans les fidèles plongés dans le crime. Doctrine de ceux d'Embden. 28
LXIII. Ce que faisoit le Saint-Esprit dans les fidèles plongés dans le crime. Etrange idée de la justice chrétienne. 28
LXIV. Sentiment de ceux de Brême. 29
LXV. Si on peut excuser le synode de ces excès. Consentement unanime de tous les opinans. 29

LXVI. La sanctification de tous les enfans baptisés reconnue dans le synode ; et la suite de cette doctrine. 30
LXVII. On vient à la procédure du synode. Requête des remontrans qui se plaignent qu'il sont jugés par leurs parties. 30
LXVIII. Ils se servent des mêmes raisons dont tout le parti protestant s'étoit servi contre l'Eglise. 30
LXIX. On leur ferme la bouche par l'autorité des Etats. 31
LXX. Ils protestent contre le synode. Les raisons dont on les combat dans le synode condamnent tout le parti protestant. 32
LXXI. On décide que le parti le plus foible et le plus nouveau doit céder au plus grand et au plus ancien. 32
LXXII. Embarras du synode sur la protestation des remontrans. 33
LXXIII. Etrange réponse de ceux de Genève. 33
LXXIV. Que selon le synode de Dordrect les protestans étoient obligés à reconnoître le concile de l'Eglise catholique. 34
LXXV. Pour fermer la bouche aux remontrans, un synode des calvinistes est contraint de recourir à l'assistance du Saint-Esprit promise aux conciles. 34
LXXVI. C'est revenir à la doctrine catholique. 35
LXXVII. On fait espérer aux remontrans un concile œcuménique. . . . 35
LXXVIII. Illusion de cette promesse. 35
LXXIX. Résolution du synode, qu'on pouvoit retoucher aux confessions de foi, et en même temps obligation d'y souscrire. 36
LXXX. Décret des prétendus réformés de France au synode de Charenton, pour approuver celui de Dordrect. La certitude du salut reconnue comme le point principal. 36
LXXXI. Nouvelle souscription du synode de Dordrect par les réfugiés de France. 37
LXXXII. Par le décret du synode de Dordrect les remontrans demeurent déposés et excommuniés. 37
LXXXIII. Les décisions de Dordrect peu essentielles. Sentimens du ministre Jurieu. 37
LXXXIV. Le semi-pélagianisme, selon cet auteur, ne damne point. . . . 38
LXXXV. Que les dogmes dont il s'agissoit à Dordrect étoient des plus populaires et des plus essentiels. 39
LXXXVI. Que le ministre Jurieu fait agir le synode de Dordrect plutôt par politique que par vérité. 39
LXXXVII. Qu'on étoit prêt à supporter le pélagianisme dans les arminiens. 39
LXXXVIII. Les autres ministres sont de même avis que le ministre Jurieu. 40
LXXXIX. Que la Réforme permet aux particuliers de s'attribuer plus de capacité pour entendre la saine doctrine, qu'à tout le reste de l'Eglise. 40
XC. Que les docteurs mêmes se sont beaucoup relâchés dans l'observance des décrets de Dordrect. 40
XCI. Que le synode de Dordrect ne guérit de rien, et que malgré ses décrets M. Jurieu est pélagien. 41
XCII. Autre parole pélagienne du même ministre, et ses pitoyables contradictions. 42
XCIII. Que ce ministre retombe dans les excès des réformateurs sur la cause du péché. 42
XCIV. Connivence du synode de Dordrect, non-seulement sur ces excès des prétendus réformateurs, mais encore sur ceux des remontrans. . . 43
XCV. Décret de Charenton, où les luthériens sont reçus à la communion. 44
XCVI. Conséquences de ce décret. 44
XCVII. Les calvinistes n'avoient jamais fait de semblable avance. . . . 44

XCVIII. Date mémorable du décret de Charenton. 45
XCIX. Grand changement dans la controverse par ce décret. Il convainc les calvinistes de calomnie. 45
C. Le sens littéral et la présence réelle nécessaires. 45
CI. Le principal sujet de la rupture rendu vain. 46
CII. La haine du peuple tournée contre la transsubstantiation, qui est bien moins importante. 46
CIII. Jésus-Christ n'est plus adorable dans l'Eucharistie, comme on le croyoit auparavant. 46
CIV. On tolère dans les luthériens les actes intérieurs de l'adoration, et on rejette les extérieurs, qui n'en sont que le témoignage. 47
CV. Vaine réponse. 47
CVI. L'ubiquité tolérée. 48
CVII. On ne compte pour important que le culte extérieur. 48
CVIII. Le fondement de la piété, qu'on reconnoissoit autrefois, est changé. 48
CIX. Les disputes de la prédestination ne font plus rien à l'essence de la religion. 48
CX. Deux autres nouveautés remarquables, qui suivent du décret de Charenton. 49
CXI. Distinction des points fondamentaux, et inévitable embarras de nos réformés. 49
CXII. On est contraint d'avouer que l'Eglise romaine est vraie Eglise, et qu'on s'y peut sauver. 49
CXIII. Conférence de Cassel, où les luthériens de Rintel s'accordent avec les calvinistes de Marpourg. 50
CXIV. Article important de cet accord sur la fraction du pain de l'Eucharistie. 50
CXV. Démonstration en faveur de la communion sous une espèce. . . . 50
CXVI. Etat présent des controverses en Allemagne. 51
CXVII. Le relâchement des luthériens donne lieu à ceux de Cameron et de ses disciples, sur la grace universelle. 51
CXVIII. Si la grace universelle étoit contraire au synode de Dordrect. . . 52
CXIX. Décret à Genève contre la grace universelle, et la question résolue par le magistrat. Formule helvétique. 52
CXX. Autre décision de la formule helvétique sur le texte hébreu, dont les savans du parti se moquent. Variation sur la Vulgate. 53
CXXI. Autres décisions de Genève et des Suisses. Combien improuvées par M. Claude. 53
CXXII. Le serment du Test en Angleterre : Que les Anglois s'y rapprochent de nos sentimens, et ne condamnent l'Eglise romaine que par une erreur manifeste. 55

LIVRE XV.

Variations sur l'article du symbole : Je crois l'Eglise catholique. *Fermeté inébranlable de l'Eglise romaine.*

I. La cause des variations des Eglises protestantes, c'est de n'avoir pas connu ce que c'étoit que l'Eglise. 59
II. L'Eglise catholique s'est toujours connue elle-même, et n'a jamais varié dans ses décisions. 60
III. Doctrine de l'Eglise catholique sur l'article de l'Eglise. Quatre points essentiels et inséparables les uns des autres. 60

IV. Sentimens des Eglises protestantes sur la perpétuelle visibilité de l'Eglise. La *Confession d'Augsbourg*. 61
V. Cette doctrine, avouée par les protestans, est la ruine de leur Réforme et la source de leur embarras. 61
VI. A quoi précisément les protestans se sont obligés par cette doctrine. . 62
VII. La perpétuelle visibilité de l'Eglise confirmée par l'Apologie de la *Confession d'Augsbourg*. 62
VIII. Comment on ajustoit cette doctrine avec la nécessité de la réformation. 63
IX. La perpétuelle visibilité confirmée, dans les articles de Smalcalde, par les promesses de Jésus-Christ. 64
X. La *Confession saxonique*, où l'on commence à marquer la difficulté, sans se départir néanmoins de la doctrine précédente. 64
XI. Doctrine de la *Confession de Virtemberg*, et la perpétuelle visibilité toujours défendue. 65
XII. La *Confession de Bohême*. 65
XIII. La *Confession de Strasbourg*. 66
XIV. Deux Confessions de Bâle. 66
XV. La *Confession helvétique* de 1566, et la perpétuelle visibilité très-bien établie. 67
XVI. Commencement de variation. L'Eglise invisible commence à paroître. 67
XVII. L'Eglise invisible pourquoi inventée : aveu du ministre Jurieu. . . 68
XVIII. *Confession belgique*, et suite de l'embarras. 68
XIX. L'Eglise anglicane. 69
XX. *Confession d'Ecosse*, et manifeste contradiction. 70
XXI. Catéchisme des prétendus réformés de France. 70
XXII. Suite où l'embarras paroît. L'Eglise du Symbole à la fin reconnue pour visible. 71
XXIII. Sentiment de Calvin. 71
XXIV. Confession de foi des calvinistes de France. 72
XXV. Suite, où la perpétuelle visibilité est toujours manifestement supposée. 72
XXVI. L'Eglise romaine exclue du titre de vraie Eglise par l'article XXVIII de la Confession de France. 73
XXVII. L'article XXXI, où l'interruption du ministère et la cessation de l'Eglise visible est reconnue. 73
XXVIII. Embarras dans les synodes de Gap et de la Rochelle, sur ce que l'Eglise invisible avoit été oubliée dans la Confession. 74
XXIX. Vaine subtilité du ministre Claude pour éluder ces synodes. . . . 75
XXX. Décision mémorable, à laquelle on ne se tient pas, du synode de Gap, sur la vocation extraordinaire. 76
XXXI. Les ministres éludent le décret de la vocation extraordinaire. . . 76
XXXII. La vocation extraordinaire, posée dans la Confession, et dans deux synodes nationaux, est abandonnée. 77
XXXIII. Etat présent de la controverse de l'Eglise combien important. . 77
XXXIV. On ne nous conteste plus la visibilité de l'Eglise. 77
XXXV. Les promesses de Jésus-Christ sur la visibilité sont avouées. . . 78
XXXVI. Autre promesse également avouée. 78
XXXVII. La visibilité entre dans la définition que le ministre Claude a donnée de l'Eglise. 79
XXXVIII. Comment la société des fidèles est visible selon ce ministre. . 79
XXXIX. Avant la réformation les élus de Dieu sauvés dans la communion et sous le ministère romain. 79
XL. Ce ministre n'a pas eu recours aux albigeois, etc.. 80
XLI. Embarras et contradiction inévitable. 80

TOM. XV.   38

XLII. Les réponses par où l'on tombe dans un plus grand embarras. . . . 81
XLIII. Selon les principes du ministre, tout est dans l'Eglise romaine en son entier par rapport au salut éternel. 81
XLIV. Nulle différence entre nos pères et nous. 82
XLV. Fausseté avancée par le ministre Claude, qu'on pouvoit être dans la communion romaine sans communiquer à ses dogmes et à ses pratiques. 83
XLVI. Fait constant, qu'avant la réformation la doctrine qu'on y enseignoit étoit inconnue. 84
XLVII. Si le prompt succès de Luther prouve qu'on pensoit comme lui avant ses disputes. 84
XLVIII. Absurdité de la supposition du ministre Claude sur ceux qui vivoient selon lui dans la communion romaine. 85
XLIX. Ce ministre varie sur ce qu'il a dit de la visibilité de l'Eglise. . . 86
L. Le ministre Jurieu vient au secours du ministre Claude, qui s'étoit jeté dans un labyrinthe inexplicable. 87
LI. Il établit le salut dans toutes les communions. 87
LII. Histoire de cette opinion, à commencer par les sociniens. Division dans la Réforme entre M. Claude et M. Pajon. 88
LIII. Sentimens du ministre Jurieu. 89
LIV. Qu'on se peut sauver dans l'Eglise romaine selon ce ministre. . . 90
LV. L'Eglise romaine comprise parmi les sociétés vivantes, où les fondemens du salut sont conservés. 91
LVI. Que l'antichristianisme de l'Eglise romaine n'empêche pas qu'on n'y fasse son salut. 92
LVII. Qu'on se peut sauver parmi nous en conservant notre croyance et notre culte. 92
LVIII. Qu'on peut se sauver en se convertissant de bonne foi du calvinisme à l'Eglise romaine. 93
LIX. Que cette doctrine du ministre détruit tout ce qu'il dit contre nous et de nos idolâtries. 93
LX. Les éthiopiens sauvés en ajoutant la circoncision aux sacremens de l'Eglise. 94
LXI. Que la communion sous une espèce contient, selon les ministres, toute la substance du sacrement de l'Eucharistie. 94
LXII. Les excès de la Confession de foi adoucis en notre faveur. . . . 95
LXIII. Que les deux marques de la vraie Eglise, que donnent les protestans, sont suffisamment parmi nous. 95
LXIV. La Confession de foi n'a plus d'autorité parmi les ministres. . . 96
LXV. Le Système change le langage des chrétiens, et en renverse les idées, même celles de la Réforme. 96
LXVI. Contrariété manifeste entre les idées du ministre sur l'excommunication, et celles de son Eglise. 97
LXVII. Les Confessions de foi sont des conventions arbitraires. . . . 98
LXVIII. L'indépendantisme établi contre le décret de Charenton. . . . 99
LXIX. Toute l'autorité et la subordination des Eglises dépend des princes. 100
LXX. La vraie unité chrétienne. 101
LXXI. Témérité du ministre, qui avoue que son système est contraire à la foi de tous les siècles. 101
LXXII. Le ministre se contredit en mettant dans son sentiment le concile de Nicée. 103
LXXIII. Le ministre est condamné par les Symboles qu'il reçoit. . . . 104
LXXIV. Le ministre tâche d'affoiblir l'autorité du Symbole des apôtres. . 104
LXXV. Nouvelle glose du ministre sur le Symbole des apôtres. 105

LXXVI. Le ministre detruit l'idée de l'Eglise catholique, qu'il a lui-même enseignée en faisant le *Catéchisme*. 105
LXXVII. Le schisme de Jéroboam et des dix tribus est justifié. 106
LXXVIII. L'Eglise du temps des apôtres est accusée de schisme et d'hérésie. 106
LXXIX. Que selon le ministre on se peut sauver jusque dans la communion des sociniens. 107
LXXX. Par les principes du ministre on pourroit être sauvé dans la communion extérieure des mahométans et des juifs. 108
LXXXI. La suite que le ministre donne à sa religion, lui est commune avec toutes les hérésies. 110
LXXXII. Le ministre dit en même temps le pour et le contre sur la perpétuelle visibilité de l'Eglise. 111
LXXXIII. Distinction vaine entre les erreurs. 113
LXXXIV. Un seul mot détruit ces subtilités. 114
LXXXV. Etrange manière de sauver les promesses de Jésus-Christ. . . . 114
LXXXVI. Le ministre dit que l'Eglise universelle enseigne, et dit en même temps que l'Eglise universelle n'enseigne pas. 115
LXXXVII. Suite des contradictions du ministre sur cette matière : que l'Eglise universelle enseigne et juge. 116
LXXXVIII. Que de l'aveu du ministre, le sentiment de l'Eglise est une règle certaine de la foi dans les matières les plus essentielles. 117
LXXXIX. Que cette règle, selon le ministre, est sûre, claire et suffisante, et que la foi qu'elle produit n'est pas aveugle ni déraisonnable. . . 117
XC. Qu'on ne peut plus nous objecter que suivre l'autorité de l'Eglise, c'est suivre les hommes. 118
XCI. Que l'idée que le ministre se forme de l'Eglise universelle, selon luimême, ne s'accorde pas avec les sentimens de l'Eglise universelle. . . 118
XCII. Que le ministre condamne son Eglise par les caractères qu'il a donnés à l'Eglise universelle. 119
XCIII. Que tous les moyens du ministre pour défendre ses églises leur sont communs avec celles des sociniens et des autres sectaires que la Réforme rejette. 120
XCIV. Abrégé des raisonnemens précédens. 121
XCV. Il n'y a nulle restriction dans l'infaillibilité de l'Eglise touchant les dogmes. 121
XCVI. Que ce qui est cru une fois dans toute l'Eglise, y a toujours été cru. 122
XCVII. Le catholique est le seul qui croit aux promesses. 122
XCVIII. Que le ministre ne peut plus nier l'infaillibilité qu'il a reconnue. . 123
XCIX. L'infaillibilité des conciles universels est une suite de l'infaillibilité de l'Eglise. 123
C. Chicanes contre les conciles. 123
CI. Pouvoir excessif et monstrueux donné par le ministre aux rebelles de l'Eglise. 124
CII. Le concile de Nicée formé contre les principes du ministre. . . . 124
CIII. Paroles remarquables d'un savant anglois sur l'infaillibilité du concile de Nicée. 125
CIV. Qu'on peut juger des autres conciles par le concile de Nicée. . . . 125
CV. Le ministre contraint d'ôter aux pasteurs le titre de juges dans les matières de foi. 126
CVI. Cette doctrine est contraire aux sentimens de ses Eglises. 126
CVII. Les souscriptions improuvées par le ministre, malgré la pratique de ses Eglises. 127
CVIII. Evasion du ministre. 127
CIX. L'infaillibilité de l'Eglise prouvée par les principes du ministre. . . 127

CX. Etrange parole du ministre, qui veut qu'on sacrifie la vérité à la paix. 128
CXI. La Confession de foi toujours remise en question dans tous les synodes. 129
CXII. La foible constitution de la Réforme oblige enfin les ministres à changer leur dogme principal, qui est la nécessité de l'Ecriture. 129
CXIII. Ce n'est plus sur l'Ecriture qu'on forme sa foi. 130
CXIV. Le peuple n'a plus besoin de discerner les livres apocryphes d'avec les canoniques. 130
CXV. Importance de ce changement. 131
CXVI. Fanatisme manifeste. 131
CXVII. Ni les miracles, ni les prophéties, ni les Ecritures, ni la tradition ne sont nécessaires pour autoriser et déclarer la révélation. 131
CXVIII. La grace nécessaire à produire la foi, pourquoi attachée à certains moyens extérieurs et de fait. 132
CXIX. Que le langage des ministres lâche la bride à la licence du peuple. 133
CXX. Langage de l'Eglise catholique sur l'établissement des pasteurs. . . 133
CXXI. Langage de la Réforme. 134
CXXII. Que les sectes nées de la Réforme sont des preuves de sa mauvaise constitution. Comparaison de l'ancienne Eglise mal alléguée. . . . 135
CXXIII. Les sociniens unis aux anabaptistes, et les uns comme les autres sortis de Luther et de Calvin. 137
CXXIV. La constitution de la Réforme combien dissemblable à celle de l'ancienne Eglise. 138
CXXV. Exemple mémorable de variation dans l'Eglise protestante de Strasbourg. 139
CXXVI. Constance de l'Eglise catholique. 140
CXXVII. Exemple dans la question que mut Bérenger sur la présence réelle. 141
CXXVIII. Conduite de l'Eglise envers les novateurs. 141
CXXIX. Commencement de la secte de Bérenger, et sa condamnation. . . 141
CXXX. Première Confession de foi exigée de Bérenger. 142
CXXXI. Seconde Confession de foi de Bérenger, où le changement de substance est plus clairement expliqué et pourquoi 143
CXXXII. Le changement de substance fut opposé à Bérenger dès le commencement. 144
CXXXIII. Fait constant : que la croyance opposée à Bérenger étoit celle de toute l'Eglise et de tous les chrétiens. 144
CXXXIV. Tous les novateurs trouvent toujours l'Eglise dans une pleine et constante profession de la doctrine qu'ils attaquent. 145
CXXXV. On n'eut pas besoin de concile universel contre Bérenger. . . . 145
CXXXVI. Décision du grand concile de Latran. Le mot de transsubstantiation choisi, et pourquoi. 145
CXXXVII. Simplicité des décisions de l'Eglise. 146
CXXXVIII. Décision du concile de Trente. 147
CXXXIX. Raisons de la décision du concile de Constance, touchant la communion sous une espèce. 148
CXL. Raisons qui déterminoient à maintenir l'ancienne coutume. . . . 148
CXLI. La question de la justification. 150
CXLII. La justice inhérente reconnue des deux côtés. Conséquence de cette doctrine. 150
CXLIII. L'Eglise dans le concile de Trente ne fait que répéter ses anciennes décisions sur la notion de la grace justifiante. 150
CXLIV. Sur la gratuité. 151
CXLV. Sur ce que toutes les préparations à la grace viennent de la grace. 151
CXLVI. Sur la nécessité de conserver le libre arbitre avec la grace. . . . 152
CXLVII. Sur le mérite des bonnes œuvres. 153

CXLVIII. Sur l'accomplissement des commandemens de Dieu. 153
CXLIX. Sur la vérité, et ensemble sur l'imperfection de notre justice. . . 153
CL. Que Dieu accepte nos bonnes œuvres pour l'amour de Jésus-Christ. . 154
CLI. Que les saints Pères ont détesté, aussi bien que nous, comme un blasphème, la doctrine qui fait prédestiner à Dieu le bien comme le mal. . 154
CLII. On trouve toujours l'Eglise dans la même situation. 155
CLIII. Que nos Pères ont rejeté, comme nous, la certitude du salut de la justice. 155
CLIV. Mélanchthon demeure d'accord que l'article de la justification est aisé à concilier. 155
CLV. Netteté des décisions de l'Eglise. Elle coupe la racine des abus sur la prière des saints. 156
CLVI. Sur les images. 156
CLVII. Sur tout le culte en général. 157
CLVIII. Contre ceux qui accusent le concile de Trente d'avoir parlé avec ambiguïté. 157
CLIX. Les principes des protestans prouvent la nécessité du purgatoire. . 158
CLX. Les protestans ne rejettent pas la purification des ames après cette vie. 158
CLXI. Modération de l'Eglise à ne déterminer que le certain. 158
CLXII. Différence des termes généraux d'avec les termes vagues, enveloppés ou ambigus. 159
CLXIII. Les termes généraux sont clairs à leur manière. 159
CLXIV. En quoi consiste la netteté d'une décision. 159
CLXV. Ce qu'il y a de certain dans l'autorité du Pape très-bien reconnu dans le concile, et par les docteurs catholiques. 160
CLXVI. Avec cette modération Mélanchthon auroit reconnu l'autorité du pape. 160
CLXVII. Abrégé de ce dernier livre, et premièrement sur la perpétuelle visibilité de l'Eglise. 161
CLXVIII. Remarque sur la *Confession d'Augsbourg*. 161
CLXIX. Les argumens qu'on faisoit contre l'autorité de l'Eglise, sont résolus par les ministres. 161
CLXX. Qu'on se sauve dans l'Eglise romaine. 162
CLXXI. Les ministres ne sont pas croyables lorsqu'ils font le salut si difficile dans l'Eglise romaine. 162
CLXXII. Excès des ministres, qui préfèrent la secte arienne à l'Eglise romaine. 163
CLXXIII. Les protestans ne peuvent plus s'excuser de schisme. 163
CLXXIV. Répétition abrégée des absurdités du nouveau système. . . . 164
CLXXV. Le comble des absurdités. Le royaume de Jésus-Christ confondu avec le royaume de Satan. 165
CLXXVI. Fermeté inébranlable de l'Eglise. Conclusion de cet ouvrage. . . 166

ADDITION IMPORTANTE AU LIVRE XIV.

I. Nouveau livre du ministre Jurieu sur l'union des calvinistes avec les luthériens. 166
II. Récriminations du ministre Jurieu contre les luthériens sur les blasphèmes de Luther. 167
III. Si Calvin a moins blasphémé que Luther. 168
IV. Autre récrimination du ministre Jurieu. Les luthériens convaincus de pélagianisme. 170
V. Suite des récriminations. Les luthériens convaincus de nier la nécessité des bonnes œuvres. 171

598   TABLE.

VI. Autre récrimination sur la certitude du salut. Les luthériens convaincus de contradiction et d'aveuglement. 172
VII. Autre récrimination. Le prodige de l'ubiquité. 173
VIII. La compensation des dogmes proposée aux luthériens par le ministre Jurieu. 173
IX. Moyen d'avancer l'accord proposé par le ministre. Les princes juges souverains de la religion. 175
X. Les calvinistes prêts à souscrire à la *Confession d'Augsbourg*. . . . 176
XI. Merveilleux motifs d'union proposés aux luthériens. 177
XII. Les deux partis irréconciliables dans le fond, selon le ministre Jurieu. 178
XIII. Demande aux luthériens et aux calvinistes. 179

AVERTISSEMENT AUX PROTESTANS

SUR LES LETTRES DU MINISTRE JURIEU

CONTRE L'HISTOIRE DES VARIATIONS.

PREMIER AVERTISSEMENT.

I. Caractères des hérésies et des docteurs qui les défendent par saint Paul. 181
II. Que ces caractères conviennent manifestement au ministre Jurieu. . . 182
III. Le ministre entreprend de soutenir que l'Eglise dans ses plus beaux siècles a toujours varié dans sa foi. 182
IV. Ce ministre ne se souvient plus d'un passage de Vincent de Lérins qu'il avoit produit ailleurs. 184
V. Que ma proposition, que le ministre trouve si nouvelle, est précisément celle que Vincent de Lérins a enseignée. 185
VI. Que les variations introduites par le ministre, regardent le fond de la croyance, même dans les dogmes principaux : la Trinité informe selon lui. 187
VII. Selon M. Jurieu, les premiers chrétiens ne croyoient pas que la personne du Fils de Dieu et toute la Trinité fût éternelle. 188
VIII. Aveuglement du ministre, qui décide que cette erreur qu'il attribue aux anciens, n'est pas fondamentale. 188
IX. Selon M. Jurieu, les premiers chrétiens ne croyoient pas que Dieu fût immuable. 189
X. Que, selon M. Jurieu, les premiers chrétiens croyoient les Personnes divines inégales. 191
XI. Que, selon M. Jurieu, on peut être dans les mêmes erreurs, et reconnoître du changement dans la substance de Dieu, sans ruiner les fondemens de la foi. 191
XII. Que le ministre approuve lui-même qu'on mette le Fils de Dieu au rang des choses faites, et que personne ne le reprend de ses erreurs. . 192
XIII. Le mystère de l'Incarnation également ignoré par les premiers chrétiens, selon M. Jurieu. 193
XIV. Les premiers chrétiens ignoroient ce que la raison naturelle enseignoit aux païens, et même l'unité de Dieu, et ses perfections. 194
XV. Suite de la doctrine du ministre : tous les fondemens de la foi ignorés et combattus par les chrétiens des quatre premiers siècles. 196
XVI. Que les Pères, selon le ministre, loin d'entendre l'Ecriture sainte, ne la lisoient même pas. 198
XVII. Réflexion sur les erreurs attribuées aux premiers siècles du christianisme. 199

XVIII. Que l'Eglise chrétienne, selon le ministre, a été la plus malheureuse et la plus mal instruite de toutes les sociétés. 200
XIX. La décision du concile d'Ephèse censurée par le ministre Jurieu. Les sociniens triomphent selon ces maximes. 202
XX. L'Ecriture même ne subsiste plus. Jésus-Christ et les apôtres n'ont plus d'autorité. 204
XXI. Les sociniens, autrement les tolérans, poussent le ministre dans une manifeste contradiction et ne lui laissent aucune réplique. 205
XXII. Que le ministre, poussé par les embarras de sa cause, visiblement ne sait où il en est. 207
XXIII. Que tout ce qu'il pourra dire sera également contre lui. 208
XXIV. Etrange état où ce ministre met les protestans. 209
XXV. Les Pères calomniés par M. Jurieu, justifiés non-seulement par les catholiques, mais encore par les protestans : la calomnie du ministre contre Athénagoras. 210
XXVI. Calomnie de M. Jurieu contre saint Cyprien. 211
XXVII. Passage de saint Augustin, pour montrer que l'Eglise apprend de nouveaux dogmes : que ce passage est falsifié, et prouve tout le contraire. 213
XXVIII. Qu'un passage du Père Pétau, produit par M. Jurieu, dit encore tout le contraire de ce que prétend ce ministre. 213
XXIX. Erreur grossière du ministre, qui croit que la foi de la Trinité et de l'incarnation s'est formée quand on a fait des décisions: preuve du contraire par le concile de Chalcédoine. 215
XXX. Suite de la preuve, en remontant du concile de Chalcédoine aux conciles précédens, et jusqu'à l'origine du christianisme. Passage de saint Athanase. 216
XXXI. Manière abrégée et de fait, pratiquée dans les conciles pour prouver la nouveauté des hérétiques. 220
XXXII. Rien à hésiter dans les conciles, et rien à chercher après. 221
XXXIII. Ce que c'est que la catholicité. Que l'hérésie a toujours été une opinion particulière, et celle du petit nombre contre le grand. 221
XXXIV. La même chose est prouvée dans la matière de la grace, et contre les pélagiens. 222
XXXV. Comment l'Eglise profite des hérésies, et si c'est dans le fond de la doctrine. 223
XXXVI. Téméraire raisonnement et grossière erreur de M. Jurieu. . . . 224
XXXVII. Que cette méthode de convaincre les hérétiques par leur nouveauté et par leur petit nombre, est ancienne et apostolique. 225
XXXVIII. Que le ministre Jurieu a refusé de confondre les sociniens par cette méthode, parce qu'il se seroit aussi confondu lui-même. . . . 228
XXXIX. Qu'on mène insensiblement les protestans au socinianisme, et par quels degrés. 228
XL. Que le ministre Jurieu a rangé les sociniens dans le corps de l'Eglise universelle. 229
XLI. Que le corps de l'Eglise chrétienne et le corps de l'Eglise catholique c'est le même, selon ce ministre, et que les sociniens y sont compris. . 230
XLII. Que ce ministre se moque, quand il dit qu'il met les sociniens dans l'Eglise catholique ou universelle, au même sens qu'il y met les mahométans. 230
XLIII. Que ce ministre enseigne positivement qu'une société socinienne peut contenir dans sa communion de vrais enfans de Dieu, et qu'on y peut faire son salut. 231
XLIV. Que le ministre avoue qu'on se sauveroit parmi les sociniens, s'ils

faisoient nombre, et qu'il se moque, en disant que cela veut dire, si, par impossible. 234
XLV. Autre illusion du ministre; et que, selon sa doctrine, on peut se sauver, en communiant au dehors avec les sociniens. 234
XLVI. Que le ministre a accordé et accorde encore sa tolérance aux ariens et aux sociniens. 235
XLVII. Les sociniens plus fiers que jamais, par les pas qu'on fait vers eux dans la Réforme prétendue. 236
XLVIII. Blasphème des sociniens, confirmé par la doctrine du ministre Jurieu. 236
XLIX. Conclusion de ce discours. Réflexion sur l'état présent du parti protestant.. 237

SECOND AVERTISSEMENT.

I. Dessein des deux avertissemens suivans. 239
II. Emportement du ministre, qui appelle l'auteur de l'*Histoire des Variations* au jugement de Dieu, comme un calomniateur. 240
III. Dieu auteur du péché. Premier blasphème de la Réforme, prouvé par le ministre Jurieu. Paroles de Mélanchthon, approuvées par Luther. . 240
IV. Pareils blasphèmes trouvés dans Luther par le ministre Jurieu. . . 242
V. M. Jurieu démontre que Luther a établi ces blasphèmes comme dogmes capitaux, et ne les a jamais rétractés. 244
VI. Calvin et Bèze convaincus d'avoir dit les mêmes choses que le ministre Jurieu a reconnues pour des blasphèmes, et qu'il n'a osé les excuser tout à fait d'impiété. 247
VII. Que le ministre Jurieu n'a rien eu à dire aux luthériens, qui convainquent les calvinistes des mêmes blasphèmes, dont les calvinistes les convainquent, et qu'il a avoué le fait. 248
VIII. Que le ministre Jurieu dit, pour toute excuse, que la Réforme s'est corrigée de ces blasphèmes depuis cent ans; mais qu'en même temps il fait voir qu'elle y persévère encore, et qu'elle ne s'est corrigée qu'en apparence. 249
IX. Que loin d'avoir justifié la Réforme de l'erreur de faire Dieu auteur du péché, M. Jurieu en est lui-même autant convaincu que Luther, qu'il en convainc. 250
X. Qu'il appelle vainement à son secours les Thomistes et les autres docteurs catholiques, et qu'il ne se soutient pas un seul moment. . . . 253
XI. Réflexion sur les blasphèmes des réformateurs et de la Réforme. . . 255
XII. Semi-pélagianisme des luthériens avoué par le ministre Jurieu. . . 257
XIII. Preuves de M. Jurieu pour le semi-pélagianisme des luthériens. . 259
XIV. Suite des preuves de M. Jurieu. Passage de Calixte. 261
XV. Prodigieuse variation de toute la Réforme dans le semi-pélagianisme des luthériens, et dans le consentement des calvinistes. 262
XVI. Contradiction de M. Jurieu sur le semi-pélagianisme; que c'est une erreur mortelle, et que ce n'en est pas une. 263
XVII. Etrange parole du ministre Jurieu, qu'il faut exhorter à la pélagienne. Inconstance de sa doctrine : quelle en est la cause. 264
XVIII. Vaine récrimination de M. Jurieu sur les molinistes. Calomnie contre l'Eglise romaine. 265
XIX. Erreur des luthériens sur la nécessité des bonnes œuvres, détestée, et en même temps tolérée par M. Jurieu. 266
XX. Noire calomnie du ministre, qui accuse l'évêque de Meaux d'avoir nié dans son *Catéchisme* l'obligation d'aimer Dieu. 268

XXI. Calomnie contre l'Eglise, qu'on accuse aussi de nier l'obligation d'aimer Dieu, pendant qu'elle censure ceux qui la nient. 270
XXII. Les calvinistes coupables du crime qu'ils nous imputent. . . . 271
XXIII. Compensation d'erreurs proposée entre les luthériens et les calvinistes. Mauvaise foi du ministre qui le nie, et ses récriminations calomnieuses. 271
XXIV. Que les calvinistes ne peuvent plus dire que les erreurs des luthériens ne les touchent pas. 275
XXV. Conclusion de cet Avertissement, et le sujet du suivant. 276

TROISIÈME AVERTISSEMENT.

I. Dessein de cet avertissement. Que de l'aveu du ministre on se sauve dans l'Eglise romaine; et que c'est en vain qu'il tâche de révoquer cet aveu. 278
II. Que l'Eglise romaine est rangée par le ministre parmi les sociétés qu'il appelle vivantes, et ce que veut dire ce mot. 279
III. Deux raisons dont se sert le ministre, pour montrer qu'il n'a pas pu dire qu'on se sauvât dans la communion de l'Eglise romaine. . . . 282
IV. Que l'idolâtrie attribuée par le ministre à l'Eglise romaine, selon lui n'empêche pas qu'on ne s'y sauve. 283
V. Vains emportemens du ministre, qui n'oppose que des injures aux passages tirés de ses livres dont on l'accable. 284
VI. Saint Léon, quoique fort avant engagé dans l'idolâtrie, s'est sauvé selon le ministre. 284
VII. L'idolâtrie, selon le ministre, n'empêche pas d'être saint. Preuve par l'idolâtrie attribuée aux Pères du IVe siècle. 285
VIII. Cette objection méprisée, et le fait confirmé par le ministre. . . 286
IX. Réponse de M. Jurieu, qui se détruit par elle-même. Etat du culte des saints dans le quatrième siècle. 287
X. Passage exprès du ministre, où il dit qu'on se peut sauver dans les Eglises les plus corrompues, et jusque dans celle de l'Antechrist. . . 290
XI. Autre passage, où il met le peuple saint dans Babylone jusqu'au jour de sa chute, et le prouve par l'Apocalypse. 291
XII. Illusion du ministre, qui répond qu'il n'a sauvé dans l'Eglise romaine que les enfans baptisés. 292
XIII. Suite des passages du ministre, où il reconnoît dans l'Eglise romaine d'autres élus que les enfans. 294
XIV. Suite de la même matière. 296
XV. Qu'on ne peut sans trop d'injustice nous refuser le salut, après l'avoir accordé à tant d'autres sectes dont la corruption est avouée. . . . 298
XVI. Que ce n'est que par politique qu'on a cessé dans la Réforme de nous recevoir au salut, et M. Jurieu nous a lui-même découvert ce secret du parti. 301
XVII. Combien est important l'aveu du ministre, et qu'il rend les protestans inexcusables. 303
XVIII. Par quelles raisons le ministre a été forcé à cet aveu, et qu'on n'en peut plus revenir. 306
XIX. Importance de la dispute sur l'article de l'Eglise : il force M. Jurieu à reconnoître l'Eglise infaillible. 308
XX. Ce ministre répond lui-même à ce qu'il nous objecte de plus fort, et premièrement à l'embarras où il prétend nous jeter, pour connoître la foi de l'Eglise universelle. 310
XXI. Le ministre forcé de dire que la dispute sur les points fondamentaux ne regarde point le peuple. Absurdité de cette pensée. 312

XXII. M. Jurieu contraint de renvoyer les fidèles à l'autorité de l'Eglise, et puis de les retirer de ce refuge. 314
XXIII. Que le ministre nous donne lui-même un moyen facile pour reconnoître la foi de tous les siècles, et nous démontre que se soumettre à l'autorité de l'Eglise, ce n'est pas se soumettre aux hommes, mais à Dieu. 315
XXIV. Les ministres Claude et Jurieu contraints d'abandonner la nécessité de la règle de l'Ecriture pour former la foi du chrétien. . . : . . 316
XXV. Raisons inévitables qui les ont poussés à cette doctrine, si contraire à leurs maximes. 318
XXVI. Fanatisme manifeste de cette doctrine, et sa parfaite conformité avec les thèses des quakers. 319
XXVII. Que le ministre Jurieu n'a pu exclure les sociniens du titre d'Eglise, sans exclure toute la Réforme : aveu mémorable de ce ministre sur la succession et l'étendue de l'Eglise. 321
XXVIII. Réflexion sur cette doctrine. Victoire invitable de la vérité, et sa force pour se faire reconnoître. 322
XXIX. Que cet aveu du ministre est forcé en cet endroit, aussi bien que dans tous les autres. 323
XXX. Vaine défaite des sept mille qui n'ont pas fléchi le genou devant Baal. Fait évident qui démontre que ces sept mille n'ont jamais été. . . . 324
XXXI. Ce fait articulé nettement, et embarras des ministres Claude et Jurieu. 325
XXXII. Suite des embarras du ministre Jurieu. 327
XXXIII. Conclusion et abrégé de ce discours. 329

ECLAIRCISSEMENT

SUR LE REPROCHE DE L'IDOLATRIE.

I. La calomnie des ministres, qui nous accusent d'idolâtrie, détruite par elle-même, est détruite dans ce discours par les principes des ministres mêmes. 331
II. Définition de l'idolâtrie; définition de l'invocation des Saints. Démonstration, par ces définitions, qu'elle ne peut pas être un honneur divin, ni un acte d'idolâtrie. 332
III. Pourquoi on dit que les Saints font, et que les Saints donnent. Que ces façons de parler sont de l'Ecriture. 333
IV. Que l'Ecriture parle comme nous de l'efficace de la prière, et que, selon notre croyance, toute la force des Saints est dans leurs prières. . . . 334
V. Prières de saint Augustin, de saint Basile et des autres saints aux saints martyrs. 336
VI. C'est chose claire par la raison, et d'ailleurs expressément révélée de Dieu, que prier de prier n'est pas un honneur divin. 337
VII. Calomnie des ministres, qui veulent nous faire accroire que nous demandons aux Saints autre chose que des prières, ou que nous les prions dans un autre esprit que nos frères qui sont sur la terre. 337
VIII. Extravagances du ministre Jurieu, lorsqu'il dit qu'il est moins permis de prier et d'honorer les Saints dans la gloire, que lorsqu'ils sont en cette vie. 338
IX. Vain discours et absurdités du même ministre, lorsqu'il dit qu'il n'est pas permis d'honorer les Saints devant Dieu. 339
X. Suite des absurdités du même ministre. 339
XI. Autre raison du ministre, qui se détruit elle-même. Intervention des Saints: ce que c'est. 340

xii. Que les prières qu'on adresse aux Saints, loin de nous détourner de Dieu, nous y unissent. Exemple de saint Basile et de saint Chrysostome. 341
xiii. Passage d'Œcolampade. 342
xiv. Qu'on n'attribue rien de divin aux anges ni aux Saints, en leur attribuant la connoissance de nos prières. Preuve par l'Ecriture, par les saints Pères, par la raison et par Daillé même. 343
xv. Aveu du ministre, que nous n'égalons pas les Saints à Dieu par nos invocations : il se réduit à dire que nous les égalons à Jésus-Christ et comment. 346
xvi. Le ministre réfuté par Daillé. La médiation de Jésus-Christ expliquée, et les catholiques justifiés. 348
xvii. Qu'on n'adresse point à Jésus-Christ cette prière, « Priez pour nous : » M. Jurieu corrigé par M. Daillé. 351
xviii. Différence infinie de l'intercession de Jésus-Christ et de celle des Saints. 351
xix. Médiation de Jésus-Christ très-bien expliquée par saint Grégoire de Nazianze, et les autres Pères qui ont prié les Saints comme nous. 352
xx. Que la manière dont on interprète dans l'Eglise les mérites des Saints envers Dieu, de l'aveu des ministres mêmes, est infiniment différente de la manière dont on interpose ceux de Jésus-Christ. 354
xxi Qu'il n'y a nulle difficulté dans les objections du ministre Jurieu. 355
xxii. Différence infinie de la doctrine et du culte des païens d'avec le nôtre. 355
xxiii. Horrible calomnie du ministre, qui compare notre doctrine avec celle des païens. 356
xxiv. Que notre culte intérieur est infiniment différent de celui des païens. 357
xxv. Démonstration de la même différence dans le culte extérieur. 358
xxvi. Source de l'idolâtrie, d'où nous sommes éloignés jusqu'à l'infini. 358
xxvii. Ce que c'étoit, selon les platoniciens, que la médiation des démons et combien nous sommes éloignés de cette doctrine. 359
xxviii. Moyens que Dieu a trouvés pour fermer parmi les fidèles toute voie à l'idolâtrie. Il est impossible de rien égaler à Dieu ni à Jésus-Christ. 360
xxix. Les fêtes des Saints, ce que c'est : doctrine de l'Eglise anglicane protestante. 361
xxx. Les Eglises dédiées aux Saints justifiées par la même voie : remarque envenimée de Daillé sur le mot *divus* ou *divi*. 362

QUATRIÈME AVERTISSEMENT.

i. Dessein des deux avertissemens suivans. 364
ii. Permission donnée par les chefs de la Réforme à Philippe, landgrave de Hesse, de tenir deux femmes ensemble : nécessité de défendre cette scandaleuse permission. 364
iii. Le ministre Jurieu tente vainement de rendre le fait douteux. 365
iv. Vaines clameurs du ministre et ses honteuses récriminations. 366
v. Ignorance de ce ministre sur la loi des mariages. 367
vi. Nouveaux articles de Réforme proposés par M. Jurieu sur le mariage et sur le divorce. 370
vii. Etrange idée du divorce et suite d'extravagances. 372
viii. Application des principes de M. Jurieu à l'affaire du landgrave. 373
ix. Que les termes du ministre sont incompatibles, et que sa doctrine se détruit par elle-même. 374
x. Les raisonnemens du ministre sur les lois divines et sur celles du mariage convaincus de fausseté. 375

XI. Fausses idées du ministre sur le divorce et sur la séparation des mariés. 375
XII. Que, malgré M. Jurieu, les chefs de la Réforme demeurent couverts d'un éternel opprobre. 376
XIII. Un ministre tâche vainement à réprimer M. Jurieu. 378

CINQUIÈME AVERTISSEMENT.

I. Caractères bien différens de l'ancien christianisme, et du christianisme prétendu réformé. 380
II. Dessein de cet avertissement. 381
III. Les guerres civiles sous prétexte de religion ont paru pour la première fois dans l'hérésie. 382
IV. Variations de la Réforme sur ce sujet. 383
V. Malheurs de la France par la Réforme. 385
VI. Séditieuses explications de l'*Apocalypse*. 386
VII. Autres variations de la Réforme : ses vains efforts pour prouver que ces guerres civiles n'ont pas été des guerres de religion. 387
VIII. Paroles remarquables de M. Jurieu, qui condamne les guerres civiles de la Réforme. 387
IX. M. Jurieu n'a rien à répliquer aux preuves par lesquelles on a fait voir que ces guerres de la Réforme y ont été entreprises par maxime de religion. 388
X. Décret décisif du synode national de Lyon, qui contraint M. Jurieu à se dédire. 388
XI. Contradictions de la Réforme : M. Jurieu contraint de soutenir les guerres civiles qu'il avoit condamnées. 389
XII. Sentimens des martyrs : ce que M. Jurieu y a répondu. 391
XIII. Première glose de M. Jurieu, que l'obéissance proposée aux chrétiens durant les persécutions, étoit de perfection et de conseil, et non d'obligation et de commandement. Preuve du contraire. 394
XIV. Autre glose de M. Jurieu et de Buchanan, que l'obéissance des chrétiens étoit fondée sur leur impuissance, et le précepte d'obéir accommodé au temps. 399
XV. Les deux gloses de M. Jurieu détruites par un seul mot de saint Paul. 401
XVI. Cette vérité confirmée par les maximes et la pratique de l'Eglise persécutée. 402
XVII. Etat de l'Eglise sous Julien l'Apostat. 406
XVIII. Sous Constance. 409
XIX. Sous Valence, Justine, et en Afrique sous la tyrannie des Vandales 410
XX. Les chrétiens de Perse, les Goths persécutés par Athanaric. 412
XXI. Réflexion sur le discours précédent : opposition entre les premiers chrétiens et les chrétiens prétendus réformés. 413
XXII. Vain prétexte des guerres civiles apporté par M. Jurieu, et leur vraie cause. 414
XXIII. Prétention de M. Jurieu, que Jésus-Christ a autorisé les apôtres à se servir de l'épée contre les ministres de la justice qui se saisissoient de sa personne. 417
XXIV. Six circonstances de l'histoire des Machabées, qui font voir que leurs guerres étoient légitimes et entreprises par une inspiration particulière. 420
XXV. Différence extrême des Machabées et des protestans dans l'état de la religion et dans celui des personnes. 425
XXVI Exemple du respect de l'ancien peuple envers les rois impies et persécuteurs; et que ce sont là les seuls exemples que l'Eglise s'est proposés, comme ceux qui établissoient la conduite ordinaire. 427

XXVII. Que, selon les principes du ministre, l'exemple de David n'est pas à suivre. 429
XXVIII. Fondement de la conduite de David : erreur du ministre, qui en fait un particulier. 430
XXIX. Que David n'a rien entrepris contre son prince et son pays. . . . 431
XXX. Que le ministre donne à David des sentiments impies contre Saül, que David a toujours abhorrés. 433
XXXI. Etrange excès du ministre contre la puissance publique. 436
XXXII. Toutes les formes de gouvernement et toutes les assemblées légitimes également attaquées par le ministre. 439
XXXIII. Etat de la question impertinemment posé, et l'autorité de Grotius vainement alléguée. 440
XXXIV. Qu'on n'a rien eu à répondre aux nouvelles preuves des assassinats autorisés dans la Réforme. 441
XXXV. Comment on peut accorder ces excès avec des sentiments de religion : exemples des Donatistes. 443
XXXVI. Dessein du ministre de prouver par l'Ecriture la souveraineté de tous les peuples du monde. 444
XXXVII. Erreur de M. Jurieu sur les premiers temps du peuple hébreu. . 445
XXXVIII. Autre erreur du ministre, qui prétend que le peuple fit Saül son premier roi, et étoit en droit de le faire. 446
XXXIX. Suite des erreurs du ministre. Second exemple, qui est celui de David et d'Isboset. 448
XL. Troisième exemple du ministre : celui d'Absalon, et augmentation d'absurdités. 450
XLI. Quatrième exemple, celui d'Adonias. 452
XLII. Cinquième et dernier exemple : celui des Asmonéens ou Machabées. 452
XLIII. Falsification du texte sacré : bévue sur les chapitres VIII et X du premier des *Rois*. 453
XLIV. Quel étoit le droit de régner parmi les Hébreux ; et de l'indépendance de leurs rois dans leur première monarchie. 455
XLV. Le droit de régner parmi les Hébreux n'étoit pas particulier à ce peuple, ni moins indépendant parmi les autres nations. 458
XLVI. Que l'indépendance des souverains est également établie dans la monarchie renaissante des Hébreux sous les Machabées : Acte du peuple en faveur de Simon Machabée. 459
XLVII. Réflexions sur cet acte, et parfaite indépendance des souverains successeurs de Simon. 459
XLVIII. Réflexions générales sur toute la doctrine précédente, et renversement manifeste du grand principe du ministre. 460
XLIX. Définition du peuple que le ministre fait souverain : qu'il met la souveraineté dans l'anarchie. 462
L. Doctrine des pactes et des relations de M. Jurieu, combien pleine d'absurdité, et premièrement sur la servitude. 466
LI. Que le ministre se contredit lui-même, lorsqu'il parle du droit de conquête comme d'une pure violence. 468
LII. Autres absurdités sur la relation de père à enfant et de mari à femme : erreur grossière du ministre, qui confond les devoirs avec les pactes. . 469
LIII. Application aux droits des rois et des peuples : téméraire proposition de M. Jurieu. 471
LIV. Erections des deux monarchies du peuple de Dieu, contraires aux prétentions du ministre : nouvelles réflexions sur le chapitre VIII du premier livre des *Rois* : érection de la monarchie des Mèdes. 472

LV. Réponse à une demande de M. Jurieu : pourquoi les peuples auroient fait les rois si puissans. 473
LVI. L'intérêt mutuel des souverains et des peuples fait la borne la plus naturelle de la souveraineté. 474
LVII. Le ministre met le fondement de sa politique dans des suppositions chimériques. 476
LVIII. Selon M. Jurieu, on ne sait ce que c'est que le peuple : confusion de sa politique, qui retombe dans ce qu'elle a voulu éviter. 477
LIX. Suite de confusions : maxime du ministre Jurieu; que le peuple n'a pas besoin d'avoir raison pour valider ses actes : le peuple sous Cromwel. 478
LX. Les flatteurs des peuples sont les flatteurs des tyrans, et établissent la tyrannie : exemple de nos jours. 480
LXI. L'Eglise anglicane convaincue par le ministre Jurieu d'avoir changé les maximes de sa religion. 481
LXII. Le cromwélisme rétabli par les maximes du ministre Jurieu et par les nouvelles maximes de l'Eglise anglicane. 483
LXIII. Illusion du ministre sur la qualité de chef de l'Eglise anglicane. . 484
LXIV. Conclusion de ce discours : opposition des sentimens des prétendus réformés d'aujourd'hui, avec ceux qu'ils témoignoient au commencement. 485

DÉFENSE DE L'HISTOIRE DES VARIATIONS

CONTRE LA RÉPONSE DE M. BASNAGE.

I. Dessein de ce discours : pourquoi on y parle encore des révoltes de la Réforme. 489
II. Que cette matière appartenoit à la foi et à l'*Histoire des Variations* : illusion de M. Basnage : sa vaine récrimination. 490
III. L'exemple de Calvin et de Servet : réponse de M. Basnage pour soutenir sa récrimination. 491
IV. Mauvaise foi de M. Basnage dans cette récrimination. 492
V. Le ministre entre en matière : exemples de l'ancienne Eglise qu'il produit en faveur de la révolte : combien ils sont absurdes et hors de propos. 494
VI. Examen des exemples du ministre, et premièrement de celui de l'empereur Anastase. 495
VII. Examen du fait de Julien l'Apostat : témoignage des historiens du temps, et premièrement des païens, et de l'arien Philostorge. . . . 496
VIII. Témoignages des historiens ecclésiastiques. 499
IX. Réflexion sur Sozomène : Témoignage des Pères de ce siècle, et en particulier celui de saint Augustin. 501
X. Doctrine de saint Augustin sur l'obéissance des sujets, et sur le principe qui rend les guerres légitimes. 503
XI. Suite de la doctrine de saint Augustin, et qu'elle n'est autre chose qu'une fidèle interprétation de saint Paul. 505
XII. Les exemples de M. Basnage réprouvés par cette doctrine de saint Paul et de saint Augustin. 507
XIII. Examen particulier de l'exemple des Pers-Arméniens. Ancienne doctrine des chrétiens de Perse sur la fidélité qu'on doit au prince. . . . 507
XIV. Variations de la Réforme et de ses écrivains sur les révoltes. . . 509
XV. M. Basnage entraîné par le même esprit : on le prouve par les deux moyens de sa réponse qui se contredisent l'un l'autre. 510
XVI. Vaines défenses de ce ministre sur la conjuration d'Amboise : Castelnau qu'il cite le condamne. 511

XVII. Suite de la même matière : vaines défaites de M. Basnage et de la Réforme.   513
XVIII. La conjuration expressément approuvée par la Réforme. Témoignage de Bèze, dissimulé par M. Basnage, comme toutes les autres choses où il n'a rien à répondre.   517
XIX. Dernière défaite de la Réforme : Calvin mal justifié par M. Basnage.   518
XX. Que Calvin a autorisé les guerres civiles et la rébellion, et que M. Basnage l'en défend mal.   519
XXI. Protestation des ministres contre la paix d'Orléans : raison de M. Basnage pour la soutenir.   521
XXII. Trois raisons du ministre pour justifier les guerres de la Réforme : la première, qui est tirée du prétendu massacre de Vassi, est insoutenable.   522
XXIII. La seconde raison, tirée des édits de pacification, n'est pas moins mauvaise.   523
XXIV. Troisième raison tirée des lettres secrètes de Catherine de Médicis à Louis prince de Condé : Première réponse à ces lettres : silence de M. Basnage.   524
XXV. Le ministre impose à l'auteur des Variations, et ne répond rien à ses preuves.   525
XXVI. Autre remarque sur les letres de Catherine de Médicis : M. Basnage fait semblant de ne pas savoir l'état des choses.   525
XXVII. Suite des attentats de la Réforme, où M. Basnage se tait. . . .   526
XXVIII. Le ministre tâche d'excuser le synode national de Lyon : deux articles de ce synode : le dernier, qui ne souffre pas la moindre réplique, est dissimulé par M. Basnage.   527
XXIX. Chicane de M. Basnage sur le premier article rapporté du synode national de Lyon : il est démenti par M. Jurieu.   529
XXX. Synodes des vaudois : vain triomphe de M. Basnage qui m'accuse d'avoir falsifié M. de Thou et la Popelinière, pendant que c'est lui-même qui les tronque.   531
XXXI. Réflexion importante sur ces falsifications du ministre.   535
XXXII. Autres synodes et assemblées ecclésiastiques dans la Réforme pour autoriser la révolte.   536
XXXIII. Bèze et les autres ministres inspirent la guerre et la révolte au parti.   538
XXXIV. Lettre de la prétendue Eglise de Paris à la reine Catherine. . . .   539
XXXV. Pratique des assassinats dans la Réforme autorisée par les ministres.   541
XXXVI. M. Burnet critique en vain les Variations : son ignorance sur le droit françois est de nouveau démontrée.   543
XXXVII. Suite de la conviction de M. Burnet, qui vient au secours de la Réforme.   544
XXXVIII. M. Burnet falsifie le passage de M. de Thou dont il se prévaut contre Du Tillet.   546
XXXIX. On marque à M. Burnet, qui se rétracte sur la régence du roi de Navarre, jusqu'où il devoit pousser ses rétractations.   548
XL. La Réforme a introduit dans l'Ecosse des assassinats et des rébellions que M. Burnet colore aussi mal que celles de France. Addition notable à l'*Histoire des Variations*.   548
XLI. On revient à M. Basnage, et on convainc Luther et les protestans d'Allemagne d'avoir prêché la révolte : Thèses affreuses de Luther.   554
XLII. Les guerres de la ligue de Smalcalde : l'électeur de Saxe, et le landgrave mal justifiés par M. Basnage, et condamnés par eux-mêmes comme par toute l'Allemagne.   555
XLIII. Le livre des protestans de Magdebourg.   557
XLIV. La guerre commencée par les protestans et le landgrave avec l'ap-

probation de Luther : silence de M. Basnage sur tout cet endroit. 557
XLV. Les ligues contre l'Empereur que Mélanchthon avoit détestées comme contraires à l'Evangile, sont autorisées par Luther et par Mélanchthon même. 558
XLVI. Falsification d'un passage de Mélanchthon, objectée témérairement par M. Basnage. 559
XLVII. C'est M. Basnage lui-même qui falsifie Mélanchthon dans cette même matière. 560
XLVIII. La Réforme a renoncé aux belles maximes qu'elle avoit d'abord établies : M. Basnage se confond lui-même. 561
XLIX. Si l'auteur des *Variations* a eu tort d'attribuer à Luther les excès des anabaptistes. M. Basnage prouve très-bien ce qu'on ne lui conteste pas, et dissimule le reste. 561
L. Si M. Basnage a raison de reprocher à l'auteur des *Variations* d'avoir dit qu'on ne croyoit pas Luther innocent des troubles de l'Allemagne, et en particulier de ceux des anabaptistes et des paysans révoltés. . . . 562
LI. M. Basnage tâche en vain d'excuser Luther dans le trouble des paysans révoltés. 563
LII. Le ministre défend mal le livre de Luther de la *Liberté chrétienne*. . 565
LIII. Etrange discours de Luther, où tout ce qu'on vient de dire est confirmé. Autre addition aux Variations : l'esprit de sédition et de meurtre sous prétexte d'interpréter les prophéties. 566
LIV. Réflexion sur ces variations de la Réforme. 568
LV. On touche en passant les égaremens de la Réforme marqués par d'autres auteurs, et en particulier dans l'*Avis aux Réfugiés*, imprimé en Hollande en 1690. 569
LVI. Réflexions sur le mariage du landgrave : s'il permet à M. Basnage de mettre Luther et les autres réformateurs au rang des grands hommes. 571
LVII. Démonstration manifeste du crime des réformateurs en cette occasion. 573
LVIII. Si M. Basnage a pu dire que cette faute fut arrachée aux réformateurs. 574
LIX. Etrange corruption dans ces chefs des réformateurs. 575
LX. Si M. Basnage a raison de comparer la polygamie accordée par Luther, à la dispense de Jules II sur le mariage de Henri VIII avec la veuve de son frère. 575
LXI. Si M. Basnage a raison de dire que l'Eglise prétend dispenser des lois de Dieu. 577
LXII. Réponse de Grégoire II rapportée mal à propos par le ministre. . 578
LXIII. De la prétendue bigamie de Valentinien I, et de la loi faite en faveur de cet abus. 580
LXIV. Erreur de M. Basnage, qui sur une froide équivoque, objecte à toute l'Eglise et aux premiers siècles, d'avoir approuvé l'usage des concubines. 582
LXV. Passage de Mélanchthon, que l'auteur des *Variations* est accusé par M. Basnage d'avoir falsifié. 583
LXVI. La doctrine du mariage chrétien est exposée. 585

FIN DE LA TABLE DU QUINZIÈME VOLUME.

BESANÇON. — IMPRIMERIE D'OUTHENIN CHALANDRE FILS.

ŒUVRES

DE

S. THOMAS D'AQUIN

TEXTE LATIN ET FRANÇAIS

34 beaux volumes in-8º. — Prix 204 francs.

Monseigneur l'Evêque de Quimper résume ainsi le jugement public qu'il a porté sur le premier volume de la *Somme théologique :*

« M. Lachat a fait un double travail : il a traduit et commenté saint Thomas. Dans la première partie de sa tâche il justifie les éloges que lui a valus la traduction de la *Symbolique*, ouvrage qui obtient un si légitime succès..... On retrouve dans la traduction de saint Thomas cette lucidité qui rend les idées transparentes, cette élégante simplicité qui exprime facilement des choses difficiles à dire ; on est tout étonné de lire la *Somme* comme on lirait un bon ouvrage écrit de nos jours avec un goût pur et sans termes inusités. Le traducteur arrive partout à ce beau résultat, et cela sans répudier aucune des formules que notre ignorance regarde comme étranges dans les scolastiques ; il dit que tous les mots latins employés par saint Thomas trouvent leurs correspondants français dans le Dictionnaire de l'Académie, et il le prouve admirablement. Pour la seconde partie de son travail, s'il était moins éloigné de toute prétention dans son style, nous lui reprocherions trop de savoir ; ses notes sur les principes des choses, la formation des êtres, les lois physiques, montrent qu'il connait les sciences naturelles aussi bien que les sciences philosophiques et théologiques ; et l'on voit par ses observations sur l'Ecriture sainte, sur les noms de Dieu, sur les origines des mots, qu'il sait les langues bibliques comme les langues européennes. » (L'*Univers*, 10 février 1855.)

Un homme qui a profondément étudié saint Thomas, dont les lecteurs de l'*Univers* connaissent le rare savoir et le brillant talent, a rendu compte du deuxième et du troisième volume. Après avoir rapporté les paroles qu'on vient de lire, de Monseigneur l'Evêque de Quimper, M. le vicomte de Maumigny ajoute :

« Que pouvons-nous ajouter, sans les affaiblir, à des paroles si flatteuses et sorties d'une plume si autorisée ? Tout ce que nous devons dire, c'est que le deuxième et le troisième volume méritent les mêmes éloges que le premier : même soin dans la traduction, même richesse dans les notes, qui ont pour but tantôt d'éclaircir le texte, tantôt d'expliquer des termes peu en usage maintenant et dont il est si nécessaire d'entendre le sens, tantôt de citer des textes qui ne sont qu'indiqués par le saint docteur. » (L'*Univers*, 4 juillet 1856.)

Les journaux de province se sont aussi occupés de la *Somme théologique*. Un de ces journaux, qui se distingue autant par la pureté de ses principes que par l'habileté de sa rédaction, dit :

« Il y a quelques mois, nous avons annoncé la publication de cette importante traduction. Nous en avons fait comprendre l'importance et l'utilité. Le premier volume avait seulement paru. Il était facile déjà de juger des qualités du traducteur, de sa science, de son érudition, par les notes qui s'y trouvent jointes, de la flexibilité de son talent propre à rendre d'une manière claire et juste les passages les plus difficiles de saint Thomas. Le second volume vient de paraître ; il donne une nouvelle preuve que nos éloges étaient mérités, et il justifie nos observations et nos remarques ; il nous semble même supérieur au premier par la netteté, la fidélité et l'élégance de la traduction, et par les notes dont il est enrichi..... M. Louis Vivès n'enrichit pas seulement sa librairie d'un ouvrage de premier ordre, par la publication de la *Somme* de saint Thomas en latin et en français ; mais il fait une œuvre éminemment utile à la bonne cause, à la vérité, et par conséquent à l'Eglise. » (*Union Franc-comtoise* 18 janvier 1856.)

BESANÇON.— IMPRIMERIE D'OUTHENIN CHALANDRE FILS